Informatik aktuell

Herausgeber: W. Brauer
im Auftrag der Gesellschaft für Informatik (GI)

Springer
Berlin
Heidelberg
New York
Barcelona
Budapest
Hongkong
London
Mailand
Paris
Santa Clara
Singapur
Tokio

Sigrid Schubert (Hrsg.)

Innovative Konzepte für die Ausbildung

6. GI-Fachtagung Informatik und Schule
INFOS '95
Chemnitz, 25.–28. September 1995

 Springer

Herausgeber

Sigrid Schubert
Technische Universität Chemnitz-Zwickau
Fakultät für Informatik
D-09107 Chemnitz

Die Deutsche Bibliothek - CIP-Einheitsaufnahme

Innovative Konzepte für die Ausbildung / 6. GI-Fachtagung
Informatik und Schule - INFOS '95, Chemnitz, 25. - 28.
September 1995. Sigrid Schubert (Hrsg.). GI. - Berlin ;
Heidelberg ; New York ; London ; Paris ; Tokyo ; Hong Kong ;
Barcelona ; Budapest : Springer, 1995
  (Informatik aktuell)
  ISBN-13: 978-3-540-60245-3
NE: Schubert, Sigrid [Hrsg.]; Fachtagung Informatik und Schule <6,
  1995, Chemnitz>; Gesellschaft für Informatik

CR Subject Classification (1995): A.0, K.3

ISBN-13: 978-3-540-60245-3   e-ISBN-13: 978-3-642-79968-6
DOI: 10.1007/978-3-642-79968-6

Satz: Reproduktionsfertige Vorlage vom Autor/Herausgeber

SPIN: 10484688   33/3142-543210 – Gedruckt auf säurefreiem Papier

Vorwort

Der vorliegende Tagungsband der alle zwei Jahre stattfindenden Fachtagung „Informatik und Schule – INFOS" zeigt den aktuellen Entwicklungsstand der Lehrdisziplin Informatik an allgemeinbildenden und beruflichen Schulen.

Um die Interessen der Lehrerinnen und Lehrer für Informatik noch besser zu berücksichtigen, wird diese seit 1984 sechste Tagung erstmals vom Fachausschuß 7.3 „Informatische Bildung in der Schule" der Gesellschaft für Informatik (GI) veranstaltet. Nach Berlin, Kaiserslautern, München, Oldenburg und Koblenz findet diese Tagung nun erstmalig in einem neuen Bundesland, an der Technischen Universität Chemnitz-Zwickau, statt. Sie steht unter dem Motto „**Innovative Konzepte für die Ausbildung**".

Die INFOS ist die bedeutendste Fachtagung zu den Ausbildungsfragen der Informatik an Schulen im deutschsprachigen Raum und leistet deshalb einen wichtigen Beitrag zum Erfahrungsaustausch der Lehrerinnen und Lehrer für dieses Fach. Diesem Anliegen sind Plenarvorträge, Podiumsdiskussion und Sitzungen gewidmet.

Die Lehrdisziplin hat sich inzwischen auf anerkannten Grundlagen der Wissenschaft Informatik konstituiert und kann auf die Innovationen des Faches angemessen mit erfolgreichen Lehrkonzepten reagieren.
In der aktuellen Diskussion über ein Gesamtkonzept für die Ausbildung in diesem Fach und die Präzisierung der Ausbildungsanforderungen an Lehrerinnen und Lehrer der Informatik erhält die Tagung einen besonderen Stellenwert. Hohe Erwartungen werden an sie geknüpft.

Der Tagungsaufruf wurde sehr gut angenommen und ermöglichte es, in diesem Band eine Auswahl besonders innovativer Unterrichtskonzepte für die Ausbildung in allgemeinbildenden und beruflichen Schulen vorzustellen. Der Tradition folgend, bilden die Informatiksysteme als Lehrmedium eine inhaltliche Säule der Tagung. Die neuen Möglichkeiten der Vernetzung und der Verbindung verschiedener Medien (Multimedia) werden verbunden mit Studien zur Veränderung menschlicher Kommunikation und ergonomischen Anforderungen an die Mensch-Maschine-Kommunikation.

Bei der Auswahl der Beiträge achtete der Programmausschuß auf hohe fachdidaktische Qualität und auf Anwendbarkeit in der Schulpraxis. Als Höhepunkte der Fachtagung sind die Plenarvorträge zum Stand der Wissenschaft und den daraus resultierenden Konsequenzen für die Lehrdisziplin Informatik zu betrachten. Die Disskussion der Bildungswerte der Informatik kann darauf aufbauen, bildet aber zugleich die Brücke zur Unterrichtspraxis.

Die Standortbestimmung der Informatik in der Schule zieht sich wie eine Leitlinie durch die gesamte Tagung. Zu dieser Frage werden neue Überlegungen vorgestellt. Eine Fülle erfolgreicher Unterrichtsbeispiele untermauert diese grundsätzlichen Konzepte mit praktischen Anregungen.

Die inhaltlichen Schwerpunkte der Tagung sind:

- Gruppenarbeit,

- Multimedia,

- Lehr-Lernsysteme,

- Telekommunikation,

- Programmierparadigmen,

- Informationstechnische Grundbildung,

- Bildungswerte,

- Medium Computer,

- berufliche Kompetenz.

Der vorliegende Band wurde bewußt mit Zwischentexten so gestaltet, daß er für alle Leser, die die Fachtagung nicht besuchen konnten, die Einordnung der fachdidaktischen Ergebnisse in die Gesamtstruktur der Lehrdisziplin erleichtert und offene Fragen deutlich herausstellt. So kann ein Beitrag zur Fortbildung interessierter Leser auf dem Gebiet der Fachdidaktik der Informatik weit über die Grenzen der Fachtagung hinaus erwartet werden.

Ich möchte allen Autoren für ihre niveauvollen Beiträge zu diesem Band und damit zum Gelingen der Tagung danken.
Ein besonderer Dank gebührt den Mitgliedern des Programmausschusses für ihre sorgfältige Begutachtung der zahlreichen Beiträge und für die konstruktive Diskussion bei der Erstellung des Tagungsprogramms.
Für die gute Zusammenarbeit sei dem Herausgeber dieser Tagungsbandreihe, Herrn Prof. W. Brauer, und dem Springer-Verlag gedankt. Ihre Erfahrungen ermöglichten diese anregende Tagungslektüre.

Chemnitz, im Juli 1995   Sigrid Schubert

Inhaltsverzeichnis

Kapitel 1

Einfluß der Wissenschaft Informatik auf die Lehrdisziplin

1.1 Innovationen des Faches

Die Informatik bringt mit erstaunlicher Geschwindigkeit neue Fachgebiete hervor. Am Beispiel der Informationssicherheit wird deutlich, wie diese schnelle Entwicklung möglich wird. Die Kryptologie (Lehre von den Geheimschriften) und die Mathematik brachten in jahrzehntelanger Forschung die Definitionen, Sätze und Basismechanismen hervor, die in das Theoriegebäude der Informationssicherheit einflossen. Solange die Rechenzentren als Informatikanwendung dominierten, wurden die Forderungen nach Schutzvorrichtungen für Hardware und Software durch Abschließen und strenge Zugangskontrolle realisiert. Mit der Dezentralisierung und Verbreitung der Personalcomputer reichten diese Verfahren nicht mehr aus. Als kleiner Teil des Fachgebietes Datenbanken existierte die Datensicherheit in der Informatik relativ nachgeordnet. Hier wurde vordergründig die Gefahr des Verlustes oder Verfälschens der großen Datenbestände einer Datenbank untersucht und ihr entgegengewirkt. Aufgewertet wurde die Datensicherheit durch die juristischen Festlegungen zum Datenschutz in der Gesellschaft. Aber erst die Rechnernetze und damit verbundene Sicherheitspannen führten zu der Erkenntnis, daß die Sicherheitsaspekte von fundamentaler Bedeutung für jede Systementwicklung in der Informatik sind. Die einsetzenden Forschungsaktivitäten führten zum Verschmelzen der kryptologischen Vorleistungen mit den Möglichkeiten der Informatik. Die Informationssicherheit etablierte sich als eigenständiges Fachgebiet. Für die wissenschaftstheoretische Betrachtung der Informatik ist dieser Vorgang deshalb so interessant, weil damit eine Umstrukturierung innerhalb der Informatik verbunden ist. Die Anordnung der Teilgebiete und ihre Beziehungen untereinander sind neu zu bestimmen. Damit wird auch ersichtlich, daß die Strukturierung der Lehrdisziplin nicht als abgeschlossen betrachtet werden kann.

Telekommunikation

G. Krüger

Institut für Telematik
Universität Karlsruhe
Postfach 6980
76128 Karlsruhe

Abstract. Globale Informationsgesellschaft, Hoch-geschwindigkeits–Datenautobahnen, Multimedia–Dienste für alle Bürger und universelle Erreichbarkeit an jedem Ort, zu jeder Zeit, für jedermann durch Mobilkommunikation sind — um nur einige Beispiele zu nennen — Schlagworte, die nicht nur die Fachpresse, sondern in jüngster Zeit auch die öffentlichen Medien und Diskussionen beherrschen. Selbst die Regierungschefs der größten Industrienationen der Welt (G7) widmen diesen Themen im Jahre 1995 eine Gipfelkonferenz.

Aus wissenschaftlicher Sicht stellt sich die Frage, was eigentlich die technischen und wirtschaftlichen Triebkräfte sind, die in vergleichsweise kurzer Zeit zu diesem Bedeutungsgewinn für die moderne Telekommunikation geführt haben. Eine solche Betrachtung muß natürlich kurz die geschichtliche Entwicklung der Telekommunikation beleuchten und den heutigen Stand skizzieren. Weitere Abschnitte sollen an den Gebieten Mobilkommunikation, interaktive Multimedia–Kommunikation und Hochgeschwindigkeitsnetze wichtige Techniken und Entwicklungstendenzen der zukünftigen Telekommunikation beispielhaft herausarbeiten. Schließlich sind die Initiativen der großen Industrienationen zu betrachten, die besondere Anstrengungen unternehmen, sich günstige Plätze für den Start in die Informationsgesellschaft des kommenden Jahrhunderts zu sichern.

1   Historische Entwicklung der Telekommunikation

Die frühe Nachrichtenübertragungstechnik des vorigen Jahrhunderts ist durch den elektromagnetischen Telegrafen geprägt. Etwa um 1840 wurde der Morsetelegraf in die Praxis eingeführt. Er erreichte in wenigen Jahrzehnten als Weitverkehrskommunikationsmittel, mit dem sich selbst Kontinente überbrücken ließen, eine überragende Bedeutung, wobei staatliche und militärische Bedürfnisse bei seiner ämtlichenNutzung eine zentrale Rolle spielten.

Erst durch die Einführung des Telefons Ende der siebziger Jahre des 19. Jahrhunderts erschloß sich die nachrichtentechnische Telekommunikation auch dem privaten Benutzer. Technische Innovationen für den individuellen Fernsprechverkehr waren die Weitverkehrstelefonie, die durch die Erfindung der elektronischen Verstärkerröhre ermöglicht wurde, und die Selbstwähltechnik, die schrittweise das „Fräulein vom Amt", d.h. die Handvermittlung, überflüssig machte. Das weltweite Telefonnetz wächst seit vielen Jahrzehnten mit einer erstaunlich konstanten Rate von 6–7als die größte Maschine der Welt bezeichnet.

Für das Verständnis der heutigen Umbruchsituation der Telekommunikation sind an der Entwicklung der klassischen Telefonie zwei Punkte bemerkenswert:

Einmal eine langfristige Stabilität der technischen Grundprinzipien der Spracherfassung, –übertragung, –vermittlung und –wiedergabe. Mit anderen Worten: es gab keine technologischen Sprünge. Vierzig, fünfzig Jahre alte Telefonapparate kann man noch heute ohne Schwierigkeiten an das Telefonnetz anschließen und die Vermittlungseinrichtungen in den Telefonämtern hatten Nutzungszeiten von 40 Jahren und länger. Vergleicht man diese Langfriststabilität, auch eine Voraussetzung für die weltweite Kommunikationskompatibilität, mit dem schnellen Generationenwechsel und der geringen Standardisierung im Computerbereich, sieht man unmittelbar, daß wir hier zwei sehr unterschiedliche Technikentwicklungen vor uns haben.

Das zweite Charakteristikum der herkömmlichen Telekommunikation ist die wirtschaftliche Organisation. Der Telefondienst wurde weltweit als Monopolangebot organisiert, weit überwiegend in öffentlicher Hand, in wenigen Ländern durch private Monopolanbieter, wie in USA die Firma American Telephone and Telegraph Company (AT&T), eine der größten Firmen der Welt.

Die große Telekommunikations–Innovation der ersten Hälfte des 20. Jahrhunderts war die Funktechnik, die sich durch die Einführung von Hörfunk und Fernsehen zu ebenfalls weltweiten Massenmärkten entwickelte. Während das Telefon das bevorzugte Mittel der Individual (Tele–) Kommunikation ist, sind Hörfunk und Fernsehen für die elektronische Verteilkommunikation (ein Sender erreicht viele Empfänger) vorgesehen. Ein Rückkanal vom empfangenden Teilnehmer (Hörer, Seher) zum Sender ist in der klassischen Rundfunktechnik nicht bekannt.

2 Technische Innovationsfaktoren Telekommunikation

Der Bruch der zukünftigen Telekommunikationstechnik mit ihrer über einhundertjährigen technischen Tradition beruht auf mehreren hardware–orientierten Basisinnovationen, deren wichtigste die Mikroelektronik, die Optoelektronik, einschließlich der Glasfaserübertragung, und die Satellitentechnik sind. Stark verkürzt gesagt ermöglichen die Mikroelektronik und ihre Spitzenprodukte, der Mikrocomputer und die Halbleiterspeicher, den entscheidenden Paradigmenwechsel von der analogen zur digitalen Telekommunikation. Bei der Analogtechnik, bei der akustische Sprachsignale im Mikrofon in änalogeëlektrische Sprechströme umgesetzt werden, ist es nicht möglich, das Nutzsignal und sich diesem überlagernde Störeinflüsse bei der Verstärkung und Wandlung der Signale wieder voneinander zu trennen, d.h. die Übertragungsqualität wird auf größeren Distanzen immer schlechter. Die Digitaltechnik erlaubt es dagegen, eingehende gestörte, z.B. verrauschte Digitalsignale fehlerfrei zu regenerieren bzw. bei größeren Störungen diese durch zusätzliche Redundanzbits zu erkennen und in den meisten Fällen die eingetretenen Verfälschungen durch Fehlerkorrekturmaßnahmen zu beheben. Dieser hohe, kostengünstig zu erreichende, Qualitätsvorteil führt bekanntlich nicht nur in der Übertragungstechnik, sondern auch bei der Informationsspeicherung (Unterhaltungselektronik, Datenspeicherung, usw.), –verarbeitung und –wiedergabe zur umfassenden Digitalisierung und einer vollständigen Verdrängung der Analogverfahren.

Die Optoelektronik und der Einsatz von Lichtwellenleitern (Glasfasern) revolutionieren nach dem heutigen Stand der Technik in erster Linie die Nachrichtenübertragung. Die heute dominierenden Übertragungsmedien sind die sogenannte Kupfer–Doppelader, z.B. beim häuslichen Telefonanschluß und die Koaxialleitung, wie sie für die kabelgebundene Übertragung von Fernsehsignalen verwendet wird.

Die Glasfasertechnik, die statt der in den anderen Übertragungsmedien üblichen elektrischen Signale Lichtimpulse verwendet, bringt eine Reihe entscheidender Vorteile. In erster Linie ist ihre Übertragungskapazität, gemessen etwa in Megabit oder Gigabit pro Sekunde, um ein Vielfaches höher als bei der Koaxialleitung oder gar beim gewöhnlichen Kupferadernpaar. Sie ist störsicher, leicht zu verlegen und in der Herstellung nicht rohstoffaufwendig. Verbunden mit optischen Komponenten zur Verstärkung, Vermittlung und Verteilung steht der Glasfasertechnik eine große Zukunft in der Telekommunikation bevor.

Die wichtigste Innovation in der Funktechnik der letzten 30 Jahre ist ohne Zweifel die Einführung der Nachrichten- oder Telekommunikationssatelliten.

Zwei Anwendungsgebiete dieser Satelliten dominieren heute: Einmal werden sie zur gebündelten Übertragung vieler tausend Telefongespräche und mehrerer Fernsehkanäle über weite, oft interkontinentale Entfernungen benutzt. Sie gehören damit zur Netzinfrastruktur der Telekommunikationsgesellschaften und stehen dabei in Konkurrenz zu den interkontinentalen Seekabeln. Das zweite Anwendungsfeld ist die Verteilung von Fernseh- und Rundfunkprogrammen direkt zum Teilnehmer, ein sehr populäres Anwendungsgebiet.

In der Zukunft wird sich eine dritte Anwendung sehr stark entwickeln, die direkte interaktive Individualkommunikation über Satellit, d.h. das Satellitentelefon, Satellitenfax, allgemein die satellitengestützte Daten-, Bild-, Text- und Sprachkommunikation.

Um die Sendeleistung des Satellitenhandtelefons eines — mobilen — Teilnehmers niedrig zu halten, plant man im Gegensatz zu den geostationären Satelliten in ca. 36000 km für die obengenannten Anwendungen für die interaktiven Satellitendienste ganze Gruppen weltweit verteilter niedrig fliegender (ca. 1000 km) Satelliten, die Low Earth Orbiting (LEO) Satelliten.

3 Informatik und Telekommunikation

Im vorigen Abschnitt wurden wichtige hardware–orientierte Basisinnovationen als technologische Grundlagen für die zukünftige Gestaltung von Telekommunikationssystemen behandelt. So unabdingbar diese Technologien als Voraussetzungen innovativer Telekommunikationssysteme sind, so sicher ist es auch, daß die eigentlichen Leistungen für die zukünftige Telekommunikation, insbesondere ihre anwendungsbezogene Differenzierung, also ihr Dienstangebot, aus der Informatik, d.h. im Kern durch die einzusetzende Software kommen. Der Einfluß der Informatik auf die Telekommunikation läßt sich grob an zwei Schwerpunkten aufzeigen.

Zum einen sind die digitalen Telekommunikationseinrichtungen, mit anderen Worten die TK–Netzinfrastruktur, ob Vermittlungsstellen, Übertragungseinrichtungen, Anschlußstellen für Endgeräte, netzinterne sogenannte Mehrwertfunktionen, selbst durchweg rechnerbasiert und software–orientiert. So entfällt bei den Entwicklungskosten eines digitalen Vermittlungssystems ein Anteil von ca. 80Gesamtkosten auf die Softwareerstellung. Auch das Auffinden bzw. Verfolgen eines Teilnehmers in einem Mobilfunknetz ist in erster Linie ein Datenbank– und Softwarekommunikationsproblem.

Wenn schon die TK–Netzinfrastruktur als Informatiksystem betrachtet werden muß, trifft das erst recht auf die Kommunikationsendgeräte zu. Ist unser heutiges "Dampftelefonnoch ein vergleichsweise simples elektromechanisches Gerät, ist schon ein ISDN–Telefon nicht mehr ohne eingebaute (Mikro–) Rechnerunterstützung denkbar. Noch mehr gilt das natürlich für Endgeräte, die mehrere Kommunikationsformen, wie Bild, Ton, Daten (Multimedia) und fortgeschrittene Leistungsmerkmale der Verbindungssteuerung (z.B. Kurzwahl, Anklopfen bei besetztem Anschluß, elektronisches Telefonbuch und selektive Ruhe vor dem Telefon) unterstützen.

Viele Fachleute sind daher der Ansicht, daß ein Großteil der heutigen Telefone zukünftig durch einen persönlichen Rechner mit integrierten Telefon–, Fax– und Datenkommunikations–Funktionen ersetzt sein wird, wobei auch Übergänge in die Multimedia–Nutzung, den Mobilkommunikationsbereich und die Haussicherungs– und Leittechnik zu beachten sind.

Weitgehende Übereinstimmung besteht auch, daß die hardwaretechnischen Voraussetzungen für rechnerintegrierte Hochleistungs–Telekommunikationsnetze schon nach dem heutigen Entwicklungsstand gegeben sind.

Die großen Herausforderungen und ungelöste Probleme liegen in der Software und damit in der Informatik. Obwohl sich ein Teilgebiet der Informatik, die Telematik, zentral mit den Fragestellungen digitalbasierter Telekommunikation befaßt, sind darüberhinaus viele Fachgebiete der Informatik gefordert, Beiträge zu leisten. Beispielhaft sind zu nennen die Softwaretechnik, insbesondere unter dem Gesichtspunkt extremer Zuverlässigkeitsforderungen, die Datensicherheitstechnik, Multimedia–Realzeit–Betriebssysteme, Datenbank–und Transaktionssysteme, verteilte DV–Systeme, rechnergestützte Signalverarbeitung, z.B. Spracherkennung, und Softwaresysteme für Multimedia–Fernarbeit und Telekooperationsanwendungen.

4 Mobilkommunikation

Der für die breite Öffentlichkeit sicher augenfälligste neue Telekommunikationsdienst ist der Mobilfunk. In der Vergangenheit in erster Linie für Sonderaufgaben, wie Sicherheitsdienste (Polizei, Feuerwehr, Notruf) und militärischen Einsatz vorgesehen, hat mit dem Angebot teilnehmerorientierter Funknetze durch die Deutsche Telekom AG und private Anbieter eine massive Expansion (analoges C–Netz, digitale D–Netze und E–Netze) eingesetzt. Manche Marktbeobachter sagen dem Mobilkommunikationsmarkt das größte Wachstumspotential voraus und prognostizieren, daß er den heute dominierenden Markt leitungs-/kabelgebundener Telekommunikation bis 2010 übertreffen wird.

Das zentrale technisch zu lösende Problem stellt der Mangel an Funkfrequenzen in den für Mobilfunk vorgesehenen Frequenzbändern des elektromagnetischen Spektrums dar.

Als grundsätzliche Lösung dafür wird das Funkzellenprinzip verwendet. Man unterteilt dazu das abzudeckende Funkgebiet in einzelne Funkzellen, in denen ein fester Vorrat an Frequenzen (Frequenzgruppe) zur Verfügung steht. Für einen ankommenden oder abgehenden Teilnehmerruf wird von der ortsfesten Sende-/Empfangsstation eine dieser Frequenzen für die Dauer der Kommunikation zugeteilt. Grundidee ist nun, die Verteilung der Frequenzgruppen so vorzunehmen, daß benachbarte Funkzellen unterschiedliche Frequenzbereiche benutzen, in weiter entfernten Zellen die Frequenzen einer Gruppe aber ohne die Gefahr von Störungen erneut benutzt werden können. Eine große Rolle spielt die aufgewendete Sendeenergie und damit die Reichweite der Funkverbindung. Begrenzt man die Reichweite in der Funkzelle auf einige hundert Meter, d.h. auf ein Betriebsgelände oder die Umgebung eines Privathauses, kommt man zum schnurlosen Telefon, das von jedermann in Verbindung mit dem häuslichen Telefonanschluß genehmigungsfrei und ohne zusätzliche Gebühren betrieben werden kann. Auch beim schnurlosen Telefon vollzieht sich (ähnlich wie beim überörtlichen Mobilfunk vom C–Netz in die D– und E–Netze) der Übergang zur standardisierten Digitalfunktechnik, hier unter dem Begriff DECT (Digital European Cordless Telephone).

Zwischen die beschriebene Nahbereichskommunikation und die europaeinheitliche Mobilkommunikation nach dem GSM–Standard (Global System for Mobile Communications) in den D–Netzen sollen sich die Regionalnetze vorzugsweise im Frequenzbereich um 1,9 Gigahertz ansiedeln. Ein Begriff hierfür ist PCN (Personal Communication Network). Die Prognosen sagen für die offentlicheMobilkommunikation allein für Europa 40 Millionen Teilnehmer bis zum Jahr 2000 voraus.

Beeindruckend ist die Planung der Mobilfunksysteme der sogenannten 3. Generation. Das Schlagwort, unter dem diese Systeme entwickelt werden, lautet Universal Mobile Telecommunication System UMTS.

Der dem UMTS zugrundeliegende Anspruch ist leicht zu formulieren: Er heißt universelle Erreichbarkeit: „Jedermann, an jedem Ort, zu jeder Zeit und wenn möglich mit jeder Kommunikationsform". Die Einsatzmöglichkeiten sollen sich damit nicht auf das Telefonieren beschränken, sondern auch den mobilen Rechner als Persönlichen Digitalen Assistenten (PDA) mit seinem Bild–, Ton– und Datenaustausch einbeziehen. Auch an die Biosignalübertragung im Rahmen einer telemedizinischen Überwachung oder in Notfallsituationen wird in diesem Zusammenhang gedacht.

Technisch bedeutet UMTS unter anderem die Integration der gerade aufkommenden, heute aber getrennt operierenden terrestrischen Mobilfunksysteme DECT, GSM und PCN, soweit die Funkteile dieser Netze betroffen sind. Diese Netzstruktur würde allerdings versagen, wenn beispielsweise auf dem Meer oder in weniger telekommunikativ erschlossenen Gebieten der Erde eine terrestrische Funkinfrastruktur mit Übergängen ins Festnetz nicht verfügbar ist. Hier würde die bereits erwähnte direkte Satellitentelefonie eingesetzt werden. Die Anforderungen an das vom Teilnehmer mitgeführte Mobilendgerät sind natürlich erheblich. Es muß einerseits die heute sich verbreitenden Kommunikationsstandards für die terrestrische Mobilkommunikation beherrschen, andererseits bei Bedarf und Notwendigkeit automatisch sich auf die Satellitenkommunikation ein- und umstellen können (sogenannte dual mode terminals).

Als weiterer Integrationsschritt wird die vollständige Zusammenfassung der Übergänge — in beiden Richtungen – aus terrestrischen Funksystemen oder vom Satelliten in das „glasfaserbasierte" Breitband-Kommunikationsnetz (Breitband-ISDN) vorzusehen sein.

Damit wäre technisch gesehen, die Vorstellung der universellen Erreichbarkeit eines Teilnehmers umsetzbar. Von hier aus ist es nur noch ein kleiner Schritt zur weltweit verfügbaren, persönlichen Telefon- oder besser Kommunikationsnummer, die unter dem Begriff Universal Personal Telecommunication (UPT) diskutiert wird.

Zum Abschluß dieses Abschnitts ein Blick auf die Umsetzbarkeit dieser weitreichenden Konzepte: Die technischen Voraussetzungen für die geschilderten Szenarien können, insbesondere was die Hardwareseite betrifft, in dem betrachteten Zeitraum von 10–15 Jahren als realisierbar angesehen werden, nicht zuletzt deshalb, weil vermutlich viele nicht veröffentlichte Entwicklungen im militärischen Bereich schon weit fortgeschritten sind. Offen bleibt die Frage der Beherrschbarkeit von (mobilen) Multimillionen-Teilnehmersystemen von Seiten der Software, nicht zuletzt unter dem Gesichtspunkt der Systemsicherheit und des Datenschutzes. Ganz sicher ist, daß gewaltige Investitionen und Betriebskosten aufzubringen sind und daß deshalb die Kundenakzeptanz und ganz generell die Wirtschaftlichkeit die Filter für die Realisierungschancen dieser Konzepte sein werden.

5 Multimedia–Dienste über Kabelnetze

Die Grundidee ist hier, die vorhandenen Breitbandkabelnetze für die Verteilung von Fernseh- und Hörfunkprogrammen („Kabelfernsehen"), meist auf der Basis der Koaxialkabeltechnik, für fortgeschrittene videogestützte multimediale Anwendungen zu benutzen. Diese Thematik wird in allen großen Industrienationen verfolgt, erste Modellversuche haben in den USA Anfang 1995 begonnen. In der Bundesrepublik sind Modellprojekte u.a. in Berlin, Hamburg, Leipzig und Stuttgart im Aufbau. Zielgruppe für diese Telekommunikationsanwendung ist in erster Linie der Endverbraucher, d.h. grundsätzlich alle Haushalte, die über einen Kabelfernsehanschluß und ein Fernsehgerät verfügen. Die wesentliche Zusatzinvestition im Haushalt ist eine sogenannte „set top box", eine rechnergestützte am oder auf dem Fernseher befindliche Anschlußeinheit, die vom Benutzer über eine neu konzipierte Fernbedienung steuerbar ist. Der entscheidende Fortschritt gegenüber den heutigen Verteilsystemen ist der Rückkanal zum Informationsanbieter. Über ihn kann der Telekommunikationsanwender interaktiv ein breites Angebot von neuartigen Dienstleistungen nutzen. Beispiele sind der Abruf von Fernsehsendungen bei Bedarf (video on demand), die Durchführung von Videospielen auch mit Gruppen anderer räumlich weit verteilter Teilnehmer (games on demand), die Nutzung interaktiver Dienstleistungen (wie Bildschirmeinkauf, Telebanking, usw.).

Wirtschaftlich gesehen liegen die Vorteile der Nutzung des vorhandenen Kabelfernsehnetzes auf der Hand. Es sind keine aufwendigen Breitbandverkabelungsarbeiten in den Häusern mehr erforderlich, die verglichen mit den anderen Investitionen den größten Aufwand erfordern. Das gilt besonders für die Bundesrepublik. In den alten Ländern waren 1994 von den vorhandenen ca. 33,4 Mio. Wohnungen bereits 22,8 Mio. verkabelt, von denen 14,2 Mio. den Anschluß auch tatsächlich nutzen. Damit verfügt die Bundesrepublik Deutschland über das größte geschlossene Breitbandnetz der Welt. Der verfügbare Frequenzbereich der verwendeten Koaxialkabelinfrastruktur liegt bei rund 500 MHz. Durch die Digitalisierung der Videoübertragung (digitales Fernsehen) und die Einführung hocheffizienter Bild-Kompressionstechniken können dem Teilnehmer bis zu 400 individuell wählbare Programme oder allgemeiner gesagt Videodarstellungen in höchster Qualität angeboten werden.

Die jetzigen Überlegungen zielen vorzugsweise auf den einfachen Verbraucher, der nicht bereit ist, sich mit komplizierter Bedientechnik, die über eine fortgeschrittene Fernbedienung hinausgeht, auseinanderzusetzen. Ziel der anlaufenden Modellversuche ist daher, sowohl die Nutzungswünsche der Konsumenten als auch den Grad ihrer Bereitschaft, sich mit etwas komplizierteren Bedienprozessen, mit denen das Interaktivitätspotential über den Rückkanal wirklich ausgeschöpft werden kann, auseinanderzusetzen, in teilweise großangelegten Feldversuchen zu erforschen.

Neben dem technisch nicht interessierten fernsehorientierten Verbraucher wird allerdings die Gruppe der PC-trainierten geübten Nutzer von Multimediadiensten zunehmen. Sie werden zukünftig über eine persönliche multimedia-orientierte Rechnerausrüstung verfügen und weit ausgefeiltere Dienstleistungen von ihren kabelnetzorientierten Informationsanbietern verlangen als der einfache Kunde mit der „set top box".

Die Abbildung 1 zeigt die Struktur eines Systems für multimediale Dienste vom privaten bis zum semiprofessionellen Bereich. Auf der Seite der Informationslieferanten (Anbieter) stehen die sogenannten Inhalteanbieter, wie die heutigen öffentlichen und privaten Fernsehsender, Touristikunternehmen, Verlage, Banken, usw. Sie stellen ihr Angebot auf leistungsfähigen zentralen Rechnern, den sogenannten Servern zur Verfügung. Der Kunde wählt sich, entweder über seine Fernseher/Set-top-Kombination oder seinen Multimedia-Rechner in eine sogenannte Mittlerplattform ein, auf der die benutzer-bezogenen Fragen, wie Zugangsberechtigungen, Gebührenerfassung und -verrechnung geregelt werden. Die darunterliegende Transport-plattform übernimmt die eigentlichen Telekommunikationsaufgaben der Übertragung der Benutzerwünsche zu den Servern und der Auslieferung der multimedialen Daten über das Kabelnetz.

Wichtige technische Fragen sind die Organisation der, gegebenenfalls für jeden Teilnehmer unterschiedlichen multimedialen Datenströme auf einem gemeinsam genutzten Kabel, die Unterscheidung der Rückkanäle der einzelnen Teilnehmer, die ebenfalls parallel über dasselbe, bisher nur in einer Richtung genutzte Kabel geführt werden müssen, und die Gestaltung der bildgestützten Bedienung durch den Verbraucher.

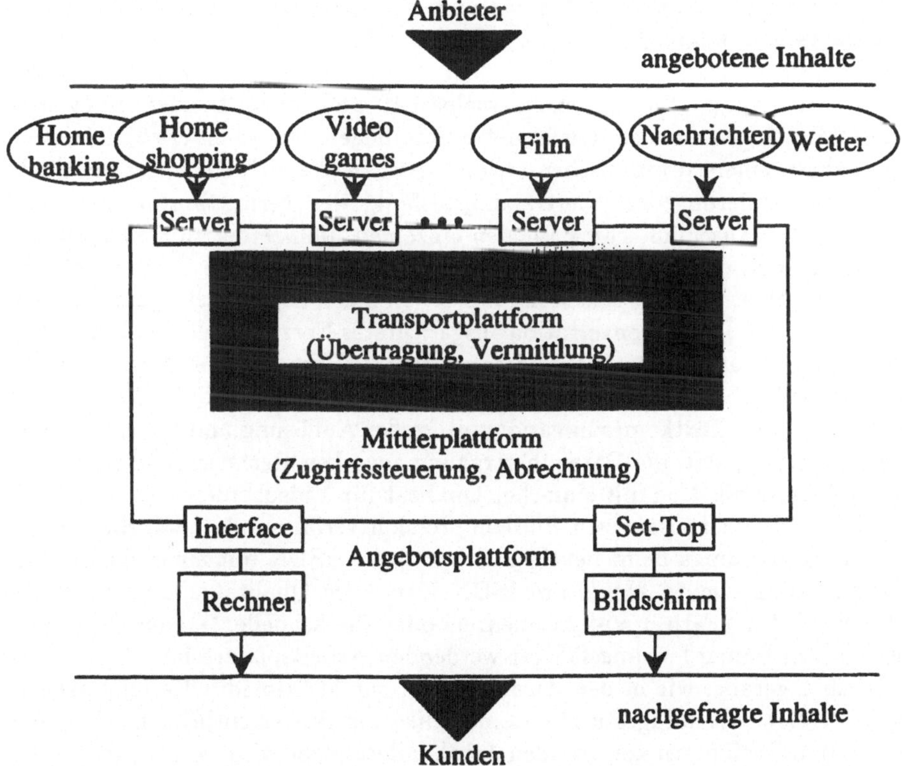

Abb. 1 : *Versorgung von Haushalten mit interaktiven Multimedia– Diensten Rückkanal vom Kunden nicht gezeichnet*

Als größtes technisches Problem erweist sich gegenwärtig die Gestaltung der Videoserver. Auch heutige Hochleistungsrechner stoßen an die Grenze ihrer Verarbeitungs– und Speicherkapazitäten, wenn sie mehrere hundert unabhängige Videosequenzen parallel an die Multimedia–Teilnehmer ausliefern müssen. Eine Übersicht über den Stand der Multimediaentwicklung und die offenen technischen, wirtschaftlichen und gesellschaftlichen Fragen gibt ein vom Büro für Technikfolgenabschätzung des Deutschen Bundestages vergebene Studie [1].

6 Hochleistungskommunikation, ATM–Technik

Wie einführend erläutert, ist die klassische Telekommunikation, sieht man von den zur Massenkommunikation zu rechnenden Verteildiensten Hörfunk und Fernsehen ab, durch die Sprachkommunikation, den Telefondienst, geprägt. Das Wachstum dieses, vom Nutzer her gesehen, Basisdienstes der Individualkommunikation wird auch in Zukunft anhalten, so hat sich der internationale Fernsprechverkehr als dynamischstes Segment in den letzten 5–6 Jahren fast verdoppelt. Auch darf nicht übersehen werden, daß ein Großteil der Länder der Erde im Telefonbereich weit unterversorgt sind. Über 70der Telefonanschlüsse der Welt entfallen auf Nordamerika, die Europäische Gemeinschaft und Japan, Länder mit etwa 15

Die leitungsgebundenen Telefonnetze unterliegen, wie schon erwähnt, seit einigen Jahren einem dramatischen technologischen Wandel, der unter die Stichworte: Digitalisierung der Übertragungstechnik, der Vermittlungstechnik und schließlich der Anschlußtechnik für den einzelnen Teilnehmer zu stellen ist. International wird das neue digitale Netz als Integrated Service Digital Network ISDN bezeichnet. Diese Bezeichnung legt schon nahe, daß es sich eigentlich nicht mehr um ein auf Telefonkonversation ausgerichtetes Netz handelt, sondern daß es viele Kommunikationsdienste (Services) in einheitlicher digitaler Form anbietet. Beispiele sind neben der ISDN–Telefonie mit hoher Sprachqualität, die Nutzung für die Bild– und Textkommunikation mit großer Auflösung und hoher Übertragungsgeschwindigkeit, die Datenübertragung zwischen Rechnern und selbst Bewegtbildkommunikation mit einfacher Qualität für Videokonferenzen und Bildtelefonie ist durch Einsatz von Bildkompressionsverfahren durchführbar. Nicht möglich ist allerdings beim heutigen Schmalband–ISDN mit einer Basisübertragungsleistung von 64 kbit/s pro ISDN–Kanal die Qualitätsübertragung von hochauflösenden (Farb–) Videosequenzen oder die schnelle Datenübertragung zwischen den immer leistungsfähiger werdenden Arbeitsplatzrechnern.

Da aber gerade, wie in den Ausführungen zur Multimedia–Kommunikation bereits gezeigt, die bildgestützte Kommunikation das eigentliche Leitbild der Telekommunikation des kommenden Jahrhunderts sein wird, werden zukünftig für den Anschluß des einzelnen Teilnehmers viel höhere Übertragungsleistungen benötigt als es die herkömmlichen Leitungsnetze aber auch das gerade neu eingeführte Schmalband–ISDN anzubieten in der Lage sind.

In allen großen Industrienationen wird daher an Kommunikationssystemen gearbeitet, die dem geschäftlichen oder privaten Teilnehmer an seiner „Kommunikationssteckdose" Übertragungsleistungen anbieten, die die heutigen ISDN–Kapazitäten von etwa 100 kbit/s um das 100– bis 1000–fache übertreffen. Um solche Kommunikationsraten, gegebenenfalls an weltweit verteilte Kommunikationspartner ohne Qualitätseinbußen und zu vernünftigen Kosten übertragen zu können, bedarf es völlig neuer Weitverkehrs–Kommunikationsnetze. Ein prinzipieller Unterschied zur heutigen Technik wird sein, daß die Nutzung des Netzes nicht nach Zeit bezahlt wird, wie beim heutigen Telefongespräch, sondern nach dem übertragenen Kommunikationsvolumen. So werden in den Kommunikationspausen einer Teilnehmerverbindung keine Gebühren berechnet. Ein noch weitergehender Unterschied ist die Tatsache, daß man im Laufe eines Kommunikationsvorganges pro Zeitabschnitt unterschiedliche Kommunikationskapazität in Anspruch nehmen kann und natürlich auch berechnet bekommt. Dieses stark wechselnde Nutzungsverhalten wird für zukünftige Multimedia–Kommunikation typisch sein. Blendet sich ein neuer Teilnehmer in eine auf dem Computerbildschirm geführte Videokonferenz ein, entsteht ein kurzzeitig höherer Kommunikationsbedarf. Ist er erst im Bildschirmfenster sichtbar, werden nur noch mit wesentlich kleinerem Aufwand seine Bewegungen als Änderungen des anzuzeigenden Videobildes übertragen. Ähnliche Kommunikationsstöße treten beim Einblenden eines Dokumentes oder beim Ablaufen einer erläuternden Computeranimation auf. Eine Übertragungs- und Vermittlungstechnik, die es ermöglicht, Kommunikationskapazität, oder wie es in der Fachsprache heißt (Übertragungs-) Bandbreite, nach Bedarf zur Verfügung zu stellen, ist der Asynchrone Transfer Modus (ATM). Er wird das technische Rückgrat der kommenden weltweiten Hochgeschwindigkeitsnetze sein.

Die ATM–Grundidee ist einfach zu beschreiben. Für einen Kommunikationsvorgang zwischen Teilnehmern werden nicht mehr wie heute eine Leitung oder abstrakt ein Übertragungskanal reserviert, der bei einer Pause natürlich ungenutzt bleibt, sondern die Übertragungskapazität wird in kleine Pakete geteilt, die man in der ATM–Technik Zellen nennt. Jede Zelle hat einen Kopfteil mit kurzen Angaben zu welcher Teilnehmerverbindung der folgende Inhalt gehört. Jede Zelle, von denen einige 100000 und mehr pro Sekunde zur Verfügung stehen und die eine Länge von 53 Oktetts (5 Oktetts Kopf, 48 Oktetts Nutzinformation) haben, kann beliebig einer Teilnehmerverbindung zugeteilt werden. Hat ein Teilnehmer einen hohen kurzfristigen Kommunikationsbedarf, bekommt er viele Zellen, bei geringer Kommunikation kurze Zeit später kommt er mit weniger Zellen pro Sekunde aus. Da auf den Fernübertragungsstrecken viele Teilnehmerverbindungen gebündelt übermittelt werden, kann man davon ausgehen, daß sich in einem Zeitintervall Spitzenbelastungen einzelner Teilnehmer mit geringem Bedarf anderer Teilnehmer ausgleichen, so daß insgesamt eine hohe mittlere Nutzung der — an sich teuren — Fernübertragungskapazität erreicht werden kann. Obwohl in Deutschland der Testbetrieb mit der ATM–Technik gerade erst beginnt, kann mit großer Wahrscheinlichkeit davon ausgegangen werden, daß diese Technik die Grundlage für das Hochgeschwindigkeits–ISDN, das sogenannte Breitband–ISDN, und andere fortgeschrittene Kommunikationsformen sein wird.

Hohe Leistungen mit der ATM–Technik, man spricht von Gigabit–Netzen lassen sich natürlich nur in Verbindung mit der Glasfasertechnik verwirklichen. Bringt man die Glasfaser mit ATM–Technik bis zum Teilnehmer ist man technologisch gesehen beim Information Superhighway oder um im Bild der Datenautobahn zu bleiben, beim Autobahnanschluß vor der eigenen Haustür.

Natürlich darf man bezweifeln, ob eine solche Vision für den privaten Nutzer Sinn macht, sicher ist aber, daß in vielen professionellen Anwendungsbereichen, wie in der Telemedizin, der industriellen Nutzung, beispielsweise bei der Überwachung und Steuerung hochkomplexer Anlagen, und beim telekooperativen Entwurfsprozeß räumlich weit verteilter Entwicklungsgruppen eine solche Hochleistungskommunikation unverzichtbar ist.

7 Internationale Initiativen

Die Diskussion um den Information Superhighwayïst durch die gegenwärtige US–Regierung ausgelöst worden, wobei sich der amerikanische Vizepräsident Al Gore besonders engagiert. Die amerikanischen Planungen werden daher informell als Clinton/Gore–Initiative bezeichnet, offiziell tragen sie den Namen: The National Information Infrastructure (NII): Agenda for Action [2]. Sie ist nicht, wie andere große US–Programme, beispielsweise das Mondlandungsprogramm, vorzugsweise technologisch — oder auch durch das nationale Prestige — motiviert, sondern soll grundsätzlich eine tiefgreifende Veränderung der amerikanischen Wirtschaft und insbesondere der Gesellschaft ermöglichen. Die Schlagworte hierfür sind die Bewältigung der Informationsrevolution und der Übergang in die Informationsgesellschaft, ein Begriff, der auch in den Programmen der Europäischen Union und der japanischen Regierung eine zentrale Rolle spielt. Natürlich können in diesem Beitrag die Dimensionen eines solchen gesellschaftlichen Transformationsprozesses, seine Chancen aber auch seine unübersehbaren Risiken nicht annähernd adäquat behandelt werden. Es sollen daher nur einige der wichtigsten Ziele der einzelnen Initiativen genannt werden. Die NII–Initiative nennt drei Hauptziele, zwei davon: Verbesserung des amerikanischen Bildungswesens und des Gesundheitssystems, durchaus brennende gesellschaftliche Probleme der USA. An erster Stelle des erhofften Nutzens eines landesweiten Verbundes aus Hochleistungskommunikationsnetzen, in diese eingebundene Computer, multimediale Datenbanken und einer entsprechenden Ausrüstung an Computer- und Kommunikationsendgeräten beim Teilnehmer wird die Möglichkeit der Telearbeit im weitesten Sinne genannt. Nach den NII–Visionen sollen die Menschen, unabhängig von ihrem Wohn- oder jeweiligen Aufenthaltsort über den ëlectronic highwayßu ihren Arbeitsplätzen fernpendeln (telecommuting) können.

Die zweite Zielsetzung will ebenfalls Nachteile durch die räumliche Distanz oder andere persönliche und institutionelle Zugangsbarrieren überwinden. Die besten Schulen, Lehrer und Unterrichtseinheiten sollen allen Lernwilligen zur Verfügung stehen, unabhängig von ihrer geographischen Lokalisierung, den direkt erreichbaren Ressourcen oder weiterer persönlicher und wirtschaftlicher Einschränkungen. Und schließlich sollen das amerikanische Gesundheitswesen und andere wichtige soziale Bedürfnisse durch den direkten Zugriff auf die entsprechenden Dienste für jeden Bürger zugänglich und sehr viel effizienter gestaltet werden.

Unter dem Titel „Europa und die globale Informationsgesellschaft" hat die europäische Gemeinschaft 1994 ebenfalls ein umfassendes Aktionsprogramm zur Schaffung und Nutzung neuer Informationsinfrastrukturen angekündigt [3]. Ähnlich wie das Clinton/Gore–Papier geht der sogenannte Bangemann–Bericht davon aus, daß die technologischen Grundlagen, wie sie auszugsweise in den vorherigen Abschnitten geschildert wurden, von der Privatwirtschaft geschaffen werden. Der staatliche Einfluß hat sich dabei auf das Setzen neuer Rahmenbedingungen, insbesondere auf das Aufbrechen staatlicher Monopole auf dem Telekommunikationssektor (Deregulierung) zu beschränken.

Bekanntlich ist dazu die Grundsatzentscheidung des Europäischen Rates bereits gefallen. Spätestens Ende 1997 soll das Monopol für die — besonders gewinnbringende — Übertragung von Sprachkommunikation, also des Telefondienstes in den größeren Ländern der EG entfallen, soweit es, wie in Großbritannien, nicht bereits geschehen ist.

Wichtige Schritte sind bereits getan, die Deutsche Bundespost Telekom wurde zum 1. Januar 1995 in eine Aktiengesellschaft umgewandelt und soll im nächsten Jahr über den Aktienmarkt (teil–) privatisiert werden. Andere Wettbewerber, insbesondere die Stromversorgungsunternehmen, die mit ihren eigenen Telekommunikationsnetzen in Verbindung mit der Stromverteilung hervorragende Einstiegsmöglichkeiten in die neuen Telekommunikationsmärkte haben, aber auch die privaten Mobilfunkunternehmen und die Deutsche Bahn AG mit ihrem bahneigenen Telekom–Netz stehen in den Startlöchern.

Die meisten Konkurrenten der Deutschen Telekom AG sind darüberhinaus strategische Allianzen mit ausländischen Wettbewerbern eingegangen, um sich sowohl für den nationalen Wettbewerb als auch für das Vordringen auf internationale Märkte vorzubereiten. Auch die Telekom AG geht in Verbindung mit der France Telecom diesen Weg.

Die beiden eingangs erwähnten Säulen der klassischen Telekommunikation, die technologisch stabile, langfristig evolutionäre Entwicklung des Telefondienstes und die wirtschaftliche Monopolstellung der behördenmäßig organisierten staatlichen Telefongesellschaften werden somit in allernächster Zeit wegbrechen. Ein tiefgreifender Wandel nicht nur für die Mitarbeiter der ehemaligen Deutschen Bundespost, sie war bis zur Aufteilung das größte Unternehmen und damit der größte Arbeitgeber des Landes, sondern für die gesamte Wirtschaft und Gesellschaft.

8 Chancen und Risiken multimedialer Telekommunikation

Eine — natürlich mit großen Unsicherheiten behaftete — Abschätzung der wirtschaftlichen und gesellschaftlichen Folgen einer breiten, wirtschaftlich günstigen Verfügbarkeit der Informations–Autobahnen sollte grundsätzlich zwischen dem geschäftlich/beruflichen Bereich (professionelle Nutzung) und der privaten Nutzung differenzieren, wobei die Übergänge natürlich fließend sind.

Im geschäftlichen Bereich, der bei den komplexeren Informationsdienstleistungen eine Schrittmacherrolle spielen wird — und schon spielt — stehen sicher Produktivitätssteigerung und Qualitätserhöhung im Vordergrund. Ein Beispiel ist die rechnergestützte Telekooperation bei der Produktentwicklung, wie sie z.B. zwischen den großen Autoherstellern und ihren Zulieferern bereits in

Ansätzen praktiziert wird. Alle Entwicklungspartner haben stets Zugriff auf alle
— entsprechend freigegebenen — Entwicklungsdokumente, können sie, von entfernten, räumlich verteilten Konstruktionsplätzen unverzögert gemeinsam bearbeiten und die unmittelbar an allen Plätzen angezeigten Ergebnisse, beispielsweise in Form komplexer Konstruktionszeichnungen, in einem kollektiven Entscheidungsprozeß prüfen und verabschieden. Eine solche Informationsvernetzung
und die dadurch ermöglichte Telepräsenz wird zu Veränderungen der Unterneh-
mensstrukturen hin zu mehr Kleinunternehmen und zu einer stärkeren Dienst-
leistungsorientierung (Funktionsauslagerung) führen. Diese Vision des lokations-
unabhängigen, freiwählbaren Arbeitsplatzes spielt ja auch in der Clinton/Gore-
Initiative eine zentrale Rolle. Die multimediale Telepräsenz kann auch zu einer
Reduzierung des Bedarfs an Geschäftsreisen führen, auch aus umweltpolitischer
Sicht eine begrüßenswerte Entwicklung.

Große Hoffnung setzt man weltweit auf die Entstehung neuer Berufsfelder.
Trotz aller Automatisierung müssen die neuen Informationsinfrastrukturen geplant, entwickelt, produziert und gepflegt werden, wobei der Software eine immer
größere Rolle zukommt. Informatiker, Telematiker und andere technische Berufe
finden hier weitergehende und neue Aufgaben. Großer Bedarf wird aber auch
in der Medienwirtschaft, beim künstlerischen Design und der Medienherstel-
lung entstehen. Man erwartet generell eine Zunahme kreativer Tätigkeiten auf
Kosten repetitiver, reproduzierender Arbeitsinhalte. Trotz aller angestrebten Bedienungsfreundlichkeit und leichten Benutzbarkeit werden zukünftig noch höhere
Anforderungen an das Verständnis und die intellektuelle Beherrschung der hoch-
komplexen, vielfach vernetzten Anwendungssysteme gestellt werden. Aus- und
Weiterbildung, selbst wiederum mediengestützt, werden daher eine zunehmende
Rolle spielen und viele qualifizierte Arbeitsplätze schaffen.

Die Risiken der neuen Technologien im wirtschaftlichen Bereich sind in einigen Punkten komplementär zu den genannten Chancen. Produktivitätssteigerung heißt im allgemeinen auch Wegfall von Arbeitsplätzen und darüberhinaus
oft von Berufsfeldern. Die Verlagerung in den Kleinbetrieb, im Extremfall in die
Ein–Person–Teledienstleistung kann zur Isolierung am Arbeitsplatz, zur Beengt-
heit und zur Vereinsamung führen.

Ähnliche Risiken sieht man auch für den privaten Bereich. Einkauf über den
Bildschirm, und Inanspruchnahme vieler anderer Dienstleistungen durch Tele-
services sowie ein übergroßes, selbst steuerbares und beliebig erweiterbares Vi-
deoangebot können durchaus zu Informationsüberflutung und sozialer Abstump-
fung führen. Andererseits fürchten manche Kritiker eine neue Klassengesellschaft
unter dem Stichwort Informationsdiskriminierung. Besser qualifizierte, z.B. entsprechend beruflich geschulte, Informationsnachfrager können sich Informations-
vorteile nie dagewesener Qualität verschaffen. Seien es die Nutzung bester Finan-
zierungsbedingungen, günstiger Sonderangebote oder das Verschaffen anderer
wirtschaftlicher Vorteile. Auch durch eine permanente Weiterbildung bei Nutzung der Angebote des Fernlehrens und –lernens (Teleteaching) kann sich der in-
tellektuell mobile, das Teledienstinstrumentarium beherrschende Arbeitnehmer
Vorteile am Arbeitsmarkt verschaffen, die dem weniger vorgebildeten Wettbe-

werber am Arbeitsmarkt verschlossen bleiben. Es ist allerdings umgekehrt nicht zu verkennen, daß die (bewegt-) bildgestützte multimediale Unterweisung für weniger lese- und schreibgeübte Menschen weitaus leichter zugänglich ist als die heute oft üblichen komplizierten Anleitungstexte.

9 Schlußbemerkungen

Die Integration neuer Formen der Telekommunikation mit der Computertechnik und der Unterhaltungselektronik wird für die kommenden Jahrzehnte einen dominierenden Einfluß auf die wirtschaftliche und gesellschaftliche Entwicklung der Welt haben. Vorreiter werden hier, wie auch in anderen Feldern der industriellen Zukunft, die Industrieländer der sogenannten Triade Japan (Ostasien), Europa (EU) und Nordamerika (USA und Kanada) sein. Es ist vorhersehbar, daß der bevorstehende Wandel für diese Länder vergleichbar mit dem Übergang von der Agrar- zur Industriegesellschaft in der zweiten Hälfte des vorigen Jahrhunderts — teilweise auch in jüngerer Zeit — sein wird. Waren es damals die Basisinnovationen der Kraft- und Arbeitsmaschinen, der Energieversorgung durch die Elektrizität und der Steigerung der landwirtschaftlichen Erträge durch die rationalisierende Landtechnik und die Chemie, so sind es heute und morgen die Innovationen der Informations und Kommunikationstechnik, die die Bereitstellung und Handhabung von Informationen in hoher Qualität an beliebigen Orten zu beliebiger Zeit ermöglichen und damit neue wirtschaftliche und gesellschaftliche Strukturen entstehen lassen. Diese Strukturänderungen werden durch Dezentralisierung und "Dekonzentration"in mehrfachem Sinne gekennzeichnet sein.

Auch die Situation der Entwicklungsländer wird sich ändern.

Während die Nutzung der fortgeschrittenen Multimedia–Hochleistungskommunikation eine mit enormen Investitionen verbundene Herausforderung der im Wettbewerb liegenden Industrieregionen sein wird, hat die satellitengestützte Mobilfunktechnik technisch gesehen das Potential auch für die weniger entwickelten Länder eine wesentliche Verbesserung der Kommunikations–Infrastruktur zu ermöglichen. Unbestreitbar ist dabei, daß die großen Chancen für eine sich immer stärker globalisierende Weltwirtschaft mit immer größer werdenden Interdependenzen der Staaten und Regionen sich nur durch eine enge internationale Kommunikation und Kooperation in konstruktiver Weise nutzen lassen.

References

[1] Booz.Allen & Hamilton (Hrsg.): *Zukunft Multimedia — Grundlagen, Märkte und Perspektiven in Deutschland*, Frankfurt, 1995

[2] NTIA NII Office: *The National Information Infrastructure: Agenda for Action*, Washington, D.C., USA, 1994

[3] M. Bangemann et al.: *Recommendations to the European Council: Europe and the global information societyi*, Brüssel, 1994

Wirtschaftsinformatik als Nervensystem der Wirtschaft - Neuere Entwicklungen der Wirtschaftsinformatik

Rainer Bischoff

Fachbereich Wirtschaftsinformatik

Fachhochschule Furtwangen (Schwarzwald)

Gerwigstr. 11, D-78120 Furtwangen

email: bischoff@fh-furtwangen.de

Zusammenfassung

Betriebliche und zwischenbetriebliche Informationssysteme/Anwendungssysteme stellen heute in den meisten Branchen und Unternehmungen eine unverzichtbare, informationelle und informationstechnologische Basisstruktur dar, die für die Unternehmungen lebensnotwendig geworden ist. Der Zwang zur Anpassung an sich verändernde Märkte und Technologien macht diese Basisstruktur zur strategischen Waffe: Die Wirtschaftsinformatik als praxisorientierte Wissenschaft mit der Aufgabe/den Inhalten der Gestaltung und Steuerung der diese Basisstruktur ausmachenden Anwendungssysteme kommt damit eine zunehmende Bedeutung zu. - Der Beitrag schildert Entwicklungen, Stand und Perspektiven der Wirtschaftsinformatik unter obigem Gesichtspunkt und skizziert die besondere Verantwortung der Wirtschaftsinformatik/des (der) Wirtschaftsinformatikers (Wirtschaftsinformatikerin).

1.   Staat, Wirtschaft und Unternehmungen heute

1.1   Die strategische Bedeutung der Wirtschaft

Die Exportstruktur der deutschen Wirtschaft hat sich in den letzten Jahren nicht sonderlich geändert. Die technologische Führerschaft liegt bei vielen Spitzentechnologien bei den Japanern und den Amerikanern. [Knitter 1994, 5 ff.] In den verlorengegangenen Hochtechnologien ist Deutschland unaufholbar zurückgefallen; der qualitätsbekannte Mittelstand gerät durch Billiglohnangebote zunehmend in Bedrängnis. Das Sozialstaatdenken verlangt seinen Tribut. Gibt es einen Ausweg aus dieser Krise?

Die Ausgaben für Forschung und Entwicklung gehen anteilig zurück. Betrugen sie 1989 noch ca. 2,8 % des Bruttosozialproduktes, betrugen sie 1991 nur noch ca. 2,6 %. Die öffentliche Hand veränderte ihren Anteil von ca. 0,9 % auf ca. 1 % (ohne Verteidigungsforschung und einige Randgebiete). [Statistisches Bundesamt 1994 (1), 148; (2) 426 + 682]

Produkte der Hochtechnologien sind oft zu wesentlichen Teilen Informatik-Produkte bzw. Produkte, die durch Erhöhung des Informatik-Anteils Qualitätsverbesserungen erfahren haben (Entmaterialisierung der Güter durch Erhöhung des Informatikanteils). [Hanker 1990, 389] Mit diesen und den reinen Informations- und Kommunikationstechnologien könnten vielleicht mit einer in dieser Weise "reaktivierten" Wirtschaft Wohlstand, Beschäftigung, Sozialstaat unddemokratische Stabilität gesichert werden. Neben dem Versuch, bei den obigen zentralen Spitzentechnologien noch mitreden zu können, sind vor allen Dingen Anwendungen anzubieten und Anwendungslösungen zu erarbeiten, die komplexe Systemlösungen darstellen und deren Architektur und Realisierung intelligentes Problemlösungsverhalten benötigt.

1.2 Die strategische Bedeutung der Informatik für Gesamtwirtschaft und Unternehmungen

1.2.1 Informatik als Basistechnologie

Nach einer OECD-Studie [OECD 1989] wird zwischen primärem Informationssektor und sekundärem Informationssektor unterschieden. In den primären Informationssektor gehören die Informationsdienste wie Wissensproduktion, Informationsverteilung und Kommunikation etc. und die Informationsgüter wie Investitionsgüter (i. e. S.) und Konsum- und Zwischenprodukte (die teilweise indirekt zu oben beitragen). Dem sekundären Informationssektor werden sämtliche Wertschöpfungen zugerechnet, welche durch informationstypische Tätigkeiten (information activities) außerhalb des primären Informatiksektors entstehen.

Unzweideutig ist die Informatik hier als Basistechnologie zu sehen, die sich durch
○ Prozeßinnovationen,
○ Produktinnovationen und
○ Migration in alle Bereiche einer Volkswirtschaft bis hin zum Betrieb und Arbeitsplatz
kennzeichnet. Ihr kann die Rolle des eigentlichen Motors zugeschrieben werden.

Erwähnenswert sind die Ergebnisse der deutschen Delphi-Untersuchung zur Entwicklung von Wissenschaft und Forschung. [BMFT 1993] Bei der Beurteilung des internationalen Standards in F + E (Deutschland, Japan, USA) wird der Stand der deutschen Elektrotechnik/-Informationstechnik und der Kommunikation im Verhältnis zu Japan und den USA - wenn man einmal von der ebenfalls schlecht bewerteten Raumfahrt absieht - am schlechtesten bewertet. [BMFT 1993, 100] Insofern wird die anfänglich aufgestellte These von der Basistechnologie und dem deutschen Rückstand unterstützt.

1.2.2 Informatik/Wirtschaftsinformatik und Unternehmungen

Die Informatik - hier verstanden als Dach für Informationstechnik, Informationstechnik in Verfahren/Methoden, einschlägigen Dienstleistungen und der einschlägigen wissenschaftlichen Methodenlehre - erlaubt in Bezug auf Unternehmungen die Differenzierung in Produkte der informationstechnischen Industrien und Informatik-Anwendungsbereiche in Unternehmungen. Erstere Gruppe wird nach der OECD als informationstechnologischer Industriezweig bezeichnet und wie folgt unterteilt [Hanker 1990, 187]:

1. Computer und Bürotechnik (bzw. Büroautomation)
2. Software und EDV-Dienstleistungen
3. Telefonkommunikation (Hardware und Dienste)
4. Konsumelektronik
5. Industrieelektronik (inkl. Instrumente, Fertigungsautomation)
6. elektronische Komponenten (Chips etc.)
7. sonstige (z. B. Medizintechnik, Militärtechnik, Raumfahrttechnik etc.)

Die zweite Gruppe, im Hinblick auf die in diesem Kontext noch abzugrenzende Wirtschaftsinformatik, bedarf unter Kosten-Nutzen-Aspekten der Diskussion der Problematik der Umsetzung der IT-Potentiale in Unternehmungen:

O Prozeßoptimierung (Kapital ersetzt Arbeit)

O Rationalisierung repetitiver Vorgänge (Gesamtproduktivität; Beachtung Preisverfall; nicht immer Faktorsubstitution)

O Dezentralisierung der Informatik (ggf. prozeßbeschleunigend; nicht notwendigerweise kostenreduzierend; neue Informationsquellen)

O Produktdifferenzierungen (Erhöhung der Wettbewerbsfähigkeit)
- OO im traditionellen Sinne und deren Beherrschung durch Informatiksysteme
- OO durch Erhöhung der (informatikbasierten) Intelligenz des Produktes
- OO durch Erhöhung des (informatikbasierten) Services

O Produktinnovationen im Sinne neuer Produkte und Märkte
- OO bezogen auf die obige IT-Industrie sowohl im Sinne von Investitionsgütern als auch Konsumgütern
- OO bezogen auf die übrigen Branchen im Sinne der Nutzung der Informationstechnologie die entsprechende Potentiale liefert (Informationen, Unternehmungsverbund, virtuelle Unternehmung etc.)

Es dürfte offenliegen, daß mit diesen als Beispiel zu verstehenden Auflistungen interbetriebliche und intrabetriebliche Probleme angesprochen sind, die zu einem wesentlichen Teil zur "Aufgabe der Wirtschaftsinformatik" zu rechnen sind:

O Einschätzung des richtigen Wertes von Information

O Informationsbedarf und Informationsüberfluß

O Qualifikationsprobleme

O Managementkompetenz

O Job Enrichment/Job Enlargement

O Kommunikationsinfrastruktur nach außen, nach innen

O Integration/Koordination nach außen, nach innen

O Standardisierung im IT-Bereich

O Probleme der Softwareproduktion

O Kosten/Nutzen/Effizienz

O Methodische Defizite im Informatikbereich, insbesondere im Controlling-/Kennzahlenbereich

2. Die Entwicklungslinien der Wirtschaftsinformatik

Die Wirtschaftsinformatik als anwendungsorientierte Wissenschaft beschäftigt sich - in Integration obiger Auflistungen - mit dem Aufbau, der Arbeitsweise und der Gestaltung computergestützter betrieblicher Kommunikations-und Informationssystemen. [Bischoff 1992, 4]

2.1 Entwicklungen in der Wirtschaftsinformatik: Entwicklungsstufen von Anwendungssystemen

Nach Szyperski [Szyperski 1986] kann man die folgenden vier Phasen unterscheiden

O *Phase der systemtechnischen Orientierung*

Seit etwa Mitte der 50er Jahre wurden bei mehr und mehr Unternehmungen Aufgaben auf die frei programmierbaren Rechner übertragen. Rechenintensive und relativ isolierte Anwendungen standen im Vordergrund. Eine systematische und wissenschaftlich fundierte Auseinandersetzung mit der Informationstechnologie fand noch kaum statt.

O *Phase der Anwendungssysteme*

Die erhöhte Leistungsfähigkeit der Rechner und die gemeinsame Nutzung von Datenbasen führte Mitte der 60er Jahre zur Übernahme ganzer Arbeitsabläufe auf den Rechner. Qualitativ höhere Nutzungsformen wurden erreicht. Die sogenannten Management Informationssysteme (MIS) wurden diskutiert. Die Diskussion der Begriffe Anwendungskonzeption und Anwendungssysteme zeigt die angestrebte gleichzeitige Berücksichtigung systemtechnischer und betriebswirtschaftlicher/organisatorischer Problembereiche.

O *Phase der Gestaltungsorientierung*

Die immer leistungsfähiger und billiger werdende Hardware und Komponenten der Systemtechnik führten zur Implementierung immer anspruchsvollerer Anwendungen: die Gestaltungsproblematik, d. h. das Software Engineering wurde zum Dreh- und Angelpunkt. Der Beginn dieser Phase ist mit etwa 1970 anzunehmen. Sie dauert noch heute an.

O *Phase der Kommunikationssysteme*

Miniaturisierung und Leistungssteigerung der elektronischen Bauelemente und der Ausbau der Postdienste führen zu sich laufend erweiternden Möglichkeiten der Telekommunikation. Arbeitsplatzbezogene Verbundlösungen (Integration) von gleichermaßen dezentralisierten wie zentralisierten Informationssystemen stehen im Vordergrund.

2.2 Wo steht die Wirtschaftsinformatik heute?

Die Wirtschaftsinformatik ist für die Mehrheit der Unternehmungen, die seit Jahren Datenverarbeitung haben, mit der obigen vierten Phase bzw. mit den Entwicklungsstufen IV und V und Ansätzen von VI des Modells von Nolan [Nolan 1973] [Nolan 1975] wohl richtig positioniert. Die Phasen V und VI werden von Nolan mit drei Hypothesen belegt (in Anlehnung an [Kolf 1977, 151] [Nolan 1979]):

O Informations- und Kommunikationstechnologie - Hypothese 1

Treibender Faktor weiterer anderer Anwendungen wird die Informationstechnologie sein.

→ in der heutigen Interpretation: Netze, Dezentralisierung, auch von Entscheidungs-
strukturen

→ multifunktionaler Arbeitsplatz

O Data - Resource - Hypothese 2

Schaffung spezieller Funktionen für die Organisation des Managements der Datenverarbeitung im Sinne einer besonderen Betonung des Data - Resource - Effektes

→ in der heutigen Terminologie: DATA - WAREHOUSE und mit oben Data -
Highway

→ im organisatorischen Sinne: Informationsmanagement

O Kontingenz - Hypothese 3 (situativer Kontext)

Die Stufen I - V repräsentieren wesentlich den organisatorischen Lernvorgang einer
Unternehmung. Phase VI subsumiert, es ist gelernt worden: Neuer Kontext ist u. a. die
Branche, der Managementstil und die relevante Informationstechnologie.

→ Die Informationsverarbeitung muß strategisch untermauert werden. Sie kann
integraler Bestandteil der Unternehmungsstrategie werden.

→ Hypothese 1 und 2 können essentiell wirken bzw. ihre Erkenntnisse können eingesetzt werden.

In der Phase VI sollen also diese Ansätze ausgereift und strategisch "gespiegelt" sein.

3. Aufgaben und Wirkungsfelder einer modernen, zukunftsorientierten Wirtschaftsinformatik

Unter dem Aspekt so gelagerter Anforderungen bzw. Veränderungen ist also ein System-
architekt gefragt, dessen ganzheitliche Betrachtungsweise über alle notwendigen betrieblichen
Funktions- und Fachbereiche geht, und dies unter Berücksichtigung des Spannungsfeldes
Mensch - Technologie - Unternehmung - Staat.

3.1 Informationsmanagement ↔ Wirtschaftsinformatik

Im Zentrum der Wirtschaftsinformatik steht somit die Planung, Entwicklung, der Betrieb und
das Controlling der Anwendungssysteme inkl. der Planung, Konfigurierung und des Con-
trollings des Einsatzes der technischen Informationssysteminfrastruktur. Hierzu bedarf sie
geeigneter Methoden aus dem Integrationsbereich Betriebswirtschaft/Informatik, die sie meist
nicht einfach adaptieren kann, sondern ggf. entwickeln bzw. weiterentwickeln muß.

Dem Informationsmanagement als Leitungshandeln in Bezug auf betriebliche Kommuni-
kations- und Informationssysteme in ihrem organisatorischen/technischen/rechtlichen Kontext
kommt dabei [Heinrich 1992, 110] die Aufgabe zu, die Rolle der Informationsfunktion (=
Zusammenfassung aller Aufgaben einer Betriebswirtschaft bezüglich Information und Kommunikation) zu bestimmen und ihr Leistungspotential in die Unternehmungsstrategie ein-
zubetten. Das Informationsmanagement ist damit Teilmenge der Wirtschaftsinformatik mit
den Aufgaben Strategie, Planung, Controlling und Methoden hierzu.

3.2   IS-/DV-Controlling 1994

Die in der Praxis zu beobachtenden Entwicklungsstufen im Verlaufe des Einsatzes der Datenverarbeitung in Unternehmungen unterscheiden sich im Einsatz der DV und in den sich intensivierenden Planungs-, Organisations- und Controlling-Prozessen, bezogen auf die Problematik der Höhe und des Wachstums des DV-Budgets (als Surrogat).

Die Entwicklungen in Richtung solcher Veränderungen haben heute auch in Deutschland einen organisatorisch nachweisbaren Zustand hervorgebracht, der in der Controlling-Studie [Haschke 1994] markant erkennbar ist und sicherlich die weitere Richtung der Entwicklungen aufzeigt. Basis ist eine sogenannte "DV-Controlling-Enquete 1993". DV-Controlling ist Teilmenge des IS-Controlling (Informationssystem-Controlling), das wiederum Teilmenge eines richtig verstandenen Informationsmanagements ist.

Die wesentlichen Ergebnisse der Studie sind:
- O die Funktion DV-Controlling besteht nach dieser Untersuchung bei ca. 40 % der befragten Unternehmungen noch nicht, bei Unternehmungen mit über 500 Mio. Umsatz bei 26 % noch nicht und bei 40 % erst seit 2 Jahren: die DV wird erst jetzt zum Kostenfaktor!
- O der Beitrag der Informationsverarbeitung zur Unternehmungsstrategie wird in 4 % der Fälle als gering und in 9 % der Fälle als mittel bezeichnet und bei dem Rest als groß (Befragte: Unternehmensleitungen): die strategische Komponente ist erkannt!
- O der Stand des Downsizing im Sinne einer Verarbeitung im Client-Server-Modus unter Einschluß des Mainframe wird mit 44 % als realisiert und mit 17 % in Einführung und mit 39 % als geplant angegeben.
- O Outsourcing-Planungen (Outsourcing = Auslagerung von DV-Aufgaben) gibt es in dem Bereich von je 15 - 20 % (bei Unternehmungen mit mehr als 500 Mio. Umsatz) bezogen auf den RZ-Betrieb, die Unterstützung der Entwicklung von schlüsselfertigen Softwaresystemen durch externe Dienstleister, der Übertragung des RZ-Betriebes und des gesamten System-Management auf Inhouse-Outsourcing-Anbieter (Tochtergesellschaften).

3.3   Das wirtschaftsinformatische Potential

3.3.1   Terminologie

Anwendungssysteme sind Informations- und Kommunikationssysteme im Sinne verarbeitender Software und zu nutzender Datenbestände auf der Basis konkreter, geeigneter Architekturen und entsprechender Informationstechnologien. Die vielfältige und sich rasant entwickelnde DV-Technologie eröffnet ein breites Spektrum alternativer Ausgestaltungen und damit Nutzungsmöglichkeiten. Es wird zunehmend möglich, Anwendungssysteme sachopportuner und nicht (nur) technologiegetrieben zu gestalten. - Abbildung 1 stellt den Zusammenhang der Komponenten dar.

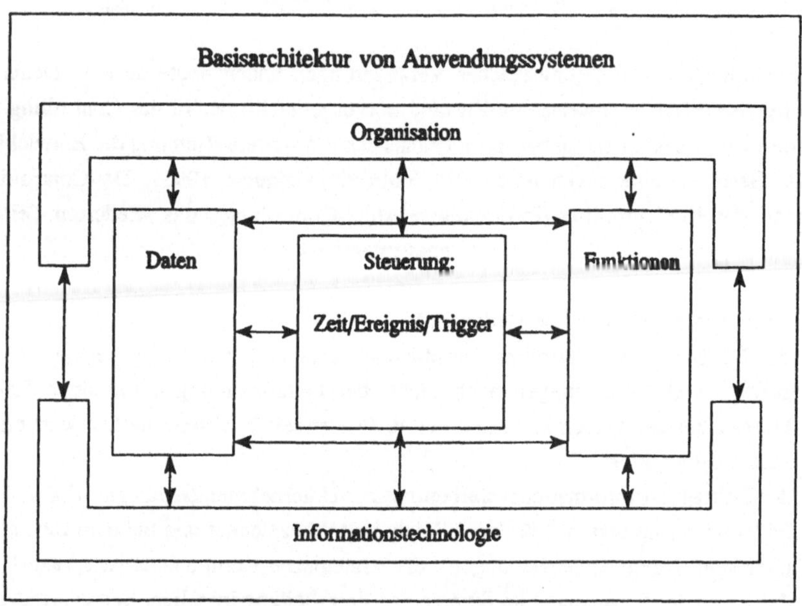

Abb. 1: Basis-Architektur von Anwendungssystemen

Die Abbildung subsumiert eine mögliche Trennung der Komponenten: sie ist zum Teil im Sinne einer komponentenartigen Entwicklung (z. B. Software, Datenbasis, Rechner) möglich, bedarf jedoch stets der Spiegelung bzw. der Berücksichtigung der parallelen, integrativen Komponenten. Bei einer objektorientierten Vorgehensweise werden im wesentlichen Daten- und Funktionsaspekte verschmelzen.

Bei einer vertikalen Gliederung der Anwendungssysteme in Wirtschaftsunternehmungen wird, von unten nach oben, in Administrationssysteme, Dispositionssysteme, Planungssysteme und Kontrollsysteme unterschieden. [Mertens 1991, 5 ff.] Diese - vielleicht etwas idealtypische Aufteilung - verliert etwas an Bedeutung, wenn man die heutige Diskussion des Business (Re-) Engineering betrachtet: Nach gängiger Terminologie werden in einer Funktion, z. B. dem Vertrieb, Aufgaben gleicher Grundstrukturen bearbeitet, z. B. die Auftragsbearbeitung für viele unterschiedliche Aufträge. Danach werden sie in einem anderen Funktionsbereich weiterbearbeitet. Die Prozeßorientierung als operationalisierter Teil des Business Engineering erhält ihre Ausrichtung von der Geschäftsstrategie, d. h. der Geschäftsfeld-orientierten Unternehmensstrategie (diese ist ggf. zum Teil neu: Business (Re-) Engineering). Die Geschäftsfelder stellen strategische Geschäftsbereiche dar, bei denen eine leistungsorientierte Zielausrichtung Basis der Ablauforganisation ist. Solche Ausrichtungen sind z. B. Kundenorientierung, Auftragsorientierung oder allgemein für die Unternehmung wichtige Wertschöpfungsketten. Dies heißt nun konkret, daß z. B. ein Kreditantrag eines Kunden durch die verschiedenen Funktionen/Bearbeitungsstationen im Sinne eines zusammenfassenden Ablaufs/Prozesses durchgezogen wird: es können sich organisatorische Umstellungen und Veränderungen/Anpassungen für das dazu notwendige Informationssystem (inkl. der genutzten Technologie) ergeben (Business (Re-) Engineering). Eine Prozeßorientierung kann sowohl eine zunehmende Vertikalisierung als auch Horizontalisierung (jeweils Integration) notwendig machen. Der Begriff Anwendungssystem (im folgenden: AWS) bekommt damit keine andere Bedeutung, es verbergen sich jedoch damit hinter ihm andere Inhalte: so sind ggf. dispositive und planerische Elemente enthalten (vertikale Integration) bzw. mehrere betriebliche Funktionen angesprochen (horizontale Integration). Der Ansatz ist somit ganzheitlich orientiert (fallabschließende Verantwortung) und beinhaltet auch Elemente von dem, was man Unternehmenskultur bezeichnen könnte. [Eiff 1994]

3.3.2 AWS: Administrations-/Dispositionssysteme - Schwerpunkt Daten + Funktionen

Administrationssysteme (im wesentlichen Abrechnungs- und Verwaltungssysteme) sind in der Vergangenheit oft (erste) Eigenentwicklungen gewesen. Ihre verschiedenen Anwendungsbereiche - z. B. Lohn und Gehalt oder Systeme der Materialwirtschaft - führten zu informationellen Inseln, die schwer integrierbar waren/sind. Standardsoftware gewinnt deshalb u. a. zunehmend an Bedeutung. Eine betriebsspezifische Anpassung erfolgt über die üblichen Wege der Anpassung von Standardanwendungssoftware (Bausteine, Parametrisierung oder Templates[1] und Branchenplattformen[2] [Österle, Sanche 1994] etc.). Die Entwicklung in Richtung der vermehrten Nutzung von Standardanwendungssoftware mit der Notwendigkeit schneller, wirtschaftlicher und nachvollziehbarer Anpassung sowie des Einsatzes von Applikationsplattformen bzw. Templates wird sich fortsetzen[3]. Dies gilt z. B. für die Zurverfügungstellung von zum Teil gefüllten Objektdatenbanken mit Objekten bzw. der Möglichkeit, auf formalen Vordefinitionen in relativ einfacher Form Inhalte zu implementieren.

Heutige Standardanwendungssoftware ist tendentiell funktionsorientiert (im traditionellen funktionalen Sinne). Die organisatorischen Trends verselbständigen sich jedoch zunehmend: es wird kaum noch Rücksicht auf die Belange der Informationstechnik genommen [Brill

---

[1] Hierunter versteht man teilweise durch Code ergänzte Designobjekte, oft in CASE-Tools enthalten.

[2] Branchenplattformen sind Referenzmodelle für unternehmensindividuelle Informations-System-Architekturen für einzelne Branchen.

[3] Es soll darauf verwiesen werden, daß die Zurverfügungstellung von Templates/Branchenplattformen keineswegs neu ist: So kann das Kölner Integrationsmodell [Grochla und Mitarbeiter, 1974] (Darstellung und Beschreibung der wichtigsten Aufgaben und Datenflüsse für ausgewählte Branchen) sowohl als fachliches Template bzw. Branchenplattform, als auch als Data-Dictionary-orientiertes Template verstanden werden.

1993]. Sie kann ja auch (fast) jeden "Wunsch erfüllen". Dies ermöglicht der Unternehmung, sich alleine auf die fachliche Komponente zu konzentrieren. Gliedert sich die Unternehmung in ergebnisverantwortliche Geschäftseinheiten und führt dort die oben skizzierte Prozeßorientierung ein, dürften die meisten der heutigen Standardanwendungssoftwarepakete nicht mehr sinnvoll einsetzbar sein. Dies gilt, auf anderer Ebene, analog für die Objektorientierung.

Dispositionssysteme steuern kurzfristige, relativ gut strukturierte Abläufe. Es gehören hierzu z. B. die Bestellpolitik, die Werkstattsteuerung in der Fertigung, die Außendienststeuerung und vieles andere mehr. Dispositionssysteme sind oft in Administrationssysteme integriert, auch in die ggf. benutzte Standardanwendungssoftware. Oft gründet die Entscheidungsbasis jedoch auf zusätzlichen und vielfältigen, unterschiedlich gehaltenen Informationen (z. B. Kataloge, Referenzen etc.), die den schnellen Zugriff und eine schnelle Reaktion verlangen. Entscheidungsunterstützende Systeme (EUS, EIS = Executive Information System; XPS = Expertensystem) können hier Hilfestellung leisten: der Benutzer wird in die Lage versetzt, die bereitgestellten Informationen für seine Fragestellung - meist interaktiv - zu nutzen.

3.3.3 AWS: Planungs-/Kontrollsysteme - Schwerpunkt Daten + Funktionen

Hier soll sich Planung auf den Managementbereich der globalen Steuerung (Führung) der Unternehmung beziehen. Es sollen darunter die Aufstellung der Unternehmensziele und die Vorgabe des Handlungsrahmens zur Erreichung der Ziele und die teilweise Ausfüllung dieses Handlungsrahmens verstanden werden. Letzteres heißt damit die Planung von Vorgaben (z. B. Umsatz), die Delegierung im Sinne der Erreichung dieser Vorgaben und die schlußendliche Kontrolle bzw. Abweichungsanalyse, ggf. mit eingreifenden ControllingMaßnahmen. Spezielle Informationssysteme, die dies unterstützen wären Controlling-Systeme wie Vertriebs-Informationssysteme, Marketing-Informationssysteme und PersonalInformationssysteme. Die Bereitstellung der Informationen erfolgt durch interne, verdichtete Daten, externe Daten und eigene Vorgabedaten. Die größeren Entscheidungsspielräume und die weniger gut strukturierten Aufgabenstrukturen erlauben/verlangen den Einsatz sogenannter EUS (Entscheidungsunterstützende Systeme) wie DSS (Decision Support System), MSS (Management Support System) und XPS, um nur einige aus der Vielzahl möglicher Werkzeuge zu nennen. Früher benutzte man einfache Berichtsgeneratoren, heute zum Teil schon "intelligente" Information-Filtering-Systeme, Exception-Reporting-Systeme, Intelligente Checklisten etc. Wesentlich unter dem Funktions- und Datenaspekt erscheint hier eine integrierte Wissensbasis, die vergangenes bzw. aus anderer Hand gespeichertes Wissen im Sinne einer (interpretativen) Analyse oder Konfiguration zur Verfügung stellt. Es dürfte hier zu erwarten sein - einhergehend mit den Prognosen der zitierten Delphi-Analyse -, daß Entscheidungsentlastung und Entscheidungsunterstützung wachsen werden, nicht zuletzt auch durch das inhaltliche Konzept des DATA - WAREHOUSE (Corporate Data Base).

3.3.4 AWS: der technologische Aspekt

Der technologische Aspekt unter dieser Sicht soll hardware-orientiert, software-orientiert und unter dem Aspekt der Kommunikations-Orientierung diskutiert werden.

Software-orientierte Hilfssysteme

Hierunter soll die gesamte Werkzeugunterstützung zur Softwareentwicklung (1) und zur Aufgabenerfüllung der Fachabteilung (2) verstanden werden, soweit für letztere besondere Tools/Rahmenprogramme/Shells zur Verfügung stehen:

(1) Hierunter sind insbesondere CASE-Tools (Computer-Aided-System-Engineering), DD (Data-Dictionaries) (inkl. der Datenmodellierung), DB (Datenbanken) (z. B. Objekt-orientierte DB), Repositories, Maskengeneratoren (z. B. für GUI) etc. und das Konzept des DATA-WAREHOUSE (basierend auf der Beschreibung einer alle Datenbestände integriert darstellenden Meta-Datenbank) zu verstehen.

→ Diese Bereiche werden laut einer Umfrage (noch) nicht stark favorisiert [Haschke 1994] und von [Brill 1993] für weniger wichtig erachtet. Geht man von der zunehmenden Bedeutung der Standardanwendungssoftware aus, dürften zumindest die Bereiche DD und Repository zur Dokumentation aller Verarbeitungsfelder und Datenfelder bedeutsam sein.

(2) Hierunter sind insbesondere Hilfssysteme im Bürobereich (inkl. dem informationell orientierten Arbeitsplatzbereich, z. B. auch im technischen Bereich) wie Textverarbeitungssysteme, Desktop-Publishing-Systeme, Tabellenkalkulationsysteme (z. T. auch zu EIS rechenbar) und Systeme zur Unterstützung der Gruppenarbeit (kooperativer Entwurf, Gruppenkommunikation etc. bei der Aufgabenerfüllung) verstehen.

Führungssysteme (siehe Kapitel 3.3.3) und die Systeme des Bürobereichs werden sich zunehmend integrieren: der Entscheidungsspielraum ermöglicht/verlangt die eigenbasierte Zuarbeit über die genannten Hilfsmittel. Ergänzend ist hierbei die Möglichkeit zur Wissensorientierung (Künstliche Intelligenz) und der Bereich des CAL (Computer Aided Learning) zu subsumieren.

Kommunikations-orientierte Hilfssysteme

Hierunter sollen Dienste verstanden werden, die auf einer Vernetzung nach innen und außen beruhen und über die bzw. mit denen aufgabenbezogene Kommunikation stattfinden kann: gebundener und freier elektronischer Austausch von Informationen (EDI = Electronic Data Interchange).

Im einfachsten Falle wären darunter Telefon, Telex, Telefax und E-Mail zu verstehen. Sie ergänzen Hilfssysteme im Bürobereich. Das digitalisierte Telefonnetz ISDN (Integrated Services Digital Network) wird eine zunehmende Bedeutung (später B-ISDN = Breitband-ISDN) erfahren. Neben dem traditionellen Telefonnetz gibt es weitere Dienste wie die Datendirektvermittlung, Datex-L-Netz, Datex-P-Netz und die ISDN-Test- und Wählverbindungen und Btx. Die wesentlichen Anwendungen sind - neben Datenaustausch und Datenabruf (z. B.

von Online-Datenbanken und sonstigen Informationsdiensten) - Video-Konferenzanwendungen und in Zukunft verstärkt Bewegtbildübertragungen. Dies wird zur Zeit in eingeschränktem Maße durch Datenkompression und später vollständig durch die Breitbandtechnik ermöglicht.

Der freie elektronische Datenaustausch fordert Standards und internationale Normen, in denen der inhaltliche Aufbau und das Format der auszutauschenden Daten festgelegt sind. Um einen diesbezüglichen freien Austausch von Daten zu ermöglichen, wurde u. a. der ISO-Standard ODA/ODIF (ODA = Office Document Architecture; ODIF = Office Document Interchange Format), vorzugsweise zum Austausch von Dokumenten im Bürobereich, geschaffen. Eine Erweiterung um Sprache und Bewegtbild ist vorgesehen. Schließlich soll noch EDIFACT (= Electronic Data Interchange For Administration, Commerce and Transport) für den Datenaustausch zwischen Geschäftspartnern erwähnt werden (z. B. Normung von Rechnungen, Bestellung, Gutschriften etc.). Einzelne Branchen haben EDIFACT-Subsets entwickelt. - Anwendungen im obigen Sinne gibt es beispielsweise im Pharmabereich, im Speditionswesen, in der Touristik (START: Reisebuchungssystem), im Verlagswesen und in der Versicherungswirtschaft. [Stahlknecht 1993, 394 f.]

Hardware-orientierte Hilfssysteme
Hierunter sind hauptsächlich (vgl. auch [Österle, Steinbock 1994, Teil 1 und Teil 2])
   (1) die extrem leistungsfähigen Super-PC, die Workstations,
   (2) die Supercomputer inkl. massiv paralleler Rechner,
   (3) die Client-Server-Architekturen und
   (4) Mikrosysteme zu erwähnen.
Die geschilderten Anwendungen, vor allen Dingen im Bürobereich (Grafik, Sprache, Bild, CA"D" im weitesten Sinne), sind nur durch die enormen Leistungssteigerungen der Gruppe 1 machbar. Die fortschreitende Entwicklung, einhergehend mit einem enormen Preisverfall, dürfte sich noch einige Jahre fortsetzen. Die Supercomputer und die massiv parallelen Rechner (= Hunderte bzw. Tausende von parallelen, relativ uniformen und relativ einfachen Prozessoren) werden in phantastische Leistungsbereiche (z. B. Anzahl Operationen pro Sekunde) vorbrechen. Neue technisch-wissenschaftliche Anwendungsbereiche öffnen sich, insbesondere in der Bildverarbeitung/Bildinterpretation.

Die Client-Server-Architekturen, verstanden als über LAN (= Local Area Network) vernetzte Rechner - PC, Workstations, Mainframes mit Zubehör wie Drucker etc. - in der funktionalen Aufteilung von Clients und Servern wird die Informationsverarbeitung und ihre Organisation zunehmend bestimmen. Sie ist Voraussetzung für neue, auch individuell ausgeprägte Arbeitsformen und schnellerem innerbetrieblichem lokalem und zwischenbetrieblichem (WAN = Wide Area Network) Informationsaustausch. Einheitliche, nach Benutzergruppen ausgelegte Oberflächen, verteilte Anwendungen auf verteilten Datenbanken und die hardwaretechnologische und softwaretechnologische Offenheit (Standardisierung und Offenlegung von Schnittstellen um "beliebige" Hardware und Software einbinden zu können) müssen integraler Bestandteil sein. Zumindestens im Verwaltungsbereich/Bürobereich wird das die zukünftige

Informationsinfrastruktur sein.[4]

Mikrosysteme stellen mikroelektronische Lösungen mit integrierten spezifischen Anwendungskomponenten (z. B. Sensoren) für technische Geräte in der industriellen Fertigung, der technisch-industriellen Nutzung und im Haushalt dar. Sie sind primär kein wirtschaftsinformatisches Aufgabengebiet, sollen jedoch der Vollständigkeit halber erwähnt werden. Sie werden die Informationstechnologie-Landkarte weiterhin stark verändern.

3.3.5 AWS: der organisatorische Aspekt

In organisatorischer Sicht, zum Teil im obigen technologischen Bereich schon angesprochen, dürfte für die Prozeßorientierung von besonderer Wichtigkeit sein. Auch die Entwicklung zum Lean Management hin, das neben schlanken Strukturen und Abläufen den erhöhten Einsatz der Kreativität der Mitarbeiter fordert und damit die Flexibilität der Unternehmung wesentlich beeinflussen kann, wird entscheidende Veränderungen setzen/fordern. Die Informations- und Kommunikationstechnologie ist hier Promoter in dem Sinne, daß solche veränderten Organisationsformen - fachlich vielleicht schon früher empfehlenswert - jetzt möglich werden bzw. in dem Sinne, daß die Nutzung dieser Technologie zu neuen Arbeitsformen führt und diese den alten - unter Einbezug des veränderten Marktes - überlegen sind.

Unter dem genannten Aspekt der Prozeßorientierung dürfte sich die Unternehmenshierarchie verflachen (stromlinienförmige Unternehmung) (vgl. auch im folgenden [Schwarzer, Krcmar 1994]). Die damit auch einhergehende größere Teamorientierung macht den oben erwähnten Einsatz von Teamware (CSCW = Computer Supported Cooperative Work; CA-Team = Computer Aided Team; Workgroup Computing etc.) notwendig.

Bezogen auf solch geartete Veränderungen werden interessante aufbauorganisatorische Varianten diskutiert, die in den USA zum Teil schon real eingeführt worden sind. Einige seien beispielhaft genannt [Schwarzer, Krcmar 1994]:
- O die Auflösung großer Teile der traditionellen Hierarchie und Funktionsbereiche führt zu dem Begriff der *Boundaryless Organization*
- O unter *Infinitely Flat Organization* wird eine Unternehmung verstanden, die aus einer Vielzahl dezentraler, operativer Einheiten besteht. Die Steuerungsfunktion des mittleren Managements (es gibt es hierbei nicht mehr) wird von komplexen Informationssystemen übernommen
- O eine andere Organisationsform ist die *Inverted Organization*, bei der die Kundenkontaktpersonen (Service-Bereich) den kritischen Erfolgsfaktor darstellen und die Unternehmensleitung nur die Aufgabe der Sicherung der Unterstützung hat.

---

[4] Es bleibt zu erwähnen, daß das explosionsartige Vordringen der meist multimedia-fähigen Home-Computer ein nicht zu vernachlässigender Faktor in Bezug auf Akzeptanz, Kenntnis und Bewertungsfähigkeit ist.

Neben dieser intraorganisatorischen Betrachtungsweise wird auch die zwischenbetriebliche (interorganisatorische) Organisationsform zu skizzieren sein. Hier dürften sogenannte Wertschöpfungspartnerschaften prägend wirken:

O durch Funktionsausgliederung kann einer Unternehmung nur noch eine koordinierende Funktion zukommen (*Hollow Organization; Schaltbrettunternehmung*). Die Kernunternehmung hat die Funktion eines Brokers im "dynamischen Netz" der Einzelunternehmungen

O eine weitere Organisationsform ist das sogenannte *Kleeblattunternehmen*, das aus den drei Teilbereichen hochqualifizierte Mitarbeiter/Management für das Kerngeschäft, externe Einzelpersonen/Berater für Spezialistenfunktionen und Teilzeitmitarbeiter/Leihmitarbeiter/Heimarbeiter zur Pufferung besteht. Das Kleeblattunternehmen wird sich bei Auslagerung der Produktion verstärkt auf das Management von Informationen und Wissen konzentrieren müssen, um die Kundenwünsche zu befriedigen. Es wird zum *Intelligent Enterprise*.

O unter virtuellen Unternehmen [Mertens 1994] schließlich versteht man zwischenbetriebliche Kooperationen zur Durchführung von Missionen, wobei man auf die zeitraubende Gründung neuer (kooperativer) und anderer Einrichtungen verzichtet (z. B. Aufkauf, abgesichertes Joint Venture etc.)

3.3.6 AWS: Steuerungssicht

Die Steuerung des Ineinandergreifens der Teilbereiche Daten, Funktionen, Organisation und umgesetzte Informationstechnologie soll hier nicht auf der Ebene von Struktogrammen oder im Sinne der Organisationsform/den Steuerungsmechanismen von verteilten Datenbanken, Menüabläufen oder ähnlichem diskutiert werden. Im Zentrum der Betrachtung steht vielmehr die relativ neue Technologie eines umfassenden Prozeßmanagementsystems oder kurz Workflow-Management-Systems. Ein solches System enthält auf der fachlichen Ebene die Beschreibungsmöglichkeit von ereignis- bzw. bedingungsgesteuerten, manuellen und automatisierten Abläufen, inkl. der Beschreibung der ggf. dabei zu erledigenden Aufgaben/zu bearbeitenden Aufgaben. Ebenso sind Anstöße und Beendigungen von Programmen beschreibbar. Eine normalerweise integrierte Organisationssicht erlaubt die Beschreibung von Organisationseinheiten und benutzter Technologie. Die Nutzung eines solchen Systems einschließlich der Möglichkeit, in rein dv-technische Abläufe zu verzweigen und zurückzuspringen, repräsentiert die dv-technische und implementierungsmäßige Umsetzung auf dem Level der Steuerung von Vorgangsketten in Anwendungssystemen (vgl. zu dem Leistungsspektrum von Workflow-Systemen z. B. [Erdl, Schönecker 1993] [Leymann, Altenhuber 1994]).

Der beschriebene Status ist heute nur von wenigen Systemen erreicht und in der Anwendung in der Praxis noch nicht "üblich", vielleicht auch noch nicht überall notwendig bzw. aus wirtschaftlichen Gründen nicht vertretbar. Er dürfte jedoch bei Nutzung der nächsten Generation der Workflow-Systeme erreicht werden.

3.4 Die Aufgaben der Wirtschaftsinformatik

Die "Angebote" der Informatik und Informationstechnologie sind inzwischen so vielfältig, zahlreich und "erschwinglich", daß sie nach den Wünschen/Bedürfnissen ausgewählt werden können. Der Bedarf der Betriebswirtschaft(en) auf neuen und starken Veränderungen unterworfenen Märkten kristallisiert sich im konkreten Umfeld heraus. Die Gesellschaft und der Einzelne - im Berufsleben und im privaten Bereich - wird mit dieser Entwicklung konfrontiert, ja, er wird letztlich, ob er will oder nicht, Bestandteil dieser Entwicklung.

Die Aufgabe der Wirtschaftsinformatik ist die Integration der genannten Bereiche mit Zielrichtung optimaler betrieblicher Anwendungssysteme. [Bischoff 1992] [Bischoff, Lorenz 1993] Die Optimalität wird dabei nicht alleine von der Sachziel-Seite (fachliche Komponenten) bzw. der Formalziel-Seite (wirtschaftliche Komponenten) bestimmt, sondern ganz wesentlich von der Seite der organisatorischen Implementierung, d. h. der Implementierung der Systeme auf/mit/für den Benutzer. Neben der Rolle als Benutzer ist jedoch auch verstärkt auf den Menschen zu achten (vgl. z. B. [GI 1993, 352]) und das ist ja (meist) keine[5] Rolle (vgl. die Darstellung in Abbildung 2 (in Anlehnung an [Mertens 1994]): Die sich entwickelnde Informationsgesellschaft und die dadurch bedingte stärkere Verquickung von Beruf- und Privatsphäre benötigt dringend eine informationelle Benutzer-/Konsumentenforschung, die, wenn schon nicht antizipativ, dann doch begleitend durchgeführt werden sollte [Bischoff 1991]. Ihre Ergebnisse sollten dabei durchaus steuernd eingesetzt werden. Die heutige Technologiefolgenforschung ist leider oft als Technologiedurchsetzungsforschung zu interpretieren (vgl. z. B. ihre Wertigkeit und Themenausrichtung in [BMFT 1994, 38 f.]). Es sollte darüberhinaus für einen Forscher heute schon möglich sein, ein Gefühl für die prinzipielle Funktionsweise und die möglichen sozialen Wirkungen moderner Informations- und Kommunikationstechnologien zu entwickeln.

4. Implikationen für die Aus- und Weiterbildung

Die in Abbildung 2 aufgeführte Fähigkeit, hinterfragen zu können, also letztlich eine eigene Positionsbestimmung durchführen zu können, bedeutet, entsprechende Fach-Grundkenntnisse zu haben und sie in den humanen und gesellschaftspolitischen Bezug stellen zu können. Hierzu stellt der Verfasser einige Thesen - für Wissenschaft, Praxis und den Lehrenden - zur Diskussion:

These 1: Das Auseinanderdriften von (wirtschafts)informatischer Theorie und Praxis vereinzelt den Bedeutungsgehalt der Wirtschaftsinformatik sowohl in der Theorie als auch in der Praxis. Mangels theoretischer/methodischer, in der Praxis nutzbarer Konzepte wurschtelt man sich dort durch. Wichtige Aspekte werden nicht

---

[5] "Hier bin ich Mensch, hier darf ich's sein" ("Faust" Erster Teil, Vor dem Tore)

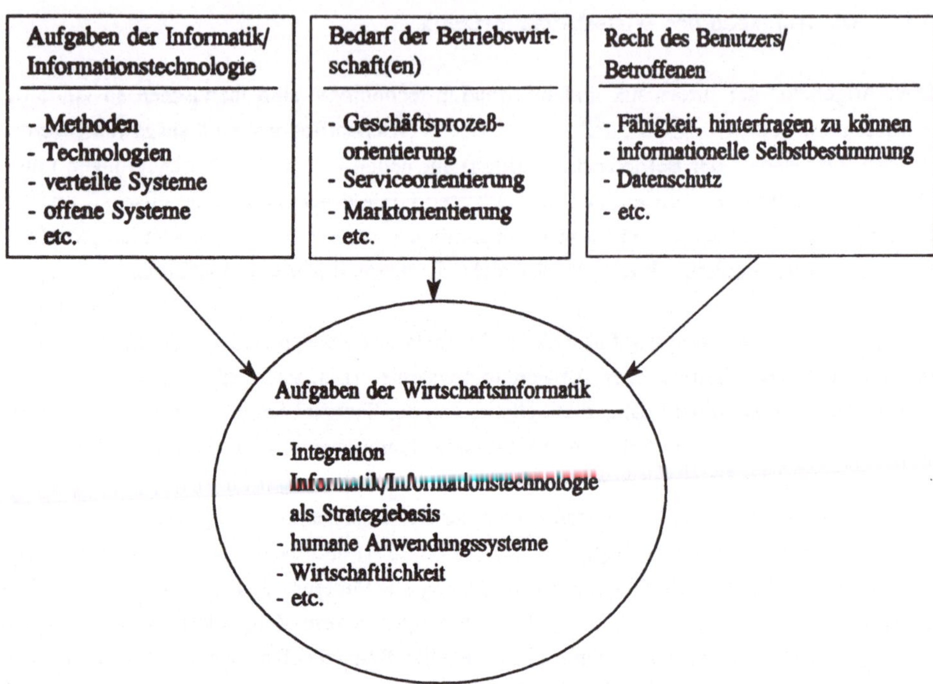

Abb. 2: Aufgaben der Wirtschaftsinformatik

oder zu spät gesehen. Mangels praktischer, in der Theorie auswertbarer, zu einer Theorie ausbaubarer, empirischer Befunde löst sich die Theorie von der Praxis: es gibt zwei (Wirtschafts)Informatiken (vgl. z. B. [Denert 1993]).

These 2: Wissenschaften vereinzeln, vor allen Dingen in Deutschland. Die Studiengänge Informatik und Wirtschaftsinformatik als "Erzeugendensysteme" für die Fach- und Führungskräfte der sich entwickelnden Informationsgesellschaft dürfen nicht vereinzelt werden [Brauer 1990]. So verständlich die Forderung der Wirtschaft auch ist, berufsfertige Absolventen zu erhalten, die Hochschulen und hier insbesondere die Fachhochschulen, sollten sich bei ihrer starken Praxisorientierung nicht dazu verleiten lassen, nur Phänomene zu vermitteln, sondern sie sollten die darunter liegenden wesentlichen Strukturen und Abhängigkeiten in Richtung Praxisorientierung vermitteln (formale Systeme).

These 3: Informatik/Wirtschaftsinformatik und Schule sollten enger verquickt werden. Ein ernsthafter Fachunterricht in Informatik als Fundament für den Umgang mit elementaren Informatiksystemen [Brauer 1990, 461] und das Heranbilden des Verständnisses für die (betriebs)wirtschaftlichen Anwendungen der Informatik/Wirtschaftsinformatik sind wie Sport und Musik (sic!) notwendig, um hier den Menschen zu sensibilisieren bzw. informationell lebenstüchtig zu machen.

These 4: Der Fortschritt in der Informationstechnologie/Wirtschaftsinformatik schafft neue Welten. Eine dauernde Weiterbildung - und nicht nur Training on the Job - zur Erarbeitung und Erweiterung der grundsätzlichen, ggf. sich modifizierender Phänomene und Strukturen ist unumgänglich.

Literaturverzeichnis

[Bischoff 1991]
Bischoff, R.: Verantwortung in der Informatik - Verantwortung des Hochschullehrers? Einige Anmerkungen zur Technologiefolgenabschätzung. In: 20 Jahre Wirtschaftsinformatik an der Fachhochschule Furtwangen, Wirtschaftsinformatik der 90er Jahre - Trends und Lösungen, hrsg. von R. M. Katzsch, Wiesbaden 1991, S. 152 - 186

[Bischoff 1992]
Bischoff, R.: Wirtschaftsinformatik an Fachhochschulen, Studium, Angewandte Forschung und Transfer. 2. Auflage, Berlin et al. 1992

[Bischoff, Lorenz 1993]
Bischoff, R.; Lorenz, W.-D.: Reine Technikentwicklung ist nicht Aufgabe der Hochschule. Interview der Woche. Computerwoche, 20. Jahrgang, Nr. 41, S. 7-8

[BMFT 1993]
BMFT (Hrsg.): Deutscher Delphi-Bericht zur Entwicklung von Wissenschaft und Technik. Bonn 1993

[BMFT 1994]
BMFT (Hrsg.): Zukunftsperspektiven der Informationstechnik. Eine aktuelle Forschungsübersicht. Bonn 1994

[Brauer 1990]
Brauer, W.: Trends der Informatik-Ausbildung. In: GI - 20. Jahrestagung, Band I, Informatik auf dem Weg zum Anwender, Stuttgart, 8. - 12.10.1990, hrsg. von A. Reuter, Berlin et al. 1990, S. 456 - 464

[Brill 1993]
Brill, H.: EDV-Trends und moderne Organisationskonzepte. Online, Nr. 5, 1993, S. 44 - 47

[Denert 1993]
Denert, E.: Software Engineering in Wissenschaft und Wirtschaft: Wie breit ist die Kluft? Informatik-Spektrum, Band 16, Heft 5, 1993, S. 295 - 299

[Eiff 1994]
Eiff, W., von: Geschäftsprozeßmanagement. Integration von Lean Management, Kultur und Business Process Reengineering. zfo, Nr. 6, 1994, S. 364 - 371

[Erdl, Schönecker 1993]
Erdl, G.; Schönecker, G.: Vorgangssteuerungssysteme im Überblick. Herkunft, Voraussetzungen, Einsatzschwerpunkte, Ausblick. Office Management, Nr. 3, 1993, S. 13 - 21

[GI 1993]
GI (Hrsg.): Veränderte Sichtweisen für den Informatikunterricht. GI-Empfehlungen für das Fach Informatik in der Sekundarstufe II allgemeinbildender Schulen. Informatik-Spektrum, 16. Jahrgang, Heft 6, 1993, S. 349 - 356

[Grochla und Mitarbeiter 1974]
Grochla, E. und Mitarbeiter: Integrierte Gesamtmodelle der Datenverarbeitung. Entwicklung und Anwendung des Kölner Integrationsmodells (KIM). München - Wien 1974

[Hanker 1990]
Hanker, J.: Die strategische Bedeutung der Informatik für Organisationen. Industrieökonomische Grundlagen des strategischen Informatikmanagements. Stuttgart 1990

[Haschke 1994]
Haschke, W.: DV-Controlling. Effizienzsteigerung in der Informationsverarbeitung. Planung -Steuerung - Kontrolle. München 1994

[Heinrich 1992]
Heinrich, L. J.: Informationsmanagement - Planung, Überwachung und Steuerung der Informationsinfrastruktur. 4. Auflage, München - Wien 1992

[Knitter 1994]
Knitter, H.: Hochtechnologie - Sicherung des Industriestandortes Deutschland? Dokument der Luft- und Raumfahrtindustrie, hrsg. von der Deutschen Aerospace, München 9/94

[Kolf 1977]
Kolf, F.: Gegenwärtige Probleme und zukünftige Strategien bei der Entwicklung von Management-Informationssystemen. Angewandte Informatik, 19. Jahrgang, Nr. 4, 1977, S. 147 - 154

[Leymann, Altenhuber 1994]
Leymann, F.; Altenhuber, W.: Managing business processes as an information resource. IBM Systems Journal, Vol. 33, Nr. 2, 1994, S. 326 -348

[Mertens 1991]
Mertens, P.: Integrierte Informationsverarbeitung 1. Administrations- und Dispositionssysteme in der Industrie. 8. Auflage, Wiesbaden 1991

[Mertens 1994]
Mertens, P.: Virtuelle Unternehmen. Wirtschaftsinformatik, 36. Jahrgang, Heft 2, 1994, S. 169 - 172

[Nolan 1973]
Nolan, R. L.: Managing the Computer Resource: A Stage Hypothesis. Communication of the ACM, Vol. 16, Nr. 7, 1973, S. 399 - 405

[Nolan 1975]
Nolan, R. L.: Thoughts About the Fifth Stage. Data Base, Vol. 7, Nr. 2, 1975, S. 4 - 10

[Nolan 1979]
Nolan, R. L.: Managing the crises in data processing. Havard Business Review, Nr. 3/4, 1979, S. 115 - 126

[OECD 1989]
OECD (Hrsg.): The Internationalization of Software and Computer Services. ICCP 17, Paris 1989

[Österle 1994]
Österle, H.: Business Engineering. Prozeß- und Systementwicklung. Band 1: Entwurfsstrategien. Berlin et al. 1994

[Österle, Sanche 1994]
Österle, H.; Sanche, J.: Systementwicklung mit Appplikationsplattform - Erfahrungen bei der Lufthansa und der Schweizerischen Kreditanstalt. Wirtschaftsinformatik, 36. Jahrgang, Nr. 2, 1994, S. 145 - 154

[Österle, Steinbock 1994, Teil 1]
Österle, H.; Steinbock, H.-J.: Das informationstechnische Potential. Stand und Perspektiven (Teil 1). Information Management, 9. Jahrgang, Nr. 2, 1994, S. 26 - 31

[Österle, Steinbock 1994, Teil 2]
Österle, H.; Steinbock, H.-J.: Das informationstechnische Potential. Stand und Perspektiven (Teil 2). Information Management, 9. Jahrgang, Nr. 4, 1994, S. 52 - 59

[Schwarzer, Krcmar 1994]
Schwarzer, B.; Krcmar, H.: Neue Organisationsformen. Ein Führer durch das Begriffspotpourri. Information Management, 9. Jahrgang, Nr. 4, 1994, S. 20 - 27

[Stahlknecht 1993]
Stahlknecht, P.: Einführung in die Wirtschaftsinformatik. 6. Auflage, Berlin et al. 1993

[Statistisches Bundesamt 1994 (1)]
Statistisches Bundesamt (Hrsg.): Statistisches Jahrbuch 1994 für das Ausland. Stuttgart/Wiesbaden 1994

[Statistisches Bundesamt 1994 (2)]
Statistisches Bundesamt (Hrsg.): Statistisches Jahrbuch 1994 für die Bundesrepublik Deutschland. Stuttgart/Wiesbaden 1994

[Szyperski 1986]
Szyperski, N.: Wirtschaftsinformatik und technologischer Wandel. In: Festschrift anläßlich des 15jährigen Bestehens des Studiengangs Wirtschaftsinformatik an der Fachhochschule Furtwangen, hrsg. vom Fachbereich Wirtschaftsinformatik an der FHF, Furtwangen, Juni 1986, S. 33 - 40

1.2 Standortbestimmung der Informatik in der Schule

Informatik–Didaktik – ein Fachgebiet im Aufbruch

Die in jüngster Zeit wachsende Diskussion um Schule und deren Effizienz, um inhaltliche Ausrichtungen und Abschlußqualifikation ist auch an der Informatik nicht spurlos vorübergegangen. Neben kritischen Stimmen, die die Informatik als einen Unterricht für Programmierfreaks abqualifizieren und für Mädchen als nicht sinnvoll betrachten, mehren sich Stimmen, die eine neue Einordnung des Faches in das Gesamtkonzept der Schule fordern. Ausgehend von der wachsenden Bedeutung informationeller Prozesse, gegenwärtig und vor allem in der Zukunft, ist diese neue Einordnung notwendiger denn je. Die Spannbreite der Diskussionen reicht dabei vom „Computerführerschein" bis zu theoretischen Grundlagen und neuen Programmierparadigmen. Es ist sicher möglich, in öffentlichen Diskussionen Vermutungen über die sich abschwächende Akzeptanz von Informatikunterricht, über die sich häufenden Abwahlen in der gymnasialen Oberstufe anzustellen. Wenn dies vor dem Hintergrund der schulpolitischen Diskussion um Veränderungen in gerade dieser Schulstufe geschieht, vor dem Hintergrund eines kaum erweiterbaren Stundenumfangs und der knappen finanziellen Ressourcen, dann ist es nur praktikabel, wenn konstruktive Hinweise zur Veränderung gegeben werden. Dabei ist das einzige Maß aller Vorschläge die Frage, wie Schüler entsprechend ihrer Schulart als Absolventen der Schule auf die künftigen Anforderungen der Informationstechnik im Alltag geeignet vorbereitet werden. Diese Rahmenbedingungen haben auch die Entwicklung und Ausarbeitung einer Fachdidaktik Informatik beeinflußt. Nur durch deren Konsolidierung und der Zuwendung zu fachlichen und fachdidaktischen Grundfragen ist es in Zukunft möglich, das Fach im Kanon der Allgemeinbildung zu festigen. Den deraus erwachsenen Aspekten will sich der Workshop Fachdidaktik dieser Tagung zuwenden.

Einige Bemerkungen zum Schulfach Informatik Es soll an dieser Stelle kein historischer Abriß über die Entwicklung im Informatikunterricht gezogen werden. Das ist in jüngsten Veröffentlichungen recht gut dargestellt [Burk94]. Deshalb ist es auch nicht notwendig, die verschiedenen, vielleicht unterschiedlich ausgerichteten, Entwicklungen in den einzelnen Bundesländern zu konstatieren oder vergleichend darzustellen. Es ist eher die Frage interessant, welchen Stellenwert Informatikunterricht im Interesse von Schülern und Eltern besitzt und warum Euphorie und Begeisterung für dieses Fach in den letzten Jahren zurückgegangen sind. Die Feststellung, daß sich der Informatikunterricht in einer Krise befindet, hilft dabei wenig weiter. Zumal diese Schlußfolgerungen [Pesc89] in viel zu geringer Weise zu einer Umorientierung des Unterrichts geführt haben. Auf verschiedene Faktoren oder Kriterien, die diese Krise ausgelöst bzw. beeinflußt haben, ist in entsprechenden Veröffentlichungen bereits hingewiesen worden [KoPe93]. Unter dem Einfluß der generellen Diskussion um Schule, Lernformen, um integrativen Unterricht und soziales Engagement sind fachliche Inhalte und Hintergründe für einen Informatikunterricht in allen Schularten etwas ins Hintertreffen geraten. Nicht ohne Grund betont bereits Brauer [Brau90]: Ein ernsthafter Fachunterricht in der Informatik sollte ein solideres Fundament für den vernünftigen Umgang mit Informatiksystemen legen sowie ein wesentlich besseres Verständnis der Anwendungen der Informatik und ganz allgemein unserer Zivilisation ermöglichen. Dieser Anspruch wurde nicht nur aus den Augen verloren, sondern in manchen Grundpositionen zu Zielen informatischer Bildung ungenügend berücksichtigt. Es ist sicher richtig, überzogene Erwartungen an eine informatische Bildung, an Resultate des Unterrichts in vernünftige Bahnen zu lenken. Es ist ebenso richtig, zum gegenwärtigen Zeitpunkt neue Sichtweisen für die Umsetzung informatischer Bildung im jeweiligen Schulalter zu fördern. Und es ist ebenso konsequent, vor einseitigen Ausprägungen eines Faches, auch innerhalb fachdidaktischer Diskussionen, zu warnen und diese Themen auszustreiten, bevor sie in schulpraktischen Konzepten umgesetzt werden. Die Einführung einer informationstechnischen Grundbildung, wie sie das BLK-Konzept [BLKo87] fordert und wie sie in vielen Modellversuchen in den einzelnen Bundesländern erprobt wurde, erweist sich den rasanten technischen Entwicklungen nicht gewachsen. Zum Zeitpunkt der Vorüberlegung und der Erprobung war die technische Ausstattung, waren Oberflächen von Softwaresystemen auf einem Stand, die dieses Vorgehen durchaus rechtfertigten. Wenn sich hier viele Dinge standardisieren, wenn Kinder bereits sehr zeitig in vielen verschiedenen Anwendungen mit der Informationstechnik konfrontiert werden und diese fast selbstverständlich benutzen, verliert auch die informationstechnische Grundbildung an Bedeutung. Es wird in den Unterrichtsfächern normal werden, daß ich den Computer als Werkzeug benutze und unter dieser Sicht und unter Beachtung meiner Fachspezifik eine entsprechende Grundbildung realisiere. Zu Recht betont Baumann, daß sich diese Grundbildung häufig als undefinierbares Gemisch aus Sozialkunde, Arbeitslehre und Technikunterricht auf einem erschreckend niedrigen geistigen Niveau und einem vernachlässigbar kleinen Informatikanteil darstellt [Baum90]. Mit dieser Auffassung stand er zu diesen Zeitpunkt keinesfalls allein. Auch Brauer schreibt: Ich halte die Bezeichnung und das Konzept der ITG aus zwei Gründen für falsch. Sie verdrängt den Begriff Informatik und verhindert die Herausbildung eines einheitlichen Profils dieses wichtigen Faches in der Schule und damit in weiten Kreisen der Bevölkerung. Und sie verführt dazu zu meinen, daß dieses neue Fach auf die Bedienung und Benutzung von Geräten und das Diskutieren über Anwendungsmöglichkeiten und Risiken reduziert werden kann [Brau90], S. 461. Diese Standpunkte sind Ausdruck der großen Entfernung, die die informationstechnische Grundbildung vom Informatikunterricht besitzt. Wenn wir dies mit dem Blick auf die deutlichen Äußerungen so herausstellen, dann vor allem um zu zeigen, daß das angestrebte Gesamtkonzept informatischer Bildung, wie es vielleicht in der Absicht der BLK-Empfehlung von 1987 lag, bis heute nicht realisiert ist. Grundbildung und Informatikunterricht haben sich immer mehr voneinander entfernt. Schüler und Eltern sehen den Informatikunterricht demzufolge auch nicht mehr als Fortsetzung informatischer Bildung für die Schüler. Daß es eher eine Ausnahme ist, daß der Informatiklehrer an seiner Schule auch die Grundbildung unterrichtet, unterstreicht eigentlich nur diese Situation.

These 1: Informatik hat sich in der Ausgestaltung in der Schule zu stark an aktuellen Hard- und Softwareentwicklungen und an praktikablen Programmier- werkzeugen orientiert. Die didaktische Konzeption muß sich von schulischen Rahmenbedingungen lösen und an einem effizienten Beitrag zur Allgemeinbil- dung orientieren.

Im Verlauf der zurückliegenden Jahre des Informatikunterrichts ist es nur zu einem geringen Anteil gelungen, Lehrer für das Fach Informatik universitär aus- zubilden. Das hat zur Folge, daß es eine explizite Entwicklung der Fachdidaktik zu diesem Schulfach nicht geben konnte und didaktische Überlegungen mehr von unterrichtspraktischen Umsetzungen geprägt waren. Bei aller Anerkennung der Fort- und Weiterbildung auf diesem Gebiet dürfen deren Auswirkungen auf eine Gesamtentwicklung des Unterrichtsfaches nicht überschätzt werden. Es muß noch einmal betont werden, daß es eine Vielzahl von Bemühungen gab, deren Ergebnisse allerdings nur punktuell wirksam wurden. So fand z.B. Ende der achtziger Jahre eine Weiterbildung für Informatiklehrer in Nordrhein- Westfalen statt. Die dafür entstandenen, sehr sinnvollen Materialien fanden aus fachlicher und didaktischer Sicht aber keine weitere Verbreitung oder Veröffent- lichung außerhalb dieses Modellversuchs.

Diese mehr oder weniger doch kritische Bestandsaufnahme soll deutlich machen, daß es nicht am Gegenstand des Faches Informatik liegt, an dessen Bedeutung für die Allgemeinbildung oder an den Gegenständen, die in einem Schulfach Informatik vermittelt werden sollen, daß sich dieses Fach gegenwärtig in ei- ner stärkeren Kritik befindet. Es sind Probleme der Entwicklung dieses Faches in der gesamten Schullandschaft und der zu geringen Reaktion auf kritische Stimmen Anfang der neunziger Jahre, die den heutigen Stand hervorgerufen haben. Es muß schließlich zu einem durchgehenden Konzept der informatischen Bildung kommen, wobei Veränderungen in der Sekundarstufe I bzw. in der Se- kundarstufe II, die sich aus der breiten Durchführung der informatischen bzw. informationstechnischen Grundbildung ergeben, von besonderem Interesse sein werden.

Perspektiven informatischer Bildung   Bei den Überlegungen zur künfti- gen Entwicklung des Schulfaches Informatik und um dessen geeignetsten Platz im Rahmen der Allgemeinbildung ist die historische Sicht, die Betrachtung sei- ner jüngsten Geschichte eine Blickrichtung, die unbedingt Beachtung finden soll- te. Neben diesen Wurzeln des Informatikunterrichts in den Schulen ist es sicher auch künftig notwendig, die Rahmenbedingungen, unter denen die Einordnung des Unterrichtfaches in das Gesamtcurriculum erfolgen könnte, ständig im Blick zu haben. Vor allem bedingt durch Erwartungen aus der Sicht des Hochschul- faches wurden Curriccula entwickelt und eingeführt, die ihre Nähe zur Wissen- schaft Informatik und den dort bearbeiteten Teildisziplinen nicht verschweigen wollten und sich auch als Umsetzung der dort akzeptierten Lehrstrategie auf das Schulniveau verstanden. Diese Überlegungen waren geprägt von einer etwas einseitigen Orientierung auf die Programmierung im engeren Sinn als Kultur- technik. Ohne an dieser Stelle auf verschiedene didaktische Ansätze für einen Informatikunterricht näher einzugehen, spielten in diesen Konzepten Fragen der

Algorithmierung und Programmentwicklung neben dem Aufbau und der Wirkungsweise von Computern eigentlich die zentrale Rolle. Das zeigt sich auch in der Gegenwart sicherlich in unterschiedlichen Ausprägungen in den Lehrplänen der einzelnen Bundesländer für die Abiturstufe, in verschiedenen Lehrbüchern und in Veröffentlichungen einschlägiger Zeitschriften bis hin zu den einheitlichen Prüfungsanforderungen für das Fach Informatik.

Mit der Begründung des Faches Informatik in der Schule sind natürlich auch didaktische und methodische Überlegungen entstanden, die für die Gestaltung eines niveauvollen Informatikunterrichts sehr hilfreich sind. Eine Ausarbeitung eines geschlossenen Konzeptes steht nach wie vor aus. Auf wesentliche Ursachen dafür weist Baumann [Baum90] hin, in dem er die fehlenden fachdidaktischen Forschungen, die tätigen Lehrer ohne Ausbildung und die Dynamik der Informationswissenschaften an sich als Schwierigkeiten charakterisiert. Dabei wird deutlich, daß eine Lösung neben der Konsolidierung entsprechender Studiengänge nur denkbar ist, wenn fachliche Inhalte möglichst zeitunabhängig und eingepaßt in das Gesamtkonzept der Allgemeinbildung neu bestimmt werden. Es geht in der Informatik eben nicht allein um die sichere Benutzung des jeweils aktuellen Programmsystems, sondern um die fachliche Basis, deren Bestand in naher Zukunft nicht in Zweifel gezogen wird. Erst dann ist doch ein breites Verständnis für das Informatikfundamentum der allgemeinbildenden Schule gegeben. In dieser Richtung sind auch fundamentale Ideen [ClSc93] weiter auszuarbeiten und auf das jeweilige Niveau und die Alterspezifik der Schüler ebenso auszurichten, wie auf die entsprechende Schulart, in der der Unterricht durchgeführt werden soll. Daß sich nicht alle aktuellen Fragestellungen sofort und vielleicht auch nicht in naher Zukunft in entsprechenden Schulfächern wiederfinden, daß Schulen eher zurückhaltend an die Einführung neuer Fächer herangehen, hat für die Gesamtentwicklung der Allgemeinbildung sicher auch positive Seiten. Mit der Entwicklung zur überall zitierten Informationsgesellschaft muß man sich allerdings fragen lassen, ob das Fach, das die Basis für das Verständnis der Informations- und Kommunikationstechnologie darstellt, in der Schule wirklich ausreichend repräsentiert ist. Es geht um die Entwicklung von Kompetenzen beim Schüler, die das gegenwärtige Bildungsangebot in mathematisch-naturwissenschaftlichen, aber auch in sprachlichen Fächern ergänzen können. Betrachtet man sich neu entstehende Lehrpläne, so zeigen sich bereits Wandlungen in den Zielstellungen:

- Entwicklung der Fähigkeit zum zielgerichteten Problemlösen und zur Übertragung der Problemlösung auf den Computer;

- Förderung von Einsichten in Anwendungsbereiche, Grenzen und Möglichkeiten des Computereinsatzes;

- Aufbau eines rationalen Verhältnisses, Informations- und Kommunikationstechniken;

- Kenntnisse von Aufbau und Wirkungsweise von Computersystemen und Fertigkeiten zum Einsatz solcher Systeme.

Damit sind Bildungsangebote formuliert, die über die Vorstellungen von einem Informatikunterricht im Sinne eines Programmierkurses weit hinausgehen. Die Informatik muß sich, will sie als Schulfach Bestand haben, auf ihren eigenen Fachgegenstand beziehen und die dafür feststehenden Inhalte herausarbeiten. Das müssen dann allerdings auch Themen sein, die dieser Disziplin unmittelbar entstammen und deren Bildungswert ausmachen. Es besteht gegenwärtig auch eine gewisse Gefahr, daß das Unterrichtsfach Informatik eine Ersatzfunktion für Gegenstände erfüllen soll, die vielmehr besser in anderen Fächern anzusiedeln wären. Die nur aus pragmatischen Gründen zu verstehenden Versuche einer stärkeren Gesellschaftsorientierung des Faches trägt dabei nicht zur Stabilisierung des Bildungswertes und des Bildungsanspruches bei. Das Anliegen eines jeden Unterrichtsfaches sollte doch darin bestehen, einen spezifischen Beitrag zum gesellschaftlichen Aspekt der Allgemeinbildung zu leisten, erzieherisch auf der Basis des fachlichen Gegenstandes zu wirken. Das gilt in gleicher Weise für die Informatik, wie auch für alle anderen Fächer.

Die angesprochenen Zielrichtungen führen dazu, daß ausgehend von einer Neubesinnung auf den Gegenstand informatischer Bildung in der Schule einige aktuelle Fragen diskutiert und einer weiteren Klärung zugeführt werden müßten. Das betrifft eine Diskussion von Grundproblemen einer Informatik–Didaktik in ihrem Wirken von der Grundbildung bis zum Informatikunterricht in der Sekundarstufe II ebenso, wie die Rahmenforderung in der Lehrerbildung zur Informatik. Sicher wirken sich auch andere Faktoren, wie z.B. die noch nicht ausgereifte Gegenstandsbestimmung eines Schulfaches Informatik und die Herausbildung seiner Didaktik hemmend auf die Positionsbestimmung des Faches in der Schule aus. Insbesondere sollten aber folgende Positionen im Zentrum der Diskussion stehen:

- Die informatische Bildung ist ein fester Bestandteil einer modernen Allgemeinbildung, deren Gegenstand sich nicht auf die Nutzung eines Softwarepaketes oder die Lösung einfacher Programmierprobleme bezieht. Dazu sind Themen, wie Problemlösungsverfahren, Modellbildung, Computer als Werkzeug, didaktisch aufzubereiten.

- Die informationstechnische Grundbildung hat sich an den Forderungen zur Allgemeinbildung orientiert und unterliegt der Gefahr, Denk– und Arbeitsweisen des Faches Informatik ungenügend zu berücksichtigen. Da es kaum Schulfächer gibt, die propedeutisch durch in der Regel Nichtfachlehrer eingeführt werden, sollte stärker geprüft werden, inwieweit informationstechnische Grundbildung als Bestandteil informatischer Bildung und damit auch als Teil eines Informatikunterrichts betrachtet werden kann. In diesem Sinne sind Wissens– und Könnenskomponenten sowie erzieherische Wirkung für die künftige beständige Durchsetzung einer solchen Grundbildung explizit zu formulieren.

- Eine vertiefte informatische Bildung im Sekundarbereich I ist für die geistige Schulung der Schüler von grundlegender Bedeutung. Dabei geht es insbesondere um die Ausbildung von Denkweisen bei der Problemlösung und die Nutzung von Computern, Programmierumgebungen als nützliches

Werkzeug. Deshalb sind gerade in dieser Altersstufe vor allem durch eine geeignete Begriffsbildung und durch das Training von informatiktypischen Arbeitsmethoden die Sach– und Methodenkompetenz bei den Schülern zu entwickeln.

- Die vertiefte informatische Bildung im Sekundarbereich II wird sich von der alleinigen Nutzung des imperativen Programmierparadigmas lösen müssen, um bessere Voraussetzungen für die universitäre Ausbildung in den verschiedensten Fächern zu schaffen. Neben den Angeboten zu einer sinnvollen Spezialisierung ist die Bestimmung solcher Themen notwendig, die die Ausbildung in den anderen Fächern der gymnasialen Oberstufe flankieren und unterstützen. Hier sind fächerübergreifende Themen auf einem höheren Niveau vertieft anzubieten.

These 2: Die Gegenstandsbestimmung einer Schulinformatik muß sich von den grundlegenden Aspekten informatischer Bildung leiten lassen und nicht ständig neuesten Entwicklungen nachlaufen. Einen wichtigen Bildungswert besitzt das Fach in der systematischen Entwicklung informatischer Denk– und Arbeitsweisen.

Natürlich bleiben Kernpunkte offen und Fragen zum Gegenstand einer Fachdidaktik Informatik sind weiter auszustreiten. Fest steht allerdings, daß die Themen und Aspekte, wie in den anderen Fächern auch, vor allem fachlich gestützt sein sollen. Die Einführung des Faches Informatik ist aus dem Gegenstand des Faches selbst bildungspolitisch zu rechtfertigen und bedarf deshalb einer didaktischen Untersetzung. Momentan aktuelle Bezugspunkte spielen dabei eher eine mittelbare Rolle, zumal sie sich in der gegenwärtigen Zeit gerade auf dem Gebiet der Informationswissenschaften sehr schnell ändern. Es ist für die Behandlung physikalischer Gegenstände doch nicht allein wichtig, welche Resonanz sie gegenwärtig in der öffentlichen Meinung besitzen, sondern welche physikalischen Grundprinzipien damit vermittelt werden. Ähnliche Überlegungen ließen sich für die Mathematik, die anderen Naturwissenschaften und auch für die geisteswissenschaftlichen Fächer anstellen. Also steht mehr die Frage, die Grundprinzipien der Informatik zu beschreiben, die unabhängig von aktuellen Entwicklungen im Bereich der Hard– und Software Allgemeingut für den Absolventen der jeweiligen Schulart sein müßten. Das sind z.B.:

- Grundprinzipien des Aufbaus, des Funktionierens und der Wirkung von Maschinen zur Verarbeitung von Informationen;

- Strategien der Problemlösungen mit Werkzeugen der Informatik, Betrachtung zu deren Möglichkeiten und Grenzen;

- Gesichtspunkte und Konsequenzen der Abstraktion und Modellbildung mit Mitteln der Informatik.

Im Vordergrund stehen damit nicht Fertigkeiten in der Benutzung des bestimmten Softwareprodukts oder das Wissen um einzelne Sprachkonstrukte. Sicher sind diese Dinge ebenso Bestandteil des Unterrichts, wie Fertigkeiten zum Experimentieren in die Naturwissenschaften gehören oder die Arbeit mit dem Taschenrechner in den Mathematikunterricht. Anhand dieser Überlegungen wird deutlich, daß es primär um informatische Fragen, als um die didaktisch sinnvolle Umsetzung notwendiger und aus der Informatik stammender Bildungsinhalte gehen muß.

These 3: Die Fachdidaktik Informatik ist im Sinne als wissenschaftliche Disziplin zu entwickeln und auf Untersuchungen zu konzentrieren, die den fachlichen Gegenstand und die Arbeitsmethoden im Schulfach Informatik betreffen. Insbesondere fehlt es an einer durchgängigen Begriffsbildung und damit an der entsprechenden Fachsprache.

Es sollte das Anliegen des Workshops zur Fachdidaktik auf dieser Tagung sein, ausgehend von diesen Thesen, die Positionsbestimmung Fachdidaktik Informatik weiter voranzutreiben und somit einen fundamentalen Beitrag zur Entwicklung des Schulfaches Informatik zu leisten. Im Vordergrund sollten deshalb nicht neue Begründungsversuche der Einordnung des Faches in die Allgemeinbildung stehen, sondern vielmehr der konkrete Beitrag der Informatik im Ensemble der Fächer diskutiert werden, das betrifft sowohl die Gegenstände des Faches, einschließlich geeigneter Begriffsbildungen, und den Beitrag des Faches Informatik zur Entwicklung wichtiger Arbeitsmethoden.

Literaturverzeichnis

[Baum90] Baumann, R.: *Didaktik der Informatik.* Klett–Schulbuchverlag, Stuttgart 1990.

[Brau90] Brauer, W.: *Trends der Informatik–Ausbildung.* Informatik–Fachberichte, Bd. 257, Springer–Verlag, Berlin 1990, S. 456–464.

[BLKo87] Bund–Länder–Kommission für Bildungsplanung und Forschungsförderung (BLK): *Gesamtkonzept für die Informationstechnische Bildung.* Heft 16, Bonn 1987.

[Burk94] Burkert, J.: *Umorientierung des Informatikunterrichts.* In: LOGIN 14(1994) Teil1 im Heft 4, S. 55–58, Teil 2 im Heft 5/6, S. 86–89.

[ClSc93] Claus, V.; Schwill, A.: *Duden Informatik.* Dudenverlag, Mannheim 1993.

[KoPe93] Koerber, B.; Peters, I.-R.: *Informatikunterricht und informationstechnische Grundbildung – ausgrenzen, abgrenzen oder integrieren?.* In: Troitzsch, K.G. (Hrsg.): Informatik und Schule 1993: Informatik als Schlüssel zur Qualifikation, Reihe „Informatik aktuell", Springer–Verlag, Berlin 1993, S. 108–115.

[Pesc89] Peschke, R.: *Die Krise des Informatikunterrichts in den neunziger Jahren.* In: Stetter, F.; Brauer, W. (Hrsg.): Informatik und Schule 1989: Zukunftsperspektiven der Informatik für Schule und Ausbildung, Informatik–Fachberichte Band 220, Springer–Verlag, Berlin 1989, S. 89–98.

Steffen Friedrich
Technische Universität Dresden, Fakultät für Informatik

Informatik in der Schule als Sprachen-Unterricht

Volker Claus, Universität Stuttgart

Ziel des Artikels ist es, ein Kerngebiet der Informatik zu bestimmen, das als Orientierung für das Schulfach Informatik dienen kann. Kurzfristig können Inhalte des Schulfachs Informatik hierauf ausgerichtet werden, langfristig könnte eine Umgestaltung in Angriff genommen werden, die über die Informatik hinausgeht.

1. Zum Stand des Informatikunterrichts

Bereits Anfang der 70er Jahre wurde vorgeschlagen, das nur wenige Jahre junge Gebiet Informatik umgehend in den Schulen einzuführen. Die mit der "Information" zusammenhängenden grundlegenden Begriffe und Eigenschaften sollten ihren Platz in der Schule erhalten, vergleichbar den Naturwissenschaften. Die GI-Empfehlungen (siehe [Br76]) gaben den (heute als algorithmenorientiert bezeichneten) Rahmen, und es hätte eigentlich alles seinen normalen Verlauf nehmen können. Aber: Es gab keine geeigneten Schulbücher und keine ausgebildeten Lehrkräfte, und die Entwicklung der Wissenschaft Informatik verlief in viele unterschiedliche (vor allem ingenieurmäßige) Richtungen. Um 1990 fand sich der Informatikunterricht in einer Sackgasse wieder, und auch zwischenzeitliche Rettungsversuche Richtung sozialorientierter, anwendungsorientierter und sonstwas orientierter Informatik trafen auf ein unterschiedliches Echo und zerstritten die kleiner werdende Zahl von Befürwortern. Zu den einzelnen Ansätzen siehe [Cl91].

Die Einführung der Informatik war mit anderen Entwicklungen zusammengefallen:

- Die Aufkündigung des festen Fächerkanons in der Schule. Anfangs schien dies der Informatik förderlich zu sein, konnte sie doch schnell als irgendein weiteres Fach eingerichtet werden. Angesichts des kaum einschätzbaren Wissens der Abiturienten wurde jedoch bald eine Besinnung auf Grundfächer gefordert, und hierbei werden wohl nur die Fächer als erhaltenswert eingestuft, die es schon früher gegeben hat.

- Die Orientierungslosigkeit der Hochschul-Informatik. Die ingenieurmäßigen Komponenten der Informatik entwickelten sich (in Lehrstühlen ausgedrückt) besonders stürmisch. Von diesen Professuren erhielt die Schule nur den Vorwurf, nicht zeitgemäß zu sein, es kamen aber kaum lehrbare Inhalte. Mehr noch: Vorwiegend von diesen Lehrstühlen wird der Sinn eines Schulfachs Informatik infrage gestellt.

- Die fehlende Didaktik: Keine Fakultät (in Westdeutschland) war bereit, eine Professur zugunsten einer Lehramtsausbildung bereitzustellen mit dreifacher Begründung: Zum ersten werden keine Lehrer eingestellt, zum zweiten hatte die Überlast im Diplomstudiengang absoluten Vorrang, und zum dritten pflegen Informatiker "voranzustürmen";

d.h., eine Besinnung auf Grundlagen und allgemeinbildende Inhalte wird weder verlangt noch in einem jungen und nachgefragten Fach für sinnvoll erachtet. (Genau diese Aufgabe kann und soll eine Didaktik der Informatik mitwahrnehmen.)

* Die Anforderungen aus der Arbeitswelt: Die 1973 beschlossene Rahmen-Diplomprüfungsordnung bildet zwar auch heute noch eine Klammer, aber die Informatik steht unter dem Druck, verstärkt eine ingenieurmäßige Berufsvorbereitung anbieten zu müssen. Zusammen mit der Überlast konnte sich daher keine Lehramtsausbildung entfalten (diese wird nun zunehmend von Mathematik-Fachbereichen aufgegriffen).

Und schließlich kam die Sinnkrise: Sind wir nicht alle ohne Informatik groß geworden? Sind nicht andere Fächer für die jungen Menschen wichtiger? Vermitteln wir nicht zuviel nutzloses Wissen? Dies führt seit 25 Jahren immer wieder zu der Frage, was der allgemeinbildende Kern der Informatik sei und welchen Stellenwert der Rechner dabei besitzt, wobei Informatiker(innen) fast nie den Wert anderer Schulfächer anzweifeln, sondern immer nur den der Informatik.

Fazit: Es ist nicht schwer, unter den gegenwärtigen Bedingungen das (vorläufige) Ende des Informatikunterrichts zu prognostizieren.

2. Der allgemeinbildende Kern

Die Allgemeinbildung soll die Bildung sein, "die es dem Menschen ermöglicht, sich in seiner Welt zurechtzufinden" ([Mey80]). Ein solches Wissen gibt es aber heute nicht mehr, schon deswegen nicht, weil sich die Welt zu schnell verändert. Auch der Versuch, das fast alle Wissenschaften durchziehende Prinzip der Einfachheit zugrunde zu legen, scheitert an der Vielzahl der Phänomene und der Stofffülle. Als Begriffsbestimmung für die Allgemeinbildung bleibt daher nur die Aussage: Sie muß Werte und Prinzipien vermitteln, sie muß der Orientierung im Leben dienen, sie muß übertragbare (abstrakte) Inhalte umfassen, und sie darf nur in begrenztem Maße berufliche Bildung enthalten.

Allgemeinbildung ist also keine absolute Größe, sondern eine (erkenntnis- und damit zeitabhängige) gesellschaftlliche, politische und kulturelle Einstellung. Sie kann sich an den Vorgaben durch den Staat und / oder an den Fähigkeiten und Neigungen des einzelnen orientieren. Also muß sich der Unterricht an den allgemeinbildenden Schulen auffächern, wie es die Schulreform von 1972 vorsieht. Nun kann aber wegen der vielen Wahlmöglichkeiten kein einheitliches Grundwissen mehr erwartet werden, was nachfolgende Ausbildungsgänge deutlich verlängert. Im Widerstreit zwischen humanistischem Ideal, wissenschaftlichem Propädeutikum und beruflicher Befähigung analysiert man die einzelnen Fächer auf ihren Gehalt an Grundwissen; hierbei wird die Informatik gern den beruflichen Zielen zugeordnet und damit aus der allgemeinbildenden Schule verbannt.

Die zentrale Frage lautet also: Trifft es zu, daß Informatik überwiegend dem Beruf und nicht der Grundbildung zuzuordnen ist? Antwort: Teils teils.

Ursprünglich war die Informatik als ein grundlagenorientiertes Fach mit Anwendungen konzipiert worden. Diese Ausrichtung ist unverändert in den Informatik-Fachbereichen vorhanden, auch wenn sich die heutige Informatik überwiegend als eine Ingenieurwissenschaft darstellt: Ausgebildet werden Systemadministratoren, Anwendungsprogrammierer, Datenbankexperten, CAD/CAM-Fachkräfte, Netzwerkspezialisten usw.

Diese liegen in ihren Fähigkeiten und Kenntnissen schon ähnlich weit auseinander wie Bau-, Elektro- oder Chemieingenieure. Spezialkenntnisse der Ingenieure werden nicht in der allgemeinbildenden Schule gelehrt. Aber es gibt die Fächer Physik und Chemie, in denen die Grundbegriffe über Kräfte, Bewegungen, Optik, Elektrizität, Wärme, Energie, Verbindungen, Reaktionen, Lösungen usw. vermittelt werden. Genau solch ein Fach wird für die "Informations"-Ingenieure auch benötigt: ein Grundlagenfach *Informatik*.

Was sind nun die zentralen Informatik-Inhalte, die den Anspruch haben, Prinzipien oder grundlegende Methoden zu sein und in anderen Wissensgebieten benötigt zu werden? Genannt werden häufig folgende Bereiche mit einigen zugehörigen Stichwörtern:

- Grundlegende Begriffe der Informatik müssen im Zentrum der Ausbildung stehen (Algorithmus, Datenstruktur, Prozeß, Netze, Syntax, Semantik, Effizienz, Parallelität, Paradigmen der Informatik, ...).
- Informatik ist eine Methodenlehre (Systemanalyse, Spezifizieren, Entwurfsmethoden, Arbeitsmethodik, Teamarbeit, Steuern, Prüfen, Testen, Akquisition, Protokolle, ...).
- Informatik begründet sich aus den Anwendungen, die nachhaltig belebt und neu orientiert werden (Modellbildungen, Simulation, Prognosen, Vorstoß in neue Denkdimensionen, Veränderung der Produkte und der Produktionsprozesse usw.).
- Informatik müsse "Information und Kommunikation" einschl. der Technologie und der Auswirkungen lehren (Darstellung, Übertragung und Manipulation von Information, Datensicherheit, Kommunikationsmodelle, soziale Folgen, Veränderung der Arbeitswelt, Chancen und Grenzen, Verantwortlichkeit usw.).

Behauptung: Dynamische Inhalte lassen sich (auf absehbare Zeit) nicht angemessen im Informatikunterricht der Schule realisieren. Damit entfallen derzeit die Begründungen "Methodenlehre", "Weltveränderung", "Anwendungsbezug", da sie sich rasch den jeweiligen Entwicklungen anpassen müssen und keine langfristige Orientierung geben.

Die Begründungen für diese Behauptung sind: Es gibt derzeit keine geeignet ausgebildeten Lehrkräfte, der Unterricht ist von den technischen Geräten und deren Aktualität abhängig, die Wissenschaft Informatik gibt bei der Dynamisierung keine Hilfen und keine Orientierung, das vermittelte Wissen ist recht vergänglich, und es ist kaum möglich, einen Überblick zu behalten (sonst müßte in Deutschland ein Zentrum zur Entwicklung von Unterrichtsmaterialien für die Informatik und den Computereinsatz eingerichtet werden, wie es ja auch schon gefordert wurde). Und: Andere Fächer machen es ja auch nicht; warum sollte also der Informatiklehrer, der schon viel Zeit für das Computerlabor aufwenden muß, umfangreiche Zusatzarbeiten auf sich nehmen?

Die Behauptung grenzt die Suche auf zentrale Inhalte ein, die sich nur wenig verändern sollten. In [Dud93], Stichwort "Informatik", werden als sog. "fundamentale Ideen" die Begriffe "Algorithmisierung", "Strukturierte Zerlegung" und "Sprache" genannt, also zwei dynamische Begriffe und ein eher statischer Begriff. Die deutsche allgemeinbildende Schule ist traditionsgemäß ein Ort, wo analytische Denkweisen vorherrschen. Wissen, das auf die Synthese, auf die Konstruktion von Produkten zielt, zählt zur beruflichen Bildung. *Folglich wird es der Begriff der Sprache sein, um den ein Informatikunterricht aufzubauen ist.* Dieser Unterricht muß Inhalte über den Grundstoff "Information" vermitteln und soll sich (wie die Mathematik und die Naturwissenschaften) nicht auf Fragen konzentrieren, die in andere Schulfächer gehören. Zugleich soll er einem zentralen Anliegen der Schule dienen: die ständig wachsende Komplexität beherrschbar zu halten.

3. Sprache

Die Sprache ist eine ausgesprochen faszinierende Erscheinung. Mit ihr lassen sich die meisten beobachtbaren Phänomene beschreiben, aber auch Wunschvorstellungen, nicht Existentes, Magisches, Unerklärbares und Unsinniges kann formuliert und zum geistigen Leben erweckt werden. Sprache ist somit ein Simulationsmechanismus, in dem das Denk- und Vorstellbare Umrisse und Gestalt annimmt, ausgeschmückt und weiterentwickelt werden kann. Diesen Simulationsmechanismus muß man nicht erst mühsam konstruieren, realisieren und mit Schnittstellen versehen, sondern er ist ab einem gewissem Lebensalter bei jedem vorhanden, wird allerdings nicht von jedermann in der simulierenden Funktion wahrgenommen oder eingesetzt.

Die Grenzen meiner Sprache sind die Grenzen meiner Welt, schrieb Wittgenstein in seinem Traktatus. Heute ist aber Informatik imstande, mit ihren Darstellungsmitteln Sprache zu beschreiben, ja mehr noch: Sprache zu erzeugen, zu manipulieren und zielgerichtet einzusetzen. Daher müßte sich diese Aussage ausweiten lassen zu dem Satz "Die Grenzen der Informatik sind die Grenzen meiner Welt". Solch ein Satz würde gut zu der "Wissenschaft von der systematischen Darstellung und Verarbeitung von Information", wie man die Informatik gerne bezeichnet, passen, aber er trifft bisher nicht zu, weil die Informatik ihre (begrenzten) Erfolge bei künstlichen Sprachen erzielt, in denen sich die Menschen in der Regel nicht ausdrücken möchten und können.

Fast alles in der Informatik ist Sprache oder wird auf Sprache reduziert. Dabei bevorzugt die Informatik keine spezielle Sprache: Normen, Projektabläufe, Entwürfe, Pflichtenhefte, Bedeutungen von Programmiersprachen usw. werden in natürlichen Sprachen dargestellt, Algorithmen, Datenstrukturen oder Objekte beschreibt man meist in halbformalen Sprachen, für theoretische Fragestellungen und Modellbildungen benutzt man mathematische Kalküle, und Programme, Systeme, Maskenbänder, Druckerausgaben usw. müssen letztlich in einer künstlichen Sprache (früher stets exakt, heute teilweise auch vage) ausformuliert werden. Für Protokolle, Schnittstellen, Prozesse, Benutzungsoberflächen, Dialoge, Betriebssysteme, elektronische Post, Fertigungssteuerung usw. usw. verwendet man spezifische Sprachen. Waren es früher die Sprachen, die die Hersteller von Computern vorgaben, so kann man sich heute relativ leicht eine eigene Sprache auf die gewünschten Anforderungen zuschneidern. Noch sind die Sprachen überwiegend "künstlich", aber Beziehungen zu natürlichen Sprachen sind selbstverständlich gegeben.

Etwas in künstliche Sprachen übertragen zu können, gehört zu den Fähigkeiten, die im Laufe des Informatikstudiums erworben werden sollen. Dabei klären sich auch Begriffe wie Syntax, Semantik und Pragmatik, und Methoden zur Erzeugung, Analyse und Veränderung sprachlicher Gebilde sind zu beherrschen. Es ist daher naheliegend, Sprachen mit eigenen Zielsetzungen, mit unterschiedlicher Ausdruckskraft und von verschiedener Präzision in *einem* Unterrichtsfach vorzustellen. Das heißt: Die Beziehungen zwischen Informatiksprachen und anderen Spachen sind aufzuspüren, und es müssen deren Eigenschaften, sowie Gemeinsamkeiten und Trennendes herausgearbeitet werden. Die Analyse und die Verwendung von Sprachen unterschiedlichster Art sollen (ausgehend von Sprachen der Informatik) den allgemeinbildenden Kern für das neu orientierte Schulfach Informatik bilden, das die Darstellungsmittel, die Ausdrucksfähigkeit, die Ziele und die Wirkungsweisen sprachlicher Gebilde aus der Informatik, sowie der Logik, der Mathematik und teilweise aus den Sprachenfächern vorstellt und miteinander verknüpft.

4. Grobe Übersicht

Das Fach Informatik sollte das Gerüst von Sprachen und Kalkülen, deren Ausdrucksmöglichkeiten, Vor- und Nachteile und typische Beispiele einheitlich darstellen und untereinander und mit Sprachen aus verschiedenen Fächern vergleichen. Im Zentrum stehen dabei die Erkenntnisse der Informatik über künstliche Sprachen und deren Einsatz. Stichwörter: Syntax, Semantik, Interpretation, Übersetzung, Darstellung von Algorithmen, Daten, Prozessen etc., Ausführbarkeit und Effizienz, Spezifikation, Verifikation, Normung, Redundanz usw. Aus dem Deutsch- und dem Sprachenunterricht können einige grammatikalische Teile und die Behandlung der Ausnahmen, aus der Linguistik Darstellungsmethoden und typische Beispiele, aus der Mathematik die Mengenlehre und die algebraischen und logischen Kalküle, aus der Chemie die Nomenklaturregeln und aus der Biologie die Klassifikation der Arten und die Informationsdarstellung im Erbgut hinzugenommen werden. Weiterhin können die Vielfalt der Alphabete (es gibt einen weltweiten Zeichensatz) und die verschiedenen Wortbildungsarten behandelt werden.

Ausbildungsziele neben den Kenntnissen und Fertigkeiten sollen sein: Bessere Sprachkompetenz, bessere Ausdrucksfähigkeit, Befähigung zur Zuordnung von Sprachen zu gegebenen Problemen und Problemlösungen, Entwicklung von Lösungen und deren präzisen Formulierungen, Verständnis für die Metaeigenschaft von Sprachen und die Sprachverarbeitung, Kenntnis der Paradoxien und der Grenzen der Darstellungen, Einsicht in effiziente Darstellungen und Ausführungen, sowie in Methoden zur Reduktion von Komplexität, Befähigung zur Analyse von Sätzen, Programmen und Formeln.

Kurzfristig ist zwar nur an eine verbesserte Richtschnur für die Informatik in der Sekundarstufe II der allgemeinbildenden Schulen gedacht. Wenn es aber gelingt, ein neues "sprachenzentriertes" Grundlagenfach für die Schule zu schaffen, so sollte dieses Fach von der Grundschule bis zum Abschluß der einzelnen Schularten obligatorisch angeboten werden.

Nun sind also zwei Curricula zu entwerfen: Eines für die Klassenstufen 11 bis 13 mit dem Schwerpunkt "Informatik" und eines für die Klassen 3 bis 13, das umfassender gesehen werden muß und in das auch Inhalte einfließen, die bisher nicht in der Schule gelehrt werden. Die Problematik mit den Lehrkräften ändert sich in beiden Fällen zunächst nicht: Es gibt sie nicht, und sie werden auch nur dann angemessen ausgebildet, wenn entweder das entsprechende Lehramtsstudium einer Universität überall anerkannt wird oder wenn die Bundesländer die Ausbildung in ihren Universitäten sicherstellen. Dies ist kein guter Start, aber um überhaupt etwas zu bewegen, müssen Vorschläge unterbreitet werden, deren Umsetzbarkeit erst anschließend zur Diskussion steht.

Gäbe es in Deutschland das oben erwähnte Zentrum zur Entwicklung von Unterrichtsmaterialien für die Informatik und den Computereinsatz (es ließe sich z.B. am Internationalen Begegnungs- und Forschungszentrum Informatik, Schloß Dagstuhl, Wadern im Saarland ansiedeln), dann könnte man diese Überlegungen dort weiterentwickeln und geeignete erste Materialien erstellen. Vor allem die Gesichtspunkte der Prüfbarkeit, der Interdisziplinarität und der Teamarbeit könnten dort gut abgeklärt werden.

Der vorliegende Artikel wird im folgenden den Gedanken, ein Schulfach Informatik mit der Zielsetzung 'Sprachen' in Klasse 3 beginnend einzurichten, weiter skizzieren.

5. Überblick über die Unterrichtsinhalte

Die folgende Tabelle listet einige Themenbereiche auf, die in dem 11-jährigen Curriculum auftreten könnten. Eine detaillierte Ausarbeitung, die Grundlage für ein durchgängiges Schulbuch-Konzept sein könnte, wäre wünschenswert, kann aber wegen des Aufwands hier nicht präsentiert werden. Einige typische Unterrichtseinheiten sollten erstellt werden, einschließlich der Prüfungsanforderungen. Eine inhaltliche Abstimmung mit anderen Fächern der jeweiligen Jahrgangsstufe muß erfolgen. Die Inhalte sind natürlich auf die entsprechende Altersstufe zu reduzieren.

Kl.	Themen	Inhalte	Ausdrucks-möglichkeiten	Vor- und Nachteile	typische Beispiele
3	Operationen und Operatoren, Reihungen.	Aufbau von Termen, Rechenbäume, Aufbau von Hauptsätzen in nat. Sprache.	Einfache mathemat. Berechnungen, Aneinanderhängen von Aussagen.	Klare Beschreibung der Berechnungen, nichts Komplizierteres.	Regelmäßige Strukturen in Berechnungen und in Absätzen.
4	Aufeinanderfolge von Operationen, Teilstrukturen	Flußdiagrammartige Darstellungen. Kochrezepte.	Darstellung von plus, minus, mal usw., Schemata für einfache Verfahren.	Verständnis für Ablauf in einem Taschenrechner. Vordergründig?	+, -, *, /. Erweitern zu x hoch y. Taschenrechnersprache.
5	Elementare Mengenlehre, Zeichnen.	Mengen und ihre Grundoperationen. Zeichnen auf dem Bildschirm.	Kompliziertere Abfragen in Datensammlungen. Hohe Präzision.	Präzise Darstellungen. Überforderung? Bildliche Darstellung.	Logische Verknüpfungen, geometrische Figuren.
6	Ableitungsbegriffe.	Einfache Grammatiken, Ausrechnen von Ausdrücken, Lindenmayersyst.	Grammatikalische Regeln, Berechnen durch Umwandeln, Biolog. Strukturen.	Gleichartiges in verschiedenen Fächern erkennen.	Geschachtelte Sätze natürlicher Sprachen, Algen, Fibonacci.
7	Steuerung eines Roboters, etwas Simulation.	Funktionsbegriff als Makro, Syntaxdiagramme, einfache Gleichungen.	Kleine Befehlssprache, Abfragen, Lösung linearer Gleichungen.	Realisierbar in der Physik, Primitivsprachen. Operat.Semantik.	Roboterarmbewegungen, RISC-Idee, ggT, Geometrie.
8	Kleine Datenbank.	Speicher, Lager, Wiederfinden. Problemlösen durch bekannte Lösungen.	Suchen, Sortieren, Navigieren, Anfragesprachen. Nichtdeterminismus.	Bedeutung der Ordnung, Datendarstellungen. Überforderung?	Einfache Datei, eigene Sprache für Anfragen. Chem. Formeln.
9	Turingmächtige Programmiersprache.	Sprache für Formeln mit while oder Rekursion. Näherungsverfahren.	Teilmenge einer Programmiersprache (PROLOG?). Syntax und Semantik.	Programmierbarkeit. Rechnerprobleme. Natürliche Beispiele?	Verwandtschaftsbeziehungen, Polynome, 'volle' Robotersprache.
10	Sprachübersetzung.	Geometriesprache. Teilmengen natürlicher Sprachen. Semantikbegriff.	Syntaxanalyse in natürl. Sprachen, geometr. Algorithmen, künstl. Intelligenz.	Vergleich von Sprachstrukturen, Anschaulichkeit.	Übersetzung engl.-deutsch, Rekursion-while, Geom.Konstrukt.
11	Datenstruktur Algorithmus, Churchsche These	Berechnungen, Daten, Theorie der Informatik, (viele Beispielbereiche).	Darstellung von Problemen, Effizienz der Lösung, einige Paradigmen.	Zu kompakt? Wie vermeidet man Sprachkurs?	8-Damen, Verschlüsselungen, Suchen, Sortieren, Maschinen.
12	Eigene Sprachen definieren	Abstrakter Sprachbegriff, Mächtigkeit der Sprachen, Struktur natürl. Sprachen	Modellierung und Simulation, Semantik, Pragmatik, Lernen.	Rechnerunterstützung notwendig, Eigeninitiative.	Probleme bei Graphen, P/NP, Umweltfragen, Verkehr, Handel.
13	Bedeutung der Sprachen und ihr Einsatz	Information, Prozeß, Kommunikation, Objekte, Spezifik., Entwurf u. Analyse.	Organisationsstrukturen, Pläne, Sprachen/Programme als Wirtschaftsgut	Im Prinzip sind nun 'fast alle' Computerfragen erläuterbar.	Gene, Codierung, große Grammat., Weltnetze, eigene Metasprache.

46

Anmerkungen:

- Eine stark vereinfachte Skizze einige Begriffe der Sprachen zeigt Abb.1. Die einzelnen Komponenten sind mit Inhalt zu füllen, wobei konkrete Programmiersprachen, Werkzeuge, Systeme und Rechner nicht dominieren dürfen gegenüber den zu vermittelnden Prinzipien und den (hier nicht skizzierten) Beziehungen zwischen verschiedenen Spachen.

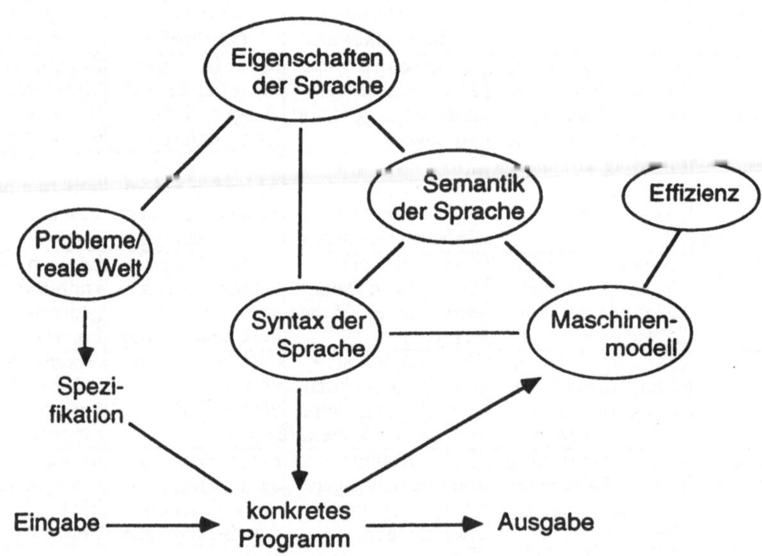

Abb. 1: Beziehungen zwischen einigen Begriffen

- Einige Sprachen sollten auf jeden Fall vermittelt werden, z.B. die Mengenlehre, eine Taschenrechnersprache, eine Robotersteuerungssprache, eine Menü- oder Dialogsprache, eine größere Teilmenge einer natürlichen Sprache, eine formelorientierte Sprache (auch: Syllogismen des Aristoteles), der Kern einer Programmiersprache, eine Sprache zur Beschreibung von (z.B. physikalischen) Experimenten.

- Der Vorschlag betont den Grundlagencharakter der Informatik, allerdings nicht den dynamischen Bereich der Softwareentwicklung, sondern den längerfristig gültigen Bereich der Darstellbarkeit und Analyse. Verglichen mit der Mathematik stehen die Endlichkeit und die Objektstrukturen im Vordergrund. Man wird fragen, warum diese Inhalte nicht in den Mathematikunterricht integriert werden sollen. Antwort: Weil es Informatikstoff ist, weil die Lehrkräfte nicht entsprechend ausgebildet sind, weil die Denkweisen einseitig vorgestellt würden, und weil der Stoff im Unterricht oftmals zugunsten mathematischer Inhalte zu kurz kommen wird.

- Ein Standardargument lautet zur Zeit: Es wäre besser, unsere Jugendlichen lernten vor allem richtig Deutsch und Mathematik, bevor sie neuen Stoff vorgesetzt bekämen. Die Standardentgegnung lautet: Der informatikbezogene Stoff beseitigt die Verständnisprobleme und bewirkt somit genau die angestrebten Verbesserungen. (Man hüte sich vor Stammtischargumenten.)

- Weitere Bereiche, denen Beispiele entnommen werden können, sind: Holzbaukästen (Bausteine, Grundoperationen, Stabilität, Ziele), Reparaturanleitungen (Einzelteile, Bauplan, erlaubte Handlungen, Testoperationen, Diagnose), Fahrschule (Objekte, Operationen, Zielfindung, erlaubte Operationen), Sternenbeobachtung, Schulzeitung, Containerbahnhof, Klassenfeste, Viehfütterung, Verkehrsverbindungen, Verpacken, Umweltüberwachung, Kalendereinträge, Musikstücke, Organisation (von Adressen, Videos, CDs, Schwimmkursen, Urlaub, Hobby), Kochen, Spiele, Haustechnik usw.

- Stundenumfang dieses Unterrichts (überwiegend auf Kosten der Mathematik, des Deutsch- und des Sprachen-Unterrichts, sofern sich an der Stundendaufteilung für die Fächer nichts ändert):
  3. bis 10. Schuljahr: 1 bis 2 Stunden pro Woche (ITG-Inhalte darauf abstimmen),
  11. bis 13. Schuljahr: 3 Stunden pro Woche.

Die Realisierung des Konzepts ist recht aufwendig. Es muß ein detailliertes Curriculum erarbeitet werden, dann sind die Fachkonferenzen, sowie die Beiräte der Kultusministerien zu überzeugen, es sind Pläne zur Lehreraus-, -fort- und -weiterbildung zu erstellen, und es ist die Umsetzung in den Universitäten und Landesinstituten zu gewährleisten. Hierfür muß man mindestens 10 Jahre ansetzen. Eine grundlegende Neuorientierung kann nur von hauptberuflichen Fachkräften (möglichst Didaktikprofessuren) vorangetrieben werden, "normale Informatiker" können höchstens durch Empfehlungen mitwirken.

Will man dagegen kurzfristig eine fundiertere Orientierung in den Informatikunterricht der Sekundarstufe II einbringen, dann braucht man nur die Inhalte "etwas" anzupassen, wobei die Lehrpläne wohl nicht allzu stark geändert werden müßten. Dieses ließe sich mit Unterstützung überregionaler Empfehlungen innerhalb weniger Jahre umsetzen.

6. Informatikinhalte

Welche Inhalte der Informatik sollen auf jeden Fall vermittelt werden? Hier sind folgende Begriffe zu nennen, die auf schulische Anforderungen zu übertragen sind (eine Teilmenge ist für die heutigen Klassenstufen 11 bis 13 sinnvoll):

1. Syntax:
   Alphabete, Erzeugendenprozeß und Regelsysteme, Ableitungsbegriff (in dem Teile der Semantik enthalten sind), Ableitungsbaum, Syntaxdiagramme, Ableitungsnetz, erzeugte Sprachen, Wortproblem, schnelle Syntaxanalyse, weitere Grundprobleme.

2. Semantik:
   Attributierungen, korrekte Berechnung der Attributwerte, syntaktisch nicht faßbare Nebenbedingungen (Notwendigkeit der Deklaration, generische Typen, Zulässigkeit gewisser Parameter), Algorithmen zu deren Überprüfung, Korrektheit. Verschiedene Semantikansätze für sequentielle Strukturen und bei Nebenläufigkeit, Abhängigkeiten von der Hardware und der Umgebung; Interpreter, Übersetzer.

3. Pragmatik (nicht formalisiert):
   Umgebungsbegriff, Schnittstellen, Ein- und Ausgabe, reaktive Systeme, Begriffe der instabilen Situation, des Handlungsdrucks, der Zieloptimierung; Adaption und Selbstanpassung von Regelsystemen.

4. Kommunikationssysteme:
   Signale, Nachrichten, Informationen, parallele und verteilte Systeme, Synchronisation, Dialoge, Oberflächen, Mechanismen zur Kommunikation, Problem der Korrektheit.

5. Methodik:
   Paradigmen des Programmierens, Algorithmik, Objekte, Schichtenmodelle, Standardalgorithmen, Standard(betriebs)systeme, Probleme der Größenordnungen, Spezifikation, Verifikation.

6. Theoretische Informatik:
   Grammatiken, Maschinen, Berechenbarkeit, Nichtdeterminismus, abstrakte Datentypen, Netze, Analyse von Algorithmen.

Zu klären ist die Frage, welchen Anteil die Rechner und die auf ihnen vozufindenden konkreten Sprachen, Menüs und Schnittstellen einnehmen sollen. Alles ist denkbar, man sollte aber die Faszination, die von Computern ausgeht, im Unterricht nutzen.

7. Schlußbemerkung

Es wird zur Zeit diskutiert, das Fach Informatik wieder aus der Schule zu drängen. Damit würde in der Schule kein Grundverständnis mehr für Organisation, Planungen, Abläufe, Modellbildung und Simulation aufgebaut, das in einer modernen Welt nach meiner Ansicht unverzichtbar ist. Aber, sind wir Hochschulinformatiker wirklich traurig, wenn die Politik den Empfehlungen hinsichtlich eines Unterrichtsfachs Informatik nicht folgt? Kaum. Denn: Je weniger Wissen über die Information in der Bevölkerung vorhanden ist, umso sicherer sind die Arbeitsplätze unserer Universitätsabsolventen. Und das ist ja auch ein Trost.

Literatur(ausschnitt)

[Bau90]   R. Baumann, "Didaktik der Informatik", 1990
[Br76]   W.Brauer et al., "Zielsetzungen und Inhalte des Informatikunterrichts", Zentralblatt für Didaktik der Mathematik 76/1 (1976), 35-43.
[Cl91]   V. Claus, "Anforderungen an den Informatikunterricht", in: J.Burkert, R.Peschke (Hrsgb.), "Weiterentwicklung des Informatikunterrichts", HIBS, Materialien zur Schulentwicklung Heft 16, S.148-158, Wiesbaden 1991
[Dud93]   Duden Informatik, 2. Auflage, BI, Mannheim, 1993
[Lo86]   P.C.Lockemann, "Konsistenz, Konkurrenz, Persistenz - Grundbegriffe der Informatik?", Informatik-Spektrum 9 (1986), 300-305
[Mey80]   Meyers Enzyklopädisches Lexikon, Band 1, BI, Mannheim, korrigierter Nachdruck 1980
[Sch95]   S.Schubert, "Welche Theorieinhalte müssen in der Lehrerausbildung vermittelt werden?", erscheint im Tagungsband der GI/SI-Jahrestagung '95, Zürich

Informatikunterricht - Quo vadis?
Thesen zu Stand und Entwicklung der Schul-Informatik

Jürgen Burkert

HIBS Wiesbaden

1 Das langsame Entschwinden des Informatikunterrichts

Das eigenständige Schulfach Informatik, gerade mal etwas mehr als 10 Jahre alt, ist auf dem besten Wege, aus dem schulischen Alltag wieder zu verschwinden. In der Sekundarstufe I nur in einzelnen Ländern als Wahlfach etabliert, verabschiedet es sich sang- und klanglos zugunsten der Grundbildung und anderer Wahlangebote, wie z.B. Arbeitslehre, 3. Fremdsprache usw. In der gymnasialen Oberstufe, wo es - wenn auch als Fach minderer Wählbarkeit- fast in allen Bundesländern bis zum Abitur führt, gehen die Schülerzahlen seit Jahren zurück und der bislang übliche algorithmenorientierte Unterricht scheint sich selbst ad absurdum zu führen. Hält die bisherige Entwicklung an, dann gibt es im Jahre 2000 das eigenständige Fach Informatik nicht mehr.

These 1:
Die Verfügbarkeit von Computern im Alltag nimmt stetig zu, so daß Grundfertigkeiten in ihrer Handhabung von allen erlernt werden. Ein Fach Informatik ist daher jedes Reizes des Neuen, Unbekannten entkleidet und verliert dadurch seine Anziehungskraft für Schülerinnen und Schüler, vor allem auch auf Computer-Freaks.

These 2:
Der Computer wird von der Grundschule an in Verbindung mit anderen Medien alltägliches Werkzeug im Unterricht werden. Seine Nutzung als Medium und Werkzeug macht einen Informatikunterricht der bisherigen Art für die meisten Schülerinnen und Schüler uninteressant.

These 3:

Programmieren in einer prozeduralen Sprache wie Pascal wird immer unwichtiger und unüblicher. Dagegen nimmt das „visuelle Programmieren" mit fertigen Objektbibliotheken und entsprechenden Methoden über Drag-and-Drop-Verfahren zu, bei dem die klassische Algorithmenentwicklung nur eine untergeordnete Rolle spielt.

These 4:

Die „Schule von morgen" wird den Computer integriert sehen in ein Netz von Datenkanälen, Datenbanken und Informationssystemen, über die das Wisssen der Welt und die Kommunikation mit der Welt abläuft. Herkömmlicher Informatikunterricht ist dabei nicht hilfreich.

2 Die gegenwärtige Situation des Informatikunterrichts

Der gegenwärtige Informatikunterricht ist ein Kind der 70er Jahre und hat weder inhaltlich noch didaktisch die stürmische Fortentwicklung der Informationstechnologien nachvollziehen können. Die schulischen Realitäten und der Bewußtseinsstand der - meist autodidaktisch gebildeten - Lehrerinnen und Lehrer stimmen mit der Erwartungshaltung der Öffentlichkeit bezüglich des Faches Informatik nicht mehr überein. Noch immer bestimmen die GI-Empfehlungen von 1975 mit ihrem Schwerpunkt bei der Lösung von Problemen mittels algorithmischer Verfahren den Unterricht, vor allem in der gymnasialen Oberstufe. Ein Festhalten am bisherigen Konzept des Informatikunterrichts - und die relativ neuen Lehrpläne aller Bundesländer lassen keine radikale Trendwende erkennen - scheint den Untergang des Faches zu besiegeln, weil zunehmend die Schülerinnen und Schüler wegbleiben. Die Bestrebungen der KMK, traditionelle Fächer im Hinblick auf das Abitur zu stärken und „überflüssigen Ballast" (der nur Geld kostet) abzuwerfen, unterstützt angesichts leerer Kassen und fehlender Lehrkräfte diesen Trend.

These 5:

Die Konstruktion von Software - im Großen wie im Kleinen - gehört zum ingenieur-wissenschaftlichen Teil der Informatik und ist nicht allgemeinbildend. Eine Orientierung am Algorithmus als zentralem Begriff der Informatik kann keine Legimitation für ein Fach der gymnasialen Oberstufe sein.

These 6:

Der „Zwang zum Sparen" bei Ländern und Schulträgern führt zu einer Rereform der gymnasialen Oberstufe, bei der zugunsten der traditionellen Hauptfächern alle „Nischenfächer", darunter auch Informatik auf der Strecke bleiben werden. Die Ausstattung der Schulen hinkt immer stärker hinter der technischen Entwicklung bei Hard- und Software-Systemen hinterher.

These 7:

Das Interesse von Jugendlichen an Informationstechnologien in Form von Computer-Spielen, Multi-Media, Nutzung von Datennetzen und Datenbanken, neuen Kommunikationformen, Nutzung des Computers als Werkzeug und Medium, usw. ist vorhanden, wird aber im gegenwärtigen Informatikunterricht nicht aufgegriffen. Meist ist die momentane Hard- und Software-Ausstattung für solchen Unterrichtseinsatz auch nicht geeignet.

3 Ist der Informatikunterricht noch zu retten?

Derzeit ist noch kein schlüssiges Konzept für einen Informatikunterricht erkennbar, der die Interessen der Jugendlichen aufgreift, der Forderung nach Allgemeinbildung Rechnung trägt und die Fortschritte der Informationstechnologien für sich nutzbar macht. Der leichtere Weg scheint - unter Aufgabe eines eigenständigen Faches in der gymnasialen Oberstufe - in einer Integration informatischer Methoden und Inhalte in die traditionellen Schulfächer zu liegen. Im Gegensatz hierzu hat z.B. der Fakultätentag 1994 eine Stärkung des Faches Informatik gefordert, damit die Schule den gesellschaftlichen und technischen Entwicklungen Stand halten kann. Negative Beispiele von fächgerübergreifenden Lernbereichen (z.B. Naturwissenschaften) oder von der Integration informatischer Inhalte in bestehende Fächer (z.B. ITG) sprechen dafür, in der gymnasialen Oberstufe - auch unter dem Anspruch der Wissenschaftspropädeutik - ein eigenständiges Fach aufrecht zu erhalten.

These 8:

Informatik ist als eigenständiges Fach unverzichtbar, weil es als „Kristallisationskern" die zentralen Methoden und Bewertungsverfahren für die vielfältigen Anwendungen der Computertechnologie in allen Fächern zur Verfügung stellen muß. Dies ist in einem integrativen Ansatz nicht zu leisten.

These 9:

Informatik ist methoden- und nicht inhaltszentriert. Methoden der Informationsgewinnung, Informationsverarbeitung und -übermittlung müssen zentraler Bestandteil sein ebenso wie Methoden zur Organisation geistiger Arbeit durch Projekte, Teamarbeit, selbständiges und kommunikatives Arbeiten.

These 10:

Das Schulfach Informatik muß genauso dynamisch werden wie die entsprechenden Wissenschaften und ihre Anwendungen. Das betrifft vorrangig die Inhalte und Methoden, aber auch einen vernünftigen Zyklus bei der Hardware-Beschaffung.

These 11:

Die „Schule von morgen" wird mit dieser Lehrergeneration wahrscheinlich nicht verwirklicht werden, hierzu ist ein Generationswechsel notwendig. Um in der Zwischenzeit das Fach Informatik gegen den Trend - und auch gegen die Bestrebungen der KMK - zu retten, sind Angebote für das Lehramtsstudium und für eine Lehrerfortbildung dringend erforderlich.

Anforderungen an die Informatikausbildung aus Sicht der betrieblichen Ausbildung

Peter Leibner

Siemens AG
PD 3 TS Mch
Koppstraße 6
81359 München

1 Einleitung

Die schnelle Entwicklung des digitalen Rechners in den 60er Jahren führte zu einer Fülle von neuem Wissen, das zum Teil in der Mathematik, der Elektrotechnik oder in der Physik heranreifte. Die Zersplitterung all dieser Aspekte eines und desselben Untersuchungsgegenstandes auf verschiedene Disziplinen, behinderte eine kohärente wissenschaftliche Arbeit so sehr, daß man sich entschloß, mit der Informatik[1] eine neue, eigenständige wissenschaftliche Disziplin zu schaffen.

Es wurden dabei alle Aspekte des Rechners, beginnend bei seinem schaltungstechnischen Aufbau, seiner Programmierung, bis hin zu seiner praktischen Verwendung, im Fach Informatik berücksichtigt. Obwohl der im angelsächsischen Sprachraum verwendete Begriff des *Computer Science* begrifflich klarer wäre, hat man sich bei der Vergabe des Namens auf Informatik geeinigt und damit einen eigenen, von der *Computer Science* und ihren Lehrinhalten[2] abweichenden Berufszweig geschaffen.

Von da an nahm die Entwicklung der Informatik einen rasanten Verlauf. Dabei stellte sich die Informatik als Wissenschaft heraus, die sich durch Zuhilfenahme eigener Mittel fortentwickelt.

So wurde es durch immer bessere und schnellere Rechner (Hardware) möglich, effizientere Entwurfsmethoden zur Schaltungsentwicklung einzusetzen (Software). Mit Hilfe dieser Werkzeuge, bekannt unter der Abkürzung CAD[3], konnte wiederum die Integrationsdichte bei den Halbleiterbauelementen gesteigert werden. Dies führte zu besseren Prozessoren und damit zu einer weiteren Steigerung der Rechnerleistung. Durch die gesteigerte Rechnerleistung ist es heute möglich, die Schaltungsentwicklung auf eine noch höhere und komplexere Beschreibungsebene zu bringen, was eine weitere Leistungssteigerung bei den Halbleiterbauelementen nach sich ziehen wird.

---

[1] Einrichtung eines Studienganges Informatik im WS 1967/68 an der TU-München nach Vorarbeiten von H. Piloty und R. Sauer im Rahmen des Mathematik-Studiums.

[2] Es erfolgte eine stärkere Abgrenzung gegenüber der Mathematik und Nachrichtentechnik als dies bei dem 1968 von der *Association for Computing Machinery* (ACM) herausgegebenen *Curriculum for Computer Science* der Fall ist.

[3] *Computer Aided Design*

Diese Entwicklung durch gegenseitige Befruchtung wird sicher nicht ad infinitum so weitergehen, sondern eines Tages an ihre physikalischen Grenzen stoßen.

Davon ist heute allerdings noch nicht sehr viel zu merken. Der Enthusiasmus, den die Computerbranche zu verbreiten weiß, läßt diese Grenzen vorerst einmal vergessen. Immer neue Bereiche werden von den Computern erobert, wobei ihnen dabei ihre Vielseitigkeit äußerst zu Gute kommt.

Es ist sicher nicht übertrieben zu behaupten, daß der Rechner wohl das vielseitigste Werkzeug ist, das je von Menschenhand geschaffen wurde.

Ist die Hardware eines Rechners zuerst lediglich eine Ansammlung von passend verbundenen elektronischen Bauelementen, so kann dem Rechner durch entsprechende Software eine Vielfalt von Leben eingegeben werden.

Vordergründig kann er zum Beispiel als Rechenmaschine dienen. Damit sind seine Möglichkeiten aber noch lange nicht erschöpft. Mit der richtigen Software versorgt, kann er Bibliothek, Schreibmaschine und Bildtelefon sein, Prozesse steuern, große Datenmengen verwalten, Patienten überwachen, Diagnosen erstellen, weiterbilden und vieles andere mehr.

Diese einmalige Eigenschaft der schier unbegrenzten Verwendbarkeit ist die Ursache für die enorme Verbreitung der Computer.

Und die Entwicklung schreitet immer weiter fort. Immer neue Anwendungsmöglichkeiten kommen hinzu. Die weltweite Vernetzung verleiht dem bisher nur mit lokalen Daten arbeitenden Rechner quasi Flügel. Weltweit verstreute Informationen stehen plötzlich jedem überall und fast sofort zur Verfügung. Mittels *Hypertext* und *Multimedia* können sie von allen, die über einen *Personal Computer* (PC) Zugang zu einem Netz haben, abgerufen und in Form von Text, Bild oder Video samt Ton, ausgegeben werden.

Durch neue Breitbandnetze und universellere Übertragungstechniken ist eine enorme Senkung der Zugriffszeiten im Netz zu erwarten. Dieser, mit dem Schlagwort *Information-Highway*[4] bezeichnete Ausbau der Netze, wird auch zu ganz neuen Möglichkeiten bei der Arbeitsplatzgestaltung führen.

Es ist zum Beispiel durchaus denkbar, daß in Zukunft bestimmte Arbeiten am PC mit Netzanschluß direkt von zu Hause aus erledigt werden. Dadurch wird der eigene Arbeitsplatz nur noch zeitweise aufgesucht, was zu einer Abnahme des Berufsverkehrs und damit zur Entlastung der Umwelt führt.

2   Einteilung der Informatik

Die unterschiedlichen Teilgebiete, aus denen die Informatik hervorgeht, spiegeln sich in ihrer Einteilung wider[5].

Obwohl es für eine so junge wissenschaftliche Disziplin, wie die Informatik, noch keine konsolidierte Gliederung gibt, wird die folgende Einteilung von den Vertretern dieses Faches im allgemeinen akzeptiert:

- Technische Informatik

---

[4] *Datenautobahn*

[5] Dieses Kapitel stellt weitgehend eine Zusammenfassung aus [1] dar.

- Praktische Informatik
- Theoretische Informatik
- Angewandte Informatik

2.1 Technische Informatik

Die Domäne der Technischen Informatik ist die Hardware. Dabei steht die Zusammenschaltung aller Rechnerkomponenten im Vordergrund, nicht deren Aufbau. Die Komponenten werden größtenteils in der Elektrotechnik entwickelt und durch Verfahren der Halbleiterphysik realisiert. Da der Rechner aber nicht nur aus Schaltkreisen besteht, sondern auch aus mechanischen Elementen, wie z.B. der Festplatte, einem Diskettenlaufwerk, der Maus und einer Tastatur, ist auch die Technische Mechanik an der Bereitstellung von Hardware-Komponenten beteiligt.

Die Aufgabe der Technischen Informatik ist die optimale Zusammenschaltung und bestmögliche Ausnutzung der verfügbaren Resourcen. Dabei wurde bisher die Verbesserung der Rechenleistung im wesentlichen durch schnellere Halbleiterbauelemente erzielt. Vom Prinzip des rein sequentiell[6] arbeitenden von Neumann-Rechners wurde dabei nicht abgewichen. Die v. Neumann-Architektur[7] wurden vor allem durch die Einführung von Mehrregister-Maschinen und der Virtualisierung von Speichern und Rechnern verbessert. Dies hatte jedoch nicht unbedingt immer eine Erhöhung der Rechenleistung zur Folge. So ermöglichte die Virtualisierung von Rechnern mittels Mikroprogramm zwar eine Zusammenfassung von unterschiedlichen Rechnerarchitekturen über eine gemeinsame Schnittstelle zu Rechnerfamilien, da aber jeder Maschinenbefehl nun durch den sequentiellen Ablauf mehrerer Mikrobefehle ersetzt wurde, führte dies zu längeren Ausführungszeiten und damit zu einer Reduktion der Rechengeschwindigkeit.

Mit der Einführung des *Reduced Instruction Set Computers*[8] (RISC) wurde dieser Schritt wieder umgekehrt. Die Befehle werden wieder, ohne Mikroprogrammsteuerung, direkt vom Steuerwerk ausgeführt. Da ihre Anzahl reduziert und ihre Länge, bis auf wenige Ausnahmen, gleich ist, können alle, außer Lade- und Speicherbefehle, in einem Taktschritt ausgeführt werden. Dies führt auch durch die Steigerung der Registeranzahl (auf mehrere Hundert), zu einer erheblichen Steigerung der Rechenleistung.

Eine weitere Erhöhung der Leistung sollte die Parallelschaltung von Rechenwerken bringen. Während die parallele Nutzung von einzelnen Rechnerkomponenten heute selbstverständlich ist und die Programmierung kaum beeinflußt, erfüllen parallele Rechnerarchitekturen nicht die in sie gesetzte Hoffnung.

Bei der parallelen Nutzung von mehreren Prozessoren wird lediglich ein sequentieller Prozeß auf die Prozessoren verteilt. Im Gegensatz dazu werden bei

---

[6] Befehl holen – Befehl ausführen, ...

[7] Rechenwerk, Speicher und Steuerwerk

[8] Der mit einem Satz umfangreicher Mikrobefehle arbeitende Rechner wird *Complex Instruction Set Computer* (CISC) genannt.

parallelen Architekturen die einzelnen Prozessoren durch den Programmierer direkt angesprochen. Parallele Rechnerarchitekturen sollen also parallele Algorithmen ausführen. Bei der dazu notwendigen Parallelisierung der Algorithmen stellte sich aber heraus, daß nicht parallelisierbare Abschnitte, die ja nach wie vor sequentiell ausgeführt werden müssen, den Geschwindigkeitszuwachs, der durch die Parallelisierung erzielt wurde, wieder weitgehend zunichte machen[9]. Paralleles Rechnen bleibt folglich lediglich speziellen Aufgaben vorbehalten.

Nicht zur Bewältigung einer gemeinsamen Aufgabe, sondern zum Austausch von Daten, wurden Rechnernetze geschaffen. Sind dabei die Rechner über öffentliche Netze verbunden, so spricht man von *Weitverkehrsnetzen*[10], sind sie durch spezielle Leitungen innerhalb eines Gebäudes oder Standorts verbunden, so nennt man sie *Lokale Netze*[11].

2.2 Praktische Informatik

Der eigentliche Schwerpunkt der Informatik ist sicherlich die Programmierung und innerhalb dieser sind es die Algorithmen und das algorithmische Denken, die im Mittelpunkt stehen.

Die den Algorithmen am nächsten stehenden Programmiersprachen werden algorithmische Sprachen genannt. Seit Anfang der sechziger Jahre sind hunderte dieser Sprachen entwickelt worden. Sie sind von der vorhandenen Hardware unabhängig und damit auf unterschiedliche Rechnersysteme leicht übertragbar. Vor ihrer Ausführung müssen die in diesen Sprachen geschriebenen Programme in eine maschinenorientierte Fassung übersetzt werden. Das Programm, das diese Übersetzung durchführt, wird *Compiler* genannt. Die bei der Übersetzung erzeugte Datei (Binärdatei) wird zur Ausführung dann mit Hilfe eines Laderprogramms in den Hauptspeicher geladen. Dabei werden eventuell weitere, zum Ablauf benötigte Programme, aus vorhandenen Bibliotheken hinzugeladen.

Neben den algorithmischen Sprachen werden auch maschinenorientierte Sprachen, deren Befehle nur von einer bestimmten Maschinenfamilie verstanden werden, eingesetzt. Da das maschinenorientierte Programm hardwarenahe Vorgänge, wie das Laden von Operanden in Register oder das Wegschreiben von Daten in Speicher, ermöglicht, ist es in der Regel kürzer und damit schneller in seiner Ausführung als ein aus einer algorithmischen Sprache übersetztes Programm. Dieser prinzipiell vorhandene Vorteil gegenüber den algorithmischen Sprachen verliert jedoch immer mehr an Bedeutung. Moderne Programmiersprachen sind ausdrucksfähiger und die Übersetzungstechniken wurden so verfeinert, daß mit wenigen Ausnahmen, die mit Übersetzern erzeugten Programme ebenso effizient arbeiten, wie handgeschriebene.

Den Ablauf der Benutzerprogramme steuert das Betriebssystem. Dabei kann durch den parallelen Ablauf mehrerer Benutzerprogramme der Durchsatz wesentlich gesteigert werden. Demzufolge muß das Betriebssystem in der Lage

---

[9] Amdahls Gesetz
[10] *Wide Area Net* (WAN)
[11] *Local Area Net* (LAN)

sein, sowohl die Ausführung *quasi-paralleler* Prozesse auf einem Prozessor als auch die Ausführung (echt) paralleler Prozesse auf mehreren Prozessoren effizient zu koordinieren. Die ablaufenden Prozesse können dabei voneinander unabhängig, gekoppelt oder kommunizierend sein. Die vorhandenen Betriebsmittel sollen durch das Betriebssystem auf alle gerecht verteilt und die Prozesse gleichrangig behandelt werden. Eventuelle Verklemmungen durch gleichzeitigen Zugriff auf gemeinsame Betriebsmittel müssen ausgeschlossen werden.

Ein weiterer Problemkomplex der Praktischen Informatik ist die Sicherheit und Überschaubarkeit der Programmierung.

So ist es z.B. günstiger, für neue Anwendungen, wie Datenbanken, graphische Schnittstellen zur Mensch-Maschinen-Kommunikation oder Simulationsprogramme, die das Verhalten von Objekten in einer realen Welt nachbilden, Daten und Operanden zu *Objekten* zusammenzufassen. Wie in den algorithmischen Sprachen gehört jedes Objekt zu einem bestimmten Typ (hier *Klasse* genannt) und zu jeder Klasse gehören bestimmte Operationen, sogenannte *Methoden*. Die Methoden können von allgemeineren Klassen zu spezielleren *vererbt* werden, was zu einer bisher nicht gekannten Flexibilität und Kürze der Programme führt.

Zur Erhöhung der Sicherheit wurde das funktionelle Denkmodell geschaffen. Funktionelle Programme bestehen nur noch aus Funktionsaufrufen, Fallunterscheidungen und Parametern. Die Programmierung erfolgt daher auf einer abstrakteren Ebene, was z.B. Fehler durch Zuweisungen verhindern hilft.

Wie die funktionelle, eignet sich auch die logische Programmierung nur zur Lösung ganz spezieller Aufgaben. Die Behauptung, daß man sich beim logischen Programmieren auf die Problemspezifikation beschränken und die algorithmische Lösung außer Acht lassen kann, stellte sich als falsch heraus, man muß im Gegenteil sehr genau beachten, wie der Algorithmus arbeitet und dies kann mitunter sehr kompliziert sein.

Die algorithmischen und objektorientierten Denkmodelle sind der Tatsache, daß alle Programme auf Rechnern ablaufen müssen, bestens angepaßt. Die beiden letztgenannten Modelle stehen eher in einer Außenseiterrolle, die ihnen jedoch im Rahmen der Fortschritte bei der Parallelisierung von Abläufen eines Tages vielleicht genommen wird.

2.3 Theoretische Informatik

Die Theoretische Informatik steht in großer Nähe zur Mathematik. Sie beschäftigt sich vor allem mit den theoretischen Fragen, die das Programmieren aufwirft. So geht sie z.B. der Frage nach, wie ein minimaler Computer auszusehen hat. Als eine mögliche Lösung wurde die *Turingmaschine* gefunden, die nur aus einem Schaltwerk mit einer festen Anzahl von Zuständen und einem unendlichen Band als Speicher sowie einem Schreib- und Lesekopf besteht.

Trotz vieler Versuche von Seiten der Mathematik gelang es bisher nicht, den Begriff des Algorithmus losgelöst von der Turingmaschine zu definieren. Alles, was intuitiv als berechenbar oder algorithmisch bezeichnet wird, kann von einer Turingmaschine ausgeführt werden. Turingmaschinen sind folglich formale

Modelle von Algorithmen und kein Berechnungsverfahren kann algorithmisch genannt werden, das nicht von einer Turingmaschine ausgeführt werden kann[12].

Hat man einmal einen Algorithmus durch ein Programm realisiert, so stellt sich weiter die Frage, ob dieses Programm unabhängig von den Eingabedaten immer korrekt zu Ende geführt werden kann, oder ob es in einer Schleife endet. Bei der Untersuchung dieses Problems hat sich gezeigt, daß es unmöglich ist, ein Programm zu schreiben, daß diese Frage beantworten könnte. Die Anzahl der Aufgaben, die nicht gelöst werden können, ist jedoch nicht nur auf dieses sogenannte *Halteproblem* beschränkt. Bei genaueren Untersuchungen hat sich vielmehr herausgestellt, daß nur die wenigsten mathematisch formulierbaren Probleme tatsächlich auch berechnet werden können, zum Glück sind es gerade diejenigen, deren Lösung auch von Nutzen ist.

Ist ein Problem durch einen Algorithmus formulierbar und damit auch berechenbar, so stellt sich weiter die Frage nach der Komplexität der Aufgabe. Da die Komplexität in Abhängigkeit von den Eingabedaten die Rechenzeit bestimmt, ist sie ein wesentliches Merkmal der Qualität eines Algorithmus.

Die Umsetzung eines Algorithmus in ein Programm erfolgt in einer bestimmten Programmiersprache. Die Regeln dafür werden durch die *Syntax* dieser Sprache festgelegt. Die Theoretische Informatik beschäftigt sich mit diesen Regeln im Rahmen von Untersuchungen *Formaler Sprachen* und *Semantiken*. Obwohl diese Untersuchungen für die Entwicklung von Compilern und Programmiersprachen von Bedeutung sind, haben sie auf die Praktische Informatik bisher kaum Einfluß nehmen können.

2.4 Angewandte Informatik

Die Vielfalt der Rechneranwendungen nimmt in allen Lebensbereichen stetig zu. Es gibt heute kaum ein Gebiet, das noch ohne Computer auskommen würde. Ohne sie wäre weder der zunehmende Verkehr steuerbar, noch die Verwaltung unseres immer komplexer werdenden Gemeinwesens machbar. Die Fähigkeit der Computer, große Datenmengen schnell zu verarbeiten, macht sie zu unentbehrlichen Helfern in der Mathematik, den Naturwissenschaften, der Medizin, den Ingenieurwissenschaften, den Geistes- und Sozialwissenschaften, der betrieblichen und öffentlichen Verwaltung, dem Rechtswesen, dem Handel, dem Finanzwesen, dem Militär sowie der Unterhaltung und Kunst.

In den meisten der genannten Anwendungsgebiete kommt es zu Berechnungen, die möglichst graphisch dargestellt werden sollen. Mit diesem Wunsch nach Visualisierung von Rechenergebnissen beschäftigt sich die Computergraphik, die ihre Leistungsfähigkeit den Fortschritten bei der Entwicklung von graphischen Bildschirmen und Eingabegeräten verdankt. Daß der Computer in letzter Zeit immer mehr Zuspruch von Seiten der Anwender erhält, ist sicher mit ein Verdienst der Computergraphik. Die Mensch-Maschine-Kommunikation hat sich dank der Computergraphik grundsätzlich verändert. Die neuen Ein- und Ausgabemedien heißen nun *Maus* und *Rasterbildschirm*. Auf den Rasterbildschirmen

---

[12] Churchsche These

können gleichzeitig mehrere *Fenster* (Prozesse) geöffnet und die vorhandene Software mittels *Sinnbildern* (Piktogramme, *icons*) dargestellt werden. Sinnbilder und *Auswahlmenüs* erlauben z.B. den Start von Programmen, das Editieren von Dateien oder das Schließen sowie Öffnen von Fenstern durch einen einfachen Mausklick. Der Benutzer wird dadurch vom Erlernen komplexer Systemkommandos befreit und kann sich voll auf seine eigentliche Aufgabe konzentrieren.

Eine weitere Verbesserung der Kommunikation zwischen Rechner und Anwender wird durch die Spracheingabe und -ausgabe erreicht. Obwohl diese noch in den Kinderschuhen steckt, wird sicher von dieser neuen Kommunikationsmöglichkeit noch zu hören sein.

Die Fortschritte auf dem Gebiet der Rechnergraphik eröffneten einem weiteren Gebiet, dem rechnergestützten Entwurf, die Tore. Zeichnungen aller Art können nun direkt in den Rechner eingegeben, modifiziert und ausgegeben, sowie das Verhalten von neuen Entwürfen jederzeit simuliert und getestet werden. Erst wenn alle Spezifikationen erfüllt sind, werden die Daten an die Fertigung weitergegeben, wo sie dann z.B. die Steuerung von Maschinen übernehmen können. Dies bringt enorme finanzielle und zeitliche Ersparnis mit sich, da keine Kosten für die Anfertigung von Prototypen anfallen. Gleichzeitig erhöht sich die Qualität der Produkte, da aus vielen simulierten Varianten die jeweils beste ausgewählt werden kann.

Neben dem numerischen Rechnen, das z.B. die rechnergestützte Simulation ermöglicht, wird der Rechner hauptsächlich zur Daten- und Textverarbeitung eingesetzt.

In der Datenverarbeitung sind es die Datenbanken, die im Mittelpunkt des Interesses stehen. Im Laufe der Zeit haben sich im wesentlichen drei unterschiedliche Datenbankmodelle entwickelt, das hierarchische, das relationale und das Netzwerkmodell. Da keines der drei Modelle in der Lage ist, komplexe Objekte abzubilden, wird zur Zeit an objektorientierten Datenbanken geforscht. Es werden dabei zwei Wege verfolgt. Der eine geht von den relationalen Datenbanken aus und versucht diese zu objektorientierten Datenbanken zu erweitern, der zweite geht von den objektorientierten Programmiersprachen aus und versucht mit diesen objektorientierte Datenbanken zu erstellen. Bei beiden Wegen steht die Forschung noch am Anfang und viele Probleme gelten noch als ungelöst.

Die Textverarbeitung hat das Erscheinungsbild von Dokumenten, Zeitschriften und Büchern grundlegend verändert. Dank der Proportionalitätsschriften[13], dem automatischen Randausgleich, der Auswahlmöglichkeit zwischen vielen unterschiedlichen Schriftarten, der simplen Integration von Tabellen und Bildern sowie dem Satz mathematischer Formeln in Buchdruckqualität, gehen auch Verlage immer mehr dazu über, ihre Bücher direkt von den Verfassern setzen zu lassen. Leider wird dabei oft mehr Wert auf die äußere Form gelegt als auf den Inhalt, eine korrekte Rechtschreibung und gutes Deutsch, was verärgerte Leser und Berge von „Altpapier" zur Folge hat.

Mit der zunehmenden Vernetzung der Computer entstand eine neue Art der Textverarbeitung, der *Hypertext*. Besteht ein herkömmliches Dokument aus ei-

---

[13] Proportionalitätsschrift: iiiii – wwwww, Schreibmaschine: iiiii –– wwwww

ner zweidimensionalen linearen Anordnung von Text, so kommt beim Hypertext eine weitere Dimension hinzu. Diese dritte Dimension entsteht durch die Vernetzung mehrerer Dokumente untereinander. Durch das Anklicken bestimmter Schlüsselwörter im aktuellen Dokument kann man weitere Dokumente aufrufen und so die Reihenfolge des Lesens selbst festlegen. Da der Zugriff auf die Dokumente nicht nur lokal sondern weltweit möglich ist, steht dem Benutzer mittels Hypertext eine ungeahnte stetig wachsende Vielfalt an Informationen zur Verfügung.

Die Möglichkeiten des Hypertextes können noch durch die Hinzunahme von Bildern, Videos und Ton zu einem *Medienverbund*[14] erweitert und aufgrund des allen Informationen zugrunde liegenden digitalen Aufbaus, gemeinsam über ein Rechnernetz verteilt werden. Die dazu notwendige Bandbreite und Übertragungsgeschwindigkeit wird durch Glasfaserkabel und verbesserte Übertragungstechniken[15] erreicht.

Als weitere, noch weitgehend der Forschung vorbehaltene Gebiete, seien die *Künstliche Intelligenz*[16] (KI) und die mit ihr zusammenhängenden *Expertensysteme* erwähnt. Diese, nach den Regeln der diskreten Mathematik (Prädikatenlogik) geschriebenen Programme, haben nur wenig mit eigentlicher Intelligenz zu tun. Sie sind lediglich in der Lage, aus programmierten Aussagen und Regeln bestimmte Schlüsse zu ziehen. Alle möglichen Schlüsse hängen dabei vom Umfang der Wissensbasis ab, die aus den Antworten menschlicher Experten gebildet wird.

Die Aufgabenbereiche, in denen die Expertensysteme Anwendung finden, sind daher beschränkt. Es zählt zu ihnen sicher die Erstellung von Diagnosen bei Mängeln in technischen Systemen und die Vorhersage von Entwicklungen, die nach bestimmten Regeln ablaufen. Ungeeignet sind sie dagegen zur Lösung von Problemen, bei denen eine fehlerhafte Antwort katastrophale Folgen nach sich zieht.

3 Informatik als Schulfach

Ausgehend von der Tatsache, daß die Informatik in den meisten Bundesländern ein Schulfach ist, stellt sich die Frage nach ihren Inhalten.

Welche der im vorhergehenden Abschnitt beschriebenen Themen gehören in den Unterricht und wie können sie sinnvoll umgesetzt werden? Wo gibt es Überschneidungen mit anderen Fächern und wie können diese helfen, die Informatik in den Lehrplan zu integrieren? Der Informatikunterricht bedingt eine Ausstattung der Schule mit Rechnern und Software. Da die meisten Schulen nur beschränkt Geldmittel zur Verfügung haben, sind auch die Kosten für Hard- und Software bei der Themenwahl zu berücksichtigen.

Ich werde nachfolgend einen Vorschlag unterbreiten, der diese Fragen aus Sicht der betrieblichen Ausbildung zu beantworten versucht.

---

[14] *Hypermedia*
[15] *Synchronous Optical Network* (SONET) und *Asynchronous Transfer Mode* (ATM)
[16] *Artificial Intelligence* (AI)

Sowohl Hard- als auch Software sind einem ständigen Wandel unterworfen. Dabei fallen die Kosten für die Rechnerhardware stetig, wogegen die Kosten für die Software steigen. Dieser Anstieg macht sich nicht unmittelbar beim Kauf eines Programms, sondern erst durch die Einbeziehung der Kosten für notwendige „Updates" und die Programmwartung in den Kaufpreis bemerkbar. Ständig neue Versionen verursachen aber nicht nur Kosten, sie machen auch ständiges Lernen notwendig. Dabei wird weder für die Schule noch für das Leben gelernt, da schon die nächste Version ein erneutes Umdenken erfordert. Es kann folglich nicht sinnvoll sein, Produkte im Informatikunterricht einzusetzen, die diesem Wandel unterliegen.

Die geringsten Veränderungen dürften wohl die theoretischen Grundlagen der Informatik erfahren. Sind sie daher am besten geeignet, in der Schule unterrichtet zu werden? Ich denke nicht, sie sollten dem Studium der Informatik vorbehalten bleiben und nur dann im Rahmen des Informatikunterrichts angeschnitten werden, wenn über sie ein Bezug zur Schulmathematik hergestellt werden kann.

Wie kann dennoch ein sinnvoller Unterricht im Fach Informatik aussehen? Er muß praxisnah und so gestaltet sein, daß der Wandel der Hard- und Software kaum eine Rolle spielt. Die Schüler sollen sowohl den prinzipiellen Aufbau des Rechners, seiner Peripherie und seine Anschlußmöglichkeiten an Rechnernetze kennenlernen, als auch die notwendige Software, die dies ermöglicht.

Ein Weg, der sich dazu anbietet, führt über die Installation des Betriebssystems *Linux*[17]. Dieses *Unix*[18]-Betriebssystem für PC kann entweder für geringes Entgeld gekauft[19], oder über *Anonymous-FTP*[20] aus dem Internet kopiert werden.

Wie kann dieses Betriebssytem bei der Gestaltung des Informatikunterrichts helfen?

Da das Betriebssystem auf dem PC installiert wird, muß der Aufbau des Rechners bekannt sein. Der beste Weg, sich mit der Rechnerarchitektur vertraut zu machen, ist, den Rechner aufzubauen. Der Zusammenbau des Rechners kann nach einer theoretischen Einführung durch den Lehrer von den Schülern im Rahmen eines Projektes erfolgen. Die Schüler lernen dabei alle Komponenten der Hardware kennen, aus denen sich der Rechner zusammensetzt. Dadurch verlieren sie die Scheu vor der komplizierten Technik und gewinnen Vertrauen in ihre eigenen Fähigkeiten.

Ist der Rechner zusammengebaut, muß ein Betriebssystem installiert werden. Die Installation von Linux setzt die Kenntnis der Hardwarekonfiguration voraus. Da diese bereits aus dem Zusammenbau des Rechners bekannt ist, können alle bei der Installation auftretenden Fragen leicht beantwortet werden. Der Schüler lernt dabei spielerisch die Funktionen des Betriebssystems kennen. Er begreift während der Installation, Schritt für Schritt, den Aufbau des Dateiensystems, die

---

[17] siehe [3]

[18] Handelsname der Bell Laboratories (AT& T), U.S.A.

[19] Deutsche Linux Distribution, Version DLD 2.0

[20] z.B. `ftp.informatik.tu-muenchen.de`, `ftp.forwiss.uni-passau.de`, `ftp.informatik.uni-rostock.de` oder `sunsite.unc.edu`, `tsx-11.mit.edu`

Funktion der einzelnen Dateien, die Unterschiede zwischen System- und Benutzerkommandos, sowie die Anschlußmöglichkeiten für externe Geräte und Netze.

Da Linux ein „Unix-Clone" ist, kann es mehrere Benutzer und Prozesse[21] gleichzeitig verwalten. Diese Fähigkeiten erfordern einen wesentlich aufwendigeren Verwaltungsmechanismus, als dies z.B. bei MS-DOS[22] der Fall ist. Die Verwaltung mehrerer Benutzer schließt Sicherungsmaßnahmen ein, die Kontrolle mehrerer Prozesse erfordert eine Überwachung der Betriebsmittelvergabe und der Zugriffsrechte.

Durch die Installation von Linux lernt der Schüler die Rechnerhardware und das Betriebssystem mit seinen Aufgaben kennen. Nach erfolgreicher Installation von Linux stehen dem Schüler eine Menge mitgelieferter Programme zur Verfügung.

Zum Erlernen der Programmiersprache C[23] ist dies der C-Compiler *gcc* von *GNU*[24]. Da C heute zu den am weitesten verbreiteten Programmiersprachen zählt und eng mit Unix (90% ist in C geschrieben) verknüpft ist, liegt es nahe, gerade diese Programmiersprache als ein Beispiel für prozedurale Programmiersprachen zu wählen. Haben die Schüler C gelernt, so sind sie auch in der Lage, Unix-Prozeduren selbst zu schreiben und damit die Möglichkeiten des Betriebssystems für ihre eigenen Probleme zu erweitern.

Für den Schulalltag ist es sicherlich nützlich, ein Textverarbeitungssystem zu beherrschen. Dieses kann zur Erstellung von unterrichtsbegleitendem Material, Skripten oder Schülerzeitschriften, genutzt werden. Mit Linux wird das Textsatzsystem TEX[25] mit der Makro-Erweiterung LATEX[26] mitgeliefert. Bei TEX handelt es sich um das wohl leistungsfähigste Formatierungsprogramm zur Erzeugung wissenschaftlich-technischer Texte in Buchdruckqualität. Es wird daher von immer mehr Verlagen zur Abfassung ihrer Bücher verwendet (auch dieser Beitrag wurde unter Verwendung von LATEX verfaßt).

Zur Dokumentenerstellung bietet TEX bzw. LATEX eine Vielzahl von Möglichkeiten.

Dank eines perfekten Formelsatzes und der einfachen Einbindung von Tabellen und Bildern, kann LATEX z.B. im Mathematik-, Informatik- und Physikunterricht zur Erstellung von Zusammenfassungen und Formelsammlungen verwendet werden. Die automatische Gliederung der Dokumente erfolgt dabei in Kapiteln, Abschnitten und Unterabschnitten. Auf Wunsch wird ein Inhalts-, Tabellen- und Bilderverzeichnis erstellt. Mit Hilfe weiterer Befehle können ein Index erzeugt und aus einer Literaturdatenbank ein Literaturverzeichnis erstellt und im laufenden Text Bezug darauf genommen werden.

Die Verwendung von LATEX im Unterricht ist nicht auf technische Fächer beschränkt. Dank der Möglichkeit, Notensatz von hervorragender Qualität für

---

[21] *Multiuser-Multitasking*

[22] *Microsoft-Disk-Operating-System*

[23] siehe [4], kein ANSI-C, jedoch ein sehr empfehlenswertes Buch

[24] *GNU Not Unix*, siehe GNU General Public License in [3]

[25] siehe [5]

[26] siehe [6] und [7]

hochkomplizierte Musikstücke (polyphone und Instrumental-Musik mit bis zu neun Liniensystemen) zu setzen, kann es bestens im Musikunterricht eingesetzt werden.

Neben den Standardzeichensätzen gibt es eine schier unbegrenzte Menge weiterer Zeichensätze[27], wie z.B. die internationale Lautschrift der *Washington State University* (WSU), gotische, Schwabacher, Fraktur und Sütterlin Schrift, es gibt einen Strichkode-Zeichensatz und Schachzeichen. Diese Zeichensätze können z.B. im Sprachunterricht, in Deutsch und der Informatik zur Erstellung von Unterlagen von Nutzen sein.

Da die Eingabe von Text mit Hilfe eines Editors erfolgt, lernt der Schüler beim Umgang mit dem Textsatzsystem auch die Editoren[28] von Unix kennen.

Bei der Systeminitialisierung von Linux werden automatisch die Netzprotokolle TCP/IP[29] eingerichtet. Mit Hilfe von TCP/IP können Rechner mit unterschiedlicher Hardware und unterschiedlichen Betriebssystemen zu einem WAN verbunden werden. Das bekannteste WAN, das auf dieses Protokoll aufsetzt, ist das Internet[30].

Über eindeutig zugeordnete IP-Adressen können unterschiedliche Dienste[31] im Netz genutzt werden.

Einer der bekanntesten, ist die elektronische Post[32]. Sie hat gegenüber der klassischen Post eine Vielzahl von Vorteilen. In erster Linie ist sie unvergleichbar schneller. Die Zeit, die ein Brief nach Übersee benötigt, ist vernachlässigbar und der Adressat ist jederzeit erreichbar, selbst wenn er nicht am Internet, sondern an einem anderen Computernetz (z.B. Compuserve) angeschlossen ist.

Hat man zu einem Rechner im Netz eine Zugangsberechtigung, so kann zusätzlich zu email auch *Telnet* genutzt werden. Telnet verbindet den eigenen mit dem entfernten Rechner mittels TCP. Mit Hilfe des Telnet-Protokolls kann dann auf dem entfernten Rechner genauso, wie auf dem eigenen, gearbeitet werden.

Die Übertragung von Dateien zwischen dem lokalen und einem entfernten Rechner gestattet das *File Transfer Protocol* (FTP). Die Übertragung ist bei Anonymous-FTP auch ohne besondere Zugriffsberechtigung möglich. Dadurch erhält der Benutzer Zugang zu einigen Gigabyte an frei kopierbarer *public-domain*-Software.

Das mächtigste Informationssystem im Internet ist das *World Wide Web* (WWW). Es basiert auf Hypertext-Dokumenten, deren Bedeutung bereits hervorgehoben wurde. Das WWW wurde von CERN[33] enwickelt. Es gibt inzwischen eine Vielzahl von WWW-Servern, die Informationen anbieten. Im Lieferumfang von Linux gibt es als „information browser" für das WWW das Programm *X-*

---

[27] in der neuen Version LaTeX2ε
[28] z.B. den Standardeditor von Linux, *elvis*, eine Weiterentwicklung des *vi* (*visual*)
[29] *Transmission Control Protocol* (TCP), *Internet Protocol* (IP)
[30] heute ca. 20 Millionen Benutzer bei 2 Millionen angeschlossener Rechner
[31] siehe [8]
[32] *electronic mail* (email), Adresse des Verfassers: `Peter.Leibner@zfe.siemens.de`
[33] *Conseil Europeén pour la Recherche Nucléaire*

Mosaic[34]. Es bietet neben einem komfortablen Zugang zum Internet auch andere Netzdienste, wie z.B. FTP.

In Deutschland gibt es bereits mehrere Schulen, die an WWW angeschlossen sind. Die Telekommunikationsdienste werden über das *Offene Deutsche Schulnetz* (ODS) angeboten. Als Schirmherr des ODS fungiert die *Abteilung Pädagogik und Informatik* der *Humbold-Universität* in Berlin[35]. Über das ODS kann man nicht nur mit Schulen in Deutschland und Österreich sondern weltweit kommunizieren.

Auch ohne Netzzugang kann X-Mosaic im Unterricht eingesetzt werden, z.B. für *Computer Based Training* (CBT). Da die *HyperText Markup Language* (HTML) neben anderem auch Eingaben gestattet, die zentral gesammelt werden können, ist sie zur Erstellung von Lehrprogrammen[36] hervorragend geeignet.

Alle bisher angesprochenen Werkzeuge sind im Lieferumfang von Linux enthalten. Neben des bereits erwähnten C-Compilers gibt es weitere Compiler für C++, Modula-2 und Fortran-77. Allen diesen Programmiersprachen ist der Aufwand gemeinsam, der zum Schreiben selbst des kleinsten Programms getrieben werden muß. Weitere Nachteile dieser Sprachen sind fehlende Interaktivität und ausschließlich prozeduraler Programmierstil.

Im Jahre 1988 wurde *Mathematica*[37] vorgestellt, ein System für rechnergestützte Mathematik. Gleichsam als Nebenprodukt des symbolischen Rechnens entstand dabei eine Programmiersprache, die interaktiv ist und prozedurales, funktionales, objektorientiertes und regelbasiertes Programmieren erlaubt. Dank seiner numerischen, symbolischen und graphischen Fähigkeiten ist Mathematica nicht nur für den Unterricht im Fach Mathematik, sondern auch für denjenigen in der Physik und Informatik bestens geeignet.

Der Numerikteil von Mathematica bearbeitet numerische Probleme mit beliebiger Genauigkeit. Die Lösung von Gleichungssystemen, Differentiation und Integration, Nullstellensuche, die Lösung von Differentialgleichungssystemen, algebraische Umformungen und vieles mehr können sowohl numerisch als auch symbolisch erfolgen. Zu diesem Zweck gibt es in Mathematica mehr als 1000 Grundbefehle, die durch hinzuladbare Pakete noch erweitert werden können. Es werden unter anderen spezielle Pakete zu Themen aus der Elektrotechnik, dem Finanzwesen, der Tensorrechnung, der Optik, der Infinitesimalrechnung und zur Unterhaltung, angeboten. Jedem Benutzer steht es außerdem frei, eigene Pakete für seine speziellen Anforderungen und Bedürfnisse zu schreiben.

Die Ausgabemöglichkeiten von Mathematica schließen sowohl zwei- und dreidimensionale Graphiken als auch Kontur- und Dichtediagramme ein. Die Ausgabe kann auf den Bildschirm, den Drucker oder in Dateien erfolgen. Da Laserdrucker die beste Druckqualität bieten, empfiehlt sich die Ausgabe auf einem

---

[34] Mosaic wurde von dem *National Center for Supercomputing* (NCSA) an der University of Illinois, Urbana-Champaign, U.S.A., entwickelt.

[35] WWW-Adresse: `http://www.educat.hu-berlin.de`

[36] es gibt z.B. einen C++-Kurs unter `http://info.desy.de/UCO/documentation.html`

[37] siehe [10]

postscript-fähigen[38] Laserdrucker. Die von Mathematica erzeugten Graphikdateien können zur weiteren Verwendung in die meisten Texverarbeitungssysteme eingebunden werden. Für LaTeX, C und Fortran gibt es außerdem eigene Ausgeformate für die Rechenergebnisse.

Einen Schritt weiter geht *MathLink*. Über MathLink kann Mathematica mit anderen Programmen kommunizieren. Die Kommunikation geht in beide Richtungen. Es kann z.B. aus einem C-Programm eine Mathematica-Funktion aufgerufen oder ein Ergebnis aus C in Mathematica weiterverarbeitet werden. Diese Kommunikation ist nicht nur zwischen Mathematica und C sondern auch z.B. mit *Excel*[39] möglich.

Verwendet man zum Unterrichten der Theoretischen Informatik Mathematica, so wird, da alles gleich ausprobiert werden kann, aus dem sehr trockenen Fach ein sehr lebendiger Gegenstand. Dies relativiert die weiter oben getroffene Aussage, daß die Theoretische Informatik tunlichst den Universitäten zu überlassen sei. Wie man vorzugehen hat, zeigt sehr gut Maeder in [10]. Neben einer Einführung in Mathematica werden dort alle wichtigen Themen der Theoretischen Informatik behandelt. Als Beispiele seien hier die Iteration und Rekursion, abstrakte Datentypen, Suchen und Sortieren, die Komplexität von Algorithmen, Rekursion, die Theorie der Berechenbarkeit und der Entwurf von Datenbanken, angeführt.

4 Ausblicke

Wie steht es um die Zukunft der Informatik an Schulen? Es ist zu befürchten, daß die begonnenen Initiativen am Geldmangel scheitern werden. Dieser Mangel an finanziellen Mitteln für zukunftssichernde Ausbildungsmaßnahmen ist ein bedauernswertes Zeichen einer falschen Politik. Bildung ist ein volkswirtschaftliches Gut und nur eine gute Ausbildung kann helfen den Wirtschaftsstandort Deutschland zu erhalten. Es darf nicht zu Geldeliten kommen, die dank finanzkräftiger Eltern über Privatschulen und -universitäten geschleust werden, während alle anderen einem immer schlechter funktionierenden öffentlichen Schulwesen anheimfallen. Motivationsmangel, Gleichgültigkeit und Aggressivität sind bei diesen Schülern die Folge.

Gerade diese destruktiven Eigenschaften kann der Rechner helfen abzubauen. Die visuellen und akustischen Möglichkeiten des Rechners begründen seine Überlegenheit gegenüber Overhead oder Tafel. Dem Schüler kommt beim Lernen mit dem Rechner auch der emotionslose Umgang mit der Technik zugute. Kein schlecht gelaunter Lehrer, der obendrein vielleicht noch jemanden auf dem Kieker hat, kann psychische Probleme verursachen. Durch gemeinsame Projekte kann die Klassengemeinschaft gefördert und so Probleme zwischen den Schülern vermieden werden. Ein sinnvoller Rechnereinsatz im Unterricht fördert somit die soziale Kompetenz der Schüler und führt nicht, wie dies immer wieder zu hören ist, zu autistischen Einzelgängern.

---

[38] Postscript ist eine Programmiersprache der Firma *Adobe Systems Inc.*.
[39] Tabellenkalkulationsprogramm der Firma Microsoft.

Die Informatik stellt den Vorreiter für all die Einsatzmöglichkeiten des Rechners in Schulen dar. Sie sollte daher in jedem Lehrplan vorkommen und mit der nötigen Ernsthaftigkeit und dem größtmöglichen Spaß betrieben werden. Daß sie Spaß machen kann, sollte aus dem weiter oben gesagten hervorgehen.

Mit dem vorliegenden Beitrag wurde versucht, zwischen dem derzeitigen Stand der Informatik und der Informatikausbildung an allgemeinbildenden Schulen eine Verbindung herzustellen. Die Themen für den Informatikunterricht wurden dabei so gewählt, daß sie als Vorkenntnisse für eine vertiefende Ausbildung im Betrieb dienen können. Diese Vertiefung kann z.B. im Rahmen einer Ausbildung zum Industrietechnologen an unserer Schule erfolgen. Die zweijährige, praxisbetonte Ausbildung bei uns greift die Vorkenntnisse der Schüler auf und paßt sie den betrieblichen Anforderungen an. Hat die Schule bereits die entsprechenden Voraussetzungen geschafften, so erfolgt der Übergang in den Betrieb schnell und reibungslos.

Eine Orientierung an den oben gemachten Vorschlägen verbessert aber nicht nur den Übergang in die betriebliche sondern auch den in eine universitäre Ausbildung. Ausgehend von den Vorschlägen erfährt im Rahmen der betrieblichen Ausbildung das mitgebrachte Wissen eine Konkretisierung, im Rahmen der universitären eine Abstrahierung und Vertiefung.

Die Konkretisierung betrifft sowohl die Hardware als auch die Software. So werden z.B. unterschiedliche Rechnerarchitekturen (Großrechner, Minirechner, PC) untersucht, die Programmiersprachen Pascal, C, C++, gelernt, die Betriebssysteme Unix und BS2000 vorgestellt, Netze (LAN, WAN) installiert und ihre Protokolle behandelt und je nach Ausbildungsschwerpunkt in die Mikrocomputertechnik (Datentechnik) oder Übertragungstechnik (Nachrichtentechnik) eingeführt. All dies geschieht im Hinblick auf die späteren Anforderungen im Betrieb.

Eine gute Vorbildung durch die allgemeinbildende Schule ist somit Voraussetzung für eine zielorientierte Weiterbildung und beide zusammen bilden die Basis für die Entwicklungsfähigkeit der zukünftigen Mitarbeiter im Betrieb.

References

1. Peter Rechenberg: Was ist Informatik? Carl Hanser Verlag München, 1994.
2. Alfred Lothar Luft: Informatik als Technik-Wissenschaft. BI-Wiss.-Verl., 1988.
3. Hetze, S., Müller, M.: LinuX Anwenderhandbuch und Leitfaden für die Systemverwaltung. lunetIX Softair, 1993.
4. Kelley, A; Pohl I.: C, Grundlagen und Anwendungen. Addison-Wesley Verlag, 1989.
5. Donald E. Knuth: Computers and Typesetting Vol. A-E. Addison-Wesley Publishing Co., 1987-1991.
6. Helmut Kopka: LaTeX, Bd. 1, Einführung. Addison-Wesley Verlag, 1994.
7. Helmut Kopka: LaTeX, Bd. 2, Ergänzungen. Addison-Wesley Verlag, 1995.
8. Brendan P. Kehoe: Zen and the art of the internet. Prentice Hall, 1994.
9. Stephen Wolfram: Mathematica. Addison-Wesley Publishing Co., 1991.
10. Roman E. Maeder: Informatik für Mathematiker und Naturwissenschaftler. Addison-Wesley Verlag, 1993.

1.3 Bildungswerte

Das neu entstandene Unterrichtsfach Informatik wurde mit extremen Erwartungen konfrontiert, bevor dafür reife Lehrkonzepte entwickelt werden konnten:

- pädagogische Doppelfunktion (interdisziplinäres Arbeiten),

- Teamfähigkeit und Kommunikationsfähigkeit ,

- Projektarbeit am Beispiel möglichst realer Software–Entwicklung.

Erst war vom Programmieren als neuer Kulturtechnik die Rede, dann blieb eine recht unbestimmte „Computerkundigkeit" zurück. So entstand der Eindruck, als ließen sich viele Mängel des traditionellen Unterrichts mit Einführung der Informatik in die Schule beheben. Diese überhöhten Erwartungen erfüllten sich natürlich nicht.
Die einkehrende Ernüchterung führte zu heftiger Kritik an den „Programmierkursen", die nicht den Problemlöseprozeß mit den Mitteln und Methoden der Informatik in den Mittelpunkt der Ausbildung stellten. Es kamen starke Zweifel am Bildungswert der Informatik auf, die bis heute anhalten. Sie werden genährt von dem mangelnden Konsens zu Zielen und Inhalten einer Grundausbildung.
Persönlichkeitmerkmale, wie Kreativität, Kritikfähigkeit, Selbstdisziplin, stellten sich nicht im erwarteten Maße ein. Die Betonung des algorithmischen Denkens rief besorgte Kritiker auf den Plan, die eine einseitige Ausbildung befürchteten. Die heuristischen Methoden, die Informatiker beim Entwickeln einer Problemlösung anwenden, wurden unzureichend thematisiert.
Innerhalb der Informatik wird inzwischen verstärkt zum Selbstverständnis und zur wissenschaftstheoretischen Einordnung der Disziplin geforscht. Davon kann die Lehrdisziplin profitieren. Die vorliegenden Beiträge zeigen neue Ansätze für die weitere Diskussion zu diesem komplizierten Gefüge der Bildungswerte.

Kultur– und technikgeschichtlich begründete Bildungswerte der Informatik

Dieter Engbring

Universität–GH Paderborn

1   Einleitung

Seit über 10 Jahren gibt es Forderungen, die Informatik zu einem eigenständigen und für alle Schüler verpflichtenden Fach zu machen. Gerechtfertigt wird diese Forderung mit der wachsenden Bedeutung von Computern für jeden einzelnen, für das gesellschaftliche Zusammenleben und mit der Vielfalt der Auswirkungen des Einsatzes von Computern. Im Bildungsbereich wurde der wachsenden Bedeutung von Computern bislang nur dadurch Rechnung getragen, daß zunächst das Rahmenkonzept (1984) sowie darauf aufbauend das Gesamtkonzept (1987) zur informationstechnischen Bildung geschaffen wurde. Inzwischen ist ihr Kern, die informationstechnische Grundbildung (ITG), als Unterrichtsprinzip in sog. *Leitfächer* (Mathematik, Deutsch, Politik oder Technik – so es das Fach gibt) in die Sek. I eingeführt worden. Zielsetzungen der ITG sind insbesondere die Vermittlung des Umgangs mit Computern und die Thematisierung der Auswirkungen des Einsatzes von Computern.

Im gleichen Zeitraum sind die Probleme des Informatikunterrichts in der Sek. II offenbar geworden, die durch Anfangs– und Computereuphorie zunächst verdeckt werden konnten. Besonders deutlich wurde dabei, wie sehr die Inhalte des Informatikunterrichts vom jeweiligen Stand der Technik abhängen. Didaktische Orientierungen an Hard– oder Software sind ebenso Ausdruck dieser Abhängigkeit; dies gilt ebenso für den immer wieder aufkeimende Streit um neue Programmiersprachen oder –paradigmen.

Insgesamt wird deutlich, daß eine Theorie informatischer Bildungsinhalte bislang kaum zu erkennen ist und wie notwendig sie zugleich ist. Denn nicht nur in der Sek. I auch in der gymnasialen Oberstufe müssen Bezüge zur Allgemeinbildung erkennbar sein. Darüber hinaus sind solche Bezüge notwendig, um das Fach Informatik zu erhalten oder weiterzuentwickeln. Für die Didaktik der Informatik stellt sich also die dringende Aufgabe, eine Theorie informatischer Bildungsinhalte zu entwickeln. Hierzu möchte ich im folgenden einen Beitrag leisten.

2   Informatik–Didaktik definiert Bildungswerte

In der Entwicklung der Informatik in der Sek. II haben sich gewisse Inhalte (= Bildungswerte?) etabliert, die sich allerdings im wesentlichen auf das Vermitteln von Programmiersprachen beschränken. Gerechtfertigt werden diese Inhalte durch die Hoffnung, Schüler würden mit dem Programmieren sowie durch andere informatische Inhalte *algorithmisches Problemlösen* lernen und damit Problemlösekompetenz erwerben. Dabei sind die Aufgaben – Probleme werden schon gar nicht gelöst – so gestaltet, daß sie verhältnismäßig leicht zu lösen und zu algorithmisieren sind. Denn sie dienen vor allem dem Zweck, bestimmte programmiersprachliche Konstrukte einzuführen.

Auf der Suche nach weiterreichenden Bildungswerten bzw. Fundamenten der Informatik lassen sich bislang drei Ansätze finden, die ich im folgenden kurz skizzieren und an drei Personen festmachen werde. Andreas Schwill [10] bindet in seinen didaktischen Überlegungen den Informatikunterrichts stärker an die Wissenschaft, indem er das Konzept der Ideenorientierung[1] auf die Didaktik der Informatik überträgt. Nicht nur von ihm, auch von einigen anderen, stammen Überlegungen, in denen z. B. Inhalte der theoretischen Informatik für den Informatikunterricht vorgeschlagen und aufbereitet werden.

Ich kann und ich will gar nicht bezweifeln, daß es möglich ist, auch Inhalte der theoretischen Informatik schon in der Schule zu unterrichten; es stellt sich für mich aber die Frage, was Schüler in einem solchen Unterricht lernen, außer daß sie z. B. Kenntnisse über *Formale Sprachen* oder gar *Petri–Netze* erwerben. Welches sind die Beiträge eines so verstandenen Informatikunterrichts zur Allgemeinbildung? Wird durch solchen Informatikunterricht nicht zusätzlicher und gar unnötiger Ballast der ohnehin existierenden Stofffülle hinzugefügt?

Rudolf Peschke [9] hingegen hat einen Ansatz zur Didaktik der Informatik entwickelt, der auf der ITG aufsetzt. ITG und Informatikunterricht verfolgen seiner Ansicht nach – wenn auch mit unterschiedlichen Schwerpunktsetzungen – dieselben Ziele. Dem ist insofern zuzustimmen, als auch die Vermittlung des Umgangs mit Computern und die Thematisierung der Auswirkungen des Einsatzes von Computern schon Teil der Rechtfertigungen, der Zielsetzungen und der Richtlinien für den Informatikunterricht in der Sek. II gewesen sind. Die Vermittlung dieser Ziele steht dort aber deutlich hinter dem Lehren einer Programmiersprache zurück.

Im Mittelpunkt von Peschkes Ansatz, Bildungswerte zu definieren, steht die arbeitsverändernde Wirkung informatischer Produkte und damit ein wichtiger Aspekt des informatischen (softwaretechnischen) Schaffens. Da allerdings andere technische Produkte ebenso arbeitsverändernd wirken, ist dies m. E. nicht informatikspezifisch genug, um dadurch Schulinformatik zu rechtfertigen oder Bildungswerte zu finden. Insgesamt ist jedoch diese menschenorientierte und interdisziplinäre Sichtweise für die Schulinformatik zu begrüßen.

Einen umfassenden Ansatz – den einzigen, den ich kenne – einer *Didaktik der Informatik* liefert Rüdeger Baumann [1]. Sein Ansatz umfaßt sowohl methodische als auch inhaltliche Überlegungen sowie einen theoriegeleiteten Bezugsrahmen für Bildungswerte der Informatik.[2] Baumanns Bezugsrahmen für die Schulinformatik stützt sich allerdings auf Bezüge der Informatik zur KI (Künstlichen Intelligenz) und stellt damit nur vermeintlich Interdisziplinarität her. Seiner An-

---

[1] Eine Auseinandersetzung mit Andreas Schwills Ideenorientierung ist einen eigenen Beitrag wert, würde aber hier zu weit führen. Daher gehe ich hierauf nur sehr kurz ein.

[2] Eckart Modrows „*Zur Didaktik des Informatikunterrichts*" [7] ist weniger theoriegeleitet, eher pragmatisch und methodisch angelegt.

sicht nach ist die Informatik als *Stellvertreterfach der für das 20. Jahrhundert typischen Wissenschaften* und *als exakte Naturwissenschaft des Geistes* in der Schule zu verankern. Mag die Informatik noch typisch für die wissenschaftliche Entwicklung des 20. Jahrhundert sein; *Naturwissenschaft des Geistes* ist sie nicht! Dies zu behaupten, überschätzt die Möglichkeiten der Informatik (insbesondere aber die bisherigen Ergebnisse der KI), und ist damit m. E. nicht geeignet, Bildungswerte zu finden oder gar ein Fach Informatik zu begründen.

In jedem dieser drei Ansätze wird versucht, der Schulinformatik Bildungswerte zuzuschreiben. Aber keiner dieser Ansätze stellt mich zufrieden. Entweder weil ein reduziertes Verständnis der Informatik zum Ausdruck kommt oder weil undeutlich bleibt, welchen Beitrag informatische Inhalte zum Bildungsauftrag der Schulen leisten können. Daher werde ich versuchen, durch den Bildungsauftrag der Schulen die Zielsetzungen zu rechtfertigen bzw. zu bewerten, die bislang mit informatischer Bildung (Informatikunterricht und ITG gemeinsam) verbunden werden. Diese Ziele lassen sich m. E. den folgenden Bereichen zuordnen:

Algorithmik und Programmierung: als Unterrichtung von Methoden, Denkweisen und Modellen der Informatik.

Computerkunde: als Umgang mit Computern, im Sinne des Erlernens einiger wichtiger Anwendungen und einiger Grundprinzipien über den Aufbau von Hard- und Software.

Informatik und Gesellschaft: als Thematisierung der Wirkungen des Einsatzes von Computern auf den einzelnen und die Gesellschaft aus einer Informatiksicht heraus (z. B. Datenschutz, *Grundrecht auf informationelle Selbstbestimmung* und Veränderung von Arbeitsplätzen und –organisation).

3 Allgemeinbildung und informatische Bildung

Bildungswerte als Darstellung der Bezüge zwischen Allgemeinbildung und Informatik zu finden und zu bewerten, ist in der Didaktik der Informatik ein durchaus umstrittenes Vorgehen. Geht man dennoch so vor, geschieht dies selten ohne den Hinweis darauf, daß andere Fächer sich dieser Mühe nicht unterzögen. Oft wird darüber hinaus noch angefügt, daß sie dies aber machen sollten oder daß es die anderen Fächer mindestens genau so nötig hätten wie die Informatik.

Eine Argumentation dieser Art hat gleich in vielfacher Hinsicht „Schieflage", insbesondere wenn zugleich über Bussmann und Heymann [2][3] solche Bezüge hergestellt werden. Erstens ist es gerade der Vorzug ihrer Herangehensweise, daß sie nicht nur die Bildungstheorie betrachten sondern auch allgemeine Erziehungsziele und den Beitrag anderer Schulfächer miteinbeziehen. Eben daraus leiten sie ihre *Postulate allgemeiner Bildung* ab.

Zweitens ist die Ausgangsposition für die Informatik eine andere. Sie ist nicht als Fach in der Sek. I verankert, möchte es aber gerne werden. D. h. Informatiker müssen erst einmal aufzeigen, wo und wie informatische Inhalte Beiträge

---

[3] Aus deren Artikel habe ich den Begriff *Computerkunde* entlehnt, der dort allerdings nicht nur den Umgang mit Computern sondern auch die gesellschaftlichen Wirkungen umfaßt; Algorithmik sehen sie als Teil des Mathematikunterrichts an.

zur Allgemeinbildung leisten können. Erst danach kann eine Diskussion darüber geführt werden, ob vielleicht auch andere Fächer solche bzw. ähnliche Beiträge bieten oder ob nur Informatik diese Beiträge liefern kann. Drittens betrachten Bussmann und Heymann nicht nur den Status Quo des Bildungsauftrags allgemeinbildender Schulen sondern auch die Entwicklungsgeschichte dort hin. Daher lassen sich aus ihrer Betrachtung auch Bewertungsmaßstäbe dafür entwickeln, ob neue Inhalte einbezogen werden sollten.

Darüber hinaus läßt sich in vielen Beiträgen feststellen, die sich auf die *Postulate allgemeiner Bildung* beziehen, daß sie nur jedes *Postulat* für sich betrachten und dabei das komplexe Wechselwirkungsgeflecht der Postulate untereinander unbeachtet lassen, das Bussmann und Heymann in ihrer sehr differenzierten Darstellung aufzeigen. Ihre Darstellung ergänze ich durch den bildungstheoretischen Ansatz Klafkis [6], der notwendige Erläuterungen und Ergänzungen liefert. Als *Postulate allgemeiner Bildung* erhalten Bussmann und Heymann:

1. Vorbereitung auf zukünftige Lebenssituationen.

   D. h. allgemeinbildende Schulen sollen Qualifikationen vermitteln,

   (a) die zur Bewältigung realer und auf absehbare Zeit in unserer Gesellschaft verbreiteter Lebenssituationen beitragen,

   (b) die nicht auf die Ausübung eines bestimmten Berufes hin ausgerichtet sind,

   (c) von denen anzunehmen ist, daß sie nicht gleichsam automatisch, nebenher von jedem Heranwachsenden erworben werden und

   (d) die durch eine gewisse Universalität, also Anwendbarkeit in sehr verschiedenen Situationen gekennzeichnet sind.

2. Stiftung kultureller Kohärenz.

3. Aufbau eines Weltbildes.

4. Anleitung zum kritischen Vernunftgebrauch.

5. Entfaltung eines verantwortlichen Umgangs mit den erworbenen Kompetenzen.

6. Stärkung des Schüler-Ichs. [2][4]

An erster Stelle stehen die *Vorbereitungsaufgaben* der Schulen auf zukünftige Lebenssituationen und damit eine Aufgabe der Schulen, auf die insbesondere in Veröffentlichungen zur Schulinformatik oft Bezug genommen wird. Dieses kommt z. B. auch bei Peschke zum Ausdruck, indem er vor allem die arbeitsverändernde Wirkung von Computern und Informationstechnik in den Mittelpunkt stellt. Ferner stellt er heraus, daß Menschen als *Betroffene, Benutzer, Bediener* oder *Gestalter* mit Computern und Informationstechnik in Berührung kommen (vgl. [9]). Wie sich diese Rollen konkretisieren lassen und welche Qualifikationen für diese Rollen erforderlich sind, läßt sich z. B. anhand des Kanons von *Schlüsselproblemen* sowie den *Grundfähigkeiten* und *methodischen Fähigkeiten* ermitteln, die Klafki benennt (vgl. [6]):

Erstens sind Computer wichtige Medien zur Informationsverbreitung und -beschaffung, mit denen Menschen in Zukunft umgehen können sollten (methodische Fähigkeit: „Verfahren zu lernen, wie man zu neuen Informationen gelangt und wie man sich weiterbilden kann"; ebd.). Zweitens sind Computer wesentlicher Teil der technisierten Lebenswelt, mit deren Weiterentwicklung

---

[4] Bussmann und Heymann kommen zu dem Schluß, daß sich *Computerkunde* auf die Vermittlung des ersten und des dritten Postulats beschränken sollte.

zahlreiche Möglichkeiten und Gefahren verbunden sind, die in der Schule thematisiert werden sollten (Schlüsselproblem: „die Möglichkeiten und die Gefahren des naturwissenschaftlichen, technischen und ökonomischen Fortschritts"; ebd.). Drittens verweist ein anderes *Schlüsselproblem* „die wissenschaftliche Wirklichkeitsbetrachtung, die sog. *Verwissenschaftlichung* der modernen Welt und das alltägliche Verhältnis von Mensch und Wirklichkeit" (ebd.) auf das Verhältnis zur Wirklichkeit, das durch die zunehmende Mediatisierung von Erfahrungen auch im Bereich computersimulierter "Wirklichkeiten" beeinflußt wird. Insbesondere sollte einer "informatischen Sicht der Welt" (wie sie m. E. bei Baumann zum Ausdruck kommt) entgegengesteuert werden. Diese Auflistung läßt erkennen, wie weit Computer und ihre Wirkungen in das alltägliche Leben hineinreichen, und deutet an, welchen Stellenwert informatische Bildung haben kann.

Im ersten Postulat machen Bussmann und Heymann zudem deutlich, daß in der Schule trotz weitreichender Wirkung nicht alles mögliche, was z. B. wirtschaftlich wünschenswert wäre oder sonstwie nützlich ist, unterrichtet werden sollte (s. Autofahren); die Bedingungen (Unterpunkte h – d) des ersten Postulats schränken die zu unterrichtenden Qualifikationen ein. Es ist Auslegungssache, ob die von mir benannten sowie andere Qualifikationen und Zielsetzungen in bezug auf Computer und Informatik diesen Bedingungen genügen. Die Frage kann hier nicht abschließend beantwortet werden. Es wird aber deutlich, daß vor allem allgemeine Grundlagen des Computereinsatzes zu vermitteln (s. „gewisse Universalität"). Dies betrifft im Umgang mit Computern nicht nur die Grundlagen von Benutzungsschnittstellen und Betriebssystemen, die vielen Anwendungen gemein sind, sondern auch die Einordnung der Anwendungen in den Kontext der Arbeiten und der Tätigkeiten, für die sie entwickelt sind. Solches wird durch die ITG zwar angestrebt; es scheint mir allerdings zweifelhaft, ob dieses allein durch die ITG erreicht werden kann. Dort scheint mir die Gefahr zu bestehen, daß bei allem Wohlwollen aller Beteiligten sich die vermittelten Fertigkeiten und Fähigkeiten auf das Bedienen von Computern oder auf "Allgemeinplätze" in bezug auf Chancen und Risiken des Computereinsatzes beschränken. Dieses könnte auch *nebenher* bzw. in anderen Fächern geleistet werden, wie z. B. auch Hartmut von Hentig ausführt (vgl. [4]). Für ein **Fach Informatik** muß also ein erweiterter Bezugsrahmen gefunden werden.

Das zweite Postulat, in dem eine Einbettung von Bildungsinhalten in einen länger gültigen kulturellen Kontext gefordert wird, schränkt die zu unterrichtenden Qualifikationen zusätzlich ein. Gerade eine Einbettung in den kulturellen Kontext erscheint für die Informatik schwierig zu sein, da die Informatik erst eine sehr kurze, aber dafür dynamische Entwicklung genommen hat, die bislang das Herstellen *kultureller Kohärenz* erschwert (s. dazu Abschnitt 4).

Im dritten Postulat fordern Bussmann und Heymann den Aufbau eines zeitgemäßen *Weltbildes*, das möglichst umfassend und geschlossen sein sollte. Dies beinhaltet insbesondere, daß in der Schule lebensweltliche Phänomene aufgegriffen und erklärt werden sollen. So ist es z. B. eine Aufgabe von naturwissenschaftlichem Unterricht, Naturphänomene zu erklären. Dieses dritte Postulat ist eng verbunden mit dem vierten, das auf die fortwährende Notwendigkeit verweist, auch wissenschaftliche Erkenntnisse zu hinterfragen. Dies ist in der Schule notwendig um einer unkritischen Wissenschaftsgläubigkeit entgegenzuwirken und um die Ideen der Aufklärung als wichtige Wurzel wissenschaftlicher Erkenntnis und wissenschaftlichen Fortschritts in den Bildungsprozeß zu integrieren. Dazu erläutern Bussmann und Heymann:

> Die angestrebte Orientierung [Wissenschaftsorientierung, eigene Anmerkung] läßt sich nicht erreichen, wenn die Schüler allein mit fertigen Resultaten neuzeitlicher Wissenschaften konfrontiert werden. Damit würde sich der Aufbau eines Weltbildes in der Anhäufung von Einzelfakten in den Köpfen der Schüler erschöpfen, und das verführt zum Schubladendenken; alle Vorkommnisse der Welt lassen sich benennen und einordnen, die kritische Funktion des Wissens, seine entmystifizierende Kraft geht verloren und wird ersetzt durch einen neuen Mystizismus positiven Partikularwissens; Pestalozzi sprach von *Brockenwissen*." [2]

Wie ein Hinterfragen „fertiger Resultate" aussehen kann, kommt bei Klafki viel konkreter, weil detaillierter zum Ausdruck. Man betrachte z. B. „Kritikfähigkeit einschließlich der Fähigkeit zur Selbstkritik" [6] und „Grundkategorien zu entwickeln, d. h. Einstellungen, die befragt und dann weiterentwickelt werden können" [6]. Zudem verweist auch Klafki auf das Problem der Wissenschaftsorientierung des Unterrichts (durch das *Schlüsselproblem* der *wissenschaftlichen Wirklichkeitsbetrachtung*). Damit wird deutlich, daß das kritische Hinterfragen wissenschaftlicher Ergebnisse nicht nur methodische sondern auch inhaltliche Forderung an allgemeinbildenden Unterricht ist, indem z. B. *Grundkategorien* entwickelt werden müssen, anhand derer Hinterfragen, Bewertung aber auch Weiterentwicklung wissenschaftlicher Erkenntnisse erst möglich werden.

Dies hat vor allem Auswirkung auf die Unterrichtung von Inhalten aus dem Zielbereich *Algorithmik und Programmierung*. Solche Inhalte müssen aus der Lebenswelt oder aus anderen Inhalten der Allgemeinbildung entwickelt werden. Denn es besteht gerade bei der Unterrichtung informatischer Inhalte die Gefahr, daß neues *Brockenwissen* angehäuft wird (vgl. auch meine Eingangsbemerkung zu *Formalen Sprachen* und *Petri–Netzen*).

Durch Postulat 5 verweisen Bussmann und Heymann darauf, daß Schule nicht nur Wissen und Kompetenzen vermitteln muß sondern auch den verantwortlichen Umgang mit Wissen und Kompetenzen lehren und damit thematisieren muß. Klafki benennt z. B. „Offenheit, neue Erfahrungen zu sammeln", „Argumentationsfähigkeit" und „Empathie im Sinne der Fähigkeit, eine Situation, ein Problem, eine Maßnahme aus der Lage des jeweils *anderen* Betroffenen sehen zu können" [6]. Darüber hinaus soll Schule natürlich dazu beitragen, daß Schülerinnen und Schüler Möglichkeiten erhalten, sich persönlich zu entwickeln (Postulat 6).

Für die Unterrichtung des verantwortlichen Umgangs mit den erworbenen Kompetenzen lassen sich in der Fachinformatik einige Anknüpfungspunkte z. B. in Lehrveranstaltungen zur *Informatik und Gesellschaft* finden. Besonders kritisch gestaltet sich hingegen das Verhältnis zwischen Persönlichkeitsentwicklung und Informatikunterricht. Viele Schüler und vor allem Schülerinnen kommen mit dem Fach Informatik nicht zurecht und wählen es ab. Der Beitrag, den Informatikunterricht oder ITG derzeit zur Persönlichkeitsentwicklung leisten, ist als **sehr** gering einzuschätzen.[5]

Insgesamt – dies zeigt der vorangegangene Blick auf die Allgemeinbildungskonzepte – ist eine Aufbereitung „informatischer Inhalte" notwendig, die es einerseits erlaubt, die notwendigen Qualifikationen zur Lebensvorbereitung zu vermitteln, die aber andererseits auch einbezieht, daß diese Qualifikationen in einem längergültigen (kulturellen) Kontext stehen; dies ist angesichts der kurzen Geschichte der Informatik schwierig (manche sprechen nicht zu Unrecht von einer in der Informatik vorhandenen Geschichtslosigkeit).

4 Kultur- und technikgeschichtliche Wurzeln

Vor allem auch die heterogene Struktur der Informatik (Strukturwissenschaft einerseits und Technikdisziplin andererseits) erschwert Rechtfertigungen in Analogie zu anderen Unterrichtsfächern. Auch Interpretationen, die dem Umgang mit Computern (oder gar dem Programmieren) den Rang einer (neuen) Kulturtechnik („Computer–Literacy") verleihen, sind wenig hilfreich. Es werden jeweils nur einzelne Facetten herausgegriffen; das Ganze, die Zusammenhänge, die Vielzahl der Informatikausprägungen und das komplexe Geflecht des oben dargestellten Bildungsauftrags bleiben unberücksichtigt.

Unumstritten scheint mir lediglich zu sein, daß Informatik auf irgendeine Art und Weise mit „Technik" zu tun hat (z. B. Rechentechnik, Kulturtechnik). Laut Brockhaus ist der Begriff *Technik* durch drei Aspekte gekennzeichnet: „1) die Menge der nutzorientierten, künstlichen, materiellen Gebilde (Artefakte oder technische Sachsysteme); 2) die Menge der menschlichen Handlungen und Einrichtungen, in denen Sachsysteme entstehen; 3) die Menge menschlicher Handlungen, in denen Sachsysteme verwendet werden. [...] Die gelegentlich als neuartig, "abstrakte" oder "transklassische" Technik aufgefaßte Programmierung elektronischer Datenverarbeitungsgeräte läßt sich dem dritten Bereich der Definition zuordnen, da sie eine besondere Fertigkeit für die Verwendung von Computern darstellt." (Brockhaus–Enzyklopädie)

Software ist hingegen zwar ein nutzorientiertes und künstliches, aber kein materielles, weil symbolisches Gebilde. Zudem sind die "Gegenstände", die Menschen mit Software bearbeiten, ebenso symbolisch beschrieben. Diese Besonderheiten des technischen Produktes *Software* machen nicht nur die Einordnung der Informatik, des Programmierens, sondern auch eine allgemeingültige Beschreibung des Umgangs mit Computern so schwierig. Die Kategorien Technikwissenschaft bzw. Kulturtechnik greifen wie die Kategorie Strukturwissenschaft zu kurz.

Um dieser Besonderheit gerecht zu werden, um bei der Gestaltung von Software menschenorientiert statt maschinenzentriert vorgehen zu können und um dennoch *Leitlinien* für die Gestaltung von Softwaresystemen zu erhalten, betrachtet Reinhard Keil–Slawik [5] den Umgang mit Computern eingebettet in

---

[5] Auf dieses massive Problem informatischer Bildung kann ich hier leider nicht näher eingehen. Es bedarf allerdings in Zukunft besonderer Beachtung und einer breiten Diskussion in der Didaktik der Informatik.

den Kontext menschlichen Handelns, Denkens und Lernens und die dort notwendige technische (in der dritten Bedeutung von Technik) Unterstützung.

Ein Kernpunkt seiner Betrachtung ist, daß Menschen bei geistigen Tätigkeiten auf Medien angewiesen sind, wollen sie komplexere Sachverhalte ausdrücken oder erfassen. So sind auch die menschlichen Fähigkeiten, ohne Hilfsmittel mehr als vier Gegenstände auf einen Blick wahrzunhemen und zugleich mit ihnen umzugehen (z. B. beim Rechnen), sehr beschränkt. Keil–Slawik kennzeichnet die Notwendigkeit, daß Menschen zur Unterstützung geistiger Tätigkeiten auf Medien oder andere Techniken angewiesen sind und diese als Hilfsmittel bzw. „Werkzeuge" benötigen, durch: Menschen nutzen und gestalten Menschen „Artefakte als externes Gedächtnis" (ebd.). M. a. W. findet das Denken nicht [nur] *im* Kopf statt (vgl. ebd.).

Im Umgang mit *externen Gedächtnissen* sind zudem gewisse Fertigkeiten (Techniken) nötig, die die geistige Tätigkeit mehr oder weniger aufwendig gestalten. Eine (kultur- und technikgeschichtliche) Betrachtung der Hilfsmittel und der im Umgang mit den Hilfsmitteln notwendigen Techniken liefert Keil–Slawik den (theoretischen) Bezugsrahmen, um hieran Gestaltungsleitlinien und –kriterien für interaktive Systeme festzumachen (vgl. ebd.).

Diese Betrachtung des Umgangs mit und der Gestaltung von Software schafft eine Grundlage, um Überlegungen zur inhaltlichen Gestaltung von Informatikunterricht anzustellen, mit der auf die Zielbereiche *Algorithmik und Programmierung, Informatik und Gesellschaft* und *Computerkunde* sowie auf das komplexe Wechselwirkungsgeflecht der *Postulate allgemeiner Bildung* eingegangen werden kann. Darüber hinaus bezieht diese Betrachtung einige der Überlegungen zum Mediencharakter von Computern (Information, Kommunikation) mit ein, die z. B. Baumann in das Zentrum seiner Didaktik stellt, ohne daß man sich wie er auf die in diesen Zusammenhängen nicht besonders hilfreichen Ergebnisse der KI stützen müßte. Diese Betrachtung nimmt zudem Bezug auf die arbeitsunterstützende bzw. –verändernde Wirkung von Computern (Computer als Werkzeug), auf die sich Peschke bezieht.

5 Inhalte von informatischer Bildung

Es gehört offenbar zum allgemeinbildenden Auftrag der Schulen – dies zeigen die obigen Überlegungen zur Allgemeinbildung und Informatik sowie die kultur- und technikgeschichtliche Einbettung von Informatik und Computernutzung – Fähigkeiten und Fertigkeiten im Umgang mit Computern zu vermitteln. Es ist dabei von entscheidender Bedeutung, daß nicht nur Bedienkompetenz einzelner Softwareprogramme oder –pakete vermittelt wird, vielmehr ist es nötig, daß der Umgang mit Computern in den jeweiligen Arbeitskontext eingebettet wird. Eine solche inhaltliche Ausrichtung würde die geforderte *Universalität* besitzen, und solche Inhalte wären nur schwer *nebenher* zu erlernen. Selbst der sonst Computern kritisch bis ablehnend gegenüberstehende Hartmut von Hentig sieht eine solche Einbettung in Abgrenzung zur Bedienung als eigentliche Schwierigkeit im Umgang mit Computern und als wichtige Aufgabe (vgl. [4]).

Betrachtet man also – wie auch in Abschnitt 4 angedeutet – den Umgang mit Computern in Zusammenhang mit geistigen Tätigkeiten und den dazu erforderlichen Techniken (technikgenetische Sichtweise), ist dieses Herangehen geeignet, *kulturelle Kohärenz* für Computernutzung und Informatik zu stiften. Ausgangspunkt von Informatikunterricht ist mithin die Betrachtung geistiger Tätigkeiten und der dazu erforderlichen Techniken. M. a. W. sollten Softwaresysteme und die jeweils unterstützten geistigen Tätigkeiten nicht getrennt voneinander betrachtet werden. "Wissenschaftliche" Inhalte der Informatik sind dann nur Mittel zum Zweck, diese Zusammenhänge zu verstehen (s. o.). Aus einer solchen *genetischen* Betrachtung der Rechentechnik (und anderer Techniken) läßt sich aber außerdem der Algorithmenbegriff – auch im Sinne einer exakten, mathematischen Definition – entwickeln. Auf Grundlage dessen können dann auch Grundzüge algorithmischer Sprache (und damit Grundzüge von Programmiersprachen) herausgearbeitet werden, einfache Modellvorstellungen automatischer Datenverarbeitung („von–Neumann–Modell") sowie weitere wissenschaftliche Inhalte einbezogen werden, insbesondere auch solche der theoretischen Informatik. So werden gar prinzipielle Grenzen von Berechenbarkeit oder Komplexität von Problemstellungen diskutierbar.

Darüber hinaus erlaubt diese *technikgenetische* Sicht nicht nur eine Bewertung der Auswirkungen, insbesondere auch der arbeitsverändernden Wirkungen des Computereinsatzes, sondern auch der Wechselwirkungen zwischen Informationstechnik und Gesellschaft, indem auch hier ein informatischer (technikgenetischer) Bezugsrahmen hierfür die Grundlage bietet, die Vielzahl informatischer Produkte einzuordnen, was sich bislang als wesentliche Schwierigkeit für die Lehrenden zeigt (vgl. [7]). So bieten Inhalte des Zielbereichs *Informatik und Gesellschaft* notwendige Ergänzungen zum Politikunterricht, wo diese Sachverhalte dann aus einer gesellschaftlichen statt aus einer technischen Sicht betrachtet werden.

6 Ausblick

Gerade der in diesem Artikel dargestellte technische (technikgenetische) Zugang wird manchem jedoch problematisch erscheinen. Technik scheint manchen (oder vielen), nicht zum allgemeinbildenden Auftrag der Schulen zu gehören. In manchen Bundesländern gehört ein Fach Technik allerdings zum Fächerkanon der Gymnasien. Denn wieso sollte Technik nicht Teil von Allgemeinbildung sein und Informatikunterricht nicht Teil technischer Bildung sein? Zum einen umfaßt „Technik" in seiner ursprünglichen Bedeutung (Fertigkeit) auch die Kulturtechniken (s. o.), deren Vermittlung wesentlicher Teil der schulischen Bildung ist. Zum anderen kann die Informatik als Teil technischer Bildung einen Beitrag zur Erklärung technischer Phänomene sowie zur Einschätzung, Beurteilung und Bewertung von Technik leisten, so wie die Naturwissenschaften in den Schulen einen Beitrag zur Erklärung von Phänomenen der Natur leisten. Dieser letztgenannte Aspekt technischer Bildung ist in der gegenwärtigen Situation für das gesellschaftliche Zusammenleben und die *Entmystifizierung* von Technik, speziell von Computern, genauso wichtig oder gar wichtiger, als es heute die Naturwissenschaften für die Entmystifizierung von Naturphänomenen noch sind. Dieses abschließend zu klären, ist allerdings eine Aufgabe, die nur in Zusammenarbeit mit Erziehungswissenschaftlern oder Bildungstheoretikern und nicht allein von Informatikern oder im Rahmen eines solchen Aufsatzes erfolgen kann.

Für die Bewertung der Frage, wie sich diese von mir aufgezeigten Zusammenhänge operationalisieren (also auch auf geeignetem Niveau vermittcln) lassen, bedarf es weiterer auch unterrichtspraktischer Überlegungen und Ansätze, z. B. durch die Entwicklung von Unterrichtseinheiten für die ITG oder den Informatikunterricht.

Zudem sind auch unabhängig hiervon Veränderungen in der Lehreraus- und -weiterbildung notwendig. Überlegungen zu solchen Veränderungen waren Ausgangspunkt für meine Beschäftigung mit dem Bildungswert der Informatik.[6] Aber auch für die Diskussion möglicher Veränderungen bietet der dargestellte Bezugsrahmen eine gute Ausgangsposition.

References

1. Baumann, Rüdeger: *Didaktik der Informatik.* Klett–Schulbuchverlag, Stuttgart, 1990
2. Bussmann, Hans / Heymann, Hans Werner: *Computer und Allgemeinbildung.* In: Neue Sammlung 27 (1987) Heft 1, S. 2–39
3. Falkultätentag Informatik (Hrsg.): *Empfehlungen zum Schulfach Informatik (Sek. II) und zur Ausbildung von Informatik–Lehrkräften.* Beschlossen vom Fakultätentag Informatik am 14. Mai 1993
4. Hentig, Hartmut von: *Schule neu denken.* Hanser, München, Wien, 1993
5. Keil–Slawik, Reinhard: *Konstruktives Design. Ein ökologischer Ansatz zur Gestaltung interaktiver Systeme.* Habilitationsschrift, TU Berlin, 1991
6. Klafki, Wolfgang: *Neue Studien zur Bildungstheorie und Didaktik. Beiträge zur kritisch–konstruktiven Didaktik.* Beltz–Verlag, Weinheim, Basel, 1985
7. Modrow, Eckart: *Zur Didaktik des Informatik–Unterrichts.* Band 1 + 2, Dümmler–Verlag, Bonn, 1991
8. Peschke, Rudolf: *Die Krise des Informatikunterrichts in den neunziger Jahren.* In: Stetter, Franz /Brauer, Wolfgang (Hrsg.): *Informatik und Schule 1989: Zukunftsperspektiven der Informatik für Schule und Ausbildung.* Springer, Berlin, 1989, S. 89–98
9. Peschke, Rudolf: *Grundideen des Informatikunterrichts. Erfahrungen und Perspektiven aus den „alten" Ländern der Bundesrepublik Deutschland.* In: LOG IN(10) 1990 Heft 6, S. 25–43
10. Schwill, Andreas: *Didaktik der Informatik. Skriptum zur gleichnamigen Vorlesung im Hauptstudium an der U-GH Paderborn, SS 91*

---

[6] So war ich an der Uni–GH Paderborn in die Gestaltung einer Studienordnung einbezogen für den Lehramtsstudiengang Informatik und einer von zwei studentischen Vertretern in der Fakultätentagskommission zum Lehramt Informatik, deren Vorstellungen zur Lehrerausbildung und zum Bildungswert der Informatik [3] ich nur zu einem sehr geringen Teil unterstütze.

Informationstechnische Bildung und Medienerziehung

Annemarie Hauf-Tulodziecki
Landesinstitut für Schule und Weiterbildung
Paradieser Weg 64
59494 Soest

1 Einführung

Die Veröffentlichung des Rahmenkonzeptes der Bund-Länder-Kommission für Bildungsplanung und Forschungsförderung (BLK) "Informationstechnische Bildung in Schule und Ausbildung" von 1984 hat mit der Einführung einer informationstechnischen Grundbildung und mit der Entwicklung von Konzepten bzw. Lehrplänen für einen vertiefenden Informatikunterricht zunächst Wirkungen in der Sekundarstufe I gezeigt. Allmählich entwickelte sich auch eine breite Diskussion um den Bildungswert der Informatik in der Sekundarstufe II. In einigen neuen Lehrplänen haben die GI-Empfehlungen von 1993 erste Spuren hinterlassen: Informatik soll nicht mehr ausschließlich als Struktur- und Methodenwissenschaft gesehen werden, sondern sich stärker an technischen Entwicklungen sowie an deren gesellschaftlichen Anwendungen und Auswirkungen orientieren. Neben traditionellen Inhalten, wie z.B. das algorithmische Problemlösen als Methode zur Modellierung von Wirklichkeitsausschnitten, wird das Werkzeug Computer in Arbeitszusammenhängen und in seinen Wirkungen thematisiert (vgl. Schulz-Zander 1993).

Erste Erfahrungen mit dieser stärker interdisziplinären und gesellschaftlichen Ausrichtung der Informatik wurden schon vorher im Rahmen von Vorhaben zur informationstechnischen Grundbildung oder auch in neuen Konzepten für den Informatikunterricht der Sekundarstufe I gesammelt und können die didaktischen Überlegungen für die Sekundarstufe II sicherlich befruchten.

Noch wenige Erfahrungen liegen bisher für die unterrichtliche Nutzung und Reflexion von neueren technischen Entwicklungen der Informatik vor, die sich nicht mehr so gut unter dem Begriff "Werkzeug" subsumieren lassen. Das gilt für Multimedia-Produkte, in denen die traditionellen Medien mit Hilfe der Computertechnologie integriert werden oder für die lokal bis weltweit vernetzten Informations- und Kommunikationssysteme mit ihren Angeboten. Für derartige Entwicklungen wird zusammenfassend der Begriff "Neue Medien" verwendet.

Mit Bezug auf solche Entwicklungen liegt es für eine Thematisierung des Computers als "Medium" nahe, im Rahmen der informationstechnischen Bildung auch medienpädagogische Ansätze heranzuziehen und zu untersuchen.

2 Computer und Medienpädagogik

Mit den neuen Informations- und Kommunikationsmedien befaßt sich in der Medienpädagogik sowohl die Mediendidaktik als auch die Medienerziehung. Die *Mediendidaktik* untersucht neben den herkömmlichen, audiovisuellen Medien neue computerunterstützte Medien, vom Übungsprogramm bis zu Multimedia-Arbeitsumgebungen, im Hinblick auf ihre Bedeutung für Lernprozesse in allen Fächern. Da hierbei Medien nur als "Mittel zum Zweck" und nicht als Inhalt betrachtet werden, werde ich diesen Strang nicht weiter verfolgen.

Die *Medienerziehung* hingegen macht die Medien zum Unterrichtsgegenstand. Medienerziehung soll die Jugendlichen befähigen, "verfügbare Medien verantwortlich und sinnvoll zu nutzen sowie wertorientierte Einstellungen zu entwickeln und entsprechende Verhaltensweisen auszubilden. Diesem Ziel dienen u.a. die Medienanalyse sowie Versuche zur eigenen Herstellung und Gestaltung von Medien." (Vgl. Kultusministerkonferenz 1983, S. 2.)

In dem eingangs erwähnten Rahmenkonzept zur informationstechnischen Bildung der BLK wird diese Zielvorstellung aufgenommen und darauf hingewiesen, daß die neuen Informationstechniken Anforderungen an die Medienerziehung stellen, die über die bisher geübte Praxis im Bereich der audiovisuellen Medien hinausgehen. Um welche Anforderungen es sich dabei handelt, wird erst im 1987 veröffentlichten Gesamtkonzept angesprochen. So soll z.B. die Fähigkeit vermittelt werden, Medien genau aufzunehmen, kritisch zu beurteilen, nach bestimmten Zwecken auszuwählen und einzusetzen und selbst zu gestalten. Spezielle Aspekte, die eine auf den Computer bezogene Medienerziehung berücksichtigen muß, sind die spezifische "Sprache" (gemeint sind Stil, Ausdrucks- und Gestaltungsformen) des Mediums Computer und seine technischen Möglichkeiten als Werkzeug der Informationsbeschaffung, der Recherche, der Speicherung und Verarbeitung von Informationen. Es wird daher als ein Schwerpunkt der weiteren Entwicklung der informationstechnischen Bildung gefordert: "Medienerziehung, die auch den Computer einbezieht, muß im Bildungswesen verstärkt Eingang finden." (Vgl. Bund-Länder-Kommission 1987, S. 34.)

Seitdem wird in vielen offiziellen Texten auf den engen Zusammenhang zwischen Medienerziehung und informationstechnischer Bildung hingewiesen, Bayern nennt z.B. die informationstechnische Grundbildung auch "Computererziehung" und sieht in seinem Gesamtkonzept zur informationstechnischen Bildung ein eigenes Kapitel über "Neue Medien und Medienerziehung" vor (vgl. Bayerisches Staatsministerium für Unterricht und Kultus 1985). In der Praxis kann man aber eher davon ausgehen, daß die Medienerziehung sich als ein Nebeneinander verschiedener Aktivitäten darstellt, zu denen zwar oft - aber nicht überall - auch die informationstechnische (Grund-)Bildung gezählt wird. Stellvertretend für die "Neuen Medien" wird in der Regel der Computer behandelt, andere neue Medien waren und sind auch heute meist nicht im Unterricht zugänglich. Bei der Entwicklung von Unterrichtsbeispielen für die informationstechnische Grundbildung fließen medienerzieherische Überlegungen höchstens beiläufig ein, und umgekehrt berücksichtigen die Unterrichtsmaterialien für die Medienerziehung informationstechnische Fragestellungen meist nicht ausdrücklich.[1]

Im Januar 1995 hat die BLK einen "Orientierungsrahmen zur Medienerziehung in der Schule" veröffentlicht. In dieser Empfehlung wird die schulische Medienerziehung als eine integrative Aufgabe gesehen, bei der langfristig die medienerzieherischen Aktivitäten für die einzelnen Altersgruppen und Bildungsgänge sowie die Aktivitäten in den verschiedenen Fächern und Lernbereichen in einem Orientierungsrahmen aufeinander abzustimmen sind. Darüber hinaus sollen medienerzieherische Ansätze für unterschiedliche Medienarten, z.B. für Printmedien, audiovisuelle Medien und den Computer miteinander verbunden werden (vgl. Bund-Länder-Kommission 1995, S. 21).

Im folgenden werde ich dieses Konzept kurz charakterisieren und zeigen, welche Möglichkeiten sich bei der Realisierung dieser Vorstellungen für die informationstechnische Bildung eröffnen.

3 Aufgaben und Ziele der Medienerziehung

Leitvorstellung für die Medienerziehung ist ein sachgerechtes, selbstbestimmtes, kreatives und sozialverantwortliches Handeln in einer von Medien beeinflußten Welt (vgl. ebd., S. 15).

Unter Medien werden insbesondere die elektronischen Medien einschließlich Computer verstanden, die gegenüber den klassischen Printmedien neue Ausdrucksformen und Wirkungsweisen beinhalten. Im einzelnen werden diese Medien nicht weiter aufgezählt, sie werden lediglich charakterisiert durch Tendenzen der technischen Entwicklung und ihrer möglichen Folgen:
- Innovation (ständige Erneuerung und technische Perfektionierung des Angebots)
- Integration (Zusammenwachsen bisher getrennter Medien wie Fernsehen, Computer, Telefon)
- Interaktivität (Abrufbarkeit von Text-, Bild-, Ton- oder Filminformation, eigene Gestaltung von Medienangeboten)
- Impression (z.B. durch Simulation nichtmedialer Wirklichkeiten: virtual reality)
- Individualisierung (z.B. durch Vervielfachung der Kanäle)
- Internationalisierung (z.B. durch Perfektionierung der Kommunikationsnetze).

---

[1] Eine gewisse Ausnahme ist Niedersachsen: Dort wurde neben den Fachkommissionen für die Entwicklung von Materialien zur thematischen Behandlung der neuen Technologien im Unterricht auch eine fächerübergreifende Kommission "Neue Technologien und Medienerziehung" einsetzt. Sie hat didaktische Überlegungen zum Stellenwert von Medienerziehung im Rahmen der informations- und kommunikationstechnologischen Bildung formuliert und verschiedene Unterrichtseinheiten entwickelt (vgl. Niedersächsisches Kultusministerium 1990).

Als Beispiele für ambivalente Wirkungen, die sich durch die Integration der Medien in den Alltag der Menschen ergeben, werden im Orientierungsrahmen z.B. als Polaritäten aufgeführt:

- die Ausweitung der wahrgenommenen Welt einerseits und die Einschränkung der unmittelbaren, sinnlichen Erfahrung von Realität andererseits;
- die Begegnung mit unterschiedlichen Verhaltensformen und Normen einerseits und die Beurteilung unterschiedlicher Handlungs- und Wertemuster, Orientierungslosigkeit andererseits;
- die Intensivierung von Erlebnismöglichkeiten einerseits und die Flucht in Scheinwelten andererseits.

Die Aufgabe der Schule wird darin gesehen, Nutzungs- und Gestaltungsmöglichkeiten der Medien in ihrem Wert anzuerkennen, sie zugleich in ihren Wirkungen durchschaubar zu machen und diese gegebenenfalls zu korrigieren.

Im einzelnen werden drei Aufgabenbereiche der Medienerziehung formuliert:

a) *Nutzung von Medien und nicht-medialen Möglichkeiten für unterschiedliche Aufgaben* mit dem Ziel, unterschiedliche Möglichkeiten zu kennen und bewußt auszuwählen und zu bewerten, z.B. in den Bereichen Unterhaltung und Vergnügen, Information, Kommunikation, Problemlösung und Bildung.

b) *Einblick in die Wirkungsweise und Produktionsbedingungen von Medien,* um eine kritische Aufmerksamkeit gegenüber der Beeinflussung von Wahrnehmen, Denken und Handeln zu entwickeln. Hierzu gehören das Aufarbeiten von Medienerlebnissen, das Verstehen und Unterscheiden von Medienangeboten in ihrer Machart sowie in ihren Ausdrucksmöglichkeiten und die Analyse und Bewertung von Medien aufgrund von Einsichten in institutionelle Bedingungen der Medienproduktion und -distribution.

c) *Praktisch-gestalterische Medienarbeit* mit dem Ziel, die persönlichen Ausdrucks- und Gestaltungsmöglichkeiten zu erweitern und die Fähigkeit zu genauer Wahrnehmung und zu sozialverantwortlichem Medienverhalten auszubilden. Dazu zählt z.B. die eigene Gestaltung einer Zeitung, eines Videomagazins, einer Fotoausstellung ebenso wie das Erstellen eines Computerspiels.

Wie die informationstechnische Grundbildung wird auch die Medienerziehung kein eigenständiges Fach oder Lernbereich sein, sondern muß im allgemeinen Unterricht geleistet werden. Auch hier wird die besondere Bedeutung fächerübergreifenden Arbeitens hervorgehoben.

4 Ein Vorschlag zur Verbindung von informationstechnischer Bildung und herkömmlicher Medienerziehung

In einer Arbeitsgruppe im Fachbereich Erziehungswissenschaften der Universität-Gesamthochschule-Paderborn unter Leitung von G. Tulodziecki haben wir - parallel zur Entwicklung des Orientierungsrahmens - einen Vorschlag für seine praktische Umsetzung erarbeitet (vgl. Tulodziecki u.a. 1995). Er beinhaltet eine Zusammenstellung handlungsorientierter und fächerübergreifender Unterrichtsskizzen für die Jahrgangsstufen 1 - 12, die insgesamt die vorgegebenen Aufgabenbereiche der Medienerziehung abdecken, dabei unterschiedliche Medienarten - einschließlich Computer und andere Informations- und Kommunikationstechnologien - berücksichtigen und verschiedene medienerzieherische Ansätze einschließlich der informationstechnischen Grundbildung miteinander verbinden. Unser Vorschlag sollte eine "echte Verbindung" darstellen: bei der Realisierung von Zielen der informationstechnischen Bildung sollten Perspektiven aus medienerzieherischen Ansätzen berücksichtigt werden, wie umgekehrt auch informationstechnische Betrachtungsweisen bei der Umsetzung medienerzieherischer Themen.

Bei der Erstellung dieses Vorschlags sind wir folgendermaßen vorgegangen:

In einem ersten Schritt haben wir einen Koordinierungsrahmen entworfen, eine Matrix, in deren Zeilen die Doppeljahrgangsstufen 1/2, 3/4, bis 11/12 und in deren Spalten die Aufgabenbereiche der Medienerziehung repräsentiert sind. Die von uns verwendeten fünf Aufgabenbereiche sind kompatibel mit den dreien des Orientierungsrahmens. Es handelt sich um die Bereiche:
- Erkennen und Aufarbeiten von Medieneinflüssen, (vergleiche b)
- Verstehen und Bewerten von Medienbotschaften, (vergleiche b)
- Auswählen und Nutzen von Medienangeboten, (vergleiche a)
- Eigenes Gestalten und Verbreiten von Medien (vergleiche c) und
- Analyse und Einflußnahme im gesellschaftlichen Kontext (vergleiche b).

In einem zweiten Schritt haben wir die Felder des Koordinierungsrahmens ausgefüllt. Für jeden Aufgabenbereich mußte vereinbart werden, welche Akzentsetzungen bezogen auf welche Medien in welcher Doppeljahrgangsstufe behandelt werden sollten. Pro Doppeljahrgangsstufe haben wir vier Unterrichtseinheiten oder Projekte vorgesehen, die möglichst fächerübergreifend durchgeführt werden sollten, unter Umständen jedoch auch schwerpunktmäßig in einem Fach realisiert werden konnten.

In einem dritten Schritt haben wir zu jedem ausgefüllten Feld, d.h. zu allen medienerzieherischen Akzenten, eine handlungsorientierte Unterrichtseinheit oder ein Projekt vorgeschlagen. Bei diesen Vorschlägen berücksichtigten wir - wenn möglich - bereits vorhandene Unterrichtsbeispiele und Empfehlungen.

Im vierten Schritt wurden die Unterrichtseinheiten nach einem vorgegebenen Gliederungsschema - entsprechend ihren Akzentsetzungen - neu skizziert. Verbindungen zwischen den einzelnen Themen und curriculare Bezüge wurden ausgewiesen.

Insgesamt hat sich dieses Verfahren wegen seiner Flexibilität sowohl für Planungszwecke als auch zur Themenfindung als sehr hilfreich erwiesen. Im folgenden werden die Akzentsetzungen für eher "computerbezogene" Themen herausgegriffen und kommentiert.

Mit Blick auf die informationstechnische Grundbildung haben wir in den Doppeljahrgangsstufen 7/8 und 9/10 begonnen:

- Unter dem Aufgabenbereich "eigenes Gestalten und Verbreiten von Medien" sollte eine *eigene Zeitung* erstellt werden. Wenn hierbei für die technische Realisierung der Druckvorlage mehrere Computerarbeitsplätze mit Textverarbeitungs- oder DTP-Programmen verwendet werden, lassen sich sowohl das Erscheinungsbild der Zeitung "professioneller" als mit herkömmlichen Werkzeugen gestalten, als auch die Auswirkungen dieser neuen Werkzeuge auf die Zeitungsherstellung überhaupt reflektieren. An diesem Beispiel sind die medienerzieherischen und informationstechnischen Inhalte eng aufeinander bezogen.

- In Erweiterung bisheriger medienerzieherischer Ansätze sieht der Orientierungsrahmen vor, Medien nicht mehr nur über ihren Einfluß auf private Lebensbereiche und auf Freizeitverhalten als bedeutsam anzusehen, sondern auch durch ihren Einfluß auf die Berufswelt und auf Formen der beruflichen Kommunikation. Diese Öffnung ermöglicht es, im Sinne der Grundbildung komplexere, praxisrelevante Computersysteme aus der Arbeitswelt vorzustellen, zu analysieren und in ihren Auswirkungen auf Arbeitsprozesse, Qualität der Arbeit, Wirtschaftlichkeit, und im Hinblick auf Gestaltungsmöglichkeiten durch den Einzelnen oder die Gesellschaft zu reflektieren.
Im Aufgabenbereich "Analyse und Einflußnahme im gesellschaftlichen Kontext" haben wir daher den Akzent *"Analyse und Kritik von Computeranwendungen"* vorgesehen. Als Beispiele kommen Warenwirtschaftssysteme ebenso in Frage wie Computeranwendungen aus der industriellen Produktion, etwa Industrieroboter oder CAD/CAM. Unsere Wahl fiel auf das Thema "Warenhaus".

- Im Aufgabenbereich "Auswählen und Nutzen von Medienangeboten" haben wir den Akzent *"Nutzung zur Problemlösung und Entscheidungsfindung"* ebenfalls mit Blick auf einen möglichen Computereinsatz gesetzt. Hier lassen sich Themen behandeln, in denen der Computer als Werkzeug verwendet wird, um mit Hilfe von Simulationsprogrammen oder Planspielen komplexe Zusammenhänge zu erkunden, Prognosen zu erstellen oder Entscheidungen zu treffen. Wir haben als Beispiel den Einsatz eines Simulationsprogramms für die Vorbereitung von Entscheidungen bei einer Betriebsführung gewählt. Es wären auch Simulationen aus anderen Bereichen möglich gewesen, etwa zum Thema Entwicklungshilfe.

- Unter dem Aufgabenbereich "Erkennen und Aufarbeiten von Medieneinflüssen" schlagen wir vor, *"Einflüsse auf das Alltagsgeschehen"* zu untersuchen. Eine solche Untersuchung läßt sich z.B. in Form einer Fragebogenerhebung durchführen. Wird die Erhebung dann auch computerunterstützt ausgewertet, lassen sich - über die in der Befragung ermittelten Zusammenhänge hinaus - auch Abhängigkeiten aufklären, die sich durch die Nutzung des Werkzeugs Computer bei dieser Anwendung ergeben.

Mit diesen Akzentsetzungen hatten wir genügend Möglichkeiten geschaffen, den Computer als Werkzeug in praxisrelevanten Anwendungszusammenhängen zu nutzen, Grundlagen zu vermitteln und Auswirkungen unter verschiedenen Perspektiven zu reflektieren. Die Anforderungen an die nordrhein-westfälische Grundbildung waren somit erfüllt.

Aus heutiger Sicht besteht ein Kritikpunkt an den meisten Grundbildungskonzepten bzw. an den vorliegenden Materialien darin, daß die vernetzten Informations- und Kommunikationssysteme und der neuen elektronischen Medien, die stärker in den Freizeitbereich eingehen, ungenügend behandelt werden. Um diesen Aspekt stärker zu berücksichtigen, haben wir dann zunächst die Jahrgangsstufen 11/12 in unsere Überlegungen einbezogen.

- Im Aufgabenbereich "Auswahl und Nutzung von Medienangeboten" haben wir einen Akzent auf die *"Nutzung neuer Kommunikationsmöglichkeiten"* gelegt, damit z.B. Formen der Informationsbeschaffung und Kommunikation über Netze behandelt werden können.

- Für den Aufgabenbereich "eigenes Gestalten von Medien" haben wir die *"Entwicklung einer Computeranwendung"* vorgeschlagen. Unser Beispiel enthält die Erstellung eines Simulationsprogramms unter Verwendung einer Arbeitsumgebung zur Modellbildung und Simulation. Denkbar wäre auch - eine geeignete Ausstattung vorausgesetzt - die Erstellung eines "Multimedia-Produktes".

Häufig beklagen Lehrer und Eltern die Auswirkungen intensiver Computernutzung, befürchten negative Wirkungen durch die Spielleidenschaft der Kinder oder auch durch jugendgefährdende Inhalte von Spielen. Andererseits werden auch Hoffnungen geweckt, mit den neuen Medien besser und lustvoller zu lernen. Auch für diese Fragestellungen, die unmittelbar auf die Beziehung von Kindern und Jugendlichen zu Computern und auf ihre eigenen Anwendungen eingehen, sieht der Koordinierungsrahmen schon in früheren Jahrgangsstufen Möglichkeiten zur Akzentsetzung vor.

- So können im Aufgabenbereich "Erkennen und Aufarbeiten von Medieneinflüssen" sowohl *computerbeeinflußte Gefühle*, als auch *computerbeeinflußte Vorstellungen* und *computerbeeinflußte Verhaltensorientierungen* zum Thema gemacht werden.

- Die Akzente im Aufgabenbereich "Auswählen und Nutzen von Medienangeboten" könnte so gesetzt werden, daß auch die *Computernutzung* jeweils *zur Unterhaltung, zum Lernen und zum Spielen* thematisiert wird.

Prinzipiell könnten so fast alle Felder der Matrix auf Computer bezogen werden. Da dies aber für viele andere Medien ebenso gilt, mußten unsere Entscheidungen so getroffen werden, daß alle Medienarten - unter Berücksichtigung ihrer Verbreitung - repräsentiert und die Nutzung durch Jugendliche in den betreffenden Altersstufen berücksichtigt wurden. Wir haben aber bei einigen vorgeschlagenen Themen, die auf andere Medienarten bezogen waren, auf mögliche Varianten mit dem Medium Computer hingewiesen.

Insgesamt hat die Konkretisierung des Orientierungsrahmens für die Medienerziehung gezeigt, daß die Verbindung sowohl die Möglichkeiten der Grundbildung als auch die der Medienerziehung erweitert, und daß beide in dieser Form ihren Aufgaben besser gerecht werden können.

	Erkennen und Aufarbeiten von Medieneinflüssen	Verstehen und Bewerten von Medienbotschaften	Auswählen und Nutzen von Medienangeboten	Eigenes Gestalten und Verbreiten von Medien	Analyse und Einflußnahme im gesellschaftlichen Kontext
1/2	Aufarbeiten von medienbeeinflußten Gefühlen: *Gruselprojekt*	Unterscheiden verschiedener Zeichensyteme: *Märchenprojekt*	Mediennutzung zur Unterhaltung: *Freizeitgestaltung*	Eigene Fotodokumentation: *Verkehrsprojekt*	
3/4	Aufarbeiten von medienbeeinflußten Vorstellungen: *Polizeiprojekt*	Unterscheiden verschiedener Programmkategorien: *Stadtprojekt*	Mediennutzung für Information und Lernen: *Singvögel*		Analyse und Kritik von Bildgeschichten: *Comics*
5/6		Unterscheiden verschiedener Gestaltungstechniken: *Werbeprojekt*	Mediennutzung zum Spielen: *Konflikte mit Computerspielen*	Eigenes Hörmagazin: *Klassenradio*	Anayse und Kritik von Fernsehsendungen: *Vorabendserien*
7/8	Aufarbeiten von medienbeeinflußten Verhaltensorientierungen: *Konfliktverhalten*	Unterscheiden verschiedener Gestaltungsarten: *Variationen zu einem Thema*		Eigene Zeitung: *Schülerzeitung mit Hilfe des Computers*	Anayse und Kritik von Musikangeboten: *Videoclips*
9/10	Erkennen von Einflüssen auf das Alltagsgeschehen: *Fragebogenaktion*		Nutzung zur Problemlösung und Entscheidungsfindung: *Betriebssimulation*	Eigener Film: *Video als Ausdrucksmöglichkeit*	Analyse und Kritik von Computeranwendungen: *Warenhaus*
11/12			Nutzung für neue Kommmunikationsformen: *Konferenzprojekt*	Eigene Computeranwendung: *Zukunftsentwicklungen*	Analyse und Kritik von politischen Inhalten: *Nachrichten und Magazine*

Tabelle: Zuordnung von medienerzieherischen Akzentsetzungen und Unterrichtsvorhaben zu den Jahrgangsstufen 1-12

5 Folgerungen für die informationstechnische Bildung

Eine in dieser Form verstandene Medienerziehung hat zum einen Folgen für die Voraussetzungen der Schülerinnen und Schüler, auf denen der Informatikunterricht aufbauen kann:
Vor dem Hintergrund einer erweiterten informationstechnischen Grundbildung können die Jugendlichen vermutlich mit einem breiteren Vorverständnis technischer, wirtschaftlicher, individueller und gesellschaftlicher Zusammenhänge und mit vielseitigeren Interessen an entsprechende Themen herangehen. Darüber hinaus werden sie durch die Analyse von Zeichensystemen (Text, Bild, Ton, Film), ihren medienspezifischen Stärken und Schwächen sowie den jeweiligen Gestaltungstechniken für Medien wertvolle Grundlagen für die Integration verschiedener Medien in multimedialen Produkten erhalten.

Zum anderen zeigen diese Überlegungen, daß es wichtig ist, Informations- und Kommunikationstechnologien sowie Multimedia auch im Informatikunterricht unter der Perspektive "Computer als Medium" zu behandeln und diese Funktion des Computers anderen möglichen Funktionen gegenüberzustellen. W. Coy hat z.B. drei funktionale Sichten, Computer als Automat, als Werkzeug und als Medium, vorgeschlagen, um wesentliche Schritte innerhalb der Informatikentwicklung nachzuvollziehen. Er bezeichnet diese Sichten auch als Leitbilder oder Metaphern. Dabei geht es ihm nicht nur um eine nachträgliche Einordnung technischer Entwicklungen, sondern darum, bewußt zu machen, daß mit jeder Sichtweise bestimmte Zielvorstellungen, Forschungsinteressen oder auch Betrachtungsweisen des gesamten technischen und sozialen Umfeldes verbunden sind, und daß ein anderes Leitbild einen Perspektivenwechsel erfordert.

Ein solcher Blick auf die Informatik - mag er auch aus technikhistorischer Sicht umstritten sein - hat aus didaktischer Sicht seinen Reiz. Beispielsweise benutzen Informatiker den Begriff Werkzeug häufig, allerdings in einem instrumentellen Verständnis und weniger als Metapher mit all den oben angedeuteten Aspekten. Bei einer Verwendung im Sinne der Leitbilder von Coy müßte allerdings eine Präzisierung vorgenommen werden.

Den obigen Betrachtungen zur Medienerziehung liegt das Leitbild "Computer als Medium" bereits zugrunde. Bei einer Weiterführung der Betrachtung könnten im Informatikunterricht auch folgende Akzente bedacht werden:

- Bewußtmachen von Einflüssen Neuer Medien auf Vorstellungen, Gefühle, Verhaltensorientierungen und Denkweisen,
- Verständnis unterschiedlicher Zeichensysteme, ihrer Verbindungen und Verarbeitungsmöglichkeiten,
- reflektierte Nutzung von Neuen Medien für unterschiedliche Aufgaben und Arbeitsformen,
- eigene Entwicklung und Verbreitung von multimedialen Produkten,
- Analyse von Neuen Medien und Netzanwendungen im gesellschaftlichen Kontext und Möglichkeiten eigener Einflußnahme.

6 Literatur

Bayerisches Staatsministerium für Unterricht und Kultus 1985: Gesamtkonzept für die informationstechnische Bildung in der Schule. München

Bund-Länder-Kommission für Bildungsplanung und Forschungsförderung 1984: Rahmenkonzept für die informationstechnische Bildung in Schule und Ausbildung. Bonn

dies. 1987: Gesamtkonzept für die informationstechnische Bildung. Materialien zur Bildungsplanung. Heft 16. Bonn

Bund-Länder-Kommission für Bildungsplanung und Forschungsförderung 1995: Medienerziehung in der Schule. Orientierungsrahmen. Heft 44. Bonn

Coy, W.: Automat - Werkzeug - Medium. Informatik Spektrum 18(1995) S. 31-38.

Kultusministerkonferenz 1983: Schulische Maßnahmen zur aktuellen Entwicklung am Videomarkt. Beschluß der Kultusministerkonferenz vom 25.11.1983. Bonn

Niedersächsisches Kultusministerium 1990: Neue Technologien und Allgemeinbildung. Heft 15: Sozialkunde. Hannover: Berenberg

Schulz-Zander, R. u.a. 1993: Veränderte Sichtweisen für den Informatikunterricht. GI-Empfehlungen für das Fach Informatik in der Sekundarstufe II allgemeinbildender Schulen. Bonn: Gesellschaft für Informatik

Tulodziecki, G. 1993: Medienerziehung in Schule und Unterricht. 2. Auflage. Bad Heilbrunn: Klinkhardt

Tulodziecki, G. u.a. 1995: Handlungsorientierte Medienpädagogik in Beispielen. Bad Heilbrunn: Klinkhardt

Wertefreiheit und Ideologie in der informatischen Bildung

Orientierungslosigkeit oder Orientierung durch den Unterricht zur informatischen Bildung?

Bernhard Koerber und Ingo-Rüdiger Peters
Freie Universität Berlin
Zentralinstitut für Fachdidaktiken
Habelschwerdter Allee 45
14195 Berlin

1 Zusammenfassung

Informatische Bildung – d. h. Informatikunterricht und informationstechnische Grundbildung – ist im Rahmen allgemeinbildenden Unterrichts u. a. dadurch legitimiert, daß Lernziele kognitiver, affektiver und psychomotorischer Art in ihrer Gesamtheit und in ihren Wechselbeziehungen angestrebt werden sollen. Die Unterrichtsrealität weist jedoch eine Konzentration auf kognitive und psychomotorische Lernziele in ihren untersten Ausprägungen auf. Diese Tatsache ist ein Grund – unter anderen Gründen – der aktuellen Legitimationskrise des Informatikunterrichts.

Im folgenden Beitrag werden deshalb Möglichkeiten aufgezeigt, wie im Sinne einer Zieltaxonomie der Weg

- vom ersten Erleben informations- und kommunikationstechnischer Anwendungen
- bis zur Fähigkeit, den Einsatz von Computern im Rahmen bewußter Werthierarchien zu beurteilen,

im Unterricht mit den Schülerinnen und Schülern vollzogen werden kann. Dabei stehen schulische Leitziele – wie z. B. »Fähigkeit zur Selbstentscheidung in sozialer Verantwortung« –, die in allen Ländern der Bundesrepublik Deutschland in Schulgesetzen und Rahmencurricula wiederzufinden sind, im Vordergrund. An einem Unterrichtsbeispiel über das Thema »Computerspiele«, das spiralcurricular in jedem Unterricht zur informatischen Bildung behandelt werden kann, werden die allgemeinen Darstellungen konkretisiert.

2 Ethische Fragen in der informatischen Bildung

Die bislang vorliegenden Begriffs- und Aufgabenbestimmungen von Ethik lassen es als unmöglich erscheinen, daß hinsichtlich des Grundverständnisses der daraus herzuleitenden Unterrichtsinhalte jemals Übereinstimmung erzielt werden kann. »Die Schwierigkeit besteht dabei nicht nur in der Bestimmung etwa allgemein anerkannter Grundsätze sittlich verantworteten Handelns, sondern z. B. auch darin, wer denn letztlich kompetent sein soll, solche Grundsätze ausfindig zu machen und zu definieren und welcher Kriterien er sich dabei bedienen soll«, wird beispielsweise von Köck

(1979, S. 18) betont. Trotzdem haben sowohl Philosophen als auch Informatiker Versuche unternommen, eine »Ethik für die technologische Zivilisation« (Jonas, 1979/1989) zu erarbeiten.

Hier soll Ethik zunächst als die philosophische Wissenschaft vom Sittlichen verstanden werden, deren Hauptuntersuchungsgegenstand die menschlichen Handlungen und die sie leitenden Handlungsregeln – d. h. selbstgesetzte Maximen oder gesellschaftlich vorgegebene Normen – sind. Im Vordergrund der Untersuchungen steht entweder die Gesinnung, aus der eine Handlung hervorgeht (»Gesinnungs-Ethik«), oder die Wirkung, die durch die Handlung erzeugt wird (»Erfolgs-« bzw. »Verantwortungs-Ethik«). Daher beschäftigt sich die traditionelle Ethik überwiegend mit drei Problemfeldern:

- mit der Frage nach dem höchsten »Gut«,
- mit der Frage nach dem »richtigen Handeln« und
- mit der Frage nach der Freiheit des Willens.

Erst in den 50er Jahren dieses Jahrhunderts vergrößerte sich die Einsicht, daß das menschliche Leben mit dem vermehrten Anwenden der Technik – insbesondere durch den Einsatz von Atomwaffen – durch den Menschen selbst ausgelöscht werden kann (vgl. z. B. Barnes, 1951). Damit stellte sich jedoch eine völlig neue ethische Frage: Läßt sich der Wunsch nach Erhaltung des menschlischen Lebens allgemein überhaupt moralisch begründen? Denn einerseits ist mit dem technischen Fortschritt »der Mensch [...] der Natur gefährlicher geworden, als sie es ihm jemals war« (Jonas, 1989, S. 26), andererseits vernichtet er mit der Natur seine eigenen Grundlagen. Der Fortschritt selbst ist zu einem ethischen Problem geworden; wissenschaftlicher und technischer Fortschritt bilden keine Werte mehr an sich. Weder in den Naturwissenschaften noch in der Technik können Werte formuliert werden, in ihnen wird nur festgestellt, ob etwas erreicht werden kann – beispielsweise die Ersetzung menschlichen Erkennungsvermögens durch Informatiksysteme –, aber niemals, ob dies auch erreicht werden soll. Jonas hat als eine Antwort auf diesen Wertewandel einen kategorischen Imperativ – durchaus in Kantscher Tradition – formuliert und ihn dem neuen Typ menschlichen Handelns anpaßt (1989, S. 36): »Handle so, daß die Wirkungen deiner Handlung verträglich sind mit der Permanenz echten menschlichen Lebens auf Erden« – oder negativ ausgedrückt: »Handle so, daß die Wirkungen deiner Handlung nicht zerstörerisch sind für die künftige Möglichkeit solchen Lebens«. Das ethisch geforderte neue Verantwortungsbewußtsein betrifft einerseits das Individuum, das – in eine Gesamtheit gestellt – immer auch als mitverantwortlich angesehen werden muß. Andererseits geht es besonders in parlamentarischen Demokratien darum, nicht autoritäre Wertsetzungen vorzunehmen, sondern um die diskursive Auseinandersetzung, so daß individuelle und mehrheitsgetragene Entscheidungen in sozialer Verantwortung daraus erwachsen.

Diese »diskursive Auseinandersetzung« wird in der Wissenschaft Informatik bereits seit längerem geführt. Entscheidende Impulse für diese Diskussion kamen u. a. von Weizenbaum (1977) oder Floyd (1985, 1986). Der Fachbereich »Informatik und Gesellschaft« der Gesellschaft für Informatik e. V. hat unter dem Titel »Informatik und Verantwortung« ein Positionspapier veröffentlicht (unter anderem in: Coy u. a., 1992,

S. 311-325). Auf die Widersprüche und divergierenden Sichtweisen beim Umgang mit Informatiksystemen bzw. mit Informationstechnik weist beispielsweise R. Stransfeld (in: Coy u. a., 1992, S. 304-305) hin:

- »Informationstechnik führt zur Verdichtung und erhöhter Monotonie der Arbeit (Freiheitsverlust)« versus »Informationstechik entlastet von Routinearbeit und trägt zur Zusammenführung ehemals arbeitsteilig getrennter Tätigkeit bei (Kompetenzgewinn)«.
- »Informationstechik kapselt den Menschen gegenüber der realen Erfahrungswelt ab (Entsinnlichung)« versus »Informationstechnik ermöglicht die Komplexitätsreduktion unüberschaubarer Realität (Strukturverstehen)«.
- »Informationstechnik erhöht Zugangsschwellen (Bildung technischer Eliten)« versus »Informationstechnik erleichtert die Verfügbarkeit und Austauschbarkeit von Informationen (Demokratisierung des Wissens)«.
- »Informationstechnik bedroht die Integrität des Einzelnen (informationelle Selbstbestimmung)« versus »Informationstechnik steigert die Fähigkeit der Gesellschaft zum Selbsterkennen (gesellschaftliche Wohlfahrt)«.
- »Informationstechnik reduziert die Weltsicht auf das Formalisierbare (Verlust des Humanen)« versus »Informationstechnik trägt zur Problemlösung in einer nicht anders kontrollierbaren Welt bei ((Wieder-)Erstellung der Ordnung)«.

Eine Integration ethischer Probleme, wie sie hier nur kurz skizziert werden konnten, in eine – wie auch immer organisierte – informatische Bildung ergibt sich daraus zwingend, sofern der schulische Bildungsauftrag mit Leitzielen wie der eingangs zitierten »Fähigkeit zur Selbstentscheidung in sozialer Verantworung« als Grundaxiom noch besteht.

3 Grundlagen kognitver, affektiver und psychomotorischer Bereiche in der informatischen Bildung

Sollen die oben dargestellten offenen Probleme ethischer Fragen in der informatischen Bildung für den Unterricht nutzbar gemacht werden, führt dies zwangsläufig – sofern dies überhaupt intendiert wird – zu einer notwendigen Transparenz der Lernziele. Die in der Unterrichtspraxis vorfindbaren – außerordentlich verschiedenartigen – Beschreibungen von Bildungsidealen, von allgemeinen und konkreten Lehr- und Lernzielen für den Unterricht zur informatischen Bildung können durch eine mehrstufige Gliederung genauer analysiert und interpretiert werden. Die u. a. von Bloom und Krathwohl eingeführten Ordnungssysteme bilden hier eine hinreichende Basis der Analyse (vgl. Bloom (Hrsg.), [5]1976; Krathwohl/Bloom/Masia (Hrsg.), [2]1978). Diese Klassifikationsstufen sollen im folgenden zugleich mit Beispielen ethischer Fragestellungen im Unterricht (angelehnt an Köck, 1979, S. 25-27) verdeutlicht werden.

3.1 Kognitiver Bereich

Es werden Lernziele beschrieben, die sich auf das Verfügen über Wissen und Einsichten und auf intellektuelle Fähigkeiten beziehen.

- *Wissen* umfaßt die Reproduktion von Gelerntem, d. h. es sollen Einzelheiten, Methoden und Verallgemeinerungen von den Schülerinnen und Schülern wiedergegeben werden könne.

Aufgabenbeispiel: Nennen Sie das einzige Gesetz der formalen Ethik, den kategorischen Imperativ (»Handle so, daß die Maxime deines Willens jederzeit zugleich als Prinzip einer allgemeinen Gesetzgebung gelten kann.«)

- *Verstehen* zeigt sich durch die Reorganisation des Gelernten, d. h. es umfaßt die Fähigkeit, Inhalte mit eigenen Worten wiederzugeben.

Aufgabenbeispiel: Stellen Sie die Zusammenhänge von Computeranwendungen und Kriminalität im Detail anhand der bundesrepublikanischen Kriminalstatistik der letzten drei Jahre in einer Grafik dar und begründen Sie die einzelnen Entwicklungen und Beziehungen im Detail.

- *Anwenden* ist eine Transferleistung, d. h. es ist die Fähigkeit zum Gebrauch allgemeiner Erkenntnisse in konkreten Situationen.

Aufgabenbeispiel: Freud mißt der Sprachfähigkeit des Menschen im Rahmen des psychischen Apparates besondere Bedeutung zu. Läßt sich seine Aussage in Richtung auf einen Freiheitsraum des Menschen in diesem Bereich interpretieren, insbesondere unter dem Aspekt des sprachgeprägten Problemlöseverhaltens bei der Arbeit mit Rechnern. Begründen Sie Ihre Ansicht.

- *Analysieren* beruht auf problemlösendem Denken, d. h. es ist die Fähigkeit, Informationen in ihre Struktur zerlegen zu können.

Aufgabenbeispiel: Erörtern Sie an einem der folgenden Werte die Behauptung, daß die Verabsolutierung *eines* Wertes als höchstem über allen anderen Werten mit der Verhaltensfolge, ihn immer und unbedingt anzustreben, zu einer Wert-Tyrannei und zu Inhumanität führt: Gerechtigkeit – Wahrheit – Leistung. Zeigen Sie auf, ob und inwieweit die Computeranwendugen Tendenzen zur Verabsolutierung von Werten manifestieren.

- *Bilden einer Synthese* ist die Grundlage des problemfindenden Denkens, d. h. es ist die Fähigkeit, Elemente zu einem Ganzen zusammensetzen zu können.

Unterrichtsbeispiel: Aus einem vorgegebenen, abgegrenzten Sachzusammenhang ist durch die Schülerinnen und Schüler ein ethisch relevanter Sachverhalt herauszufinden, auf seine Problemhaltigkeit hin zu erörtern und Lösungsmöglichkeiten anzudeuten und zu begründen.

- *Beurteilen* ist die Voraussetzung für in Eigenverantwortung zu treffende Entscheidungen, d. h. es ist die Fähigkeit zur Beurteilung komplexer Sachverhalte aufgrund von Kriterien.

Unterrichtsbeispiel: Aus einem komplexen Sachzusammenhang ist durch die Schülerinnen und Schüler ein ethisch relevanter Sachverhalt herauszufinden, auf seine Problemhaltigkeit hin zu erörtern und Lösungsmöglichkeiten anzudeuten und zu begründen.

3.2 Affektiver Bereich

In Lernzielen des affektiven Bereichs werden Veränderungen von Interesse, Einstellungen und Werthaltungen gefordert. Dies kann bedeuten – und darüber sollte sich jede Lehrkraft bewußt sein –, daß sich diese Veränderungen und das Erreichen der angestrebten Ziele bedeutend langsamer vollziehen und nur über eine längere Zeit beobachtet und festgestellt werden können als Veränderungen im kognitiven Bereich.

- *Aufmerksamwerden* bzw. *Beachten* bedeutet, daß die Lernenden sensibilisiert werden für das Vorhandensein bestimmter Phänomene oder Reize.

Unterrichtsbeispiel: Die Schülerinnen und Schüler betrachten zusammen den Film »Das Ende der schwarzen Kunst« (ein Film über die Einführung der Informationstechnik im Satz- und Druckgewerbe) und nehmen die dargestellten sozialen Probleme zur Kenntnis.

- *Reagieren* geht über das reine Beachten eines Phänomens durch die Lernenden hinaus, und sie wenden sich ihm aktiv zu.

Unterrichtsbeispiel: Die Schülerinnen und Schüler wählen gemeinsam ein Arbeitsthema, das zu einem beobachteten Phänomen weitere Handlungsmöglichkeiten eröffnet (z. B. »Wir machen eine Klassenzeitung!«).

- *Werten* als Lernzielkategorie setzt voraus, daß ein Phänomen einen ideellen Wert besitzt, der einem Wertungs- bzw. Einschätzungsprozeß unterzogen werden kann.

Unterrichtsbeispiel: Die Lernenden sollen während der Arbeit in Unterrichtsvorhaben mit Electonic Mail ein Gefühl der Verbundenheit mit Menschen anderer Nationen entwickeln und den Wert des veränderten Unterrichts erkennen.

- Das *Aufbauen einer Werthierarchie* ist notwendig, sobald die Lernenden eine Reihe von Werten internalisiert haben und in Situationen geraten, in denen mehr als ein Wert von Bedeutung ist.

Unterrichtsbeispiel: Die Schülerinnen und Schüler müssen sich beim Einsatz eines von ihnen in Projektarbeit konstruierten Computerspiels entscheiden, inwieweit sie es auch anderen, z. B. jüngeren Schülern vorstellen wollen.

- Beim *Bestimmtsein durch einen Wertkomplex* findet die Integration der darauf beruhenden Überzeugungen, Ideen und Einstellungen in eine Philosophie oder Weltanschauung statt.

Unterrichtsbeispiel: Die Schülerinnen und Schüler entwickeln im Umgang mit Informationstechnik und Informatiksystemen für ihr persönliches und soziales Leben einen Verhaltenscode, der auf ethischen Grundsätzen beruht und mit demokratischen Prinzipien übereinstimmt.

3.3 Psychomotorischer Bereich

Der psychomotorische Zielbereich umfaßt die manipulativen und motorischen Fertigkeiten der Schülerinnen und Schüler im Umgang mit Computern. Da dieser Bereich für das hier gestellte Thema nicht im Mittelpunkt steht und zudem kein allgemein akzeptierter Gliederungsvorschlag existiert, entfällt hier zunächst eine nähere Erörterung.

4 Konsequenzen für den Unterricht zur informatischen Bildung

Einige Thesen, die aus Platzgründen nicht mehr mit Unterrichtsbeispielen angereichert werden können, sollen die eben vorgestellten Grundsätze nachfolgend ergänzen.

Ein Unterricht, in dem die oben erörterten Grundsätze die Basis bilden, stellt sich im umfassenden Sinne als allgemeinbildend dar. Es wird auch deutlich, daß Unterrichtsziele, die die Lernenden dazu befähigen sollen, sich ihre eigenen Werturteile zu bilden, nur in einem Unterricht erreicht werden können, bei dem komplexe Informatiksysteme im Mittelpunkt des Anwendens oder gar des Konstruierens stehen. Und dies bedeutet eine Hinwendung zu mehr projektorientiertem Unterricht.

Das ausschließliche Entwickeln von Algorithmen im Informatikunterricht oder gar das Üben der Bedienung einer ganz bestimmten Version eines spezifischen kommerziellen Softwareprodukts im Unterricht zur informatischen Grundbildung haben damit keinen Platz in der allgemeinbildenden Schule und schaden der notwendigen schulischen Integration informatischer Inhalte.

Herkömmliche Methoden des Unterrichtens müssen mit stundenübergreifenden Methoden und gruppendynamischen Verfahrensweisen verknüpft werden. Eine Auswahl methodischer Beispiele sei hier als Anregung aufgeführt:

- Anknüpfung an die aktuelle Wirklichkeit
- Texterschließung und -auswertung
- Durchführung von Interviews und Befragungen
- Informationsphasen durch Kurzreferate der Schüler
- Bildung von »Anhörkreisen« (Äußerungen werden vorläufig ohne Diskussion zur Kenntnis genommen)
- Durchführung von Debatten (sie sind strenger organisiert als freie Diskussionen)
- Umgang mit Arbeitsmitteln zur Informationsbeschaffung und -übermittlung
- Durchführung von Exkursionen
- Durchführung von Planspielen
- Durchführung von Rollenspielen

- Einsatz projektmethodischer Unterrichtsformen
- Metapherübungen als Diskussionsgrundlage
- Brainstorming

Deutlich wird darüber hinaus, daß ein »wertfreier« Unterricht in der informatischen Bildung, der sich vornehmlich auf die Vermittlung von Faktenwissen gründet, trotzdem intensiv Werte und Ideologien vermittelt, die eher zu unreflektiertem und damit – wenn auch unbeabsichtigt – zu zerstörerischem Handeln führt, als ein Unterricht, der vom Prinzip des Erreichens sozialer Kompetenz im Umgang mit Informationstechnik geleitet ist.

5 Unterrichtsthema »Computerspiele«

5.1 Begründung des Themas

Der radikale Preisverfall bei den Rechner hat inzwischen dazu geführt, daß der PC auch zu einem Unterhaltungsgerät in der Familie geworden ist. Mehr als 8000 Computerspiele überfluten – neben der Software für spezielle Spielecomputer – den Markt, und kaum eine Familie kann sich dem letztlich entziehen. Das Angebot ist nicht mehr überschaubar, wobei gleichzeitg zu beobachten ist, daß Brutalität, Gewalt, Menschenverachtung wie auch zusätzlich »realitätsnahe« Kriegssimulationen ihre Kunden finden.

Aus diesem Grunde ist besonders die Schule aufgerufen, sich dieser Problematik nicht zu entziehen. Computerspiele sind nicht a priori schlecht. Die Handhabung unterhaltsamer Computerspiele und die durch das Medium völlig veränderte Spielart kann durchaus ein Beitrag zur sinnvollen und kommunikativen Freizeitgestaltung sein. Eine Unterrichtseinheit über Computerspiele soll die Chancen und Gefahren verschiedener Computerspiele aufzeigen und die Schüler zu einer eigenständigen Bewertung und Auswahl befähigen.

5.2 Grobziele der Unterrichtseinheit

Die Schülerinnen und Schüler

- können mit Computerspielen umgehen,
- können zwischen herkömmlichen Spielen und Computerspielen differenzieren und die Unterschiede und Gemeinsamkeiten herausstellen,
- können den Regelaufbau von herkömmlichen Spielen und Computerspielen vergleichen und bewerten,
- können den besonderen Spielaufbau von Computerspielen bezogen auf die algorithmischen Grundstrukturen erkennen,
- können Computerspiele in Kategorien einteilen,
- können Computerspiele hinsichtlich ihrer Zielsetzung und des Spielablaufs bewerten und Kriterien dafür benennen,
- kennen die gesetzlichen Restriktionen bei der Weitergabe von Computerspielen hinsichtlich der Urheberrechtsbestimmungen,

• **können** durch eine Umfrage den Verbreitungsgrad und die Meinungen von Mitschülern über Computerspiele in Erfahrung bringen.

5.3 Aufteilung der Unterrichtseinheit nach Lerneinheiten (am Beispiel ITG)

Lerneinheit 1: Analyse einiger konventioneller strategischer Spiele
Lerneinheit 2: Analyse einiger strategischer Computerspiele
Lerneinheit 3: Vergleich zwischen konventionellen Spielen und Computerspielen
Lerneinhcit 4: Arten der Computerspiele
Lerneinheit 5: Einblick in den Aufbau von Computerspielen
Lerneinheit 6: Erstellung von Bewertungskriterien durch den Vergleich zweier Computerspiele
Lerneinheit 7: Umfrage zum Thema Computerspiele

In bezug auf weitere Analysen muß aus Platzgründen auf das Referat und auf andere Veröffentlichungen der Referenten verwiesen werden.

6 Literatur

Barnes, H. E.: Soziologie der Geschichte – Theorien zur Entwicklungsgeschichte der menschlichen Gesellschaft. Wien; Stuttgart: Humboldt-Verlag, 1951.

Baumann, R.. Didaktik der Informatik. Stuttgart: Ernst Klett Schulbuchverlag, 1990.

Bloom, B. S. (Hrsg.): Taxonomie von Lernzielen im kognitiven Bereich. Weinheim; Basel: Beltz Verlag, [5]1976.

Bussmann, H.; Heymann, H. W.: Computer und Allgemeinbildung. In: Neue Sammlung, 27 (1987), H. 1, S. 2-39.

Coy, W.; Nake, F.; Pflüger, J.-M.; Rolf, A.; Seetzen, J.; Siefkes, D.; Strasfeld, R. (Hrsg.): Sichtweisen der Informatik. Braunschweig: Vieweg, 1992.

Floyd, Chr.: Wo sind die Grenzen des verantwortbaren Computereinsatzes? In: Informatik-Spektrum, 8 (1985), H. 1, S. 3-6.

Floyd, Chr.: Grenzen der Künstlichen Intelligenz. In: Puttkamer, E. v. (Hrsg.): Informatik-Grundbildung in Schule und Beruf. GI-Fachtagung »Informatik und Schule 1986«, Kaiserslautern, September/Oktober 1986. Reihe »Informatik-Fachberichte«, Band 129. Berlin; Heidelberg u. a.: Springer-Verlag, 1986, S. 52-58.

Goldschlager, L.; Lister, A.: Informatik – Eine moderne Einführung. Reihe »Hanser Studienbücher«. München; Wien: Verlag Carl Hanser, [3]1990.

Jonas, H.: Das Prinzip Verantwortung – Versuch einer Ethik für die technologische Zivilisation. Reihe »Bibliothek Suhrkamp«, Band 1005. Frankfurt/M.: Suhrkamp Verlag, 1989 (Erstauflage in Frankfurt/M.: Insel Verlag, 1979).

Klafki, W.: Neue Studien zur Bildungstheorie und Didaktik – Zeitgemäße Allgemeinbildung und kritisch-konstruktive Didaktik. Weinheim; Basel: Beltz Verlag, [2]1991.

Knittel, B.; Witten, H.: Informatik für die Gesellschaft – Unterrichtsplanung für gesellschaftspolitische Themen im Informatik- und ITG-Unterricht. In: LOG IN, 13 (1993), H. 6, S. 18-21.

Knittel, B.; Witten, H.: Was passiert mit meinen Daten? Ein Beispiel möglicher Planungsentscheidungen für eine Unterrichtseinheit zur ITG. In: LOG IN, 14 (1994), H. 1, S. 16-23.

Köck, P. (Hrsg.): Modelle zum Ethikunterricht – Didaktik und Methodik des Ethikunterrichts. Donauwörth: Verlag Ludwig Auer, 1979.

Koerber, B.; Peters, I.-R.: Informatikunterricht und informationstechnische Grundbildung – ausgrenzen, abgrenzen oder integrieren? In: Troitzsch, K. G. (Hrsg.): Informatik als Schlüssel zur Qualifikation. GI-Fachtagung »Informatik und Schule 1993«, Koblenz, Oktober 1993. Reihe »Informatik aktuell«. Berlin; Heidelberg u. a.: Springer-Verlag, 1993, S. 108-115.

Koerber, B.; Peters, I.-R.: Von der ITG zum Informatikunterricht – Beispiel einer spiralcurricularen Planung und Durchführung größerer Unterrichtsvorhaben. In: LOG IN, 14 (1994), Heft 1, S. 11-15.

Krathwohl, D. R.; Bloom, B. S.; Masia, B. B.: Taxonomie von Lernzielen im affektiven Bereich. Weinheim; Basel: Beltz Verlag, ^{2}1978.

Lehmann, G.: Ziele im Informatikunterricht – Beispiele für Einsatz und Stellenwert von PROLOG im Unterricht. In: LOG IN, 12 (1992), H. 1, S. 26-30.

Lehmann, G.: Methoden der Zielbestimmung für die Informatische Bildung. In: Troitzsch, K. G. (Hrsg.): Informatik als Schlüssel zur Qualifikation. GI-Fachtagung »Informatik und Schule 1993«, Koblenz, Oktober 1993. Reihe »Informatik aktuell«. Berlin; Heidelberg u. a.: Springer-Verlag, 1993, S. 340-354.

Löwisch, D.-J.: Pädagogische Zeit-Sichten – Essays und Abhandlungen zu einer Verantwortungspädagogik. Sankt Augustin: Academia Verlag, 1994.

Mantz, R.: Maschine und Denken – Beiträge zur Grundlegung einer Didaktik der Informatik. Reihe »Bonner Schriften zur Erziehungswissenschaft«, Band 1. Wuppertal: Verlag Holger Deimling, 1991.

Meyer, H.: Leitfaden zur Unterrichtsvorbereitung. Reihe »Scriptor-Ratgeber Schule«, Band 6. Frankfurt/M.: Cornelsen Verlag Scriptor, ^{11}1991.

Parnas, D.: Die Verantwortung der Wissenschaftler in einer sich verändernden Welt. In: F!FF Kommunikation, 10 (1993), H. 2, S. 21-30.

Peschke, R.: Die Krise des Informatikunterrichts in den neunziger Jahren. In: Stetter, F.; Brauer, W. (Hrsg.): Informatik und Schule – Zukunftsperspektiven der Informatik für Schule und Ausbildung. GI-Fachtagung »Informatik und Schule 1989«, München, November 1989. Reihe »Informatik-Fachberichte«, Band 220. Berlin; Heidelberg u. a.: Springer-Verlag, 1989, S. 89-98.

Reuter, H.-J.: Ethikunterricht am Gymnasium – Inhalte philosophischer Ethik in den Lehrplänen der Sekundarstufe II. Reihe »Europäische Hochschulschriften – Pädagogik«, Band 291. Frankfurt/M.; Bern; New York: Verlag Peter Lang, 1986.

Weizenbaum, J.: Die Macht der Computer und die Ohnmacht der Vernunft. Frankfurt/M.: Suhrkamp Verlag, 1977.

Zemanek, H.: The Human Being and the Automaton – Selected Aspects of a Phylosophy of Information Processing. In: Mumford, E.; Sackman, H. (Ed.): Human Choice and Computers. Amsterdam; Oxford: North-Holland Publishing Company, 1975, S. 3-30.

Kapitel 2

Unterrichtsbeispiele

2.1   Sekundarstufe I

Das Vorhaben, Informatik-Grundwissen für alle Schülerinnen und Schüler zu entwickeln, wird sehr unterschiedlich umgesetzt. Die Tatsache, daß die Anwendung von Informatiksystemen mit theoretischen Grundlagen (z.B. über Dialogpläne) gefördert werden kann, hat sich noch nicht durchgesetzt.
Jede Informatikausbildung stellt eine mehr oder weniger intensive Begegnung (Mensch-Maschine-Kommunikation) mit Informatiksystemen dar. Dabei sind grundsätzliche Fragen zu beantworten:

- Fragen nach den Zielen dieser Technikgestaltung – Warum wird das gemacht?

- Fragen nach den Plänen (Algorithmen, Heuristiken) – Was ist möglich?, Was wird gemacht?

- Fragen nach der Mensch–Maschine–Kommunikation – Wie kann man sich verständigen und etwas darstellen?

- Fragen nach den Systemen – Wie funktionieren die verarbeitenden Informatiksysteme?

In diese natürliche Struktur der Informatik lassen sich viele Grundbegriffe (Definitionen), Prinzipien (Sätze, Erkenntnisse, Basismechanismen), Methoden (Verfahren) und Werkzeuge einordnen.
Für die Anwendung der Informatikwerkzeuge in den verschiedenen Unterrichtsfächern entsteht auf diese Weise ein fachliches Fundament, auf dem die Fachlehrer aufbauen können, wenn es um die Modellierung eines Ausschnittes der realen Welt in Daten und deren Verknüpfungen geht.

„Klassenfest" — Eine Unterrichtseinheit für Mädchen und Jungen im ITG-Unterricht

S. Assmus, S. Bohnet, B. Bündgen, S. Gündel, G. Heck-Weinhart, H. Krahn,
C. Niederdrenk-Felgner, B. Proschek, G. Reich, G. Zinßmeister

GI-Regionalgruppe Württemberg
im Fachausschuß 8.1 „Frauenarbeit und Informatik" **

Abstract. Es wird eine Unterrichtseinheit für die Informationstechnische Grundbildung vorgestellt, die sich durch die Wahl des Leitthemas „Klassenfest — planen, organisieren, durchführen" an den Interessen von Schülerinnen und Schülern orientiert. Durch die vorgestellten Inhalte und die Methodik sollen Mädchen und Jungen gleichermaßen für die Auseinandersetzung mit dem Computer interessiert werden. Die Unterrichtseinheit berücksichtigt den Lehrplan von Baden-Württemberg, enthält aber auch für den Unterricht in anderen Bundesländern interessante Aspekte.

1 Einleitung

Der Lehrplan von Baden-Württemberg fordert, daß die Informationstechnische Grundbildung (ITG) am Gymnasium mit der Vermittlung informationstechnischer Grundkenntnisse in der achten Klasse im Leitfach Mathematik beginnt. In einem Zeitrahmen von 30 Stunden sollen Schülerinnen und Schüler einen ersten Einblick in die verschiedenen Einsatzmöglichkeiten des Rechners erhalten, Anwenderprogramme kennenlernen und bedienen sowie erste einfache Programme selber erstellen. Die Unterrichtseinheit „Informationstechnische Grundkenntnisse" stellt die Grundlage für den Computereinsatz im Fachunterricht dar und soll „unter einem Leitthema aus der Erfahrungswelt der Schülerinnen und Schüler zusammenhängend und anwendungsorientiert behandelt werden" ([8]). Als Unterrichtsmaterialien stehen vier Unterrichtsvorschläge zur Verfügung, die vom Landesinstitut für Erziehung und Unterricht Stuttgart (LEU) herausgegeben werden ([7]). Als Themen wurden dort gewählt: Schullandheimaufenthalt, Lagerverwaltung, Computer Integrated Manufactoring sowie Bankwesen. Weitgehend wird in allen Fällen der Forderung entsprochen, den Unterricht an einem Leitthema zu entwickeln. Bei näherem Hinsehen kann jedoch bezweifelt werden, ob diese Themen tatsächlich aus der Erfahrungswelt der Schülerinnen und Schüler entnommen sind und ihren Interessen entsprechen. So werden beispielsweise bei dem zunächst auch den Jugendlichen naheliegenden Thema Schullandheimaufenthalt Probleme bearbeitet wie etwa die Kalkulation der Kosten, die eher in die Kompetenz und den Aufgabenbereich der Lehrkraft fallen. Ein Nachteil fast aller vorliegenden Einheiten ist, daß kein unmittelbarer Zusammenhang zur Realität

** Ansprechpartnerin: Dr. Gabriele Reich, Bundeswettbewerb Informatik, Sand 13,
72076 Tübingen; email: reich@informatik.uni-tuebingen.de

hergestellt wird, der Transfer des Gelernten auf die Umwelt somit nur in Form einer „Simulation" geleistet wird.

Ergebnisse aus zahlreichen Modellversuchen zum Thema „Mädchen und Computer" lassen darauf schließen, daß sich eine solche Themenwahl speziell für die Mädchen negativ auswirken kann. Auf die geschlechtsspezifischen Unterschiede im Umgang mit dem Computer werden wir im nächsten Abschnitt ausführlich eingehen und damit auch die genannte Befürchtung näher begründen. An dieser Stelle möchten wir zunächst nur festhalten, daß wir es für außerordentlich wichtig halten, schon bei der Wahl und erst recht bei der Gestaltung des Unterrichtsthemas die Mädchen „im Blick zu haben". Den bisherigen Erfahrungen nach besteht zunehmend die Gefahr, daß auch der ITG-Unterricht an den Schulen zu einem männlich dominierten Bereich wird und daß sich dadurch Tendenzen fortsetzen oder sogar verstärken, die inzwischen aus dem Unterrichtsfach Informatik bekannt sind: Der Mädchenanteil in diesem Wahlpflichtfach geht immer stärker zurück und mit ihm der Anteil der jungen Frauen, die sich für Studiengänge entscheiden, die mit Informatik verbunden sind (vgl. [4]). Im Gegensatz zu Jungen sehen jedoch Mädchen einen Informatikkurs eher als notwendige Voraussetzung für ein Informatikstudium an: Nur 29% der Mädchen trauen sich ein entsprechendes Studium auch ohne Informatikkurs zu, jedoch 50% der Jungen (vgl. [11]).

Dem ITG Unterricht kommt eine Schlüsselfunktion zu. Mädchen, die hier gute Erfahrungen gemacht haben, werden sich leichter für einen Informatikkurs entscheiden. Umgekehrt aber werden schlechte Erfahrungen in den unteren Klassen — ähnlich wie bei den Naturwissenschaften — später zu einer Vermeidungsstrategie führen. Die frühzeitige Einbeziehung des Computers in den Unterricht birgt auf der einen Seite die Chance, daß Mädchen und Jungen unbefangen mit der Technik umgehen. Andererseits besteht aber auch die Gefahr, daß Mädchen durch ungünstige Bedingungen und fehlende Berücksichtigung bereits in Klasse 8 das Interesse am Computer verlieren und damit indirekt von weitergehenden Lernangeboten ausgegrenzt werden. Einer solchen Entwicklung muß — nicht zuletzt wegen der möglichen Auswirkungen auf die Berufschancen von Frauen — entgegengewirkt werden. Mit der von uns entwickelten Unterrichtseinheit wollen wir dazu beitragen. Sowohl bei der Wahl des Themas als auch bei der Gestaltung der Einheit im Detail haben wir uns daher dezidiert an Mädchen und ihren Interessen orientiert.

2 ITG — Ein Angebot für Mädchen und Jungen?!

Grundlage für die Einführung der ITG in allen Bundesländern bildet das 1984 von der Bund-Länder-Kommission für Bildungsplanung und Forschungsförderung verabschiedete „Rahmenkonzept für die Informationstechnische Bildung in Schule und Ausbildung", das 1987 zu einem Gesamtkonzept ergänzt wurde ([2]). Über die reine Nutzung des Computers in der Schule, wie sie seit den 70er Jahren diskutiert wurde, gehen diese Konzepte hinaus, indem sie eine Grundbildung für alle Schülerinnen und Schüler vorsehen, die dann später durch den (wahlfreien)

Informatikunterricht vertieft werden kann.

Der Grundbildung werden folgende Aufgaben zugeordnet (vgl. [2], S. 11f.):

- Aufarbeitung und Einordnung der individuellen Erfahrungen mit Informationstechniken
- Vermittlung von Grundstrukturen und Grundbegriffen, die für die Informationstechniken von Bedeutung sind
- Einführung in die Handhabung eines Computers und dessen Peripherie
- Vermittlung von Kenntnissen über die Einsatzmöglichkeiten und die Kontrolle der Informationstechniken
- Einführung in die Darstellung von Problemlösungen in algorithmischer Form
- Gewinnung eines Einblicks in die Entwicklung der elektronischen Datenverarbeitung
- Schaffung des Bewußtseins für die sozialen und wirtschaftlichen Auswirkungen, die mit der Verbreitung der Mikroelektronik verbunden sind
- Darstellung der Chancen und Risiken der Informationstechniken sowie Aufbau eines rationalen Verhältnisses zu den Informationstechniken
- Einführung in Probleme des Persönlichkeits- und Datenschutzes.

Diese Aufzählung zeigt, daß bei der Informationstechnischen Grundbildung nach wie vor der Computer im Mittelpunkt steht. Dies wird besonders deutlich, wenn die konkrete Umsetzung betrachtet wird. In Baden-Württemberg beispielsweise wird die ITG im Leitfach Mathematik in Klasse 8 angesiedelt, und die hier vom LEU herausgegebenen Unterrichtsentwürfe sind weitgehend auf den Umgang mit dem Computer und den Einsatz von Standardsoftware ausgelegt. Die gesellschaftlichen, sozialen und wirtschaftlichen Bezüge werden selten integriert behandelt, Persönlichkeits- und Datenschutz werden in den Einheiten — wenn überhaupt — am Ende angesprochen und fallen damit aus Zeitmangel häufig ganz weg. An Fortbildungsveranstaltungen zum Thema ITG nehmen im Augenblick hauptsächlich Lehrerinnen und Lehrer teil, die über wenig Vorkenntnisse verfügen. Entsprechend sind die Angebote in der Regel so angelegt, daß die notwendigen Kenntnisse im Umgang mit den Geräten vermittelt werden. Angebote, die darüber hinausgehen und auf allgemeiner Ebene eine kritische Reflexion der neuen Technologien ermöglichen, fehlen zur Zeit noch.

Kritik an dem Konzept der ITG und der Umsetzung in den verschiedenen Ländern ist nicht neu (vgl. dazu z. B. [1]). Auch die geringe Attraktivität des Computerunterrichts für Mädchen ist seit langem bekannt, und die Ursachen dafür wurden inzwischen in zahlreichen Modellversuchen untersucht (vgl. [3]). Ausgehend von den Erfahrungen innerhalb dieser Modellversuche wurden existierende Konzepte für Unterrichtsangebote, die den Interessen der Mädchen gerecht werden, reflektiert und weiterentwickelt (vgl. [10], [12], [1]). Auch die „GI-Empfehlungen für das Fach Informatik in der Sekundarstufe II allgemeinbildender Schulen" der Gesellschaft für Informatik von 1993 ([13]) nehmen zu Geschlechterdifferenzen im Informatikunterricht Stellung. Die Forderung, den gleichberechtigten Zugang zur Technik zu fördern, ist eines der sechs dort formulierten Kriterien.

Trotzdem ist zu beobachten, daß die Forderungen im ITG-Unterricht nicht umgesetzt werden. Dies gilt sowohl für den Umgang mit dem Computer und die Interaktionen innerhalb des Computerraumes als auch für die Auswahl der Inhalte. Dies soll im folgenden kurz dargestellt werden.

Die Verbreitung des Computers in privaten Haushalten hat in den letzten Jahren stark zugenommen. Nach Erhebungen aus dem Jahre 1992 besaßen ca. 30% der Haushalte mit mittlerem Einkommen einen PC. Es ist davon auszugehen, daß heute fast alle Jugendlichen Zugang zu einem privaten Computer haben. Die Nutzung scheint jedoch geschlechtsspezifisch unterschiedlich zu sein. Im außerschulischen Bereich und in der Freizeit spielt der Computer für Jungen eine wesentlich größere Rolle als für Mädchen. Auch bei den Besitzverhältnissen gibt es große Unterschiede. So besaßen bereits 1990 z. B. 16% der Gymnasiasten, aber nur 4% der Gymnasiastinnen selbst einen Computer, und für die anderen Schultypen liegen entsprechende Zahlen vor (vgl. [14]). Computerbesitz ist somit durch eine „männliche Dominanz gegenüber der Verfügung von Technik" gekennzeichnet.

Von einem generellen Desinteresse der Mädchen kann jedoch keine Rede sein. Viele Mädchen halten es für nötig, zu Hause einen Computer zur Verfügung zu haben, wenn sie im Schulunterricht mithalten wollen ([6]). Weiterhin sind sie an Anwendungen interessiert, die beispielsweise für das spätere Berufsleben nützlich sein können. Computerspiele, technische Aspekte des Geräts und Programmierung sprechen Mädchen nach den vorliegenden Erfahrungen jedoch deutlich weniger an als Jungen.

Für den ITG-Unterricht wirken sich diese unterschiedlichen Interessensausprägungen in der Weise aus, daß viele Jungen mit einem Vorsprung an Kenntnissen der Bedienung und des Umgangs an den Computer gehen und keinerlei Berührungsängste haben. Für Mädchen, deren Zugang eher distanziert bis „ambivalent" (vgl. [1]) ist, kommt noch hinzu, daß sie durch das Verhalten der Jungen stärker zurückgedrängt werden, als es allein durch die Rollenstereotype zu erklären ist. Hemmend für den gleichberechtigten Computerzugang ist weiterhin, daß Mädchen ihre Kompetenz am Computer deutlich geringer einschätzen als sie ist, wogegen Jungen sich in diesem Punkt häufig überschätzen und auf ihr vermeintliches Wissen lautstark hinweisen (vgl. [4], [11]).

Diese speziellen Bedingungen des Unterrichts am Computer werden überlagert von Interaktionsstrukturen, die bereits im „ normalen" Unterricht eher an den Jungen als an den Mädchen orientiert sind. So sanktionieren Lehrerinnen und Lehrer beispielsweise dominantes Verhalten von Jungen häufig nicht oder nicht genügend, Mädchen kommen nicht genauso oft zu Wort wie Jungen, und auf Fragen von Mädchen wird gleich mit der Lösung geantwortet, anstatt wie bei Jungen Anleitungen zur Lösung zu geben. Durch die tatsächlichen oder vermeintlichen Vorkenntnisse der Jungen, die unübersichtliche Lehrsituation im Computerraum und eventuell noch bestehende Unsicherheit der Lehrkraft mit der neuen Fachrichtung besteht die Gefahr, daß sich die ungleiche Behandlung von Mädchen und Jungen fortsetzt. Entsprechende Erfahrungen wurden im ITG-Unterricht in Hamburg gemacht (vgl. [5]).

Es ist interessant, daß gerade mit dem Einzug der Computer in die Schulen die Diskussion um die Koedukation wieder belebt wurde. Die von der feministischen Schulkritik seit den 80er Jahren gestellte Forderung nach getrenntem Unterricht von Mädchen und Jungen wird inzwischen in vielen Schulen, zumindest im Anfangsunterricht am Computer, erfüllt. Damit kann im Augenblick am ehesten gewährleistet werden, daß Mädchen die für sie notwendige „positive Technikerfahrung" (vgl. [4]) im ITG-Unterricht machen und Jungen daran gehindert werden, sich durch ihr lebendiges und spielerisches Verhalten nachhaltig in den Vordergrund zu drängen und dadurch die Mädchen zu dominieren oder gar abzuschrecken.

Eine dauerhafte Lösung ist getrennter Unterricht aber nicht. Die Gleichbehandlung und Gleichstellung der Geschlechter im Unterricht kann nicht durch die rein organisatorische Maßnahme der Trennung gelöst werden. Nachhaltige Veränderungen sind nur zu erreichen, wenn Lehrkräfte für ihr unterschiedliches Verhalten Mädchen und Jungen gegenüber sensibilisiert werden und bewußt darauf reagieren. Vorschläge dafür, wie beispielsweise eigene Verhaltensweisen kontrolliert werden können und wie Schülerinnen und Schüler an der Veränderung der Interaktionen mitwirken können, liegen vor (vgl. z. B. [9]).

Aber auch die Auswahl der Inhalte für den ITG-Unterricht verlangt eine Veränderung. Bisher werden häufig bei der Themenwahl mit Problemstellungen aus den Fächern Mathematik und Physik zu sehr die Erfahrungswelt und die Vorlieben der Jungen (und wahrscheinlich auch der Fachlehrer) berücksichtigt, denn 55% (45%) der Jungen, aber nur 39% (12%) der Mädchen geben Mathematik (Physik) als ihre Lieblingsfächer an (vgl. [1]). Überhaupt zeigt sich in Untersuchungen zum Informatikwahlverhalten von Schülerinnen, daß Informatik dann bevorzugt wird, wenn es dadurch möglich wird, auf andere Naturwissenschaften zu verzichten (vgl. [10], [6]). Diese Ergebnisse aus den Klassen 11 und 12 lassen sich zwar nicht direkt auf Klasse 8 übertragen, sie zeigen jedoch einen Vermeidungswunsch der Naturwissenschaften vieler Schülerinnen. Um mit dieser eher ablehnenden Haltung gegenüber den Naturwissenschaften nicht den ITG-Unterricht zu belasten, sollte den Naturwissenschaften höchstens eine untergeordnete Rolle im ITG-Unterricht zugewiesen werden. Die „richtige" Wahl der Themen stellt eine Gratwanderung dar: Auf der einen Seite soll das Interesse der Mädchen angesprochen und gefördert und ihre Lebenswelt einbezogen werden. Auf der anderen Seite aber sollen Mädchen nicht durch „weibliche" Inhalte noch stärker auf herkömmliche Rollen festgelegt werden. Die Inhalte sollten also so gestaltet sein, daß Stereotype nicht weitergetragen oder verfestigt werden, sondern vielmehr eine Öffnung der Rollenbilder und -erwartungen für Mädchen und Jungen ermöglicht wird.

3 Vorstellung der Unterrichtseinheit „Klassenfest — planen, organisieren, durchführen"

Die in Baden-Württemberg vorgeschlagene Projektorientierung für die Informationstechnische Grundbildung ist sinnvoll, da die Unterrichtsstunden durch ein gemeinsames großes Ziel einen inhaltlichen Zusammenhalt bekommen. Auch unsere Unterrichtseinheit steht unter einem Leitthema. Die existierenden Materialien zeigen allerdings, daß die Einführung in die Programmierung und teilweise auch die Behandlung des Datenschutzes häufig nicht in das Projekt hineinpassen. Bindet man diese Lernschwerpunkte dennoch in das Leitthema ein, dann wirken sie aufgesetzt. Um dieses zu vermeiden, behandeln wir in der Unterrichtseinheit „Klassenfest — planen, organisieren, durchführen" beide Lernschwerpunkte losgelöst vom Leitthema.

Mit dem Leitthema „Klassenfest — planen, organisieren, durchführen" haben wir ein Thema gewählt, das direkt aus der Erfahrungswelt der Schülerinnen und Schüler stammt und ihren Interessen entspricht. Jugendliche dieser Altersstufe zeigen gewöhnlich starkes Interesse an Klassenfesten und Discos. Vor allem die Mädchen kümmern sich gerne und mit viel Kompetenz um Organisationsfragen. Sie haben in Bezug auf Selbständigkeit meist einen Vorsprung vor den Jungen. Durch die Themenwahl sind wir zuversichtlich, besonders die aktiveren Schülerinnen für die ITG zu motivieren und Schwellenängste im Umgang mit dem Computer bei ihnen garnicht erst aufkommen zu lassen oder gegebenenfalls zu vermindern.

Das Fest wird nicht nur in der ITG geplant, sondern es soll tatsächlich auch stattfinden, d. h. es wird nicht bei einer Simulation belassen. Durch Realitätsbezug und eine starke Anbindung an die Erfahrungswelt der Jugendlichen kann die Unterrichtseinheit handlungsorientiert gestaltet werden. Die Vorteile des Computereinsatzes werden an sinnvollen Anwendungen deutlich.

Eine Verlaufsskizze der Unterrichtseinheit findet sich in Abschnitt 4. Hier möchten wir auf einige einzelne Aspekte eingehen.

Umgang mit unterschiedlichen Vorkenntnissen

Der Aufbau eines Computers soll innerhalb der Lerneinheit spielerisch behandelt werden. Dazu bieten sich verschiedene Möglichkeiten an, wie beispielsweise der Einstieg über den „Papiercomputer" (vgl. [9], S. 99 ff.). Um zu vermeiden, daß diejenigen, die über keine Vorkenntnisse verfügen — vorwiegend Mädchen —, durch die Fachausdrücke der „Experten" — vorwiegend Jungen — eingeschüchtert werden, wird vereinbart, gemeinsam ein „Computer-Wörterbuch" anzulegen. Jeder/jede, die einen Fachausdruck benutzt, muß diesen nach seiner Herkunft und in seiner Bedeutung erklären, damit er in das Wörterbuch eingetragen werden kann. Es sollen auch die englischen Fachausdrücke und üblichen Abkürzungen aufgenommen werden, um den Jugendlichen damit eine leichtere Orientierung auch außerhalb der Schule — in Zeitschriften, Fachgeschäften etc. — zu ermöglichen. Insgesamt spielt die technische Seite des Computers in der gesamten Unterrichtseinheit eine eher untergeordnete Rolle. Es wird sehr rasch an inhaltlichen Fragestellungen gearbeitet; Lernen von „Vorratswissen" wird weitgehend vermieden.

Zur Unterrichtsorganisation

Für die Arbeit am Computer in Zweiergruppen hat sich in der Praxis der Einsatz von Arbeitsblättern bewährt. Eine Differenzierung innerhalb der Klasse ist damit besonders leicht möglich, da auf solchen Arbeitsblättern „Pflicht-" und „Küraufgaben" gestellt werden können. Pflichtaufgaben sollen von allen gelöst werden und das nötige Grundwissen bereitstellen; Küraufgaben sind zusätzliche — teilweise zeitaufwendige — Angebote. Sie sollen es ermöglichen, daß sehr gute Schülerinnen und Schüler gefordert und gefördert werden können, ohne daß die Kompetenzunterschiede innerhalb der Klasse vergrößert werden. Die Ausarbeitung der vorgeschlagenen Unterrichtseinheit wird Vorschläge für Arbeitsblätter enthalten.

Bei der Arbeit am Computer besteht leicht die Gefahr, daß sich kein „Gesamtwissen" ergibt, sondern daß sich die Schülerinnen und Schüler in einzelnen Befehlsschritten „verlieren". Wir haben daher vorgesehen, „Dokumentationen" erstellen zu lassen, in denen die Zusammenhänge einzelner Programmschritte mit der Lösung des gestellten Problems dargestellt werden. Die verbale Umsetzung der Arbeiten am Computer kann darüber hinaus verhindern, daß im Unterricht eine „Hackermentalität" entsteht oder gefördert wird.

Innerhalb der Unterrichtseinheit bietet sich in vielerlei Hinsicht der Einsatz von Gruppenarbeit an. Nicht nur die Arbeit in Zweiergruppen am Computer, sondern auch die Verteilung verschiedener Aufgaben außerhalb des Unterrichts kann dazu genutzt werden, die kooperativen Arbeitsformen zu üben: Einholen von Preisen für Essen und Getränke; Sammlung und Sortierung der CDs; Umfragen bei anderen Schülerinnen und Schülern über Vorlieben bei der Musik; schließlich Aufgaben im Zusammenhang mit der Durchführung des Festes. Bei der Aufgabenverteilung ist darauf zu achten, daß hierdurch nicht wieder geschlechtstypische Zuschreibungen vertieft werden, beispielsweise indem die Mädchen sich um Essen und Trinken und die Jungen sich um den Aufbau der Musikanlage kümmern. Die Kooperation unter den einzelnen Gruppen wird dadurch erleichtert, daß alle am Gelingen des Festes interessiert sind.

Die einzelnen Softwarekomponenten

Betrachten wir nun die einzelnen Softwarekomponenten (Textverarbeitung, Datenbank und Tabellenkalkulation):

Die Schülerinnen und Schüler erlernen Textverarbeitung anhand von Texten, die sie sinnvoll weiterverwenden können. Für ein Einladungsplakat zum Klassenfest, das in der Klasse aufgehängt werden soll, wird zuerst gemeinsam ein Rohtext erarbeitet. Nachdem die Schülerinnen und Schüler diesen ausformuliert und mit dem Rechner bearbeitet haben, gestalten sie das Plakat graphisch (z. B. Erstellung eines Logos). Besonders der letzte Schritt fördert die Kreativität. Der Plakattext soll dann zu einem Einladungsschreiben an die aufsichtführenden Lehrerinnen und Lehrer erweitert werden. Im Gegensatz zu vielen existierenden Unterrichtseinheiten sind die Schülerinnen und Schüler an allen Texten auch inhaltlich stark interessiert, so daß der Effekt vermieden wird, daß sie zwar stolz auf die äußere Gestaltung der von ihnen eingegebenen Texte sind, aber selten den Inhalt überhaupt wahrnehmen.

Arbeitet man bei der Benutzung der Datenbank ohne Einwilligung der Eltern mit schülereigenen Daten, dann verletzt man den Datenschutz. Aus diesem Grund wird im Unterricht häufig auf fiktive Daten zurückgegriffen, obwohl eigene

Daten auf sehr viel größeres Interesse stoßen. In unserer Unterrichtseinheit soll als Datenbankanwendung eine CD-Sammlung erstellt werden, die die Musikverwaltung des Klassenfestes unterstützt. Von den schülereigenen CDs werden als Datensatz Besitzer, Titel, Gruppe, ... eingegeben, so daß z. B. nach Titeln sortiert werden kann oder als Abfrage die CDs zu gewünschten Liedtiteln ermittelt werden können. Damit nach dem Klassenfest alle ihre CDs auch zurückerhalten, werden entsprechende Etiketten erstellt. Der Lernschwerpunkt „Datenbank" endet mit der Behandlung des Datenschutzes. Hierzu wird der Film „Der gläserne Bürger" gezeigt, in Gruppenarbeit werden die relevanten Aussagen extrahiert und in einer abschließenden Diskussion besprochen.

Die endgültige Festlegung der Musikgestaltung des Festes erfolgt durch eine Meinungsumfrage, die mit Hilfe der Tabellenkalkulation ausgewertet und durch Diagramme veranschaulicht wird. Eine weitere Anwendung der Tabellenkalkulation ist die Preiskalkulation des Festes. Es müssen Angebote für das Essen und die Getränke eingeholt und Preisvergleiche durchgeführt werden. Wie bereits erwähnt ist hier arbeitsteilige Gruppenarbeit möglich: Eine Gruppe ist für die Zusammenstellung des Essens, eine andere für die Getränke zuständig. Abschließend wird der Endpreis ermittelt.

Die gesellschaftlichen Auswirkungen des Computereinsatzes können durch Besichtigungen geeigneter Betriebe transparent gemacht werden. So bietet sich im Zusammenhang mit der Unterrichtseinheit besonders der Besuch eines Zeitungsverlages oder einer Rundfunkanstalt an. Hierbei können thematisiert werden:
- der professionelle und kommerzielle Einsatz von Anwendungssoftware, insbesondere von Desktop-Publishing-Systemen und Datenbanken,
- die Auswirkungen auf Arbeitsplätze (Anforderungsprofile, Rationalisierung),
- der Umgang mit Information in unserer mediengeprägten Gesellschaft, beispielsweise die Verfügbarkeit von Information und der Datenschutz.

Den Abschluß des Leitthemas bildet das Klassenfest.

Die im Lehrplan geforderte Einführung in die Programmierung wird losgelöst vom Leitthema mit Hilfe der Programmiersprache LOGO gegeben. Zuerst sollen die Schülerinnen und Schüler umgangssprachlich einen Algorithmus beschreiben. Verbale Fähigkeiten — häufig bei Mädchen stärker ausgeprägt als bei Jungen — werden dadurch unterstützt bzw. gefördert. Anschließend sollen Graphikprogramme erstellt werden. LOGO bietet den Vorteil, daß sich durch wenige Befehle schöne Bilder erzeugen lassen. Programmierfehler werden von den Schülerinnen und Schülern sofort am Objekt erkannt und können wegen der meist kurzen LOGO-Programme selbständig verbessert werden. Für LOGO spricht außerdem, daß „erfahrene Programmierer" diese Programmiersprache häufig nicht kennen. So läßt sich zumindest teilweise vermeiden, daß unterschiedliche Vorkenntnisse im Unterricht relevant werden.

4 Verlaufsskizze der Unterrichtseinheit

Wir haben die für die ITG in Klasse 8 vorgesehenen 30 Schulstunden in Lernschwerpunkte aufgeteilt, die wir im folgenden stichwortartig beschreiben:

Textverarbeitung (5 Stunden):

Einführung mit Lernprogramm Works: Tastatur und Maus
Einladungsplakat erstellen: Rohtext gemeinsam erarbeiten
                            Rohtext erfassen, speichern
                            Text gliedern, formatieren, drucken
Plakatlogo entwerfen: Zeichnung erstellen
                      in Textverarbeitung einfügen
Einladungsschreiben an die aufsichtführenden Lehrkräfte: Plakattext erweitern
                                                        Plakatlogo einbinden

Rechneraufbau und Grundbegriffe (1 Stunde)

Datenbank (7-8 Stunden):

CD-Sammlung erstellen: Planung einer Datenbankdatei
                       (mit den möglichen Feldern Besitzer/in, Interpret/in, Titel ...)
Erstellen einer gemeinsamen großen Datei
Sortieren des Datenbestandes
Abfragen nach bestimmten Kriterien
Etiketten für CDs erstellen: Einüben des Serienbrief-Konzeptes
Datenschutz: Film „Der gläserne Bürger"
             Gruppenarbeit
             Diskussion

Tabellenkalkulation (6 Stunden):

Meinungsumfrage zur Musikgestaltung: Text eingeben
                                     Umfrage durchführen
                                     Diagramme erstellen und drucken
Endgültige Festlegung der Musikgestaltung
Preiskalkulation des Festes: Arbeitsteilige Gruppenarbeit

Gesellschaftliche Auswirkungen (1-2 Stunden):

Besuch von Zeitung oder Rundfunk

Festdurchführung und Nachbereitung (0 Stunden)

Algorithmen und Programmierung mit LOGO (8 Stunden):

Einführung Algorithmen
Einfache Graphikbefehle
Lineare Programmerstellung: Dreieck
Repeat-Schleife: Dreieck, Quadrat, Zehneck, ..., N-Eck
For-Schleife: Zusammensetzung mehrerer geometrischer Figuren
Einsatz von Unterprogrammen: Leiter mit Hilfe von Quadraten oder Dreiecken
Erweiterungsmöglichkeit: rekursive Programme, Spiralen, Muster

5 Schlußbemerkungen

Wir haben eine Unterrichtseinheit für die Informationstechnische Grundbildung vorgestellt, die sich an den in Abschnitt 2 genannten Kriterien der Bund-Länder-Kommission und den Richtlinien der Gesellschaft für Informatik orientiert. Erste Unterrichtserprobungen werden in Schulen in Rottenburg und Tübingen ab Februar '95 gestartet. Wir sind sehr zuversichtlich, daß die Wahl des Leitthemas einen mädchengerechten Unterricht unterstützt. Zum Erfolg der Lernreihe tragen aber auch die Lehrkräfte in hohem Maße bei. Sie sollten sich bewußt sein, wie verschieden beide Geschlechter auf Technik reagieren können und welches Rollenverständnis sie selbst weitergeben. Wir hoffen, durch die gezielte Ausrichtung der Unterrichtseinheit auf Mädchen zu einer Reflexion bestehender Materialien beizutragen und Anregungen für die weitere Unterrichtspraxis geben zu können.

References

[1]   M. Altermann-Köster, H. G. Holtappels, M. Kanders, H. Pfeiffer, C. de Witt: *Bildung über Computer?*, Juventa, Weinheim/München, 1990.

[2]   Bund-Länder-Kommission für Bildungsplanung und Forschungsförderung: *Gesamtkonzept für die informationstechnische Bildung*, Materialien zur Bildungsplanung, Heft 16, Bonn, 1987.

[3]   Bundesminister für Bildung und Wissenschaft (Hrsg.): *Mädchen und Computer. Ergebnisse und Modelle zur Mädchenförderung in Computerkursen.* Schriftenreihe Studien zu Bildung und Wissenschaft, Bonn, 1992.

[4]   J. Ebach: *Der Rückgang des Frauenanteils in der Informatik — Überlegungen zu möglichen Ursachen aus psychologischer Sicht*, in: Zeitschrift für Frauenforschung, Heft 3/94.

[5]   N. Finck-Witt: *Verhalten von Jungen und Mädchen im Informatikunterricht der Sekundarstufe I*, Gesamtschule Kirchdorf, Hamburg, 1993.

[6]   D. Janzen: *Modellhaftes Interventionsprogramm zur Steigerung des Mädchenanteils beim Bundeswettbewerb Informatik, Abschlußbericht der wissenschaftlichen Begleitung*, Essen, 1992.

[7]   Landesinstitut für Erziehung und Unterricht (Hrsg.): *LEU-Hefte für die Lehrerfortbildung an Gymnasien*, Stuttgart, 1992.

[8]   Ministerium für Kultus und Sport Baden-Württemberg (Hrsg.): *Bildungsplan für das Gymnasium*, Kultus und Unterricht Lehrplanheft 4/1994.

[9]   C. Niederdrenk-Felgner: *Mädchen und Computer*, Deutsches Institut für Fernstudien in Tübingen, 1993.

[10]   R. Oberliesen, Anneliese Stiebeling (Hrsg.): *Neue Medien, neue Technologien*, Dietrich Reimer Verlag, Berlin und Hamburg, 1988.

[11]   B. Schinzel: *Frauen in Informatik, Mathematik und Technik* Informatik-Spektrum, Nr. 1, 1991.

[12]   B. Schorb u. a.: *Bildung trotz Computer? Eine Zwischenbilanz des informationstechnischen Unterrichts*, expert-Verlag, Ehningen bei Böblingen, 1989.

[13]   R. Schulz-Zander u. a.: *Veränderte Sichtweisen für den Informatikunterricht — GI-Empfehlungen für Informatik in der Sekundarstufe II allgemeinbildender Schulen*, in Informatik-Spektrum, Nr. 6, S. 349–356, 1993.

[14]   D. Sinhart-Pallin: *Die technikzentrierte Persönlichkeit*, Deutscher Studien Verlag, Weinheim, 1990.

Projekt- und handlungsorientierter Unterricht:
Ein innovatives Konzept zur informationstechnischen Grundbildung (ITG)

Herbert Brand
Pädagogische Akademie des Bundes
Liechtensteinerstraße 33 - 37
A-6800 Feldkirch

1 Einleitung

Es war im Juni 1992, als ich mit SchülerInnen einer 8. Schulstufe eine Exkursion zu einer Beschlägefirma unternahm. Zu einer Firma, von der ich wußte, daß innovatives Denken und Handeln - v.a. in der Lehrlingsausbildung - eine Maxime darstellt. Nicht umsonst lagen und liegen die Lehrlinge bei internationalen Wettbewerben fast immer in den Spitzenrängen. Ebenso bekannt ist, daß dem EDV-unterstützten Arbeiten von Beginn an in allen Bereichen des Betriebes, in denen das möglich ist, höchste Priorität zugesprochen wird.

Ich hatte zu der Zeit auch noch die Aussagen einer kompetenten Persönlichkeit aus dem Wirtschaftsleben in Erinnerung, die anläßlich einer Fachtagung in Wien im Dezember 1991 gemacht wurden. Demnach gibt es von Industrie und Verwaltung einige generelle Erwartungen an den EDV-Unterricht der Pflichtschulen. Genannt wurden:

- Basistechniken und Zusammenhänge verstehen
- EDV als Werkzeug kennen und beherrschen
- Fertigkeiten im Umgang mit möglichst weit verbreiteten Produkten
- Umgehen können mit der Dynamik der EDV-Technologie

(*vgl. W. Puschmann: Erwartungen an den EDV-Unterricht. Wien, 1991*)

Voll Neugierde und in Erwartung, ähnliches zu hören, stellte ich daher die Frage an die Ausbildner der oben genannten Beschlägefirma, was seitens der Betriebsleitung von einem Abgänger der Pflichtschule, der in ihr Unternehmen eintreten will, bezüglich informationstechnischer Grundbildung erwartet wird. Die Antwort war vernichtend: „NICHTS!"

Wird hier der Schule jegliche Kompetenz in der Vorbereitung auf die Arbeits- und Berufswelt abgesprochen? Kann die Schule den Unterrichtsprinzipien nicht gerecht werden, in denen „in besonderer Weise die Grundsätze der Lebensnähe und Handlungsbezogenheit des Unterrichts und der Konzentration der Bildung" *(Lehrplan der Hauptschule)* gefordert werden?

An den Zielsetzungen und Inhalten der ITG kann es jedenfalls nicht liegen.

2 Zielsetzungen und Inhalte der ITG an österreichischen Schulen

„Dem Bildungswesen kommt bei der Entwicklung, der Einführung und dem Einsatz der neuen Techniken eine zentrale Bedeutung zu. Es hat die Voraussetzungen zu schaffen, daß die neuen Informations- und Kommunikationstechniken als Chancen sinnvoll genutzt werden, es hat aber auch zu verhindern, daß durch Unkenntnis der Möglichkeiten und Grenzen der neuen Techniken unnötige Ängste, Scheu oder unkritische Technikgläubigkeit ausgelöst werden. In einem umfassenden bildungspolitischen Konzept ist daher für die Schule die ständige Reflexion traditioneller Bildungsgüter nötig, um ihr Überleben in einer sich immer kürzeren Intervallen, vor allem in technologischer Hinsicht, ändernden Umwelt zu sichern." *(EDV/Informatik im Österreichischen Bildungswesen)* Um diesen Forderungen gerecht zu werden, wird eine differenzierte informationstechnische Bildung vermittelt. Sie gliedert sich in drei Teilbereiche:

2.1 Informations- und kommunikationstechnische Grundbildung

Eine informations- und kommunikationstechnische Grundbildung ist im österreichischen Bildungswesen für alle SchülerInnen der Pflichtschulen vorgesehen. Ihre gesellschaftliche Begründung liegt in der Tatsache, daß die neuen Techniken unser gesamtes individuelles und gemeinschaftliches Leben verändern. Aus didaktischer Sicht bleibt festzustellen, daß die SchülerInnen lernen sollen, den Computer als Medium zum Lernen zu verwenden. Eine Integration des Computers als Mittel zum Lernen ist daher, auch entwicklungspsychologisch bedingt, auf der 7. und 8. Schulstufe verpflichtend vorgesehen.

Die Zielsetzungen und Inhalte der informations- und kommunikationstechnischen Grundbildung lassen sich wie folgt darlegen. Die SchülerInnen sollen

- ein Grundverständnis für die Funktionsweise der neuen Informations- und Kommunikationstechnologien entwickeln. Darüber hinaus sollen sie einen
- Überblick bekommen über die vielfältigen Anwendungsmöglichkeiten in Wirtschaft und Gesellschaft. Schließlich soll ihnen
- Einsicht gewährt werden in die Chancen und Gefahren der neuen Technologien. Auch
- Erfahrungen sollen sie sammeln im Umgang mit dem Computer und dessen Anwendungen.

Während auf der 1. bis 4. Schulstufe eine Integration von Computern in den Unterricht höchstens in Phasen des offenen Lernens stattfindet, werden auf der 5. und 6. Schulstufe Computer unter Verwendung fachspezifischer Lernsoftware fallweise eingesetzt.

Auf der 7. und 8. Schulstufe ist vor allem eine Integration der ITG in den folgenden Unterrichtsgegenständen bzw. mit folgenden Zielangaben vorgesehen:

- In Deutsch sollen die SchülerInnen durch sinnvolle Nutzung des Computers im Rahmen der Textverarbeitung Verständnis für die Arbeitsweise des Computers bekommen.
- In Englisch soll benutzerfreundliche Software zur Lernunterstützung eingesetzt werden.
- In Mathematik soll in erster Linie Verständnis für die Arbeitsweise des Computers hinsichtlich Algorithmieren, Formalisieren und Symbolisieren geweckt werden. Vor allem Tabellenkalkulationsprogramme stehen im Vordergrund.
- Geometrisches Zeichnen ist jenes Fach, in dem die Lernenden mit neuen Problemlöseverfahren konfrontiert werden sollen. Die Entwicklung der Raumanschauung ist ein weiteres Ziel.

Neben der Integration in die sogenannten Trägerfächer ist eine Einstiegsphase vorgesehen, welche im Sinne einer gründlichen Vorinformation abzuhalten ist. Darüber hinaus ist in der 8. Schulstufe eine verpflichtende Projektphase oder Projektwoche vorgesehen. Unterrichtsorganisatorisch sollen solche Projekte möglichst fächerübergreifend ausgeführt werden.

2.2 Vertiefende informationstechnische Bildung

Für besonders interessierte SchülerInnen wird auf der 7. und 8. Schulstufe die Unverbindliche Übung „Informatik" mit zwei Wochenstunden angeboten. Der Lehrstoff hat Angebotscharakter und erlaubt eine Auswahl bzw. Vertiefung in Bereichen wie 'Grundlegende Handhabungsfertigkeiten', 'Algorithmische Verfahren zur Problemlösung', 'Textverarbeitung', 'Dateiverwal-tung', 'Tabellenkalkulation', 'Graphik und Konstruktion', 'Erstellen von Programmen', 'Ein-satzmöglichkeiten von Informations- und Kommunikationstechniken', 'Auswirkungen neuer Technologien in wirtschaftlicher, kultureller, persönlicher und sozialer Hinsicht', etc.

2.3 Berufsbezogene informationstechnische Bildung

Neben der ITG bzw. der vertiefenden Bildung im Bereich der Pflichtschule nimmt der Bereich EDV/Informatik vor allem auch in der Oberstufe der AHS, aber auch an den BMS und BHS einen breiten Raum ein. Seien es technische oder gewerbliche Anstalten, seien es Handelsakademien oder Handelsschulen, seien es irgendwelche anderen mittleren oder höheren Schulen: die (berufs-)spezifische informationstechnische Bildung ist nicht mehr wegzudenken.
Selbstverständlich ist hier auch noch die institutionelle Lehreraus- und -weiterbildung zu erwähnen. Pädagogische Institute und Akademien bilden Lehrkräfte entsprechend ihrer Bestimmung aus bzw. weiter.

3 Die Realisierung von Zielsetzungen der vertiefenden ITG auf der 7. und 8. Schulstufe

Was die Zielsetzungen und Inhalte der ITG betrifft, kann also davon ausgegangen werden, daß seitens der zuständigen Stellen größtmögliche Anstrengungen unternommen werden, den sich ständig wandelnden gesellschaftlichen Bedingungen gerecht zu werden. Dennoch: Worin mögen die Ursachen liegen, daß eine renommierte Firma von einem Hauptschulabgänger, bezüglich ITG an Vorkenntnissen „NICHTS" verlangt? Meint sie vielleicht nur nichts Besonderes d.h. keine besonderen Kenntnisse? Oder hat die Firma gar schon schlechte Erfahrungen gemacht? Könnte ein etwaiges Mißtrauen bezüglich der Qualität der ITG bzw. der vertiefenden Bildung sogar eine gewisse Berechtigung haben? Wenn ja, welches mögen Gründe dafür sein? Die SchülerInnen müßten doch schon über zahlreiche Fähigkeiten und Fertigkeiten verfügen.

3.1 Didaktische Grundsätze

Wie heißt es im Lehrplan: „Im Unterricht in Informatik steht weitgehend selbst organisiertes Lernen ebenso im Vordergrund wie angeleitetes Ausprobieren, eigenständiges Experimentieren und Erkennen sowie das Bewältigen vom SchülerInnen selbst ausgewählter Aufgabenstellungen." Und weiter unten steht: „Der komplexe Bereich neuer Technologien und neuer Techniken bedarf auch adäquater kooperativer Arbeitsformen. Unterrichtsformen, wie Gruppenarbeit, Teamarbeit und projektorientierter Unterricht, sind dem Unterrichtsgegenstand Informatik besonders angemessen." *(vgl. Einhorn, P.: Einführung in die Informatik)*

3.2 Gegenwärtige Umsetzungen der Lehrplanangaben

Theoretische Zielvorstellungen einerseits - praktische Umsetzungen andererseits: wie korrelieren diese zwei Aspekte? Daß die theoretischen Zielvorstellungen den gesellschaftlichen Bedingungen entsprechen, kann behauptet werden. Liegt es also an der praktischen Umsetzung, daß solche vernichtenden Aussagen, wie weiter oben zitiert, gemacht werden? Gibt es eine Möglichkeit, signifikant festzustellen, ob es auch an der praktischen Umsetzung liegt, daß scheinbar ein Unterschied zwischen den geforderten Bedingungen und dem, was erreicht werden kann, liegt? Was kann erreicht werden? Was wird erreicht? Was können die SchülerInnen, die zwei Jahre eine Grund- und darüber hinaus eine vertiefende ITG genossen haben, wirklich? Werden die SchülerInnen optimal auf die sich ständig verändernden gesellschaftlichen Bedingungen vorbereitet? Wenn nicht, woran mag es liegen? Liegt es an der Aus- und Weiterbildung der Lehrkräfte? Gibt es heute noch so etwas wie eine Hemmschwelle seitens mancher Pädagogen, computerunterstützt zu arbeiten? Zahlreiche Fragen drängen sich plötzlich auf.

Von März 1992 bis März 1993 bin ich solchen und ähnlichen Fragen im Rahmen eines Projekts, welches ich mit Studierenden der Pädagogischen Akademie sowie SchülerInnen der dort angeschlossenen Übungshauptschule durchgeführt habe, nachgegangen. *(Projektbericht: Computerunterstützter Unterricht an einigen Schulen im grenznahen Ausland)* Ohne auf die Ergebnisse näher einzugehen kann gesagt werden , daß vieles noch veränderbar, verbesserbar ist.

Horst Rode schreibt in seinem Artikel über „Lernformen" *(Computer und Unterricht, Heft 15/94)*, daß für Holtappels *(vgl. Holtappels, Heinz Günter: Ganztagsschule und Schulöffnung. Perspektiven für die Schulentwicklung. Weinheim und München: Juventa, 1994)* drei Lernkonzepte im Vordergrund stehen: Projekt- und Handlungsorientiertes Lernen sowie Soziales Lernen in Gruppen. Er faßt zusammen: „Die Gedanken Holtappels, die den Stand der Diskussion über neue Lernformen wiedergeben, müssen in vielen Bereichen noch als Forderung angesehen werden, die es umzusetzen gilt. Bislang fehlt es vielfach an organisatorischen Voraussetzungen und entsprechend ausgebildeten Lehrkräften, um Projektlernen, Handlungsorientierung und soziales Lernen dauerhaft im Unterrichtsalltag zu verankern. Noch immer ist Unterricht in einem erheblichen Ausmaß dem starren 45-Minuten-Takt unterworfen, noch immer spielen Fachgrenzen bei der Festlegung von Unterrichtsplanung und Unterrichtszielen eine entscheidende Rolle und lassen kaum Raum für fachübergreifenden Unterricht."

Sicher habe auch ich nicht das „Ei des Kolumbus" gefunden, also die problemlösenden Antworten für die oben zitierten Überlegungen. Allerdings bin ich ständig auf der Suche nach dem „bestmöglichen" Unterricht; nach einem zeitgemäßen bzw. innovativen Unterricht, der eben einerseits möglichst vielen Forderungen des Lehrplans gerecht wird, darüber hinaus aber allen am Unterricht Beteiligten auch Spaß bereitet. Vielleicht ist der im folgenden skizzierte Weg eine Möglichkeit, diesem ziemlich hoch gesteckten Ziel doch etwas näher zu kommen.

4 Das Konzept innovativer Unterrichtsformen bei der ITG

Der Titel des Aufsatzes - Projekt- und handlungsorientierter Unterricht - könnte zunächst den Anschein erwecken, daß „wieder einmal jemand versucht, etwas bereits Existierendes aufzuwärmen". Projektorientierter Unterricht als solcher ist ja nicht so neu. Bereits um 1900 gab es in den USA zahlreiche Publikationen über Projektunterricht. Ich werde versuchen, in meinen folgenden Ausführungen zu zeigen, daß auch der Untertitel - Ein innovatives Konzept zur informationstechnischen Grundbildung - sehr wohl seine Berechtigung hat.

4.1 Forderungen und Ziele eines projekt- und handlungsorientierten Unterrichts als Basis der Innovation

Um einer Unterrichtsform die Bezeichnung 'projekt- und handlungsorientiert' zuzuordnen, erachte ich die folgenden Voraussetzungen für notwendig. *(vgl.: Was ist Projektunterricht? In: Tips vor Projektbeginn, ibw)*

- Lernende - Schüler, Studenten, Lehrer - nehmen sich ein Thema vor, welches bearbeitet werden soll. Auch die begleitenden Lehrpersonen müssen sich dabei in die Rolle der Lernenden begeben Das Thema kann sich z.B. aus einer besonderen Situation heraus ergeben.
- Eine Verständigung über Subthemen und zu erfüllende Aufgaben wird als nächstes erforderlich sein. Es werden vor allem organisatorische Kompetenzen sein, die SchülerInnen hier erwerben können. (Umgang mit Ressourcen wie Zeit, Geld, Energie, ...) Je nach Erfahrungsgrad mit Sozialformen im Unterricht wird die Planungstätigkeit dabei vermehrt oder eher nur eingeschränkt auf der Seite der SchülerInnen bzw. StudentInnen liegen. Eine Aufsplittung der Arbeitsbereiche und ein Festlegen der Aufgabenbereiche wird notwendig sein.
- Gemeinsam wird dann das Arbeitsfeld entwickelt. Die Beteiligten lernen nicht nur verschiedene thematische Inhalte kennen, sondern lernen auch, geeignete Arbeitsformen zu entwickeln, ihre Interessen aufeinander abzustimmen, Probleme zu definieren und Konfliktlösestrategien zu entwickeln. In erster Linie werden hier also soziale Kompetenzen erworben. Als Arbeitsfeld wird in erster Linie die außerschulische Wirklichkeit miteinbezogen!
- In Kleingruppen werden dann die geplanten Aktivitäten durchgeführt. Die Akteure agieren in der außerschulischen Wirklichkeit, sie lernen an der Realität des täglichen Lebens, ohne daß ein Glockenzeichen sie aus der endlich geweckten Begeisterung für ein Thema auch schon wieder herausreißt. Vor allem persönliche Fähigkeiten sind es, die in diesem Abschnitt entwickelt bzw. weiter ausgebaut werden. Reflexionsphasen, in denen die einzelnen Gruppen über ihre Erfahrungen berichten, sind dabei sehr wichtig.
- Schließlich wird das Projekt, nachdem man das Ziel - ein Stück Wirklichkeit zu erkunden - erreicht hat, abgeschlossen. Fast immer verdient es ein gelungenes Projekt, einem breiteren Publikum zugänglich gemacht zu werden. In dieser Phase wird es möglich, daß die Beteiligten verschiedene grundlegende Fähigkeiten und Fertigkeiten wie beispielsweise das Umgehen mit Standardsoftware im Rahmen der Erstellung einer Präsentation oder handwerkliche Fertigkeiten im Zusammenhang mit der Gestaltung einer Ausstellung erwerben.

Zusammenfassend kann gesagt werden, daß SchülerInnen in dieser Unterrichtsform wesentliche Fertigkeiten und Fähigkeiten lernen können. Es sind solche, die sicher in ihrer weiteren, nicht nur beruflichen Laufbahn von großer Bedeutung sein werden:

- Ganzheitliche Betrachtungsweise einer Fragestellung
- Zielorientiertes Arbeiten und Handeln
- Teamfähigkeiten
- Persönliche Fähigkeiten
- Umgang mit Öffentlichkeit
- Vernetztes Fachwissen aus verschiedensten Bereichen

4.2 Die Beschreibung einer möglichen Umsetzung der Forderungen

Daß den theoretischen Forderungen, die im Modell eines Projekts genannt wurden, ebenso Rechnung getragen werden kann wie den didaktischen Grundsätzen des Lehrplans, aber auch dem Gedankengut Hotappels, soll im folgenden gezeigt werden.

4.2.1 Der Beginn des projekt- und handlungsorientierten Schaffens

Die Idee, projektorientiert zu arbeiten, entstand im Frühjahr 1994 im Rahmen einer Fachdidaktikveranstaltung. Es ging darum, mögliche Inhalte, die projektartig gestaltet werden könnten, zu finden. Viele wurden genannt; eine Idee fand dabei besondere Zustimmung: mit codierten Karten zu arbeiten. Noch im selben Monat unterbreitete ich meinen SchülerInnen die Idee, die auch, zunächst zwar noch recht skeptisch, später mit wachsender Begeisterung aufgenommen wurde. Als Titel für das Projekt einigten wir uns auf 'Karten als Träger codierter Informationen'.

4.2.2 Die vorbereitenden Arbeiten

Da die SchülerInnen im Projektunterricht noch keine großen Erfahrungen hatten, stellte ich ihnen zunächst nur einmal diese Unterrichtsform in groben Zügen vor. Mit dem Auftrag, möglichst viele „solcher Karten" zu sammeln, ging es in die Sommerferien. Die SchülerInnen hatten also bereits jetzt die Möglichkeit, eigenverantwortlich nicht nur Karten sondern auch, nach dem Motto 'In welchen Bereichen gibt es eigentlich solche Karten?', Erfahrungen zu sammeln.
So mag es nicht verwunderlich erscheinen, daß im Herbst 1994 Karten unterschiedlichster Bestimmungen zum Erkunden vorlagen.
In einem nächsten Schritt bekamen die SchülerInnen Gelegenheit, sich selbst ihr Interessensgebiet auszusuchen. Bereits in dieser Phase war es höchst interessant zu beobachten, daß einerseits zwar die inhaltlichen Aspekte im Vordergrund standen, andererseits aber sehr genau beobachtet und auch diskutiert wurde, wer dann mit wem zu einer Zusammenarbeit bereit sein mußte. Da diese Gruppeneinteilung jeweils in zwei Parallelklassen vorgenommen wurde, war es fast unvermeidbar, daß dieselben Inhalte manchmal auch von einer Gruppe der einen und

der anderen Klasse ausgewählt wurden. Unabhängig voneinander arbeiteten nun die Gruppen Fragenkataloge aus, überlegten, welche Aktivitäten wann, wo, wie gesetzt werden mußten, u.s.w. Bevor nun die eigentliche Arbeit in den Betrieben und Institutionen gestartet wurde, wurden die beiden Klassenverbände aufgelöst. Wir setzten uns über stundenplantechnische Hemmnisse hinweg und lösten auch die starre 45-Minuten-Einteilung auf. SchülerInnen der einzelnen Interessensgruppen aus beiden Klassen kamen zusammen. Sie wurden einander zugeordnet. Dieser Schritt war sehr wohl beabsichtigt. Soziales Lernen im Sinne einer Berufsvorbereitung war der Grundgedanke. Das Voneinander-Lernen sollte genauso gefördert werden wie die Bereitschaft, einander anzuerkennen, auch sogenannte „schwache" SchülerInnen zu integrieren und sich gegenseitig zu helfen. Nicht ein konkurrenzförderndes Leistungsdenken sondern kooperatives Tun war angesagt! Diese Kooperation war einerseits in den Gruppen verlangt, andererseits aber auch innerhalb aller SchülerInnen. Jeder Schüler, jede Schülerin hatte die Möglichkeit, Fragen an die betreffenden Gruppen zu richten, die diese dann zu klären hatten.

4.2.3 Aktivitäten im Rahmen der Erkundungsphase

Ausgestattet mit einem Empfehlungsschreiben von der Schule wurden die SchülerInnen losgeschickt, um aus der Wirklichkeit zu lernen. Die offensichtliche Kluft zwischen schulischer Wissensvermittlung und Lebenspraxis begann sich zu schließen. Der Weg war frei, authentische Erfahrungen zu sammeln bzw. inhaltliche Kompetenzen zu erwerben.
Nur kurz seien die Aktivitäten in dieser Phase geschildert:
- Einige SchülerInnen beschäftigten sich mit Versicherungskarten, weil sie ganz einfach das Bedürfnis hatten, darüber Bescheid zu wissen.
- Telefonwertkarten wurden ebenfalls als Thema gewählt.
- Eine andere Gruppe hatte sich für Bankomatkarten entschieden, weil sie, wie sie schrieben, später einmal ja doch viel mit diesen Karten zu tun haben werden.
- Bei verschiedenen Banken wurden Informationen zum Thema „Kreditkarten" eingeholt.
- Einige Mädchen erkundigten sich vor Ort, was es mit Hotelzimmerkarten auf sich hat.
- Einen Schüler hatte ich, der sozusagen Dauergast im Krankenhaus war. Was lag also näher, als daß er Informationen einholte über Karten, die im Krankenhaus Verwendung finden.
- Karten, die in Betrieben verwendet werden - Arbeitskarten, wie die Schüler sie bezeichnen - wurden untersucht, weil der Bruder eines Schülers in diesem Betrieb tätig war.
- Kunden- und Firmenkarten wurden ebenfalls zum Gegenstand genommen.
- Klubkarten wurden in unser Projekt miteinbezogen.
- Schließlich wurde auch noch die Bedeutung von Parkscheinen ins Projekt integriert.
Nach einer ersten Reflexionsphase, in der im Plenum die bis dorthin gewonnenen Ergebnisse ausgetauscht wurden, erkannten die SchülerInnen sehr bald, daß weitere Erkundungsgänge notwendig sind. Mit zahlreichem, unterschiedlichstem Informationsmaterial, das es nun auszuwerten galt, kamen die SchülerInnen wieder. Die Wirklichkeit wurde in die Schule geholt. Die SchülerInnen haben erkannt, daß es außer der herkömmlichen Wissensvermittlung auch noch andere Wege gibt, sich Erkenntnisse anzueignen. Viele Fähigkeiten und Fertigkeiten, die sich die SchülerInnen im Laufe der Aktivitäten aneigneten, konnten sie auch umsetzen bzw. verwirklichen.

4.2.4 Die Auswertung der Ergebnisse

Auch in diesem Zusammenhang hatten die SchülerInnen die Möglichkeit, zukunfts- und realitätsrelevant zu arbeiten. Unter Verwendung eines sehr weit verbreiteten Textverarbeitungsprogrammes wurden Texte erstellt sowie Abbildungen und anderes Informationsmaterial eingescannt und so zu einer informativen Broschüre verarbeitet.

Die Ergebnisse unseres Schaffens wurden aber nicht nur in Form einer Broschüre festgehalten, sondern darüber hinaus auch noch mittels einer Computeranimation dokumentiert. Im Rahmen einer Ausstellung wurden dann Broschüre, Animation und Originale einem interessierten Publikum vorgestellt. Daß in diesem Zusammenhang auch finanztechnische Probleme zu lösen waren, sei hier nur am Rande erwähnt.

Auch dieser Teil der Aktivitäten war dadurch gekennzeichnet, daß die SchülerInnen durch ein handlungsorientiertes Lernen erkannten, wie man geeignete Problemlösestrategien entwickelt. In einem vorwiegend auf Vermittlung theoretischen Lernstoffs orientierten Unterricht wäre ihnen das sicher nicht in diesem Ausmaß möglich gewesen.

4.3 Die Vernetzung der Inhalte

Die Vernetzung von Inhalten ist eine Forderung, die immer wieder an innovativen Unterricht gestellt wird. Sie geschah hier auf zwei Ebenen. Einerseits wurde Fachwissen aus Bereichen der ITG, andererseits aber auch fachübergreifende Bereiche vernetzt.

4.3.1 Vernetzung des Fachwissens

Im Rahmen der vertiefenden informationstechnischen Bildung wurde einem Großteil der in den Lehrstoffangaben angeführten Bereichen in gegenseitiger Abhängigkeit Rechnung getragen.

- So wurden grundlegende Handhabungsfertigkeiten wie der Umgang mit der Hardware - z.B. das Bedienen der Tastatur und der Maus, das Arbeiten mit dem Drucker bzw. einem Flachbettscanner - oder das Verwenden einer bekannten Benutzeroberfläche bis hin zum Gebrauch von weit verbreiteter Standardsoftware gelernt bzw. vertieft.
- Die Vorteile einer Textverarbeitung gegenüber früheren Techniken beim Umgang mit Texten wurde augenscheinlich wie nicht bald einmal. Zahlreiche inhaltlich und formal notwendig gewordene Veränderungen von Text konnten binnen kurzer Zeit bewältigt werden.
- Im Bereich Graphik und Konstruktion konnten die SchülerInnen durch das Erstellen einer Computeranimation ihre diesbezüglichen Fähigkeiten und Fertigkeiten unter Beweis stellen.
- Sehr viel erfuhren die SchülerInnen über die Einsatzmöglichkeiten von Informations- und Kommunikationstechniken im persönlichen Bereich sowie in der Arbeits- und Berufswelt.
- Der Bereich 'Auswirkungen neuer Technologien in wirtschaftlicher, kultureller, persönlicher und sozialer Hinsicht' wurde angesprochen durch Erfahrungen in den Bereichen 'Automation', 'Humanisierung der Arbeitswelt', 'Kontrollmechanismen', u.s.w.

4.3.2 Die Vernetzung fachübergreifender Bereiche

Nicht nur fachspezifische sondern auch fachübergreifende Inhalte wurden miteinander vernetzt. So wurde die vertiefende ITG u.a. vernetzt mit Inhalten aus den Bereichen

- GW: „Geld abheben im In- und Ausland", „Wo werden Karten produziert?", ...
- GS: „Seit wann sind die Karten in Verwendung?", „Weiterentwicklung?", ...
- BU: „Woraus bestehen Karten?" „Ist das Material wiederverwertbar?", ...
- PC: „Warum geht die Schranke auf, wenn man die Karte entnimmt?", ...
- BE: „Wer entwirft die Motive auf den Karten?", ...
- M: „Was kostet eine Karte?", „Welche Gebühren fallen an?", ...
- D: „Wie schreibt man ...?", „Welche Synonyme gibt es für das Wort ...?", ...

5 Fazit

Horst Rode schreibt in seinem Artikel 'Lernformen' (*Computer und Unterricht, Heft 15/94: Lernformen mit dem Computer*) unter der Überschrift 'Zukunftsformen des Lernens': „Schule muß sich wandeln und auf die veränderten Rahmenbedingungen einstellen. Wie das geschehen könnte, ist Gegenstand pädagogischer Diskussion."

Ich wollte mit meinem Artikel einen Beitrag zu dieser Diskussion leisten. Einen Beitrag, aus dem erkennbar wird, daß die von Holtappels im Vordergrund stehenden, zukunftsorientierten Lernformen - soziales-, projekt- und handlungsorientiertes Lernen - zwar in vielen Bereichen noch als Forderung angesehen werden kann, aber sicher nicht im Bereich der ITG, sofern man bereit ist, scheinbare innere und äußere Schranken zu überwinden.

Das innovative Element des vorgestellten Konzepts liegt u.a. auch darin, daß nicht nur eine Vielzahl von inhaltlichen Bereichen vernetzt - und daher auch praxisorientiert - bearbeitet, sondern auch geforderte zukunftsorientierte Lernformen in dem geschilderten Projekt praktiziert werden konnten. Im besonderen waren dies:

- Entdeckendes Lernen: Die SchülerInnen hatten Gelegenheit, aufbauend auf ihrem Basiswissen, neue, auf die Lebenswirklichkeit hin orientierte, Erfahrungen zu sammeln, Erkenntnisse zu gewinnen. Angefangen von der Erfahrung, daß es oft zwar mühsam, aber dennoch sehr lehrreich sein kann, gewünschte Informationen sich anzueignen, über zahlreiche fachspezifische Erfahrungen bis hin zur Selbstwert steigernden Erkenntnis, daß SchülerInnen auch in der Lage sind, sich selbst notwendiges Wissen anzueignen
- Handlungsorientiertes Lernen: Die SchülerInnen waren 'gezwungen', Handlungen zu setzen, selbst aktiv zu werden, zu zeigen, daß sie in der Lage sind, anfallende Probleme durch zweckorientierte Handlungen zu lösen. Sie waren über weite Strecken dem Einflußbereich des Lehrers entrückt und in das Umfeld der außerschulischen Wirklichkeit eingetaucht, indem sie mit außerschulischen Personen und Institutionen in Kontakt treten mußten, Termine vereinbarten, Gespräche mit ihnen führten u.v.a.
- Ganzheitliches Lernen: Auch wenn das Projekt den Titel 'Karten als Träger codierter Informationen' trug und daher die SchülerInnen in erster Linie erkennen sollten, wie rasch sich die Kulturlandschaft durch das Vordringen der Informations- und Kommunikationstechnik ändert, so war es doch möglich, den SchülerInnen viele darüber hinausreichende Aspekte des täglichen Lebens, sei es in wirtschaftlicher, kultureller, persönlichen oder so-

zialen Hinsicht, nahe zu bringen. Nicht das isolierte Fachwissen, sondern eine fachübergreifende, vernetzte, ganzheitliche Bildung stand im Vordergrund.

- Soziales Lernen: In erster Linie lernen die SchülerInnen, Rücksicht zu nehmen, eigene Wünsche und Forderungen zugunsten anderer hintanzustellen, die Meinung anderer - vielleicht auch widerwillig - zu akzeptieren. Probleme, die im Sozialbereich auftreten, müssen hier gelöst werden, damit ein Weiterarbeiten möglich wird.
- Offenes Lernen: Die Beteiligten hatten die Möglichkeit, selbst zu entscheiden, was sie wie und wann in Erfahrung bringen wollten. Sie haben aktiv auf die Gestaltung von Unterricht Einfluß genommen und waren daher auch zu fast jeder Zeit motiviert, die sich selbst gesteckten, individuell angepaßten Ziele zu erreichen.

Ich darf zusammenfassend bemerken, daß innovatives Arbeiten durchaus nicht eine Forderung bleiben muß. Es wird jedoch letztens vom Engagement der einzelnen Lehrperson abhängen, inwieweit sie bereit ist, sich gegen - oft nur scheinbare - bürokratische Hindernisse zu stellen, eine eventuell vorhandene, eigene 'Müdigkeit' zu überwinden und so den SchülerInnen den Zugang zum Lernen an der Realität des Lebens zu ermöglichen.

Literatur

- Benedikt, Erich, u.a. (Hrsg.): Lehrplan der Hauptschule. Österreichischer Bundesverlag, Wien, 1985, S. 16
- Brand, Herbert; Ruhm, Brigitte und Tomaselli, Gerda: Computerunterstützter Unterricht an einigen Schulen im grenznahen Ausland, Eigenverlag, Feldkirch, 1993
- Einhorn, Peter, u.a.: Unverbindliche Übung: Einführung in die Informatik. Aus der Reihe: Informationstechnische Grundbildung in der Allgemeinbildenden Pflichtschule, Materialien zur Lehrerfortbildung, Nr. 22, III. Jahrgang, Wien, 1991, S. 100
- Holtappels, Heinz Günter: Ganztagsschule und Schulöffnung, Perspektiven für die Schulentwicklung. Weinheim und München: Juventa, 1994
- Lehner, Karl, u.a.: EDV/Informatik im Österreichischen Bildungswesen. Bundesministerium für Unterricht und Kunst, Abt. III/15, Wien, 1991, S. 5
- Puschmann, Wilhelm: Erwartungen an den EDV-Unterricht. Unveröffentlichte Dokumentation, Wien, Dezember 1991
- Rode, Horst: Lernformen - Anforderungen an Bildung und ihre Inhalte. In: Computer und Unterricht: Lernformen mit dem Computer, 15/1994, Erhard Friedrich Verlag, Seelze, 1994
- Steinringer, Johann: Tips vor Projektbeginn. ibw-Institut für Bildungsforschung der Wirtschaft, Wien, 1991

Einsatz eines integrierten elektronischen Multimediadokumentes in der informationstechnischen Grundausbildung

W. A. Halang   B. J. Krämer   J. Schormann
FernUniversität
Fachbereich Elektrotechnik
58084 Hagen

1 Einführung

Die FernUniversität ist eine Gesamthochschule des Landes Nordrhein-Westfalen. Z. Z. sind rund 55.000 Personen als Voll- oder Teilzeitstudenten sowie als Zweit- oder Gasthörer eingeschrieben, wobei der letztgenannte Status besonders gerne dann gewählt wird, wenn allein Interesse an Weiterbildung besteht. Das Studium erfolgt im wesentlichen selbständig zu Hause an Hand zugesandten Lehrmaterials und wird durch Präsenzveranstaltungen ergänzt, die in den Studienzentren der FernUniversität stattfinden. Von den insgesamt 65 Studienzentren sind 29 in Nordrhein-Westfalen und weitere 31 in den übrigen Bundesländern angesiedelt; 3 Studienzentren befinden sich in Österreich und je eines in Ungarn und der Schweiz. Die Eröffnung weiterer Fernstudienzentren ist geplant, insbesondere in Osteuropa. Als Studienabschlüsse können das Diplom I und II erworben werden. Darüberhinaus bestehen Möglichkeiten zur Promotion und Habilitation.

In den beiden technischen Studienrichtungen Informatik und Elektrotechnik sind zur Zeit etwa 8000 bzw. 3000 Studenten immatrikuliert. Fachhochschulabsolventen der Elektrotechnik können einen Ergänzungsstudiengang, der zu einem Universitätsabschluß mit Promotionsberechtigung führt, belegen.

Zur Zeit werden die Inhalte und Prüfungsbestimmungen sowohl des regulären als auch des Ergänzungsstudienganges der Elektrotechnik grundlegend überarbeitet. Dabei werden besonders die gestiegenen Ansprüche an das informationstechnische Wissen von Elektroingenieuren und der anwendungsorientierte Bedarf der Industrie berücksichtigt. Letztere legt weniger wert auf die häufig in der Informatik behandelten theoretisch-mathematischen Aspekte, sondern mehr auf die für die tatsächliche Ingenieursarbeit relevanten Themen.

2 Entwicklungs- und Kursziele

Auf Grund dieser Bedürfnisse wurde ein integrierter Zyklus vier aufeinanderfolgender einsemestriger Kurse definiert, der die Grundlagen der Informationstechnik mit starken Bezügen zur technischen Anwendung abdeckt (vgl. Anh. 1). Die Kurse sind Bestandteile der erwähnten, von der FernUniversität angebotenen Studiengänge. Durch die Kombination kurzer Anwesenheitsphasen (z.B. Wochenendseminare) mit damit verschränkten, medienbasierenden Selbststudienblöcken sind sie auch zur Weiterbildung gut geeignet.

Bei der Entwicklung dieses Kurspaketes müssen alle Kurselemente — akustische und schriftliche Informationen, Diagramme und Abbildungen, Animationen und Filmsequenzen sowie Laborphasen — auf einem Speichermedium integriert werden, um die Möglichkeiten zeitgemäßer Lehr- und Lerntechnologie voll auszuschöpfen und die Praxis des Lehrens und Lernens weit in ein neues, teilweise noch unbekanntes Feld hineinführen zu können. Die Phasen der Übermittlung faktischen Wissens und Laborübungen in einer technischen Disziplin müssen sich durch die Integration im Medium Rechner überlappen und sich durch interaktive Beschäftigung mit dem Lehrmaterial maximal ausschöpfen lassen. Dieser innovationsträchtige Ansatz ist nicht ohne Risiken und verlangt daher eine sorgfältige Begleitung mit den Mitteln der empirirschen Erziehungswissenschaft.

Der Nachteil des vor einigen Jahrzehnten eingeführten Medienverbundes lag darin, daß seine Bestandteile nur auf je besonderen Speichern (Studienbriefe, Tonkassetten, Filme, Videobänder, Bildplatten, Disketten) mit — ausgenommen der Studienbrief — je besonderen Wiedergabegeräten zugänglich gemacht werden konnten. Daher war es in der Praxis schwierig, die vollständige Informationsmenge zur Verfügung zu haben, wobei ihre Handhabbarkeit besonders mühselig war. So war es ratsam, die Überlappung der auf verschiedenen Medien angebotenen Informationen eher zu begrenzen. Die älteren Multimediakonzepte versuchten, diesem Mangel dadurch ein wenig Abhilfe zu schaffen, daß die Verknüpfung der nach wie vor getrennten Medien "programmiert" und immerhin eine integrierte Steuerung realisiert wurde.

Unser Ansatz geht einen entscheidenden Schritt weiter: die bisher auf verschiedenen Medien (Schrift, Ton, Bild, Film usw.) getrennt vorgehaltenen Informationen werden in einem einzigen, qualitativ wie quantitativ leistungsfähigen Speichermedium integriert. Die vollständige Zugänglichkeit aller Informationen wird ständig gewährleistet. In Kombination mit Hypermediatechniken ist hohe Flexibilität für das Auffinden verschiedener Informationen gegeben. Weiterhin bieten Multimedien großes Potential im Technologietransfer, da eine Information immer in der geeignetsten Form übermittelt werden kann.

Es ist sicher nicht sinnvoll, umfangreiche schriftliche Informationen zur Rezipierung über einen Bildschirm vorzusehen. Daher hat die FernUniversität bei der Entwicklung von Lehrprogrammen auf die Vermittlung größerer Textmengen in der Regel verzichtet — sei es, daß der für ein Programm ausgewählte Lehrstoff nur wenig Textinformationen verlangte; sei es, daß das Programm einen gedruckten Kurs begleitete und ergänzte; sei es, daß dem Programm ein Begleitheft mit schriftlichen Informationen beigegeben wurde. Die Lehr-Software konzentrierte sich statt dessen im wesentlichen auf Funktionen, die ein gedruckter Kurs nicht oder nur unzulänglich erfüllen kann: zum Beispiel die Darstellung und Behandlung von Prozessen aller Art oder die Förderung einer aktiven Auseinandersetzung der Studierenden mit dem Lehrstoff. Nachdem nun aber die Integration akustischer Informationen, also auch gesprochener Texte, in Lehrprogramme technisch möglich ist, kann ein Lehrprogramm einen gedruckten Kurs nicht nur begleiten und ergänzen, sondern im Prinzip auch ersetzen. Der "elektronische Kurs" wird somit als integriertes Multimediaprogramm möglich.

Lehrmedien, insofern sie als selbstinstruierende Materialien konzipiert sind — das ist der Fall bei allen Fernstudienmaterialien — können prinzipiell in drei Formen der Lehr- und Studienorganisation Verwendung finden: als Fernstudienmaterialien im Lehr- und Studienbetrieb einer Fernhochschule; als Fernstudienmaterial in einer Fernstudienphase, organisiert von einer Präsenzhochschule oder von einer Fernhochschule in Kooperation mit einer Präsenzhochschule; als Selbststudienmaterial in Präsenzhochschulen zur Ergänzung und Vertiefung einer Lehrveranstaltung oder auch als Ersatz einer Veranstaltung. Das Multimedialehrprogramm "Informationstechnik" ist so konzipiert, daß es auf allen drei Feldern eine Verwendung (ganz oder in definierten Teilen) finden kann.

3 Didaktische Charakteristika

Das auffälligste Kennzeichen des Projektes ist die Überwindung des Medienverbundes durch Integration und der vollständige Verzicht auf das gedruckte Medium. Dieser entschiedene Ansatz enthält, wenn er gelingt, ein beträchtliches *Innovationspotential.* Er verlangt eine zielstrebige *Weiterentwicklung didaktisch-methodischer Konzepte des Fernstudiums* und allgemein des Lehrens und Lernens mit Medien. Die Kernfrage des Projektes lautet demnach: mit welchem didaktisch-methodischen Konzept und welcher praktischen Realisierung kann ein moderner elektronischer Kurs entwickelt werden, der ohne das gedruckte Medium auskommt und verschiedene, bisher auf getrennten Medien gespeicherte Informationselemente — wie Schrift, Ton, Bild und Film — auf einem einzigen Speichermedium vereint?

Das didaktisch-methodische Konzept muß insbesondere Vorschläge dazu enthalten, wie die verschiedenen Elemente, namentlich Ton und Schrift, zur Präsentation verschiedener Inhalte — wie Lehrstoff, Übungen und Aufgaben — optimal aufeinander abgestimmt werden können. Die Realisierung des Konzeptes muß schrittweise erfolgen und Schritt für Schritt überprüft werden (formative Evaluation). Am Ende des Projektes muß die *Frage nach der optimalen Abstimmung* in der Tendenz beantwortbar sein.

Die elektronischen Kurse werden so formuliert, daß sie nicht nur zum Fernstudium, sondern auch als Selbstlernmaterialien verwendet werden können. Dazu wird das Material in Bausteine strukturiert. Im Laufe dieses Projektes wird sich herausstellen, ob dieses Ziel erreicht werden kann.

Bei der Verfolgung der oben genannten Ziele wird die Frage betrachtet, wie das Lehren eines recht technischen Faches mit entsprechenden Laborphasen mit der Integration im Medium Computer verschränkt werden kann. Wie soll den Studenten die Funktion eines physikalischen Gerätes erklärt und nahegebracht werden, wenn es keine Laborübungen gibt? Wie jetzt in der Wissenschaft üblich, wird nicht mit der realen Welt gearbeitet, sondern es werden Baugruppen, bis hin zu Rechnerkernen, simuliert. Die Akzeptanz und der Wirkungsbereich dieser virtuellen Welt müssen im jeweiligen Themengebiet der Informationstechnik untersucht werden. Digitale Grundschaltungen und elektronische Schaltwerke werden dabei z.B. im Schema graphisch dargestellt, wobei die Eingangswerte vom Studenten gesetzt werden können. Simulationsprogramme sorgen dann dafür, daß an den Ausgängen dieselben Werte erscheinen wie bei einer realen Schaltung.

Ein Kernstück der Kurse ist ein Simulationsprogramm für einen einfachen programmierbaren Digitalrechner (vgl. Anhang 2). Dieser hypothetische Rechner stimmt mit keinem wirklich existierenden Computer überein. Er ist einerseits so leistungsfähig, daß er die wichtigsten im Kurs behandelten Eigenschaften eines Digitalrechners besitzt. Auf der anderen Seite ist er so einfach, daß er auf alle weiteren Besonderheiten verzichtet, die bei der Demonstration der grundlegenden Eigenschaften eines Computers eher verwirren könnten. Trotzdem weist er aber auch einige Charakteristika wie Orientierung an der RISC-Philosophie und am Stapelspeicherkonzept auf, die zu fortgeschrittenen Rechnerarchitekturen hinführen. Dieser Rechner zeigt auf seiner graphischen Oberfläche die Inhalte seines Speichers und der wichtigsten Register an und ist mit Hilfe eines Vorrats von 17 Befehlen programmierbar. Der Ablauf eines Programms kann je nach Wahl schrittweise oder im schnellen Durchlauf durchgeführt werden.

Mit solchen Schaltungs- und Rechnersimulationen können zunächst einmal die Funktionsweisen von Systemen an Beispielen demonstriert werden, insbesondere die grundlegende

Arbeitsweise eines Digitalrechners und seiner Programmierung. Darüber hinaus wird den Studenten Gelegenheit gegeben, sich selbst anhand vorgegebener Aufgaben aktiv mit den im Kurs behandelten Problemen zu beschäftigen und praktische Erfahrung im Umgang mit den Systemen zu entwickeln. Schließlich stehen die simulierten Geräte zum freien Experimentieren zur Verfügung, bei dem möglicherweise neue Fragen auftauchen und eigene Antworten gesucht werden können.

Im Projekt wird untersucht, ob im Fach Informationstechnik der Bedarf an praktischer Erfahrung auf diesem Wege vollständig gedeckt werden kann, inwieweit dieses Angebot akzeptiert und wie es eingeschätzt wird.

Eine andere Frage, die sich bei der vollständigen Integration und dem Verzicht auf schriftliche Medien stellt, ergibt sich aus der allgemein vertretenen Einschätzung, daß es ist nicht sinnvoll sei, umfangreiche schriftliche Informationen zum Lesen über einen Bildschirm anzubieten. Zwar nehmen bei der Vermittlung technischer Inhalte längere sprachliche Passagen i.d.R. keinen zentralen Platz ein, sie haben aber etwa im Bereich der Informationstechnik z.B. bei Einführungen in ein Thema, bei Motivationen für ein Problem oder auch bei Zusatzbemerkungen über Praxisbezug oder Ähnliches ihren Stellenwert. Nachdem nun aber die Integration akustischer Informationen technisch realisierbar ist, ist es möglich — und im Sinne einer Entlastung des visuellen Kanals sogar wünschenswert — solche Informationen als gesprochene Texte anzubieten. Ein typisches Beispiel für diese Informationsart bildet im Programm "Informationstechnik" ein historischer Rückblick auf die Entwicklung der Rechenmaschinen. Hier wird im Stil einer Ton-Dia-Schau zu einigen Bildern von Erfindern und ihren historischen Maschinen eine ausführliche gesprochene Schilderung der Entwicklung gegeben.

Das Konzept der integrierten Information ist in wesentlichen Teilen den herkömmlichen Darstellungen in Studienbriefen, Vorlesungen oder Filmen überlegen. Da man nicht mehr auf die jeweils engen Darstellungsmöglichkeiten eingeschränkt ist, ist es jetzt möglich, jeden Inhalt in einer optimalen Form zu präsentieren. Als Beispiele, denen im Bereich der Informationstechnik besondere Bedeutung zukommt, seien die aus Lehrfilmen bekannten Bild-Ton-Sequenzen genannt, also Abfolgen von Graphiken, Formeln usw., die von Tonkommentaren begleitet werden. Damit können auf optimale Weise schrittweise Entwicklungen und Abläufe, wie etwa der Aufbau einer komplexen Graphik, die Herleitung einer mathematischen Formel oder — speziell in der Informationstechnik — die Demonstration der Funktionsweise von Algorithmen (vgl. Abb. 1) oder Schaltungen (vgl. Abb. 2), durch Bildsequenzen graphisch dargestellt und — im Unterschied zu schriftlichem Material — gleichzeitig erläutert werden. Dabei kann — im Unterschied zum Lehrfilm — die Ablaufgeschwindigkeit vom Benutzer selbst bestimmt werden.

Von noch wesentlich größerer Bedeutung als bei der Präsentation des Stoffes sind die Aspekte neuer Darbietungs- und individueller Nutzungsmöglichkeiten im Bereich des Einsatzes von Rechnerprogrammen. Anhand simulierter Schaltungen und Geräte ist jetzt — herkömmlich nur im Rahmen einer gesonderten Praktikumsveranstaltung — der Erwerb praktischer Erfahrung möglich. Dabei können Lehrstoffvermittlung und praktische Übungen in einer vom Studenten selbst gewählten Weise miteinander verzahnt werden.

Völlig neuartig ist auch der Ansatz, den Studierenden eine interaktive Umgebung von Software-Werkzeugen zur Verfügung zu stellen. Diese Umgebung bietet die Möglichkeit, das Verständnis der erlernten Begriffe, Schreibweisen und Prinzipien der Informationstechnik mittels Versuch und Irrtum zu vertiefen. So kann zum Beispiel die Arbeitsweise von Schaltnetzen, Schaltwerken, endlichen Automaten, Algorithmen oder ganzer Rechnerarchitekturen durch Animation, Interaktion, Farbe und Tonuntermalung veranschaulicht werden. Ein weiteres Merkmal der Software-Umgebung besteht darin, daß die Funktionalität der Werkzeuge dem Lernfortschritt der Benutzer entsprechend angepaßt und erweitert werden kann.

Zu den Vorteilen des Konzeptes der integrierten Information, die im Bereich der Darstellung und Bedienung einzelner Informationselemente liegen, kommt ein weiterer entscheidender Vorteil hinzu, der in der Gesamtstruktur des Lehrprogramms begründet ist: ein rechnergestütztes Lehrprogramm ist in der Lage, die linear angeordnete und sequentiell zu durchlaufende Darstellung, wie sie in Büchern oder Studienbriefen, Vorlesungen oder Filmen gegeben ist, zu überwinden. Mit einer geeigneten Struktur können zum einen dem einzelnen Studenten wesentlich größere Möglichkeiten gegeben werden, den Stoff in einer Weise durchzuarbeiten, die seinen individuellen Vorkenntnissen und Lernerfahrungen entspricht, zum anderen kann ein großer, auch recht heterogener Adressatenkreis angesprochen werden.

Die Studenten, an die sich das Lehrprogramm "Informationstechnik" wendet, besitzen die unterschiedlichsten Vorkenntnisse und Lernerfahrungen. Das gilt sowohl für die Studenten der FernUniversität, unter denen sich Personen mit durchschnittlichen Schulkenntnissen, Praktiker mit den verschiedensten Fähigkeiten und auch Hochschulabsolventen verwandter Fachrichtungen befinden, aber erst recht, wenn man sich an einen weiteren Kreis von Studenten, etwa an anderen Hochschulen oder im Bereich der Weiterbildung, wendet.

Die Anforderung an Lehrmaterial, für einen solch breiten Adressatenkreis geeignet und gleichzeitig für den einzelnen effektiv handhabbar zu sein, ist nur sehr schwer von linear dargestelltem Lehrstoff (Buch, Vorlesung, Videofilm) zu erfüllen: ein übersichtlich und straff dargestellter Stoff ist nur von einem Kreis Lernender mit bestimmten Vorkenntnissen und Lernfähigkeiten optimal erfaßbar, ein Stoff, der mit vielen Lernhilfen versehen ist, ist dagegen für den Einzelnen unübersichtlich und nur schwerfällig handhabbar.

Ein Rechnerprogramm bietet nun die Chance, zum einen eine Fülle von Lernhilfen bereitzustellen, zum anderen dieses Angebot so zu strukturieren, daß der einzelne Lernende in effektiver Weise daraus eine Auswahl treffen kann, die seinem individuellen Bedarf entspricht. Unser Ansatz ist dabei, eine strikte Trennung zwischen den zu vermittelnden Inhalten — also den Definitionen, Lehrsätzen, Methoden, Algorithmen oder Beschreibungen von Geräten oder Schaltwerken — die für jeden obligatorisch sind, und den didaktischen Elementen — Einführungen in ein Thema, Motivationen, Erläuterungen, Beispiele, Demonstrationen, Übungsaufgaben, Lehrziellisten, Bereitstellung von Vorkenntnissen aus der Mathematik und der Elektrotechnik — die nur optional angeboten werden, vorzunehmen.

Im Programm "Informationstechnik" sieht das so aus, daß die zu vermittelnden Inhalte in kleine Abschnitte zerlegt werden, die in linearer Form angeordnet angeboten werden. Dabei wird jedem dieser inhaltlichen Abschnitte ein Bündel didaktischer Elemente zugeordnet, die über ein Auswahlmenue je nach Bedarf angewählt werden können. So wird etwa ein Wiederholer des Kurses vor einer Prüfung i.w. die inhaltlichen Elemente durchgehen und nur selten Zusatzinformationen in Anspruch nehmen, während ein Einsteiger in dieses Fachgebiet möglicherweise auf die meisten Hilfen zurückgreift. Auf diese Weise entsteht ein Angebot, das einerseits den vielfältigen Bedürfnissen an Lernunterstützung gerecht wird, und das andererseits einfach und übersichtlich zu handhaben ist und das — insbesondere mit Hilfe der bei jedem Abschnitt angebotenen Lehrziellisten und Selbsttestaufgaben — ein effektives und zielorientiertes Erarbeiten des Stoffes ermöglicht.

4 Kursentwicklung

Die Projektarbeiten bestehen aus Entwicklungsaktivitäten, direkt gefolgt von Erprobungsaktivitäten. Erstere können in Lehraktivitäten (Auswahl und Begrenzung des Stoffes,
Definition von Voraussetzungen und Leistungen, Standards der Bewertung u.a.m.) und
Präsentationsaktivitäten (Didaktik des Mediums, Lehrmedienentwurf, Lehr- und Lerntechnologie u.a.m.) unterteilt werden. Bei den Erprobungsaktivitäten wird zwischen (weiteren) Lehraktivitäten (Organisation der Lehr-/Lernsituation, Auswahl der zu erproben-
den Teile, Bewertung der Evaluationsergebnisse u.a.m.) und Untersuchungsaktivitäten
(Formulierung von Hypothesen und Fragen, Auswahl der Erprobungsinstrumente, Auswertung der Erprobungsergebnisse u.a.m.) unterschieden. Schätzungsweise werden für die
gesamte Entwicklung des Kurspaketes etwa 150 "Personenmonate" benötigt werden. Die
Arbeiten wurden 1994 begonnen. Wir hoffen, den ersten Kurs des Paketes im Wintersemester 1997/98 zum ersten Male einsetzen zu können.

5 Kursevaluation

Die empirische Erziehungswissenschaft unterscheidet eine formative und eine summative
Evaluation. Während in der summativen Evaluation der fertige Kurs, also das entwickelte
Produkt, untersucht wird, richtet sich die formative Evaluation auf den *Prozeß* der Ent-
wicklung. Die formative Evaluation wird man immer dann wählen, wenn ein *neuer Typus*
eines Lehr- und Lernmediums entwickelt werden soll. Das ist im vorgestellten Projekt der
Fall. Es sind daher während der Entwicklungsphase Erprobungsabschnitte als formative
Evaluation vorgesehen, ehe das gesamte Kurspaket "Informationstechnik" fertiggestellt
sein wird.

Die formative Evaluation wird sich stark auf Aufbau, Inhalte und Methodik der Kurse konzentrieren. Die wichtigsten Fragen zielen dabei auf Übersichtlichkeit und Folgerichtigkeit
der Kursstruktur, ein optimales Verhältnis informierender, aktivierender und prüfender
Inhalte, eine optimale Abstimmung von Ton, Schrift, Bild, Film und Simulation aufeinander sowie auf Bedienungsfreundlichkeit und Zuverlässigkeit des Lehrprogrammes ab.
Selbstverständlich dient die formative Evaluation auch dazu, Fehler aufzuspüren und zu
beseitigen.

Es sind im Zeitplan drei Phasen formativer Evaluation vorgesehen, wobei die erste Phase
auch noch der verbesserten Formulierung von Hypothesen und Fragen dient, während
die zweite und dritte Phase ganz auf den Erkenntniszugewinn abzielen. Die erste Phase wird anhand der Piloteinheit mit wenigen studentischen Teilnehmern an der FernU-
niversität durchgeführt. Den Zielsetzungen, dem Ort und der geringen Teilnehmerzahl
entsprechend versucht man in dieser Phase der Evaluation, durch Beobachtungen und
(Gruppen-) Diskussionen zu ersten Ergebnissen zu kommen. Erst in den mit deutlichem
zeitlichen Abstand folgenden zweiten und dritten Phasen der Erprobung erscheint es sinnvoll, Interviews oder Fragebögen zu verwenden. Der Ort der Evaluation wird sich teilweise
zu den Studenten nach Hause hin verlagern, um die Bedingungen des Fernstudiums zu
erproben. Es ist vorgesehen, bis zu 50 Teilnehmer in diese Tests miteinzubeziehen. Sie
werden nach einem strukturierten Programm befragt werden.

Anhang 1: Kursinhalte

1. Semester:

Einleitung: Einführung in das Gebiet, historische Entwicklung der Informationstechnik, Uberblick über die Struktur von Digitalrechnern.

Grundlagen: Digitale Informationsdarstellung, Codierung von Ziffern und Zeichen, polyadische Zahlensysteme, Rechnerdarstellung ganzer und reeller Zahlen, Struktur eines einfachen Digitalrechners, Programmierung des einfachen Digitalrechners.

Logische Schaltungen: Boole'sche Algebra, logische Kombinationsschaltungen, Schaltwerke mit Speichergliedern, digitale Grundschaltungen, endliche Automaten.

2. Semester:

Prozessoren: Aufgaben und Funktionen des Steuerwerks, Aufbau des Steuerwerks, Befehle und Adressierung, Mikroprogrammierung und Befehlsimplementation, Programmunterbrechung, Aufgaben und Funktionen des Rechenwerks, binäre Addierwerke, binäre Multiplikation, binäre Division, binäre Gleitkommaarithmetik, Fehlererkennung und -sicherung.

Speicher: Aufgaben und Funktionen von Speichern, Speicher mit wahlfreiem Zugriff, Speicher mit zyklischem Zugriff, Speicher mit sequentiellem Zugriff, Organisation und Struktur von Speicherhierarchien.

Ein- und Ausgabe: Übersicht über E/A-Geräte, parallele und serielle Kommunikation mit E/A-Geräten, Unterbrechungseinheiten und Zeitgeber, direkter Speicherzugriff und E/A-Steuereinheiten, Tastaturen, Datensichtgeräte und Drucker, Analog/Digital- und Digital/Analog-Wandler.

Ausblick auf weitere Rechnerarchitekturen: Das RISC-Prinzip, Transputer, Rechnerverbunde, Parallelrechner, unkonventionelle Rechnerarchitekturen.

3. Semester:

Einführung: Software in technischen Systemen, Entwurf und Validierung Software-intensiver Systeme, Qualitätsmerkmale von Software.

Information und ihre Darstellung: Information als statistische Größe (Shannon's Theorie), Information als Bedeutungsgehalt von Nachrichten, Darstellungsformen und Interpretationen, Umformung von Informationsdarstellungen.

Mathematische Grundlagen: Zeichen, Zeichenketten, formale Sprachen, Aussagenlogik, Prädikatenlogik, Mengen, Relationen, Funktionen.

Datenstrukturen: Felder und Abbildungen, Folgen, Graphen und Bäume, Organisation und Speicherung von Datenstrukturen im Rechner.

Algorithmen: Grundlegende Begriffe, Entwurf und Darstellung von Algorithmen, Korrektheit, Komplexität.

Syntax und Semantik: Grammatiken, BNF, Syntaxdiagramme, Kontextbedingungen (statische Semantik), Semantikmodelle, Sprachübersetzung.

4. Semester:

Grundlegende Begriffe der Programmierung: Funktionen, Fallunterscheidung, nichtdeterministische Auswahl.

Zustandsorientierte Programmierung: Zum Begriff "Zustand", Vor- und Nachbedingungen, Programmvariable, Iteration, Prozeduren.

Nebenläufigkeit, Parallelität und Verteiltheit: Steuerung technischer Prozesse, Datenparallelität, Kontrollparallelität, faire Kooperation von Prozessen, Verklemmungen, Nebenläufigkeit und Synchronisation.

Strukturierung von Programmen: Modularität, schrittweise Verfeinerung, Komposition von Moduln und Prozessen, streng und lose gekoppelte Kommunikation.

Organisation des Rechnerbetriebs: Benutzer, Befugnisse und Zugriffsrechte, Schichten von Systemobjekten, Speicherorganisation, Prozeßverwaltung.

Anhang 2: Simulation eines Rechners

Der Simulator erlaubt dem Benutzer, Assembler-Programme mittels eines Editors einzugeben, umzuwandeln und diese sowie Daten in den Speicher zu laden. Für den Zugriff auf Anweisungen und Daten werden einfache symbolische Adressen verwendet. Programme können schrittweise, animiert oder unbedingt ausgeführt werden. Weiterhin können Programme und Daten zu Demonstrationszwecken fest vorgegeben werden. Bei der Ausführung sieht der Benutzer auf seinem Bildschirm jeweils den Rechnerkern mit seinen Registern und einen angewählten Ausschnitt des Speichers.

Die wesentlichen Merkmale der Rechnerarchitektur sind ein Hauptspeicher mit 64K Worten zu 16 Bits, der Akkumulator A, auf dem zusammen mit dem darunterliegenden A' arithmetisch-logische Operation ausgeführt werden, das Indexregister I und das Basisgister B, der selbstinkrementierende Programmzähler P, memory-mapped Ein/Ausgabe sowie unmittelbare, direkte (der Speicherzellen 0 ... 8191) und indizierte Adressierung. Das Programmstatuswort, das Befehlshalte- und das Speicheradreßregister sind dem Programmierer nicht zugänglich. Es ist folgender Befehlssatz vorgesehen:

```
LOAD value (lade A, unmittelbar, A → A')
LOAD [addr] (lade A, direkt, A → A')
LOAD [B+I+addr] (lade A, indiziert, A → A')
LOAD I, value (Lade I, unmittelbar)
LOAD B (Lade B mit dem Inhalt von A)
STORE [addr] (speichere A, direkt)
STORE [B+I+addr] (speichere A, indiziert)

JUMP ofs (relative Verzweigung, unbedingt)
JUMP Z, ofs (relative Verzweigung, falls =0)
JUMP N, ofs (relative Verzweigung, falls negativ)
JUMP C, ofs (relative Verzweigung, falls Überlauf)
JUMP (Sprung, Adresse steht in A)
CALL (Unterprogrammsprung, Adresse steht in A,
        nach Ausführung enthält A die Rücksprungadresse)

INCA value (A := A + value)
INCI value (I := I + value)
ADD (A := A + A')
SUB (A := A − A')
AND (A := A and A')
OR (A := A or A')
XOR (A := A xor A')
NEG (A := Â)
XCHG (vertausche A und I)
SHIFT (schiebe A:
        A oder LOG: arithmetisch oder logisch,
        C oder NC: mit oder ohne Übertrag,
        L oder R: links oder rechts,
        number: Anzahl Bitpositionen.)

HALT
```

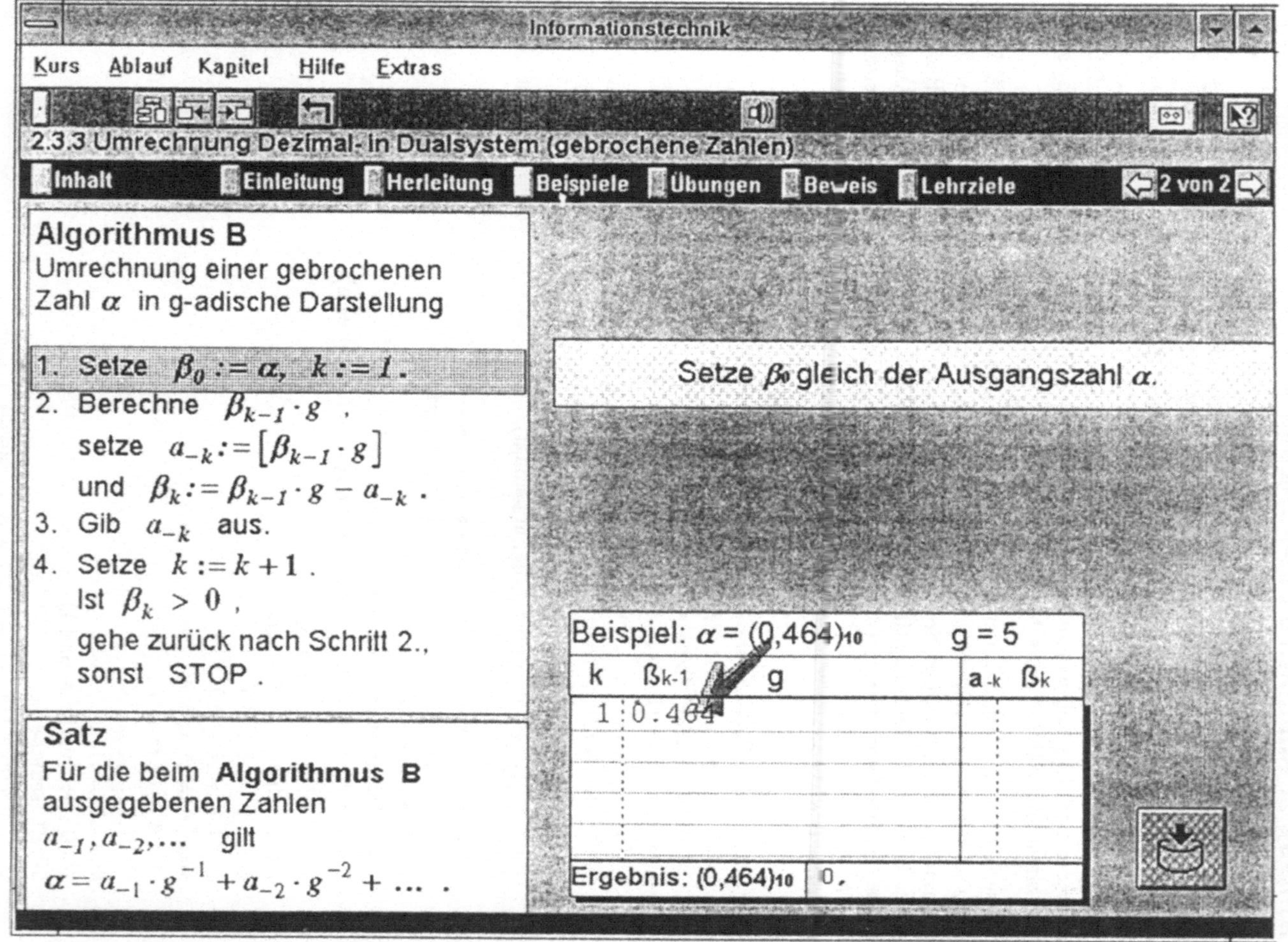

Abb.1: Demonstration eines Algorithmus

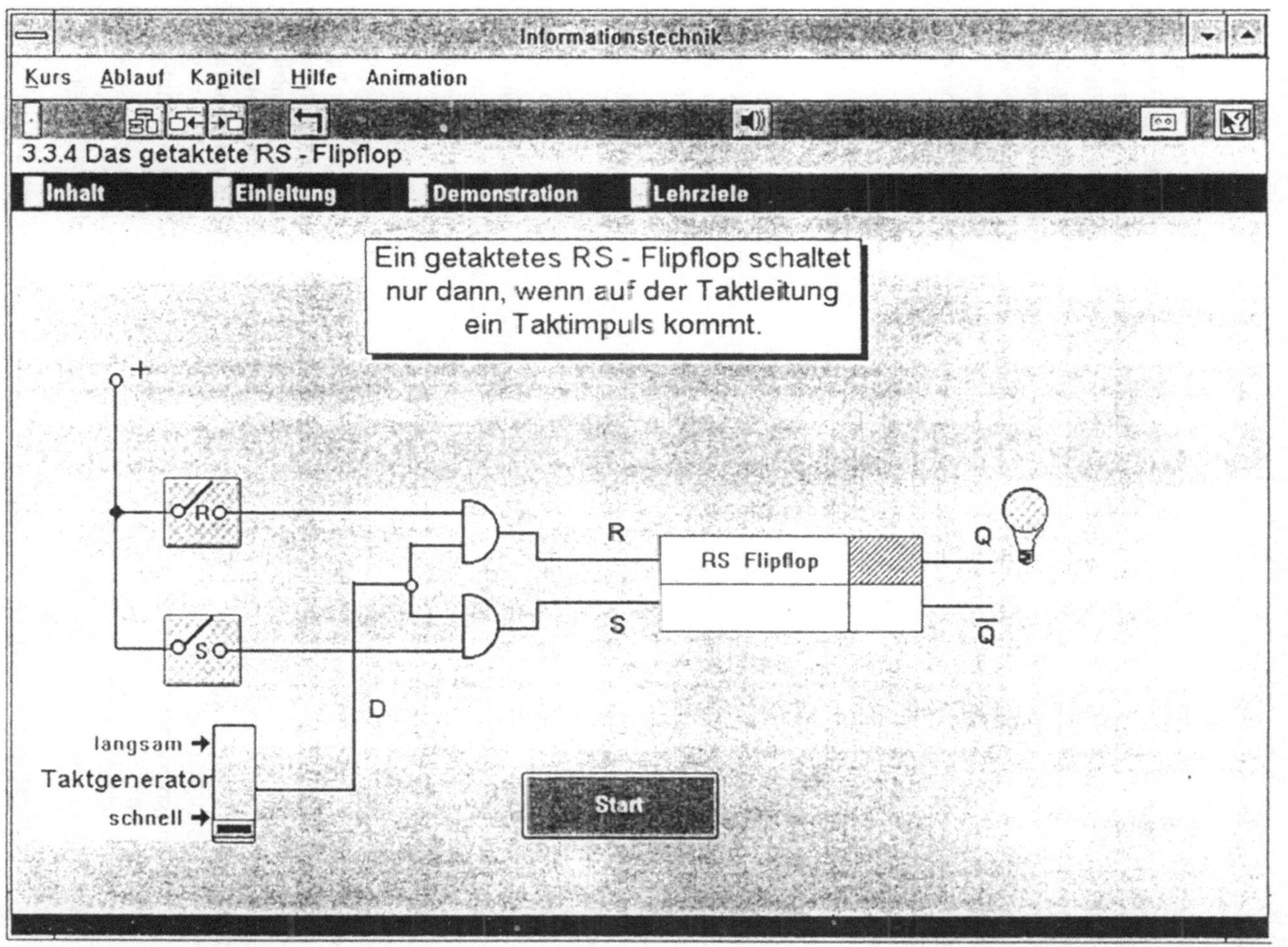

Abb.2: Demonstration einer Schaltung

Computerunterstützte Gruppenarbeit im Unterricht -
Das Projekt Trasse   (Johannes Magenheim / Günter Opitz)

In der folgenden Abhandlung soll das Unterrichtsprojekt Trasse vorgestellt werden. Es ist im Modellversuch KOKOS (Kooperatives Lernen in vernetzten Systemen) unter Federführung des HIBS (Hessisches Institut f. Bildungsplanung und Schulentwicklung) entwickelt worden und befindet sich gegenwärtig in der Phase praktischer Erprobung. Neben fachbezogenen Zielsetzungen, methodischen Konzepten der Unterrichtsorganisation und der Darstellung möglicher Kooperationsformen in und zwischen den Gruppen wird vor allem der Frage nachgegangen, welche Funktion Computerarbeitsplätze sowie lokale (LAN) und globale Netzwerke (WAN) bei der Lösung der Aufgabenstellung übernehmen können. Zu thematisieren ist in diesem Zusammenhang auch der Einfluß technisch vermittelter Kommunikation auf Lernprozesse bei den Schülern und auf gruppenspezifische Kommunikations- und Interaktionsformen.

1. Methodisch didaktische Implikationen von computerunterstützter Gruppenarbeit im sozialwissenschaftlich orientierten Unterricht

Die weltweite Verbreitung der Informations- und Kommunikationstechniken und die mit ihnen verbundenen Veränderungen in den Spähren von Arbeit und Freizeit, Öffentlichkeit und Privatleben, Produktion und Konsum sind auch im bildungspolitischen Umfeld nicht ohne Ressonanz geblieben.
Die Mediatisierung und Informatisierung weiter gesellschaftlicher Bereiche verlangen pädagogische Anworten (vgl. z. B. ROLFF 1992). Dies kann geschehen, indem man sich
- die grundlegenden Funktionsprinzipien der IuK-Techniken und von Informationssystemen erarbeitet, um sie besser durchschaubar zu machen
- im Unterricht mit den vielfältigen gesellschaftlichen Auswirkungen der IuK-Techniken auseinandersetzt, um zu einer differenzierten Einschätzung von Technikfolgen zu gelangen
- mit neuen Organisationsformen von Arbeit und veränderten Möglichkeiten der Kommunikation vertraut macht und versucht, diese auch für Lernprozesse zu nutzen.

Computerunterstützte Gruppenarbeit (Computer Supported Cooperative Working, CSCW) und deren pädagogische Variante, das computergestützte kooperative Lernen (Computer Supported Cooperative Learning, CSCL) gewinnen in einer vernetzten Welt wachsende Bedeutung. Arbeitsteilung kann mittels der Kommunikationstechniken zunehmend global organisiert werden, was zu vollkommen neuen Formen der Arbeitsorganisation führt. CSCL beinhaltet in diesem Zusammenhang sehr unterschiedliche Formen computervermittelter Kommunikation (vgl. z.B. RESNICK 1992):
- eine Arbeitsgruppe nutzt einen oder mehrere 'Einzelcomputer' bei der Lösung ihrer Aufgabenstellung
- mehrere Gruppen praktizieren bei einem Projekt Arbeitsteilung in einem lokalen Netz
- die Arbeitsteilung zwischen Gruppen erfolgt überörtlich mittels eines wide-area-Netzes

So können sich aus dem kommunikativen Potential der Telekommunikation und anderer Formen des Datenaustauschs auch neue Pespektiven für kooperative Lernprozesse entwickeln, die über die Grenzen des Klassenzimmers und der einzelnen Schulen hinaus Arbeitsgruppen verschiedener Schulen evtl. in unterschiedlichen Ländern zu einem gemeinsamen Unterrichtsprojekt zusammenführen.

Kritiker halten einem solchen Versuch zunächst entgegen, daß der steigende Medienkonsum vieler Jugendlicher in seiner Wirkung nicht dadurch gesteigert werden dürfe, daß man auch in der Schule in zunehmendem Maße qua Simulation den Schülerinnen und Schülern eine Wirklichkeit aus zweiter Hand anbiete. Daß man nicht zwischenmenschliche Kommunikationsakte in der Schule zugunsten computervermittelter Kommunikation reduzieren dürfe, da hierdurch die Entwicklung kommunikativer Fähigkeiten und sozialer Kompetenzen bei den Schülern behindert würden. Daß eine zunehmende Visualisierung von Informationen nicht nur ein verzerrtes Bild von Wirklichkeit vermittle, sondern auch den Zusammenhang von Spracherwerb und Kognition bei der Begriffsbildung negiere und damit Lernprozesse behindere (vgl. z. B. GEHRMANN 1993).

Es stellt sich die Frage, ob die pädagogischen Effekte von CSCL in der eben skizzierten Weise einzuschätzen sind, oder ob auch ein methodisch-didaktisches Szenario denkbar ist, das computerunterstützte kooperative Lernprozesse in ein pädagogisch verantwortungsvolles Konzept einbindet.

Didaktische Konzepte des Sozialkundeunterrichts bzw. sozialwissenschaftlich orientierter Kurse fordern häufig für die methodische Realisierung ihrer Zielsetzungen in der pädagogischen Praxis Sozial- und Arbeitsformen, die den Schülern erfahrungsnahe, selbstbestimmte und handlungsorientierte Lernprozesse ermöglichen (vgl. z.B. JÄGER 1990). Wesentliche methodische Elemente eines derart gestalteten Unterrichts sind Gruppenarbeit und Projektmethode.

In den didaktischen Diskussionen um die Projektmethode wurden von verschiedenen Autoren Kriterien entwickelt, die auch für ein Unterrichtsprojekt mit computervermittelter Kommunikation und computerunterstützten Lernprozessen als methodische Gestaltungsprinzipien gelten können:

- **Situationsbezogenheit** (Inhalte und Ziele des Projekts sind der sozialen Erfahrungswelt der Schülerinnen und Schüler zugänglich)
- **Bedürfnisbezogenheit** (Es besteht die Motivation, den fraglichen Unterrichtsgegenstand gemeinsam zu bearbeiten)
- **Interdisziplinarität** (Die gewählte Thematik ist komplexer Natur, erfordert interdisziplinäres vernetzendes Denken)
- **Kollektive Realisierung** (Die Komplexität des Gegenstandes erfordert arbeitsteilige Problemlösungen; neben themenbezogenen Kenntnissen und Fertigkeiten sollen auch soziale Kompetenzen und emotionale Fähigkeiten der Betroffen gefördert werden)
- **Selbstorganisation des Lehr- und Lernprozesses** (Zielsetzung, Planung und Durchführung des Projekts werden von den Schülern arbeitsteilig und weitgehend selbständig organisiert; der gemeinsame Arbeitsprozeß bleibt den Beteiligten transparent und damit jederzeit steuerbar; der Lernprozeß kann Gegenstand eines metakommunikativen Diskurses sein)
- **Variabilität des Lernortes** (Der Unterricht findet nicht nur im Klassenzimmer sondern auch im gesellschaftlichen Umfeld der Schule statt; Soziale Realität im schulischen Umfeld wird Anschauungsgegenstand und Objekt des Lernprozesses)
- **Produktorientiertheit** (Das Ergebnis des Unterrichtsprojekts kann im schulischen Umfeld präsentiert werden und impliziert für die Schüler den Charakter gesellschaftlichen Handelns)

CSCL wird schulischem Lernen eine neue Qualität verleihen, wenn es gelingt, diese kooperativen Lernprozesse in traditionelle Arbeits- und Sozialformen des Unterrichts zu integrieren.

In local- und wide-area Netzen (LAN und WAN) kann die für Projekt- und Gruppenarbeit erforderliche Arbeitsteilung effektiv organisiert werden. Über diese Netze können für die Projektarbeit notwendige Information beschafft werden. Aktuelle Hinweise zum Arbeitsstand des Projekts, von einer entsprechenden Planungssoftware über das Netz vermittelt, erzeugen Transparenz und geben den beteiligten Gruppen die Möglichkeit zur Steuerung des Arbeits- und Lernprozesses. Außerschulische Realität kann durch netzweite Informationsrecherche für das Klassenzimmer aktuell eingefangen werden. Themenbezogene Computersimulationen

können eine virtuelle Realität erschließen, die mögliche Folgewirkungen realer Aktionen antizipiert und somit einer kritischen Würdigung zugänglich macht. Computervermittelte Kommunikation ersetzt nicht sondern ergänzt die für schulische Lernprozesse nach wie vor dominante zwischenmenschliche Kommunikation. Kommunikation über das Netz zu anderen am Projekt beteiligten Schulklassen eröffnen neue Kontaktmöglichkeiten auch auf persönlicher Ebene. Lernprozesse am Computer können in der Gruppe ebenfalls arbeitsteilig und damit flexibel gestaltet werden und die Mensch-Computer-Interaktionen (MCI) sind ggf. den individuellen Erfordernissen einzelner Gruppenmitglieder anzupassen. Die Kooperation zwischen verschieden Arbeitsgruppen kann zeitgleich oder zeitlich versetzt erfolgen. Individualisierbarkeit und Flexibilität von Lernprozessen sind somit mögliche Merkmale von CSCL.
Wird computerunterstütztes kooperatives Lernen in dieser Weise organisiert, sollte es gelingen, die eingangs befürchteten negativen Folgewirkungen zu vermeiden und andererseits schulischen Lernprozessen einen erweiterten Erfahrungshorizont zu eröffnen.

Zahlreiche empirische Befunde, vor allem aus den USA, belegen, daß diese Erwartungen durchaus berechtigt sind. So konnte nachgewiesen werden, daß computervermittelte Kommunikation weniger hierarchisch ablief. Eine größere Anzahl von eher gleichberechtigten Teilnehmern partizipierte an den Kommunikationsakten und es konnten sich auch Teilnehmer in die Diskussion einbringen, die bei verbalen Komunikationsabläufen eher zurückhaltend waren.
(vgl. KIESLER, S. / SIEGEL, J./ MC GUIRE T.W. 1984; FREY 1989; LEHMANN 1989)

Von wesentlicher Bedeutung wird bei derartigen Projekten deshalb die Art und Weise sein, wie computervermittelte Kommunikation in den Unterricht eingebracht wird und wie die Arbeitsgruppen ihre gruppeninternen und gruppenübergreifenden Kommunikations- und Interaktionsstruktruren organisieren.

2. Das Unterrichtsprojekt Trasse

2.1 Fachbezogene Aufgabenstellungen und Zielsetzungen

Im Projekt Trasse soll den Schülerinnen und Schülern Einblick in ökologische, ökonomische, rechtliche und soziale Fragestellungen gegeben werden, die sich bei der Planung von neuen Verkehrswegen (Autobahn, Straße, Eisenbahn) ergeben. Zur Förderung von Kommunikations- und Lernprozessen im Rahmen des Projektes empfiehlt sich u. a. auch die Nutzung von Methoden der IuK-Techniken, wie Informationsrecherche im vernetzten System, softwaregesteuerte Informationsaufbereitung - und präsentation sowie Informationsübermittlung an Mitglieder der eigenen Arbeitsgruppe oder andere am Projekt beteiligte Gruppen.

Projektbezogene Aufgabenstellungen und Zielsetzungen sind daher nach fachlichen und kommunikationsorientierten Gesichtspunkten zu differenzieren.
Wenden wir uns zunächst dem ersten Aspekt zu.

Auf der fachlichen Ebene könnte es Zielsetzung eines derartigen Unterrichtsprojektes sein, den Schülerinnen und Schülern bewußt zu machen, daß der Verkehrswegebau, gleichgültig in welcher Form und wie ´umweltschonend´ er durchgeführt wird, immer einen Eingriff in ein komplexes Ökosystem darstellt, den es zu minimieren gilt. Die Schüler sollten hierbei die ökonomischen, ökologischen und sozialen Folgewirkungen der Bauvorhaben als interdependentes Wirkungsgefüge begreifen, wobei einzelne Faktoren der Umweltbeeinträchtigung herausgearbeitet und in ihrer Wirkungsweise im Rahmen des Gesamtsystems dargestellt werden. Hierzu ist es wiederum notwendig, auf der Basis von recherchierten Materialien ein Bewertungskonzept zur

Beurteilung des Verkehrswegebaus zu entwickeln.

Gleichzeitig ergeben sich aus der Diskussion um die kontroverse Beurteilung von Verkehrs-baumaßnahmen auch Einsichten in die z. T. widerstreitenden Interessen unterschiedlicher ge-sellschaftlicher Gruppen bei der Realisierung solcher Konzepte und in den verwaltungstechni-schen Ablauf von Planungsmaßnahmen.

Mittels eines solchen Unterrichtskonzepts kann sich der Lernort Schule um kommunale und regionale Erfahrungsräume erweitern. Schule öffnet sich zur Gemeinde hin und nimmt aktiv am kommunalpolitischen Diskurs um Verkehrsplanungsvorhaben teil.
Ein derartiges Unterrichtsprojekt ist thematisch vor allem dem Sozialkunde- bzw. Gesell-schaftslehreunterricht zuzuordnen oder kann im Rahmen von sozial- und gesellschaftswissen-schaftlich orientierten Wahl- und Wahlpflichtangeboten angesiedelt sein. Es ist ferner geeignet, die Form des Projektunterrichts zu institutionalisieren (vgl. z. B. ROLFF 1991) und so zur schulischen 'Profilbildung' beizutragen .

2.2 Kommunikations- und Lernprozesse im Projekt

Auf der Ebene unterrichtlicher Kommunikation und Interaktion kann im Rahmen des Projekts vor allem der sinnvolle Einsatz von IuK-Techniken zum themenbezogenen Problemlösen eine zentrale Aufgabenstellung sein.

Neben die traditionellen Arbeitsmethoden zur themenbezogenen Informationsbeschaffung, wie der Analyse ausgewählter Quellen (Grundlagenliteratur, Presseveröffentlichungen, Statistiken, Karten und Skizzen zur geplanten Baumaßnahme) tritt ein problemadäquates Nutzen von IuK-Techniken. Dies hat zur Folge, daß die im Projektunterricht üblicherweise dominierenden So-zialformen der Gruppen- und Partnerarbeit mit häufigen zwischenmenschlichen Kommunikati-ons- und Interaktionssequenzen um die Dimension der technisch vermittelten Kommunikation bzw. der Mensch-Maschine-Kommunikation erweitert werden.

So können mittels einer interaktiven Simulationssoftware die sich aus verschiedenen Trassen-verläufen ergebenden ökonomischen und ökologischen Konsequenzen antizipiert werden, wo-bei vor allem die Faktoren 'Streckenführung', 'Bauweise' und 'ökologische Belastungsart' am Rechner modellierbar sind. Auf diese Weise sollen monokausale Erklärungsansätze bei der Technikfolgenabschätzung verhindert und vernetztes Denken in Systemen gefördert werden.
Die zunächst am abstrakten Modell entwickelten vernetzten Beziehungen sind auf konkrete Landschaften und Bauvorhaben transferierbar. Alternative Streckenführungen und verschie-dene Formen der Bauausführung werden durch die Computersimulation einer kritischen Be-wertung zugänglich gemacht. Die im Rechner erzeugte virtuelle Welt leistet einen Beitrag zur Gestaltung realer Bauvorhaben. Die Arbeit am Computer erhält eine mediale Funktion, die die auf traditionelle Weise gewonnenen Informationen ergänzt und ihnen eine neue Qualität ver-leiht.

Es besteht ferner die Möglichkeit, den konkreten Trassenverlauf in mehrere Teilabschnitte zu zergliedern und von einzelnen Arbeitsgruppen am Rechner getrennt bearbeiten zu lassen. Die Arbeitsgruppen stehen bei ihrem gemeinsamen Planungsvorhaben im regen Informationsaus-tausch, der teilweise über ein lokales Netz via electronic mail abgewickelt werden kann. Auf diese Weise wird mit den Schülern kooperatives arbeitsteiliges Gestalten von Planungskonzep-ten unter Nutzung neuer Kommunikationstechniken eingeübt.

Zur Kooperation auf lokaler Ebene innerhalb der schulischen Lerngruppe korrespondiert die überregionale Zusammenarbeit mit Lerngruppen der am Projekt beteiligten Arbeitsgruppen anderer Schulen.

Hier besteht die Möglichkeit, unter überregionalen Gesichtspunkten die Planung neuer Verkehrswege kooperativ zu beurteilen. Die am Schulversuch mit dem Projekt ´Trasse´ befaßten Schulen in Nordhessen werden gemeinsam vor allem die im Zuge der Ost-West-Verbindung im Bundesverkehrswegeplan neu konzipierten Verkehrsverbindungen in ihren Regionen untersuchen. Hierbei können nicht nur Planungs- und Modelldaten der Simulationssoftware per Datenfernübertragung ausgetauscht werden, sondern es sollte darüber hinaus die Möglichkeit bestehen, themenbezogene Dokumente verschiedenster Art (Texte, Grafiken, Bilder, ..) in einen gemeinsamen Datenpool einzubringen und je nach Bedarf auf diesen Datenbestand zuzugreifen.

Die für die Beurteilung einer Trassenführung notwendigen Informationsrecherchen können im arbeitsteiligen Verfahren zeitversetzt oder zeitgleich durchgeführt werden. Auf diese Weise sollte eine von allen Arbeitsgruppen gemeinsam erstellte Dokumentation und Bewertung von Verkehrswegebaumaßnahmen entstehen.

Die Arbeit im lokalen Netz wird durch die lerngruppenübergreifende Kooperation in einem wide-area-Netzwerk ergänzt und erhält daduch eine qualitativ neue Dimension.

Arbeits- und Lernprozesse in den am Projekt beteiligten Gruppen können auf den folgenden Ebenen angesiedelt sein:

- **Werkzeugebene**: Nutzung von IuK-Techniken als Werkzeug
  Beschaffen, Erstellen und Versenden von Dokumenten unterschiedlichster Art
- **Mediale Ebene**: Nutzung von IuK-Techniken als Medium
  Umgang mit Simulations- und Lernsoftware
- **Inhaltsebene**: Auseinandersetzung mit sozialen, ökologischen und ökonomischen
  Folgen bei der Planung und beim Bau von Verkehrswegen
  Einsatz natur- und sozialwissenschaftlicher Methoden zur Technikfogeabschätzung
- **Kommunikative Ebene**: Personale und technisch vermittelte Kommunikation in und zwischen den Arbeitsgruppen
  Einüben in kooperative Arbeitsverfahren unter Nutzung von IuK-Techniken

2.3 Anforderungen an Organisation, Hard- und Software

Planung und Durchführung eines Unterrichtsprojekts mit computerunterstützter Gruppenarbeit setzen im technischen und organisatorischen Bereich gewisse Mindestanforderungen voraus.

Um computergestützte Gruppenarbeit effektiv zu organisieren, ist, wie bereits oben erwähnt, der Einsatz eines lokalen Netzwerks (LAN) nahezu unerläßlich. Ihm kommen im Rahmen des Unterrichtsprojekts unterschiedliche Funktionen zu:

- Vermittlung des Zugangs zu verschiedenen lokalen Systemressourcen für die Mitglieder einzelner Arbeitsgruppen (Drucker, Scanner, file-server mit Software und projektbezogenen Datenbeständen)
- Vermittlung von projektbezogenen Mitteilungen (electronic mail, projektbezogenes Brett in einer (lokalen) mail-box)
- Austausch bzw. gemeinsames Erarbeiten projektbezogener Daten mittels eines netzwerkfähigen Datenbanksystems
- Vermittlung des Zugangs zu einem gate-way zur Kommunikation im WAN-Bereich (Modem, Fax zwecks projektbezogener Kommunikation mit externen Arbeitsgruppen oder zur Informationsrecherche in öffentlich zugänglichen Netzen)

Im Softwarebereich steht den Arbeitsgruppen zur Simulation einer Trassenplanung zunächst das Programm 'TRAFIC'(Trassenfindung mit dem Computer) zur Verfügung.

Es wurde für die Phase der Trassenfindung und -bewertung entwickelt. Mit diesem Programm können die Schüler sich interaktiv auf der Grundlage einer eingescannten Landkarte und unter Verwendung einer zuvor erstellten Datenbank auseinandersetzen mit:

- verschiedenen, beim Bau einer Straße zu berücksichtigende ökologische Belastungsarten
- unterschiedlichen Trassentypen und deren Kosten.

Die Schüler lernen hierbei die Interdependenz zwischen ökologischen und ökonomischen Aspekten von Planungsmaßnahmen kennen, indem sie die Reduzierung der durch die Straße entstehenden ökologischen Belastungen durch aufwendige Baumaßnahmen gegen die dadurch entstehenden Kosten abwägen.

Das Programm TRAFIC ist projektartig - d.h. im Sinne von Projekten als übergeordneten Bearbeitungseinheiten - strukturiert. Zu dem an einem Arbeitsplatz zu bearbeitendem Projekt gehören 3 Komponenten:

1. Die eingescannte Landkarte, die als Bitmap vorliegt und von den Schülern nicht verändert werden kann
2. Ein Satz von Belastungspolygonen auf 4 verschiedenen Folien, mit denen sich die durch die Straße verursachten unterschiedlichen ökologischen Belastungstypen darstellen lassen
3. Bis zu 5 unterschiedliche Trassen, die auf der Grundlage der Belastungspolygone bewertet werden können.

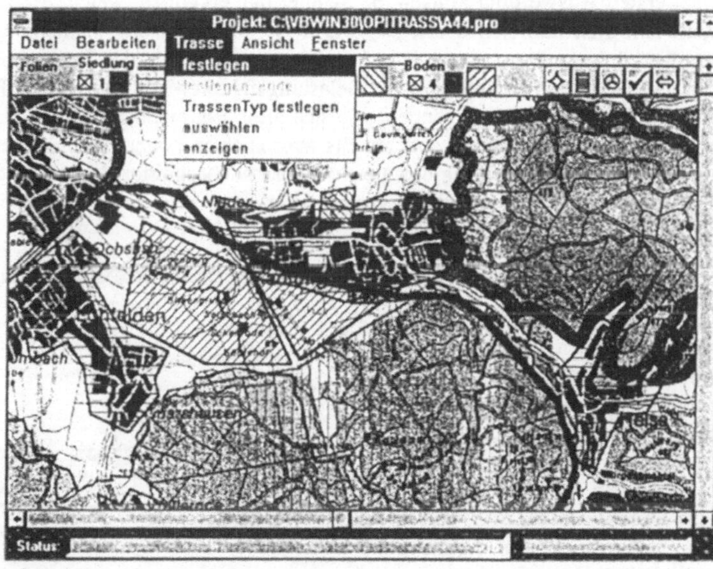

Diese drei Komponenten können als Projekt von den Schülern komplett abgespeichert oder geladen werden. Es sind aber auch einzelne Teile isoliert zu verändern. So kann z.B. eine Trasse einzeln dem Projekt hinzugefügt oder ein bestehender Foliensatz von Belastungspolygonen durch einen anderen ersetzt werden.

Die Belastungspolygone werden von den Schülern auf der Grundlage der zuvor von dem untersuchten Gebiet erstellten Datenbank über die Landkarte gezeichnet. Im Verlauf dieser Arbeit setzen sich die Schüler handlungsorientiert mit den von ihnen gesammelten Daten auseinander, ordnen diese nach bestimmten Gesichtspunkten und erstellen eine übersichtliche grafische Visualisierung der für die Trassenfindung relevanten Belastungstypen. Vom Programm vorgegeben sind die Belastungskategorien

⇒ Siedlung (Lärm, bestehende Bauwerke, Gefährdung von Personen durch Straßenverkehr ...)
⇒ Naturschutz (Natur - und Artenschutz, Gefährdung bestehender Ökosysteme)
⇒ Wasser (Oberflächenwasser und Grundwasser, Wasserschutzgebiete)
⇒ Boden (Landschaftsverbrauch, unterschiedliche Bodengüten, Auswirkungen auf die Landwirtschaft),
die je nach Art des untersuchten Gebietes aber auch verändert werden können.

Um unterschiedlichen Schweregraden der Belastung Rechnung zu tragen, kann jedes Polygon mit einem Faktor von 1 - 3 gewichtet werden. Diese Gewichtung schlägt sich bei der Auswertung der Gesamtbelastung nieder und ist jederzeit änderbar, wenn z.B. durch besondere straßenbauliche Maßnahmen die Belastung reduziert wird.
Weiterhin dienen die Polygone als Verbindungsglied zu den vorhandenen Daten. Durch Anklicken eines Polygons kann der Schüler für diesen Bereich gesammelte Informationen abrufen.

Auf der Grundlage der Landkarte und den darauf eingezeichneten Belastungspolygonen wird im nächsten Schritt ein möglicher Verlauf der Trasse festgelegt. Dabei werden sich einige Trassentypen zwingend ergeben (z.B. muß eine Brücke über einen Fluß gebaut werden). Anhand einer ersten Auswertung können die Schüler nun erkennen, welche Belastungsarten besonders stark auftreten und sich überlegen, wie diese durch gezielte bauliche Maßnahmen verringert werden könnten. Dazu legen sie auf einzelnen Abschnitten der Trasse bestimmte Trassentypen fest und verändern analog dazu die Belastungsfaktoren der betroffenen Polygone. In der Auswertung können sie nun erkennen, wie sich diese Baumaßnahmen einerseits in einer Verringerung der Gesamtbelastung, andererseits aber auch in höheren Baukosten niederschlagen. Bei einer parallelen Bearbeitung des gleichen Trassenabschnittes durch verschiedene Arbeitsgruppen können nun unterschiedlicheTrassenvariationen getestet und miteinander verglichen werden.

Bei der Auswertung multipliziert das Programm die Länge eines in einem Belastungspolygon liegenden Streckenabschnittes mit der für dieses Polygon vergebenen Gewichtung. Für die Ermittlung der Kosten der verschiedenen Trassentypen wird die Länge des Streckenabschnittes mit den Baukosten pro Meter multipliziert. Diese Baukosten /m sind im Programm aufgrund von Durchschnittswerten für den Autobahnbau vorgegeben, können aber für andere Straßentypen oder durch sich verändernde Kosten jederzeit variiert werden.

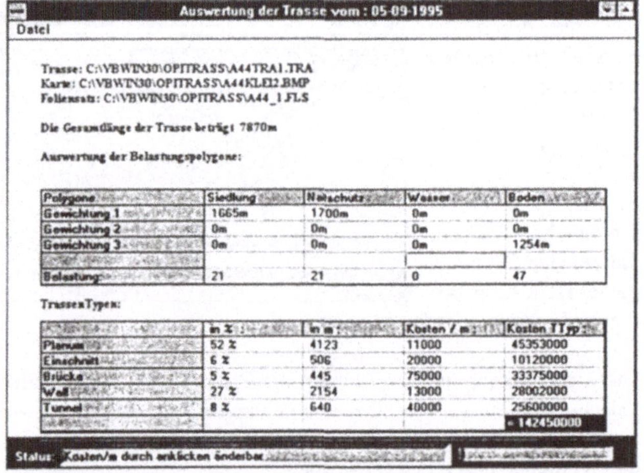

Trasse: C:\VBWIN30\OPITRASS\A44TRA1.TRA
Karte: C:\VBWIN30\OPITRASS\A44KLE12.BMP
Foliensatz: C:\VBWIN30\OPITRASS\A44_1.FLS

Die Gesamtlänge der Trasse beträgt 7870m

Auswertung der Belastungspolygone:

Polygone	Siedlung	Naturschutz	Wasser	Boden
Gewichtung 1	1665m	1700m	0m	0m
Gewichtung 2	0m	0m	0m	0m
Gewichtung 3	0m	0m	0m	1254m
Belastung	21	21	0	47

TrassenTypen:

	in %	in m	Kosten / m	Kosten TTyp
Planum	52 %	4123	11000	45353000
Einschnitt	6 %	506	20000	10120000
Brücke	5 %	445	75000	33375000
Wall	27 %	2154	13000	28002000
Tunnel	8 %	640	40000	25600000
				= 142450000

Das Programm ist zunächst für die Arbeit an einzelnen Arbeitsplätzen angelegt, eröffnet aber durchaus auch Möglichkeiten des arbeitsteiligen Problemlösens im LAN:
Arbeitsgruppen können einzelne Trassenabschnitte getrennt oder dieselbe Trasse nach unterschiedlichen Gesichtspunkten beurteilen. So kann z.B. eine von einer Gruppe gefundene Trasse von einer anderen Gruppe übernommen und auf der Grundlage der von ihr erarbeiteten Belastungspolygone bewertet werden. In der Auseinandersetzung zwischen verschiedenen Gruppen

über die Gewichtung einzelner Belastungsfaktoren erfahren die Schüler, welche Rolle bei diesem scheinbar objektiven Verfahren individuelle Einschätzungen und regional unterschiedliche Interessen spielen.

Dieser letzte Aspekt wird dann besonders interessant, wenn das Projekt parallel an unterschiedlichen Schulen durchgeführt wird und mit dem Einsatz moderner Kommunikationsmedien ein ständiger Austausch der Planungsdaten, der Bewertungen und der Arbeitsergebnisse stattfinden kann. Diese Kommunikation über Datennetze und Mailboxen sollte von Anfang an zwischen den regionalen Gruppen stattfinden und den Schülern Gelegenheit geben, sich parallel zum Prozeß der Entscheidungsfindung innerhalb der eigenen Gruppe auch ständig mit anderen Ansichten und Lösungsansätzen auseinanderzusetzen.

Neben dieser problemorientierten Software ist im Unterrichtsprojekt 'Trasse' auch der Einsatz von Standardsoftware notwendig, der die üblichen Werkzeugfunktionen zur Aufbereitung von Daten zukommen. Von besonderem Interesse für das Unterrichtsprojekt ist ein netzfähiges Datenbanksystem, in das auch formatfreie Dokumente (z. B. Bilder, Karten etc.) eingebunden werden können, sowie eine e-mail Software, die neben dem Datenaustausch im lokalen Netz auch die Kommunikation mit externen mail-boxen und Datennetzen ermöglicht.

Den am Unterrichtsprojekt beteiligten Lehrern stellen sich vielfältige Aufgaben, die z. T. über die in einem konventionellen Unterricht üblichen Erfordernisse hinausgehen:

- Beschaffen von themenbezogen Materialien zur Verkehrswegeplanung, Herstellen von Kontakten zu Planungsinstanzen und betroffenen Bürgern bzw. deren Vertretungen
- Organisation der Projektarbeit mit einer Verteilung von Arbeitsaufträgen an schulinterne Arbeitsgruppen und Betreuung der Gruppenarbeit
- Enge Kooperation mit Lehrkräften der Partnerschulen, um eine sinnvolle Verzahnung der an den beteiligten Schulen geleisteten Projektarbeit zu gewährleisten
- Sichere Handhabung des lokalen Netzes und der für das Projekt erforderlichen Software
- Organisation und Kontrolle des Datenaustausches zwischen den beteiligten Schulen. Dies kann entweder durch zeitgleiches Arbeiten (Kontakt von Netz zu Netz über ein Modem) oder zeitversetzt über Fax, eine e-mail Adresse in einem Netz (z.B. ODS, Campus 2000) bzw. eine mailbox geschehen. (vgl. z.B. FÜLLER 1993)

2.4 Projektphasen

Das Unterrichtsprojekt 'Trasse' gliedert sich in fünf aufeinanderfolgende Arbeitsphasen, die den Schülern einen stufenweisen Zugang zum Thema und zu kooperativen Arbeitsformen in local- und wide-area-Netzen ermöglichen sollen.

In der ersten Phase findet die Arbeit primär innerhalb einer schulischen Lerngruppe statt. Als Thema kann ein lokales Verkehrsentwicklungsprojekt oder eine andere kommunale Entwicklungsmaßnahme im Bereich des Städtebaus mit Einfluß auf die örtlichen Verkehrsströme dienen. Im Sinne eines erfahrungs- und handlungsorientierten didaktischen Ansatzes können die Schülerinnen und Schüler sich der Thematik unter Einbeziehung ihrer eigenen Erfahrungen und in direktem Kontakt mit kommunalen Vertretern nähern. Durch das Einbeziehen von Kommunalpolitikern, Vertretern der Verwaltung und von Bürgern in die schulischen Aktivitäten wird die geforderte Öffnung schulischer Arbeit zur Gemeinde hin realisiert. In dieser Arbeitsphase des Projekts müssen Informationen und Planungsunterlagen zum kommunalen Vorhaben von den Schülern aufbereitet und analysiert werden. Ziel dieser Analyse sollte die Erstellung eines Kriterienkatalogs zur Beurteilung von Verkehrswegebaumaßnahmen sein. Die Arbeit erfolgt mit traditionellen Methoden, wie Auswerten von Kartenmaterial und Statistiken, Interviews mit

Betroffen, Dokumentation der Landschaft und der vorgesehenen Veränderungen mittels Fotos oder Videoaufnahmen, hermeneutische Interpretation von Schriftstücken bzw. ergänzender Literatur zum Thema etc..

In der zweiten Phase kommt die interaktive Simualtionssoftware zum Einsatz. Nachdem die Planungsdaten in Bezug auf das Softwaremodell reduziert worden sind, können in der virtuellen Wirklichkeit tatsächliche und alternative Planungskonzepte erarbeitet und nach den oben beschriebenen Kriterien beurteilt werden. Die Aufträge werden von der Lerngruppe arbeitsteilig und unter Nutzung der Möglichkeiten des lokalen Netzes erledigt. Die Schülerinnen und Schüler werden auf diese Weise mit der Thematik, sowie im Umgang mit Software und lokalem Netz vertraut. Die Ergebnisse dieser Phase sollten der Öffentlichkeit in geeigneter Form zugänglich gemacht werden.

In Phase 3 dehnen sich die Aktivitäten in den wide-area-Bereich aus. Arbeitsgegenstand ist eine überörtliche Verkehrsplanungs- oder Verkehrsbaumaßnahme. Sie wird von den Schülern zweier oder mehrerer Schulen arbeitsteilig beurteilt. Hierbei kann auf die inhaltlichen und kommunikationstechnischen Erfahrung der ersten beiden Phasen zurückgegriffen werden. Gemeinsame arbeitsteilige Informationsrecherchen zu dem Verkehrsprojekt werden durchgeführt und in geeigneter Form über das wide-area-Netz oder per Fax ausgetauscht. Es könnte beispielsweise eine Projektdatenbank in einer mail-box entstehen.

Projekt 'Trasse' : Arbeitsphasen

Phase 1:
Informationsrecherche auf lokaler Ebene
o Beschaffen von Informationen zu lokalen Verkehrsplanungsproblemen
o Erstellen von Kriterien zur Beurteilung von Verkehrstrassen

Phase 2:
Lerngruppenbezogene Trassenplanung im LAN
o Reduktion der Daten in Bezug auf das Softwaremodell
o Interaktive Verkehrstrassenplanung mittels Software in LAN

Phase 3:
Gruppenübergreifender Datentransfer im WAN
o Koordinationsmaßnahmen zu einem gemeinsamen, arbeitsteiligen Verkehrsplanungsprojekt
o Gemeinsame, projektbezogene Informationsrecherche

Phase 4:
Gruppenübergreifende Trassenplanung im WAN
o Softwarebezogener Datentransfer zwischen den Lerngruppen
o Softwarebezogene Planungsarbeiten

Phase 5:
Dokumentation des Gesamtprojekts
o Diskussion der Ergebnisse im WAN
o Präsentation der Ergebnisse auf lokaler Ebene

In Phase 4 müssen die Daten im Hinblick auf das der Simulationssoftware zugrundeliegende Modell reduziert und in einem arbeitsteiligen Verfahren verschiedene Planungsalternativen inklusive Bewertung erarbeitet werden. Zwischen den Arbeitsgruppen der beteiligten Schulen findet ein softwarebezogener Datenaustausch im wide-area-Netz statt.

Die letzte Phase dient der gemeinsamen Dokumentation der Projektergebnisse. Sie werden der Öffentlichkeit zugänglich gemacht. Hierbei sind die erarbeiten Planungsmodelle im Hinblick auf ihre Reduktionen kritisch zu hinterfragen. Die Projektarbeit wird einer metakommunikativen Analyse unterzogen. Grundlegende Erfahrungen aus dem Unterrichtsprojekt können in einem entsprechenden Brett eines WAN auch vor einem europaweiten Forum zur Diskussion gestellt werden.

4. Literaturhinweise

DE CORTE, E. / VERSCHAFFEL, L. / SCHROOTEN, H.
Kognitive Effekte computergestützten Lernens: Zum Stand der Forschung in: Unterrichtswissenschaft 20. Jg 1992 H.1, S. 12ff

GEHRMANN, G.
Wie uns der Computer verändert: Auswirkungen auf das Denken und die Sprache in:
Die Berufsbildende Schule 45. Jg. 1993, H.4 , S. 127ff

FLORES, F. / GRAVES, M. / HARTFIELD, B. / WINOGRAD, T.
Computer Systems and the Design of Organizational Interaction, in: Readings in Goupware and Computer-Supported Cooperative Work Assiating Human-Human Collaboration,
(Hrsg. Ronald M. Baecker, 1988)

FREY, K.
Effekte der Computerbenutzung im Bildungswesen - Ein Resümee des heutigen Wissensstandes in: Zeitschrift für Pädagogik, 35. Jg. 1989, H.5, S. 637ff

FÜLLER, K.
Computervermittelte Kommunikation in: log in 13.Jg. 1993, H. 3, S.10ff

HUBER, G.
Kooperatives Lernen am Computer in: Unterrichtswissenschaft 14. Jg. 1986, H.4, S. 372

JÄGER, A.
Informationsverarbeitung und kommunikative Kompetenz im Rahmen handlungsorientierter Ausbildung in: Die Berufsbildende Schule 42. Jg. (1992), H.10 , S. 587ff

KIESLER, S. / SIEGEL, J./ MC GUIRE T.W.
Social Psychological Aspects of Computer-Mediated Communication
in: American Psychologist (1984) 39 (10) p. 1123 - 1134

KÜBLER, H.-D.
Medien und soziales Lernen. Einige Zusammenhänge zwischen Medienpädagogik und politischer Bildung in: Aufenanger, S. (Hrsg.) Neue Medien - Neue Pädagogik? Schriftenreihe der Bundeszentrale für politische Bildung, Bd. 301, Bonn 1991, S. 40ff

LABUDDE, P.
Computer im mathematisch-naturwissenschaftlichen Unterricht - Forschungsergebnisse aus den USA in: Der mathematisch-naturwissenschaftliche Unterricht 42. Jg. 1989, H..4, S. 208ff

LEHMANN, J.
Auswirkungen der Computernutzung durch Jugendliche in Schule und Freizeit in:
Zeitschrift für Pädagogik, 35. Jg. 1989 H.2, S. 242ff

ROLFF, H.G.
Die allgemeinbildende Schule der Zukunft - Das Wissen für Morgen in:
Zeitschrift für Berufs- und Wirtschaftspädagogik, 88. Bd. H.4 (1992) S. 285ff

ROLFF, H.G.
Schulentwicklung als Entwicklung von Einzelschulen?
Theorien und Indikatoren von Entwicklungsprozessen; in : Zeitschrift für Pädagogik, 37. Jg. 11/1991, H.6, S. 865 ff

RESNICK, M.
Collaboration in Simulated Worlds: Learning Through and about Collaboration in:
Sigcue outlook, Bulletin of the Special Interest Group for Computer Uses in Education,
Vol. 21, #3-Spring 92, p. 36ff

SEEL, N. M.
Computer im Unterricht - Auf dem Weg zu multimedialen Lernumgebungen in:
Unterrichtswissenschaft 20.Jg. 1992, H.1, S. 73 ff

WEIDENMANN, B./ KRAPP, A.
Lernen mit dem Computer, Lernen für den Computer in: Zeitschrift für Pädagogik, 35. Jg. 1989, H.5, S. 621ff

Programmieren lernen durch Bilder - nur was für Mädchen ?

Eva Pilz
Debora Weber-Wulff
Technische Fachhochschule Berlin
Illustrationen:
Karsten Friedrichs-Tuchenhagen, Oldenburg

1 Mädchen / Frauen und Informatik

Informatik ist ein abstraktes Fach. Jungen mögen Informatik. Mädchen mögen Informatik nicht. Mädchen beschäftigen sich nicht freiwillig mit dem Computer, sondern weil sie glauben, daß ihnen das als Qualifikation "später" nützt. Soviel zu den Vorurteilen.
Nun zu den Zahlen:

- Am Bundeswettbewerb Informatik nehmen 2-3% Mädchen teil.
- An optionalen Kursen der Informatik im Gymnasium nehmen 10% Mädchen teil.
- 1992 waren in Informatikstudiengängen in Berlin 12 % Frauen immatrikuliert.
- 1987 betrug der Frauenanteil in der Mathematik und Informatik an der FU Berlin 15% bei den StudentInnen, 12 % bei den wiss. MitarbeiterInnen, 2 % bei den wiss. AssistentInnen, 2 % bei den Professuren (keine C4-Professur), 17% bei den Diplom-Prüfungen, 8 % bei den Promotionen, 0% bei den Habilitationen. Die Tendenzen bei allen Zahlen über die letzten fünf Jahre sind fallend.
- Der Anteil der Frauen unter qualifizierten Berufen in der EDV liegt geschätzt bei 10 - 15%.

Differenziertere Untersuchungen belegen, daß das geringere Interesse von Mädchen an Technik nicht korreliert mit geringerem Interesse am Computer. In einer Untersuchung von Schülerinnen und Schülern in 7. und 8. Klassen an weiterführenden Schulen ([Fauser 1992], S. 22ff) wird zwischen Interesse für "alte" und "neue" Technik[1] unterschieden und belegt, daß Mädchen, die sich nicht für "alte" Technik interessieren, dennoch Interesse am Computer haben (übrigens gibt es auch solche Jungen!). Es interessieren sich 88% der Mädchen für neue Technik, aber nur 35% für alte Technik. Bei den Jungen sind die Zahlen 94% / 88%.
Es ist also falsch, von mangelndem oder geringerem Technikinteresse der Mädchen auf mangelndes oder geringeres Interesse der Mädchen am Computer zu schließen.

An vielen deutschen Hochschulen gibt es mittlerweile Frauenförderpläne für die technischen, natur- und ingenieurwissenschaftlichen Studiengänge. Diese sehen vor, mit gezielten Maßnahmen die o.g. Zahlen mittel- bis langfristig zu verbessern, d.h. den Anteil der Frauen signifikant zu erhöhen. Zu solchen Maßnahmen gehören Informationsveranstaltungen für Mädchen, Frauentutorien, Einrichtung von Stellen, die nur von Frauen besetzt werden dürfen und vieles mehr.
Die Maßnahmen zur Erhöhung des Frauenanteils in der Informatik beinhalten so gut wie gar nicht die Veränderung der Vermittlungsmethoden oder -inhalte von Informatik. Wir sind jedoch der Meinung, daß die Art der Vermittlung eine große Rolle bei der Akzeptanz von Informatik durch Mädchen und Frauen (und nicht nur diesen) spielt. Der vorliegende Beitrag berichtet aus einem Projekt, das genau zu dies zum Thema hat. Es versucht u.a., Antworten auf folgende Fragen zu finden:

---

[1] mit "alter Technik" ist gemeint: alles technische außer Informationstechnik, mit "neuer": Informationstechnik

- Ausführbarkeit auf einem Computer.
- (vgl. auch [Schülerduden], S. 378 und [PC-Lexikon], S. 432)

Im von uns benutzten Bild ist "Puppe kratzt sich am Kopf" die zu lösende Aufgabe. Die formale Notation steht auf dem Papier in Form von Anweisungen wie unten aufgeführt. Und die Ausführbarkeit wird durch einen Menschen (die Ausführerin) gewährleistet, der in der Lage ist, die Anweisungen zu verstehen, korrekt zu interpretieren und auszuführen.

Der Befehlssatz für die Ausführerin, der zur Verfügung steht, besteht aus Anweisungen wie
- einen Schritt vorwärts machen
- rechten Unterarm heben
- rechten Unterarm drehen
- rechtes Handgelenk heben
- rechtes Handgelenk drehen
- mit den Fingern der linken Hand Bänder verkürzen
- ...

Das Programm zur Lösung des Problems "Puppe kratzt sich am Kopf" könnte - stark vereinfacht - lauten:
- Nimm das Fadenkreuz in die rechte Hand
- verkürze mit dem Daumen der linken Hand den Faden, der den linken Arm der Puppe hält
- ...

- Wenn Mädchen zwar weniger interessiert an Technik, wohl aber interessiert am Computer sind, ist es dann nicht unbedingt notwendig und höchste Zeit, Informatikunterricht nicht primär an technischen Anwendungen zu orientieren ?

- Wenn es, wie in dem Buch "Brain Sex - der wahre Unterschied zwischen Mann und Frau" ([Moir / Jessel], 1994]) behauptet wird, geschlechtsspezifisch physiologische Unterschiede der Gehirne von Frauen und Männern bzw. Mädchen und Jungen gibt, ist es dann nicht zwingend erforderlich, beim Unterricht von Mädchen mehr auf deren "ganzheitliche Art wahrzunehmen und zu lernen", Rücksicht zu nehmen ?

- Welche Mittel sind es, mit denen man Schülerinnen im Informatikunterricht / Studentinnen im Informatikstudium gezielt fördern kann ?

- Ist "mehr Anschaulichkeit" bereits eine sinnvolle Maßnahme in dieser Richtung ? Was bedeutet "mehr Anschaulichkeit" ?

Das genannte Projekt, das von Berliner Informatikerinnen durchgeführt und von der Technischen Fachhochschule Berlin im Zusammenhang mit "Frauenförderung" finanziert wird, beschäftigt sich in der Theorie mit Antworten auf die genannten und weitere Fragen. Praktisch entwirft es ein, genau genommen zwei Modelle zur anschaulichen Vermittlung von grundlegenden Begriffen aus dem Bereich "Einführung in die Programmierung", der obligatorischer Bestandteil aller bundesdeutschen Lehrpläne und Studienordnungen für Informatik ist.

Es wird untersucht, ob und wie Alltagsanalogien bzw. Bilder das Verstehen der wesentlichen Aspekte formaler Begriffe erleichtern. Ziel der Untersuchung ist, die Erfahrungen auszuwerten und, wenn die Evaluation positive Ergebnisse bringt, diese der Öffentlichkeit zur Verfügung zu stellen.

2 Drei konkrete Beispiele

Die Bilder, die wir untersuchen und zum Einsatz bringen, stammen zum größten Teil aus unserem eigenen Unterricht. Darüber hinaus befragten wir Kolleginnen und Kollegen, durchforsteten deren Skripte, sofern sie uns zur Verfügung standen, und untersuchten, ob und wie in der gängigen Fachliteratur mit Bildern umgegangen wird. Das auffallendste Beispiel unter letzteren ist der Pascal-Comic ([Zwittlinger 1990]). Hier wird die gesamte Einführung in die Programmiersprache Pascal in comic-artigen Bildern vermittelt - diese erfüllen allerdings nicht (immer) die Forderungen, die wir an den Einsatz von Bildern stellen (siehe auch Abschnitt "Kritische Beurteilung").

Die hier jetzt aufgeführten Beispiele sind zunächst ohne Bewertung aufgeführt nach folgendem, dreiteiligen Schema:

1. Definition des Begriffes, Nennung seiner wesentlichen Aspekte
2. Benutztes Bild
3. Erläuterungen zum Bild

Der Begriff "Programm"

Die wesentlichen Kriterien des Begriffes "Programm" sind
- Algorithmus (= terminierende Folge von eindeutigen Anweisungen zur Lösung eines Problems)
- formale Notation in einer Programmiersprache

Schon die hier gemachten einfachen Versuche, Bewegungsabläufe zu beschreiben, zeigen, wie schwierig es ist, "formal exakt" zu sein. Das Beispiel ist über die Veranschaulichung hinaus offensichtlich geeignet, das Kriterium "Eindeutigkeit" und im weiteren Verlauf "Festlegen eines exakten, formalen Befehlssatzes" zu erarbeiten.

Der Pascal-Comic verwendet als Bild für den Begriff Programm[2] ein Haus mit verschiedenen Stockwerken und mehreren Mietern:

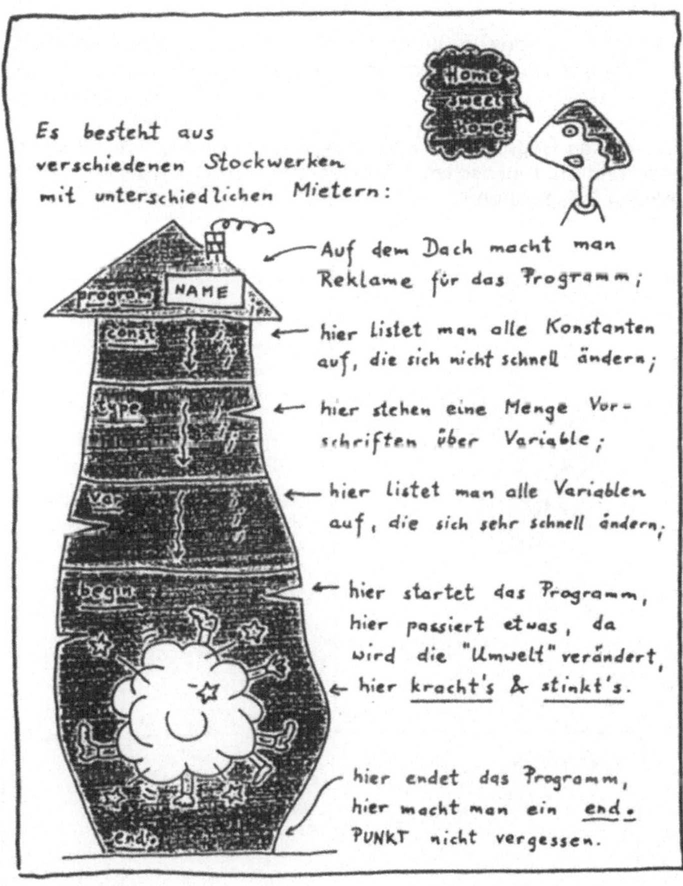

aus: [Zwittlinger 1990], S. 45

---

[2] Das Bild erklärt allerdings nicht den Begriff "Programm" in unserem Sinne, sondern soll den formalen Aufbau eines Pascal-Programmes darstellen. Es ist insofern als Bild zum Zweck der Veranschaulichung in unserem Sinne nicht geeignet, wohl aber für die späteren Betrachtungen in Abschnitt 3.

Der Begriff "Variable"

Im Schülerduden Informatik wird der Begriff "Variable" wie folgt definiert: "In der Informatik bezeichnet man als Variable einen logischen Speicherplatz mit dessen Wert. (...) Jede Variable besitzt einen Namen, unter dem man sie ansprechen und ihren Wert verändern kann. In vielen Programmiersprachen muß einer Variablen ein Datentyp zugeordnet werden. Der Datentyp legt fest, welche Elemente als Werte der Variablen auftreten und welche Operationen auf die Variable in einem Ausdruck angewendet werden dürfen. (...)" ([Schülerduden 1986], S. 511).

Eine Variable ist also ein Behälter im Speicher für einen Wert. Der Behälter hat einen Namen und kann jeweils nur bestimmte Inhalte aufnehmen. Der Wert ist der konkrete, aktuelle Inhalt eines Behälters.

Eine Veranschaulichung für diesen Begriff sollte idealerweise die vier Aspekte Behälter / Typ / Name / Wert enthalten und die Eigenschaft "Typunverträglichkeit" konsistent behandeln. Schauen wir uns zunächst Beispiele an:

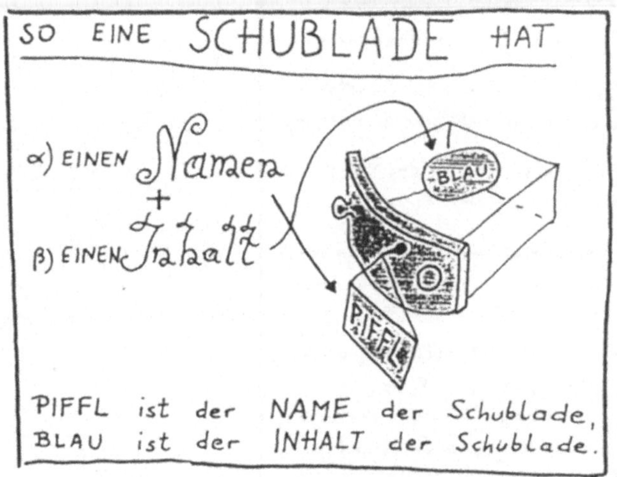

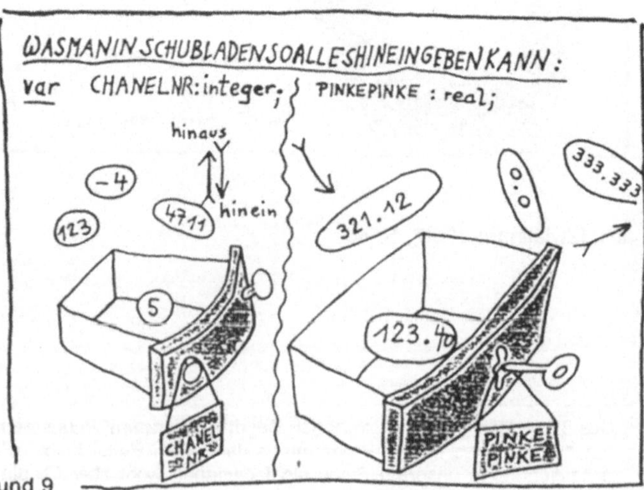

aus: [Zwittlinger 1990], S. 7 und 9

Behälter:	Schublade
Typ:	kommt im 1. Bild gar nicht vor, im 2. durch Anführung von Beispielen
Name:	PIFFL, CHANEL NR, PINKE PINKE
Werte:	blau, ganze und Dezimalzahlen, Zeichen, true und false

Bei dem hier verwendeten Bild wird durch das Bild der Begriff "verpackt", aber nicht unbedingt anschaulicher. Darüber hinaus werden programmiersprachenspezische Begriffe (true, false) benutzt, die zum Zeitpunkt der Einführung des Begriffes Typ noch gar nicht bekannt sind.

Ein anderes, von uns in der Praxis benutztes Bild für den Behälter ist der Joghurtbecher:

Behälter	Becher
Typ	Joghurtbecher
Name	Danone (vs Lünebest vs ...)
Werte	Erdbeerjoghurt, Bananenjoghurt

Die Schwierigkeit an diesem Beispiel liegt in der Veranschaulichung der Typunverträglichkeit: In einen Joghurtbecher kann man "alles mögliche" tun, z.B. Perlen oder kleine Äpfel - genau das kann man aber mit einer Variablen nicht. Dieser Nachteil wird von folgendem Bild kompensiert:

Behälter	Schachtel
Typ	Schachtel für Tonträger
Name	CD-Hülle (vs Kassettenschachtel vs Plattenhülle)
Werte	CD mit Mozart Klavierkonzert, CD mit Michael Jackson

Das Thema Typunverträglichkeit läßt sich an diesem Beispiel gut zeigen: In die CD-Hülle passen die beiden anderen "Typen" Kassette und Platte nicht.

Behälter dieser Art lassen sich gut einsetzen, wenn es um die Erweiterung einfacher Datentypen auf zusammengesetzte geht: Ein CD-Regal ist ein Beispiel für den Typ "Array", die Musiksammlung einer Studentin kann als Datei betrachtet werden, deren Sätze die Beschreibungen der CD's darstellen (Musikstück, Name des Interpreten, Hersteller, Erscheinungsjahr, Preis etc.)

Der Begriff "einfach verkettete Liste"

"Eine Liste ist eine verkettete Folge von Elementen eines gegebenen Datentyps. Wichtige Operationen auf Listen sind Aufbau einer Liste, Durchlaufen einer Liste, Einfügen und Entfernen eines Elementes. " ([Schülerduden], S. 287)

In den imperativen Programmiersprachen benutzt man idR. Zeiger (Pointer) für die Implementierung von Listen. Listenelemente haben dann mindestens 2 Komponenten: Die eine mit dem Dateninhalt, die zweite mit dem Hinweis auf das dem aktuellen Element nachfolgende.

Das von uns benutzte Bild ist ein Güterzug aus Waggons, die als Behälter für etwas Bestimmtes (Variablen sind Behälter für etwas) stehen. Dieses Bild kann für die genannten Operationen Aufbau, Durchlaufen, Einfügen, Entfernen gut eingesetzt werden. Als Beispiel sei das Bild für die Operation Einfügen angeführt:

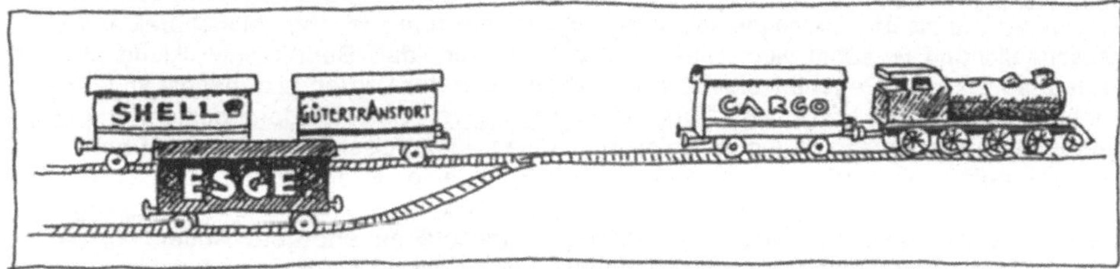

3 Kritische Beurteilung

Joghurtbecher, CD-Hüllen oder Güterzüge sind Anschauungsbeispiele, die die Lernenden aus dem Alltag kennen. Das scheint ihren Einsatz im Unterricht zu rechtfertigen. Nun gibt es nicht zu jedem zu vermittelnden Begriff solche Veranschaulichungen, bzw. viele der existierenden Veranschaulichungen lenken vom formalen Begriff ab (s.o. das "Haus"-Beispiel aus dem Pascal-comic) oder sie betonen Aspekte des formalen Begriffes, die nicht betont werden sollen, wie z.B. beim Joghurtbecher die Aufnahmefähigkeit von **Beliebigem**, sei es nur klein genug.

Wenn Bilder die Funktion haben, etwas Formales, "Trockenes" nur hübsch zu verpacken, ist ihr Einsatz eher gefährlich: Der formale Begriff muß eigentlich schon verstanden worden sein, um zu verstehen, worin die Analogie zwischen Bild und Begriff besteht. Das erleichtert das Verständnis des Begriffes nicht, sondern kann eine zusätzliche, unerwünschte Schwierigkeit darstellen.

Die Benutzung von Bildern im Unterricht von formalen Strukturen (Programmierung, Mathematik) ist verführerisch: Bilder beeindrucken, weil sie gefallen, lustig, abwechslungsreich sind. Und Bilder scheinen selbsterklärend zu sein.

Winter nennt das "zwei Mißverständnisse" im Gebrauch von Veranschaulichung: "Eine Reduktion auf Impression liegt vor, wenn die Veranschaulichung in ihrem zufälligen optischen Erscheinungsbild als das Gemeinte selbst verstanden und somit der Variablencharakter von Veranschaulichung verkannt wird. Dies kann dazu führen, daß Begriffsentwicklung nicht gefördert, sondern im Gegenteil blockiert wird, wobei aber der Lernende zunächst im Glauben lebt, er habe etwas verstanden." und "Unterstellung von Selbstevidenz besteht in dem Glauben, eine Veranschaulichung verweise sozusagen automatisch aus sich selbst heraus auf das Gemeinte. Es wird verkannt, daß das Verstehen eines Bildes immer auch ein Entschlüsselungsvorgang ist, der die Reaktivierung begrifflichen Wissens des Langzeitgedächtnisses und - u.U. mühevolle - Verständigungsgespräche erfordert. Anders ausgedrückt: Die Verwendung von Veranschaulichungen kann nicht als Denkersatz fungieren, sie ist selbst eine Form des Denkens" ([Winter 1989], S. 152/153).

Vor etwa 20 Jahren wurde im Mathematikunterricht die Erfahrung gemacht, daß der Einsatz von sog. Rechenbildern zum Lösen von Sachaufgaben nur genau den SchülerInnen half, die die Aufgaben auch ohne die Bilder hätten lösen können (Winter a.a.O.). Manche der von uns in der Literatur gefunden oder auch selbst schon im Unterricht benutzten Bilder legen den gleichen Verdacht nahe.

Die Konsequenz daraus ist, daß Auswahl und Einsatzort von Bildern wohlüberlegt sein sollte. Es muß klar sein, was für Aspekte für den formalen Begriff wesentlich sind. Das dann dafür verwendete Bild muß eben diese Aspekte als wesentlich enthalten, und die Übertragung muß "einfach" sein, d.h. die von Winter genannte "Denkarbeit" darf nicht vom Begriff weg, sondern muß zu ihm hinführen.
Unsere Erfahrung aus Selbstbeobachtungen im Unterricht ist, daß - vor allem spontan benutzte - Bilder diese Forderung bei weitem nicht immer erfüllen (s.o. das Bild "Joghurtbecher").

Das von uns durchgeführte Projekt hat zum Ziel, für die Begriffe aus dem Bereich "Algorithmen und Datenstrukturen" **geeignete Bilder** zu finden und systematisch zu untersuchen, ob ihr Einsatz tatsächlich nützlich ist. Und zwar für diejenigen Lernenden, die ohne den Einsatz der Bilder den formalen Gehalt eines Begriffes nicht oder nur sehr schwer lernen. Das sind im Zweifelsfalle vielleicht mehr, aber nicht nur die Mädchen/Frauen - wobei hier sicherlich gilt, was schon Wagenschein 1970 festgestellt hat: "Ich habe im koedukativen Unterricht immer wieder die Erfahrung gemacht: **Wenn man sich nach den Mädchen richtet, ist es auch für die Jungen richtig, umgekehrt aber nicht**" (zitiert nach [Horstkemper 1990], S. 6, Hervorhebung von uns).

4 Literatur

[Fauser 1992]
Richard Fauser: Neue empirische Untersuchungen über geschlechtsspezifische Unterschiede am Computer. Voraussetzungen und Folgen. in: Mädchen und Computer. Ergebnisse und Modelle zur Mädchenforschung in Computerkursen. Studie des BMBW Bonn 1992, S. 22 - 45

[FU Berlin 1994]
Frauenförderplan des Fachbereiches Mathematik und Informatik. Universitätsinterne Veröffentlichung, Freie Universität Berlin

[Horstkemper 1990]
Marianne Horstkemper und Luise Wagner-Winterhager (Hrsg): Mädchen und Jungen - Männer und Frauen in der Schule. Die Deutsche Schule, 1. Beiheft 1990, Juventa, Weinheim.

[Moir / Jessel 1994]
Anne Moir, David Jessel: Brain Sex - der wahre Unterschied zwischen Mann und Frau. Econ Taschenbuch Verlag Düsseldorf 1994^2

[PC-Lexikon 1993]
Hans Herbert Schulze: PC-Lexikon. rororo Reinbek 1993

[Schülerduden 1986]
Schülerduden Informatik. Bearbeitet von Volker Claus und Andreas Schwill. Bibliographisches Institut Mannheim 1986

[Winter 1989]
Heinrich Winter: Entdeckendes Lernen im Mathematikunterricht. Vieweg Braunschweig/Wiesbaden 1989

[Zwittlinger 1990]
Helmut Zwittlinger: Comic-Pascal: ein Fach- & Sach-Comic. Oldenbourg Verlag München 1990

5 Anschriften der Autorinnen

Dr. Eva Pilz
Handjerystraße 16
12159 Berlin
Telefon 030 / 851 28 48
Telefax 030 / 851 28 48

Prof. Debora Weber-Wulff
Lauterstraße 14/15
12159 Berlin
Telefon 030 / 859 15 46
Telefax 030 / 859 35 11
email weberwu@tfh-berlin.de

2.2   Sekundarstufe II

Der Informatikunterricht in dieser Stufe unterliegt einem starken Wandel.
Es hat sich gezeigt, daß man ohne Vorkenntnisse der Schülerinnen und Schüler aus der Sekundarstufe I zu lange bei der Lösung kleiner Anfängeraufgaben bleibt, von denen für diese Altersgruppe wenig Motivation ausgeht. Zur Lösung der alterstypischen Probleme kann man mit vorbereiteten Informatikbausteinen, die analysiert, modifiziert und kombiniert werden, wesentlich schneller gelangen. Das führte zu einer zunehmenden Ablehnung der Programmierung im „Kleinen" in dieser Altersstufe.
Die Frage nach dem Beitrag der Informatik zur Allgemeinbildung brachte verstärkt solche Inhalte der technischen und theoretischen Informatik in die Lehrplanentwürfe, die den Zugang zu beständigen Denk- und Arbeitsweisen der Informatik unterstützen. Es fehlt bisher eine Verbindung dieser Inhalte mit der erfolgreiche Unterrichtslinie „Problemlösen mit den Mitteln und Methoden der Informatik". So bleibt es vorerst bei separaten Lernabschnitten, die zu einer recht komplizierten Motivationslage führen können.
Der Anspruch, im Informatikunterricht die Problemlöse- und Sprachkompetenz mit Prinzipien und Methoden dieser Fachwissenschaft zu fördern, wird nun nicht mehr auf ein Programmierparadigma reduziert. Es wird versucht, Schülerinnen und Schülern auch Verständnis für deklarative und objektorientierte Problemlösungen zu ermöglichen. Damit kann in der Allgemeinbildung veranschaulicht werden, daß die Lösung von verschiedenen Aufgabenklassen mit der jeweils geeigneten Modellierung in unterschiedliche Sprachkonzepte führt. Informatikunterricht erfordert dann die Kenntnis mehrerer Programmiersprachentypen und die bewußte Auswahl entsprechend der aktuellen Aufgabe. In jeder Ausbildungsphase können dann für solche anerkannten Bildungslinien, wie z.B.

- Darstellung von Wissen durch geeignete Sprachen,

- Wissen strukturieren,

- virtuelle Maschinen erkunden (Transparenz der Lösungssuche)

auf höherem Niveau neue Erfahrungen und Erkenntnisse vom Lernenden gewonnen werden.
Umstritten ist zur Zeit die Reihenfolge bei der Einführung verschiedener Sprachkonzepte und die erforderliche Tiefe, um tatsächlich zu selbständigen Lösungen der Schülerinnen und Schüler zu gelangen.

Objektorientiertes Denken als didaktische Basis
der Informatik

Cecile K. M. Crutzen

Open University - Technical Sciences
P.O.Box 2960
NL-6401 DL Heerlen
CCR@OUH.NL

Hans-Werner Hein

•hcc••
Postfach 500 519
D-44205 Dortmund
100103.3370@CompuServe.Com

Die Prädicate der Erscheinung können dem Objecte selbst beigelegt werden, in
Verhältniß auf unseren Sinn, z.B. der Rose die rothe Farbe, oder der Geruch; ... [5]
Immanuel Kant (1787)
Wie wir uns räumliche Gegenstände überhaupt nicht außerhalb des Raumes,
zeitliche nicht außerhalb der Zeit denken können, so können wir uns keinen
Gegenstand außerhalb der Möglichkeiten seiner Verbindung mit anderen denken. [6]
Ludwig Wittgenstein (1918)

1 Einleitung

Es werden vier mit dem Objektorientierten Denken zusammenhängende didaktische Linien
vorgestellt, die sich bei der Entwicklung eines neuen 100-Stunden-Fernkurses "Einführung in
die Informatik" [1] für die Open University der Niederlande und bei der Durchführung von
Informatikprojekten auf Schülerakademien des Bildung und Begabung e.V. bewährt haben.
Anhand von ausgewählten Beispielen wird zuvor formal und methodisch in das objektorientierte Analysieren und Entwerfen eingeführt.
Objektorientiertes Denken ist nicht neu und auch kein Spezialgebiet der Informatik. Es war
schon immer da und die obigen Zitate aus der Philosophie sind nur zwei von vielen möglichen.
Überlegungen zur Formalisierung objektorientierten Denkens finden sich seit Anfang dieses
Jahrhunderts in der Mathematik (Stichwörter: "Typenkalkül", "Abstrakter Datentyp"), waren in
der Informatik von deren Beginn an bekannt, und ab ca. 1960 stand SIMULA als erste objektorientierte Programmiersprache zur Verfügung. Dennoch wurde das Selbstbild der Informatik
bis Anfang der 80er Jahre weitgehend durch funktionsorientiertes und logikorientiertes Denken
bestimmt. Eine ganze Reihe von Trends brachten dann das objektorientierte Denken wieder in
den Blick der Kerninformatik, es seien nur zwei erwähnt:
• Die Versuche der Künstlichen Intelligenz, als Basis für verschiedene kognitive Leistungen
  größere Weltbeschreibungen im Computer objektorientiert anzulegen, zeigten deutliche
  praktische Vorteile gegenüber anderen Ansätzen.
• Die Anwendung objektorientierten Denkens auf das Thema der Benutzerschnittstellen von
  persönlichen Computern führte über die Erfindung des Prinzips "Fenster+Menü+Zeiger",
  zur Programmiersprache SMALLTALK und zum Betriebssystem des Apple Macintosh.
Inzwischen ist Objektorientiertsein in der Informatik ein Muß, wenn auch ein Blick in die
Unzahl von Lehr- und Aufklärungsbüchern meist zeigt: "Die Autoren denken nicht
objektorientiert und unter einem dünnen, objektorientiert tuenden Terminologie-Lack befindet
sich das alte Blech".
Soll man also objektorientiertes Denken in Informatik unterrichten? Wir meinen: Ja, und zwar
von Anfang an und zyklisch durch alle Klassenstufen immer wieder. Es braucht dazu keine
besonderen Schüler und auch keine besonderen Programmiersprachen oder Computersysteme.
Die allgemeine Strategie ist auch nicht exotisch: "Informell beginnen und stufenweise
formalisieren". Eine Auswahl von realitätsnahen Beispielen ist einfach. Die Komplexität von

Beispielen und Übungen kann nach der Zahl und Größe der beteiligten Objekte zunehmen. Ein weiterer didaktischer Vorteil objektorientierten Denkens ist, daß das Analysieren, Beschreiben und Entwerfen zyklisch möglich ist. Man kann damit irgendwo anfangen. Behandelte Beispiele sind leicht zu kombinieren, weil man leicht jedes Objekt aus dem Zusammenhang nehmen und in jeden beliebigen anderen Zusammenhang bringen kann. Seitens der Informatik braucht man am Anfang nur wenig Begriffliches. Die allgemeinste Sicht (das Paradigma) ist: "Jedes Objekt der Realität, das Informationen aufnimmt, speichert, verarbeitet und abgibt, kann man als Informationsobjekt beschreiben. Objekte der Realität können untereinander interagieren, diese Interaktionen kann man als Kommunikation zwischen Informationsobjekten beschreiben. Ein Informationssystem ist die Realisierung einer Anzahl von Informationsobjekten - und damit ein Objekt der Realität, das man (hier schließt sich ein Kreis) wiederum als Informationsobjekt beschreiben kann."

2 Was ist "objektorientiert"

Betrachtet man die reale Welt mit der "Objektbrille", so kann man sie analysieren und in einem Modell beschrieben, das aus Einheiten (Objekten) mit individuellen Zuständen, einem

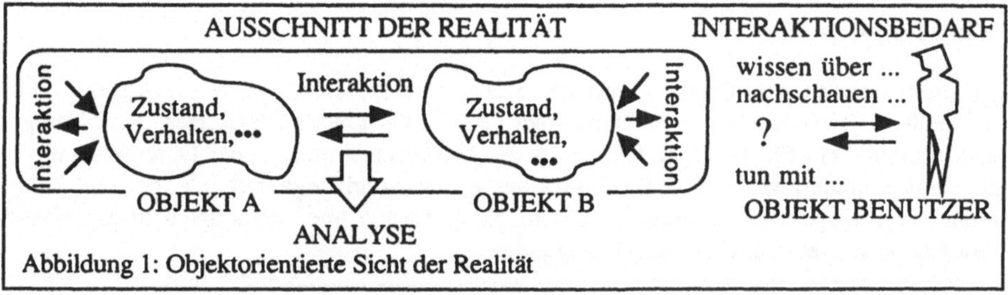

Abbildung 1: Objektorientierte Sicht der Realität

spezifischen Verhalten, sowie weiteren Eigenschaften besteht (Abb.1 und 2). Zwischen diesen Einheiten kann man Interaktionen beobachten, die zeitlich begrenzter oder permanenter Art sind. Aus der objektorientierten Sicht heraus kann man auch versuchen, Informationssysteme zu entwerfen (Abb.3) und anhand des fertigen Entwurfs zu implementieren (Abb.4). Dem Zweck eines geplanten Informationssystems entsprechend, braucht man dafür nur einen Ausschnitt der Realität zu analysieren. Dieser Ausschnitt muß genau die Objekte und Interaktionen enthalten, die direkt oder indirekt für den angestrebten Zweck relevant sind.
Ein besonderes Objekt der Realität sind die zukünftigen Benutzer. Ihnen sollen ja mittels des geplanten Informationssystems neue synthetische Interaktionen mit Objekten der Realität ermöglich werden. Daher ist die Analyse und Modellierung ihres Interaktionsbedarfs von

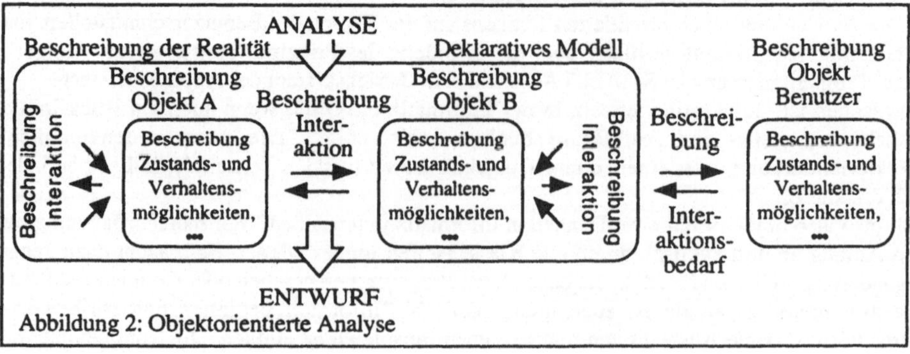

Abbildung 2: Objektorientierte Analyse

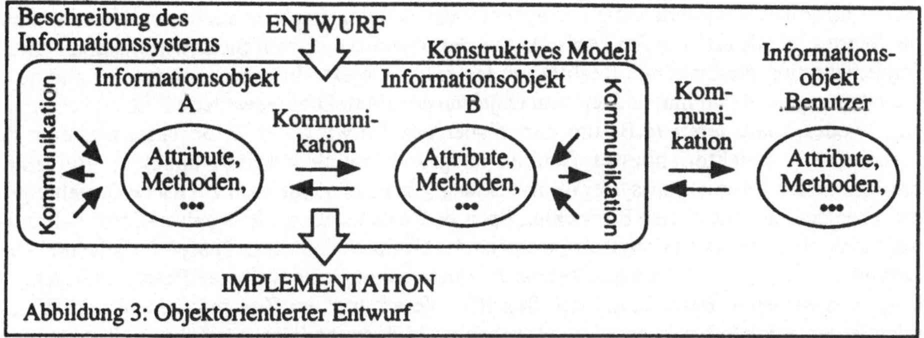

Abbildung 3: Objektorientierter Entwurf

Anfang an ein wesentlicher Bestandteil der Entwicklungsarbeit. Objektorientierte Analyse führt zu einer deklarativen Modellierung der Realität (Abb.2), die sich dadurch auszeichnet, daß für jedes reale Objekt und jede reale Interaktion genau ein separater Beschreibungs-Modul angelegt wird. Das steht im Gegensatz zu anderen Analysemethoden, deren Ergebnisse etwa funktional (z.B. Satz von Differentialgleichungen), logisch (z.B. Menge von logischen Aussagen), strukturell (z.B. hierarchisches Modell) usw. orientiert sind. Während der analytische Schritt nur rezeptiv ist und ein zweckentsprechend ausreichend genaues Eins-zu-Eins-Modell der Realität anstrebt, kommen beim Entwurf konstruktive und synthetische Überlegungen hinzu (Abb.3), die zu einer vollständigen Beschreibung des geplanten Informationssystems führen. Für jedes Objekt der Realität wird genau ein Informationsobjekt entworfen, sein Zustand in Attributen und sein Verhalten in Methoden modelliert. Aus konzeptionellen oder technischen Gründen können noch weitere Informationsobjekte hinzukommen, die im analytischen Modell keine Entsprechung haben (siehe z.B. Abb.6). Jede analysierte Interaktionsbeziehung zwischen Objekten wird jetzt in Kommunikation zwischen Informationsobjekten transformiert. Bei dieser Transformation ist mehreres zu beachten:

- Ein Interaktionspfeil zeigt ja die Richtung der Initiative an und nicht umbedingt die Richtung eines Informationsflusses. Daher kann aus einer analysierten einseitigen Interaktion schon einmal eine zweiseitige Kommunikation (ein Dialog) werden (siehe z.B. Abb.5). Das erfordert konstruktives Denken.

- Interaktionen in der Realität ereignen sich in allen sinnlichen Bereichen. Die Kommunikation zwischen Informationsobjekten muß aber rein verbal (symbolisch) entworfen werden (siehe z.B. Abb.5). Das erfordert abstrahierendes Denken.

- Es ist außerdem durchaus möglich, daß aus einer "eigentlich" direkten Interaktion realer Objekte aus technischen Restriktionen heraus eine indirekte Kommunikation der zugehörigen Informationsobjekte wird (siehe z.B. Abb.6). Das erfordert problemlösendes Denken.

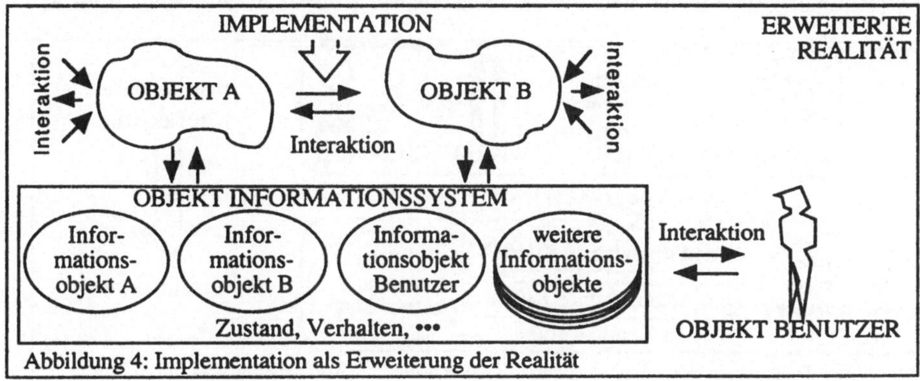

Abbildung 4: Implementation als Erweiterung der Realität

Ist ein Informationssystem fertig entworfen, kann es durch Implementation im wahren Sinne des Wortes "realisiert" werden (Abb.4). Aus der objektorientierten Sicht wird nämlich durch Implementation die bisherige Realität um ein neues Objekt "Informationssystem" und neue Interaktionen zwischen ihm und anderen Objekten erweitert. Diese erweiterte Realität kann man nun wieder analysieren (z.B. um den bisherigen Entwurf des Informationssystems zu verbessern) - objektorientiertes Denken ist grundsätzlich zyklisch angelegt. Bei einer professionellen Informationssystem-Entwicklung gibt es ohnehin noch zyklische Beziehungen zwischen den hier skizzierten Entwicklungsphasen Realitätsausschnitt-Analyse-Entwurf-Implementation. So treten fast zwangläufig während der Evaluation späterer Phasen Defizite und Unklarheiten in den Modellen zutage, welche die Überarbeitung einer früheren Phase nahelegen.
Eine inkonsequente Betrachtung des Begriffs "Vererbung" im Zusammenhang mit objektorientiertem Denken hat in der Vergangenheit zu Mißverständnissen geführt. Selbst noch im Entwurf (im konstruktiven Modell des geplanten Informationssystems) müssen die Informationsobjekte völlig unabhängig voneinander beschrieben bleiben. Eine Einführung von hierarchischen Abhängigkeiten wäre hier verfrüht, sinnlos und würde nur die Wiederverwendbarkeit in anderen Kontexten gefährden. Erst bei der Implementierung dürfen aus Effizienz-Überlegungen heraus Entscheidungen getroffen werden, ob gleichartige Teilstrukturen in verschiedenen Informationsobjekten in einem gemeinsamen "Ober-Informationsobjekt" realisiert werden, oder nicht. Und analog dazu, ob gleichartige Methoden in einer gemeinsamen "Ober-Prozedur" realisiert werden, oder nicht. Um einen objektorientierten Entwurf zu implementieren, braucht es also nicht notwendigerweise eine Programmiersprache, die datenstrukturelle Vererbung zur Verfügung stellt - wie auch das Hinschreibenkönnen einer Objekthierarchie nicht zwangsläufig objektorientiertes Denken beweist. Für eine Einführung kann man jedenfalls problemlos auf die Betrachtung von Vererbungs-Beispielen verzichten.

3 Informationssysteme Typ 1: Simulierende Systeme

Simulierende Systeme sind am einfachsten zu entwerfen; sie modellieren einen Ausschnitt der Realität ohne synthetische Zugaben. Außer mit ihren Benutzern haben sie keine Interaktionen mit Objekten der Realität. Daher ist es sinnvoll, Einführungen in objektorientiertes Denken mit Simulationsbeispielen zu beginnen. Unser Beispiel in [1] modelliert eine Bankschalterhalle:
- mit Kunden, die zu verschiedenen Zeiten kommen und verschiedene Wünsche haben,
- mit Schaltern, die zu individuellen Zeiten öffnen und schließen, und für bestimmte Wünsche zuständig sind,
- mit Warteschlangen vor den Schaltern,
- mit Abhängigkeiten zwischen den Zuständigkeiten, so daß ein Kunde im Allgemeinen an mehreren Schaltern anstehen muß, bis sein eigentlicher Wunsch abschließend erfüllt wird.

Abbildung 5: Beispiel "Kunden vor einem Bankschalter" (Simulierendes System)

Zweck des simulierenden Informationssystems sollte es sein, anhand der zeitlichen Verteilung eintreffender Kunden und der statistischen Verteilung ihrer Wünsche, die Zusammenhänge zwischen den Zuständigkeiten der einzelnen Schalter und den maximalen und durchschnittlichen Kunden-Wartezeiten zu studieren. Die Implementation erfolgte zunächst in OBERON unter Macintosh 7.1 durch die Autoren, die Open University portierte das System dann nach TURBO PASCAL 6 unter WINDOWS. Abb.5 zeigt als besonders interessantes Detail dieses Beispiels die Interaktion des Schalterbeamten mit der Warteschlange vor seinem Schalter. Beim Entwurf wird aus der einseitigen nonverbalen Interaktion eine zweiseitige verbale Kommunikation mit drei möglichen Nachrichten (messages).

4 Informationssysteme Typ 2: Registrierende Systeme

Nach einer Betrachtung von Beispielen, die zu simulierenden Informationssystemen führen, kann sich als nächstschwierigeres Kapitel die Frage anschließen, welche Aspekte hinzukommen, wenn man eine Interaktion von anderen realen Objekten, als nur den Benutzern, mit dem geplanten Informationssystem realisieren will. Dies führt zunächst zu den registrierenden Informationssystemen. Als sehr übersichtliches Beispiel kann man eines vom Typ "Eine Person leiht ein Buch in einer Bibliothek aus" verwenden (das Beispiel wurde für [2] ausgearbeitet). Der dabei auftretende Registrationsbedarf besteht darin, daß der jeweilige aktuelle Zustand eines Buchs ("vorhanden", "ausgeliehen von .."") und der Zustand jedes Ausleihers ("hat Bücher ..") gespeichert und einem Bibliothekar verfügbar sein sollen. Aus der Analyse ergibt sich, daß die Implementation einer direkten Interaktion "BUCH an INFORMATIONSSYSTEM: Mein Zustand ist nun.." ohne eine technische Aufrüstung der Bibliothek ("automatische Buchidentifikation", "diebstahlsichere Selbstbedienungsschleuse") unmöglich wäre. Unser Entwurf geht entlang des konventionellen Wegs über den Bibliothekar als vermittelndes Medium. Der obere Teil von Abb.6 beschreibt den Realitätsausschnitt mit den Objekten AUSLEIHER, BUCH und

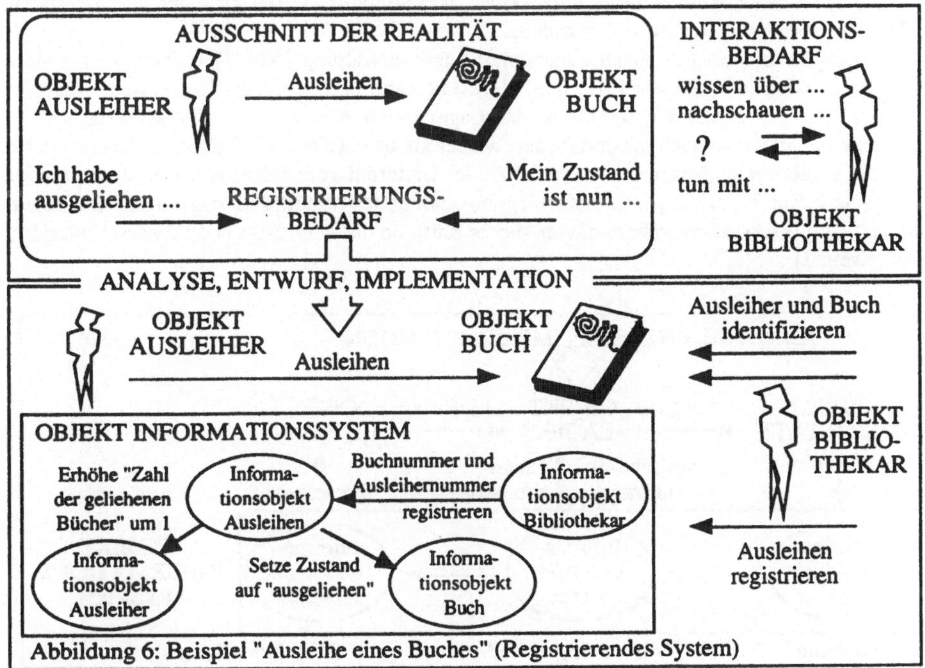

Abbildung 6: Beispiel "Ausleihe eines Buches" (Registrierendes System)

BIBLIOTHEKAR, sowie einer Interaktion AUSLEIHEN. Es besteht ein Registrierungsbedarf für AUSLEIHER und BUCH mit je einer Interaktion, und ein Interaktionsbedarf des BIBLIOTHEKARs mit der Realisierung dieses Registrierungsbedarfs. Der untere Teil von Abb.6 beschreibt eine mögliche Realisierung als neues Objekt INFORMATIONSSYSTEM mit drei neuen Interaktionen für den BIBLIOTHEKAR. Es liegt auch nahe, die Realisierung der Interaktion "Ausleihen" als ein synthetisches Informationsobjekt zu entwerfen, welches die Kommunikation der an einer Ausleihe beteiligten Informationsobjekte synchronisiert. Aus dem alltäglichen Leben kennen wir diese objektifizierten Interaktionen gut. Die deutsche Sprache erlaubt z.B. generell die Substantivierung eines Verbs ("handeln" -> "Handlung"). In der Verwaltungssprache kennt man wichtige, genau definierte Interaktionen als "Vorgänge" und "Sachen". In der Informatik treten sie sowieso auf, z.B. in der Datenbanktechnik als "Transaktionen". Es ist ein grundsätzlicher Unterschied, daß bei simulierenden Systemen keine Interaktionen als Informationsobjekte modelliert werden müssen, bei registrierenden System aber regelmäßig. Eine schöne Übung ist es, das Beispiel, nachdem es vollständig modelliert und implementiert ist, um die Interaktion ZURÜCKGEBEN zu erweitern. Die Schüler erfahren, wie natürlich und modular sich ein objektorientiertes Modell erweitern läßt und wie problemlos sich eine Implementation an neuen Bedarf anpassen läßt - falls sie sich vorher präzise an das Modell gehalten hat.

5 Informationssysteme Typ 3: Regelnde Systeme

Während registrierende Systeme keine eigene Interaktion mit den Objekten der Realität haben, ist dies für regelnde Systeme unerläßlich. Sie wirken auf die Umwelt, die Umwelt wirkt auf sie, es entstehen Regelkreise, die sehr bewußt analysiert und modellieren werden müssen. Dies ist gegenüber den registrierenden Systemen ein zusätzlicher Aspekt, er kann schon bei relativ wenigen Objekten, die aber alle stark interagieren, eine Bereitschaft zum Denken in Wirkungs- netzen (Laterales Denken) erfordern [4]. Daher ist es sinnvoll, sie erst nach den simulierenden und registrierenden Systemen zu behandeln.

Unser Beispielvorschlag einer automatischen Lagerverwaltung (Abb.7) enthält bei nur drei Objekten bereits zwei Regelkreise. Die Werkstatt kann beim Informationssystem Material anfordern; ist es vorhanden, bekommt das Lager einen Auftrag und gibt Material an die Werkstatt aus; die verbraucht es und fordert wieder an, usw. (Kreis 1). Sinken die Lagervorräte unter ein verabredetes Minimum, dann erhält der Lieferant vom Informationssystem parallel zum Kreis 1 eine Bestellung und liefert irgendwann neues Material an das Lager; das Lager berichtet dem Informationssystem davon, dieses prüft, ob das Minimum noch unterschritten ist, usw. (Kreis 2).

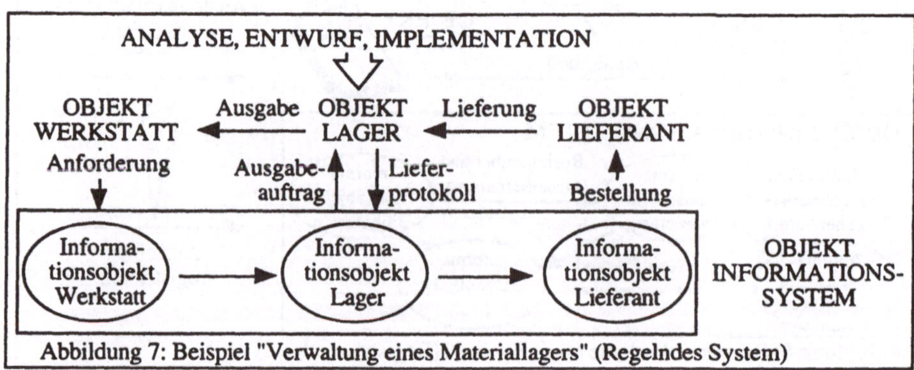

Abbildung 7: Beispiel "Verwaltung eines Materiallagers" (Regelndes System)

6 Informationssysteme Typ 4: Autonome Systeme

Autonome Systeme können erst dann betrachtet werden, wenn das Prinzip des regelnden Systems verstanden wurde. Als neue Aspekte kommen hinzu:

- Die Autonomieeigenschaft ist vollkommen synthetisch, daher entfällt hierfür der Analyseschritt. Ihre Modellierung beginnt mit einem kreativen Entwurf eines Informationsobjekts SELBST (Selbstbeschreibung), sowie einer Kommunikation mit sich SELBST (Selbstregelung).
- Ein autonomes System verfügt über direkte Interaktionen mit Objekten der Realität (diese heißen gelegentlich auch "Sensoren" und "Aktoren" [3]), aber nun haben die Objekte der Realität (auch die BENUTZER) keine eigenen Interaktionen mit dem System mehr. Trotzdem gibt es natürlich im Allgemeinen Regelkreise zwischen dem System und seiner Realität, weil (vergleiche Beispiel zu Abb.5) im Entwurf Kommunikation auch gegen die Richtung einer Interaktion laufen kann.

Unser Beispielsvorschlag ist das "Eigensinnige Echo". Ein Informationssystem ist mit Mikrophon (Sensor) und Lautsprecher (Aktor) verbunden. Gelegentlich nimmt es Schall aus der Realität auf und speichert ihn, gelegentlich gibt es aufgenommenen Schall wieder ab, allerdings verzögert, möglicherweise verfremdet, vermischt und keineswegs immer chronologisch. Dieses Verhalten wird durch das Informationsobjekt SELBST gesteuert, welches zufällige und variable Eigenschaften enthalten kann. Anhand von Merkmalen des aufgenommenen Schalls können nach geheimen Kriterien diese Eigenschaften über die Selbstregelung laufend verändert werden. Für einen Benutzer zeigt ein solches System ein interessantes Verhalten: Man weiß zwar nie, ob es einem überhaupt gerade zuhört, aber das, was es ausgibt, ist auch nicht ganz beziehungslos zu dem, was man mal zu ihm gesagt hat.

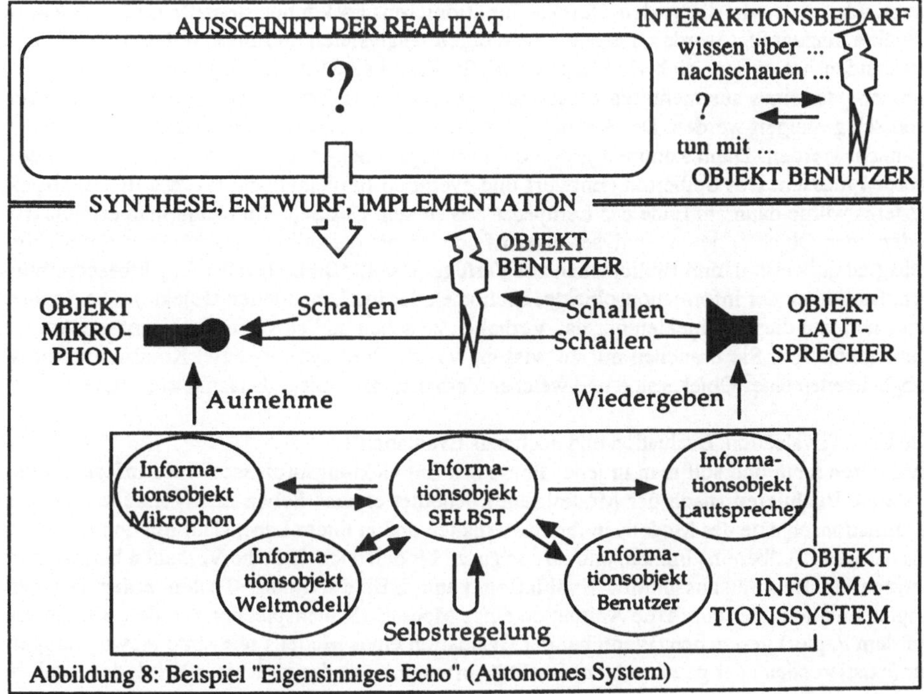

Abbildung 8: Beispiel "Eigensinniges Echo" (Autonomes System)

7 Didaktische Linien beim Entwerfen von Informationsystemen

Die Linie "Sehen-Verstehen-Ändern-Selbertun":
Didaktische Linien beim Erwerb von Wissen und Fähigkeiten sollten so strukturiert werden, daß das Wissen und die Fähigkeiten in zyklischer Weise aufgebaut werden. In jedem Erweiterungszyklus sollten die Aktivitäten des Sehens, des Verstehens, des Änderns und des Selbertuns angeboten werden werden. Ein objektorientierter Ansatz für den Entwurf von Informationssystemen ist aus dieser Sicht besonders naheliegend, weil in der Realität vieles ohnehin als System interagierender Objekte zu sehen und zu verstehen ist. Anhand von Beispielen aus der Realität kann man lernen, was das Verhalten und die Zustände eines Objekt sind und wie die Objekte untereinander interagieren. Man kann sehen und verstehen, wie man in einer Analyse jedes Objekt als Einzelnes und das System als Ganzes beschreiben kann. Man kann sehen und verstehen, wie man in einem Entwurf die vielen sequentiellen Abläufe der einzelnen Objekte und das parallele Verhalten von mehrere Objekten miteinander in Attributen, Methoden und Interaktionen modelliert. Dann kann man versuchen, im Modell das Verhalten der Objekte zu ändern. Die Linie läßt sich dadurch abschließen, daß man ein kleines System von den Schülern anhand ihres eigenen Modells wieder spielen läßt. Ein einfaches Beispiel ist das Modell eines Ballspiels in einem Kreis von Kindern mit den Objekten "Kind", "Kreis", "Ball" und der Interaktion "Werfen".

Die Linie "Analyse-Entwurf-Implementation":
Ein objektorientierter Modellierungsprozeß ist in sich selber zyklisch und besteht aus den Phasen Analyse, Entwurf und Implementation. Diese Phasen zu erlernen, kann mit einer sehr geringen Anzahl von Objekten begonnen werden. In jeder Phase sollte man wieder der didaktischen Linie "Sehen-Verstehen-Ändern-Selbertun" folgen. Dabei können die Objektbeschreibungen bzw. Informationsobjekte verändert werden, nachdem man gesehen und verstanden hat, wie die realen Objekte funktionieren. Es können dem Realitätsausschnitt Objekte hinzugefügt werden, nachdem man durch Analysieren und Beschreiben gesehen und verstanden hat, wie er sich als Ganzes verhält. Man kann Informationsobjekte in mehrere trennen oder eines aus mehreren zusammensetzen. Art und Umfang der Änderungen können zyklisch gesteigert werden. Der Anfang könnte mit kleinen Änderungen an einzelnen Objekten gemacht werden. Dann kommen größere Änderungen, bei denen mehrere Objekte geändert werden müssen. Das Selbertun (Entwurf und eventuell Implementation) eines Informationssystems würde dann am Ende des Lernprozesses stehen. Das Selbertun kann man erleichtern, indem man Objekte, deren Analyse, Entwurf oder Implementation einen höheren Schwierigkeitsgrad aufweist, in drei Bibliotheken zur Verfügung stellt (Bibliothek der Objektbeschreibungen, Bibliothek der Informationsobjekte, Bibliothek der implementierten Objekte). Die Schüler brauchen von diesen Objekten nur das Verhalten zu sehen und zu verstehen, nicht die Art der Implementation. Sie brauchen nur zu wissen, was die Interaktions- bzw. Kommunikationsmöglichkeiten eines Objekts sind und welches Verhalten das Objekt danach jeweils hat.

Die Linie "Evaluation, Evaluation und nochmals Evaluation":
Evaluieren kann und soll man in jeder Phase des Entwicklungsprozesses eines Informationssystems. Evaluieren (nach der Modelltreue) bedeutet erstens Sehen und Verstehen, ob die Informationsobjekte des Modells in ihrem Verhalten und in ihrem Lebenslauf mit den Objekten aus der Realität übereinstimmen, und ob das ganze Modell auch dasselbe Verhalten hat, wie der betrachtete Realitätsausschnitt. Evaluation kann z.B. durch das Testen einer fertigen Implementation oder durch die Animation eines Modells (Rollenspiel der Schüler, Simulation auf dem Papier) geschehen. Wenn bei der Evaluation eines Modells relevante Abweichungen zur (existierenden oder gewünschten) Realität auftreten, führt das nach einer Kritik der Analyse zu Änderungen im Entwurf. Änderungen, die dann wieder in Änderungen der Informations-

objekte resultieren. Eine zweite Art von Evaluation (nach der Zweckmäßigkeit) geht der Frage nach, ob das entworfene oder implementierte Informationssystem in der erweiterten Realität den existierenden Interaktionsbedarf befriedigen würde bzw. befriedigt. Dies kann sowohl zu einer Änderung der Realität als auch wieder zu Änderungen von Informationsobjekten führen. Z.B, daß man nach der Analyse des Bibliotheksbeispiels aus dem Bedarf von Interaktionen "AUSLEIHER->INFORMATIONSSYSTEM" und "BUCH->INFORMATIONSSYSTEM" heraus tatsächlich eine Änderung der Realität beschließt (Magnetstreifen in den Büchern, computerlesbare Benutzerkarten, automatische Ausgangsschleusen, ...). Evaluieren ist also das Prüfen von Beziehungen zwischen Realität, Modellen und versuchten Modellrealisierungen. Diese Kompetenz zu lernen, ist außerordentlich wichtig, weil sie jeder Benutzer, Kunde, Arbeitnehmer, Staatsbürger, etc. braucht, wenn er Nutzen und Konsequenzen eines von wem auch immer eingeführten oder geplanten Informationssystems bewerten will. Dagegen ist Implementieren eine zweitrangige Spezialistenkompetenz.

Die Linie "simulierend-registrierend-regelnd-autonom":
Anhand der Beispiele von Kapitel 3 bis 6 kann man nachvollziehen, daß es prinzipielle Schwierigkeitsstufen des Analysierens und Entwerfens gibt, die sich in vier Typen von Informationssystemen darstellen lassen. Sie sind so charakterisiert:
- Simulierende Systeme sind 1-zu-1-Modelle der Objekte und Interaktionen der Realität. Sie haben keine Interaktion mit der Realität und diese nicht mit ihnen (Benutzer ausgenommen).
- Registrierende Systeme können synthetische Informationsobjekte enthalten, zu denen es keine Entsprechung in der Realität gibt. Objekte der Realität haben eine Interaktion zum registrierenden System. Der Antrieb des Systems ist extern.
- Regelnde Systeme haben Interaktionen mit Objekten der Realität und diese wieder mit ihnen, so daß sich Interaktionskreisläufe ergeben. Das System ist intern und extern angetrieben.
- Autonome Systeme haben auch Interaktionen mit Objekten der Realität, diese aber nicht mehr mit dem System. Der Antrieb des Systems verlagert sich ganz nach innen in eine Selbstbeschreibung und eine Selbstregelung.

Diese Gliederung macht es möglich, ein Beispiel Schritt für Schritt gezielt so zu verändern und zu erweitern, daß die Schüler bei ihrem zyklischen Sehen-Verstehen-Ändern-Selbertun jeweils die nächste Systemstufe erreichen.

7.1 Die Stellung objektorientierten Denkens in einem Informatik-Curriculum

Ist objektorientiertes Analysieren und Entwerfen eine Spezialfähigkeit und kann in die Endphase des Informatikunterrichts plaziert werden, oder ist es etwas so Grundlegendes, daß es von Beginn an im Curriculum vorkommen sollte? Man kann argumentieren, objektorientiertes Denken so früh wie möglich in den Informatikunterricht zu integrieren. Der Erwerb von Kompetenz in Analyse und Entwurf ist ein Prozeß. Man lernt erst durch Erfahrung, relevante Objekte zu sehen. Zwar kann man zunächst alles als Objekt auffassen, was man will, und die Realität beliebig ordnen und klassifizieren. Für kleine Simulationen ist das auch ausreichend, aber auf die Dauer ist es nicht praktisch. Modelle sollten auf eine gewisse Weise zweckmäßig sein, und gut zu modellieren, ist Erfahrungssache. Wenn ein Schüler zu spät mit dem Modellieren beginnt, kann er diese Erfahrung nicht mehr aufbauen. Im Gegenteil wird seine Objektsicht dann sehr stark durch die Denkweisen des vorangegangenen Unterrichts und die ihm bereits geläufigen Werkzeuge gelenkt - es fließt Implementationsdenken in die Analyse und den Entwurf ein. Die Modelle werden unnatürlich. Das steht nicht im Widerspruch dazu, daß zu den aus der Analyse der Realität heraus gewonnenen Informationsobjekten im Entwurf oft noch virtuelle Informationsobjekte hinzukommen müssen (z.B. "objektifizierte Interaktionen"). Diese zu sehen und richtig einzusetzen ist ebenfalls Erfahrungssache, hat aber nichts mit Implementation zu tun.

8 Schluß

Man kann objektorientiertes Denken besonders gut lernen, wenn man entsprechend den vorgestellten didaktischen Linien die Gelegenheit hat, ein selbst oder von anderen implementiertes informationelles Modell interaktiv zu ändern, zu verfeinern, zu erweitern und mit anderen implementierten Modellen zu kombinieren. Auch wenn man damit ganz klein und ohne viele Voraussetzungen beginnen kann, ist objektorientiertes Modellieren ein weittragendes Denkinstrument. Es erlaubt unter anderem auf direkte Weise:

- die Darstellung asynchroner Parallelität (Nebenläufigkeit) von Prozessen.
- die Beschreibung der Kausalität des Verhaltens interagierender Objekte.
- eine beliebige Differenzierung der Arten von Interaktionen zwischen Objekten.
- eine dynamisch-objektive Wahl der Verteilung und Einteilung des eigenen Weltbildes auf die Objekte.
- eine syntaktisch korrespondierende Beschreibungen der Realität (als Ergebnis der Analyse) und eines diese erweiternden Informationssystems (als Ergebnis eines Entwurfs).

Objektorientiertes Denken verlagert die Schwerpunkte des Unterrichts von der Programmierkompetenz hin zu einer Modellierungs- und Evaluationskompetenz. Das Produkt des Schülers ist weniger wichtig, als seine Bereitschaft, dieses Produkt in gute Beziehungen zur Realität zu bringen, und es zyklisch zu verbessern und zu erweitern. Er lernt zudem, daß man die Realität in sehr unterschiedlichen Modellen beschreiben kann, die alle gleichwertig sind. Das Ziel, ein Informationssystem "aus"nutzen zu können, tritt hinter die Fähigkeit zurück, ein modelliertes oder implementiertes Informationssystem auf seine Realitätstreue und Zweckmäßigkeit hin zu betrachten, sowie konstruktive Erweiterungs- und Verbesserungsvorschläge machen zu können. Die Schüler sollen erfahren, daß interaktives softwaretechnisches Operieren in komplexen Informationssystemen möglich ist; daß man dazu nicht das gesamte Informationssystem, insbesondere nicht seine Implementation, verstanden haben muß, und daß man mit Komplexität auf kontrollierte Weise umgehen kann.
Objektorientiertes Denken unterstützt das Bemühen, ein lineares (produktorientiertes) Problemlösen durch ein zyklisches (prozeßorientiertes) Problemlösen zu ersetzen, der Erkenntnis folgend: "Ein Informationssystem ist niemals aktuell, niemals korrekt, niemals optimal, niemals objektiv. "

9 Literatur

[1] Crutzen, C. K. M. et al.: "Oriëntatie op informatica: mens, machine en informatie-verwerking" (Einführung in die Informatik: Mensch, Maschine und Informationsverarbeitung). Fernkurs. Teil 1 (Information, Kommunikation), ISBN 90-358-1384-7; Teil 2 (Technik, Methodik, Gesellschaft), ISBN 90-358-1385-5; Open universiteit, Heerlen (Nederland), 1994.

[2] Crutzen, C. K. M. et al.: "Object-georiënteerde analyse (Een aanpak voor het HBO-I)". HBO-I platform, Utrecht, Juni 1994.

[3] Hein, H.-W.: "Agenda-Systeme". In: Rembold/Dillmann/Levi (Hrg): Autonome Systeme, Universität Karlsruhe, 1991, Seiten 215-225.

[4] Hein, H.-W. et al.: "Programmieren im Team (Simulation einer Biosphäre)". In: Bericht über die Schülerakademie (St. Peter-Ording, 08-24. Juli 1993), Verein Bildung und Begabung e.V., Bonn, 1993.

[5] Kant, I.: "Kritik der reinen Vernunft". (Zitat aus "Allgemeine Anmerkungen zur transzendentalen Aesthetik , §8 Abschnitt III"), J. F. Hartknoch, Riga, 1787.

[6] Wittgenstein, L.: "Tractatus logico-philosophicus". (Zitat aus Satz 2.0121), Suhrkamp, Frankfurt am Main, 1977, Seite 12.

PASCAL-Konzepte im Umgebung-Speicher-Modell

Gerhard Röhner
Studienseminar Darmstadt
Ludwigshöhstr. 105, 64285 Darmstadt

1. Gebräuchliche Erklärungsmodelle

Die Einführung von PASCAL-Konzepten kann im Zusammenhang mit anschaulichen Erklärungsmodellen erfolgen. Unter Berücksichtigung lernpsychologischer Erkenntnisse werden dann neben verbalen Erläuterungen auch graphische Veranschaulichungen geboten. Die gleichzeitige Repräsentierung neuer Konzepte auf der symbolischen und der ikonischen Ebene unterstützt den Lernprozeß.

Die *Strukturierung* von Programmen durch Prozeduren kann durch ein *Blockstrukturdiagramm* aus geschachtelten Rechtecken veranschaulicht werden. Eine Aufwertung dieses Erklärungsmodells ergibt sich daraus, daß es auch die Veranschaulichung des *Gültigkeitsbereichs* und der *Lebensdauer* von Variablen erlaubt. Es ist allerdings nur geeignet, statische Analysen von Programmen zu machen, dynamische Aspekte können damit nicht erfaßt werden.

Zur Erklärung der *Rekursion* verwendet man *Inkarnationsdiagramme*. Sie bestehen wie die Blockstrukturdiagrammen aus geschachtelten Rechtecken, dienen allerdings der Visualisierung dynamischer Prozesse, nämlich des wiederholten Aufrufs rekursiver Prozeduren. Entsprechende Diagramme für den Aufruf nicht rekursiver Prozeduren sind nicht üblich.

Eine Veranschaulichung von Konzepten der *Parameterübergabe* findet man selten, obwohl sie angesichts der Probleme mit Werte- und Variablenparametern im Informatikunterricht nötig wäre. Es ist schwierig, einfache bildhafte Modelle zu finden, welche die verwickelten Vorgänge bei der Parameterübergabe erklären können. Dies zeigt sich beispielsweise im fehlerhaften *Datenverarbeitungsmodell* für die Übergabe von Variablenparameter im Schulbuch Metzler Informatik [Har1], Seite 133. Die dort benutzte Umbenennung der übergebenen Variablen bzw. das Überkleben des Variablennamens durch den Parameternamen setzt fälschlicherweise die Gültigkeit der übergebenen Variablen in der Prozedur außer Kraft.

Statische Datenstrukturen lassen sich gut durch *Rechteckstrukturen* darstellen. Zur Veranschaulichung von Felder unterteilt man ein großes Rechteck in gleichgroße Teil-Rechtecke, bei Verbunden unterteilt man es in unterschiedlich große Teil-Rechtecke.

Das *Zeigerkonzept* und die dynamischen Datenstrukturen werden fast immer durch *Zeigerstrukturen aus Pfeilen und Rechtecken* veranschaulicht. Diese Darstellungsart bereitet Anfängern erfahrungsgemäß erhebliche Schwierigkeiten, weil sowohl die ikonische als auch die symbolische Darstellung von Zeigern neu ist und somit seitens der Schülerinnen und Schüler an Vorwissen nicht angeknüpft werden kann. Ertragreiches Arbeiten mit Zeigerstrukturen ist erst nach Überwindung großer Anfängerschwierigkeiten möglich.

Die maßgeschneiderten Visualisierungen einzelner PASCAL-Konzepte haben den Vorteil, das Spezifische eines Konzepts besonders herausstellen zu können. Ein gravierender Nachteil besteht darin, daß Schülerinnen und Schüler bei jedem Konzept mit einer neuen Darstellungsart konfrontiert werden und zwischen den verschiedenen Darstellungsarten nur ungenügend Verbindungen hergestellt werden können. In diesem Aufsatz betrachten wir daher ein einheitliches Erklärungsmodell für PASCAL-Konzepte.

2. Anforderungen an ein Modell

Benutzt man im Informatikunterricht Modelle, so müssen diese Modelle gewisse Eigenschaften haben, damit sie brauchbar sind. Ein Analyse in [Kun1] kommt zu folgenden Forderungen an ein Modell:

1. Modelle sollen zutreffende Voraussagen ermöglichen.
2. Modelle müssen in sich widerspruchsfrei sein.
3. Modelle sollen zweckmäßig sein.
4. Modelle sollen möglichst einfach sein, soweit dies ihr Zweck gestattet.

Bezieht man diese Forderungen auf die bisher benannten Modelle, so wird deutlich, daß sie die genannten Forderungen nur zum Teil erfüllen:

- Ein Blockstrukturdiagramm ermöglicht keine Voraussage bezüglich des dynamischen Verhaltens von Programmen, da es lediglich statische Eigenschaften modelliert.
- Ein Inkarnationsdiagramm ist für die Analyse dynamischen Verhaltens zweckmäßig, aber beispielsweise nicht für die Analyse von Datenstrukturen.
- Das Datenverarbeitungsmodell für Variablenparameter ist widersprüchlich.
- Das Zeigerstrukturmodell erfüllt zwar die Anforderungen 1. bis 3., es ist aber keineswegs einfach.

Mit dem nachfolgend vorgestellten *Umgebung-Speicher-Modell* sollen die Mängel bisheriger Modelle behoben werden. Zudem stellt es ein universelles Modell dar, in dem sich sowohl algorithmische Strukturen wie auch Datenstrukturen erklären lassen.

3. Das Umgebung-Speicher-Modell

Im Informatikunterricht kann man Schreibtischtests zur Analyse von Algorithmen einsetzen. Bei einem Schreibtischtest führt man selbst die Anweisungen des Algorithmus aus und notiert die Variablenwerte in einer Tabelle. Die Tabelle mit allen Variablennamen und Variablenwerten nennt man *Zustandstabelle*, weil sie zu jedem Zeitpunkt den Zustand eines Programms in eindeutiger Weise beschreibt. In der Fachwissenschaft können Zustandstabellen benutzt werden, um die Semantik von Programmiersprachen formal zu beschreiben.

Mit Zustandstabellen lassen sich BASIC-Programme problemlos analysieren und beschreiben. Für PASCAL-Programme reicht die einfache Zustandstabelle nicht aus. Die hinzukommenden Sprachkonzepte wie zum Beispiel Blockstruktur, Prozeduren- und Parameterkonzept, lokale Deklarationen, Rekursion und Zeigerkonzept können nur dann sinnvoll erklärt werden, wenn man die Zustandstabelle in zwei Tabellen aufteilt, die *Umgebung* und den *Speicher*.

- Die *Umgebung* ist eine Tabelle, die während der Programmausführung stets alle aktuell gültigen Bezeichner, sowie deren Wert enthält. Bei Variablen wird als Wert eine Adresse, bei Konstanten der Wert der Konstanten in die Umgebung eingetragen.
- Der *Speicher* ist ein Tabelle, in der die Adressen von Variablen stehen und die unter den Adressen gespeicherten echten Variablenwerte.

Im Programm *Modell* haben wir nach der Ausführung der Wertzuweisung $b := a + i$ innerhalb der Prozedur *Test* die folgenden beiden Tabellen:

```
PROGRAM Modell;
  CONST a = 1;
  VAR   i: Integer
  PROCEDURE Test;
    VAR b: Real;
  BEGIN
    b:= a + i;
  END;
BEGIN
  i:= 3;
  C;
END.
```

<table>
<tr><td colspan="2" align="center">Umgebung</td><td colspan="2" align="center">Speicher</td></tr>
<tr><td>Bezeichner</td><td>Adresse\Wert</td><td>Adresse</td><td>Variablenwert</td></tr>
<tr><td>a</td><td>1</td><td>#0001</td><td>3</td></tr>
<tr><td>i</td><td>#0001</td><td>#0002</td><td>4.0</td></tr>
<tr><td>b</td><td>#0002</td><td></td><td></td></tr>
</table>

Variablenadressen wird zur Unterscheidung von Zahlen das Nummernzeichen # vorangestellt. Es handelt sich um logische Adressen, welche beim Aufbau der Umgebung und des Speichers fortlaufend vergeben werden.

Arithmetische und logische Ausdrücke können bei gegebener Umgebung und Speicher berechnet werden. Die Berechnung hat keine Auswirkungen auf die beiden Tabellen. Gleiches gilt für die Kontrollstrukturen Sequenz, Schleife und Fallunterscheidung. Der Inhalt des Speichers kann lediglich durch Wertzuweisungen geändert werden, die Umgebung bleibt dabei konstant. Sie wird durch Deklarationen sowie durch Prozedur- und Funktionsaufrufe geändert.

4. PAVI - Pascal-Visualisierung

Für Haus- und Klausuraufgaben sind Aufgaben, bei denen Umgebungs- und Speichertabellen selbst erstellt werden müssen, gut geeignet. Die Tabellen stellen eine Analyseinstrument dar; die Ergebnisse der Analyse werden übersichtlich in den Tabellen dokumentiert. Zudem können den Schülerinnen und Schülern rezeptartige Hilfen zur Arbeit im Umgebung-Speicher-Modell gegeben werden. Dies wird bei der nachfolgenden Diskussion von Konzepten der Programmiersprache PASCAL deutlich.

Der besondere Vorteil des Umgebung-Speicher-Modells besteht darin, daß mit PAVI ein PASCAL-Interpreter zur Verfügung steht, der den aktuellen Programmzustand direkt in Form der Umgebungs- und -Speichertabelle anzeigt. PAVI ist mit der Turbo-Vision-Oberfläche von Turbo-Pascal ausgerüstet, weswegen Schülerinnen und Schüler sofort mit PAVI arbeiten können. Eine vernünftige Dateischnittstelle, ein ausgereifter Editor und Fenstertechnik stehen zur Verfügung. Der Kern von PAVI ist ein PASCAL-Interpreter, der im wesentlichen Standard-PASCAL abdeckt, keine Dateioperationen aber dafür String-Verarbeitung bereitstellt. PAVI wurde im Fachgebiet Praktische Informatik der TH-Darmstadt bei Prof. Dr. Wolfgang Henhapl entwickelt.

5. Deklarationen

Jedes PASCAL-Programm läuft in einer vordefinierten Umgebung, welche alle vordefinierten Bezeichner wie zum Beispiel *MaxInt*, *Pi*, *Readln* und *Dispose* enthält. Diese Umgebung wird um die Deklarationen des Hauptprogramms ergänzt.

- Eine Konstantendeklaration ergänzt die Umgebung um den Eintrag des Konstantenbezeichners und des Wertes der Konstanten. Sie hat keinen Einfluß auf den Speicher.
- Bei einer Variablendeklaration ergänzt man im Speicher eine noch nicht vergebene Adresse mit einem undefinierten Wert und trägt diese Adresse zusammen mit dem Variablenbezeichner in die Umgebung ein.

Die Deklaration von Typen, Prozeduren und Funktionen kann in der Umgebung berücksichtigt werden, indem man die zugehörigen Bezeichner in die Umgebung aufnimmt. Bei Prozeduren beispielsweise müßte man als Wert den Prozedurrumpf in die Umgebung eintragen. Dies wird im Rahmen der denotationellen Semantikbeschreibung gemacht. Für Unterrichtszwecke führt dies zuweit. Man läßt stattdessen den Wert einfach offen. Die Aufnahme des Prozedurnamens in die Umgebung macht deutlich, daß dieser Name vergeben ist und nicht mehr redeklariert werden darf. Zudem erleichtert der Eintrag in die Umgebung das Herstellen von Deklarationsumgebungen beim Aufruf von Prozeduren.

6. Prozeduren

Das Prozedurenkonzept von PASCAL beruht auf der *statischen Bindung* von Variablen, im Gegensatz zur *dynamischer Bindung* von Variablen bei funktionalen Programmiersprachen. Die beiden Bindungsarten unterscheiden sich in der Behandlung globaler Bezeichner im Prozedurrumpf. Der Unterschied wird sehr schön am Programm *P_Aufruf* deutlich. Bei statischer Bindung wird 7 ausgegeben, bei dynamischer Bindung 3.4.

Im Umgebung-Speicher-Modell läßt sich die statische Bindung dadurch modellieren, daß man beim Prozeduraufruf

- unter Beibehaltung des Speichers aus der aktuellen Umgebung die Deklarationsumgebung herstellt und
- die Deklarationsumgebung um die lokalen Deklarationen der Prozedur ergänzt.

Als Beispiel betrachten wir das Programm *P_Aufruf* in PAVI:

```
PROGRAM P_Aufruf;
   CONST C = 7;
   PROCEDURE Eins;
   BEGIN
      Writeln(C);
   END;
   PROCEDURE Zwei;
      CONST C = 3.4;
   BEGIN
      Eins;
   END;
BEGIN
   Zwei
END.
```

Vor dem Aufruf der Prozedur *Zwei* haben wir einen leeren Speicher und obige um die Bezeichnerart erweiterte Umgebung. Die Deklarationsumgebung der Prozedur *Zwei* stimmt mit dieser Umgebung überein, weil *Zwei* alle zuvor deklarierten Bezeichner kennt und nach *Zwei* nichts mehr deklariert wird. Die Deklarationsumgebung muß im zweiten Schritt um die lokalen Deklarationen ergänzt werden. In unserem Beispiel wird der Bezeichner C redeklariert. Dadurch wird der alte Bezeichner ungültig, der neue Bezeichner gilt während der Ausführung des Prozedurrumpfes. Terminiert die Prozedur, so muß die ursprüngliche Umgebung wieder hergestellt werden. Deswegen lassen wir den alten Bezeichner in der Umgebung stehen und ergänzen den neu deklarierten Bezeichner.

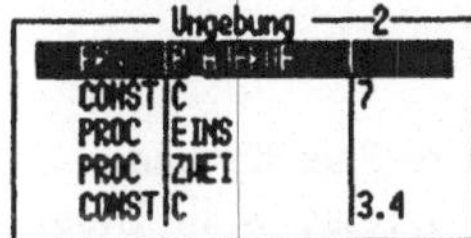

Die Umgebung enthält den Bezeichner C nun zweimal, wobei der untere gültig ist, weil gemäß der PASCAL-Konvention die innere Deklaration die äußere Deklaration außer Kraft setzt.

Die Prozedur *Zwei* ruft ihrerseits Prozedur *Eins* auf. Für den Prozeduraufruf müssen wir die Deklarationsumgebung von *Eins* bestimmen. Sie ergibt sich wie folgt aus der aktuellen Umgebung: Nach der Define-before-Use-Regel kennt die Prozedur *Eins* alle Objekte, die vor *Eins* aber keine Objekte, die nach *Eins* deklariert werden, also kennt *Eins* weder *Zwei* noch dessen lokale Deklarationen. Streicht man aus der aktuellen Umgebung alle Objekte, die hinter der aufzurufenden Prozedur stehen, so erhält man dessen Deklarationsumgebung.

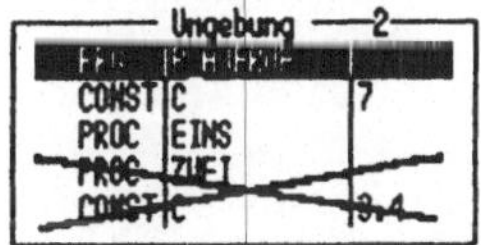

Da *Eins* keine lokalen Deklarationen enthält, stimmt seine Ausführungsumgebung mit der Deklarationsumgebung überein. Das Programm gibt demnach 7 aus.

Bei einem Prozeduraufruf wird also erstens aus der aktuellen Umgebung die Deklarationsumgebung bestimmt und zweitens durch Ergänzung der lokalen Deklarationen die Ausführungsumgebung ermittelt. Während der Ausführung einer Prozedur bleibt die Umgebung konstant, dann wird die alte Umgebung vor dem Aufruf der Prozedur wieder hergestellt.

Der Speicher wird beim Prozeduraufruf um die lokalen Variablen ergänzt. Wertzuweisungen ändern die im Speicher stehenden Werte. Die durch die lokalen Variablen belegten Speicherplätze werden freigegeben, wenn die Prozedur terminiert.

7. Parameterkonzept

Die Unterscheidung zwischen Werte- und Variablenparametern ist nicht ganz einfach. Es ist hilfreich, wenn man sich als Lehrer an die eigenen Schwierigkeiten erinnert, die man mit dem Parameterkonzept von PASCAL hatte. Das Umgebung-Speicher-Modell liefert einen neuen Zugang zum Parameterkonzept, der sich durch klare und einfache Handlungsanweisungen auszeichnet, welche von Schülern problemlos nachvollzogen werden können.

Prozeduraufruf mit Werteparameter:
1. Den Wert des aktuellen Parameters in der aktuellen Umgebung bestimmen.
2. Die Deklarationsumgebung der Prozedur herstellen.
3. Den Wert des aktuellen Parameters unter einer neuen Adresse in den Speicher und
4. den Namen des formalen Parameters zusammen mit der neuen Adresse in die Umgebung eintragen.

Prozeduraufruf mit Variablenparameter:
1. Die Adresse des aktuellen Parameters in der aktuellen Umgebung bestimmen.
2. Die Deklarationsumgebung der Prozedur herstellen.
3. Keine Änderung des Speichers.
4. Den Namen des formalen Parameters zusammen mit der Adresse des aktuellen Parameters in die Umgebung eintragen.

Bei der Einführung des Parameterkonzepts kann eine Vereinfachung vorgenommen werden, in dem man Programme mit einer einzigen Prozedur betrachtet. Dann stimmt deren Deklarationsumgebung mit der aktuellen Umgebung überein, und man erhält:

Prozeduraufruf mit Werteparameter:
1. Den Wert des aktuellen Parameters unter einer neuen Adresse in den Speicher und
2. den Namen des formalen Parameters zusammen mit der neuen Adresse in die Umgebung eintragen.

Prozeduraufruf mit Variablenparameter:
1. Den Namen des formalen Parameters zusammen mit der Adresse des aktuellen Parameters in die Umgebung eintragen.

Für das Programm *Parameter* sind Umgebung und Speicher direkt nach Aufruf der Prozedur *Probier* angegeben.

```
PROGRAM Parameter;
  CONST k = 5;
  VAR    a: Integer; b: Real;
  PROCEDURE Probier (VAR x: Integer; y: Real);
    VAR b: Integer;
  BEGIN
    b:= 10; x:= x + 100; y:= 15; x:= x * k;
  END;
BEGIN
  a:= 2; b:= 3;
  Probier (a, b); Writeln(a, ' ', b:4:0);
END.
```

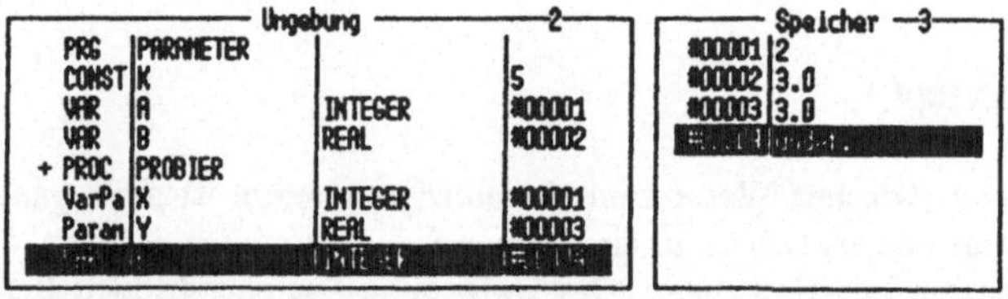

In der Umgebung findet man die Adresse #0001 zweimal, unter dem Namen A und unter dem Namen X. Dies bedeutet, daß innerhalb der Prozedur *Probier* die globale Variable A zusätzlich unter dem Aliasnamen X bekannt ist.

Der Prozeduraufruf hat den Speicher um die Speicherplätze mit den Adressen #0003 und #0004 erweitert. Diese Speicherplätze werden wieder freigegeben, wenn die Prozedur *Probier* terminiert. Wertzuweisungen an den formalen Werteparameter Y und die lokale Variable B bleiben deshalb nach außen ohne Wirkung. Eine Wertzuweisung an den Variablenparameter X führt hingegen zur Änderung der globalen Variablen A, welche über das Ende der Prozedur *Probier* hinaus erhalten bleibt.

8. Rekursion

Eine Bewährung erfährt das Umgebung-Speicher-Modell bei der Rekursion. Was bislang über Prozeduren und Parameter gesagt wurde, reicht aus, um das Verhalten rekursiver Prozeduren zu verstehen. Rekursive Prozeduren werden in genau derselben Weise wie normale Prozeduren behandelt. Zusätzliche Regeln müssen nicht beachtet werden. Als Beispiel betrachten wir das folgende Programm, das eine eingegebene Zeichenkette in umgekehrter Reihenfolge ausgibt:

```
PROGRAM Rekursion;
  PROCEDURE Rekursiv;
    VAR Ch: Char;
  BEGIN
    Read(Ch);
    IF Ch <> '#' THEN Rekursiv;
    Write(Ch);
  END;
BEGIN
  Rekursiv;
END.
```

Gibt man nacheinander a, b, c und # cin, so erhält man diese Umgebungs- und Speichertabellen:

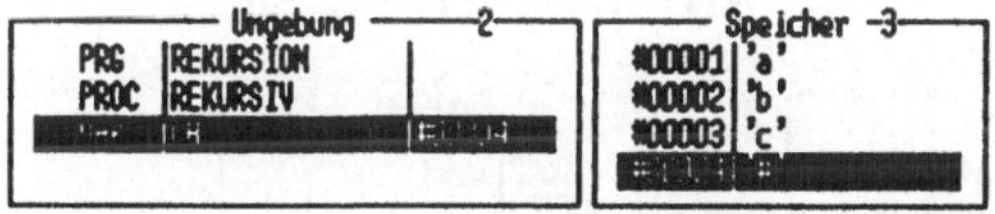

Man sieht, daß im Speicher die eingegebenen Zeichen der Reihe nach gespeichert werden, obwohl in der rekursiven Prozedur nur eine lokale Variable deklariert ist. Wie erklärt sich das? Beim rekursiven Aufruf muß die Deklarationsumgebung hergestellt werden, dazu streichen wir alle auf *Rekursiv* folgenden Deklarationen, also die lokale Variable Ch und lassen den Speicher unverändert. Dann ergänzen wir die Deklarationsumgebung um die lokalen Deklarationen, was Ch unter einer neuen Adresse wieder in die Umgebung aufnimmt.

9. Datenstrukturen

Die Modellierung statischer Datenstrukturen betrachten wir nur für Verbunde. Felder werden im Umgebung-Speicher-Modell ähnlich dargestellt. Am Programm *Verbund* erkennt man das Wesentliche:

```
PROGRAM Verbund;
  TYPE DatenRecTyp = RECORD
          Tag  : Integer;
          Monat: Integer;
          Jahr : Integer;
        END;
  VAR i, j  : Integer;
      Datum  : DatenRecTyp;
      MaxTage: Integer;
```

```
BEGIN
  WITH Datum DO BEGIN
    Write('Tag  : '); Readln(Tag);
    Write('Monat: '); Readln(Monat);
    Write('Jahr : '); Readln(Jahr);
  END;
  ...
```

```
┌──────────────── Umgebung ─────────────2─┐  ┌──── Speicher ──3─┐
│  PRG   VERBUND                          │  │ #00001 undef.     │
│ -TYPE  DATENRECTYP   RECORD             │  │ #00002 undef.     │
│        TAG           INTEGER     + 0    │  │ #00003 undef.     │
│        MONAT         INTEGER     + 1    │  │ #00004 undef.     │
│        JAHR          INTEGER     + 2    │  │ #00005 undef.     │
│  VAR   I             INTEGER     #00001 │  │ #00006 undef.     │
│  VAR   J             INTEGER     #00002 │  │                   │
│  VAR   DATUM         DATENRECTYP #00003 │  │                   │
└─────────────────────────────────────────┘  └───────────────────┘
```

Die Verbund-Variable *Datum* erhält wie jede andere Variable eine Adresse, im Beispiel #0003. Jeder Verbund-Komponenten wird zudem eine relative Adresse +0, +1, +2,... bezüglich der Verbund-Variablen zugeordnet. Im Speicher wird für jede Verbund-Komponente ein eigener Speicherplatz reserviert, wobei sich die Adressen für die Verbund-Komponenten als Summe aus den relativen Adressen und der Adresse der Verbund-Variablen ergeben.

Eine besondere Rolle spielt die WITH-Anweisung, da sie im Unterschied zu den Kontrollstrukturen und der Wertzuweisung die Umgebung erweitert, und zwar um die Komponenten der Verbund-Variablen, auf die sich die WITH-Anweisung bezieht:

```
┌──────────────── Umgebung ─────────────2─┐  ┌──── Speicher ──3─┐
│  PRG   VERBUND                          │  │ #00001 undef.     │
│ -TYPE  DATENRECTYP   RECORD             │  │ #00002 undef.     │
│        TAG           INTEGER     + 0    │  │ #00003 undef.     │
│        MONAT         INTEGER     + 1    │  │ #00004 undef.     │
│        JAHR          INTEGER     + 2    │  │ #00005 undef.     │
│  VAR   I             INTEGER     #00001 │  │ #00006 undef.     │
│  VAR   J             INTEGER     #00002 │  │                   │
│  VAR   DATUM         DATENRECTYP #00003 │  │                   │
│  VAR   MAXTAGE       INTEGER     #00006 │  │                   │
│        TAG           INTEGER     #00003 │  │                   │
│  VAR   MONAT         INTEGER     #00004 │  │                   │
│  VAR   JAHR          INTEGER     #00005 │  │                   │
└─────────────────────────────────────────┘  └───────────────────┘
```

10. Zeigerkonzept

Das Zeigerkonzept läßt sich mit dem Umgebung-Speicher-Modell sehr einfach einführen. Die Anbindung an das Vorwissen der Schülerinnen und Schüler ist gewährleistet, weil sie zuvor schon mit dem Umgebung-Speicher-Modell gearbeitet haben. Die Deklaration von Zeigervariablen sowie die Erzeugung, Verarbeitung und Freigabe dynamischer Variablen läßt sich problemlos im Umgebung-Speicher-Modell darstellen. Zur Illustration der Deklaration und der Grundoperationen betrachten wir das nächste Beispiel:

```
PROGRAM DynamischeVariable;
  VAR  A, B: ^Integer;
BEGIN
  New(A);
  A^:= 17;
```

```
New(B);
B^:= 4;
A^:= A^+B^;
A^:= B^;
A := B;
Dispose(A);
Dispose(B);
END.
```

Nach Ausführung der Wertzuweisung A^:= 17 haben wir die Tabellen:

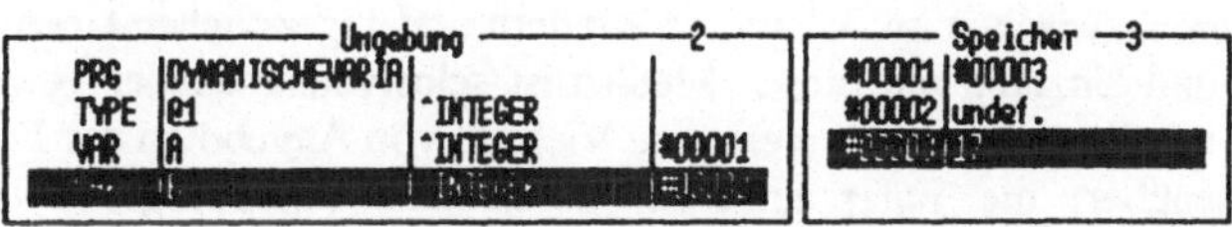

Die beiden Zeigervariablen A und B stehen in der Umgebung; für sie sind Speicherplätze reserviert. New(A) hat erstens einen weiteren Speicherplatz reserviert und zweitens dessen Adresse #0003 als Wert der Variablen A zugeordnet. In diesem dynamisch angelegten Speicherplatz können Integer-Zahlen gespeichert werden, im Beispiel die Zahl 17.

Die Grenzen des Umgebung-Speicher-Modells werden beim Zeigerkonzept dann erreicht, wenn verkettete Strukturen wie beispielsweise lineare Listen aufgebaut werden sollen. Die Speicherdarstellung wird dann zu unübersichtlich, die Verkettungsstruktur kann nicht direkt abgelesen werden. Erst jetzt und nicht verfrüht bei der Einführung des Zeigerkonzepts sollte man zur üblichen Darstellung mit graphischen Pfeilen übergehen.

Literatur

[Har1] Harbeck, G.: Metzler Informatik, Grundband; 2. Auflage, 1990, J. B. Metzlersche Verlagsbuchhandlung, Stuttgart.
[Kun1] Kuhn, W.: Physik, Band I, Lehrerband; Westermann-Verlag, Braunschweig, 1978.
[Hen1] Henhapl, W.: Systematischer Übersetzerentwurf; Vorlesungsskript WS 1988/89, TH-Darmstadt
[Hen2] Henhapl, W.: Einführung in Programmiersprachen und Übersetzer; Lehrerweiterbildung Informatik, SS 1992, TH-Darmstadt.

Josef Schöpper: Bildproduktion und Bildrezeption - Fächerübergreifender Unterricht am Beispiel Informatik und Kunst in der Jahrgangsstufe 13

1 Einführung

Die "neuen" Medien besitzen inzwischen im Alltag von Kindern und Jugendlichen einen hohen Stellenwert. Der Zugang und Umgang mit diesen Medien ist selbstverständlicher geworden. Den Bildungsprojekten im schulischen Bereich steht eine Vielzahl von Angeboten der Freizeit- und Medienindustrie gegenüber, die unter anderem durch eine ausgeprägte Bilderflut charakterisiert sind.

Wie sich die "neuen" Medien und Informatiksysteme auswirken, wo Vorteile entstehen und sich Nachteile ergeben können, das sind nach Kerner [Ke93] Fragen der Allgemeinbildung, die das Gymnasium z.B. im Informatikunterricht aufgreifen und integrieren sollte. Die Auseinandersetzung mit diesen Inhalten fördert sowohl zusätzlichen Kenntnisgewinn, sinnliches Erleben und differenziertere Realitätswahrnehmung, als auch den bewußten und kreativen Umgang des mündigen Medienbenutzers mit dem Medium.

2. Das Fach Informatik und seine schulische Vermittlung

Die Richtlinien des Landes Nordrhein-Westfalen strukturieren die Lernziele des Faches Informatik in die vier Lernbereiche 1. Algorithmik, 2. Daten und Datenstrukturen, 3. Hard- und Softwaresysteme und 4. Realisierung, Probleme und Auswirkungen der praktischen Datenverarbeitung. Der letztgenannte Lernbereich "Realisierung, Probleme und Auswirkungen der praktischen Datenverarbeitung" erfordert die Behandlung realer Problemstellungen, die Auswirkungen auf die sozio-kulturelle Umwelt haben und bietet sich auch für die Behandlung des Themas "Bildproduktion und Bildrezeption" an. Diese Auffassung wird in den neueren Diskussionen zur Didaktik der Informatik in den Empfehlungen der Gesellschaft für Informatik akzentuiert [SZ93]. Diese Empfehlungen formulieren u.a. das Ziel, "kulturelle, geschichtliche und anthropologische Bedingungen und Tendenzen der Anwendung von Informatiksystemen einschätzen lernen. Dazu gehört ein Wissen und Urteil über ...Wirkungen der Informatiksysteme auf Denk- und Kommunikationsgewohnheiten und ästhetische Anschauungen.". Friedrich [Fri93] fordert für den eigenständigen Informatikunterricht in der Sekundarstufe II ..."ist die Bestimmung solcher Themen notwendig, die die Ausbildung in den anderen Fächern der gymnasialen Oberstufe flankieren und unterstützen. Hier sind fächerübergreifende Themen auf einem höheren Niveau vertiefend anzubieten".

Ich meine, die genannten Ziele lassen sich gut im eigenständigen Informatikunterricht in der Sekundarstufe II erreichen. Eine sequentielle Integration der Inhalte und Ziele des Faches Informatik in anderen Schulfächern zeigt nicht die gewünschten Ergebnisse, da die vertiefte unterrichtliche Auseinandersetzung mit dem Thema Bildproduktion und Bildrezeption, die im Informatikunterricht gewonnenen informationstechnischen Kenntnisse zur elektronischen Bildproduktion voraussetzt. Ebenso ist die praktische Erfahrung der algorithmischen Bildproduktion und der Grenzen der Bildproduktion im Informatikunterricht für die

Ausbildung reflexiver Kreativität der genannten Inhalte unerläßlich. Deshalb scheint mir, eine Behandlung verschiedener Themenbereiche fächerübergreifend unterrichtet, sinnvoll und notwendig zu sein.

3. Gymnasiale Richtlinien für den Bereich der Bildenden Kunst - Beispiel Nordrhein-Westfalen

Die nordrhein-westfälischen Richtlinien Kunst bezeichnen die Produktion visueller Texte und die Rezeption visueller Texte als fachspezifische Schwerpunkte. Der Begriff "visueller Text" steht für visuell-ästhetische Objekte, Prozesse und Situationen jeder Art (Bild, Film, Plastik, Architektur, Environment, Umweltgestaltung usw.). Eine Zielsetzung bei der Produktion visueller Texte ist der experimentelle Umgang mit Kommunikationsmedien und -formen. Eine Gemeinsamkeit zur Behandlung des Themas Bildproduktion und Bildrezeption, fächerübergreifend im Informatikunterricht, ergibt sich aus der Aufgabe, " ... Zu prüfen, welche visuellen Zeichensysteme und entsprechende Bedeutungskomplexe die gesellschaftliche Wirklichkeit spiegeln, in der Orientierung ermöglicht werden soll. Unter dieser Perspektive sind es vor allem visuelle Texte aus dem Bereich der Massenmedien, der gebauten Umwelt, der Trivialästhetik, die hier eine dominierende Rolle spielen." (S. 28). Diese Fragestellungen fordern die wechselseitige Abstimmung und ein am Bildungs- und Erziehungsauftrag ausgerichtetes Zusammenwirken von Informatik und Kunst.

4. Das Bild - Versuch einer Begriffsdefinition

Boehm [Bo89] beschreibt das Bild als einen Gegenstand mit einer sinnartikulierenden Syntax, die sich in einer ikonischen Differenz zwischen dem Ganzen und seinen Teilen aufbaut, die auf unser Auge angewiesen ist. Ein Bild sehen ist deshalb nicht auf etwas blicken, sondern die aufgebaute anschauliche Spannung nachvollziehen.

Auf einer abgegrenzten Fläche ist ein Zeichen, z.B. eine Linie. Dieses Zeichen enthält einen Verweis auf sich und die ganze Fläche. Wenn man sehend folgt, artikuliert sich die Linie nach links, rechts, oben und unten. Bei dieser einfachen Bildsetzung baut sich eine Relation auf, nämlich Fläche - Element.

Wendet man dieses Beispiel auf ein einfaches, weniger komplex gestaltetes Kunstwerk an, führt das anschauliche Vollziehen sofort in soviele optische Verweise, daß das anschauliche Vollziehen diese kaum erschöpfen kann. Der Weg durch die Bildphänomene vom Ganzen zu den Teilen und wieder zum Ganzen führt über Punkte der Aufmerksamkeit (z.B. kompositionelle Drehpunkte) und Kunstpassagen, die kaum beachtet werden. Diese haben die Aufgabe, den Blick zu leiten und zu bewegen. Die angeschauten Elemente werden durch ihre Beschreibung charakterisiert und in ihrer Bedeutung mitgetragen und bei dem Folgendem berücksichtigt. "Ergebnis einer Kunstbetrachtung kann durch schöpferisches Anschauen erlebte Erkenntnis bedeuten. Das heißt, der Künstler ermöglicht, was der Anschauende verwirklicht. Der Betrachter erfährt das Bild nicht allein als Gemälde, Pigment, Struktur, sondern es kommt ihm durch den schöpferischen Prozeß des Anschauens zum Bewußtsein"., Schöpper, U. [Sc94], (S. 17).

Das Bild "lebt" in der Gestalt seines Erscheinens, im Verhältnis der Korrespondenz des Betrachters (seiner Sinnesleistung) und des Gebildes (dem Bildsinn). Boehm sieht in einem Bild also nicht das Mittel-Zweck-Verhältnis vom Rezipienten zum Werk und umgekehrt.

Aus der Sicht der Semiotik ist ein Kunstwerk ein komplexes Zeichen, ein Superzeichen. Zum Zeichenbegriff gehört nach Peirce ein Mittelbezug, ein Objektbezug und ein Interpretantenbezug oder Sinnbezug. Die Bedeutung eines Kunstwerkes ist in dieser Sichtweise auf die semantischen Zusammenhänge der Einzelzeichen zu übertragen, die das Superzeichen konstituieren.

Nake [Nak93] erläutert in einem Werkstattgespräch den Vorgang der elektronischen Bildproduktion. Wenn Programme zur Bildproduktion eingesetzt werden, geht man von Zeichen und Zeichenprozessen aus. Im Computer als zeichenverarbeitender Maschine haben Zeichen nur noch eine Signalfunktion und nicht mehr pragmatische, syntaktische und semantische Bedeutung. "Als Signal geistert es in der syntaktischen Dimension durch die Maschine und als Signal taucht es aus ihr wieder auf." (S. 8). Der Rezipient wandelt das Signal wieder in ein Zeichen um, wenn er es wahrnimmt. Bense prägte 1965 den Begriff der "künstlichen Kunst", ...da am und mit Computer Kunst aus bereits künstlichem Material entsteht,... Aus Zeichen, die in ihrer speziellen Computer-gestalt auf merkwürdige Weise aktivierbar sind." (S. 8). Der Computer wird von Nake als instrumentales Medium charakterisiert, als ein Mittler, der nicht nur verbindet und verknüpft, sondern auch in der Mittler-Umwelt-Relation auf das Verbundene verändernd einwirken kann. Nake [Na93] beschreibt den Computer als mediales Instrument und gleichzeitig als instrumentales Medium.

5. Bildrezeption aus der Sicht der Wahrnehmungsschulung und des kybernethischen Modells der Kunstwahrnehmung

Die Rezeption visueller Texte kann nach verschiedenen Analyse- und Interpretationsmethoden erfolgen. Die Richtlinien Kunst [Ku] wählen werkimmanente, ikonographisch - ikonolgische und kunstsoziologische Methoden aus, die wegen ihrer unterschiedlichen Ansätze eine gegenseitige Ergänzung darstellen können.

Ich möchte zwei Ansätze darstellen, die vom Wahrnehmungsvorgang ausgehen und mir damit adäquat auf die vorgestellten Bilddefinitionen ausgerichtet scheinen. Zudem bieten sie den Vorteil, an Sehgewohnheiten anzuknüpfen und diese zu verfeinern, die Erwartungen der Kursteilnehmer respektive Analyse und Interpretation aufzugreifen und zu differenzieren und auch denjenigen Schülern, die keinen Kunstunterricht gewählt haben, einen erfolgreichen Zugang zur Bildrezeption zu ermöglichen, da diese Methoden vornehmlich auf das sinnliche Erfassen zielen.

DIE WAHRNEHMUNGSSCHULUNG

Diese methodische Art der Bildrezeption wurde von Boehm [Bo89] und Bockemühl [Boc89], [Boc85] beschrieben und vertieft. Meine Beschreibungen beziehen sich auf Ausführungen zu dieser Thematik bei U. Schöpper [Sc94] (S. 17-21). Im Vorgang des subjektiven Anschauens und des Formulieren des Angeschauten, so nahe wie möglich am Bild, wirken gleichzeitig das Erfassen rein anschaulicher Bildstrukturen, das Ergreifen der Gestalt, das Gewahren der

Wirkung, das Erfassen von Bedeutungen bis zur umfassenden Idee, in der oder durch die das Bild begriffen wird. Im Mitgehen erschließt sich der Zusammenhang. Das Bild zeigt, was es ist; das Erleben, Erfassen und Erkennen bleibt Sache des Betrachtenden. In diesem Prozeß des produktiven Sehens begreife ich als Betrachter, muß im Anschauen innehalten, um dann wiederzuerkennen, mit Hilfe des vorher Betrachteten, von Vorkenntnissen und Wissen begleitet. Das Bild öffnet sich durch sein Erscheinen. Die eigene Sinnesleistung, aktiv in einem Austauschprozeß mit dem künstlerischen Werk zu stehen, nicht auf etwas zu sehen, sondern erkennend zu sehen, gestaltet den ikonischen Wert des Bildes. Der Betrachter ist Bestandteil des Kunstwerkes, der Künstler ermöglicht, was der Anschauende verwirklicht.

DAS KYBERNETISCHE MODELL DER KUNSTWAHRNEHMUNG

Franke [Fra93] setzt auf den Begriff der Information zur Beschreibung von Kunstwerken. Das Kunstwerk bietet einen Anreiz zur wahrnehmenden Auseinandersetzung des Betrachters mit einem Objekt. Franke stellt fest, Kunstwerke haben mit Ordnung zu tun (Harmonie, Proportionalität usw.) Und gleichzeitig mit absoluter Neuheit (Originalität, Komplexität). Ästhetisches Vergnügen entsteht für ihn irgendwo auf der Skala zwischen absoluter Neuheit und Ordnung.

Wenn etwas zum Rezipienten gelangen soll, müssen die biologischen Bedingungen der Rezeption berücksichtigt werden. Franke leitet die für Kunstwerke relevanten Werte aus den für Wahrnehmungs- und Denkprozessen bestimmenden Werten für Informationskapazitäten und Informationflüsse ab, (Abbildung 1). Der Informationsfluß ist durch eine außerordentlich starke Datenreduktion gekennzeichnet.

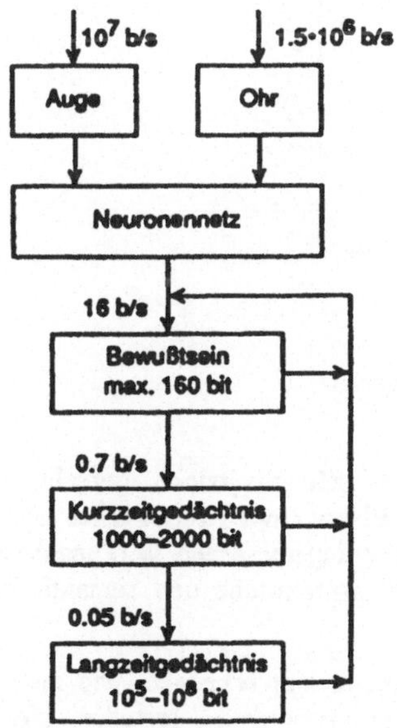

Abb. 1. Informationsfluß von den Sinnesorganen zum Gehirn (Frank 1984).

Abbildung 2 verknüpft die Auslösung von Emotionen des Wahrnehmungsverhaltens mit der Größe des Informationsflusses zum Bewußtsein. "Entsprechen die informationellen Werte den vorhandenen Kapazitäten, wird die gelungene Verarbeitung emotional belohnt...",   [Fra93], (S. 108).

Dieser Ansatz bedeutet ein Funktionsmodell im Sinne der Kybernetik. Franke fordert ein Optimierungsprinzip (nicht ein Maximierungsprimzip wie Bense), bei dem die Werte des Informationsflusses die Wahrnehmungs- und Denkprozesse bezüglich der Kunstwerke optimal gelingen lassen. Kunstwerke besitzen eine solche Komplexität, so daß sich ein scheinbarer Widerspruch zu einem Informationsfluß von 16 bit/s bei bewegten Bildern oder von 160 bit/s bei statischen Anordnungen ergibt.

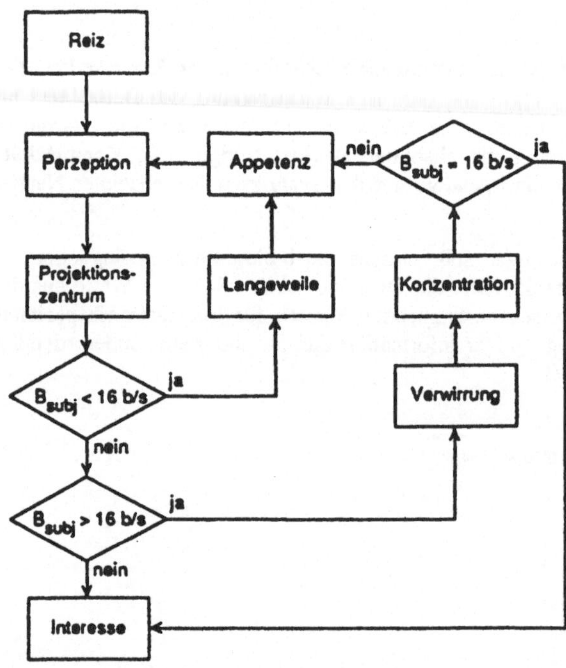

Abb. 2. Die Auslösung der Emotion des Wahrnehmungsverhaltens, schematisch.

Der Komplexität von Kunstwerken wird dieses Modell jedoch gerecht, wenn die Optimierungsregel für den Informationsfluß für jede Ebene eines Kunstwerkes gesondert gilt (Mehrebenenmodell der Kunst). Man gelangt zu einer angemessenen Wirkungsbeschreibung von Kunstwerken, wenn man im Mehrebenenmodell syntaktische und semantische Ebenen berücksichtigt.

Das einfache Modell der kybernetischen Kunsttheorie läßt erkennen, wie man es in der Praxis der Computerkunst anwenden kann. Man kann Programme erstellen, die, etwa bei bewegten Abläufen, ungefähr einen Informationsfluß von 16 bit/s hervorbringen. Vorkehrungen für einen lang anhaltenden Informationsfluß, wie auch in meiner Bilddefinition erwähnt, werden z.B. in den Computergraphiken von Knowlton und der japanischen Computer Technique Group intuitiv angewandt [Fra85], (S. 165).

6. Ausgewählte Lernziele zur Unterrichtsreihe und Zuordnung zu Unterrichtsgegenständen

Der Schüler soll eine Bildrezeption nach dem Verfahren der Wahrnehmungsschulung durchführen können und sich selbst als Bestandteil des Kunstwerkes erfahren können.

Die Bilderserie Josef Albers "Ehrungen des Quadrates", eignet sich gut, den anschaulichen Prozeß, den Dialog Auge - Bild zu erfahren. "Albers formuliert zum Bildsehen die Differenz zwischen dem actual fact und dem factual fact in der Anschauung. Beobachtet wird zunächst das Faktische im Bild und seinem Bau, die Schachtelung quadratischer Felder, die Faktur des Farbauftrags. Wendet man sich aufmerksam dem Bild zu, beginnt die scheinbar starre konstruktive Anordnung sich virtuell zu bewegen. Das Bild scheint zu pulsieren, was perspektivisch tief schien, ist jetzt nah, gemäß dem organisierten Farbauftrag. Diesen Zustand nennt Albers actual fact. Die Bildsprache besteht aus der Differenz von factual und actual fact. Kalkulierte künstlerische Form und nicht beherrschbare Veränderung bedeuten Leben. Raumwahrnehmung und Zeitwahrnehmung konvergieren, sie sind ein Anschauliches Zugleich." U. Schöpper, [Sc94], S. 18. Das Sehen von Malerei ist hier eine produktive Leistung, die das Bild in den Zustand der Erfahrbarkeit und des Verstehens überführt.

Weitere Hinweise: [Bo89], S.17-19

> Josef Albers, Katalog, Bottrop 1983, zusätzliche Angaben zu Bildproportionen

Der Schüler soll ein Verfahren der generativen Ästhetik kennen und beurteilen können.

Material: Computer Compositions with Lines, A. Michael Noll und Kompositionen mit Linien von Piet Mondrian, in: [Fra85], S.167

Die Abbildung wird Schülern ohne Titel vorgelegt; Ziel ist es, das subjektiv beste Bild zu ermitteln und das Mondrian-Bild zu identifizieren. Die Ergebnisse werden nach Kriterien der Ästhetik eingeordnet und gewertet.

Die Bedeutung von Vorwissen für die Rezeption wird z.B. mit Hilfe der Werkgeschichte und der theosophischen Orientierung Mondrians erarbeitet; Heinze-Prause, R., Bildanalyse, Hagen 1990 . Querverweise zur Wahrnehmungsschulung sollen hergestellt werden: das Kunstwerk ist offen für den Betrachter, es gibt keine abschließende Interpretation des Kunstwerkes.

Erklärung der generative Methode: Nake faßte erstmalig die Stilgesetzmäßigkeiten von Klee und Hartung zu Programmen und erstellte Serien von Klee- und Hartungsimulationen; Nake, F., Ästhetik als Informationsverarbeitung. Wien, New York 1974. Noll gelangte auf ähnlichem Wege zu einem Algorithmus, mit dessen Hilfe die Verteilung der Linienelemente abgeändert wurde und bestimmte Simulationen ausgewählt wurden.

Der Schüler soll Fraktale mit dem Rechner erzeugen können und Fraktale interpretieren können.

Der Schüler soll erfahren, daß berechenbare Funktionen Anlaß und Mittel künstlerischen Schaffens sind.

Material: Modelle für Ordnung und Chaos, in: Baumann, R., Informatik für die S II, Bd.1, Stuttgart 1992;

Der Interpretationsansatz wäre: Das "Apfelmännchen" kann als Beispiel einer Reihe von eigentlich nur schönen Bildern, die mit einem möglicherweise nichtssagendem mathematischen Verfahren berechnet wurden, aufgefaßt werden, im Gegensatz zur Aussage: "Das Fraktal enthält summarisch die Entwicklung des Systems, es fehlt die Information, was von einem Zeitpunkt zum nächsten geschieht. Die Systemzustände sind nach dem Prinzip chaotisch - nicht chaotisch markiert. Es ist die Beschreibung einer Dichotomie zwischen chaotischem und deterministischem Verhalten.", Mandelbrot führt die "Schönheit der Fraktale", ihren großen intuitiven Charakter auf die ihnen eigene extreme Form der Symmetrie und der Selbstähnlichkeit zurück.

"Künstler, die sich mit Fragen der Komplexität, der Darstellung von Komplexität, Ordnung in Komplexität befassen, könnten diese Bilder als Anregung auffassen, das Thema Komplexität ganz eigen und künstlerisch hochwertig darzustellen.", Peitgen [Pe93],(S.118).

Weitere Anregungen für bildnerisches Schaffen: Franke, H.W., Die Welt der Mathematik, Computergrafik zwischen Wissenschaft und Kunst, Düsseldorf 1988.

Der Schüler soll kreativ Algorithmen zur Bildproduktion entwickeln und anwenden können.

Die Bildproduktion mittels berechenbarer, algorithmisierbarer Methoden kann nur gelingen, wenn man sich der Regeln des Bildaufbaus bewußt ist. Der Algorithmus bietet nach Franke [Fran93] somit eine Notenschrift für Bilder und damit die Möglichkeit der exakten Beschreibung, die die Regeln des Bildaufbaus verdeutlicht .

Das Verhältnis von Genauigkeit, Berechenbarkeit, technischer Strenge und Kälte (Begriffe, die zum Algorithmus assoziiert werden), müssen gegenüber den der Kunst zugeordneten Begriffen wie Kreativität, Intuition, Zufall, Verspieltheit, Phantasie thematisiert werden. " In der Wissenschaft ist 1 + 1 immer 2, in der Kunst kann es auch 3 sein."; "Wir konstruieren und konstruieren, weil Intuition noch immer eine gute Sache ist." (Josef Albers).

Material: Nake, Algorithmus und Kunst, [Nak93]

Anregungen zu Bilderstellungsalgorithmen finden sich bei Franke [Fra85] zu den Themen algebraische Landschaften, Moire, mathematische Felder, gebrochene Dimensionen, Gesetz des Zufalls, Kunst und Ordnung.

Folgende Programmzeilen eines Kursteilnehmers verdeutlichen einen Bilderstellungs-algorithmus mit Variationsmöglichkeiten.

```
For r := 150 to 650 do          { Dieser Teil des Programms      }
For d := 1   to 360 do begin    { ordnet jedem Punkt, entsprechend }
```

```
Setcolor (round(r *  71/ d * 72));      {seinem Radius (r) und seiner        }
Arc (320, 240, d, d +1, r - 150);       {Gradzahl (d), eine Farbe zu.        }
End;                                    {Veränderungen der Zahlen 71 und 72}
© JAN(n) 15/12/94                       {führen zu Veränderungen der Grafik. }
```

Der Schüler soll sich mit Problemen serieller und gestaltbestimmter visueller Texte auseinandersetzen.

Material: Franke [Fra85], Abbildungen 47, 48, S. 58

Abwandlungen und Wiederholungen einer Grundfigur ermöglichen gegenständliche Darstellungen. Die Addition, Subtraktion und Multiplikation von Bildern ermöglichen Zwittergebilde zweier verschiedener Bilder. Die Auflösung und Verfremdung von Bildern durch digitale Bildverarbeitung und erneutes Zusammenfügen der Bildelemente erzeugt neue Bilder, z.B. in der Werbung.

Diese Methoden sind unter dem Aspekt zu thematisieren, ob man beim Zusammensetzen irgendwelcher Elemente zu einem ästhetisch wirkendem Gegenstand völlig frei ist oder durch Regeln eingebunden ist. Ist die Montage oder die Komposition wichtiger?

Material: Monets Variationen über die Kathedrale von Rouen, FAZ vom 20.8.1994

- "Ein Ensemble haarscharf nebeneinander liegender Stimmungen bringt das Thema "Die Kathedrale" hervor, das Einzelbild begnügt sich mit einem Minimum an Gegenständlichkeit".

- Die Variation der Einzelbilder mündet in die Entrealisierung des Motivs. Licht und Farbe können Architektur entrealisieren.

- Sehen und Denken werden völlig Virtualitäten und Unsicherheiten ausgeliefert.

7. Schlußbemerkungen

Eine abschließende Reflexion der Unterrichtsreihe mittels der Fragestellung "Was hat ein Kunstwerk einer Computerkompositon voraus; wann wird der Computer zum Medium der Kunst?" ergab folgende Tendenzen:

Das Kunstwerk zeichnet sich aus durch:

- einen unmittelbaren Schaffensprozeß

- die Umsetzung subjektiver künstlerischer Prozesse, bei der Bildproduktion, künstlerische Anschauung (Welt/ Anschauung)

- größere Emotionalität, Sensitivität

- kreative Produktivität

- Originalität und Urheberschaft

- Zeitbezüge, Historizität

- Genialität, Originalität, das Besondere, das Einmalige, das Authentische, das Autonome.

Der Computer im Schaffensprozeß zeichnet sich aus durch:

- fehlerfreies Arbeiten nach Vorgabe

- eine Ausführung nach einer Bildbeschreibungssprache, (ein Festlegen der eigenen Absichten vor der Bildproduktion, eine Reduktion auf das ausführbare Programm)

- viele Möglichkeiten abstrakter Kompositionen, die allerdings nicht immer Assoziationen und Deutungen erlauben

- serielle Abwandlungen

- bisher unbekannte Möglichkeiten der Bildverarbeitung, bewegter Bilder, interaktiver Bilder

- den Mediencharakter, denn den Computer bedient der Mensch

- Problematisierung des "Original-Begriffes"

- Mal und Zeichenprogramme lassen den medialen Charakter des Computers sinnlos werden.

Die Auseinandersetzung mit Fragestellungen, die auch im Fach Kunst ihre Heimat haben, war für Schüler und Lehrer gleichermaßen spannend und interessant. Viele neue Aspekte, Querbezüge schufen mehr Verständnis für eine "andere geisteswissenschaftliche Kultur" und konnten kreativ, reflexiv, kommuniziert werden.

Ich konnte bei den Kursteilnehmern ein spürbar steigendes Interesse feststellen, sich kreativ und eigenständig mit bildnerischen Fragestellungen auseinanderzusetzen und sich auch die Mühe eines theoretischen Durchdringens und Reflektierens der visuellen Umwelt zuzumuten.

Literatur

[Boc85]   Bockemühl, M., Die Wirklichkeit des Bildes: Bildrezeption als Bildproduktion: Rothko, Newman, Rembrandt, Raphael, Stuttgart 1985

[Boc89]   Bockemühl, M., Anschauen als Bildkonstitution, in: [Kun89], S. 63 - 82

[Bo89]   Boehm, G., Was heißt: Interpretation? in: [Kun89], S. 15 - 16

[Fra85]   Franke, H.W., Computergrafik - Computerkunst, Berlin Heidelberg 1985

[Fra93]   Franke, H.W., Informationstheorie und Ästhetik, in: [NaH93], S. 103 - 119

[Fran93]   Franke, H.W.,Der Automat und die Kunst, in: [NaSt93], S. 9 - 14

[Fri93]   Friedrich, S., Informatik-Didaktik in der Ausbildung - eine Voraussetzung zum Lehren von Informatik?, in : [Tr93], S. 343

[In81]   Richtlinien für die gymnasiale Oberstufe in Nordrhein-Westfalen, Informatik, Düsseldorf 1981

[Ke93]   Kerner, I.O., Zu einer Didaktik der Informatik. Beitrag der Informatik zur Allgemeinbildung, in: [Tr93], S. 336 - 337

[Ku81]   Richtlinien für die gymnasiale Oberstufe in Nordrhein-Westfalen, Kunst,
             Düsseldorf 1981

[Kun89]   Kunstgeschichte - aber wie? Hrsg. Fachschaft Kunstgeschichte München,
             Berlin 1989

[Na93]   Nake, F., Von der Interaktion, Über den instrumentalen und den medialen
             Charakter des Computers, in: [NaH93], S. 165 - 187

[NaH93]   Nake, F.,(Hrsg.), Die erträgliche Leichtigkeit der Zeichen. Ästhetik,
             Semiotik, Informatik, Baden-Baden 1993

[NaK93]   Nake, F., Algorithmus und Kunst, in: [NaSt93], S. 5 - 8

[NaSt93]   Nake, F. u. Stoller, D., (Hrsg.), Algorithmus und Kunst "Die präzisen Ver-
             gnügen", Katalog, Hamburg 1993

[Pe93]   Peitgen, H.-O., Mit den Fraktalen kehren die Bilder in die Mathematik
             zurück, in: Kunstforum, Bd. 124, 1993

[Sc94]   Schöpper, U., Kulturmanager als Kunstvermittler, Hagen 1994

[SZ93]   Schulz-Zander, R. u.a. Veränderte Sichtweisen für den Informatikunterricht,
             in: [Tr93], S. 210

[Tr93]   Troitsch, K.G., Informatik als Schlüssel zur Qualifikation, GI-Fachtagung
             "Informatik und Schule 1993", Koblenz 1993

Programmierstile im Anfangsunterricht

Andreas Schwill
Fachbereich Mathematik/Informatik - Universität Paderborn
D-33095 Paderborn - Germany
email: schwill@uni-paderborn.de

Zusammenfassung: Der Informatikunterricht basiert zwar noch weitgehend auf dem imperativen Paradigma via Pascal, es gibt jedoch auch Vorschläge, den funktionalen, den objektorientierten und vor allem den prädikativen Programmierstil in den Unterricht einzubeziehen. Diese Arbeiten lassen jedoch meist offen, welcher Programmierstil für den Anfangsunterricht in Informatik am besten geeignet ist; darüber hinaus berücksichtigen sie nicht die psychologischen Voraussetzungen, die Lernende benötigen, um die entsprechenden Paradigmen zu begreifen. Wir werden uns in dieser Arbeit vor allem aus der Perspektive des Lernenden damit beschäftigen, unterschiedliche Programmierstile hinsichtlich ihrer kognitiven Voraussetzungen zu vergleichen. Schwerpunkt wird der objektorientierte Stil sein, von dem wir zeigen, daß er mit der natürlichen menschlichen Denkweise in Einklang steht und daher besonders geeignet erscheint, Informatik auf einem einführenden Niveau zu vermitteln.

1 Programmierstile im Informatikunterricht - eine Neuauflage des Sprachenstreits?

In den 70er Jahren (und teilweise auch heute noch) wurde heftig darüber gestritten, welche Programmiersprache für die Schule am geeignetsten sei. Die beiden Kontrahenten waren damals vor allem BASIC und PASCAL. Diese als Sprachenstreit bekanntgewordene Auseinandersetzung wurde dadurch aufgelöst, daß man die "richtige Denkweise" in den Mittelpunkt des Unterrichts stellte; die Übertragung einer mit der richtigen Denkweise ermittelten Problemlösung in eine Programmiersprache sei dann lediglich noch eine maschinelle Tätigkeit, die die Vorstellungswelt der Schüler und das systematische Vorgehen beim Programmieren kaum noch negativ beeinflussen könne.

Diese auf den ersten Blick überzeugende Argumentation ignorierte jedoch eine Vielzahl von Überlegungen zum Zusammenhang zwischen Sprache und Welt (etwa bei Wittgenstein) sowie die Sapir-Whorf-These [W73], die die Existenz eines sprachlichen Relativitätsprinzips behauptet, welches anschaulich besagt, daß Menschen, die verschiedene Sprachen benutzen, äußerlich ähnliche Eindrücke unterschiedlich wahrnehmen und bewerten und damit auch zu unterschiedlichen Weltbildern gelangen. So ist die Programmiersprache, auch wenn sie als Gegenstand des Unterrichts zunehmend in den Hintergrund tritt, zentrales Werkzeug, in dem alle informatikrelevanten Sachverhalte formuliert werden, und Medium, mit dem der überwiegende Teil der Informatikinhalte im Unterricht transportiert wird. Sie prägt folglich in erheblichem Maße das informatische Denken und die Ausbildung fundamentaler Ideen.

Die aktuelle Situation gleicht dem damaligen Sprachenstreit, nur hat sich das Streitobjekt auf eine Metaebene verlagert: Welches ist die für die Schule geeignete Denkweise (verkörpert durch einen der vier zugehörigen Programmierstile)? Vermutlich kann man den Streit auch hier schlichten, indem man die Verantwortung wie damals in eine Metaebene (bezogen auf Sprachen ist das dann schon eine Metametaebene) verlagert und damit solange verdrängt, bis man wiederum mehrere Metadenkweisen voneinander isoliert hat und sich die Frage nach der korrekten Metadenkweise erneut stellt (Abb. 1).

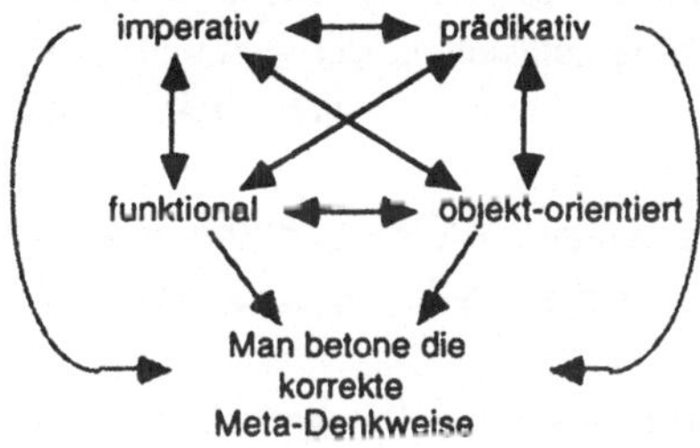

Abb. 1: Evolution des Sprachenstreits

Obgleich die Informatikausbildung in der Schule immer noch vom imperativen Paradigma beherrscht ist, gibt es eine Reihe von Ansätzen, auch den funktionalen, den objekt-orientierten und vor allem den prädikativen Stil in den Unterricht einzuführen. Die meisten Arbeiten argumentieren dabei implizit oder explizit "informatisch" (z.B. [L93]): Die zuletzt genannten drei Paradigmen würden die Aktivitäten der Informatik (in Zukunft) so stark prägen, daß sie in den Unterricht einbezogen werden müßten, um den Schülern ein angemessenes Bild der aktuellen Entwicklungstendenzen der Informatik zu geben. Diese allgemein akzeptierte Aussage läßt jedoch offen, welcher der Stile für den Anfangs-unterricht am geeignetsten erscheint, da sie nicht berücksichtigt, daß die Behandlung der einzelnen Stile unterschiedliche intellektuelle Voraussetzungen und Fähigkeiten der Schüler erfordert sowie unterschiedliche curriculare Ansätze, die den Fortgang des Unterrichts mehr oder weniger positiv oder negativ beeinflussen.

Wir wollen in diesem Aufsatz obige Begründungen um eine psychologische Argumentation erweitern, die zu einer Favorisierung des objektorientierten Ansatzes für den Einstieg in die Informatik führen wird.

2 Programmierstile im Vergleich

In den folgenden Aussagen beziehen wir uns stellvertretend für die einzelnen Stile meist
auf diejenigen Programmersprachen, die in der Schule am weitesten verbreitet sind.

Imperative Programmierung.

Die imperative Programmierung mit PASCAL dominiert zur Zeit noch den Unterricht. Auch
wenn hiermit auf lange Sicht gute Erfolge erzielt wurden, stellen sich im Anfangsunterricht
erhebliche Schwächen heraus. Obwohl auch als Ausbildungssprache konzipiert, besitzt
PASCAL eine vergleichsweise umfangreiche Syntax und viele zu elementare Konzepte,
die erst noch zu leistungsfähigen Strukturen zusammengebaut werden müssen, bevor eine
angemessene Nutzung auf niedrigem Anfängerniveau möglich ist. Wichtigster Schwach-
punkt in diesem Zusammenhang ist das Fehlen des Datentyps Liste; er kann nur (mit
Zeigern) simuliert werden, ein Unterrichtsinhalt, der weit über das Anfangsniveau hinausgeht. Ferner behindert der Mangel an Orthogonalität einen sanften Einstieg in die Informatik: Es gibt eine Vielzahl von Vorschriften, Nebenbedingungen und Verboten, die
gewisse Kombinationen von Elementarstrukturen und Konstruktoren aus nicht unmittelbar
einsichtigen (tatsächlich mit der Implementierung zusammenhängenden) Gründen aus-
schließen.

Dies bringt Motivationsprobleme mit sich: Die Schüler müssen zunächst mit einer großen
Menge von Konzepten vertraut werden ("Lernen auf Vorrat"), bevor sie ein vernünftiges
Programm mit Anwendungsbezug und ohne Wegwerf-Charakter entwickeln können. Dies
hat E. Lehmann [L94] erkannt und einen interessanten Ausweg vorgeschlagen: Er entwirft
vorab leistungsfähige Module, die den Schülern schon zu Beginn gewisse nützliche
Grundfunktionen zur Verfügung stellen und die praktische Einsatzfähigkeit von PASCAL
auf Einstiegsniveau verbessert. Im Ergebnis führt dieser Ansatz in eine objektorientierte
Richtung, wie sie auch hier vorgeschlagen wird.

Trotz dieser Mängel gibt es gewichtige pädagogische und informatische Gründe für die
Beibehaltung der imperativen Programmierung im Unterricht, so daß auf den imperativen
Stil, zumindest im Schulfach Informatik, bis auf weiteres wohl nicht verzichtet werden kann.
Denn zum einen besitzt der imperative Stil eine besonderen Bezug zur Lebenswelt und
zum Alltagsdenken der Schüler, und er unterstützt, insbesondere in seiner Erweiterung um
objektorientierte Konzepte, die elementaren kognitiven Prozesse des Denkens, Erkennens
und Problemlösens. Zum anderen werden zur Vermittlung gewisser Informatikinhalte, bei
denen Bezüge zu konkreten Rechnermodellen bestehen, stets imperative Darstellungen
benötigt. Hierzu gehören z.B. die maschinennahe Programmierung in Assembler, die
Programmierung von Turing- oder Registermaschinen oder die Effizienzanalyse von
Algorithmen, die auf einem verallgemeinerten Registermaschinenmodell (der sog. RAM)
basiert, das imperativ programmiert wird.

Prädikative Programmierung.

Neben der mittlerweile auch in Lehrplänen (z.B. von Rheinland-Pfalz und Niedersachsen)
festgeschriebenen Verpflichtung, den prädikativen Stil im Informatikunterricht zu
behandeln, gibt es auch eine Reihe interessanter Vorschläge, PROLOG in den
Anfangsunterricht einzubeziehen [B93,G89,K84,L92,L93]. Motivationsprobleme verbunden

mit dem Lernen auf Vorrat sind mit PROLOG nicht zu erwarten, denn die sehr kleine Syntax mit nur wenigen, aber sehr leistungsfähigen Konzepten und ein hohes Maß an Orthogonalität beschränken den Lernprozeß auf das Wesentliche. Folglich können Schüler prinzipiell bereits frühzeitig sehr mächtige Programme schreiben und werden nicht mit Spielbeispielen demotiviert.

Alle bekannten Vorschläge zur Verwendung von PROLOG im Anfangsunterricht basieren jedoch implizit oder explizit auf zwei Thesen:

These 1: PROLOG besitzt eine große Nähe zur natürlichen Sprache, so daß umgangssprachliche Darstellungen von Problemen und deren Lösungen leicht in die PROLOG-Notation übertragen werden können.

These 2: Die Aufgabe, Probleme statt Vorschriften zu ihrer Lösung zu beschreiben, ist für Anfänger leichter zugänglich.

Beide Thesen besitzen zwei Angriffspunkte: Sie beruhen auf nicht-empirischen Einzelerfolgen, und - noch wichtiger - sie widersprechen empirischen Ergebnissen aus der Psychologie.

zu These 1: Die Widerlegung dieser These kann an drei Punkten ansetzen:

- Alltagslogik=Prädikatenlogik.

    Die Nähe, die PROLOG zur natürlichen Sprache zugeschrieben wird, beruht auf einem Gerüst von Folgerungen, das sich grob so darstellen läßt:

    > Logische Operationen sind natürliche Elemente menschlichen Denkens, denn logische Argumentationen finden sich auch in der Lebenswelt. Daher besitzen alle Schüler schon ein gewisses Grundverständnis von Logik, das sich zur Vermittlung von PROLOG im Anfangsunterricht nutzen läßt. [K79, L93]

    Zugleich wird mit dieser Argumentationskette implizit Alltagslogik mit Prädikatenlogik identifiziert, unzulässigerweise, wie man sich an folgenden Beispielen klar macht:

    > "Sie war reich, und er heiratete sie" versus "Er heiratete sie, und sie war reich".
    >
    > "Paula ist eine gute Schülerin, weil sie hart arbeitet".
    >
    > "Wenn es regnet, nehme ich einen Schirm".
    >
    > Konsequenz: "Wenn es nicht regnet, nehme ich keinen Schirm".

    Tatsächlich haben Anfänger häufig große Probleme, umgangssprachliche Aussagen in prädikatenlogische umzusetzen, vor allem dann, wenn sie wie oben temporale oder kausale Elemente enthalten bzw. undifferenziert logische Operationen verwenden [TB87].

- closed world-assumption.

    Weitere Schwierigkeiten von Anfängern sind bei der closed-world-assumption zu erwarten, die den natürlichen Schlußweisen im "open-world"-Alltag widerspricht: Auf die Frage

    > "Gibt es auf Tahiti Vulkane?"

    wird man im allgemeinen die Antwort "weiß ich nicht" erwarten; PROLOG antwortet stattdessen mit "nein".

- Deklarative versus prozedurale Semantik.

    Natürliche Sprachen können Wissen rein deklarativ formulieren. PROLOG täuscht stattdessen eine deklarative Darstellung nur vor, interpretiert das Wissen aber im Verborgenen prozedural, ohne daß aus der textuellen Darstellung eines PROLOG-

Programms irgendwelche Hinweise auf diese Ausführung abgeleitet werden können. Dieser Zwiespalt, der nur durch ein Verständnis der virtuellen PROLOG-Maschine abgebaut werden kann, bereitet Anfängern immense Schwierigkeiten [TB87].

zu These 2: Mit der Maxime "Problemlösen durch Problembeschreiben" ist folgende naive Vorstellung der PROLOG-Programmierung verbunden: Der Computer erhält ein Bündel von zweckfreiem (d.h. problemunabhängigem) Wissen zur Verfügung gestellt und unabhängig davon eine Problemstellung, zu deren Lösung er das Wissen nutzen kann. Diese Vorstellung wird auch in Lehrbüchern häufig propagiert (z.B. [H86, Kap. 1.2]). Tatsächlich ist die Darstellung des Wissens aber in hohem Maße zweckgebunden und problemabhängig.

Beispiel: Das Verhältnis zweier Personen kann man zumindest auf drei Arten beschreiben. Welche Darstellung für welchen Zweck geeignet erscheint, muß vorab entschieden werden.

```
mag(otto,paula).
otto_mag(paula).
es_stimmt_dass(otto,mag,paula).
```

Das folgende Beispiel - ob repräsentativ oder nicht, sei hier nicht entschieden - illustriert abschließend die Schwierigkeiten (die auch der Autor beim Einstieg in PROLOG hatte), selbst Sachverhalte mit eindeutig logischem Hintergrund in PROLOG zu modellieren, und damit die Diskrepanz zwischen natürlichsprachlichen und PROLOG-artigen Problemdarstellungen.

Beispiel: A, B und C stehen vor Gericht. A sagt aus, daß B lügt. B sagt aus, daß C lügt. C sagt aus, daß A und B beide lügen. Wer lügt, wer sagt die Wahrheit? Die PROLOG-Modellierung:

```
ist_Lügner(wahr,lügt).
ist_Lügner(lügt,wahr).
beide_lügen(wahr,lügt,lügt).
beide_lügen(lügt,wahr,lügt).
beide_lügen(lügt,lügt,wahr).
beide_lügen(lügt,wahr,wahr).
?- ist_Lügner(A,B),ist_Lügner(B,C),beide_lügen(C,A,B).
```

Wer hätte erwartet, daß trotz der versteckten Implikationen in den Aussagen von A, B und C in der Modellierung keine Implikation mittels :- auftaucht?

Folgerung: Da Alltagslogik und Prädikatenlogik sowie natürlichsprachliche und PROLOG-Modellierung nur wenig gemeinsam haben, darf zunächst nicht davon ausgegangen werden, daß Schüler, zumal auf einführendem Niveau und ohne jedes Vorwissen, gut in Logik sind bzw. die Modellierungsprobleme intuitiv lösen können. Folglich ist für ein vertieftes Verständnis von PROLOG zumindest eine vorhergehende Einführung in die Prädikatenlogik erforderlich, die bisher von der Mathematik nicht erbracht wird, einen möglichen Vorteil von PROLOG beim Einstieg von Anfängern in die Informatik aber wieder zunichte macht, wenn die Informatik diese Einführung leisten muß.

Funktionale Programmierung.

Mit modernen funktionalen Programmiersprachen wie ML, HOPE, MIRANDA liegen bisher kaum Erfahrungen im Unterricht vor. Ein Plädoyer, diese Sprachen im Unterricht stärker zu erproben, habe ich bereits in [S93] formuliert. Lediglich für LISP/SCHEME (z.B. [S94]) und natürlich LOGO wurden einige Unterrichtsvorschläge ausgearbeitet.

Ob die mit LOGO gewonnenen positiven Erfahrungen auf die modernen funktionalen Sprachen übertragen werden können, kann hier nicht geklärt werden. Gesichert ist aus psychologischen Untersuchungen jedenfalls, daß Anfänger i.a. erhebliche Schwierigkeiten haben, Rekursionen zu formulieren und nachzuvollziehen [GV88,HR89,K82,W89]. Möglicherweise wirken funktionale Sprachen durch ihre mathematische Notation auch abschreckend.

Vorteilhaft im Vergleich zu prädikativen Sprachen ist jedoch zu bewerten, daß funktionale Programme zwar deklarativ formuliert werden, dabei aber immer noch erkennen lassen, wie sie ausgeführt werden.

Objektorientierte Programmierung.

Wir favorisieren für die Einführung in die Informatik den objektorientierten Ansatz vor allem aus drei Gründen: Erstens erfüllt dieses Paradigma unbestrittenermaßen informatisch orientierte Forderungen nach einem zeitgemäßen Unterricht mit mächtigen Konzepten, wie Erweiterbarkeit, Anpaßbarkeit, Rekonfiguration, Vererbbarkeit, Kapselung, evolutionäre Softwareentwicklung sowie Wünsche nach einer stärkeren Anwendungsorientierung durch Betonung der Nutzung des Computers anstelle von einem vertieften Verständnis seiner Funktionsweise. Zweitens ist dieser Ansatz im Sinne des didaktischen Prinzips der Fortsetzbarkeit, ein zentrales Merkmal eines nach dem Spiralprinzip organisierten Curriculums, auf höherem Niveau beliebig ausbaufähig. Eine Umstellung von einer speziellen Anfangssprache auf eine "echte" Programmiersprache mit den damit verbundenen Reibungsverlusten, wie sie beim Einstieg mit Roboter NIKI oder LOGO notwendig werden, ist nicht erforderlich. Drittens - und dies erscheint aus pädagogischer Sicht der wichtigste Pluspunkt - ordnet sich der objektorientierte Stil in besonderer Weise harmonisch den elementaren kognitiven Prozessen unter, die beim Denken, Erkennen und Problemlösen im menschlichen Gehirn ablaufen. Diesen Aspekt werden wir im weiteren Verlauf ausführlicher erläutern.

3 Kognitive Aspekte objektorientierter Programmierung

Bei Erwachsenen ebenso wie bei kleinen Kindern kann man das typisch menschliche Verhalten beobachten, alle Dinge zunächst danach zu beurteilen, was man mit ihnen machen kann. So ist z.B. ein Schraubenzieher ein Werkzeug, mit dem man in erster Linie Schrauben lösen und festziehen kann; als Vertreter einer Klasse mit allgemeineren Eigenschaften wie "länglich", "spitz" kann man ihn zur Not aber auch als Brechstange, Meißel, Bohrer oder Stichwaffe verwenden. Umgekehrt unterscheidet man diverse Teilklassen mit spezielleren Merkmalen: Schraubenzieher für Schlitzschrauben, für Kreuzschlitzschrauben, mit Einrichtung zur Spannungsprüfung usw. Gerade Kleinkinder besitzen in hohem Maße die Fähigkeit zwischen den Ebenen dieser Hierarchie hin und her zu wechseln und dabei Eigenschaften und Operationen von Objekten zu entdecken, die sie für einen völlig anderen als ihren vorbestimmten Zweck geeignet erscheinen lassen. An diesem Beispiel konkretisiert sich bereits die klassische objektorientierte Denkweise.

Ausgehend von einer Reihe von Untersuchungen zur Problemlösefähigkeit und den verfügbaren Problemlösemethoden von Menschen in der ersten Hälfte dieses Jahrhunderts [D66,S13,W57] gibt es eine Vielzahl von Untersuchungen bei Kindern und Erwachsenen [P52,BGA56,A77,D90] über die Wahrnehmung von Objekten und die Repräsentation von Wissen sowie darüber, wie dieses Wissen menschliche Entscheidungen und Handlungen leitet. Alle diese Untersuchungen belegen, daß Menschen Objekte überwiegend anhand der Handlungen identifizieren, die mit ihnen möglich sind, als anhand äußerlicher Eigenschaften wie Farbe oder Form. Wichtige Bausteine dieser psychologischen Theorie sind die sog. *Schemata* [A80] oder *Kategorien* [GHS79], das sind große komplexe Einheiten, die wesentliche Teile menschlichen Wissens und Verhaltens organisieren. Aus Sicht der objektorientierten Programmierung handelt es sich bei den Schemata oder Kategorien um *Klassen*. Diese verblüffende Analogie beider Begriffe zeigt Tab. 1.

objektorientierte Sicht	Beispiel	psychologische Sicht
Klasse	Hund	Kategorie/Schema

Definition durch Attribute:
 	
- Variablen
- Methoden
- Vererbung
   -- einfache
 	
   -- mehrfache
	hat vier Beine
	kann bellen
	
	Ein Hund ist keine Katze
	
	Hunde und Katzen sind Haustiere
		Definition durch Attribute:
		
		- Wahrnehmungsattribute
		- Funktionalattribute
		- relationale Attribute
		   -- Kategorien können sich gegenseitig ausschließen
		   -- Kategorien können sich überlappen

Tab. 1: Analogie zwischen Klassen und Kategorien/Schemata

Beispiel: Duncker's Kerzenproblem und seine objektorientierte Interpretation. Das folgende Experiment [D66] verdeutlicht diese Überlegungen: Mehrere Versuchspersonen, die sich jeweils allein in einem Versuchsraum befanden, erhielten die Aufgabe, an einer Wand in Augenhöhe nebeneinander drei Kerzen zu befestigen und anzuzünden. Hierfür standen den Probanden eine Reihe von willkürlich auf dem Tisch verteilten Gegenständen zur Verfügung. Unter den meist nutzlosen Dingen befanden sich auch einige für die Lösung brauchbare: Heftzwecken, Streichhölzer und drei kleine in Farbe und Größe etwas unterschiedliche Pappschachteln von der Form einer Streichholzschachtel.
Lösung der Aufgabe: Mit je einer Heftzwecke werden zunächst die Pappschachteln an der Wand befestigt; sie dienen den Kerzen als Standflächen. Anschließend werden die Kerzen angezündet und mit etwas Wachs auf den Schachteln festgeklebt.

Die Versuchspersonen mußten diese Aufgabe in zwei leicht unterschiedlichen Ausgangs-
situationen lösen: Bei den Personen der ersten Gruppe waren die drei Pappschachteln mit
Versuchsmaterialien gefüllt, die erste mit den Kerzen, die zweite mit Heftzwecken und die
dritte mit Streichhölzern. Bei der zweiten Gruppe waren die Schachteln leer; Kerzen,
Heftzwecken und Streichhölzer lagen hier auf dem Tisch verstreut.

Erstaunlicherweise wurde die Aufgabe von der zweiten Gruppe signifikant häufiger und
schneller gelöst als von der ersten. Duncker erklärt dieses Ergebnis wie folgt: Die erste
Gruppe nimmt die Schachteln als Behälter für Kerzen, Heftzwecken und Streichhölzer
wahr. Diese Funktion "Behälter" ist anschließend so eng mit den Schachteln verknüpft, daß
die Probanden ihr Denken kaum noch davon lösen können und unfähig sind, die
Schachteln zu einem völlig anderen Zweck zu nutzen, nämlich als Standfläche für die
Kerzen. Duncker nennt dieses Phänomen *funktionale Gebundenheit*. Die zweite Gruppe
nimmt die Schachteln ohne die Bindung an eine spezielle Funktion wahr. Die
Versuchspersonen können sie daher völlig frei auch zu scheinbar ungewöhnlichen
Zwecken (als Standfläche) einsetzen.

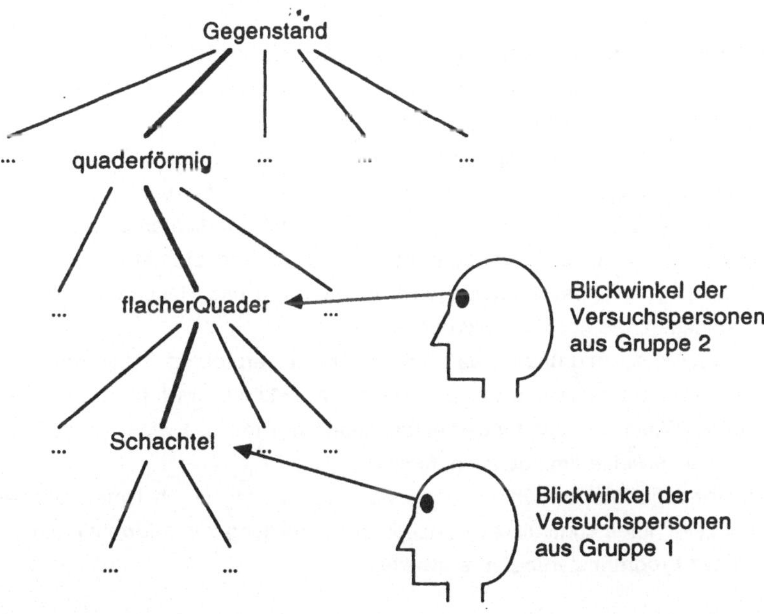

Abb. 2: Gedankliche Wahrnehmung der Klassenhierarchie durch die Probanden

Was bedeuten diese Beobachtungen aus Sicht der Programmierung? Die Versuchspersonen denken offenbar objektorientiert: Gegenstände werden zuerst unter dem
Gesichtspunkt in Klassen eingeteilt, welche Operationen mit ihnen möglich sind. Eine
Schachtel gehört damit für die erste Gruppe zur Klasse der Objekte, auf denen Operationen
wie "öffnen" und "schließen" erlaubt sind und die einen Zustand wie "leer" oder "gefüllt"
besitzen. Diese Operationen bestimmen fortan das Denken. Dabei übersieht die Gruppe im
Gegensatz zur zweiten, daß Schachteln auch als Objekte einer Oberklasse mit allgemeineren Eigenschaften aufgefaßt werden können, etwa als Objekte der Klasse quader-

förmiger, flacher Gegenstände mit Operationen wie "als Unterlage verwenden", "stapeln" usw. Abb. 2 zeigt eine graphische Darstellung der Klassenhierarchie der Schachteln so, wie sie von den Versuchspersonen möglicherweise wahrgenommen wurde. Funktionale Gebundenheit ist aus objektorientierter Sicht also die mangelnde Fähigkeit, zwischen unterschiedlichen Verfeinerungen einer Klassenhierarchie gedanklich hin und her zu wechseln.

In diesem Versuch von Duncker wurden das Denken und die Problemlösefähigkeit durch die objektorientierte Vorgehensweise mehr oder weniger behindert. Dies spricht nur auf den ersten Blick gegen die objektorientierte Denkweise. Vielmehr scheint diese Denkweise, also das Kombinieren der Eigenschaften und Operationen, die lokal mit den Objekten verbunden sind, im Mittel schnell zu akzeptablen Lösungen zu führen. Sonst hätte sich die Denkweise im Laufe der menschlichen Evolution vermutlich auch nicht durchgesetzt. Denkfehler wie in obigem Versuch gilt es, durch Problemlösetraining zu vermeiden.

4 Schlußbemerkungen und methodische Hinweise

In diesem Aufsatz haben wir unterschiedliche Programmierstile auf ihre Tauglichkeit für den einführenden Unterricht in Informatik untersucht.

Der häufig favorisierte prädikative Stil in Form von PROLOG scheint sich hierfür überraschenderweise weniger gut zu eignen, weil er hohe Anforderungen an das logische Denken und die Fähigkeit stellt, reale Sachverhalte durch prädikatenlogische Formeln zu modellieren, die von Anfängern nicht zu erwarten sind. Zumindest besteht hier eine Diskrepanz zwischen kognitionspsychologischen Erkenntnissen und Resultaten aus einzelnen Unterrichtsversuchen, die noch aufzuklären ist.

Wir haben versucht zu begründen, daß von den bisher erprobten Programmierstilen die objektorientierte Programmierung der geeignetste Ansatz ist, um Informatik im Anfangsunterricht zu vermitteln, weil sie fundamentale kognitive Prozesse widerspiegelt und damit der natürlichen Denkweise am nächsten kommt.

Auch diese Überlegungen bedürfen noch einer Absicherung durch Unterrichtsversuche. Ferner ist ein geeignetes curriculares Konzept zur Vermittlung von Informatik auf der Basis objektorientierter Programmierung zu erarbeiten.

In jedem Fall muß davor gewarnt werden, die Ausbildung nun einfach mit einer objektorientierten Programmiersprache zu beginnen, denn die prognostizierten Lernerfolge hängen nicht allein von der Sprache sondern vor allem auch von der Programmierumgebung ab, die die objektorientierte Denkweise sichtbar machen muß. Das heißt, sie muß eine künstliche Welt generieren, in der möglichst viele, klar visualisierte Objekte zur Verfügung stehen, ferner muß sie eine Benutzungsschnittstelle bieten, auf der die Schüler interaktiv und spielerisch explorativ Objekte auf ihre Funktionen analysieren und sie mit zunehmendem Niveau manipulieren, kombinieren, rekonfigurieren, evolutionär erweitern und schließlich neu entwickeln können.

Beispiele für Systeme, die diesen Anforderungen nahe kommen, bei denen also Sprache und Entwicklungsumgebung die objektorientierte Denkweise widerspiegeln, sind auf

einem einführenden Niveau u.a. das System HyperCard mit seiner festen Klassenhierarchie, vereinfachtem Nachrichtenaustausch und der Sprache HyperTalk oder auf
einem fortgeschrittenen Niveau das Smalltalk-80-System mit der Sprache Smalltalk-80.

Literatur

[A80]   Anderson, J.R.: Cognitive psychology and its implications. Freeman 1980
[A77]   Anglin, J.M.: Word, object, and conceptual development. New York 1977
[B93]   Baumann, R.: Prädikative Denk- und Programmiermethoden im Informatikunterricht. LOGIN 13,3
         (1993) 55-57 und 13,4 (1993) 56-60 und 13,5 (1993) 52-58
[BGA56] Bruner, J.S.; Goodnow, J.J.; Austin, G.A.: A study of thinking. Wiley 1956
[D66]   Duncker, K.: Zur Psychologie des produktiven Denkens. Springer 1966
[D90]   Dux, G.: Die Logik der Weltbilder. Suhrkamp 1990
[G89]   Gasper, F.: Nichtprozedurale Sprachen im Informatikunterricht der Oberstufe. In: Informatik und
         Schule (F. Stetter, W. Brauer, eds.) 1989
[GHS79] Glass, A.L.; Holyoak, K.J.; Santa, J.L.: Cognition. Addison-Wesley 1979
[GV88]   Göbel, R.; Vorberg, D.: Rekursionsschemata als Problemlösepläne. Tech. Report (1988) FB
         Psychologie, Uni Marburg
[H86]   Hanus, M.: Problemlösen mit Prolog. Teubner 1986
[HR89]   Haussmann, K.; Reiss, M.: Strategien bei Problemen mit rekursiver Lösung. J. für Mathematik-
         Didaktik 10 (1989) 39-61
[K79]   Kowalski, R.: Logic for problem solving. North-Holland 1979
[K84]   Kowalski, R.: Logic as a computer language for children. In: New horizons in educational computing
         (M. Yazdani, ed.) 1984
[K82]   Kruse, R.L.: On teaching recursion. SIGCSE 14,1 (1982) 92-96
[L94]   Lehmann, E.: Programmieren in Turbo-PASCAL mit Bausteinen. Dümmler 1994
[L92]   Lehmann, G.: Ziele im Informatikunterricht. Beispiele für den Einsatz und Stellenwert von
         PROLOG. LOGIN 12,1 (1992) 26-30
[L93]   Lehmann, G.: Sprache in der informatischen Bildung aus didaktisch-methodischer Sicht.
         Mathematik in der Schule 31 (1993) 628-636
[P52]   Piaget, J.: The origins of intelligence in children. Intern. University Press 1952
[S93]   Schwill, A.: Funktionale Programmierung mit CAML. LOGIN 13,4 (1993) 20-30
[S94]   Seiffert, M.: Verschlüsselungsmethoden. LOGIN 14,2 (1994) 25-31 und 14,3 (1994) 33-40
[S13]   Selz, O.: Über die Gesetze des geordneten Denkverlaufs: Eine experimentelle Untersuchung.
         Spemann 1913-1922
[TB87]   Taylor, J., duBoulay, B.: Studying novice programmers: Why they may find learning PROLOG hard.
         in: Computers, Cognition and Development (J. Rutkowska, C. Crook, eds.) (1987) 99-114
[W57]   Wertheimer, M.: Produktives Denken. Kramer Verlag 1957/1964
[W73]   Whorf, B.: Linguistics as an exact science. In: Language, thought, and reality (B.L. Whorf, J.B.
         Carroll, ed.) Cambridge 1973
[W89]   Wiedenbeck, S.: Learning iteration and recursion from examples. Intern. J. Man-Machine Stud. 30
         (1989) 1-22

Neuronale Konzepte der Künstlichen Intelligenz Simulationen mit Hilfe einer Tabellenkalkulation (Hopfield-Netze)

Wilmar Steup
Waldstr. 20
35415 Pohlheim 6

Inhalt und Ziele des Beitrages

Ein Aspekt der Diskussion um Inhalte, didaktische und methodische Fragen in der schulischen Auseinandersetzung mit den Informations- und Kommunikationstechniken ist die Frage der Werkzeuge. Welche Werkzeuge werden benutzt und eingesetzt, um das Bemühen und die Zeit nicht zu sehr an die Einübung in den Werkzeuggebrauch zu binden? So besteht die Gefahr, daß bei Nutzung von Programmiersprachen viele weitergehende, wichtige Ziele und Inhalte an zweite oder letzte Stelle gerückt werden: dominiert wird der Unterricht durch die Eigenheiten der Programmiersprache, Erlernen des Umgangs mit den Sprachelementen - wobei die Sinnhaftigkeit und Intensität des Erlernens von traditionellen Programmiersprachen in allgemeinbildenden Schulen zumindest überlegenswert ist.

Am Beispiel neuronaler Konzepte, möglicher Modellierungen und Simulationen zu grundlegenden Konzepten des Konnektionismus soll mit der Nutzung einer Tabellenkalkulation eine Alternative aufgezeigt werden, die zwischen Nutzung fertiger Programme und dem Programmieren in traditionellem Sinne angesiedelt ist. Betrachtet man Tabellenkalkulationen primär nur als Werkzeug für kaufmännische Probleme, so soll der Beitrag einen anderen Blick auf dieses Werkzeug eröffnen.

Je nach Kenntnisstand, Ziel, konkretem Kontext des Einsatzes der Mittel Computer, Tabellenkalkulation, Rechenblätter, können die vorgestellten Rechenblätter bezüglich des Umgangs mit den Informations- und Kommunikationstechniken Verwendung finden als:
- interaktive Modelle für Simulationen: es werden nur fertige Rechenblätter eingesetzt (Anspruchsebene BEDIENER);
- Zielvorgaben für selbstzuerstellende Rechenblätter, oder als Ausgangspunkte für zu modifizierende Modelle und Simulationen: es werden entsprechend der anvisierten Realisationen verschiedene Schwierigkeitsstufen im Erstellen bzw. Bearbeiten der Rechenblätter erforderlich (Anspruchsebene ANWENDER);
- Ausgangspunkte für grundsätzliche Erweiterungen des Konzeptes gegebenenfalls auch mit Richtung auf "lernende" Neuronale Netze (hin zur Anspruchsebene EXPERTE mit der Realisierung komplexer Strukturen und Konzepte gegebenenfalls auch mit Hilfe einer Programmiersprache).

Die Tabellenkalkulation wird hier im Sinne der Realisierung sogenannter zellulärer Automaten genutzt mit Zellen, die man als einen kleinen Prozessor ansehen kann, der Fähigkeiten zum Rechnen bzw. zu kleinen Entscheidungen besitzt.

Vergleicht man die Undurchsichtigkeit einer Realisierung neuronaler Konzepte über eine Programmiersprache wie Turbo-Pascal mit dem hier eingeschlagenen Weg, so ist man mit der Tabellenkalkulation näher an einer Art kleinen mechanischen Maschine, einer mechanischen

Uhr: man schraubt ein Deckelchen ab, schaut hinein und sieht die Rädchen, die die Zeiger bewegen. In einer Programmiersprache muß - wenn gewünscht - völlig unabhängig von den eigentlichen Vorgängen im Rechner Oberfläche, Durchsichtigkeit "künstlich" hergestellt werden. Eine räumlich anschauliche Verbindung von Vorstellungen zu einem Netz und den Berechnungen der Zustände existiert nicht. Ein Blick in das Programm entspricht - um in dem Bild zu bleiben - oft eher dem Blick in eine Quarzuhr mit Digitalanzeige.

Rechenblätter der Tabellenkalkulation (von mir mit dem in Schulen verbreiteten System WORKS erstellt) können dazu dienen, das historische Konzept der Perceptrons, Aspekte der Methoden des neuen Konnektionismus oder der Modelle der Gehirnforschung aufzuarbeiten. Somit ist dieser Beitrag sowohl gerichtet auf Unterricht zu den Kommunikations- und Informationstechniken, als auch z.B. auf Biologieunterricht und - vielleicht etwas vermessen - auf jeglichen Unterricht, der sich philosophischen, soziologischen, politischen Aspekten des Mensch-Maschine-Verhältnisses zuwendet und dabei eine Entmystifizierung von Konzepten der Künstlichen Intelligenz anstrebt.

Es wird hier nicht der Versuch unternommen, eine Problematisierung von Zielen und Konzepten, dem geistigen Überbau der Forschungen im Bereich der Künstlichen Intelligenz auch nur ansatzweise zu leisten. Eine Einbettung des Themas in allgemeinere Fragestellungen und in ein umfassendes Konzept ist in [Steup 1995] nachzulesen, zusätzlich sei auf die sehr umfassende Literatur verwiesen (vgl. z.B. [Dreyfus 1987, 1988, 1989], [Leidlmair 1991], [Searle 1990]). Ich halte eine gründliche Auseinandersetzung mit diesem Fragenbereich für Lehrende für nahezu unabdingbar, wenn sie sich anschicken, das meines Erachtens vielfältig ergiebige Thema Künstliche Intelligenz - Künstliche Intelligenz als ein hervorragender Aspekt unseres derzeitiges "In-der-Welt-Seins" mit dem Vordringen des Maschinellen in alle Lebensbereiche - als Unterrichtsgegenstand aufzugreifen. Ansonsten werden Chancen zu allgemeinbildendem Lernen bei der Beschäftigung mit den Informationstechniken vergeben. Leicht wird auch dem heimlichen Lehrplan in Bezug auf Funktionsmechanismen und reale Leistungsfähigkeit von Computern ein zu großes Feld überlassen. Insbesondere die - natürlich dem Kontext des Unterrichts angemessene - Integration philosophischer, soziologischer, politischer Reflexionen zum Mensch-Maschine-Verhältnis, zu dem "Weltzustand Technik" (vgl. z.B.. [Anders 1987 u. 1988], [Bammé u.a. 1983], [Braun 1990], [Holling/Kempin 1989], [Mumford 1977]) halte ich im Unterricht zu diesem Gegenstand im Sinne der Realisierung des politischen und allgemeinbildenden Auftrages von Schule für wichtig. Diese Aspekte bleiben hier ausgespart, so daß der Blick auf eine Beschäftigung mit Informations- und Kommunikationstechniken im Sinne der Kategorie Lernende und Lehrende als BETROFFENE hier vernachlässigt wird. Es sollen hier eher Hinweise und Anregungen geliefert werden, wie man zeitlichen Raum schaffen kann, um derartigen Anforderungen und Zielen gerecht werden zu können. Als theoretische Grundlage informationstechnischer Aspekte für das hier vorgestellte Konzept und Quelle zusätzlicher Information kann die Literatur [Dorffner 1991], [Kruse 1991] und [Lawrence 1992] angesehen werden.

Ich nutze hier - auch in Anlehnung an eine übliche Bezeichnung der Felder einer Tabellenkalkulation - den Begriff Zellen, wobei die Zellen der Tabellenkalkulation dabei teilweise als maschinelles Modell für Nervenzellen stehen, teilweise aber auch nicht. Man sollte mit Zellen hier primär den Gebrauch des Wortes in technischen, nicht in biologischen Zusammenhängen assoziieren (z.B. im Sinne von Batteriezellen,...) Es ist sicher nicht einfach durch Nutzen geeigneter Begriffe der üblichen Vermengung von Biologie und Technik, Lebewesen und Maschine zu entgehen. Ich versuche mir dabei Mühe zu gegeben, auf sprachlicher Ebene alleine ist das Problem jedoch ohnehin nicht zu lösen.

Anmerkungen zur Historie neuronaler Konzepte in der Informatik

Auf neuronale Konzepte stößt man bei einer Beschäftigung mit der historischen Entwicklung der Forschungen zur Künstlichen Intelligenz. In den Anfängen, den 50er und 60er Jahren, lassen sich folgende, zunächst konkurrierende Ansätze, "intelligente" Leistungen mit Hilfe von Maschinen zu realisieren, finden:

I. der symbolverarbeitende Ansatz, dem die Manipulation geistiger Symbole, die die Welt repräsentieren, zugrundeliegt;

II. der Versuch der Realisierung von Maschinen, mit denen Vorgänge im Gehirn nachahmend modelliert und simuliert werden können.

Im Sinne des II. Ansatzes führte Frank Rosenblatt in den 50er Jahren grundlegende Arbeiten mit sogenannten Perceptrons durch, wobei die Entwicklung von Perceptrons insbesondere auch auf die Bearbeitung von Mustererkennungsproblemen abzielte. Perceptrons können ihrer Bauart nach als erste Versuche in Richtung der Realisierung neuronaler Netze gesehen werden. Das Konzept versank nach ein paar Jahren nahezu in der Bedeutungslosigkeit infolge der Grenzen der Perceptrons, der im Vergleich dazu schnellen Erfolge des symbolverarbeitenden Ansatzes (die verbal noch in der Namensgebung von Systemen wie z.B. dem 'General Problem Solver' überhöht wurden), insgesamt infolge der Kraft der philosophischen Tradition des Rationalismus (vgl. [Dreyfus 1988]). Auch im philosophischen Schlepptau der Aufspaltung von Körper und Geist wurde so der eher rein geistige, immaterielle, symbolverarbeitende Ansatz gestützt. Letztlich die Entscheidung von Minsky und Papert für die symbolische Repräsentation etwa um 1965 dürfte einen maßgeblichen Anteil an der Dominanz der symbolverarbeitenden Maschine in den darauf folgenden zwei bzw. drei Jahrzehnten gehabt haben.

Erst der "Neue Konnektionismus" der jüngeren Zeit, Konzepte "Neuronaler Netze" brachte Ansatz II wieder verstärkt auf die Tagesordnung. Diese Wende wiederum ist in den konzeptuellen Grenzen des letztlich syntaktischen, symbolverarbeitenden Versuchs bei der Simulation "intelligenter" Leistungen zu sehen. Diese Grenzen bewirken ein Scheitern gemessen an Ansprüchen und Zielsetzungen der "harten" Künstlichen Intelligenz, insbesondere auch im Bereich der Mustererkennung. Auf anderen philosophischen Ansätzen, neuen neurologischen Erkenntnissen, Hardwaremöglichkeiten basierend findet nun eine neuerliche Zuwendung zu dem Versuch der Realisierung intelligenter Leistungen über Maschinen durch die Nachahmung neurologischer Vorgänge im Gehirn statt. Eine Wende, der von manchen Autoren die Bedeutung eines Paradigmenwechsels zugeschrieben wird.

Zu neuronalen Konzepten und Modellen von Gehirnaktivitäten

Die Realisierung technischer neuronaler Konzepte, neuronaler Maschinen geschieht in Analogie zu Modellen neuronaler Vorgänge in Nervensystemen und im (menschlichen) Gehirn: eine Nervenzelle, ein sogenanntes Neuron, leitet bei Erregung elektro-chemische Signale über eine Axon genannte Nervenfaser an andere Zellen weiter - es "feuert". Ausgelöst wird seine

Aktivität durch das "feuern" von (bis zu 1000) vorgeschalteten Neuronen. Mit diesen ist das Neuron über Verästelungen des Zellkörpers, sogenannte Dendriten, verbunden, wobei die Kontaktstellen Axonen-Dendriten Synapsen genannt werden. Der Übermittlungsprozeß in den Synapsen geschieht (meist) in Form chemischer Signale. In der Größenordnung 10 bis 100 Milliarden Neuronen sind im menschlichen Gehirn auf diese Art zu einem Netz "geflochten", wobei die einzelnen Neuronen und ihre Verknüpfungen nicht alle gleich sind, sondern eine gewisse strukturelle Vielfalt auftritt, die Stärke der synaptischen Übertragung verschieden sein und sich (z.B. bei Lernprozessen) ändern kann.

In künstlichen neuronalen Netzen werden nun die Gehirnzellen durch Einheiten modelliert, die miteinander verbunden sind. Diese „Knoten" eines Netzes sind durch „Kanten" verbunden. Jeder Kante wird eine Zahl als "Gewicht" zugeordnet, das die Stärke der (synaptischen) Verbindung der Knoten modellieren soll: positive Gewichte für verstärkende, negative für hemmende Wirkung. Statt der Folge von Impulsen, deren Frequenz die Stärke des Feuerns eines natürlichen Neurons darstellt, liefert ein Knoten eine Zahl entsprechend der Stärke der Aktivität eines Neurons. Eine Transferfunktion berechnet aus der Gesamteingabe die Ausgabeaktivität des Knotens. Maschinelles "Lernen" wird über eine Veränderung der Gewichte realisiert.

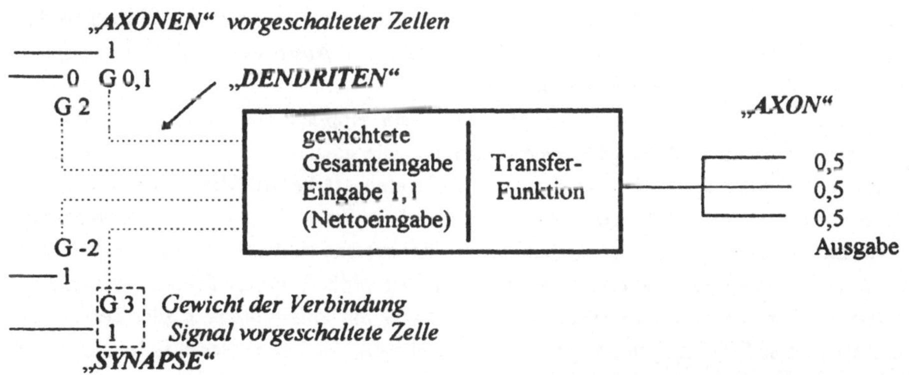

Modell eines künstlichen Neurons

Simulation verschiedener Funktionsmechanismen formaler neuronaler Verknüpfungen, das Zusammenwirken von künstlichen Neuronen (Stichworte: Gewichtung der Eingänge bei der Bestimmung der Gesamteingabe, Ausgang als Funktion der Eingänge über Schwellenwert, Proportionalität oder sigmoide Transferfunktion) kann mit einem Rechenblatt einer Tabellenkalkulation erfolgen, wobei mit den Parametern Gewichte, Schwelle, Steigung auf dem Rechenblatt experimentiert werden kann.

Drei Beispiele - in der Reihenfolge für mich vom Leichteren zum Schwierigeren, Komplexeren hin für eine Unterrichtsreihe geeignet geordnet - seien zur möglichen Bearbeitung des Themas neuronaler Konzepte genannt: „Laterale Inhibition - Hermannsche Gittertäuschung", „Fenster-Perceptron", „Hopfield-Netz".
Zu den beiden erstgenannten Themen sei nur kurz aufgezeigt:
  - Das Beispiel „Laterale Inhibition - Hermannsche Gittertäuschung" modelliert in einer
    Tabellenkalkulation ermöglicht einen sehr guten, auch erfahrungsbezogenen,

experimentellen Einstieg in das Thema, liefert ergiebiges Material für Reflexionen über Modellierung und Erkenntnis. In der Zeitschrift LOGIN 5/185 Heft 1 in dem Artikel „Simulationen mit einem Tabellenkalkulationssystem" von J. Wedekind ist das Thema im Kern dargestellt, der biologische Hintergrund kann z.B. in [Daumer 1979] nachgelesen werden.

- Eine mögliche Bearbeitung von Fenster-Perceptrons mit einer Tabellenkalkulation ist in LOGIN 1/195 Heft 1 in dem Artikel „Dämonen in der Tabellenkalkulation" von W. Steup dargestellt.

Hier soll lediglich das Beispiel Hopfield-Netz genauer ausführt werden

Hopfield-Netz als Beispiel eines Vollverbindungsnetzes

Zur Theorie der Hopfield-Netze

Den Hopfield-Netzen ist im Vergleich zu Netzen wie Perceptrons "leider" eine gewisse Unanschaulichkeit eigen. Bei einem Perceptron-Modell in der Tabellenkalkulation kann eine sehr große, offensichtliche Entsprechung von Tabellenzellen und Zellen des neuronalen Netzes realisiert werden. Beim Hopfield-Netz liegt dagegen keine 1:1 Zuordnung von Tabellenzellen und Zellen des Netzes vor: die Modell-Zellen stellen eine Abstraktion dar und werden in verschiedenen Rechenblatt-Zellen angesprochen.

Im Gegensatz zu dem Perceptronkonzept besteht ein Hopfield-Netz aus Zellen, die alle miteinander verbunden sind, es gibt keine Schichten. Die gleichen Zellen dienen sowohl zur Eingabe in das Netz als auch zur Ausgabe. Es treten starke Rückkopplungen auf. Die gewählten beiden Arten von Netzen - Perceptrons und Hopfield-Netze - sind so exemplarisch für zwei Extremfälle von Netzwerkarchitekturen: Perceptrons sind sogenannte *Feedforward-Netze* (Netze in denen Information nur in einer Richtung verläuft, mit Schichten untereinander nicht verbundener Zellen) und Hopfield-Netze sind Netze mit *Vollverbindung* aller Zellen (also mit extremer Schleifenbildung und *Feedback-Mechanismen*). Zwischen diesen Extremen lassen sich gebräuchliche Netzwerkarchitekturen einordnen.

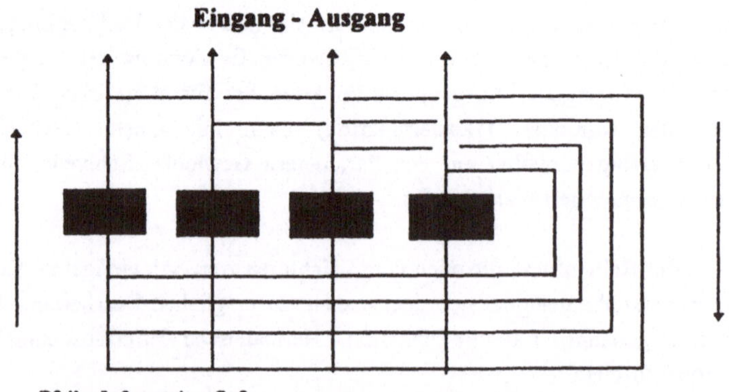

Neuronales Netz nach Hopfield

Ein Hopfield-Netz unterliegt folgenden Restriktionen:

- es sind nur zwei Werte als Aktivierung der Zellen erlaubt (0 und 1 bzw. -1 und 1);
- die Gewichte der Verbindungen zwischen den Zellen sind symmetrisch. Das heißt, das Feuern einer Zelle i hat die gleiche Wirkung auf die Zelle j wie das Feuern von j auf i.

EINGABE in das Netz

Die Eingabe eines Musters wird durch einen Startzustand der Zellen realisiert, die Festlegung einer Aktivierung der Zellen im Sinne des Feuerns oder Nichtfeuerns.

VERARBEITUNGSSCHRITTE

Ein Verarbeitungsschritt, bei dem die neuen Aktivierungen der Zellen berechnet wird (sogenannter Update), läuft nach dem in Netzen üblichen Mechanismus wie folgt ab:

Mit den Eingabewerten (bestehend aus den bisherigen Ausgabewerten der Zellen) und den Gewichten wird der Nettoinputwert für eine Zelle berechnet und aufgrund dieses Wertes dann mit Hilfe der Transferfunktion bestimmt, ob die einzelnen Zellen jetzt feuern oder nicht, also die neue Aktivierung.

Dieser Update-Schritt wird mehrmals durchgeführt, wobei die Aktivierung der Zellen nach einem Schritt jeweils die Ausgangswerte für die Updateberechnungen des nächsten Schrittes darstellen.

AUSGABE

Wenn sich bei einem Schritt keine Veränderung der Aktivierungszustände gegenüber dem letzten Schritt ergibt, bricht das Verfahren ab, der aktuelle Zustand stellt den Endzustand, die Ausgabe des Netzes dar.

Eine Besonderheit der Hopfield-Netze ist, daß das aufgezeigte Vorgehen immer in einem stabilen Zustand endet, das heißt, trotz weiterer Update-Zyklen ergeben sich keine Veränderungen in der Aktivierung der Zellen. Gewährleistet ist jedoch nicht, daß der erreichte stabile Zustand auch der im Sinn einer Lösung gewünschte ist.

Als Veranschaulichung des gesamten Vorgangs kann das folgende Bild dienen:

Man legt eine Kugel auf eine Fläche mit Bergen und Tälern. Die Eingabe in das Netz stellt die Stelle dar, auf die die Kugel beim Start gelegt wird, das Rollen entspricht den Update-Zyklen, die Endlage der Kugel dem stabilen Zustand, der Ausgabe. Es ist das Muster, in das das Netz "einrastet".

Dieser Vorstellung entspricht einer Beschreibung eines Netzes durch ein "Energiegebirge" (sogenannte Potentialfläche) dessen Täler die stabilen Zustände - das entspricht den gespeicherten, "gelernten" Mustern - also die Energieminima sind.

Ein Hopfield-Netz als inhaltsadressierbarer Speicher

Ein konkretes Hopfield-Netz soll nun anhand des folgenden Anwendungsbeispiels vorgestellt werden: *Personendatei eines "Sozialamtes"*

Es sollen zwei Personen betrachtet werden deren Daten in einem Speicher - realisiert durch ein neuronales Netz - unter der Personen-Nummer 0 bzw. 1 gespeichert werden sollen:

Die Studentin Frau *Albrecht*, die Bafög bezieht, verheiratet ist ohne Kinder, Wohngeldbezieherin.

Der Student Herr *Beyer*, der kein Bafög bezieht, unverheiratet und kinderlos ist, auch Wohngeldbezieher.

In den Datensätzen der Personendatei sollen daher folgende Merkmale gespeichert werden:

1. WOHNGELD-Bezieher	ja/nein;	und eine Personen-Nummer codiert mit 3	
2. STUDENT	ja/nein	(Dual-) Ziffern	
3. BAFÖG-Bezieher	ja/nein;		
4. VERHEIRATET	ja/nein;	7.	0 oder 1
5. KINDER	ja/nein	8.	0 oder 1
6. GESCHLECHT	männl./weibl.;	9.	0 oder 1

In einem Hopfield-Netz werden - etwas unüblich, aber im Sinne der Realisierung des Netzes wichtig - Aktivität mit 1, Nicht-Aktivität der Zellen mit -1, statt 0 codiert.

Also ergeben sich für die beiden Personen folgende Codierungen mit den entsprechenden Aktivitätszuständen der Zellen:

	1.W	2.S	3.B	4.V	5.K	6.G	7.	8	9.
ZELLEN	1.	2.	3.	4.	5.	6.	7.	8.	9.
Fr. Albrecht	1	1	1	1	-1	-1	-1	-1	-1
H. Beyer	1	1	-1	-1	-1	1	-1	-1	1

Speichern im Hopfield-Netz: Wie "lernt" das Netz?

Die Datensätze von Frau Albrecht und Herrn Beyer sind im folgenden als Fakt-Muster A und B bezeichnet. "Lernen" - in einer Datenbank hätte man vom Speichern geredet - bedeutet für ein Netz Berechnung geeigneter Gewichte für die Verbindung der Zellen untereinander. Entsprechend *HEBB's Modell* zu Vorgängen im Gehirn wird angenommen:

> *'Gleichzeitiges Erregen von Neuronen führt zu einer stärkeren synaptischen Verbindung der Neuronen im Gehirn.'*

Dies wird als grundlegender Vorgang bei Gedächtnis- und Lernvorgängen angesehen, entsprechend geht man bei dem Hopfield-Netz auf folgende Art vor (vgl. obere Hälfte des im folgenden abgebildeten Rechenblattes):

> Es wird ein sogenanntes äußeres Produkt eines Muster-Vektors mit sich selber gebildet, wobei eine sogenannte Gewichtsmatrix der Verbindungen der Zellen entsteht. Die Elemente w_{ij} der Matrix sind 1 oder -1 (entsprechend einer verstärkenden bzw. einer schwächenden Wirkung der Verbindung der Zellen i und j).

Auf diese Weise wird der Beitrag der Musters A und B für die Gewichte berechnet. Die beiden entstehenden Matrizen für Muster A und B werden elementweise addiert. So entsteht die gesamte Gewichtsmatrix W für das Netz, in dem nun beide Muster gespeichert sind. In dem Rechenblatt der Tabellenkalkulation können all diese Schritte automatisiert werden, man braucht nur die Fakten-Muster einzugeben, die Gewichtsmatrix wird automatisch erstellt durch Formeln, die lediglich aus Additionen und Multiplikationen bestehen.

Abfrage des Speichers

Eine Abfrage wird in Form eines Musters formuliert, bestehend aus konkreten Merkmalsangaben und eventuell 0 für eine unbekannte Merkmalsangabe (quasi als Fragezeichen). Der Anfrage-Vektor stellt einen Startzustand der Zellen dar, der entsprechend den oben beschriebenen Verarbeitungsschritten bis hin zu einer Stabilisierung des Netzzustandes transformiert wird.

```
========================== HONET793.WKS ==================== W.Steup  =
     1  2  3  4  5  6  7  8  9 10 11 12 13 14 15 16 17 18 19 20 21 22 23 24

 1 Modell eines Hopfield-Netzes              "Speicher Sozialamt"
 2 MERKMALE: (CODE  Ja: 1; Nein: -1)
 3    1.WOHNGELD 2.STUDENT; 3.BAFOEG; 4.VERH.; 5.KINDER; 6.GESCHLECHT;
 4    7., 8. und 9. Numern:  (-1-1-1)=0;(-1-1 1)=1;(-1 1-1)=2;(-1 1 1)=3...
 5
 6 Fakt-Muster          LERNEN - Rechnungen zur Gewichtsmatrix
 7               W  S  B  V  K  G   Nummer          W  S  B  V  K  G   Nummer
 8 EIN A:        1  1  1  1 -1 -1 -1 -1 -1  EIN B:  1  1 -1 -1 -1  1 -1 -1  1
 9 ----      ------------------------------  ---- -----------------------------
10    1   |   1  1  1  1 -1 -1 -1 -1 -1    1  |  1  1 -1 -1 -1  1 -1 -1  1
11    1   |   1  1  1  1 -1 -1 -1 -1 -1    1  |  1  1 -1 -1 -1  1 -1 -1  1
12    1   |   1  1  1  1 -1 -1 -1 -1 -1   -1  | -1  1  1  1  1 -1  1  1 -1
13    1   |   1  1  1  1 -1 -1 -1 -1 -1   -1  | -1 -1  1  1  1 -1  1  1 -1
14   -1   |  -1 -1 -1 -1  1  1  1  1  1   -1  | -1 -1  1  1  1 -1  1  1 -1
15   -1   |  -1 -1 -1 -1  1  1  1  1  1    1  |  1  1 -1 -1 -1  1 -1 -1  1
16   -1   |  -1 -1 -1 -1  1  1  1  1  1   -1  | -1 -1  1  1  1 -1  1  1 -1
17   -1   |  -1 -1 -1 -1  1  1  1  1  1   -1  | -1 -1  1  1  1 -1  1  1 -1
18   -1   |  -1 -1 -1 -1  1  1  1  1  1    1  |  1  1 -1 -1 -1  1 -1 -1  1

19   MERKMALE:                        Fakt A:  1  1  1  1 -1 -1 -1 -1 -1
20    W  S  B  V  K  G   Nummer        Fakt B:  1  1 -1 -1 -1  1  1 -1  1
21   ANFRAGE-EINGABE:
22    1  0 -1  1 -1  1 | 0  0  0      Nettoeingabe und Ausgabe bei Durchgang
23   ------------------------------    1.        2.        3.        4.        5.
24        Gewichtsmatrix W             NET/AUS   NET/AUS   NET/AUS   NET/AUS   AUSGABE
25    2  2  0  0 -2  0 -2 -2  0         4   1    10   1    10   1    10   1    10   1
26    2  2  0  0 -2  0 -2 -2  0         4   1    10   1    10   1    10   1    10   1
27    1  0  2  2  0 -2  0  0 -2        -2  -1    -8  -1    -8  -1    -8   1    -8  -1
28    0  0  2  2  0 -2  0  0  2        -2  -1    -8  -1    -8  -1    -8  -1    -8  -1
29   -2 -2  0  0  2  0  2  2  0        -4  -1   -10  -1   -10  -1   -10  -1   -10  -1
30    0  0 -2 -2  0  2  0  0  2         2   1     8   1     8   1     8   1     8   1
31   -2 -2  0  0  2  0  2  2  0        -4  -1   -10  -1   -10  -1   -10  -1   -10  -1
32   -2 -2  0  0  2  0  2  2  0        -4  -1   -10  -1   -10  -1   -10  -1   -10  -1
33    0  0 -2 -2  0  2  0  0  2         2   1     8   1     8   1     8   1     8   1
34   ---------------------------------
35 ANZAHL UEBEREINSTIMMUNGEN ANFRAGE MIT  Fakt A: 3          Fakt B:   4
36                                         ERGEBNIS: 0                 1
=======================================================================
```

(Ein Update-Schritt bedeutet kurz für Mathematiker formuliert:

Multipliziere die Gewichtsmatrix mit dem Anfragevektor, also W*X=X^, wende die Transferfunktion auf das Ergebnis X^ an. Die Transferfunktion lautet hier: normiere den Ergebnisvektor X^ auf erlaubte Aktivierungswerte -1 und 1, indem die Komponenten des Vektors X^ größer 0 auf 1, Komponenten kleiner gleich 0 auf -1 gesetzt werden.)

Im Sinne des Begriffes inhaltsadressierbarer Speicher kann so durch sein "Aussehen" ein (eventuell verrauschtes oder unvollständiges) Muster in den Speicher eingegeben und so das vollständige Muster aktiviert und ausgegeben werden.

Die in dem Rechenblatt vorgenommene Anfrage kann wie folgt gedeutet werden:

> Gesucht wir nach einem männlichen Wohngeldbezieher, der kein Bafög erhält, kinderlos und verheiratet ist. (Start-Muster: 1 0 -1 1 -1 1 0 0 0)?
> *Ergebnis:* (Muster: 1 1 -1 -1 -1 1 -1 -1 1)
> Es ist keine solche Person gespeichert. Allerdings gibt es ein unverheiratete Person mit ähnlichen Merkmalen, die studiert. Es ist die Person mit Nummer: 001 (Fakt-Muster B, Herr Beyer).

Beim Experimenten mit dem Rechenblatt ergibt sich relativ schnell, daß Anfragen in Mustern enden, die nicht als Fakten abgelegt sind. Dies kann eine Diskussion der Speicherfähigkeit von Hopfield-Netzen anstoßen. (Anmerkung: Das Netz mit 9 Zellen ist mit 2 gespeicherten Muster entsprechend der Theorie "eigentlich" schon überfordert.) Hier sei noch darauf hingewiesen, daß ein Hopfield-Netz natürlich auch im Bereich optischer Mustererkennung genutzt werden kann. (vgl. dazu den untenstehenden Bildschirm eines Rechenblattes).

Hopfield-Netze können so auch zur Rekonstruktion von verrauschten, unvollständigen optischen Mustern eingesetzt werden - natürlich in einem sehr bescheidenen Maße im Vergleich zu den hervorragenden Gesamtfähigkeiten lebender Wesen, unvollständige Informationen aus der Umwelt sinnvoll zu deuten, mit ihnen umzugehen. Diese Fähigkeit der Assoziation auf ein gespeichertes Muster wird auch als Autoassoziation bezeichnet. So können die folgenden "Lern"-Muster im Quadrat angeordnet als Buchstabe gedeutet werden (im folgenden Beispiel als O bzw L), die Anfrage wäre dann Eingabe eines verrauschten Musters, das erkannt werden soll.

```
================================= HONMG694.WKS ==================================
1   2   3   4   5   6   7   8   9  10  11  12  13  14  15  16  17  18  19  20  21  22  23
2
3                              EINGABE-FELDER
4    "Lern"-   A:     | 1  1  1 |                          B:     | 1 -1 -1 |
5    Muster           | 1 -1  1 |                                 | 1 -1 -1 |
6    (Fakten)         | 1  1  1 |                                 | 1  1 -1 |
7                                      | 1  1 -1 |
8  -                  "Reiz"           | 1 -1  1 |
9                     Anfrage:         | 1  1  1 |
10
11 ANZAHL   UEBEREINSTIMMUNGEN ANFRAGE MIT  Fakt A: 8           Fakt B:    6
12                                          "Erkannt"  : 1                 0
13 Zustaende des Netzes
14 nach den Durchgaengen:                                       ERGEBNIS:
15  1            2              3              4              5
16    | 1  1  1 |    | 1  1  1 |    | 1  1  1 |    | 1  1  1 |       | 1  1  1 |
17    | 1 -1  1 |    | 1 -1  1 |    | 1 -1  1 |    | 1 -1  1 |       | 1 -1  1 |
18    | 1  1  1 |    | 1  1  1 |    | 1  1  1 |    | 1  1  1 |       | 1  1  1 |
19
      .... (siehe Rechenblatt HONET793.WKS)
================================================================================
```

Hopfield-Netze und Konzepte des Konnektionismus

Insgesamt zeigt der beschriebene Aufbau und die Wirkungsweise der Hopfield-Netze Analogien zu den Modellen neuronaler Vorgänge im Nervensystem und menschlichen Gehirn auf. Es können einige Begriffe des Konnektionismus anschaulich zugänglich gemacht werden. So sind experimentell folgende Aspekte neuronaler Netze in der Simulation erfahrbar:

- Das holistische Konzept, die Distributivität der neuronalen und der Verarbeitung läßt sich in einem Aspekt durch ein "Zerstören" von Zellen bzw. ihrer Verbindung (hier durch Nullsetzen von Gewichten) veranschaulichen. Daß dennoch auf Muster im wesentlichen richtig „reagiert" wird zeigt, daß das "Wissens" um Muster über das Netz verteilt ist. (Analogie: Es gibt in unserem Gehirn nicht das "Oma"-Neuron, das uns unsere Oma erkennen läßt, bei dessen Fehlfunktionen, Absterben die Erinnerung an unsere Oma verschwunden ist)..

- Auch die <u>Parallelität der Wissensverarbeitung</u> - Zellen arbeiten in gewissem Sinne lokal, ohne "Wissen" über die Aktivität anderer Zellen - ist hier erfahrbar.

- <u>Assoziation</u> als die durch das Netz vorgenommene Zuordnung von Mustern der Eingabeschicht zu Mustern der Ausgabeschicht ist erfahrbar. Hopfield-Netze können auch als Assoziator für verschiedene zusammengehörige Muster genutzt werden

- Das vorgestellte Hopfield-Netz liefert zusätzlich eine Veranschaulichung von Aspekten der <u>Intransparenz</u> neuronaler Konzepte: eine Liste der gespeicherten Muster ist nicht erstellbar.

- Auch eine Diskussion von Fragen zur <u>Fehlertoleranz</u> von Netzen, eine mögliche Untersuchung von Netzwerkzerstörungen und Erkennen auch verrauschter und fehlerhafter gespeicherter Muster mit Hilfe der Rechenblätter zu Hopfield-Netzen ist relativ einfach möglich. (Z.B. lassen sich mit Hilfe von Wahrscheinlichkeiten gut prozentuale, zufällige Netzwerkzerstörung simulieren und Reaktionen des Netzes untersuchen.)

Literaturhinweise

Anders, G.: <u>Die Antiquiertheit des Menschen</u>, 1 und 2; Verlag C.H. Beck, München 1987 u. 1988

Bammé, A. u.a.: <u>Maschinen-Menschen, Mensch-Maschinen Grundrisse einer sozialen Beziehung</u>; Rowohlt Taschenbuch Verlag, Hamburg 1983

Braun, C. v.: <u>Nichtich - Logik Lüge Libido</u>; Verlag Neue Kritik, Frankfurt 1990

Daumer, K., Hainz, R.: <u>Verhaltensbiologie</u>, Bayerischer Schulbuch-Verlag, München 1979

Dorffner, G.: <u>Konnektionismus</u>; B.G.Teubner, Stuttgart 1991

Dreyfus, H.L.: <u>Was Computer nicht können</u>; Athenäum, Frankfurt am Main 1989

Dreyfus, H.L./Dreyfus, S.E.: <u>Künstliche Intelligenz</u>, Rowohlt Taschenbuch Verlag, Reinbeck bei Hamburg 1987

Dreyfus, H.L./Dreyfus, S.E.: <u>Making a Mind Versus Modeling the Brain: Artificial Intelligence Back at a Branchpoint</u>, in Graubard, S.R., Hrsg.: The Artificial Intelligence Debate (S.15 bis S.44); First MIT Press ed., Cambridge - Massachusetts, London - England 1988

Holling, E. und Kempin, P.: <u>Identität, Geist und Maschine</u>; Rowohlt Taschenbuch Verlag, Hamburg 1989

Kruse, H. u.a.: <u>Programmierung Neuronaler Netze - Eine Turbo Pascal Toolbox</u>; Addison Welsey, München 1991

Lawrence, J.: <u>Neuronale Netze - Computersimulationen biologischer Intelligenz</u>; Systhema Verlag Gmbh München 1992

Leidlmair, K.: <u>Künstliche Intelligenz und Heidegger</u> -Über den Zwiespalt von Natur und Geist; Fink Verlag, München 1991

Mumford, L.: <u>Mythos der Maschine</u>; Fischer Taschenbuch Verlag, Frankfurt am Main 1977

Searle, J. R.: <u>Ist der menschliche Geist ein Computerprogramm?</u>; in Spektrum der Wissenschaft März 1990, Spektrum der Wissenschaft Verlagsgesellschaft mbH, Heidelberg

Steup, W.: <u>Mensch und (neue) Maschinensysteme</u>; Wochenschau Verlag, Schwalbach/Ts: 1995

2.3 Berufliche Bildung

Viele Unklarheiten existieren über die Pespektiven der Informatik in der Berufsbildung. Das Pendel ging von dem einen Extrem der einseitigen Programmierinhalte für viele Lehrlinge zu dem anderen Extrem der unvorbereiteten Anwendung der Informatiksysteme in den anderen Fächern. Neu sind Überlegungen zu einer Informatik-Grundausbildung für Berufschüler, da sich Mängel in der beruflichen Kompetenz bemerkbar machten. Gerade für diese Zielgruppe ist es erforderlich, die Entwicklungsmethodik von Plänen, die Anwendungsbeispiele der Mensch-Maschine-Kommunikation und die Wirkungsweise der Systeme daraufhin zu untersuchen, welchen Beitrag sie zum Problemlösen mit Informatiksystemen leisten können.

In der beruflichen Bildung verschwindet das Fach Informatik zunehmend. Der Werkzeugeinsatz erfolgt im Anwendungsfach. Das stellt eine Unterschätzung der informatikspezifischen Anforderungen an die Nutzung solcher hochkomplexer Systeme dar. Die Lehrerinnen und Lehrer bemerken die Schwierigkeiten bei der Anwendung der Informatik, da kein ausreichendes Verständnis für die Grundlagen der Informatik existiert. Damit bleibt eine dauerhafte Lücke zur Informationsverarbeitung, die im Beruf bereits zu spektakulären Pannen führte.

Die Integration der Informatik in die beruflichen Fächer erfordert ein Informatik-Fundament in der Allgemeinbildung und eine Informatik-Vertiefung in der Berufsbildung.

Einen möglichen Zugang zur theoretischen Fundierung dieser beruflichen Vertiefung bildet der neue Typ des Aufgabenlösens (Arbeitsteilung zwischen Mensch und Informatiksystem). Dabei erhalten Lösungsplanung und Mensch-Maschine-Kommunikation einen deutlich höheren Stellenwert, da die traditionelle Ausführung automatisierbar wird. Der Mensch übernimmt es, Systeme, Pläne und Parameter problemgerecht auszuwählen und die Lösungsvarianten des Systems zu interpretieren, zu bewerten und zu verantworten. Zwischen Anfangs- und Zielzustand dieses Prozesses liegt eine mehr oder weniger komplexe Mensch-Maschine-Kommunikation, um

- Zielvorstellungen zu Plänen zu verdichten,

- Lösungsmodelle auszuwählen,

- Systeme zu steuern,

- Interpretation und Verifikation der Ergebnisse zu sichern.

Es zeichnet sich ab, daß solche Kompetenzen für immer mehr Berufsbilder von Interesse sind, aber nicht im Selbstlauf erworben werden können.

Prozeßorientierte Qualifizierung für die rechnerintegrierte Fertigung

Heinz Beek

Der Modellversuch

Der Paradigmenwechsel in der Arbeitswelt, weg von der funktionalen, tayloristischen Arbeitsteilung hin zu einer prozeßorientierten Sicht der Leistungserstellung, erfordert eine entsprechende Umgestaltung der Abläufe. Eine wesentliche Rolle in dem Paradigmenwechsel spielt die Informationstechnologie.

Im folgenden wird ein Modellversuch beschrieben, der für den schulischen Teil der beruflichen Ausbildung die prozeßorientierte Sicht aufgreift und ein fach- und berufsfeldübergreifendes Konzept für die rechnerintegrierte Fertigung entwickelt. Ein Schwerpunkt des Modellversuchs besteht in der Entwicklung eines Lernsystems, das mechanische und informationstechnische Elemente integriert. Durch die Integration dieses Mediums in einen fach- und berufsfeldübergreifend angelegten Unterricht sollen technische und betriebswirtschaftliche Zusammenhänge ersichtlich und erfahrbar werden. Erstmals arbeiten hier, im Rahmen des Modellversuchs, zwei Schulen unterschiedlicher Fachrichtungen zusammen: die Friedrich-Ebert-Schule in Wiesbaden, die für die technische Ausbildung zuständig ist, und die Schulze-Delitzsch-Schule in Wiesbaden, die den kaufmännischen Bereich abdeckt.

Wissenschaftlich wird der Modellversuch vom Institut für Wirtschaftsinformatik (IWI) an der Universität des Saarlandes begleitet. Im wesentlichen liegt hier die Verantwortung für das informationstechnische Konzept und die unmittelbare Unterstützung bei der Erarbeitung der didaktisch gestalteten Geschäftsprozesse. Die Modellversuchsleitung und die Entwicklung des pädagogischen Konzepts liegen beim Hessischen Institut für Bildungsplanung und Schulentwicklung (HIBS). Das Bundesministerium für Bildung und Wissenschaft und das Hessische Kultusministerium fördern den Modellversuch.

Rechnerintegrierte Fertigung

Die Wirtschaft befindet sich in einer Umbruchphase. Der Produktionsbetrieb, wie wir ihn heute kennen, ist im Wandel begriffen. Die Bedingungen, unter denen ein Unternehmen sich heute auf dem Markt bewähren und behaupten muß, haben sich noch nie so schnell, so nachhaltig und in derart vielen Dimensionen so gravierend verändert. Das Wesentliche dieses Umbruches ist durch den globalen Wettbwerb und die damit verbundene zentrale Rolle der Innovation charakterisiert.

Die Umbruchsituation zeigt sich im Produktionsbereich im Wandel von der Massenproduktion zur flexiblen rechnerintgrierten Produktion. Die Veränderungen lassen sich hier schlagwortartig wie folgt kennzeichnen:

- weg von starren, an der Massenproduktion orientierten tayloristischen arbeitsteiligen Systemen
- hin zu sich an durchgängigen Prozessen orientierenden Systemen, die sich den verändernden Marktanforderungen flexibel anpassen .

Die Informatisierung verändert dabei die inner- und zwischenbetriebliche Prozesse, die Produkte und Dienstleistungen und das Führungssystem von Unternehmen. Der Schlüsselfaktor, um diese Veränderungen herbeizuführen und umzusetzen, ist in der betrieblichen Praxis der Prozeß. Er verbindet die Geschäftsstrategie mit dem Informationssystem und ist der Auslöser von betrieblichen Innovationen. Anstatt wie bisher Teilbereiche zu optimieren, konzentrieren sich die Unternehmen heute auf die Optimierung von Prozessen. Bislang ungenutzte Potentiale zur Rationalisierung der Produktion, zur Erhöhung der Flexibilität und Termintreue sowie zur Verkürzung der Durchlaufzeiten können dadurch ausgeschöpft werden.

Die prozeßorientierte Umgestaltung der Unternehmensabläufe steht im Gegensatz zur noch vorherrschenden funktionalen Struktur. Prozeßorientierung heißt Abkehr vom Bereichsdenken und ein zielgerichtetes Zusammenwirken über alle Ebenen hinweg sowie einen Wandel im Bewußtsein der Mitarbeiter und Miarbeiterinnen. Bei der Prozeßverantwortung wird die bisherige Funktionsverantwortung von der Mitverantwortung für den Gesamtprozeß überlagert. In Prozeßzusammenhängen kompetent zu handeln bedeutet folglich, die wechselseitigen inhaltlichen und formalen Bedingungen der technischen und betriebswirtschaftlichen Unternehmensabläufe zu erkennen. Dies erfordert von den Mitarbeitern eines Unternehmens die Fähigkeit, auch über die eigene fachliche Disziplin hinauszublicken und sich Kenntnisse in den benachbarten Bereichen zu erwerben.

Situation an Berufsschulen

Insgesamt betrachtet zeigt sich die Berufschule gegenüber den beschriebenen prozeßorientierten Veränderungen in den Unternehmen verhältnismäßig resistent. In der Praxis der Berufsschule dominiert im technischen und im kaufmännischen Bereich die funktions- und fachwissenschaftliche Sichtweise.

Fachliche Spezialisierung und die Schulorganisation sorgen dafür, daß die Lehrertätigkeit eher eng begrenzt und arbeitsteilig organisiert ist. Es findet sich im Rahmen der herkömmlichen Festlegung von Berufsschullehreraufgaben bisher auch gar kein Bereich, der in besonderem Maße Zusammenarbeit mit Kolleginnen und Kollegen erforderlich machte. Nach wie vor sind z.B. die Fortbildungsprogramme und -veranstaltungen für die Lehrkräfte im gewerblich-technischen und im kaufmännischen Bereich von einem Verständnis getragen, bei dem es darum geht, sich fachliche, in der Regel eng begrenzte, Inhalte anzueignen und diese Inhalte didaktisch reduziert in die Unterrichtspraxis zu transferieren.

Weiterhin ist eine starke Trennung zwischen den beiden großen industriellen Berufsfeldern Metall- und Elektrotechnik zu erkennen. Obwohl in der industriellen Praxis die Produktentwicklung und die dazugehörigen Fertigungsmethoden längst durch eine Verschmelzung der beiden Technologiebereiche gekennzeichnet sind, findet in den meisten Berufsschulen keine entsprechende Zusammenarbeit statt. Äußerlich sichtbar wird dieser Zustand durch die Trennung der Labors und Unterrichtsräume.

Neben diesen äußeren Gegebenheiten spielen auch die "Denkwelten" der einzelnen Fachbereiche bei der intendierten Zusammenarbeit eine Rolle. Der Metallbereich ist in der Regel stark produktionsorientiert. Das Produzieren eines einzelnen Produktes wird prozessorientierten und ganzheitlichen Lernprozessen vorgezogen. Die Elektrotechnikbereiche sind stärker im Systemdenken verhaftet. Die kaufmännischen Bereiche der Berufsschulen sind durch ein eher planerisches Denken geprägt.

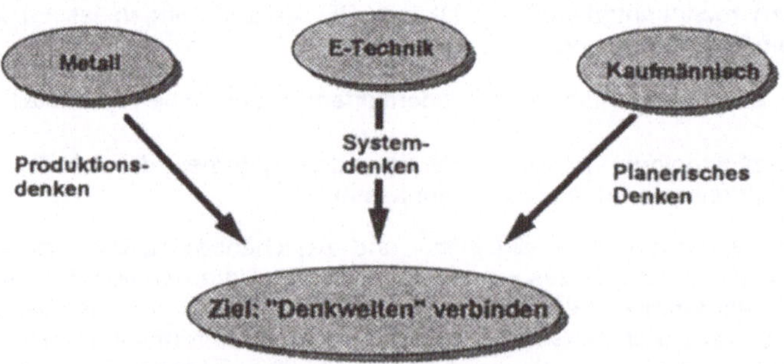

Abbildung 1: Unterschiedliche Denkwelten

Die Innovationsstrategien in der Wirtschaft waren in den vergangenen Jahren zu sehr an der Technik orientiert. Diese Technikorientierung fand ihren Niederschlag in der Berufsbildung, da sich Berufsbildung in ihren Gestaltungsansätzen primär auf die in den Unternehmen implementierten Technologien bezog und bezieht.

Deutlich wird dies bei der Neuordnung der Ausbildungsberufe im industriellen und handwerklichen Bereich. Über diese Neuordnung ist in Deutschland eine Entwicklung angestoßen worden, die neben der Orientierung an der Technik auch die veränderten organisatorischen Strukturen in den Blick nahm. In der schulischen Aus- und Weiterbildung dominierte allerdings eine technikbezogene Sichtweise. Zusammenhängende Inhalte wurden in voneinander getrennte Lehrgänge gesplittet und in der unterrichtlichen Praxis kaum miteinander verzahnt. In der schulischen Praxis dominieren Inhalte, die sich auf die Bedienung eines einzelnen, computerisierten Arbeits- und Produktionsmittels (z.B. CNC-Werkzeugmaschine, Roboter, CAD-Systems, Textverarbeitung, Datenbank) beziehen.

Ähnlich verlief die Entwicklung im Bereich der Modellversuche in den beruflichen Schulen. Seit Beginn der 80er Jahre gibt es Modellversuche, die sich mit "neuen Technologien" beschäftigen und in denen der Computer die entscheidende Größe bei Qualifizierungsmaßnahmen darstellt. Als "neue Technologien" wurden in den meisten Fällen allerdings nur Einzeltechniken wie rechnergestützte Arbeitsmittel und Rechnersysteme herausgegriffen. Diese "neuen Technologien" stellten den technikbezogenen Referenzpunkt der einzelnen Modellversuche dar. Im Vordergrund der dabei entwickelten unterrichtlichen Ansätze stand in der Regel die Betrachtung des jeweiligen einzelnen Mensch-Maschine-Systems. Im gewerblich-technischen Bereich waren es Modellversuche, die sich mit industrieller Steuerungstechnik und Automation, z.B. CNC, SPS, Mikroelektronik und computerunterstütztem Zeichnen und Konstruieren, z.B. CAD, auseinandersetzten. Für die kaufmännisch-verwaltenden Berufe wurden - ausgehend von der integrierten Datenverarbeitung sowie deren Vernetzung mit anderen Informationssystemen - die schulischen Einsatzmöglichkeiten erkundet und Qualifizierungskonzepte für einzelne Techniken, z.B. BTX, und Softwarewerkzeuge, z.B.Textverarbeitung, entwickelt.

Die bisherige, insbesondere im schulischen Teil der beruflichen Bildung vorherrschende Betrachtung der Einzeltechnik und des Mensch-Maschine-Systems ist heute sowohl aus technischer als auch aus arbeitsorganisatorischer Sichtweise nicht mehr ausreichend. Die Integration, d.h. die informationstechnische Verknüpfung kaufmännischer und technischer Prozesse, ist durch entsprechende mediale Konzepte für die Lernenden praktisch erfahrbar zu machen. Der Modellversuch legt deshalb den Schwerpunkt auf die modellhafte und didaktisch aufbereitete Abbildung von rechnerintegrierter Fertigung. Hierzu wurde in Zusammenarbeit mit einem führenden Medienproduzenten ein flexibles, modular aufgebautes Lernsystem entwickelt. Vorteile dieses Modells sind die übersichtliche und realistische Darstellung des Materialflusses sowie der gesamten Steuerungs- und Kommunikationsstruktur. Der Informationsverarbeitung kommt in dem Lernsystem die zentrale Bedeutung zu, und sie stellt somit das eigentliche Herzstück der Anlage dar. Die in der Friedrich-Ebert-Schule und der Schulze-Delitzsch-Schule vorhandenen und vom Modellversuch ergänzten EDV- und Hardwarekomponenten ergeben dann mit dem Lernsystem ein gesamtheitliches Konzept von prozeßorientierten Unternehmensabläufen.

Während in den 80er Jahren die Technik im Vordergrund stand, finden in den 90er Jahren die arbeitsorganisatorischen und die sozialen und humanen Aspekte von Rechnerintegration mehr Beachtung. Es wird immer deutlicher erkennbar, daß die angestrebten Vorteile rechnerintgrierter Fertigung sich vor allem dann realisieren lassen, wenn die betriebliche Integration aus einer ganzheitlichen Sicht angegangen wird. Mensch, Technik und Organisation müssen zu neuen Konzepten zusammengeführt werden. Und das ist auch für unseren Modellversuch das eigentlich Interessante und Neue: die interdisziplinäre Betrachtung von Technik, Arbeit und Qualifikation in ihrem Wirkungszusammenhang.

Die innovative Idee der rechnerintegrierten Fertigung ist somit die Integration von Technik, Mensch und Organisation. Technik- und Organisationsexperten können entsprechende

Werkzeuge und Verfahren liefern, getragen und gestaltet muß die rechnerintegrierte Fertigung von den beteiligten Menschen (Spur 1989, Warnecke 1992).

Zusammenfassend betrachtet wollen wir die in Zukunft sowohl für kaufmännische als auch für technische Berufe notwendigen prozeßorientierten Qualifikationen im Modellversuch durch die Schaffung von Lernzusammenhängen erreichen,

- die an der Praxis orientierte fach- und berufsfeldübergreifende Zielfindungs-, Planungs- und Steuerungsprozesse bei Fertigungsvorgängen ermöglichen,

- die selbständiges und kooperatives Handeln von Lehrenden und Lernenden fördern,

- die die informationstechnische Vernetzung der technischen und kaufmännischen Prozesse praxisbezogen aufzeigen und erfahrbar machen,

- die für den schulischen Teil der beruflichen Bildung eine stärkere Verzahnung von Theorie und Praxis durch neue mediale Konzepte gewährleisten.

Prozeßorientiertes Lernen

Die bisherigen, an den betrieblichen Entwicklungen orientierten Überlegungen ergeben folgende Konsequenzen und Aufgaben für das Handeln in der beruflichen Aus- und Weiterbildung: Direkt übernehmen läßt sich die Auffassung, ohne dabei für eine plumpe Anpassungsqualifizierung zu plädieren, daß auch für die schulischen Qualifizierungsprozesse eine ganzheitliche, über die Technik hinausgehende arbeitsorganisatorische und die Fähigkeiten des Menschen ausnutzende Betrachtungsweise notwendig ist.

Ein zentrales Element für die berufliche Bildung im Rahmen rechnerintegrierter Fertigung ist "Handlungskompetenz", nämlich die Fähigkeit der Person, in beruflichen und sonstigen Lebenssituationen verantwortungsvoll und kundig zu handeln. Die Vermittlung von Fach-, Methoden- und Sozialkompetenz schließt auch die Fähigkeit zur Beurteilung, Kritik und vor allem zur Mitgestaltung des komplexen Systems von Mensch, Technik und Organisation ein. Es ist eine zentrale Aufgabe im Rahmen des Modellversuchs, durch die Auswahl geeigneter Inhalte und Methoden des Lernens dazu beizutragen, daß junge Menschen befähigt werden, an der Diskussion um die Ausprägung der Gesamtheit Mensch, Technik und Organisation teilzunehmen und ihre Zukunft im Hinblick auf diesen Bereich zu gestalten. Die Orientierung an Handlungsfähigkeit bedeutet, daß die Ausbildung sich nicht nur auf die Vermittlung von fachlichen Qualifikationen beschränken darf, vielmehr muß sie - da dieses didaktische Prinzip Prozesse im Blick hat - die Lernenden mit Situationen konfrontieren, in denen Abläufe geplant, organisiert, durchgeführt und bewertet werden können.

Mit Hilfe eines an Vorgangsketten orientierten Lernens ist eine vollständige Auftragsabwicklung (Planung und Steuerung der erforderlichen Aktivitäten von der Anfrage über die Auftragsannahme bis zu Versand und Auswertung) möglich. Dies ist etwas anderes als die Verknüpfung von einzelnen Technikkomponenten oder Anwendungsprogrammen. Es geht vielmehr darum, daß die Lernenden Mittel und Wege der Planung und Durchführung von Produktionsaufträgen erfahren und sich dabei sowohl mit den sachlichen Abhängigkeiten eines ganzheitlicheren Produktionsprozesses als auch mit den Zielen der Produktion wie Qualitäts-, Kosten- und Zeitzielen auseinandersetzen. Dies erfordert die Fähigkeit der Lernenden, umfangreiche Aufgabengebiete zu überblicken und komplexe Arbeitsinhalte zu bewältigen.

Für den Modellversuch erscheint es in Anlehnung an das Y-Modell von Scheer sinnvoll, insgesamt zwei Prozeßketten zu unterscheiden, nämlich Logistik und Leistungsgestaltung. Mit Hilfe dieser zwei Vorgangsketten ist eine vollständige Auftragsabwicklung (Planung und Steuerung der erforderlichen Aktivitäten von der Anfrage über die Auftragsannahme bis zu Versand und Auswertung) möglich. Dies erfordert die Fähigkeit der Studierenden, vergleichsweise größere Aufgabengebiete zu überblicken und komplexere Arbeitsinhalte zu bewältigen.

Für den Modellversuch bedeutet diese Vorgehensweise, daß die zukünftige Technikerin bzw. Techniker, der Facharbeiter und die Industriekauffrau bzw. der Industriekaufmann Kenntnisse orientiert am Durchlauf eines "Produktes" erwirbt. Die Organisationsstruktur, die technische Ausstattung und die physische Realisierung mit Hilfe von Netzwerken, Datenbanken und den entsprechenden Softwareapplikationen im Modellversuch dienen somit dem Ziel, den Lernenden ein entsprechendes, an einem Produkt orientierten "Prozeßwissen" zu vermitteln.

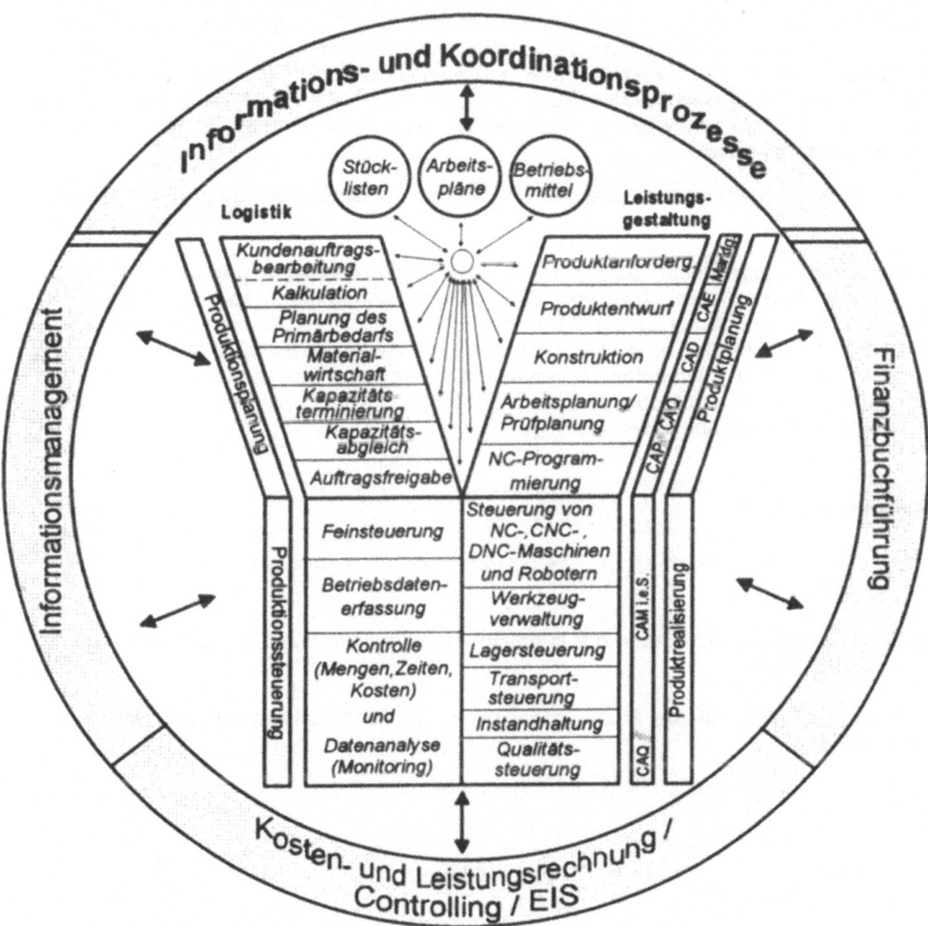

Abb. A.III.05: Geschäftsprozesse

Die Organisation des Unterrichts aufgrund von Prozessen beinhaltet eine Produkt-, Handlungs- und Projektorientierung. Denn das Lehren und Lernen von inhaltlich verknüpften Abläufen bedingt die Auswahl exemplarischer Problemstellungen, bei deren Lösung die gegenseitigen Abhängigkeiten der bislang im Unterricht getrennt behandelten Lehr-Lerninhalte deutlich werden, sowie einen Lerngegenstand, der als sogenannter Lernträger dient und die beabsichtigten Prozesse integriert.

Das im Modellversuch gewählte Produkt "Waage mit elektronischer Meßwertanzeige" erfüllt hinlänglich die geforderte Bedingung, nämlich als ein umfassender Lernträger zu fungieren, der möglichst viele Lernprozesse integriert. Die im Vertiefungsbereich der Zweijährigen Fachschule für Technik in Metall- und Elektrotechik zu unterrichtenden Fächer, nämlich Konstruktion und Maschinenelemente, Digitaltechnik, Fertigungs- und CNC-Technik, Arbeitsvorbereitung, Steuerungs- und Regelungstechnik sowie die kaufmännischen Fächer können bei der Realisierung der Waage einen Beitrag leisten.

Das projektorientierte Vorgehen im Modellversuch "Rechnerintegrierte Fertigung" läßt sich nur realisieren wenn auch auf Werte zugegriffen werden kann, die sich real nicht gewinnen lassen. Die Außenbeziehungen des Unternehmens können ebenfalls nur partiell, z.B. bei der Beschaffung, real gestaltet werden. Zur Abwicklung vieler Geschäfts- und technischer Prozesse benötigen wir deshalb im Modellversuch den Zugriff auf scheinbar echte Arbeitsdaten. Während durch die Orientierung an Unternehmensprozessen mit den dazugehörigen Vorgangsketten Produkt, Produktion und Produktionsplanung und -steuerung die Abfolge, Inhalte und informationstechnischen Zusammenhänge strukturiert werden, soll über die Simulation eines Unternehmens die Vielzahl der vermittelten Inhalte in einen Gesamtrahmen eingeordnet werden.

Für den Modellversuch wurde deshalb ein fiktives Unternehmen gegründet. Dadurch schaffen wir sowohl eine Informationsbasis für die reale und fiktive Produktion als auch einen Datenkranz für die einzelnen Projekte des Modellversuchs. Die Modellfirma bietet weiterhin einen Bezugsrahmen zur Einordnung und Veranschaulichung für die Vielzahl der im Unterricht behandelten Themen. Das Modellunternehmen soll im Laufe des Modellversuchs in möglichst vielen Fächern thematisiert, konkretisiert und schrittweise ausgebaut werden. Für die Lernenden sollte am Ende ihrer schulischen Ausbildung dieses aus realen und fiktiven Elementen bestehende Unternehmen so weit durchdrungen sein, daß im Rückgriff auf dieses Modell sich ein Verständnis für die Funktionen und die Abläufe eines echten Unternehmens entwickelt.

Literaturverzeichnis

Scheer, A.-W.: Wirtschaftsinformatik - Referenzmodelle für industrielle Geschäftsprozesse, 4. Aufl. Berlin u. a. 1994

Spur, G.: Unternehmensführung in der künftigen Industriegesellschaft. Siemens Zeitschrift, 63 (6), 4.9, 1989, S 9 f.

Warnecke, H.-J.: Die fraktale Fabrik: Revolution der Unternehmenskultur. Berlin usw., Springer, 1992

Informatik-Grundbildung
und informationstechnische Rationalisierung

Eine Neukonzeption der Informatik-Grundbildung an schweiz. Berufsschulen

Hermann J. Forneck
Oberlinden 19
79098 Freiburg

Hans-Peter Hauser
Berufsschule für Weiterbildung Zürich
Kantonsschulstr. 3
CH-8001 Zürich

Wegen der Grösse der Frage, was damit aus den Menschen werden kann, ist die Technik heute vielleicht das Hauptthema für die Auffassung unserer Lage. Man kann den Einbruch der modernen Technik und ihrer Folgen für schlechthin alle Lebensfragen gar nicht überschätzen.
Karl Jaspers

1. Ausgangslage

1991 führte die vom Bundesamt für Industrie, Gewerbe und Arbeit (BIGA)[1] beauftragte Expertengruppe für Informatik eine Befragung an Berufsschulen[2] durch. Diese ergab, dass an den schweizerischen Berufsschulen eine informationstechnische Grundbildung entgegen den Lehrplänen nicht mehr realisiert wird. Die dafür vorgesehenen 20 Unterrichtsstunden werden vorwiegend für Anwenderschulung verwendet. Die Expertengruppe entwickelte in der Folge eine Neukonzeption «Informatik-Grundbildung»[3], welche gegenwärtig mit 12 Klassen erprobt wird. Gleichzeitig entstehen Unterrichtsmaterialien, die im Spätsommer 1995 zur Verfügung stehen sollen.

Bei der neu vorgeschlagenen «Informatik-Grundbildung» steht die allgemeinbildende Auseinandersetzung mit Technik und Beruf im Zentrum. Die Einführung in die Gerätebedienung oder die Schulung von Anwendungen ist dagegen kein Anliegen. Deshalb steht die «Informatik-Grundbildung» nicht am Beginn des Informatikunterrichts, sondern an dessen Ende, wird also erst im dritten Lehrjahr durchgeführt. Die 20 Unterrichtsstunden werden von allgemeinbildenden Berufsschullehrerinnen und -lehrern in Kooperation mit den Fachlehrkräften bestritten.

Im folgenden Beitrag stehen die Darstellung der grundlegenden konzeptionellen Überlegungen und der unterrichtlichen Vorgehensweisen im Vordergrund. Resultate der

---

[1] Vergleichbar dem Bundesministerium für Arbeit
[2] Es wurden 120 Fragebögen mit offenen Fragen versandt, worauf 63 Antworten aus 19 Schulen in 16 Kantonen erfolgten.
[3] Forneck, H., Hauser, H.P., Huonker H., Meier A., Informatik-Grundbildung an Berufsschulen, Vorschlag zu einer Neukonzeption, Bern 1993. Zu beziehen bei der Schweizerischen Fachstelle für Informationstechnologien im Bildungswesen, Erlachstr. 21, CH-3000 Bern 9

Erprobung - Schülerarbeiten und konkrete unterrichtliche Erfahrungen - werden an der Kongressveranstaltung vorgestellt.

2. Zugrundeliegendes Verständnis von «Grundbildung»

Sowohl in der öffentlichen als auch in der fachwissenschaftlichen Diskussion herrscht ein ausgesprochener Konsens: Die Informationstechnologie wird als Ausgangspunkt einer tiefgreifenden Veränderung unserer Kultur, der Arbeitswelt, der Welt der Kommunikation und Information angesehen. Dieser Prozess lässt sich nicht auf rein technische Aspekte eingrenzen, vielmehr ergibt sich der eigentliche Charakter des durch die Informationstechnologie bewirkten Wandels aus dem Zusammenwirken von technischen, gesellschaftlichen und kulturellen Veränderungen. Während sich viele Konzepte für den Informatikunterricht trotzdem von der Sachlogik der technischen Apparaturen leiten lassen, geht die «Informatik-Grundbildung» von einem neuen Verständnis von Informatik aus[4]. Informatik wird als Wissenschaft verstanden, die sich in erster Linie mit dem instrumentalen Gebrauch der Informationstechnik befasst. Nicht der Computer, sondern die (Re)Organisation von Arbeitsprozessen und -plätzen steht als Aufgabe im Mittelpunkt. Die «Informatik-Grundbildung» will die Informationierung der Arbeitswelt durchschaubar und verstehbar machen.

3. Unterrichtsprinzipien

Drei unterrichtliche Grundsätze sind in besonderer Weise mit den Intentionen der Grundbildung verknüpft:

3.1. Arbeitsweltorientierung

Die «Informatik-Grundbildung» geht von der Arbeitswelt als derjenigen Welt der Lehrtöchter und Lehrlinge aus, in der sie die meiste Zeit ihres wachen Lebens verbringen, in der sie handeln und Deutungen über diese Welt entwickeln. Mitbewirkt durch die Informationstechnologie verändert sich die Arbeitswelt augenblicklich schnell und tiefgreifend. Der Wandel bedingt nicht nur andere Qualifikationen, auf die sich die Berufsschulen einstellen müssen, sondern zwingt auch, andere Dimensionen im Unterricht zu berücksichtigen. Einige Hinweise sollen den der Konzeption zugrundeliegenden Arbeitsweltbegriff verdeutlichen:

* *Die Lehrlinge und Lehrtöchter finden eine zunehmend abstraktere, entsinnlichte aber auch reizüberflutete Arbeitswelt vor. Bestimmt wird die Entwicklungsdynamik vordergründig durch die Informationstechnologie.*
* *Gleichzeitig werden private und berufliche Beziehungen der Lehrlinge und Lehrtöchter immer weniger traditionell geregelt, sondern individuell gestaltet. Sie werden dadurch wichtiger und zerbrechlicher.*

---

[4] Sh. Coy W., Sichtweisen der Informatik, Braunschweig / Wiesbaden, Vieweg Verlag 1992

*   *Die Berufstraditionen erodieren und es wird für Lehrtöchter und Lehrlinge immer komplizierter und unvorhersehbarer eine längerfristige Berufsperspektive zu entwickeln.*
*   *Normen und Handlungsorientierungen werden unschärfer. Gleichzeitig ist es fast unmöglich, neue, allgemeinverbindliche Normen und Handlungsmuster an deren Stelle zu setzen.*
*   *Die Situation der Lehrtöchter und Lehrlinge kennzeichnet sich vermehrt sowohl durch einen diffusen Individualismus als auch ein wenig greifbares Risikobewusstsein ohne Orientierungswissen.*

Die wenigen Bemerkungen machen deutlich, dass nicht nur die «äussere Welt», sondern auch die «innere» dem Wandel unterworfen ist. Die jungen Menschen finden veränderte Lebensbedingungen vor und sie sind selbst anders. Arbeitsweltorientierung als Unterrichtsprinzip nimmt die äussere und innere Dimension dieser Veränderung auf und versucht sie im Unterricht zu berücksichtigen.

3.2. Handlungsorientierungen

Die «Informatik-Grundbildung» zielt darauf, Handlungsfähigkeit in der Welt, insbesondere der Arbeitswelt zu fördern. Handlungsfähigkeit meint mehr als reagieren. 'Der Mensch «handelt» als Person bewusst, unter Verwendung von Mitteln, gemäss den Bedingungen der Situation, mit der Wahrnehmung von Erfolg und Misserfolg, mit einem Wort sinnhaft. Handeln ist der Kern seines Wesens, sein anthropologisches Grundmerkmal'[5]. Entsprechend der vorgeschlagenen Konzeption arbeiten die Lehrtöchter und Lehrlinge zunächst auf einer konkreten Aneignungs- bezw. Handlungsebene. Das Lernen in der Analyse- und Interessenphase liegt demgegenüber schwergewichtig auf einer explizit-sprachlichen und einer gedanklichen Handlungsebene[6], um im Abschluss wiederum zu einer konkreten Handlungsebene zurückzukehren. Damit sind folgende Zielsetzungen verbunden:

*   *Vertieftes Erkennen der eigenen beruflichen Wirklichkeit*
*   *Einordnen der eigenen Arbeitssituation in den Zusammenhang der gesamten Arbeits- und Berufssituation*
*   *Autonome Zwecksetzung und deren Umsetzung in der beruflichen Praxis*
*   *Einbezug der Dynamik des technischen Wandels und dessen Auswirkungen auf die Berufssituation*

Handlungsorientierung des Unterrichts meint somit, dass die «Informatik-Grundbildung» den Lehrtöchtern und Lehrlingen Perspektiven eröffnet, Orientierungen ermöglicht und vor allem das eigenständige Handeln in der Arbeitswelt anregt. Die Exploration von konkreten Arbeits- und Betriebssituationen, Befragungen am Arbeitsplatz, Auseinandersetzungen mit Branchenlösungen oder die Klärung von Rationalisierungsvorhaben sollen dies ermöglichen.

---

[5] Glöckel H., Vom Unterricht. Lehrbuch der allgemeinen Didaktik, Bad Heilbrunn 1992, S. 142
[6] Sh. Klafki W., Stöcker H., Innere Differenzierung des Unterrichts, in: Zeitschrift für Pädagogik 22, 1976, S. 497ff

3.3. Subjektorientierung

In der Arbeitswelt müssen die Lehrtöchter und Lehrlinge nicht nur fachlich bestehen, sondern unter anderem auch eine Zukunftsperspektive entwickeln. Deshalb wird in der «Informatik-Grundbildung» eine Einstellung angestrebt, in der die Beteiligten sich auf den Prozess der Technisierung ihrer Arbeitswelt konstruktiv einlassen und sich orientieren lernen. Sie sollen bereits erworbene Wissensteile über Technik und die mit Technik gemachten Erfahrungen im Arbeitsfeld zusammenführen, vertiefen und diesen auf den Grund gehen. Im alltäglichen Sprachgebrauch hat sich dafür die Bezeichnung «vernetztes Denken» eingebürgert. Wir gehen hier davon aus, dass Menschen, indem sie Erfahrungen machen, immer schon Zusammenhänge konstruieren. Diese schon bestehenden Deutungen über (Informations)Technik und Arbeit, sollen in der «Informatik-Grundbildung» überdacht und neu strukturiert werden. Insofern orientiert sich die Konzeption an einem reflexiven Subjektmodell.

Die Berücksichtigung individueller Sichtweisen, Problemstellungen und Anliegen bedingt, dass die «Informatik-Grundbildung» je nach Berufsfeld, Technisierungsgrad, Umfeld, Firmenstruktur oder Zusammensetzung der Klasse unterschiedlich verlaufen wird. Vieles kann auch nicht mehr in dem Masse vorgeplant werden, wie dies im Lehrgangsunterricht möglich ist. Die Lehrtöchter und Lehrlinge bestimmen entscheidende Sequenzen des Unterrichtes durch ihre eigenen Aktivitäten mit.

4. Die vier Phasen der «Informatik-Grundbildung»

Arbeits-, Handlungs- und Subjektorientierung stellen keine isolierten Unterrichtsprinzipien dar[7]. Vielmehr sind sie in eine Struktur eingebunden, die über die Einzelinteressen und -situationen der Lehrtöchter und Lehrlinge hinausgehende Bildungsziele verfolgt. Die Struktur ergibt sich aus den vier aufeinanderfolgenden Arbeitsphasen, die die «Informatik-Grundbildung» kennzeichnen:

4.1. Rekonstruktion des Arbeitsfeldes

In der ersten Phase untersuchen Lehrtöchter und Lehrlinge ihre eigene Arbeitswirklichkeit auf die Technisierung und deren Folgen hin. Sie beschreiben und erläutern ihren Arbeitsplatz und die Informationstechnik, mit der sie in Berührung kommen. Es geht dabei darum, die Besonderheiten der Arbeitsplätze und die wesentlichen Deutungsmuster der Arbeitswirklichkeit der Lehrtöchter und Lehrlinge hervortreten zu lassen. Der Begriff des «Arbeitsfeldes» bezeichnet diesen Zusammenhang von Arbeitsplatz und individueller Wahrnehmung. Weil es nicht nur um die Benennung «objektiver» Merkmale geht, sondern auch um persönliche Wahrnehmung, sollen in der Rekonstruktion zutage tretende Unterschiede in der ersten Phase keinesfalls nivelliert werden. Die erste Arbeitsphase kann als

---

[7] Sh. Meyer H., Unterrichtsmethoden, Bd. 1, 1987, S. 215 - 217

gelungen gelten, wenn die Lehrtöchter und Lehrlinge unterschiedliche Arbeitsfelder vorstellen und so nach deren Präsentation ein komplexeres Bild entsteht.

Folgende unterschiedliche unterrichtliche Vorgehensweisen ergaben sich in der Erprobung für die erste Phase, wobei auch Mischformen denkbar sind:

1. Organisationsansatz	2. Illustrationsansatz	3. Arbeitsjournalansatz
Fragestellungen: * Mit welchen Personen oder Abteilungen habe ich als Lehrtochter oder Lehrling zu tun? * Welche Aufgaben nehmen sie wahr, welche Arbeitsabläufe gehören dazu? * Welche Bedeutung haben informationstechnische Hilfsmittel bei meiner Arbeit?	*Fragestellungen:* * Was gehört alles zu meinem Arbeitsplatz? * Wie kann ich den Klassenkameradinnen und Kameraden meinen Arbeitsplatz vorstellen? * Wie erkläre ich, wer was macht, mit wem ich zusammenarbeite, was ich (gern - weniger gern) tue?	*Fragestellungen:* * Was tue ich alles während einer Woche? * Welche Arbeiten werden mir während einer Woche von welchen Personen übertragen? * Wie führe ich die Arbeiten aus? * Was geschieht mit den Produkten?
Darstellung: Graphische Darstellungen bei denen der Lehrling / die Lehrtochter im Mittelpunkt steht	*Darstellung:* Photos, Berichte, subjektive Situationsschilderungen, Tondokumente, Video	*Darstellung:* Wochenprotokoll, Liste der Tätigkeiten, involvierten Personen, Hilfsmittel etc.

4.2. Analyse wesentlicher Strukturen des Berufsfeldes und ihrer (informations)technischen Organisation

In der zweiten Phase vertiefen die Lehrtöchter und Lehrlinge ihr technisches Verständnis, lernen Zusammenhänge besser verstehen, untersuchen neue Arbeitsstrukturen und erkennen umfassendere Veränderungen in ihrem Berufsfeld, die mit der Informationstechnologie zusammenhängen. Die verschiedenen Rekonstruktionsarbeiten werden nun verallgemeinert, gleichzeitig wechselt die Betrachtungsweise um von einer beschreibenden zu einer explizit analytischen. Jetzt soll den Dingen auf den Grund gegangen werden. Der Begriff «Berufsfeld» macht den Anspruch auf Horizonterweiterung deutlich.

Die Analyse verlangt von den Lehrtöchtern und Lehrlingen, dass sie sich von den Besonderheiten ihres individuellen Arbeitsplatzes lösen und diese in Beziehung zu anderen bringen. Abstraktion ist gefordert. Dies setzt voraus, dass sie ihre Erkenntnisse über den Beruf, über massgebende Entwicklungen und beispielhafte Betriebe vervollständigen. Der Unterricht ist dann erfolgreich, wenn sich die Lehrtöchter und Lehrlinge aufgrund der erarbeiteten Strukturen des Berufsfeldes positionieren und orientieren können. Gleichzeitig zielt die Analyse auf die technisch bedingten Rationalisierungsprozesse. Die Lehrtöchter und Lehrlinge sollen erkennen, wo in ihrem Berufsfeld (informations)technische Hilfsmittel eingesetzt werden und wie sich die Berufsperspektive dadurch verändert. Gegenwärtig ist zum Beispiel für Grafiker und Elektriker eine Entwicklung absehbar, in der sich die Berufstätigkeiten in anspruchsvollere und weniger anspruchsvollere scheiden. Mittelfristig wird es zur Auflösung des Berufsfeldes und zur Ausdifferenzierung von jeweils zwei neuen Berufen kommen. Bei andern Berufen sind wesentliche Tätigkeiten mit Hilfe (informations)technischer Entwicklungen räumlich vom Arbeitsplatz getrennt worden, zum Beispiel bei der Herstellung von Beton. Aber auch die Rückführung von Tätigkeiten kann festgestellt werden, die Bauzeichnerin im CAD erledigt heute wieder vermehrt Verwaltungsarbeit.

Bei der Erprobung ergaben sich wiederum drei unterschiedliche unterrichtliche Vorgehensweisen:

1. historischer Ansatz	2. Vertiefungsansatz	3. Exkursionsansatz
Fragestellungen:	*Fragestellungen:*	*Fragestellungen:*
* Wie sah meine Arbeit früher aus - wie heute? * Welche Techniken wurden früher angewandt - welche heute? * Welche Produkte konnte man mit welcher Qualität und welchem Aufwand früher herstellen - welche heute? * Was musste man früher, heute wissen und können, um die Arbeit gut zu erledigen?	* Wie versucht man Prototypen zu verbilligen? * Gehören Computer und lean production zusammen? * Was heisst CIM? Welche Ziele werden damit verfolgt? * Wie funktionieren Roboter? * Sind Ökologie und Computer vereinbar?	* Welcher technisch fortgeschrittene Betrieb ist für das Berufsfeld exemplarisch und eignet sich für eine Besichtigung? * Was müssen wir uns dabei ansehen? Welche Arbeitsplätze, welche Abteilungen? * Welche Fragen wollen wir beantwortet haben?
Durchführungsformen:	*Durchführungsformen:*	*Durchführungsformen:*
S stellen Nachforschungen in Betriebs- und Verbandsarchiven an, befragen ältere Arbeitskolleginnen und -kollegen, vergleichen frühere und gegenwärtige Schulbücher oder Arbeitsanleitungen.	S entwickeln aus der Phase I Fragestellungen, die erweitert werden durch die Lektüre von Fachartikeln. Die Antworten finden die S durch gezielte Befragungen im Betrieb oder geeigneten Fachstellen.	S erstellen einen Besuchsplan für die Firma X. Sie beschaffen sich die notwendigen Informationen, vereinbaren Termine und Exkursionsablauf. Sie bereiten sich auf die Betriebsbesichtigung vor und entwickeln dazu Fragestellungen.

Ein vierter Ansatz wurde in der Erprobung angegangen, der «Modellansatz». Die Lehrtöchter und Lehrlinge versuchten einen Modellbetrieb zu entwickeln, der so differenziert und durchdacht aufgebaut sein sollte, dass er auch funktionieren könnte. Dieser Ansatz führte aber vorerst nicht zu befriedigenden Resultaten.

In der zweiten Phase gilt es exemplarisch, an einer für das Berufsfeld zentralen Thematik die technische Substituierung bestimmter Arbeitsgänge unter der Perspektive der technischen Rationalisierung zu analysieren. Hier ist die Einbindung des Fachlehrers in den allgemeinbildenden Unterricht ausdrücklich gefordert. Dabei ist aber zu beachten, dass der Unterricht allgemeinbildend bleibt, also entsprechend den Zielsetzungen der «Informatik-Grundbildung» gestaltet werden soll.

4.3. Ergründen unterschiedlicher Perspektiven und Interessenlagen

In der dritten Phase werden die Lehrtöchter und Lehrlinge angehalten, ihre bisherigen Einstellungen zu überdenken und unterschiedlichen Perspektiven nachzugehen. Sie sollen ihr Urteil relativieren und differenzieren können. Technik bedeutet nicht a priori Entwicklung, genauso ist sie nicht einfach mit Bedrohung und Arbeitslosigkeit gleichzusetzen. Für den Einsatz der Informationstechnologie ist der unmittelbare ökonomische Nutzen in der Regel eine Voraussetzung. Trotzdem sind die Beweggründe für die Technisierung der Arbeitsplätze sehr vielfältig. So kann zum Beispiel das Firmenimage bei der Einführung der Informationstechnologie eine gewisse Bedeutung haben oder die Befürchtung, eine Entwicklung zu versäumen und sich so langfristig Nachteile einzuhandeln.

Aus der Erprobungsphase greifen wir wiederum drei unterschiedliche Vorgehensweisen heraus, die im nebenstehenden Schaubild dargestellt sind.

Die Lehrlinge und Lehrtöchter können nur beschränkt Kostenüberlegungen durchführen, die in ihrem Unternehmen zur Einführung informationstechnischer Neuerungen geführt haben. Trotzdem sollte auf einen entsprechenden Analyseversuch nicht verzichtet werden. Die informationstechnischen Hilfsmittel und die damit verbundene neue Arbeitsorganisation werden anders wahrgenommen, wenn Lehrtöchter und Lehrlinge diese in Bezug bringen zum Zeit-, Material-, Energie- oder Personalaufwand. Ebenso ermöglicht die Erarbeitung von Synergie-Effekten, dass sie aufmerksam werden auf eine Angebotserweiterung oder Flexibilisierung.

Der Einsatz der Informationstechnologie tangiert immer auch die Organisation der Arbeit und mit dieser die Stellung von Arbeitnehmerinnen und Arbeitnehmern im Arbeitsgefüge. Bei jedem Rationalisierungsprozess entstehen Rationalisierungsverlierer und -gewinner. Hinzu kommen medizinische und arbeitsphysiologische Aspekte, die zu unterschiedlichen Sichtweisen beim Einsatz der Informationstechnologie in der Arbeitswelt führen. Die dritte Phase dient der Erarbeitung solcher unterschiedlichen Perspektiven. Die sich aus der Rekonstruktionsarbeit ergebenen Anknüpfungspunkte sollten, wenn immer möglich, aufgegriffen werden.

1. Rationalisierungsansatz	2. 'Zukunftsatelier'	3. Befragungsansatz
Fragestellungen: * Wie kann der Betrieb X rationalisiert werden? * Können gleichzeitig die Verkaufszahlen gesteigert werden? * Welche Rationalisierungsszenarien haben die Arbeitnehmerinnen und -nehmer, welche Folgen für die Arbeitstätigkeiten und für den Betrieb?	*Fragestellungen:* * Als Jungunternehmerin oder -unternehmer haben die S die Möglichkeit, ein neues Graphikatelier (eine neue Gastwirtschaft, ein Lebensmittelgeschäft, etc.) einzurichten. Wie würde dieses aussehen ?	*Fragestellungen:* * Warum hat der Betrieb X eine bestimmte Informationstechnik eingeführt? * Lassen sich die ökonomischen Folgen berechnen? * Wie stellt sich die Belegschaft zu den Veränderungen, der Betriebsarzt, die Informatikabteilung?
Durchführungsformen: S erarbeiten sich anhand eines gut dokumentierten Modellfalles Rationalisierungsmodelle und begründen deren Vor- und Nachteile. S begründen im Rollenspiel einzelne Lösungen vor Unternehmensleitung, Betriebsrat, Kollegen aus der eigenen Abteilung.	*Durchführungsformen:* S erarbeiten ausgiebige Explorationen im Berufsfeld. Sie sammeln die notwendigen Informationen selbst. S stellen ihr Atelier vor und begründen ihre Lösung mit Berechnungen und einem Strategieplan, der die Akzeptanz und Widerstände der Mitarbeiter und Mitarbeiterinnen berücksichtigt.	*Durchführungsformen:* S führen Befragungen durch bei unmittelbar Betroffenen, bei denen die Interessenlage zum Vorschein kommt. Explorationen im Betrieb. S prüfen finanzielle Effekte durch eigene Berechnungen und Überlegungen nach (Beschränkung auf Teilaspekt). S präsentieren ihre Resultate in der Klasse.

4.4. Berufliche Zukunftsgestaltung

Die persönliche Zukunftsperspektive, die mit der letzten Phase der «Informatik-Grundbildung» thematisiert wird, verändert die zu behandelnden Unterrichtsgegenstände ein letztes Mal. Nun wird die Verantwortlichkeit der Lehrtochter bzw. des Lehrlings für die eigene berufliche Zukunft angesprochen. Die Lehrtöchter und Lehrlinge sollen sich selbst, ihre Interessen, Bedürfnisse, Fähigkeiten und Kenntnisse in Bezug auf die zu erwartenden technischen Veränderungen kennenlernen. Ziel ist, dass sie abschliessend eine verantwortliche berufliche Zukunftsperspektive aus dem bisher Erarbeiteten entwickeln und Möglichkeiten prüfen, diese auch zu verwirklichen.

In der Erprobung wurden wiederum unterschiedliche unterrichtliche Vorgehensweisen gewählt. Da diese Phase entscheidend vom Verlauf der Perspektivierungsphase abhängt, wird hier auf eine Systematisierung der Vorgehensweisen verzichtet. Bei allen Klassen gemeinsam war aber, dass sich die Lehrtöchter und Lehrlinge eingehend mit Weiterbildungsmöglichkeiten befasst haben. Sie evaluierten entsprechende Angebote u.a. durch Schulbesuche und Probelektionen.

5. Fazit

In der Erprobung erwies sich die von der Expertengruppe für Informatik vorgeschlagene «Informatik-Grundbildung» als unterrichtstauglich. Die Erfahrungen sind ermutigend, so dass das Schweiz. Institut für Berufspädagogik (SIBP)[8] vorschlägt, sie künftig fest in den allgemeinbildenden Unterricht aufzunehmen. Der Ball liegt nun bei den Berufsschulen. Sie können und werden hoffentlich im Rahmen der zur Zeit laufenden Reform des allgemeinbildenden Unterrichtes der neuen «Informatik-Grundbildung» zum Durchbruch verhelfen.

Literaturverzeichnis:

Coy, W., Sichtweisen der Informatik, Braunschweig/ Wiesbaden 1992
Forneck, H., Hauser, H.P., Huonker H., Meier, A., Informatik Grundbildung an Berufsschulen. Vorschlag zu einer Neukonzeption, Bern 1993
Glöckel, H., Vom Unterricht. Lehrbuch der allgemeinen Didaktik, Bad Heilbrunn 1992
Klafki, W., Stöcker, H., Innere Differenzierung des Unterrichts in: Zeitschrift für Pädagogik, 22.1976, S. 497 ff
Meyer, H., Unterrichtsmethoden, Bd. 1, Bad Heilbrunn 1987

---

[8]. Das SIBP ist die für die Eidgenossenschaft höchste Berufsbildungsbehörde

**Komplexe Lehr-Lern-Arrangements in der Wirtschaftsinformatik -
Erfahrungen aus einem Projektseminar**

Georg-August-Universität Göttingen, Institut für Wirtschaftsinformatik
Uwe Hoppe,   Katja Nienaber,   Karl-Hermann Witte

1 Einleitung

In jüngster Zeit wird unter der Bezeichnung "Lehr-Lern-Arrangements" verstärkt über innovative Aus- und Weiterbildungskonzepte berichtet [Achtenhagen 1992]. Der Begriff kennzeichnet "inhaltlich und zeitlich abgegrenzte, strukturierte, komplexe, ganzheitliche, Lernhandeln herausfordernde Situationen" [Diepold/Rischmüller 1988, S. 314]. Im folgenden wird ein Lehr-Lern-Arrangement für das Fach Wirtschaftsinformatik vorgestellt. In einem Projektseminar, das im Sommersemester 1994 vom Institut für Wirtschaftsinformatik der Georg-August-Universität Göttingen veranstaltet wurde, haben unter der Leitung der Professoren Biethahn und Schumann 28 Studierende und die drei Autoren in Gruppenarbeit das computerunterstützte Lehr-/Lernprogramm Teewi (Teachware für die Einführung in die Wirtschaftsinformatik) entworfen und realisiert.
Anhand dieser realen Aufgabe aus dem Bereich des Entwickelns von Anwendungssystemen sollten den Studierenden die abstrakten Prinzipien und Methoden der Softwareentwicklung vermittelt werden. Für das Lösen des Problems waren verschiedene Werkzeuge anzuwenden. Darüber hinaus sollten fachübergreifende Qualifikationen wie Kommunikations- und Kooperationsfähigkeit im Team aktiv erfahren werden.

2 Thematik und Vorgehensweise

Zu Beginn des Projektseminars wurde den Teilnehmern eine Liste mit den folgenden Grundlagen der Wirtschaftsinformatik an die Hand gegeben. Diese Themen waren in dem Lernprogramm abzubilden.
- Gegenstand der Wirtschaftsinformatik
- Rechnerklassen und ihre technische Integration
  - von-Neumann-Architektur
  - Rechnerklassen
  - Netzwerke
  - Software
    - Systemsoftware
    - Anwendungssoftware
- Planung und Realisierung von Anwendungssystemen
  - Konzepte zur Entwicklung von Anwendungssystemen
  - Projektmanagement beim Entwickeln von Anwendungssystemen
  - Planung von Anwendungssystemen
  - Qualitätssicherung

Teewi wurde anhand eines phasenorientierten Vorgehensmodells erstellt (Abb. 1), das speziell auf computergestützte Lernprogramme zugeschnitten ist [Hoppe et al. 1993]. In dem Projektseminar wurden alle Phasen bis zur Realisierung des Lernprogramms durchlaufen. Der Projektverlauf wird im folgenden anhand der Phasen beschrieben und bewertet.

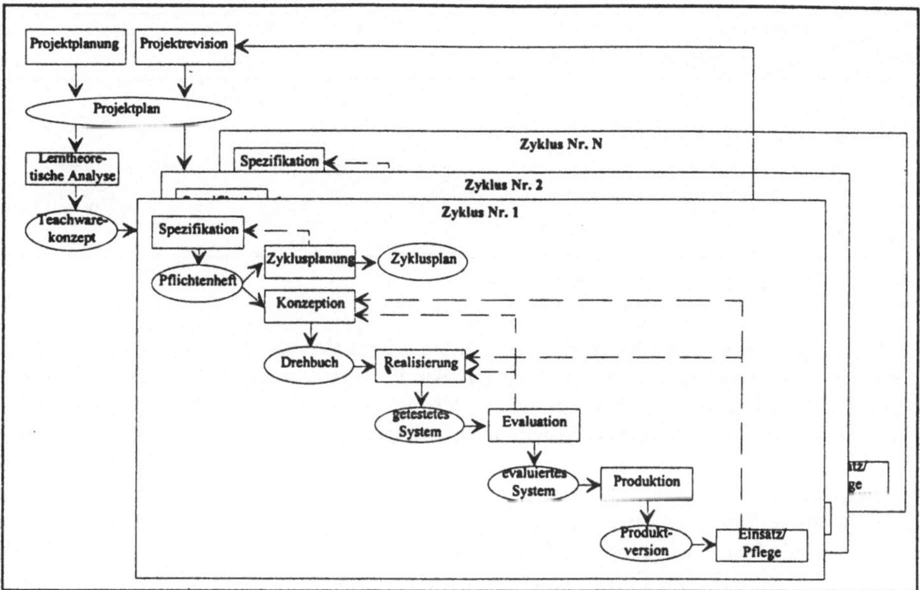

Abb. 1: Vorgehensmodell zum Entwickeln von Teachware

3 Darstellung und Beurteilung des Projektverlaufs

3.1 Projektplanung

Dem Projekt wurde eine Matrixorganisation [Litke 1993, S. 78 ff.] zugrunde gelegt (Abb. 2).
Zunächst wurden die durch die Teachware zu vermittelnden Lerninhalte der Wirtschaftsin-
formatik auf vier "Inhaltsgruppen" mit jeweils sieben Teilnehmern verteilt. Die relativ großen
Gruppen sollten gewährleisten, daß im Falle von Seminarabbrechern die verbleibenden Rest-
gruppen leistungsfähig genug bleiben, um ihre Aufgaben zu erfüllen.
Die unterschiedliche Natur der Projekttätigkeiten sprach für eine Spezialisierung. Auf der
Basis eines Rollenkonzepts wurden in jeder Inhaltsgruppe die Rollen lerntheoretische Analyse, Grobkonzeption, Feinkonzeption und Realisierung mit zumindest einem Teilnehmer
besetzt. Da die Autoren die Rolle der "Auftraggeber" des Programms übernommen hatten,
mußte in jeder Gruppe zudem eine Rolle für das Projektmanagement vergeben werden. Diese
Einteilung in "Experten", die wiederum zu "Expertengruppen" zusammengefaßt wurden, hatte
den Vorteil, daß in jeder Inhaltsgruppe für die jeweiligen Phasentätigkeiten mindestens ein
Spezialist vorhanden war. Über die Expertengruppen bauten sich Beziehungen zu den anderen
Inhaltsgruppen auf, so daß sich die Kommunikation zwischen den Gruppen nicht auf die
Initiative der Gruppenmanager beschränkte. Darüber hinaus konnten die Voraussetzungen der
Teilnehmer optimal genutzt werden, indem beispielsweise den Studierenden der Wirtschafts-
pädagogik Rollen mit überwiegend didaktischen Aufgaben übertragen wurden. Die Besetzung
der Rollen durch die Teilnehmer war den Gruppen selbst überlassen.

Experten Inhalt	Projekt- management	Lerntheoretische Analyse	Grobkon- zeption	Feinkon- zeption	Realisie- rung
Gruppe 1					
Gruppe 2					
Gruppe 3			Sabine Musterfrau		
Gruppe 4					

Abb. 2: Matrixorganisation des Projektseminars

Die Zuordnung einzelner Expertenrollen zu Phasen erwies sich als nachteilig, weil sie mit der Übernahme von Arbeitsaufträgen gleichgesetzt wurde. Vielmehr ist in Zukunft eine phasenübergreifende Rollenverteilung anzustreben. Beispielsweise ist neben dem Projektmanagement und der Realisierung an das Einrichten einer didaktischen Rolle und der eines Inhaltsautoren zu denken. Damit ließe sich der Verantwortungsbereich der einzelnen Teammitglieder auf den gesamten Projektablauf ausweiten.

Die grobe Ablauforganisation wurde den Teilnehmern in Form eines Projektplans vorgegeben, der für jede Phase die geschätzte Dauer und für jedes Phasenergebnis einen verbindlichen Abgabetermin enthielt. Der Projektplan war von den Gruppenmanagern zu verfeinern, indem Teilaktivitäten formuliert und Gruppenmitgliedern zugeordnet wurden. Für diese Aufgabe stand den Managern als Werkzeug die Software MS-Projekt der Firma Microsoft zur Verfügung, um den Projektfortschritt und die Einhaltung der Termine zu überwachen (Abb. 3).

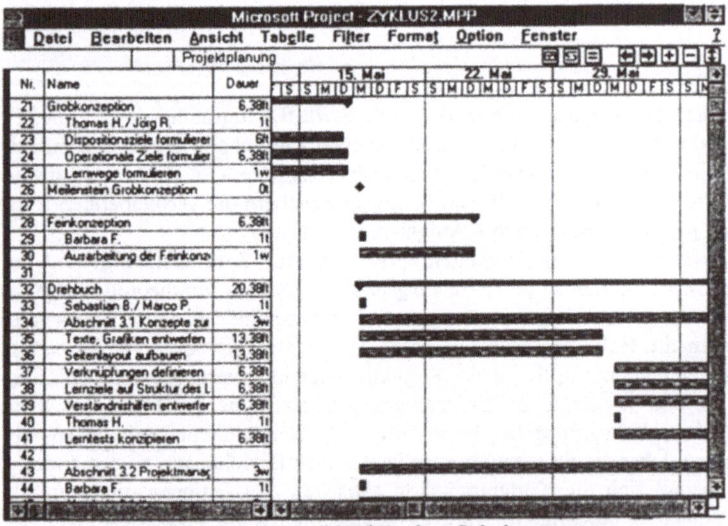

Abb. 3: Ausschnitt aus dem Projektplan einer Inhaltsgruppe

Das Projektmanagement war weitgehend den mit der entsprechenden Rolle in den Inhaltsgruppen betrauten Studierenden übertragen. Den Teilnehmern fehlte jedoch die Erfahrung, um die Zeiten für die einzelnen Aktivitäten zu planen. Es bereitete ihnen Schwierigkeiten zu beurteilen, inwieweit Tätigkeiten parallel verfolgt werden konnten bzw. wo sich Abhängigkeiten ergaben. Demzufolge standen die zu Beginn des Seminars erstellten Netzpläne bald nur noch "auf dem Papier", sie wurden nicht aktualisiert und nicht für Kontrollzwecke verwendet. Dadurch kann ein negativer Lerneffekt auftreten, daß derartige Maßnahmen und Instrumente für überflüssig gehalten werden. Um hier Abhilfe zu schaffen, sollten den Teilnehmern Erfahrungswerte aus anderen Projekten zur Verfügung gestellt werden. Dies könnte in Form von Produktivitätskennziffern geschehen, die den Entwicklungsaufwand für Schlüsselgrößen wie einer Bildschirmseite in den verschiedenen Phasen aufzeigen. Hierbei wäre ggf. nach textuellen, grafischen und animierten Seiten zu differenzieren.

3.2 Lerntheoretische Analyse und Spezifikation

Die Phase der lerntheoretischen Analyse stellt eine didaktische Untersuchung des Fachgebietes dar. Hierzu wurde in [Hoppe et al. 1993, S. 47 ff.] beispielhaft das didaktische Modell von Heimann, Otto und Schulz [Schulz 1979] für das Entwickeln von Teachware adaptiert. Dabei wird zwischen zwei Erwartungs- und vier Aktionsparametern differenziert. Die Erwartungsparameter, die sich weiter in die Einsatzrahmenbedingungen (Analyse der ökonomischen, sozialen, kulturellen und technischen Voraussetzungen) und die Benutzereigenschaften unterteilen lassen, sind bei der Teachware-Planung als weitgehend gegebene Annahmen zu berücksichtigen. Die Aktionsparameter verdeutlichen den Spielraum der Teachware-Gestaltung hinsichtlich der Thematik, der didaktischen Intention, der zu verwendenden Vorgehensweisen/Methodiken und der Medien.
Ergebnis der lerntheoretischen Analyse ist ein Teachware-Konzept. Es beinhaltet neben der detaillierten Beschreibung der Zusammenhänge zwischen den einzelnen Erwartungs- und Aktionsparametern im wesentlichen eine Aussage über die zu entwickelnde Teachware-Art. Für Teewi fiel die Entscheidung zugunsten einer Mischung verschiedener Teachware-Arten. Den Schwerpunkt bildet ein tutorielles System, das parallel zu einer Einführungsveranstaltung in die Wirtschaftsinformatik eingesetzt werden kann. Neben einer sequentiellen Vorgehensweise kann der Lernende zu ausgewählten Kapiteln oder Abschnitten springen, um sich Lerninhalte in einer entdeckenden Form zu erschließen.
Darüber hinaus muß die Teachware über eine Komponente verfügen, mit deren Hilfe der Lerner seinen Wissensstand sowohl für einzelne Kapitel als auch für die Klausurvorbereitung über die gesamten Inhalte prüfen kann. Ein ausführlich zu gestaltendes Lexikon ergänzt die zuvor genannten Teachware-Komponenten. Hiermit soll dem Lernenden ermöglicht werden, auf inhaltsverwandte, aber nicht im Text enthaltene Lerninhalte bzw. Begriffe zuzugreifen.
Bei der Gestaltung von Teachware sind vielfältige wechselseitige Abhängigkeiten zwischen Medien, Inhalten, Zielen und Vorgehensweisen zu beachten. Die angewendete Methode der lerntheoretischen Analyse erwies sich jedoch als zu unspezifiziert, da sie keine konkreten Verhaltensvorschriften, wie die Lerninhalte zu analysieren sind, enthielt. Hier ist u.a. daran zu denken, daß das Verständnis bestimmter Lerninhalte das vorherige Vermitteln anderer voraussetzt. Es ist unklar, welche Medien für welche Lerninhalte/-ziele am besten geeignet sind. Welche Vorgehensweisen lassen sich beispielweise bei der Sequenzierung der Lernziele unterscheiden, und welche Vorgehensweise eignet sich für welchen Lernertyp? Diese und andere Fragen sind zu klären, um die lerntheoretische Analyse zu einem leistungsfähigen Instrument zu machen.
In der anschließenden Phase der Spezifikation wurden von den Teilnehmern nur sehr allgemeine Anforderungen formuliert, die erst in mehreren Iterationen vervollständigt werden konnten. Hier sollte in folgenden Projektseminaren ein Musterpflichtenheft, das Klassen von Anforderungen an Teachware und mögliche Ausprägungen enthält, bereitgestellt werden.

3.3 Grobkonzeption

Bei der Grobkonzeption ist eine angemessene Genauigkeit und Komplexität der Lerninhalte zu planen. Hierzu wurde auf Ergebnisse der Lernzielforschung zurückgegriffen. Um die Lücke zwischen den allgemeinen Intentionen, die mit einem Lernprogramm verfolgt werden, und den operationalen Lernzielen kontinuierlich zu überbrücken, lassen sich Zielebenenmodelle aus der Didaktik heranziehen. In einem mehrstufigen Verfahren werden dabei abstrakte Ziele in konkretere Ziele umgesetzt. In dem in [Frey/Frey-Eiling 1993, Kap. 3.2] beschriebenen Zielebenenmodell wird die Thematik zunächst durch *Leitideen* begründet und eingegrenzt. Die Leitideen werden dann in *Dispositionsziele* überführt, die allgemeine Verhaltensbereitschaften, die der Lerner erwerben soll, beschreiben. Diese Dispositionsziele sind die Basis, um *operationale Lernziele* zu formulieren, die das konkret beobachtbare Verhalten des Lernenden zum Ausdruck bringen.

Dieses Zielebenenmodell wurde in dem Projektseminar von den Teilnehmern angewendet. Hier erwies es sich als nachteilig, daß den Teilnehmern die abzubildenden Lerninhalte schon in der Projektplanung vorgegeben wurden. Die Studierenden beschränkten sich darauf, diese inhaltliche Struktur in Kapitel und Abschnitte zu gliedern und sie "im nachhinein" durch Leitideen und Dispositionsziele zu rechtfertigen. Es wäre methodisch besser gewesen, die abgegrenzten Themen und Ziele für Teewi bereits in Form von Leitideen und Dispositionszielen vorzugeben, damit die Teilnehmer dann die operationalen Ziele daraus hätten ableiten können.

Für die Abschnitte wurden operationale Lernziele formuliert, beispielsweise: "Der Lerner soll die Begriffe Standardsoftware und Individualsoftware nach Durcharbeiten von Abschnitt 4.1 differenzieren können. Das Ziel gilt als erreicht, wenn die Übungsaufgabe 46 vollständig gelöst wird."

Nachdem alle Lernziele formuliert waren, mußte die Reihenfolge, in der sie zu vermitteln sind, festgelegt werden. In Teewi werden dem Lerner Standardlernwege angeboten, die für jedes Kapitel alle operationalen Lernziele in der Reihenfolge ihrer Abschnitte enthalten.

Ergebnis der Phase ist ein Grobkonzept, das aus

- einer Einteilung des Lernprogramms in Kapitel und Abschnitte,
- den operationalen Lernzielen für alle Abschnitte und
- den Standardlernwegen für jedes Kapitel besteht.

3.4 Feinkonzeption und Drehbuch

Das Grobkonzept diente als Grundlage für die sich anschließende Feinkonzeption, in der entschieden wurde, wie die operationalen Lernziele durch die Teachware vermittelt werden sollen. Hierzu wurden für jedes operationale Lernziel die erforderlichen Texte und Grafiken bzw. Animationen entworfen und in einem Lernschritt zusammengefaßt. Jeder Lernschritt kann mehrere Bildschirmseiten (sogenannte Blätter) umfassen. Die hierarchische Einteilung von Teewi in Kapitel, Abschnitte und Lernschritte dient dem Lerner zur Orientierung und definiert Startpunkte, über die er in den Lernprozeß einsteigen kann. Die eigentlichen Lerninhalte finden sich in den Blättern.

Dieses Feinkonzept wurde in ein Drehbuch übertragen, das alle Implementierungsdetails enthielt. Dazu mußte beispielsweise festgelegt werden, wann und wo auf dem Bildschirm eine Textsequenz oder eine Grafik einzublenden ist und in welcher Schriftart und -größe dieses zu geschehen hat. Das Drehbuch ist bereits so detailliert erstellt worden, daß es als direkte Vorgabe für den Programmierer verwendet werden konnte. Abbildung 4 zeigt eine beispielhafte, mit dem Werkzeug Designer erstellte Drehbuchseite. Sie besteht im wesentlichen aus drei Teilen. In der Kopfzeile sind neben der Versionsnummer das Datum, der/die Autor(en), die Identifikation der einzelnen Bildschirmseite sowie der Bildschirmtyp (z.B. Inhalts- oder

Übungsbildschirm) verzeichnet. Den größten Teil der Drehbuchseite nimmt die standardisierte Bildschirmseite ein. Hier sind die Texte und Grafiken bereits eingetragen. Der linke Teil der Drehbuchseite ist den Regieanweisungen vorbehalten. Beispielsweise sind hier für eine zu erstellende Animation sämtliche Teilschritte beschrieben.

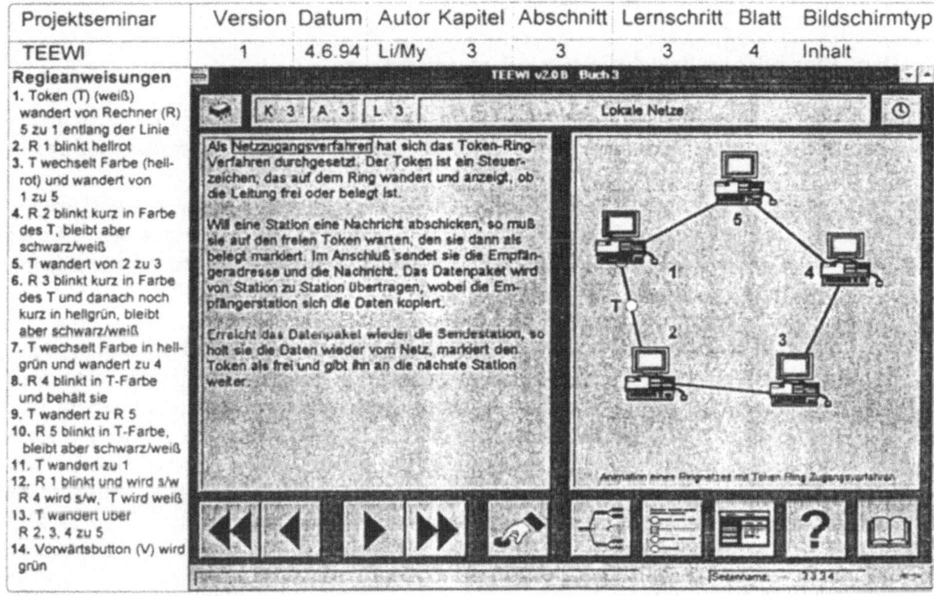

Abb. 4: Drehbuchseite

Der Einsatz eines rechnergestützten Drehbuches hat sich außerordentlich bewährt. Auf diese Weise ließ sich die inhaltliche Aufbereitung von der funktionalen Gestaltung trennen. Die erstellten Lerninhalte konnten in Form der Texte und Grafiken in der nachfolgenden Phase in das Programm mittels "cut-and-paste" kopiert werden. Kritisch muß angemerkt werden, daß sich insbesondere das Verwalten verschiedener Drehbuchversionen als technisch aufwendig erwies. Zukünftig wäre es sinnvoll, den Seminarteilnehmern das nun vorhandene rechnergestützte Drehbuch als Werkzeug zur Verfügung zu stellen, damit sie sich auf die eigentlichen Design- und Implementierungstätigkeiten konzentrieren können. Langfristig könnte man sich eine integrierte Entwicklungsumgebung vorstellen, die Sichten auf die verschiedenen Systemzustände bietet (z.B. Feinkonzeption, Drehbuch, ablauffähiges System).

3.5 Realisierung

Ziel der Phase Realisierung ist es, das Lernprogramm zu programmieren und seine technische Funktionsfähigkeit zu testen. Teewi wurde mit dem Autorensystem ToolBook der Firma Asymetrix erstellt. Zunächst wurden die standardisierten Bildschirmtypen für die Inhaltsseiten, die Übungsseiten, Hilfeseiten etc. einschließlich der dazugehörigen Funktionen (z.B. Blättern zwischen den Inhaltsseiten, Aufruf von Hilfe und Lexikon) programmiert. Diese Standardseiten dienten dann als "Schablonen", die mit Lerninhalten, Übungsaufgaben, Hilfetexten etc. gefüllt wurden.
Bei der Programmierung erwies es sich als problematisch, daß die Arbeit nur teilweise parallelisiert werden konnte. Aufgrund der Modulstruktur von ToolBook entsteht ein Systembuch,

das allgemein gültige Objekte (Hintergründe, Menüs, Übungsstrukturen etc.) ebenso enthält wie die dazugehörigen Prozeduren (Antwortanalysen, Feedback, Benutzerführung etc.). Diese Standards wurden von einem besonders qualifizierten Programmierer realisiert und allen Inhaltsgruppen zur Verfügung gestellt. In den Gruppen selbst konnten jedoch die eigentlichen Bildschirmseiten aufgebaut werden. Dazu waren die Texte und Grafiken aus dem Drehbuch in das ablauffähige Programm zu übertragen.

4   Darstellung des im Projekt erstellten Lernprogramms

Im folgenden wird der Systemumfang von Teewi kurz beschrieben, um die Einsatzfähigkeit des Programms im Rahmen einer Veranstaltung zur Einführung in die Wirtschaftsinformatik zu beurteilen.

Nach dem Start von Teewi hat der Lerner die Wahl zwischen verschiedenen Komponenten. Im *Lernprogramm* werden die Lerninhalte präsentiert. Der Lerner kann in einem Einführungsmenü über die Hierarchie aus Kapiteln, Abschnitten und Lernschritten zu den Inhalten verzweigen, die ihn interessieren. Wenn der Lerner das Modul *Übungen* aufruft, wird ein Test aus fünf Aufgaben zusammengestellt. Das Übungsmodul bietet an, die Aufgaben aus dem gesamten Pool von derzeit 112 Fragen oder aus einem bestimmten Kapitel zusammenzustellen. In jedem Fall erfolgt die Auswahl zufallsgesteuert, d.h. es gibt keine immer wiederkehrende Reihenfolge, in der Aufgaben bei wiederholtem Aufruf des Übungsmoduls gestellt werden. Die präsentierten Aufgaben sind entweder Lückentexte, in denen der Lerner aus einer Menge vorgegebener Antwortalternativen die richtigen wählen und in die korrekte Reihenfolge bringen muß, oder Multiple-Choice-Aufgaben. Der Lerner erhält zu jeder Aufgabe ein Feedback, in dem die korrekten und falschen Antworten verdeutlicht werden. Bei Abschluß eines Tests blendet das System eine Gesamtauswertung ein, die die Anzahl der bearbeiteten und der richtig gelösten Fragen angibt. Bei einer Erfolgsquote von weniger als 60% schlägt das Programm vor, die entsprechenden Abschnitte zu wiederholen.

Das *Lexikon* enthält Begriffe aus dem Bereich der Wirtschaftsinformatik. Die *Hilfe* erläutert die Funktion der Buttons auf den Bildschirmseiten. Dazu gehört auch die *Einführung,* die dem Anwender das Bedienen von Teewi erläutert. Sie soll vor allem die Benutzer ohne Erfahrung im Umgang mit Computern unterstützen.

Abbildung 5 zeigt eine beispielhafte Inhaltsseite, die sich in drei Bereiche gliedert. In der *Orientierungsleiste* werden Angaben zu dem aktuellen Kapitel, Abschnitt und Lernschritt angezeigt. Der *Präsentationsbereich* enthält die Lerninhalte in Form von Text und Grafiken. Die Schaltflächen in der *Buttonleiste* ermöglichen, auf dem Lernweg seiten- oder auch abschnittsweise vor- und zurückzublättern. Mit einer Landkarte, die als grafischer Browser [Kuhlen 1991, S. 142 ff.] realisiert ist, kann der Lerner sich orientieren und zu anderen Teilen des Lernprogramms springen. Damit ermöglicht Teewi dem Lerner sowohl ein gelenktes als auch ein entdeckendes Lernen. Der eher unsichere Lerner mit wenig Vorwissen kann über die Blätterroutinen auf dem vorgegebenen Lernweg verbleiben. Der geübte Benutzer, der bereits über Vorwissen verfügt, kann über die Landkarte Kapitel, Abschnitte oder einzelne Lernschritte gezielt auswählen.

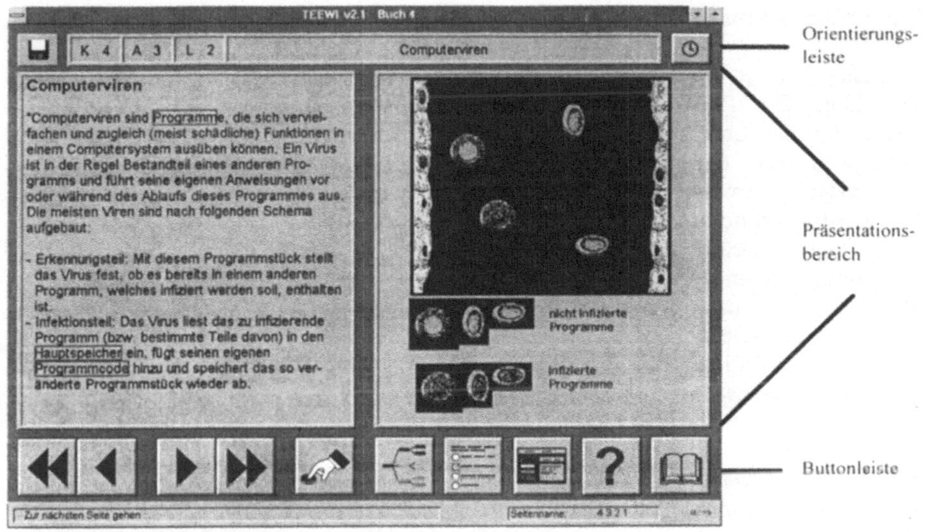

Abb. 5: Bildschirmaufbau einer Inhaltsseite

Das erstellte Lernprogramm weist didaktische Mängel, beispielsweise in Form von uneinheit-lichen Begriffsdefinitionen, auf. Dies kann darauf zurückgeführt werden, daß den Seminar-teilnehmern zu grobe Inhaltsstrukturen vorgegeben wurden. Auf diese Weise sollte das selb-ständige Erarbeiten und Aufbereiten detaillierter Lerninhalte ermöglicht werden. Die Situation ist vergleichbar mit einem Seminar, in dem Studierende die Aufgabe erhalten, ein Lehrbuch zur Wirtschaftsinformatik zu schreiben. Auch hier kann nicht erwartet werden, daß das entste-hende Unterrichtsmedium qualitativ der Arbeit eines erfahrenen Lehrenden entspricht. Um eine bessere Qualität von Teewi zu sichern, hätten Grob- und Feinkonzeption von den Auto-ren oder Professoren erstellt werden müssen. Dies hätte jedoch die Aufgabe der Studierenden auf das einfache Übertragen des Drehbuchs in ein ablauffähiges Programm, mithin auf die Programmierung, reduziert. Sicherlich wäre auch der Feinkonzeption und damit dem Formu-lieren der Lerninhalte mehr Aufmerksamkeit zugekommen, wenn eine explizite Rolle "Inhaltsautor" an Gruppenteilnehmer vergeben worden wäre.

Die Einsatzfähigkeit von Teewi für eine Grundlagenveranstaltung zur Wirtschaftsinformatik ist im derzeitigen Stadium kritisch zu hinterfragen. Dies kann jedoch endgültig erst nach einer sorgfältigen Evaluation beantwortet werden.

5   Veranstaltungsevaluation

Das Projektseminar ist mit einem Fragebogen evaluiert worden. Die meisten Fragen waren durch Ankreuzen von unterschiedlich skalierten Möglichkeiten zu beantworten. Lediglich bei einzelnen Fragen konnte noch unter "sonstiges" eine Zusatzantwort gegeben werden. Mit die-ser Struktur von überwiegend vorformulierten und nur einzelnen frei formulierbaren Antwor-ten sollten die Angaben vergleichbar gemacht werden. Darüber hinaus sollte die Einstellung der Teilnehmer zu unterschiedlichen Aussagen erfragt werden. Die Antworten waren auf einer vierstufigen Skala mit den Gegensatzpaaren "trifft voll zu" und "trifft gar nicht zu" anzugeben.[1] Aus Gründen der Übersichtlichkeit wird im folgenden auf das Benennen der einzelnen Häufigkeiten und auf die Streuungen um die Mittelwerte verzichtet.

Abbildung 6 zeigt die Beurteilung des Projektseminars. Der Lernerfolg wird von den Studierenden überwiegend positiv beurteilt. Hierzu können zusätzlich Aussagen herangezogen werden, nach denen sich die Studierenden ausdrücklich mehr solcher Veranstaltungen wünschen, und Kommilitonen der Besuch des Projektseminars empfohlen werden kann. Auffällig ist jedoch, daß die Möglichkeit, etwas über das

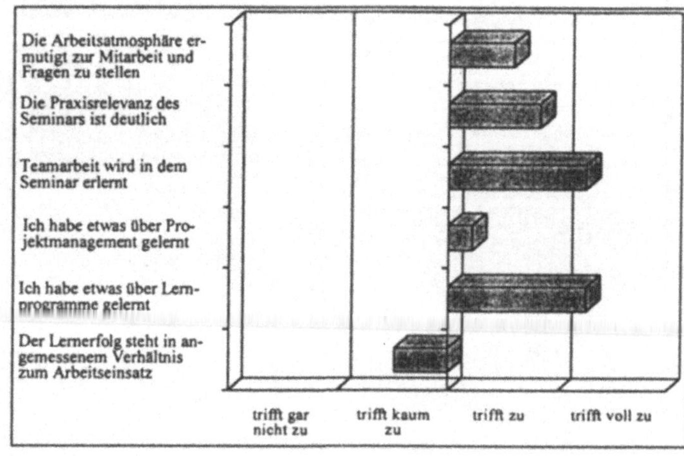

Projektmanagement zu lernen, nur noch schwach positiv bewertet wird. Abgelehnt wurde die Aussage, daß der Lernerfolg in einem angemessenen Verhältnis zum Arbeitseinsatz steht. Dieses Ergebnis läßt sich so erklären, daß der zu leistende Arbeitseinsatz für diese Veranstaltung als ausgesprochen umfangreich eingeschätzt wurde. Eine genauere Untersuchung ergab pro Person einen durchschnittlichen wöchentlichen Arbeitsaufwand von 7,25 Stunden.

Abbildung 7 zeigt die bestehenden Probleme in den einzelnen Inhalts- und Expertengruppen. Es zeigt sich, daß aus der Sicht der Studierenden der unterschiedliche Arbeitseinsatz insbesondere in den Inhaltsgruppen das größte Problem darstellt. Als Begründung kann zum einen der nur annähernd gleichverteilte Entwicklungsaufwand herangezogen werden. Der überwiegende Anteil der durchzuführenden Tätigkeiten entfiel auf die Expertengruppe für die Programmierung. Die Spezialisten für die Phasen lerntheoretische Analyse, Grob- sowie Feinkonzeption/Drehbucherstellung erreichten eine gleichmäßige Arbeitsbelastung. Lediglich der Aufwand der Gruppenmanager fiel hier

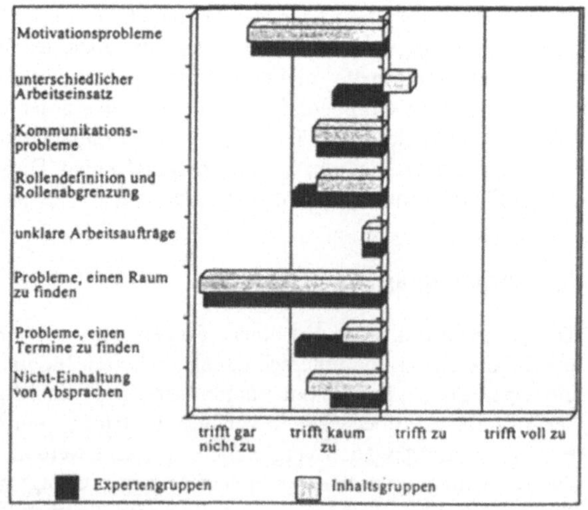

---

[1] Dem Grad der Zustimmung bzw. Ablehnung wurden in der Auswertung die Werte 1 bis 4 zugeordnet. Der Skalenwert errechnet sich anhand der summierten Urteile [Friedrichs 1990, S. 175 f.].

leicht zurück. Dieses kann u.a. damit begründet werden, daß diese Personengruppe nur eine geringe Übereinstimmung zwischen den ausgeführten Tätigkeiten und der wahrzunehmenden Rolle feststellen konnte. Alle anderen Personen erreichten hier eine hohe bis sehr hohe Übereinstimmung. Zum anderen lassen sich Erfahrungen aus anderen Projektseminaren heranziehen, nach denen die "engagierten" und motivierten Studierenden auch einen Großteil der anstehenden Arbeit übernehmen.

Eine mögliche Konsequenz aus dieser ungleichen Arbeitsverteilung besteht darin, die Rolle des Gruppenmanagers in einem zukünftigen Projektseminar einer Lehrperson zu übertragen. Dieser Änderungsvorschlag wurde in einer weiteren Frage von den Studierenden jedoch deutlich zurückgewiesen. Dieses Votum kann als Zustimmung für eine Projektorganisation gewertet werden, bei dem die konkrete Verteilung der einzelnen Projekttätigkeiten den Studierenden vorbehalten ist.

Teewi wird derzeit im Rahmen einer Einführungsveranstaltung zur Wirtschaftsinformatik evaluiert. Hierzu werden Lernzeiten, -ergebnisse und -wege von dem Programm protokolliert. Über einen elektronischen Fragebogen wird die Benutzerakzeptanz erhoben. Auf der Basis der Evaluationsergebnisse wird über einen Einsatz und einen weiteren Ausbau von Teewi zu entscheiden sein.

Literatur

Achtenhagen, F. (1992): Mehrdimensionale Lehr-Lern-Arrangements - Innovationen in der kaufmännischen Aus- und Weiterbildung, Achtenhagen, F., John, E. G. (Hrsg.): Mehrdimensionale Lehr-Lern-Arrangements, Innovationen in der kaufmännischen Aus- und Weiterbildung, Wiesbaden, S. 3 - 11.

Diepold, P., Rischmüller, H. (1988): Konsequenzen der neuen Informations- und Kommunikationstechniken für Inhalte und Methoden beruflichen Lernens am Beispiel des Modellversuchs WOKI, in: Achtenhagen, F., John, E. G. (Hrsg.): Lernprozesse und Lernorte in der beruflichen Bildung, Berichte des Seminars für Wirtschaftspädagogik, Bd. 12, Göttingen, S. 309 - 330.

Frey, K., Frey-Eiling, A. (1993): Allgemeine Didaktik, Arbeitsunterlagen zur Vorlesung, 6. unver. Aufl., Zürich.

Friedrichs, J. (1990): Methoden empirischer Sozialforschung, 14. Aufl., Opladen.

Hoppe, U., Kretschmer, M., Teuber, T., Witte, K.-H. (1993): Vorgehensmodelle für die Entwicklung von Teachware. Entwurf eines Rahmenmodells auf der Basis des Vergleichs ausgewählter Vorgehensmodelle (Göttinger Wirtschaftsinformatik, hrsg. von Biethahn, J. und Schumann, M., Arbeitsbericht Nr.1), Göttingen.

Kuhlen, R. (1991): Hypertext. Ein nicht-lineares Medium zwischen Buch und Wissensbank, Berlin u.a.

Litke, H.-D. (1993): Projektmanagement. Methoden, Techniken, Verhaltensweisen, 2., überarb. und erw. Aufl., München, Wien.

Schulz, W. (1979): Unterricht - Analyse und Planung, in: Heimann, P., Otto, G., Schulz, W. (Hrsg.): Unterricht. Analyse und Planung, 10., unver. Aufl., Hannover, S. 13 - 47.

Mediensystem zur Entwicklung von Raumvorstellung für die Sekundarstufe I und Berufsbildung

Helmut Meschenmoser
Beratungsstelle für Informationstechnische Bildung
und Computereinsatz in Schule (BICS)
Wikingerufer 7
10506 Berlin

Ziel der Studie ist die Bereitstellung und Erprobung eines exemplarischen Mediensystems zur Entwicklung von Raumvorstellung. Zielgruppen sind Schülerinnen und Schüler der Sekundarstufe I und in der beruflichen Grundbildung. Dabei sollen aktuelle fach- und mediendidaktische Ansprüche sowie lern- und entwicklungspsychologische Erkenntnisse berücksichtigt werden. Die Software BAUWAS für Windows wurde im Rahmen einer Arbeitsbeschaffungsmaßnahme der IQ-MediaTech gGmbH zur Qualifizierung von erwerbslosen Diplom-Ingenieuren und Elektronikern entwickelt. Immer häufiger werden zukünftig auch informatisch hochqualifizierte Fachkräfte durch Firmenkonsolidierungen oder Rationalisierungsmaßnahmen von Arbeitslosigkeit betroffen sein. Auf Grund der kurzen Innovationszyklen werden vermutlich im zunehmenden Maße Angebote staatlich geförderter Qualifizierungsmaßnahmen notwendig sein, um den geforderten, sich rasch entwickelnden Qualifikationsanforderungen des Arbeitsmarktes zu entsprechen. Die vorliegende Studie ist zugleich ein Beispiel für die Nutzung von Chancen zur (gemeinnützigen) Entwicklung von hochwertiger Unterrichtssoftware für die Sekundarstufe I, den berufsbildenden Bereich sowie für behinderte oder benachteiligte Menschen.

1 Was ist Raumvorstellung?

Raumvorstellung ist für das Erschließen der Lebenswelt sowie die Bewältigung des Alltags eine grundlegende Qualifikation. Raumvorstellung umfaßt alle notwendigen Fähigkeiten, um im zwei- und dreidimensionalen Raum handeln zu können, sowohl als konkrete Handlung, sowie auch in der gedanklichen Vorstellung. Voraussetzung hierfür ist Raumwahrnehmung als Fähigkeit, räumliche Gegenstände und Beziehungen durch Sinnesorgane zu erfassen.

Besuden (1984, S.8) nennt zur Unterscheidung folgende drei Unterfaktoren der Raumvorstellung:

"a) Räumliche Orientierung (spatial orientation)

  ist die Fähigkeit, sich als Person wirklich oder gedanklich im Raum zurechtfinden zu können, die Dinge auf sich und umgekehrt sich auf die Dinge richtig zu beziehen. Diese Eignung brauchen wir nicht nur als Autofahrer oder Spaziergänger, sondern auch bei jeder handwerklichen und baulichen Tätigkeit.

b) Räumliches Vorstellungsvermögen (spatial visualization)

  ist die Fähigkeit, räumliche Objekte und deren Eigenschaften und Beziehungen, ohne daß sie gegenwärtig sind, auch ohne Vorlage eines Modells oder einer entsprechenden Zeichnung vor unserem "geistigen Auge" zu sehen, und zwar so, daß wir sie gegebenenfalls reproduzieren können, sei es durch Sprache (beschreiben) oder Handlung (bauen, skizzieren). Dies ist der Kern des Oberbegriffs "Raumvorstellung" und wird gelegentlich mit ihr gleichgesetzt.

c) Räumliches Denken (spatial thinking)

  ist die Fähigkeit, mit räumlichen Vorstellungen inhaltlich beweglich umgehen zu können. Dies geht über räumliches Vorstellungsvermögen hinaus, weil es sich darum handelt, die zunächst statischen Bilder räumlicher Objekte in geistiger Aktivität beweglich werden zu lassen, sie zu drehen, zu wenden und ihre Lage vorstellungsmäßig zu verändern. ... Es geht um das gedankliche Handeln und Hantieren mit räumlichen Objekten, Begriffen und Relationen" (vgl. auch Rost 1977).

Der Psychologe Bruner (1971, 21) unterscheidet bei seiner Theorie der Denkentwicklung zwischen drei verschiedenen "Darstellungsebenen":

- 'enaktive' Darstellung: Erfassung von Sachverhalten durch eigene Handlungen
- ikonische Darstellung: Erfassung von Sachverhalten durch Bilder oder Grafiken (inkl. anschauliche Vorstellungen)
- symbolische Ebene: Erfassung von Sachverhalten durch Sprache und Zeichensysteme (z.B. mathematische Zeichen)

2 Didaktisches Konzept

Die für Raumvorstellung erforderlichen Fähigkeiten entwickeln sich bei Kindern im Spiel vor allem im handelnden Umgang, in der Erfahrung von Raum und Lage. Bei älteren Kindern geschieht dies insbesondere in konstruktiven Spielen mit technischen Baukästen (z.B. Lego, Fischer-Technik, Metallbaukästen), bei der Gestaltung von Figuren und Formen mit Sand, Knete, Ton u.a. Materialien, aber auch beim Einrichten und Umräumen von Puppenstuben, Bau von Buden und Gestalten von Kinderzimmern. Kinderzeichnungen können in diesem Zusammenhang Hinweise für den Entwicklungsstand des räumlichen Vorstellungsvermögens geben.

Die Förderung der Raumvorstellung wird als ein fächerübergreifendes Lernziel im Unterricht an allgemeinen Schulen angesehen. Dementsprechend sind die Rahmenpläne für Mathematik, Kunst und Arbeitslehre sowie Geographie, Biologie, Physik, Chemie, Deutsch und Sport darauf abgestimmt.

2.1 Raumvorstellung in der Mathematik

Die euklidische Geometrie im Mathematikunterricht bietet gute Möglichkeiten zur Förderung der Raumanschauung, da das zentrale Anliegen die Wiedergabe räumlicher Gebilde durch Zeichnung in der Ebene ist, und umgekehrt aus Zeichnungen die Eigenschaften von Körpern abgeleitet werden müssen. Dabei ist nicht nur Zeichenfähigkeit gefordert, sondern ein Denken in Beziehungen zwischen dem Gegenstand und seinem Abbild oder zwischen verschiedenen Abbildungen desselben Gegenstandes. Geometrische Fähigkeiten müssen nicht mit rechnerischen gekoppelt sein. Es besteht die Chance, Schülerinnen und Schüler mit geometrischen Fragestellungen anzusprechen, die bei arithmetischen Aufgabenstellungen schnell resignieren. Für diese Schüler/innen kann der Geometrieunterricht eine Alternative sein, wenn mit den Körpern zunächst formenkundlich (phänomenologisch) gearbeitet wird und nicht überwiegend in "arithmetisierter Form", z.B. als Berechnung von Flächen und Volumen. Von Vorteil bei der Raumgeometrie ist, daß die Überlegungen auch bei einer höheren Stufe der konkretlogischen und formal-logischen Operationen an konkreten Körpern nachprüfbar sind.

Die Studien von Piaget und Inhelder (1979) zur Entwicklung der Raumvorstellung lassen darauf schließen, daß in der Geometrie die Grundlage durch selbständiges Handeln am Objekt gelegt werden muß. Vom Bauen mit Bauklötzen ist den Kindern die Einsicht bekannt, daß größere Bauten stets aus mehreren Teilkörpern zusammgesetzt sind. Das Auszählen der Würfelanzahl bzw. das Ermitteln fehlender Würfel schult das räumliche Sehen. Sobald man mit Würfeln die Objekte konkret gebaut hat, kann die Anzahl der Würfelflächen ermittelt werden. Das Auszählen der Menge der Würfel stellt eine Vorstufe des Messens und Berechnens des Volumens von Würfeln, Quadern und anderen Körpern dar.

2.2 Raumvorstellung in der beruflichen Bildung sowie im Fach Arbeitslehre

Raumvorstellung ist für die aktive Teilnahme im Fach Arbeitslehre und vor allem auch in technischgewerblichen Berufen gefordert. Arbeitslehre bietet in der allgemeinbildenden Schule die Möglichkeit, Kenntnisse und Fähigkeiten bei der projektorientierten Planung, Fertigung und Dokumentation von Produkten mit verschiedenen Werkzeugen und Werkzeugmaschinen anzuwenden und leistet damit einen Beitrag zur Berufsvorbereitung. Technische Zeichnungen dienen als Hilfsmittel zur "technischen Kommunikation". Es werden Hinweise zur Gestaltung von Gegenständen gegeben. Zur besseren Verständigung werden diese in beruflichen Zusammenhängen genormt, d.h. es werden verbindliche

Vereinbarungen über Darstellungsformen und Bezeichnungen getroffen. Bei vielen Berufen ist das Lesen von Plänen, Zeichnungen oder Skizzen gefordert, dies sind vor allem die technisch-gewerblichen Berufe. Räumliche oder plansymmetrische Darstellungen müssen verstanden werden, und können die Anfertigung und den Zusammenbau von Gegenständen nach Zeichnung unterstützen.

Beim Konstruieren bzw. Entwerfen von technischen Gegenständen ist neben einem guten räumlichen Vorstellungsvermögen auch das räumliche Denken gefordert, da Varianten vorgedacht und mental verglichen werden, ehe sie bildnerisch, eben durch Zeichnungen abgebildet werden.

Zur Steuerung und Programmierung von NC- und CNC-Werkzeugmaschinen sind darüber hinaus Kenntnisse über das kartesische Koordinatensystem notwendig. Zunächst müssen plansymmetrische Zeichnungen gelesen werden. Mit der räumlichen Vorstellung über den zu fertigenden Gegenstand müssen Algorithmen zur Bearbeitung durch die Werkzeugmaschine entwickelt werden. Die einzelnen Verfahrwege des Werkzeugs müssen u.a. durch Angabe der Zielkoordinaten programmiert werden. Im Verlauf der Zerspanungsmechaniker-Ausbildung muß auch geübt werden, in "umgekehrter Reihenfolge" zu prüfen:

- ein CNC-Steuerprogramm mit den Koordinatenangaben zu lesen,

- den zu fertigenden Gegenstand sich räumlich vorzustellen,

- diesen mit der vorliegenden plansymmetrischen technischen Zeichnung als Soll-Vorgabe zu vergleichen,

- das Steuerprogramm auf Fehler zu überprüfen und diese zu selbständig korrigieren.

Dabei werden in unterschiedlichen Beziehungen verschiedene Darstellungsebenen gefordert.

3 Entwicklung eines Mediensystems

Soll Raumvorstellung entwickelt werden, so muß den Lernenden zunächst Gelegenheit gegeben werden, mit geometrischen Körpern und Figuren handelnd umzugehen. Die Bedeutung der konkreten Aktivitäten sollte nicht unterschätzt und voreilig im Unterricht abgekürzt werden, denn ohne Handlungen an realen Objekten wirklich ausgeführt zu haben, kann keine Verinnerlichung eingeleitet und keine Vorstellung entwickelt werden.

Computerprogramme können deshalb die unmittelbaren und handlungsorientierten Erfahrungen mit wertvollem Spielzeug und Werkzeugen auf keinen Fall ersetzen. Es wird jedoch angenommen, daß leistungsfähige Computerprogramme, die eine virtuelle Gestaltung und Abbildung von dreidimensionalen Körpern zulassen, zur Entwicklung der Raumvorstellung eine sinnvolle Ergänzung im Unterricht an allgemeinbildenden Schulen insbesondere in den Fächern Arbeitslehre, Mathematik und Kunst sein können.

Wir gehen davon aus, daß die Fähigkeit zur Raumvorstellung bei Kindern und Jugendlichen sehr unterschiedlich entwickelt ist. Medien für den Unterricht sollten deshalb flexibel an den individuellen Leistungsstand anpaßbar sein und zudem ein individuelles Lerntempo zulassen. Unterschiedliche "Lernertypen" sollten deshalb durch unterschiedliche sensorische Angebote mit verschiedenen Präsentationsformen unterstützt werden.

3.1 Zielsetzungen

Ziel des Mediensystems ist es, die Raumvorstellung zu schulen und Grundkenntnisse zum Lesen von technischen Zeichnungen zu vermitteln. Mit wachsender Komplexität bietet das fächerübergreifende Mediensystem folgende Möglichkeiten:

- Anregungen zum Bau von komplexen Körpern aus Würfeln,

- Berechnung von komplexen Körpern (Anzahl der Würfel, Kanten, Ecken, Längen, Flächen, Volumen),

- Darstellung von Fluchtpunkt- und Parallelperspektiven,

- Darstellung in unterschiedlichen Projektionen (Isometrie, Dimetrie, Kavalier- und Militärperspektive, DIN 5),

- Lesen ebener Darstellungen (Dreitafelprojektion) und Nachbau der Körper,
- Anfertigung von einfachen Dreitafelprojektionen mit den Stilelementen Vollinie und Strichlinie (verdeckte Kanten),
- Übungen im Kartesischen Koordinatensystem (z.B. Konstruktion von komplexen Körpern durch Eingabe von Positionen)
- Lesen von unterschiedlichen Darbietungen und mentaler Vergleich der Körper (Üben von mentalen Rotationen und Transformationen zwischen verschiedenen Darstellungsformen).

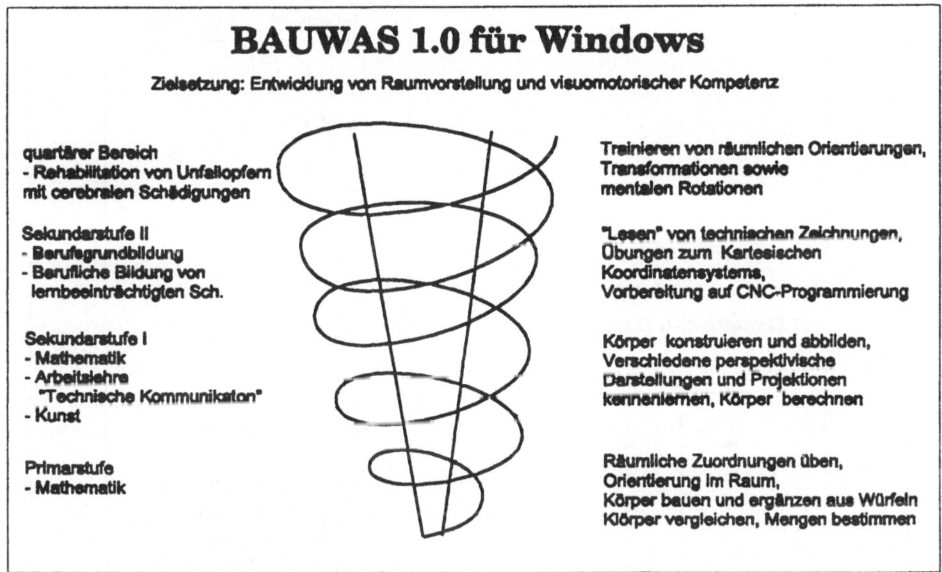

Die Software BAUWAS wurde als Teil eines Mediensystems geplant. Dies umfaßt:

- Würfelsystem,
- Karteikartensystem,
- Computerprogramm "BAUWAS für WINDOWS",
- Dateien mit Übungsaufgaben und Skripte für Übungssequenzen,
- didaktische Hinweise für Pädagoginnen und Pädagogen.

Das Mediensystem ist offen, es ergänzt andere Medien. Jedes Teil des Mediensystems ist sowohl durch die Lehrer/innen als auch durch die Schüler/innen gestaltbar und ausbaufähig.

3.2 Würfelsystem

Die handelsüblichen Würfelsysteme "STRUCTURO" (Fa. Schubi) oder FischerGeometrics (Kasten 1 von Fa. CVK) können zum Bau von Körpern aus Würfeln eingesetzt werden. Steckwürfel (Fa. Spektra) eignen sich besonders für die Primarstufe. Bei STRUCTURO sind die Flächen in den drei Farben rot, gelb, blau eingefärbt, FischerGeometrics bietet maßgenaue Würfel mit 10mm Kantenlänge zum Stecken. Möglich ist aber auch die Verwendung von gebrauchten oder selbsthergestellten Bauklötzen oder Spiel-Würfeln, die nach eigenen Wünschen gestaltet werden können.
Mit den Würfeln können komplexe Körper (auch als Würfelberge bezeichnet) nach Vorlagen gebaut

werden. In einem ersten Zugang sollten Körper als Vorlage genutzt werden. Als Ergänzung bietet das Karteikartensystem unterschiedliche Darstellungsformen von Körpern zum konkreten Nachbau. Die Würfel dienen der Veranschaulichung und konkreten Handlung, deren Funktion für den Lernprozeß von großer Bedeutung ist.

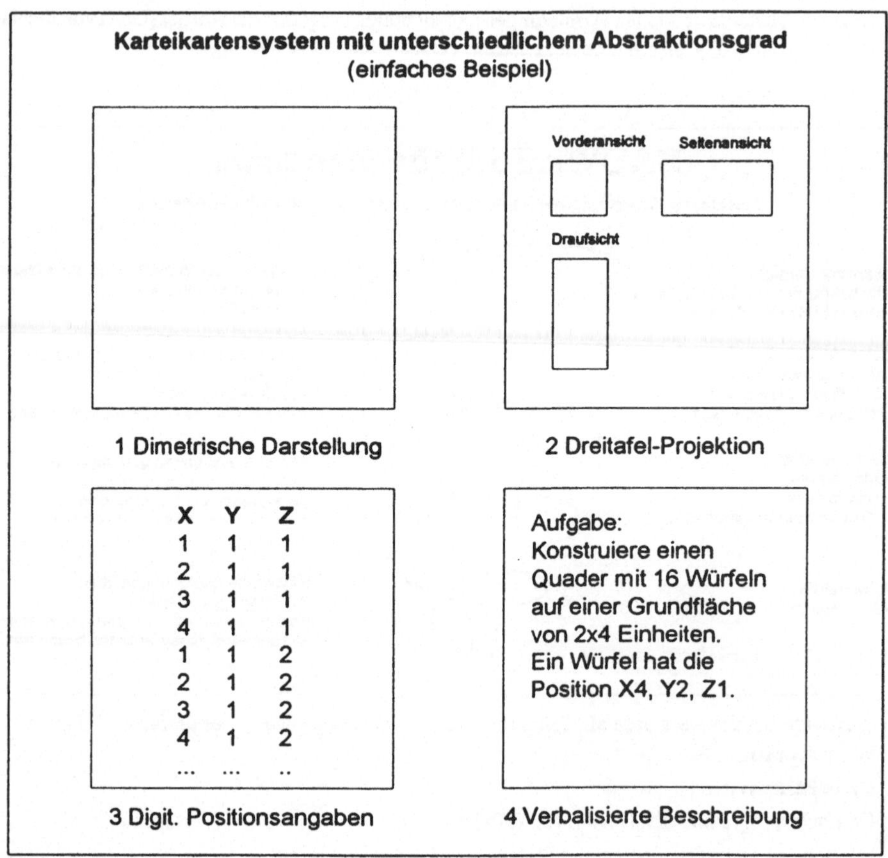

Abb. 2: Karteikartensystem

3.3 Karteikartensystem

Das Karteikartensystem besteht aus vier Kartensätzen. Diese umfassen verschiedene Darstellungen bzw. Beschreibungen von geometrischen Körpern, die aus Würfeln zusammengesetzt werden. Mit steigendem Schwierigkeitsgrad werden einfache und zunehmend komplexere Körper geboten. Dadurch wird binnendifferenzierender Unterricht unterstützt.

Die Karteikarten können auch ohne Computer in Einzel- oder Partnerarbeit für Übungen und Spiele (Memory, Quartett usw.) eingesetzt werden. Da die Abstraktionsebenen zur Bearbeitung der einzelnen Kartensätze sehr unterschiedlich sind, muß eine individuelle, didaktisch begründete Auswahl durch die Lehrkraft erfolgen. Der Nachbau von Körpern nach dimetrischer Darstellung kann auch schon in der Primarstufe erfolgen. Das Lesen von Dreitafelprojektionen, das Zuordnen zur dimetrischen Darstellung oder das Nachbauen des entsprechenden Körpers ist erst in der Sekundarstufe I sinnvoll. Dies kann auch als propädeutische Übung zur Programmierung von CNC-Maschinen im berufsbildenden Bereich genutzt werden. Der Kartensatz mit den Listen der Koordinatenangaben bietet die Möglichkeit zum Nachbau und somit Übungsmöglichkeiten zum sicheren Anwenden des kartesischen Koordinatensystems. Die verbalen Beschreibungen von Körpern schulen das Verstehen von räumlichen Beziehungen und das Bearbeiten von Textaufgaben.

3.4 Computerprogramm BAUWAS

Das Computerprogramm BAUWAS für Windows regt die computergestützte Konstruktion von Körpern im dreidimensionalen Raum sowie differenzierte Präsentationsformen an.

- Die einfachste Form der Konstruktion ist die Positionierung von Würfeln durch Steuern des Cursors mit der Maus auf eine gewünschte Position im virtuellen dreidimensionalen Raum: Linker Mausklick bewirkt das Hinzufügen eines Würfels, rechter Mausklick führt zum Entfernen eines Würfels.

- Schwieriger wird schon die Positionierung des Cursors mit den Pfeiltasten oder durch Mausklick auf entsprechende Buttons mit Richtungszuweisung.

- Die digitale Eingabe der Positionen der einzelnen Würfel dient dem Denken im kartesischen Koordinatensystem.

BAUWAS bietet die Möglichkeit, die Körper in allen Richtungen zu drehen. Der Konstruktionsraum kann maximal 10x10x10 Würfel aufnehmen. Je nach voreingestellter Größe, wird die Darstellung gezoomt. Das Programm bietet Parallelperspektiven, Fluchtpunkt- bzw. Zentralprojektion, Axonometrische Projektionsarten (Isometrie, Dimetrie, Kavalier- und Militärperspektive, Normdarstellung nach DIN 5) sowie Dreitafelprojektion. Bei der Dreitafelprojektion werden sichtbare Kanten normgerecht als breite Vollinien angezeigt, verdeckte Kanten werden mit schmalen Strichlinien abgebildet.

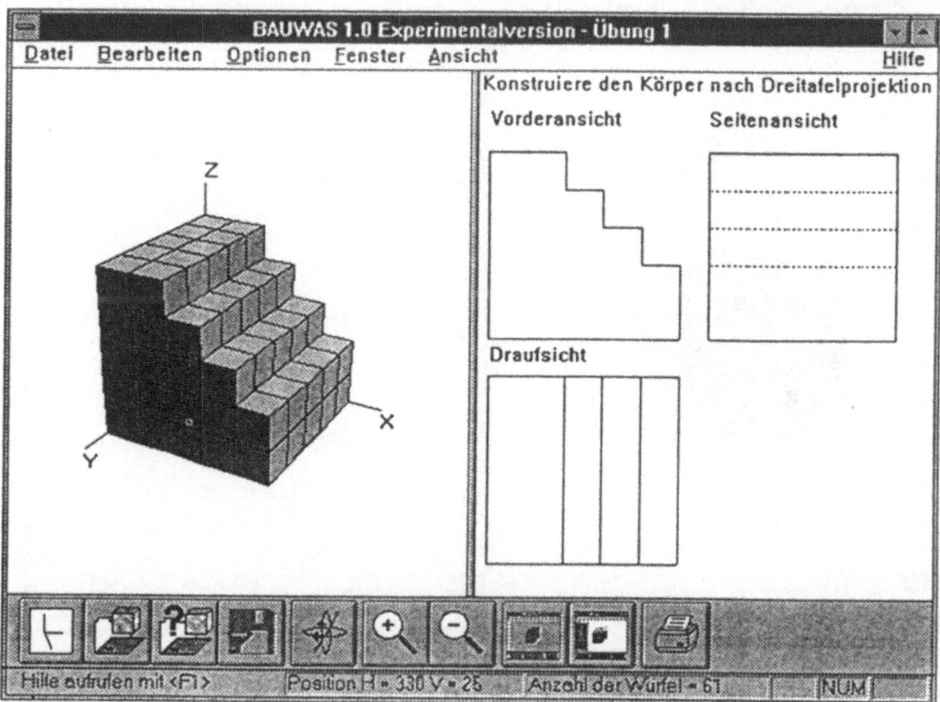

Ausdrucke der Abbildungen sowie auch deren Export zur weiteren Bearbeitung in anderen Windows-Programmen, bieten Lernenden und Lehrenden Möglichkeiten der Dokumentation sowie Unterrichtsvor- und -nachbereitung.
Damit das Programm im Rahmen eines binnendifferenzierenden Unterrichts in einem Klassenraum mit Computerecke genutzt werden kann, ist das Einrichten und Abspeichern von individuellen Konfigurierungsdateien für jede/n einzelne/n Schüler/in möglich. Die Lernenden können dadurch individuell nach Lernstand und Tempo arbeiten.

3.5 Dateien mit Übungsaufgaben und Skripte für Übungssequenzen

Die auf den Karteikarten dargestellten Körper sind als Übungsdateien vorbereitet und können mit BAUWAS aufgerufen und dargestellt werden. Ein Übungsmodus sieht vor, daß in einem geteilten Bildschirm rechts der gewählte Körper in Dreitafeldarstellung oder dimetrischer Darstellung angezeigt wird. Im linken Fenster kann dann der Körper nachgebaut werden. Dies kann mit der Maus durch anwählen der Position und Mausklick erfolgen, aber auch durch Eingabe der Positionen im Kartesischen Koordinatensystem. Es ist möglich, ein Script für eine Übungsreihe mit Angabe einer Auswahl an Übungsdateien zu erstellen. Zur Unterstützung werden die richtig gesetzten Würfel mitgezählt.
Die Aufteilung des Bildschirms in zwei Fenster bietet vielfältige Möglichkeiten didaktisch und lernpsychologisch sinnvoller Unterstützungen. So können in den beiden Fenstern auch Körper abgebildet werden, die in der X-, Y- oder Z-Achse gedreht wurden. Die Schülerinnen und Schüler müssen nun entscheiden, ob die Körper gleich oder ungleich sind. Hierbei kann die Fähigkeit zur mentalen Rotation trainiert werden (vgl. Cooper, L.A.; Shepard, R.N.). Die Körper können jeweils zur selbsttätigen Überprüfung der vermuteten Aussage gedreht werden. Auch Spiegelsymmetrien von Körpern lassen sich abbilden.

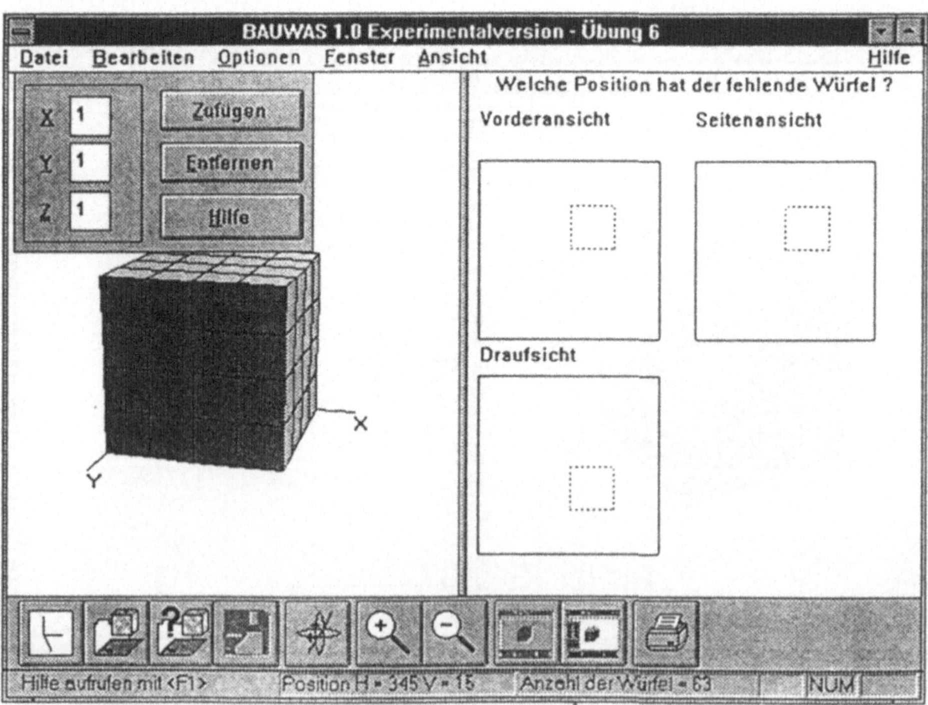

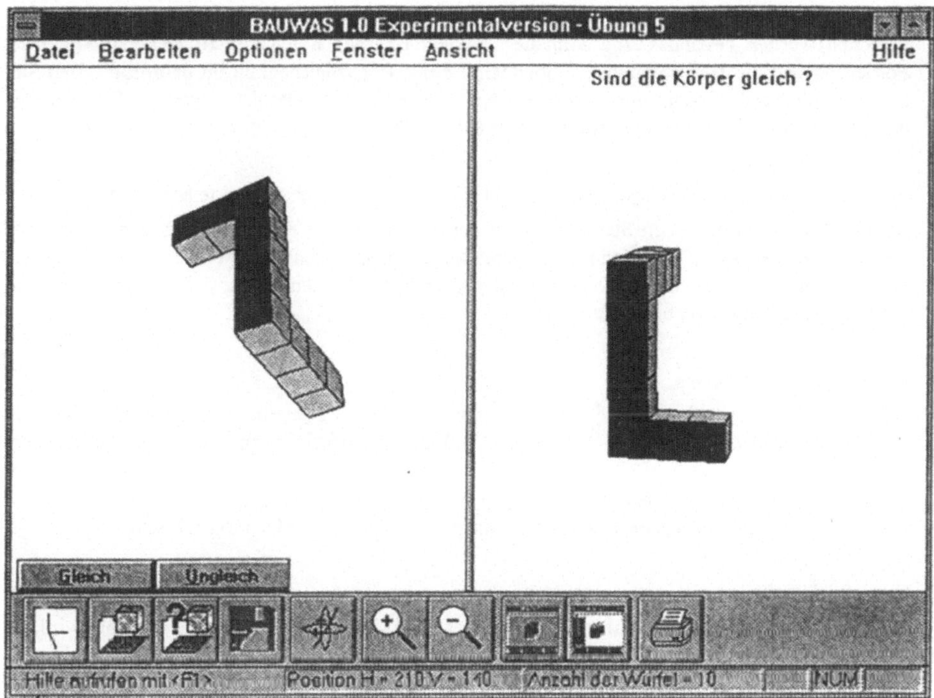

Abb. 5: Sind die Körper gleich?

4 Perspektiven

Die Entwicklung komplexer Unterrichtssoftware im Rahmen von Qualifizierungs- und Arbeitsbeschaffungsmaßnahmen bedarf im besonderen Maße einer differenzierten Gliederung der Planung sowie der übersichtlichen Dokumentation der Sourcecodes, da im Verlauf einer Maßnahme immer wieder die Mitwirkenden wechseln. Für lernschwache oder lernbehinderte Schülerinnen und Schüler wird zur Zeit eine Erweiterung zur Unterstützung des Zahlen- und Mengenverständnisses implementiert. Dementsprechend sind erkenntnisfördernde Hilfestellungen nach didaktischen Kriterien zu entwickeln und zu erproben, die unterschiedliche Lerntypen unterstützen und alters- bzw. entwicklungsangemessen reagieren. Die Dokumentation bzw. Protokollierung von Übungsaufgaben sollte differenziert erfolgen, Lernende und Lehrende über Lernprobleme informieren.

Weitere Planungen:

- Steuerung mit Spracherkennung

  In Vorbereitung ist die Spracheingabe mittels Mikrophon, Digitalisierkarte und Spracherkennungssoftware (Microsoft-Sound-System V. 2.0). Dies bietet dann die Möglichkeit der sprachlichen Beschreibung, der lauten offenen Artikulation der räumlichen Beziehungen (links, rechts, oben, unten, vor, hinter usw.) oder auch der verbalen Nennung der Positionen im kartesischen Koordinatensystem. Dabei muß die beabsichtigte Handlung vorgedacht und zunächst beschrieben (ausgesprochen) werden, bevor das Programm dies vollzieht. Es ergeben sich zusätzliche Perspektiven der Förderung von hirnhemisphärenverbindendem Lernen (Ganzheitlichkeit im neurologischen Sinne). Entsprechende Erfahrungen neuropsychologischer bzw. sonderpädagogischer Forschungen mit Unterrichtssoftware liegen bisher noch nicht vor.

- Programmsteuerung durch körperbehinderte bzw. motorisch eingeschränkte Menschen

  Im Rahmen der Studie soll die Steuerung mittels eines sogenannten Koncept-Keyboards ermöglicht werden. Entsprechende Vorlagen mit Icons markieren entsprechende tastsensitive Zonen auf dem Steuertableau. Die Sprachausgabe kann eine akustische Rückkopplung geben, wodurch auch sehbehinderte Menschen unterstützt werden.

- Entwicklung von Spielen

  Geplant ist die Entwicklung von Spielen mit unterschiedlichen Steuerungsoptionen. Denkbar sind z.B. ein 3-D-Schatzsuchspiel, 3 D-Pentomino usw. Viele kommerzielle Spiele zeigen im Unterrichtseinsatz den Mangel, daß sie keine Dokumentation zur unterrichtlichen Diskussion oder Reflexion zulassen. In jedem Fall soll deshalb das Abspeichern und Laden sowie ein Ausdruck in unterschiedlicher Darstellungsform sowie eine Dokumentation des Spielverlaufes möglich sein.

- Netzwerkfähigkeit

  In den allgemeinbildenden Schulen werden immer mehr Computerräume vernetzt. Dabei wird der Server u.a. als File- und Printserver genutzt. Bisher gibt es nur wenige Unterrichtssoftware, die eine Installation und vor allem ressourcensparende Nutzung, z.B. auf einem Novell-Netzwerk, unterstützt. In diesem Zusammenhang sind Probleme der Dateiverwaltung für die Übungsdateien, insbesondere aber der Individualkonfigurationen zu lösen (man denke an 100-200 Nutzer mit eigenen Ini-Dateien).

5 Unterrichtserprobung und Evaluation

Erste Unterrichtserprobungen von Prototypen wurden bereits mit vielversprechenden Erfahrungen durchgeführt. Eine stabile Vollversion mit Dokumentation wird seit Frühjahr 1995 zur Erprobung in verschiedenen Berliner Allgemeinen und Sonderschulen in den Fächern Arbeitslehre und Mathematik und möglicherweise auch Kunst eingesetzt. Es findet darüber hinaus ein regelmäßiger Austausch mit Berufsschullehrer/innen im VZ11 (Vollzeitlehrgang im 11. Schuljahr) und BB10 (Berufsbildender Lehrgang im 10. Schuljahr) statt.
Für eine umfassende Evaluation des Mediensystems ist ein angemessenes Forschungsdesign erforderlich, das wegen der vielfältigen genannten Dimensionen einer gesonderten ausführlicheren Beschreibung bedarf und zu einem späteren Zeitpunkt veröffentlicht wird. Hierzu gibt es bereits eine Zusammenarbeit mit dem Institut für Didaktik der naturwissenschaftlich-technischen Bildung an der Universität Hamburg. Weitere Kooperationspartner werden gesucht.

Literatur:

Besuden, H.: Darstellende Geometrie und Raumvorstellung. In: Vollrath, H.J. (Hg.): Praktische Geometrie - Darstellen, Messen, Berechnen. Stuttgart: Klett 1984, 7-39

Bruner, J.S.: Der Prozeß der Erziehung, Düsseldorf 1970

Bruner, J.S. u.a.: Studien zur kognitiven Entwicklung. Stuttgart 1971

Bundesinstitut für Berufsbildung Berlin (BIBB): Räumliches Vorstellungsvermögen. Lernprogramm 1-4. Berlin: Beuth 1991

Calchera, F.; Weber, J.C.: Entwicklung und Förderung von Basiskompetenzen und Schlüsselqualifikationen. Berichte zur beruflichen Bildung Nr.116. Berlin: BIBB 1990

Cooper, L.A.; Shepard, R.N.: Rotationen in der räumlichen Vorstellung. In: Spektrum der Wissenschaft: Wahrnehmung und visuelles System 1989

DIFF: Mathematik für Lehrer in der Sekundarstufe I. HE4 Geometrie Teil 2. Fernstudienlehrgang. Tübingen 1981

Leutenbauer, H.: Geometrie in der Grundschule. Donauwörth: Auer 2.Aufl.1993

Lorenz, J.H.; Radatz, H.: Handbuch des Förderns im Mathematikunterricht. Hannover: Schroedel 1993

Müller, T.: Spiele, Übungen und Denkaufgaben zur Förderung der Raumvorstellung. In: Mathematik Lehren (1994)62, 8-13

Neeb, D.: Puzzle-Würfel - Schulung des räumlichen Vorstellungsvermögens und des Arbeitens nach Plan. In: Lernen Konkret (1992) H.2, 14-17

Pädagogisches Zentrum des Landes Rheinland-Pfalz: Entwicklung der Raumvorstellung. PZ-Information Heft 6. Bad Kreuznach 1992

Piaget, J.; Inhelder, B.: Die Entwicklung des inneren Bildes beim Kind. Frankfurt: Suhrkamp 1979

Rost, D.H.: Raumvorstellung, Psychologische und pädagogische Aspekte. Weinheim/Basel: Beltz 1977

Rotring: Leitfachen zum perspektivischen Zeichnen nach DIN 5. Hamburg: Rotring 5.Aufl. 1985

Voigt, E.E.: Zur Rolle visuell-räumlicher Fähigkeiten beim Lernen und Begriffsbilden von Kindern. Göttingen: Diss. 1975

Bezugsquelle:

Berliner Schulen: kostenfrei über die BICS in der Landesbildstelle Berlin.

Andere Schulen und Institutionen:

MACH MIT e.V. i.G., c/o Marianne Handke, Britzer Damm 125, 12347 Berlin

Förderung der Handlungskompetenz im Bereich der Informationstechnik - ein Unterrichtsbeispiel nach dem Strukturhilfen-Konzept

Peter Steinbüchel
Studiendirektor
Börde-Schule, Geschwister-Scholl-Str.1
59494 Soest

1. Einführung

Die didaktische Diskussion in den berufsbildenden Schulen ist seit Mitte der 80-ziger Jahre durch den Begriff der *Handlungsorientierung* geprägt. Bereits 1974 führte **Mertens** den Begriff der Schlüsselqualifikationen ein, welche u.a. durch logisches, abstrahierendes, analytisches und integrierendes Denken gefördert werden können. Der Auszubildende soll so zur Fähigkeit und Bereitschaft zum lebenslangen Lernen geführt werden. Flexibilität, Anpassungsfähigkeit, Denken in Systemen und die Kooperationsbereitschaft im Team beschreiben Qualifikationen, die von den Industrie- und Handwerksbetrieben an ihre Mitarbeiter gestellt werden. Dabei ist der Begriff der *Qualifikation* in bezug auf die Verwertbarkeit der Fähigkeiten und Fertigkeiten des Facharbeiters im Betrieb zu verstehen. Der Grad der Qualifikation wird von der erworbenen Kompetenz des einzelnen bestimmt. In der modernen Arbeitswelt ist die *Handlungskompetenz*, d. h. die Fähigkeit und Bereitschaft des Individuums zu eigenverantwortlichem Denken und Handeln, von besonderer Bedeutung. Nach **Bader** (1993) umfaßt dieser Begriff die Bereiche der **Fachkompetenz, Sozialkompetenz** und **Humankompetenz.**

Aufgabe des Unterrichts im Bereich der angewandten Informatik in der berufsbildenden Schule ist es, die Entwicklung der Handlungskompetenz zu fördern bzw. weiter auszubauen. Bedeutsam für die Umsetzung eines handlungsorientierten Ansatzes mit dem Ziel der Förderung der Handlungskompetenz der Lernenden im Fach Informatik ist nach meiner Einschätzung die Auseinandersetzung mit lehr-lerntheoretischen Ansätzen sowie die Entwicklung und Evaluation von Unterrichtskonzepten auf der Basis dieser Ansätze. Der Rückgriff auf lerntheoretisch fundierte Annahmen (vgl. z. B. kognitive Ansätze von Piaget, Aebli, Ausubel und Bruner) bei der Planung von Unterricht, beseitigt u.a. auch die Unsicherheit bei der Diskussion um die Umsetzung eines handlungsorientierten Ansatzes im Bereich der Unterrichtsplanung, Unterrichtsdurchführung und Reflexion der Ergebnisse. In diesem Beitrag möchte ich den von mir entwickelten Ansatz der **Strukturhilfen** anhand eines Unterrichtsbeispiels zum Thema "Entwicklung und Test eines CNC-Programms zur Drehbearbeitung einer Welle" erläutern. Dieser Ansatz ist der Versuch, die kognitiven lehr-lerntheoretischen Ansätze von **Ausubel** zum bedeutungsvollen rezeptiven Lernen und **Bruner** zum Entdeckungslernen weiterführend zusammenzufassen und für den Unterricht in beruflichen Schulen zur Förderung des technischen Denkens und Handelns nutzbar zu machen (zur vergleichenden empirischen Evaluation vgl. Steinbüchel 1994).

2. Bedingungen im beruflichen Unterricht

Auffällig ist, daß die Bezeichnungen der berufsspezifischen Unterrichtsfächer in der Berufsschule, z.B. *Werkstofftechnik, Maschinen- und Gerätetechnik, Informationstechnik* und *Steuerungstechnik*, alle den Begriff der "Technik" beinhalten. Dies verwundert nicht, geht es doch in dem gewerblich-technischen Bereich der berufsbildenden Schule darum, Einsichten in technische Systeme zu vermitteln, um das Gelernte später in planvolles Handeln umsetzen zu können. Technisches Denken und Handeln ist auf die Erfüllung bestimmter Ziele unter Verwendung geeigneter Mittel gerichtet. Folgt man **Sanfleber/Traebert** (1978) bzw. **Ropohl** (1979), so beschreiben technische Verfahren die Umwandlung, den Transport oder die Speicherung von **Stoff, Energie** oder **Information.** In diesem Sinne lassen sich technische Verfahren auch als **technische Systeme** begreifen, deren Einzelkomponenten, Eingangs- und Ausgangsgrößen, Funktionen und Subsysteme Gegenstand beruflicher Bildung sind (vgl. auch Tulodziecki 1992, S.104 ff.). Bei der Auseinandersetzung der Lernenden mit technischen Systemen und bei deren Gestaltung wird eine umfassende **Handlungskompetenz** gefordert. Die durch Lernhandlungen erworbene und weiter ausgebildete Problemlösekompetenz ist als Teil der umfassenden Handlungskompetenz zu verstehen. Die Problemlösekompetenz soll beim Lernenden im Hinblick auf die Fähigkeit zur Selbstbestimmung und die Bereitschaft zu sozialer Verantwortung erweitert werden und so die Grundlage für ein verantwortliches Handeln im Bereich der Technik bieten.

3. Zur Umsetzung des Konzepts der Strukturhilfen im Themenbereich "Rechnerunterstützte Fertigung"

Jeder Lehrende sollte sich bei der Planung von Unterricht, Gedanken über die Lehr- und Lernvoraussetzungen seiner Schüler machen. Dies gilt insbesondere für die Berufsschule, da sich erfahrungsgemäß in diesen Klassen eine Vielzahl von Schülerinnen und Schülern mit verschiedenen in der Sekundarstufe I oder II erworbenen Schulabschlüssen (z.B. Hauptschul- und Realschulabschluß, Allgemeine Hochschulreife usw.) befinden. Der Lehrende hat überdies hinsichtlich der anthropogenen und soziokulturellen Voraussetzungen (z.B. Altersstruktur, Struktur der Schulabschlüsse und Ausbildungsberufe, allgemeine Lehr- und Lernbedingungen) Vorannahmen und Entscheidungen zu treffen, um auf der Basis dieser Grundlage das Unterrichtsgeschehen zu organisieren.

3.1 Unterrichtsthema: Entwicklung und Test eines CNC-Programms zur Drehbearbeitung einer Welle

Der Lehrplan für die neugeordneten industriellen Metallberufe weist im 1. und 2. Schul-/Ausbildungsjahr das Fach Informationstechnik als eigenständiges Unterrichtsfach aus. Im 3. und 4. Ausbildungsabschnitt werden fachliche Inhalte innerhalb des Unterrichtsfachs Fertigungs- und Prüftechnik fächerübergreifend integriert. Demzufolge leitet sich die Themenstellung des nachfolgenden Unterrichtsbeispiels aus den „Richtlinien und Lehrpläne für industrielle Metallberufe" (vgl. Kultusminister des Landes NW, 1991, S.54 f.) ab. Im Bildungsabschnitt der beruflichen Fachbildung für das 3. Schul-/Ausbildungsjahr für Industriemechaniker (Geräte- und Feinwerktechnik) wird der Themenbereich „2. Rechnerunterstützte Fertigung" im Unterrichtsfach Fertigungs- und Prüftechnik festgelegt. Die Lernziele 1 und 2 definieren das Erstellen und Optimieren von NC-Programmen für die spanende Fertigung eines Werkstücks mit Hilfe einer Zyklen-Programmierung und Unterprogrammtechnik. Diese Zielformulierung dient als Grundlage für die Stoffverteilung des Lehrers.

3.2 Vorüberlegungen zum Unterricht - Reduktion und Sachanalyse

Der Themenbereich „NC-Programmierung" im Rahmen der Fertigungs- und Prüftechnik läßt sich in die Bereiche der Arbeitsplanung, der Kenntnis unterschiedlicher Programmiermöglichkeiten sowie der Programmeingabe, Simulation und Kollisionsbetrachtung bei der CNC-Programmierung von Werkzeugmaschinen unterteilen. Besonders im Hinblick auf die Technische Kommunikation sind hier Anknüpfungspunkte gegeben. Schwerpunktthemen sind die Ermittlung und Bestimmung der Technologie- und Geometriedaten, die cnc-gerechte Darstellung und Bemaßung von Werkstücken nach DIN 406 T3, das Erstellen eines Arbeitsplans sowie die programmtechnische Umsetzung in Form einer Simulation am Computer.
Bei der vorliegenden Unterrichtseinheit handelt es sich um die Entwicklung und den Test eines CNC-Programms zur Drehbearbeitung einer Welle (vgl. Abb.1).

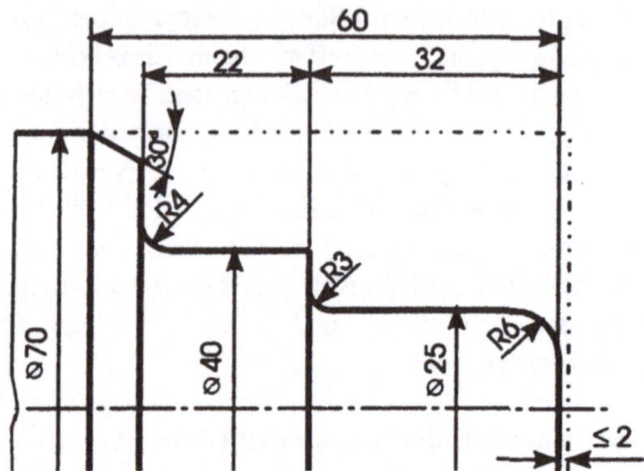

Abb. 1: Stirnseite einer Welle (Aufgabenstellung)

Diese Welle diente in der vorausgegangenen Unterrichtsstunde als Lernträger zur Erstellung einer cnc-gerechten Zeichnung mit Bezugsbemaßung in steigender Bemaßung nach DIN 406 T3. Desweiteren wurde von den Schülerinnen und Schülern ein Arbeitsplan mit Fertigungsschritten zur CNC-Drehbearbeitung entwickelt. Mit Hilfe eines Realmodells konnte so, fächerübergreifend im Rahmen der Technischen Kommunikation, eine Vorarbeit für die programmtechnische Umsetzung geleistet werden. Auch die Arbeitsvorbereitung/Arbeitsplanung unterstützte den Prozeß des Umsetzens der Werkstückgeometrie in Programmbefehle. Im Vordergrund der vorliegenden Unterrichtseinheit steht die Programmentwicklung und der Programmtest zur CNC-Drehbearbeitung der Stirnseite einer Welle aus Stahl (St 60-2) mittels Schruppzyklus (G81) und Unterprogrammtechnik (G22) mit nachfolgendem Schlichten der Werkstückkontur. Zuvor sind von den Schülern die noch fehlenden Technologiedaten sowie Werkstückkonturpunkte (X-Koordinate) zu bestimmen. Diese Lerneinheit setzt den handlungsorientierten Unterricht am Lernträger „Welle" fort und führt zur Simulation des Fertigungsprozesses. Dabei stellt die Unterprogrammtechnik für die Schüler eine völlig neue Variante zur Programmierung dar, weil durch sie eine einfache Möglichkeit besteht, in einem Unterprogramm die Werkstückkontur zu definieren und diese dann einmal für das Schruppen des Werkstücks, wie auch für das nachfolgende Schlichten zu benutzen. In den nachfolgenden Unterrichtsstunden erfolgt eine Vertiefung/Übung und Erweiterung mit anderen Anwendungsbeispielen. Unterrichtsinhalte sind, z.B. die rechnerische Ermittlung der Hauptnutzungszeit t_h für das Längsdrehen des Werkstücks (Schruppen und Schlichten) und der Vergleich der rechnerischen Lösung mit der Vorgabe des MTS-Simulators

Zur Reduktion des Lerninhalts
1. Reduktionsphase
Bei modernen CNC-Steuerungen sind die Inhalte der Programmierung von 2 D-Bahnsteuerungen sehr komplex. Die Unterprogrammtechnik (G22) bietet z.B. ein Verfahren, bis zu 8 einzelne Programme ineinander zu verschachteln, so daß auch eine Abarbeitung von Programmen „ineinander" erfolgen kann. Zudem sind Parameterzuordnungen bezogen auf Konturzugprogrammierungen denkbar, mit denen Konturen komplexer aneinandergereihter geometrischer Körper programmiert werden können. Ferner ist es leicht möglich, diese Körper innerhalb von Unterprogrammen zu drehen bzw. zu spiegeln. In einer *ersten Reduktion* ist nun dieser Befehl G22 auf eine für die Berufsschule angemessene Weise zu reduzieren. Zunächst wird auf eine Parameterprogrammierung der Adressen Y, J, A, B, C, D verzichtet. Konturspiegelungen können bei der Betrachtung der Zerspanung „CNC-Drehen"

ebenfalls vernachlässigt werden. Sodann wird von einer Verschachtelung von Unterprogrammen abgesehen, damit die Programmstruktur für die Schüler erkennbar bleibt.

2. Reduktionsphase

In einem *zweiten Schritt* wird auf eine für die Schüler beherrschbare und übersichtliche Werkstückkontur zurückgegriffen. Bewußt wird dadurch die Aufmerksamkeit auf die programmtechnische Seite der Problemstellung gelenkt. Durch die wiederholte Anwendung der Kreisinterpolation (G02, G03) prägt sich die Befehlsstruktur ein und wird durch weitere Übung innerhalb der kognitiven Struktur konsolidiert. Durch die Reduktion bzgl. der Werkstückkontur ist es möglich, in der zur Verfügung stehenden Zeit, fächerübergreifende Fragestellungen der *Technischen Kommunikation, Fertigungstechnik* (z.B. Schnittdaten...) und der *Technischen Mathematik* exemplarisch zu behandeln.

Sachanalyse des Unterrichtsthemas

Entwicklung und Simulation von CNC-Programmen können als wichtiger Bestandteil des auf Ausbildung der Handlungskompetenz ausgerichteten Berufsschulunterrichts angesehen werden. Die Lerninhalte sind aufgrund der technologischen Entwicklungen und Innovationen in der Industrie besonders in den Richtlinien und Lehrplänen der industriellen Metallberufe verankert. Mit Hilfe des Lernträgers „Welle" wird versucht, Bezüge zu anderen Unterrichtsfächern und Inhalten (z.B. Technische Kommunikation, Arbeitsplanung, Technische Mathematik) herzustellen, um so das Unterrichtsprinzip der *Handlungsorientierung* in einem fächerintegrativen Ansatz zu verwirklichen (vgl. Kultusminister des Landes NW 1991, S.8). Die Entwicklung eines CNC-Programms an einem Simulatorarbeitsplatz beschreibt hier einen Aufgabentyp, bei dem ein nicht gegenständliches Produkt als Problemlösung zu entwickeln ist (vgl. Tulodziecki 1992, S.130 ff.; Steinbüchel 1994, S.78 f.). Bei der Auseinandersetzung mit dem Lerngegenstand führt dies bei den Lernenden zu einer Verbesserung des technischen Verständnisses sowie der Handlungskompetenz in Problemlösungssituationen (vgl. Steinbüchel 1994). Grundlage für die Problemlösung zur Entwicklung und dem Test eines CNC-Programms zur Drehbearbeitung der Welle sind die in der vorausgegangenen Unterrichtsstunde erstellte cnc-gerechte technische Zeichnung der Wellenstirnseite sowie der Arbeitsplan mit den Fertigungsschritten.

Für den Ablauf der CNC-Simulation sind zunächst die technologischen Daten mit dem Vorschub F in mm, der zu berechnenden Spindeldrehzahl S in min^{-1}, dem Schruppdrehmeißel T0101 sowie die Spindeldrehrichtung in das Hauptprogramm %3 einzugeben. Sodann erfolgt eine absolute Werkstücknullpunktverschiebung mit G54. Danach wird die Stirnseite des Werkstücks mit G01 geplant. Bevor der Schruppzyklus (G81) aufgerufen wird, ist noch das Schlichtaufmaß mit G57 zu programmieren. Nachdem im Schruppzyklus das Unterprogramm (G22 U000003) aufgerufen worden ist, fährt der Revolverkopf zum Werkzeugwechselpunkt, um den Schlichtmeißel (T0202) aufzunehmen. Ein erneutes Aufrufen des Unterprogramms (U000003) schlichtet die Werkstückkontur. Der Drehmeißel verläßt die Bearbeitungsebene und das Programm endet mit dem Schaltbefehl M30 (vgl. Anlage 2, Listing von %3). Die Kontur des Werkstücks ist im Unterprogramm U000003 abgelegt. Hier beschreiben G71 und G02-G03-Befehle die Verfahrbewegungen des Werkzeugs. Eine fehlende X-Koordinate an der Stelle Z = -54 ist zuvor mit Hilfe von Winkelfunktionen zu bestimmen. Das Unterprogramm wird mit M99 abgeschlossen (vgl. Anlage 2, Listing von U000003).

Bedeutung des Themas für die Lerngruppe

Schüler der Berufsschule können in der Regel aufgrund ihrer bisherigen Ausbildung auf Erfahrungen mit spanenden Fertigungsmaschinen zurückgreifen. Sie haben in ihrer Betriebspraxis Dreharbeiten an Werkstücken (Wellen, Achsen...) vorgenommen. Damit besitzt die

Auseinandersetzung mit den programmtechnischen Aspekten einer Werkzeugmaschinensteuerung für die Lernenden eine Bedeutung/Wertigkeit wobei der notwendige Praxisbezug besteht und sie so zu eigenständigem aktiven Problemlösungsverhalten angeregt werden.

3.3 Didaktische Analyse

CNC-Kurse in der Berufsschule sollen die Schüler mit steuerungstechnischen Problemen konfrontieren und sie mit den Befehlsstrukturen nach DIN 66025 sowie der Handhabung von CNC-Steuerungen mit 2D-Bahnsteuerungen vertraut machen. Dabei darf der Lernprozeß nicht nur im Bereich der theoretischen Auseinandersetzung verharren, sondern es muß im Sinne von **Bruner/Olson** (1975, S.184-208), durch den Einsatz eines geeigneten Mediums, zu einer Auseinandersetzung der Lernenden mit dem Lerngegenstand kommen. Dieses *direkte Lernen*, z.B. an einem Lernträger in einem CNC-Labor, führt dann zu einer weiteren Ausdifferenzierung und dem Ausbau der als bereichsspezifisch angesehenen kognitiven Struktur (vgl. z.B. Schroder/Driver/Streufert 1975, S.19 f.). In der aktuellen didaktischen Diskussion wird dieser Erweiterung/Verfeinerung der kognitiven Struktur im Hinblick auf die Erhöhung der Problemlösefähigkeiten der Lernenden eine bedeutende Rolle beigemessen. Die Auseinandersetzung mit dem Lerninhalt erfolgt zunächst während der Berechnung der technologisch erforderlichen Zerspanungsdaten bzw. der fehlenden Werkstückkoordinate. Desweiteren sind die kognitiven Handlungsaktivitäten auf die Bearbeitung der Arbeitsaufgaben zur Problemlösung ausgerichtet.

Die einzelnen Phasen der Handlungslinie lassen sich wie folgt beschreiben:

1. **Problemstellung „Welle"** zur Entwicklung eines CNC-Programms für das Schruppen und Schlichten mit Unterprogrammtechnik.
2. **Strukturhilfen** zur Lösung mit der Auswahl und Berechnung der technologischen Zerspanungsdaten, der fehlenden Konturkoordinate X sowie die Entwicklung eines CNC-Programms „Drehen" mit Haupt- und Unterprogramm.
3. **Experimente/Versuche/Ergebnisse** der Lernenden bei der Eingabe des CNC-Programms in den Simulator mit nachfolgendem Testlauf.
4. **Vergleichen/Bewerten der Ergebnisse** der Problemlösung mit den anderen Lerngruppen zur Analyse des Programms und der gegebenfalls möglichen Veränderung/Verbesserung einzelner Programmteile.
5. **Systematisierung** der gefundenen Problemlösung zur Klärung von Verständnisfragen bzw. zur Konsolidierung der bisher erworbenen Kenntnisse/Fertigkeiten.

Eine 6. Phase betrifft die **Anwendung/Übung** in der die Berechnung der Hauptnutzungszeit t_h für die Drehbearbeitung im Vergleich zu der vom Simulator ermittelten Werkzeugeingriffszeit durchgeführt wird. Zur Strukturierung des Unterrichtsprozesses dient ein Aufgabenblatt (vgl. Anlage 1), welches die für die Kursteilnehmer notwendigen Handlungsschritte im Sinne einer Strukturhilfe vorgibt. Die Arbeitsaufgaben sind weitgehend offen formuliert, damit den Lernenden genug Freiräume für die eigenen Entscheidungen bleiben, die Eigeninitiative und die Ausbildung der Methodenkompetenz gefördert wird. Besonders die Arbeitsaufgabe 3 führt zu einer Erweiterung der Handlungskompetenz, da der Prozeß des Entdeckens von Problemzusammenhängen bei der Programmsyntax Denkanstöße liefert und damit zu einer intensiven Auseinandersetzung mit der gefundenen Problemlösung anregt. Hier läßt die eingeschränkte Befehlsstruktur (vgl. auch Abschnitt 3.2) trotzdem eine programmtechnische Vielfalt zu. Die 4. Arbeitsaufgabe initiiert schließlich die Interaktion Schüler-Computer, wie auch die der Schüler untereinander. Dies fordert das soziale Verhalten heraus, so daß eine weitere Veränderung im Hinblick auf eine Verbesserung der Sozialkompetenz möglich erscheint. Die weiterführende Arbeitsaufgabe soll das Unterrichtsthema fächerübergreifend vertiefen. Sie dient zur Anwendung und Übung und ist weitgehend Thema der nachfolgenden Unterrichtsstunde. Leistungsstarke Schüler, die schon am Ende der vorliegenden Lehr-Lerneinheit beginnen, sollten jedoch im Sinne einer *inneren Differenzierung* nicht an ihren Aktivitäten gehindert werden.

3.4 Formulierung der Lehrziele

Übergeordnetes Lehrziel

Die Schüler sollen bereit und in der Lage sein, im Laborunterricht ein CNC-Programm nach DIN 66025 für die Drehbearbeitung des Werkstücks „Welle" zu entwickeln, die Simulation des Programmlaufs zu testen sowie im Team Änderungen/Verbesserungen zur Optimierung des Programms vorzunehmen.

Lehrziele der Unterrichtsstunde

Die Schüler sollen bereit und in der Lage sein:

(1)   unter Rückbezug auf den Lernträger „Welle", die notwendigen technologischen und geometrischen Daten zu ermitteln;

(2)   ein CNC-Programm zur Simulation des Fertigungsprozesses innerhalb eines Arbeitsteams mit Hilfe der Unterprogrammtechnik (G22) zu erstellen;

(3)   eine Analyse/Bewertung der Problemlösung nach der Eingabe des Programms in den Simulator vorzunehmen, um damit eventuelle Änderungen/Verbesserungen zur Optimierung einzufügen;

(4)   durch die Systematisierung und den Vergleich mit Problemlösungen anderer Lerngruppen, ihr Ergebnis zu hinterfragen.

Leistungsstarke Schüler: Die leistungsstarken Schüler beginnen damit, die Hauptnutzungszeit t_h zu berechnen und mit der Werkzeugeingriffszeit des Simulators zu vergleichen.

Die formulierten Lehrziele sowie die damit intendierten Lernziele verfolgen, neben der Förderung der *Fachkompetenz*, auch das Ziel, die Fähigkeiten im Hinblick auf Teamarbeit, Kooperationsbereitschaft *(Sozialkompetenz)* usw., wie auch die Reflexion und Selbstentfaltung des einzelnen beim Umgang mit den Gruppenmitgliedern *(Humankompetenz)* weiter auszubauen (vgl. dazu Bader/Ruhland 1993). Diese Ziele sind als übergreifende Elemente dieses Unterrichtskonzepts zu verstehen.

3.5 Methoden- und Medienentscheidungen

Die Förderung der Handlungskompetenz gilt heute als ein Leitziel in der beruflichen Bildung. Schon **Nölker** (1980, S.26) legte für den Unterricht in der berufsbildenden Schule eine Handlungsfähigkeit zugrunde. In der technikorientierten Berufsschule sollte die Förderung des technischen Verständnisses und der Problemlösungsfähigkeit der Schüler als Aufgabe des beruflichen Unterrichts angesehen werden, damit der junge Mensch bestmöglich auf die berufliche Praxis vorbereitet wird. Unter Berücksichtigung dieser Annahmen ist es besonders in der Oberstufe der Berufsschule notwendig, die Eigenständigkeit und Handlungsfähigkeit in sozialer Verantwortung anzuregen. Dies kann zum einen durch problemorientierte Aufgabenstellungen geschehen, welche im Unterricht zu Problemstellungs- und Problemlösungsphasen führen; zum anderen durch die Wahl der Sozialformen Partnerarbeit/Teamarbeit. Hierdurch werden vor allem Schüler-Schüler-Interaktionen initiiert. Die Sozialkompetenz sowie der verantwortliche Umgang miteinander wird verbessert. Der Lehrende sollte sich ganz auf seine Rolle als Helfer/Berater und Unterrichtsorganisator konzentrieren.

Das Aufgabenblatt (vgl. Anlage 1) dient in der ersten Unterrichtsphase dazu, den Lernenden eine für sie praxisorientierte und damit bedeutsame *Problemstellung* an die Hand zu geben. Es ist in der Form einer *Strukturhilfe* konzipiert, welche eine mögliche Problemlösung kognitiv und unter Berücksichtigung der schon erstellten technischen Zeichnung sowie des Arbeitsplans auf mehreren Repräsentationsebenen (enaktiv, ikonisch, symbolisch) vorbereitet (vgl. Bruner 1973, Gage/Berliner 1977, S.360). Sie unterstützt und organisiert damit die Handlungsaktivitäten der Schüler. Es ist ferner aus dem Tabellenbuch Metall eine geeignete Schnittgeschwindigkeit v_c auszuwählen, die zu programmierende Spindeldrehzahl S bezogen auf den größten Wellendurchmesser zu berechnen sowie die fehlende X-Koordinate der Werkstückkontur zu bestimmen. Im nächsten Unterrichtsabschnitt erfolgt die CNC-Programmierung des Fertigungsprozesses mit Haupt- und Unterprogramm (%3, U000003) für das Schruppen und Schlichten des Werkstücks. Die 3. Unterrichtsphase der *Ergebnisgewinnung* am Simulator bietet die Chance der Auseinandersetzung mit dem Computersystem, der Analyse des Programmlaufs und der Erweiterung der eigenen Fähigkeiten/Fertigkeiten. Die Schüler machen hier besonders die Erfahrungen der Teamzugehörigkeit und der Notwendigkeit der Veränderung/Verbesserung entwickelter Problemlösungen. Die 4. Unterrichtsphase mit dem *Vergleichen/Bewerten* der Ergebnisse mit Problemlösungen anderer Arbeitsteams vertieft diesen Eindruck im Hinblick auf eine Optimierung. Zum Schluß soll in einer 5. Phase eine *Systematisierung* der gefundenen Problemlösung zur Klärung von Verständnisfragen erfolgen. Diese Systematisierung kann durch einen Teilnehmer des CNC-Kurses vorgenommen werden, der seine Ergebnisse den anderen zur Diskussion stellt. Die Aktionsformen des Lehrenden beschränken sich auf einen kurzen Lehrervortrag zur Einführung in die Unterrichtssequenz sowie eventuelle Hilfestellungen. Aufgrund des Unterrichtsmaterials (Aufgabenblatt, Programmblatt usw.), der vorhandenen Medien und dem Ziel eines eigenständigen Lern- und Problemlösungsprozesses, erscheint ein vom Lehrer zu entwickelndes Tafelbild nicht angebracht und in bezug auf die Lernvoraussetzungen der Schüler (Metall-Oberstufe) nicht angemessen. Als Sozialformen des Unterrichts sind Einzelarbeit, Partnerarbeit, Arbeiten im Team sowie Schülerdiskussionen und evtl. ein Schülervortrag geplant.

Medien und mediendidaktische Überlegungen
Für die Unterrichtseinheit werden folgende **Medien** bereitgestellt bzw. benutzt:
Realmodell: Werkstück aus Stahl; TARGA-Computer mit MTS-Simulationsprogramm Drehen, Vers. 4.0; Aufgabenblatt (vgl. Anlage 1); Tabellenbuch Metall: Europa-Verlag, Wuppertal 1992, S.215; Programmierblatt; Programmlösung (vgl. Anlage 2, nur bei Bedarf!)

Der Erwerb der Handlungskompetenz zum Technischen Denken und Handeln (Denken in Systemen) erfordert den Gebrauch von Medien zur Verbesserung der heuristischen Struktur des Denkens. Anwendungsleistungen und kreativ-schöpferische Lernleistungen werden durch den Einsatz von Medien unterstützt und gefördert (vgl. z.B. Messner 1978, S.200 f.). Aus diesen Überlegungen heraus wird die CNC-Ausbildung mit Hilfe von Simulator-Arbeitsplätzen im Labor durchgeführt. Eine reale CNC-Werkzeugmaschine, in der die Programme nach dem Simulationsprozeß eingegeben werden könnten, ist nicht immer vorhanden. Die Schüler besitzen aber in der Regel genug Praxiserfahrung aus ihren Betrieben, um dieses Defizit auszugleichen. Überdies besteht eine vollständige Handlung im Sinne der Handlungskompetenzerweiterung nicht nur aus dem hantierenden Tun, sondern u.a. auch aus *kognitiven Verhaltensänderungen*. Diese können durch die Veränderung der kognitiven Struktur mittels ikonischen (bildlich) und symbolischen (z.B. verbal, Symbole...) Lernens (vgl. Gage/Berliner 1977) hervorgerufen werden. Damit ermöglicht der Umgang mit technischen Zeichnungen, mathematischen Zusammenhängen und dem Programmieren von Simulationen ebenfalls eine fundierte Kompetenzerweiterung.

3.6 Handlungslinie des Unterrichts

Unterrichtsphasen	Geplantes Lehrerverhalten	Erwartetes Schülerverhalten	Kommentar
Problemstellung/ Motivation	L. weist auf die technische Zeichnung sowie den Arbeitsplan hin und problematisiert die Programmentwicklung und den Programmtest mittels der CNC-Simulation „Drehen".	S. hören zu, folgen der Problematisierung und stellen evtl. Nachfragen.	Sozialform: (SF) Unterrichtsgespräch Medien (M): technische Zeichnung, Arbeitsplan
Strukturhilfen/ Erarbeitung I	L. teilt das Aufgabenblatt aus und bespricht die Arbeitsaufgaben; besonders weist er auf die Ermittlung der geeigneten Schnittgeschwindigkeit v_c, die Berechnung der Spindeldrehzahl S sowie der Werkstückkoordinate X hin; ein besonderer Hinweis gilt der Syntax Unterprogramm G22.	S. lesen das Aufgabenblatt, stellen Nachfragen und beginnen mit der Lösung der Aufgaben Nr.1 bis Nr.2.	SF: Einzel- bzw. Partnerarbeit M: Aufgabenblatt, Tabellenbuch Metall
	L. hält evtl. die Teilergebnisse der Schnittgeschwindigkeit v_c, der Drehzahl S und der Werkstückkoordinate X an der Tafel fest.		M: evtl Tafel mit Lösungen: v_c, S, X
Erarbeitung II/ Problemlösung	L. bittet die Schüler nun das CNC-Programm zum Schruppen und Schlichten der Werkstückkontur im Arbeitsteam zu entwickeln.	S. schreiben das CNC-Drehprogramm %3 mit Unterprogramm U000003 für die Welle aus St 60-2.	SF: Arbeit im Team M: Programmblatt
Experimente/Versuche/ Ergebnisse	L. regt, falls notwendig, die Arbeitsgruppen an, das erstellte CNC-Programm in den Simulator einzugeben und den Programmtest durchzuführen.	S. geben das CNC-Programm in den Simulator/Computer ein und führen den Testlauf durch.	SF: Partnerarbeit, Teamarbeit M: Programmblatt, Computer, Diskette
Vergleichen/Bewerten der Ergebnisse (Analyse und Vertiefung I)	L. regt an, die gefundene Problemlösung mit anderen Arbeitsgruppen zu vergleichen bzw. zu diskutieren und evtl. Programmergänzungen/ -verbesserungen durchzuführen.	S. arbeiten am Simulator, tauschen sich mit anderen Arbeitsgruppen aus und fügen Berichtigungen/Verbesserungen ein.	SF: Einzel- bzw. Partnerarbeit, Arbeit im Team: M: evtl. zusätzlich ein Lösungsblatt
Systematisierung	L. bittet einen Schüler seine Programmlösung mit Hilfe einer Overheadfolie der Lerngruppe vorzustellen und zu diskutieren. (Diese Phase wird bei fehlender Bereitschaft von Seiten der Schüler von dem Lehrer übernommen!)	Ein Schüler bespricht seinen Lösungsweg innerhalb der Lerngruppe.	SF: Schülervortrag bzw. Unterrichtsgespräch
Anwendung/Übung (Vertiefung II)	L. weist auf die weiterführende Aufgabe zur Ermittlung der Hauptnutzungszeit t_h hin und bittet die leistungsstärkeren Schüler schon mit der Lösung zu beginnen.	Einige S. beginnen mit der Lösung der weiterführenden Aufgabe.	SF: Einzelarbeit M: Aufgabenblatt

3.7 Kontrolle des Lernerfolgs

Die Kontrolle des erreichten Lernniveaus erfolgt weitgehend selbsttätig durch die Schüler. Der Simulator dient dabei als Hilfsmittel und zur Unterstützung dieses Prozesses. Überdies lassen Schüleraktivitäten und Schüleräußerungen den jeweiligen Lernfortschritt erkennen. Teilergebnisse, z.B. die Ergebnisse zur Schnittgeschwindigkeit, Drehzahl und Koordinate der Werkstückkontur, können mit dem Lehrer diskutiert und bei Bedarf an der Tafel festgehalten werden. In Einzelgesprächen bzw. Gesprächen mit den Arbeitsteams kann sich der Lehrende zu jedem Zeitpunkt einen genauen Überblick über den Leistungsstand verschaffen. Individuelle Hilfestellung bei einzelnen Kursteilnehmern halten den Problemlösungsprozeß/Lernprozeß in Gang.

4. Zusammenfassung

Mit dem vorliegenden Beitrag habe ich versucht, ein Unterrichtskonzept auf der Basis kognitionspsychologischer Ansätze im Bereich der Berufsschule zu realisieren. Lehr- lernpsychologische Bedingungen werden ebenso bedacht wie die Lernvoraussetzungen der Schülerinnen und Schüler. Der Unterrichtsprozeß wird dabei auf der Grundlage von Wahrnehmen, Denken und Handeln der Lernenden organisiert. Es liegt die Annahme zugrunde, daß die durch das **Konzept der Strukturhilfen** angeregte kognitive Struktur der Lernenden weiter ausgebaut und dadurch die **Handlungskompetenz** des einzelnen gefördert wird. Das vorliegende Unterrichtskonzept ist für eine Unterrichtsdoppelstunde (vgl. die weiterführende Aufgabe in der Anlage 1) konzipiert. Durch den Freiraum der Schülerinnen und Schüler bei der Programmgestaltung können mehrere richtige Lösungen entwickelt werden. Dadurch wird der ganzheitliche Charakter des Strukturhilfen-Konzepts deutlich. Es ist überdies nicht nur auf den technischen Unterricht oder z.B. informationstechnischen Unterricht in der Berufsschule, des Berufsgrundschuljahrs, der Berufsfachschule oder der Fachoberschule beschränkt, sondern auch im Bereich des naturwissenschaftlich-technischen Unterrichts der beruflichen Schulen mit Erfolg einsetzbar.

Anlage 1

Programmentwicklung CNC-Drehen: %3 - Welle aus St 60-2

Hinweis: Technologische Daten für die Zerspanung

Vorschub (längs)	F: 0,30 mm	Schnittiefe	a_p: 3 mm
Vorschub (plan)	F: 0,15 mm	Spanbreite	b : 2 mm
Schruppmeißel	T: 0101 (Radius 0,8 mm)		
Schlichtmeißel	T: 0202 (Radius 0,4 mm)		
Schneidstoff	Hartmetall P15C		

Arbeitsaufgaben:

1. Ermitteln Sie mit Hilfe des Tabellenbuchs Metall die geeignete Schnittgeschwindigkeit v_c in m/min entsprechend den Zerspanungsbedingungen.
2. Berechnen Sie die zu programmierende Spindeldrehzahl S in 1/min bezogen auf den größten Wellendurchmesser d sowie die fehlende X-Koordinate der Werkstückkontur an der Stelle Z = - 54.
3. Entwickeln Sie für das Werkstück „Welle" ein CNC-Programm für das Schruppen und Schlichten nach DIN 66025 T1/T2. Die Werkstückkontur ist während der Bearbeitung im Schruppzyklus (G81) in ein Unterprogramm abzulegen. Die Schlichtbearbeitung soll ebenfalls durch das Aufrufen des Unterprogramms (G22) erfolgen. Die Werkstücknullpunktverschiebung ist programmtechnisch mit G54 vorzunehmen. Beachten Sie das Schlichtaufmaß (G57) und die Kühlmittelzufuhr!

Syntax: Unterprogrammtechnik

Aufruf im Hauptprogramm: **G22** [**Name: Unterprogramm**]

(z.B.: N36 G22 U000005)

Hinweis: Das Unterprogramm ist ein eigenständiges Programm auf der Diskette! Es wird mit dem Schaltbefehl **M99** am Ende der Kontureingabe abgeschlossen.

G-Befehle: G00, G01, G02, G03, G22, G54, G57, G71, G80 , G81

M-Befehle: M04, M08, M09, M30, M99

4. Geben Sie das entwickelte CNC-Programm in den Simulator ein, analysieren Sie den Testlauf des Programms und fügen Sie evtl. Verbesserungen/Berichtigungen ein. Vergleichen Sie die Ergebnisse mit anderen Arbeitsgruppen.

<u>Weiterführende Aufgabe:</u> Ermitteln Sie rechnerisch die Hauptnutzungszeit für das Längsdrehen des Werkstücks (Schruppen und Schlichten) und überprüfen Sie Ihr Ergebnis mit der Angabe des MTS-Simulators.

Anlage 2

Lösung: Projekt „Welle": CNC-Simulator Editor Vers. 4.00 ... MTS GmbH

<u>Listing von % 3:</u>

```
NO10 FOO0.150 S1068 TO101 M04
NO15 G54 X+000.000 Z+90.000
NO20 GOO X+072.000 Z+000.000
NO25 G01 X+070.000 Z+000.000 M08
NO30 G01 X - 001.600 Z+000.000
NO35 GOO X+070.000 Z+005.000
NO40 G57 X+002.000 Z+001.000
NO45 FOO0.300
NO50 G81 X+013.000 Z+005.000  I+3
NO55 G22 U000003
NO60 G80
NO65 GOO X+200.000 Z+100.000
NO70 T0202
```

```
NO75 GOO X+013.000 Z+005.000
NO80 G22 U000003
NO85 GOO X+200.000 Z+100.000 M30
```

<u>Listing von U000003:</u>

```
NO10 G71 X+013.000 Z+000.000
NO15 G03 X+025.000 Z-006.000 I+0 K - 6
NO20 G71 X+025.000 Z-029.000
NO25 G02 X+031.000 Z-032.000 I+3 K+0
NO30 G71 X+040.000 Z-032.000
NO35 G71 X+040.000 Z-050.000
NO40 G02 X+048.000 Z-054.000 I+4 K+0
NO45 G71 X+063.071 Z-054.000
NO50 G71 X+070.000 Z-060.000
NO55 M99
```

Literatur

Bader, R. /Ruhland, H.J. (1993): Kompetenz durch Bildung und Beruf. In: Die berufsbildende Schule 45 (1993) 7/8

Bunk, G./Kaiser, M./Zedler, R. (1991): Schlüsselqualifikationen - Intention, Modifikation und Realisation in der beruflichen Aus- und Weiterbildung. Mitteilungen aus der Arbeitsmarkt- und Berufsforschung 24 (1991) 2, S.356-374

Kultusminister des Landes Nordrhein-Westfalen (1991): Neuordnung der industriellen Metallberufe: Richtlinien und Lehrpläne industrielle Metallberufe: Industriemechaniker/ Industriemechanikerin, Fachrichtung Geräte- und Feinwerktechnik. Frechen: Ritterbach, 1991

Steinbüchel, P. (1994): Technisches Denken und Handeln. Unterrichtskonzepte für berufsbildende Schulen. In: Breuer, K./Tulodziecki, G. (Hrsg.): Konzepte des Lehrens und Lernens, Bd 4. Frankfurt: Lang, 1994

Tulodziecki, G. (1994): Unterricht mit Jugendlichen: Eine Didaktik für allgemein- und berufsbildende Schulen. Hamburg: Handwerk und Technik, 2. Auflage 1994

Tulodziecki, G./Breuer, K./Hauf, A. (1992): Konzepte für das berufliche Lehren und Lernen. Bad Heilbrunn: Klinkhardt, 3.Auflage 1992

Hinweis des Autors: Nicht verzeichnete Literaturhinweise sind der vollständigen Literaturliste meines Buches (Steinbüchel 1994) zu entnehmen!

Kapitel 3

Informatiksysteme als Lernmedium

Die Anwendung der Informatiksysteme als Unterrichtsmittel besitzt bereits eine lange Tradition. Um so mehr mag es erstaunen, daß viele Lehrer damit nicht vertraut sind. Neu ist an einigen Universitäten eine Grundausbildung für Lehramtsstudenten, die unabhängig von den zu studierenden Fächern besucht werden kann. Vorerst sind es wenige Fachdidaktiken, die dieses Thema aufgreifen.
Die Vorteile für Schülerinnen und Schüler werden sehr hoch bewertet:

- Verstärkung der intellektuellen Möglichkeiten,

- Mitgestaltung des eigenen Lernprozesses,

- Individualisierung des Lernens,

- Erweiterung der Kommunikations- und Kooperationmöglichkeiten,

- Verknüpfung traditioneller Medien und deren Verfügbarkeit.

Zur Unterstützung der Lehrerinnen und Lehrer fallen die Erfahrungsberichte nicht so überzeugend aus. Es bleibt offensichtlich ein Balanceakt zwischen Streß und Entlastung von Routineaufgaben. Ohne solide Ausbildung besteht die Gefahr, daß unerwartete Systemzustände nicht interpretiert und beurteilt werden können. Die damit verbundenen Unsicherheiten schrecken durchaus ab.
Die folgenden Beiträge zeigen sehr anschaulich, daß die Ausbildungskonzepte über den erfolgreichen Einsatz der Informatiksysteme entscheiden. Netzzugang und Multimedia erfordern sehr tiefgründige Überlegungen zu den konkreten Bildungsabschnitten, die damit interessanter und wirkungsvoller gestaltet werden sollen.

COMPUTERANALPHABETISMUS

Friedrich Kittler

Alles spricht heute dafür, daß Wolken, Meere und alle anderen Dinge halbwegs zwischen dem Schönen und dem Erhabenen nicht berechenbar sind - und zwar im strikten, computertheoretischen Wortsinn von Berechenbarkeit. Also kann nichts und niemand, auch kein Computer, irgendeine Zukunft prophezeien. Ich werde das beliebte Genre der Prognosen oder Zukunftsmusiken vermeiden und nicht ausmalen, was unser heutiger Computeralphabetismus noch alles zaubern kann, sondern meine Sache - wie der negative Titel Computeranalphabetismus schon sagt - bei einer Warnung bewenden lassen.

Beginnen möchte ich mit einer Anekdote aus den heroischen Gründerjahren des Computerzeitalters, als noch kein Verkaufserfolg seine Fremdheit trübte und binärer Code ein Fremdwort war. Die Anekdote handelt von einem amerikanischen Studenten kurz vor dem Zweiten Weltkrieg. Er hieß Claude Elwood Shannon und hatte in seiner Magisterarbeit - der, wie es heißt, "folgenreichsten Magisterarbeit aller Zeiten"[1] - eben bewiesen, daß sämtliche logischen Funktionen, auf die die Menschengattung bekanntlich so stolz ist, auch von schlichten Relaisschaltern eines Telegraphen- oder Telephonnetzes übernommen werden können. Diese Entdeckung Shannons hat nicht nur den Ausgang des Zweiten Weltkriegs und die technische Konstruktion von Computern mitbestimmt, sondern auch die nutzloseste Maschine aller Zeiten hervorgebracht.

Zur selben Zeit nämlich, als er die Magisterarbeit schrieb, baute Shannon in seiner Studentenbude einen schlichten schwarzen Kasten, an dem nur ein einziger Schalter mit der Aufschrift ON/OFF zu sehen war. Wenn Freunde zu Besuch kamen, konnten sie der Versuchung kaum widerstehen, diesen Schalter, der immer auf Aus stand, in die Stellung Ein zu versetzen. Alsogleich hob sich der

---

[1] Vgl. Friedrich-Wilhelm Hagemeyer, Die Entstehung von Informationskonzepten in der Nachrichtentechnik. Eine Fallstudie zur Theoriebildung in der Technik in Industrie- und Kriegsforschung. Diss. (masch.) TU Berlin 1979, S. 432.

Deckel des schwarzen Kastens, eine mechanische Hand tauchte aus der Tiefe auf, schwenkte langsam nach unten, tastete die Seitenwand des Kastens ab, fand den Schalter und stellte ihn wieder auf Aus. Woraufhin das ganze Spiel in umgekehrter Richtung ablief: Die Hand kroch zurück nach oben, tauchte in ihren Kasten und zog den Deckel hinter ihr zu; alles war wie zu Anfang und konnte von neuem beginnen...

Und wirklich: Shannons schlechte Unendlichkeit, wie Hegel gesagt hätte, startete mit ihrer endlosen Abfolge von Ein und Aus, Ja und Nein, Eins und Null das neue, digitale Zeitalter. Das nutzloseste Spielzeug auf Erden hat Geschichte gemacht. Sicher gab es auch vorher binäre Elemente, an Geräten wie der Schreibmaschine oder an Kleidungsstücken wie dem Netzstrumpf[2], aber noch nie war eine ganze Maschine darin aufgegangen, Schalter zu sein. Irgendwo hatten alle Maschinen vor Shannon, womöglich weil sie einer Körpermotorik treu blieben, Teile mit stetiger Bewegung gehabt. Und falls auch diskrete Elemente vom Schaltertyp eingebaut waren, stammten sie vermutlich von jener fundamentalen Artikulation ab, mit der die Vokalalphabete als Europas wahrhafter Ursprung das große Reich akustischen Rauschens einst gegliedert haben. Noch bei Shannons Spielzeug vertraten ja die zwei Aufschriften ON und OFF eine binäre Schaltlogik nach außen, nämlich gegenüber möglichen Benutzern, die ersichtlich Leser waren. Aber daß eine Maschine schlechthin nichts anderes tat, als zwischen ihren zwei Schaltzuständen hin- und herzuwechseln, hatte es noch nie gegeben. Die Finite-State-Maschinen namens PC, die heute auf jedem zweiten Schreibtisch stehen, gehen auf eine Revolution zurück. Der große Mathematiker Norbert Wiener, obwohl oder weil er beim Aufbau der modernen Informatik in enger Zusammenarbeit mit Shannon stand, soll über seinen Kollegen gesagt haben: "Shannon ist einfach verrückt, er denkt nur algebraisch". Während Wiener, in bester mathematischer Tradition, endlose Differentialgleichungen aufstellen konnte, die er seinen Auftraggebern im Pentagon, schneller als sie mitschreiben konnten, direkt über Telephon durchgab, reduzierte der verrückte Shannon auch und gerade die Mathematik aufs kleinste aller denkbaren Alphabete. (Weshalb die von Shannon begründete Kommunikationstheorie nur diskrete Nachrichtensysteme berechnen kann und den analogen Fall vom diskreten extrapolieren muß.) Insofern ist das Computerzeitalter, zumindest bei seinen Stiftern und Programmierern, die Vollendung des europäischen Alphabetismus. Die zwei wichtigsten Steuersignale, die eine Zentrale Recheneinheit mit ihrem externen Speicher verbinden, heißen üblicherweise LESEN und SCHREIBEN oder genauerhin READ und WRITE. Man muß

---

[2] Vgl. Christoph Hornung, Josef Pöpsel, 3-D à la carte. c't 10/1989, S. 258.

also, wie es so schön heißt, des Englischen mächtig sein, um Datenblätter lesen und das heißt eine Maschine entziffern zu können, die ihrerseits wiederum schreibt und liest. Nicht umsonst hatte Alan Turing, der englische Mathematiker und Kryptoanalytiker, das Prinzip aller möglichen Computer zunächst als sogenannte "Papiermaschine" angeschrieben. Diese Papiermaschine nämlich tut genau das, was Mathematiker tun, wenn sie Zahlen und Buchstaben auf einem Stück Papier manipulieren, nur eben von allein. Nicht umsonst auch soll Turings Handschrift als Schüler so grauenhaft gewesen sein, daß sie ihm sämtliche Mathematikzensuren verdarb und statt dessen, in schöner Folgerichtigkeit, die Konstruktion einer "ungemein primitiven" Schreibmaschine eingab.[3] Anstelle dieser nie gebauten Schreibmaschine trat dann im Zweiten Weltkrieg Turings Prototyp-Computer mit seinem ebenso kriegsentscheidenden wie geglückten Auftrag, die verschlüsselten UKW-Funksprüche der deutschen Wehrmacht in Echtzeit zu knacken. Schreibmaschinen, mit anderen Worten, haben nur das Schreiben mechanisiert, Computer sparen darüber hinaus auch noch die Sekretärin als Leserin ein. Deshalb stammen alle heutigen Programmierer von Turing und Shannon, den Codebrechern des Zweiten Weltkriegs ab. Aus Codebreakers, wie es in ihrer einzigen Weltgeschichte heißt,[4] sind Codemakers geworden, Programmierer also, die keine Texte mehr schreiben, sondern Source Listings. Und das ganze Geheimnis solcher Quellcodes läuft darauf hinaus, Maschinen mit einer Beschreibung anderer Maschinen zu füttern, die allesamt Shannons endloses ON/OFF repetieren. Als Quellcode implodiert der Alphabetismus unserer Kultur zu einer Schrift, die alle Züge eines Geheimcodes hat, weil nicht Leute, sondern Computer sie lesen können müssen. Dieses noch nie dagewesene Schreiben läßt sich am einfachsten mit einem Zitat aus Karl-Herrmann Rollke erläutern. Besagter Rollke hat als Gymnasiallehrer für Mathematik eines jener seltenen deutschen Programmierhandbücher geschrieben, die ohne Leerlauf und Wiederholung auskommen. Wenn Rollkes Turbo Pascal 5.0 Buch auf das klassische Thema von Dateien und Listen zu sprechen kommt, heißt es zur Erläuterung eines exemplarischen Stücks Quellcode ganz lapidar: "Als nächstes" - nämlich nach einer Prozedur namens Lesen - "schreiben wir die Prozedur Schreiben".[5] Diese nur scheinbare Tautologie demonstriert schlagartig, was das Computerzeitalter, gerade in Bezug auf Alphabetisierung, von der gesamten europäischen Schriftkultur unterscheidet. Man

---

[3] Vgl. Andrew Hodges, Andrew Turing: The Enigma, New York 1983, S. 14.

[4] Vgl. David Kahn, The Codebreakers: the history of secret writing, London 1967.

[5] Karl-Herrmann Rollke, Das Turbo Pascal 5.0 Buch, 2. Aufl. Düsseldorf-San Francisco-Paris-London-Arnheim 1989, S. 216.

schreibt nicht mehr, man bringt auch keinen Schülern mehr das Schreiben bei. Die Schrift bleibt vielmehr einem Automaten überantwortet, dem man unter Titeln wie Prozedur, Funktion oder Routine eine Beschreibung seines Schreibens geschrieben hat. "Auch die Prozedur Schreiben", heißt es bei Rollke weiter, "hat zwei Parameter und macht nichts anderes, als einen Datensatz mit der Nummer N und dem Inhalt Satz auf die Diskette zu schreiben.[6]"

Nur hat gerade diese Einfachheit aufseiten der Maschine als Kehrseite, aufseiten des sogenannten Menschen nämlich, die Tücke, lauter Kompliziertheiten, Ungewohntheiten und Fehlerträchtigkeiten hervorzurufen. Man schreibt die Prozedur Schreiben nicht schlichtweg hin wie den berühmten Satz, der laut Paul Valéry eigentlich alle Romane eröffnen könnte: "Die Marquise verließ das Haus um 5 Uhr". Die Prozedur Schreiben, um überhaupt den Standards einer Programmiersprache wie Turbo Pascal zu entsprechen, sollte vielmehr als Prozedur deklariert sein; ihre sogenannten Parameter, die besser Argumente hießen, sollten alle und zudem noch korrekt einem in Größe und Struktur wohldefinierten Datentyp zugeordnet sein; schließlich und endlich muß die Prozedur, auf Gedeih oder Verderben, mit den drei Buchstaben END und einem folgenden Semikolon abgeschlossen werden.

Wohlgemerkt mit Semikolon, weil Kommas in Turbo Pascal vollkommen andere Funktionen haben. Ein Satzzeichen also, das in amerikanischen Büchern fast ausgestorben ist und in deutschen gerade noch einen pädagogisch gehegten Untod führt, feiert Urstände, und zwar keine fröhlichen, sondern ausgesprochen strikte. Wer jenes Semikolon vergessen oder mit dem Komma verwechseln würde, käme im gemeinen Leben ungestraft und in der gemeinen Schule bestenfalls mit einem roten Strich am Heftrand davon. In Programmiersprachen dagegen ist ein einziges falsches Zeichen durchaus imstande, Abstürze hervorzurufen: Im harmlosesten Fall streikt die maschinelle Übersetzung, weil sie den Fehler erkennt, aber nicht beheben und folglich auch kein lauffähiges Programm erstellen kann. In schlimmeren Fällen, wo der Computer als Leser seiner eigenen Steuerbefehle keinen Fehler entdecken konnte, kann das laufende Programm abstürzen und im schlimmsten Fall (oder worst case), wenn nämlich auch das Betriebssystem keinen Fehler erkennt, die Maschine im ganzen. "Von einem Wort", wußte schon Goethes Mephisto, "läßt sich kein Iota rauben".

Diese neue Scholastik der Computercodes fordert im Effekt also den ältesten Buchstabengehorsam wieder ein. Während moderne Menschen (nach Nietzsches bösem Wort)

---

[6] Rollke, Turbo Pascal 5.0, S. 216.

unter dem, was geschrieben steht, so ziemlich alles verstehen außer eben jenem Wortlaut dürfen, nur damit Schulen, Universitäten und Kongresse nicht arbeitslos werden, läuft jeder Lehrgang für Programmierer darauf hinaus, absolut willkürliche Zuordnungen von Buchstaben zu Zahlen auswendig zu lernen, nur damit das System nicht abstürzt. Digitale Maschinen zahlen für ihre Unfehlbarkeit, was die vereinbarte Rechengenauigkeit angeht, also mit einer denkbar hohen Fehlerträchtigkeit beim Schreiben und Lesen von Programmen. Wer statt Romanen oder Vorträgen Quellcode verfaßt, verschenkt üblicherweise drei Viertel seiner Zeit mit Debuggen oder Wanzenjagen, wie die Fehlersuche an Computern seit jenen mythischen Tagen heißt, als noch wirkliche Wanzen die Elektronenröhren eines Pentagon-Dinosauriers lahmgelegt haben sollen. Und wer kommerzielle Software kauft, muß von vornherein damit rechnen, nach einer Laufzeit zwischen dreißig und dreihundert Stunden dem ersten Programmierfehler zu begegnen. Dringlicher als das Schreiben von Programmen sind Entwanzen und Warten geworden. An ihnen führt kein Weg vorbei, auch nicht der neuerliche Versuch, fehlertolerante Systeme zu entwickeln, weil die Fehlertoleranz selber ja nicht fehlertolerant eingegeben werden kann.

In dieser Notlage, nicht für Leser, sondern für Computer zu schreiben, bleibt Programmierern nur Computeralphabetismus übrig. So soll die seltsame Fähigkeit heißen, alles das, was gemeinhin als Denken und Rechnen läuft, auf Fähigkeiten und Unfähigkeiten einer digitalen Maschine abzubilden. Der Stil ist der Mensch selber, hatte einst die Philosophie der Aufklärung triumphal verkündet; der Stil ist immer nur der Mensch, den man adressiert, stellte die moderne Psychoanalyse richtig[7]; den Stil von Computerprogrammen bestimmen folglich keine Menschen mehr, sondern die Maschinen selbst. Nicht zum erstenmal in der Medienweltgeschichte, die ja schon Telegrammstil und Zeitungsdeutsch hervorgebracht hat, aber in noch nie gesehener Strenge ist Geschriebenes eine Funktion des Schreibzeugs. In Fesseln tanzen, hätte Nietzsche gesagt.

Die Fesseln, um ein paar Beispiele anzuführen, reichen von der schlichtesten Ebene bis zur grundsätzlichen. Eine ebenso elementare wie unerwähnte Begrenzung von Quellcodes liegt etwa darin, daß neben dem Semikolon auch die seltsamsten Schreibmaschinensonderzeichen vom Dollarzeichen bis zum Klammeraffen wiederauferstehen, aber kein einziger Umlaut akzeptiert wird. Mit anderen Worten: die amerikanische Tastatur, ein ASCII-Code von gerade 128 Zeichen, hat als weltweiter Standard triumphiert. Sie reicht bis in die Schreibweise mathematischer Gleichungen, die ihre ganze Eleganz oder Übersichtlichkeit einbüßen, einfach weil es auf

---

[7] Vgl. Jacques Lacan, Ouverture de ce recueil. Ecrits, Paris 1966, S. 9.

zeilenorientierten Benutzeroberflächen kaum Möglichkeiten gibt, Zeichen übereinander oder untereinander einzugeben. Wie bei Shannons digitalem Spielzeug kann an derselben Stelle ja immer nur ein Zustand, immer nur ein Zeichen bestehen, was seinen Vorgänger automatisch ausradiert.

Genau diese Logik wandert als Computeralphabetismus aus Maschinen in Köpfe. In der Blütezeit der neuzeitlichen Mathematik war es ihr ganzer Stolz, auf dem Schreibpapier noch viel kühnere Dinge als Dichter und Maler zusammen anzustellen. Wie Vilem Flusser immer wieder betont hat, war ihr alphanumerischer Code, ein Code also gleichzeitig aus Zahlen und Buchstaben, dem bloßen Buchstabenschatz der Schriftsteller an Mächtigkeit und das heißt an Spielmöglichkeiten überlegen. Ein einziges mathematisches Kürzel, etwa der Buchstabe Pi, stand mühelos für eine Folge unendlich vieler Ziffern, wie nichts und niemand sie hätte anschreiben können. Idealität in der Neuzeit, im radikalen Unterschied zu den ganzen Zahlen des platonischen Ideals, hauste im Begriff der reellen Zahl.[8]

Digitalcomputer dagegen sind beliebig, aber nie unendlich genau. Sie verkraften nur berechenbare Zahlen und lösen nur Aufgaben mit angebbar vielen Schritten, also genau das, was seit ihrer Erfindung Algorithmus heißt. Weshalb Computeralphabeten die seltsame Fähigkeit entwickeln müssen, diese endlich vielen Schritte einen nach dem anderen zu machen. Seit Shannons kalter Ekstase helfen Erleuchtungen und Einfälle nicht mehr weiter, weil gerade umgekehrt die vollendete Dummheit nottut. Programmschleifen, obwohl und weil sie elegant sind, aufrollen, feindliche Divisionen, weil sie Rechenzeit verschlingen, durch schnellere Multiplikationen ersetzen, geschlossene Ausdrücke in numerische überführen -: das sind die dummen, aber effektiven Optimierungsstrategien, die aus Computerprogrammen und ihren Schreibern schließlich monotone lineare Befehlsfolgen machen. John von Neumanns Befehl, Daten und Befehle von Computerspeichern einfach aneinanderzureihen, hat das Denken nicht verschont.

"Sehen wir", befiehlt deshalb ein weitverbreitetes Programmierhandbuch, "sehen wir den Tatsachen ins Auge: man kann schließlich kein ganzes Programm auf einmal im Kopf behalten (außer es handelt sich um ein ungewöhnliches kleines)".[9] Mit dem, was Philosophen einst als Anschauung oder Intuition gefeiert haben, geht es also beim Programmieren zu Ende, allerdings nicht ohne das hübsche Paradox, daß Menschen und näherhin Programmierer dieser Tatsache ins

---

[8] Vgl. trotz allem: Oswald Spengler, Der Untergang des Abendlandes. Umrisse einer Morphologie der Weltgeschichte, 2. Aufl. München 1923, Bd. I, S. 100-105.
[9] Borland International, Turbo Debugger, 3. Aufl. München 1989, S. 14.

Auge blicken sollen, was schließlich auch auf Anschauung hinausläuft. Aber just diese Wiederkehr, diese Rekursion des Problems im Augenblick seiner Formulierung führt schlagend vor, welche Entwöhnung Computeralphabetismus verlangt und wie mühsam mithin seine Einübung ist.

Vorzeiten, nach der Durchsetzung des Buchdrucks als technischer Alphabetisierung Europas, wandten Pädagogen wie Comenius ihre ganze Liebe darauf, das gedruckte und deshalb in ihren Augen tote Buchwissen wieder lebendig zu machen. Zu diesem Zweck koppelten sie die Buchstaben, etwa im Orbis pictus, bekanntlich mit einer optischen Anschauung, die hinterm Rücken jener pädagogischen Menschenliebe freilich auch nichts anderes als Drucksache war. Heute kommt es umgekehrt darauf an, den Sachverhalt hinzunehmen, daß Codes existieren, die keinen Menschen und erst recht nicht dessen Anschauung adressieren. So endet der Traum, alle Nachrichten hätten von einem selbst hätten gesendet oder (nach den Symmetrieannahmen gängiger Kommunikationstheorien) empfangen werden können. Was Philosophen zwischen Frankfurt und Kiel als Kommunikation oder Konsens feiern, ist wohl nur letzter vergeblicher Widerstand gegen die radikale Fremdheit der Zeichen, mit denen die nächsten Jahrhunderte werden auskommen müssen. Es gibt Codes; ob sie lesbar und schreibbar sind, steht auf einem anderen Blatt.

In einem Roman Thomas Pynchons verbringt ein deutscher Ingenieur, Kurt Mondaugen mit Namen, seine südwestafrikanischen Nächte kurz nach dem Ersten Weltkrieg damit, im Auftrag der TU Dresden das Hochfrequenzrauschen des Weltalls per Radio aufzufangen und zu analysieren. Nur gelingt es ihm nicht, irgendeine Ordnung, irgendeinen Code zu entdecken. Bis ein zweifelhafter Bekannter vorbeikommt, die endlosen mitgeschriebenen Buchstabenkolonnen noch einmal durchgeht und im Klartext anschreiben kann:
"DIEWELTISTALLESWASDERFALLIST".[10] Wittgensteins berühmter Satz kommt mithin als Signal aus dem Äther, was aber nicht den tröstlichen Zuspruch gibt, der Kosmos selber philosophiere, sondern den Zufall aller Codierung nur noch einmal unterstreicht.

Diese historische Lage ist nicht schlechthin neu, denn nur die Anstrengung aller modernen Schulsysteme, vergessen zu machen, daß Lesen und Schreiben Anstrengungen und keine Naturgaben sind, sorgt für die Illusion, es gäbe ein natürliches Zeichensystem. Aber weil Computercodes aus den beschriebenen Gründen solche Illusionen gar nicht erst aufkommen lassen, trennen sie, schneidender als alle Buchstabenkulturen, zwischen einer alphanumerischen Elite und dem Rest der Welt. Der Code wird, ganz wie in jenen vorgeblich längst überwundenen

---

[10] Vgl. Thomas Pynchon, V., New York 1981, S. 258.

Zeiten, als Kleriker einfach den Buchstabenkundigen und Laie einfach den Analphabeten bezeichnete, zur Demarkationslinie. Sogar längst vergessene Unterscheidungen wie die zwischen Schreib- und Lesefähigkeit kehren mit einemmal wieder. Als ein berühmter Ritterromanschreiber des deutschen Mittelalters den berühmten Satz schrieb, er könne keinen einzigen Buchstaben, zerging dieser scheinbare Widerspruch sehr einfach: Zum Lesen als Grundvoraussetzung seines Tuns war jener Dichter selbstredend imstande, zum Schreiben dagegen brauchte er einen Sekretär. Ganz entsprechend gibt es, zumal unter seinen heutigen Kollegen, nämlich den Computerkünstlern, manchen, der Computercodes zwar lesen und deshalb auch einsetzen kann, aber ihr Anschreiben sogenannten Programmierknechten überlassen muß.

Was schließlich mit denen geschieht, die Codes nicht einmal lesen können, ist in der Theorie klarer als in zukünftiger Empirie. Theoretisch verrät es schon die stehende Redewendung, derzufolge Benutzer, was immer sie an der Konsole tun, "unter" einem bestimmten Betriebssystem vom Typ MS-DOS tun: Der Computeranalphabet als solcher ist, mit anderen Worten, zum Subjekt oder Untertan der Microsoft Corporation geworden. Er unterliegt einem digitalen Code genauso massiv und undurchschaubar wie etwa seinem genetischen Code. Davor behütet auch der geläufige Alphabetismus der Buchstaben in keiner Weise. Wahrscheinlich haben die Mächte, die den militärisch-industriellen Fortschritt des Westens auslösten, die allgemeine Schulpflicht und damit das demokratische Lesen/Schreiben-Können ihrer Bevölkerungen ohnehin erst im historischen Augenblick eingeführt, als sie selber, mit der militärischen Geheimtelegraphie von 1794, über einen ersten Code verfügten, der digital war und nicht mehr alphabetisch.

Schon deshalb macht es dem Reich der herrschenden Zeichen keine Mühe, gerade in seiner Allgegenwart undurchschaubar zu bleiben. "Wissen Sie schon das Neueste?", fragte kürzlich ein informierter Zeitgenosse. "Jetzt sollen sogar analoge Chips entwickelt worden sein." Der Zeitgenosse hatte also vergessen oder nie gehört, daß integrierte Schaltkreise seit ihrer Entwicklung 1957 sämtlich analog gewesen waren, bevor ein großes Raketenprojekt des Pentagon vier Jahre später, bei Texas Instruments, den Startschuß zur Digitalisierung abgab. Die Technikgeschichte auf ihrem Triumphzug produziert mithin selber die Illusion, daß es andere Prinzipien als die in Digitalcomputern realisierten gar nicht geben könne. Was Wiener Shannons Wahnsinn nannte, ist als Verleugnung aller analogen Verfahren zum Industriestandard geworden.

Aber just dieses verleugnete Analoge, so alt wie sonst nur Rauschen und Chaos, schwebt der Computerindustrie neuerdings als Allheilmittel zur Behebung ihrer sogenannten Software-Krise vor. Den Computeranalphabeten, die Codes weder lesen noch schreiben können, soll dadurch geholfen werden, daß sie mit binären Zahlen und unverständlichen Buchstabenfolgen überhaupt nicht mehr in Berührung kommen. Die Innereien der Maschine bleiben selbstredend weiter digital, weil sie sonst gar nicht laufen würde, aber ihre Benutzerschnittstelle nimmt mehr und mehr die Züge analoger Unterhaltungsmedien an, wie sie seit gut hundert Jahren vertraut sind. Unter dem brandaktuellen Schlachruf Multimedia wird es alsbald eine Neuauflage von Grammophon-Film-Schreibmaschine geben, bei der die Schreib-Rechen-Maschine namens Computer ihre Benutzer nurmehr als analphabetische Augen und Ohren adressiert.

Die Stadien dieser Entwicklung zum Multimediensystem sind rasch aufgezählt. In den allerersten Geheimdienstjahren warf die Maschine ihre Ergebnisse als binäre Rohdaten aus. Wie im Fall von Shannons genialem Spielzeug fielen Design und Funktion zusammen. Konrad Zuse und Alan Turing dürften mithin die einzigen Menschen gewesen sein, die das Zweierzahlensystem genau so leicht wie unser Zehnersystem lesen können mußten und, im Fall Turing, darauf auch noch stolz waren.[11]

Die nächste Computergeneration sah dagegen Möglichkeiten und (bemerkenswerterweise) erstmals Frauen vor, die der weiterhin blindtaubstummen Maschine Lochkarten von einiger Lesbarkeit eingeben konnten. Die Enkelgeneration fiel zusammen mit dem Fernsehzeitalter und folglich mit einem Bildschirm, dessen sogenannte Kommandozeile UNIX-Entwickler wie Kernighan und Ritchie sodann mit ihrem berühmten UNIX-Kauderwelsch programmieren durften: Heute noch heißt "dd if=/dev/rmt0 of=/usr/harry/prog\n" soviel wie: 'Lieber Computer, kopiere den Inhalt des Magnetbandes rmt0 ins Verzeichnis der Programme des Benutzers Harry, wobei, ohne Abbruch bei möglichen Lesefehlern, aus IBM-Zeichen ASCII-Standardzeichen und aus Großbuchstaben Kleinbuchstaben werden.'[12]

Derartig zeichenökonomische Zaubersprüche sind den Analphabeten, die seit einem Jahrzehnt mit Personal Computers beglückt werden sollen, selbstredend nicht mehr zuzumuten. Als Benoît Mandelbrot einen altersschwachen Bildschirm 1980 dazu mißbrauchte, statt eindimensionaler Kommandozeilen zweidimensionale Bilder oder Fraktale anzuzeigen, begann auch das Zeitalter graphischer Benutzeroberflächen. Das ehrenwerte Motiv hinter diesem Design, das mittlerweile schon zur Dreidimensionalität von Virtual Realities fortschreitet, ist schnell benannt: Je mehr Dimensionen eine Benutzerschnittstelle selber aufweist, desto mehr Systemzustände macht sie

---

[11] Vgl. Alan Hodges, Turing, S. 399.
[12] Vgl. Horst Drees, UNIX. Ein umfassendes Kompendium für Anwender und Systemspezialisten, Haar bei München 1988, S. 330.

zugänglich und mithin auch steuerbar. Wenn heute ein einziger Chip, etwa der Intel 80586, 3 Millionen Transistoren oder 500 000 Schaltzustände integrieren kann, wird solche Transparenz zur bitteren Notwendigkeit.

Die Kurzgeschichte der Computerschnittstellen kehrt also also im Eiltempo eines halben Jahrhunderts den langen Marsch um, als den Vilem Flusser die Zeichenpraxis der Gattung Mensch so gern beschrieben hat: Am Anfang ein vierdimensionales Kontinuum aus Raum und Zeit, nur mit dem Nachteil behaftet, daß keine Einzelheiten verarbeitet, übertragen, gespeichert werden konnten. Daraufhin, als Einführung von Codes im allgemeinen, die Herauslösung dreidimensionaler Klötze aus diesem Kontinuum, einfach um es bezeichnen zu können: mit einem Grabstein, einer Pyramide, einem Götterstandbild. Also ein erstes Symbolsystem mit dem einzigen Nachteil, daß jeder solche Klotz, einfach weil er da ist, etwas anderes notwendig verdeckt. Um dieses Handicap zu beheben, führt Flussers Rekonstruktion fort, wurden die Klötze zunächst durch zweidimensionale Bilder abgelöst und diese Bilder, wann immer Bilderstürme oder Reformationen die ihnen eigene Verdeckung erkannten, ihrerseits durch lineare Schriften ersetzt. Schließlich und endlich wich die Verdeckung, die auch und gerade unsere Buchkultur aus schreibenden Göttern, Dichtern und Denkern produziert, einem Zeichensystem von null Dimensionen, das Verdeckungen folglich definitionsgemäß ausschließt: dem Zifferncode der Mathematik.

Mag sein, daß Flussers Rekonstruktion der Gattungsgeschichte allzu elegant läuft; als Umkehrmodell der Schnittstellenentwicklung von Computern eignet es sich allemal. Denn beim Fortschritt von der nullten zur mittlerweile dritten Dimension, vom Lochkartenstapel zur graphischen Standardoberfläche, erhebt das Gespenst der Verdeckung aufs neue sein Haupt. Die geballte Rechenleistung heutiger Mikroprozessoren, die den Aufbau bewegter Graphiken überhaupt erst möglich gemacht hat, verschafft der Industrie offenbar vorrangig eine Gelegenheit, ihr alphanumerisches Wissen vor lediglich alphabetischen Kunden erfolgreich zu verstecken. Insofern dürfte den Computeranalphabeten in der Empirie auch weiterhin mehr Glück beschieden sein, als theoretisch zu erwarten.

Der Chip mit den 3 Millionen Transistoren zum Beispiel enthält einige hunderttausend, die im wörtlich so genannten Protected Mode keinerlei Rechenleistung erbringen, sondern nur diese Abschottung.[13] So wird die Trennlinie zwischen einer neuen Elite und dem Rest der Welt zum integralen Teil von Hardware und Software gleichermaßen, also zementiert. Graphische

---

[13] Vgl. Friedrich Kittler, Protected Mode. In: Draculas Vermächtnis. Technische Schriften, Leipzig 1993, S. 208-242.

Benutzeroberflächen entfalten genau dieselbe Menschenfreundlichkeit, die einst dem finsteren Mittelalter seine Armenbibeln aus lauter Bildern eingab. Damit die Fähigkeiten, Code zu schreiben und zu lesen, Monopol der Hersteller bleiben, befördert der Benutzer mithilfe seiner MickeyMouse[14] zehn Ikons in den gleichfalls ikonischen Papierkorb, anstatt mit einer einzigen, aber alphabetischen UNIX-Kommandozeile die zehn entsprechenden Dateien zu löschen. Daß das Zeitverschwendung ist, räumt selbst das autoritative Handbuch über Graphikprogrammierung ein.[15] Mehr noch, dieses Handbuch gelangt zu der ebenso bemerkenswerten wie paradoxen Einsicht, daß "einige Anwendungen, wie etwa das Programmieren, sich zur direkten [nämlich graphischen] Manipulation nicht von selber schicken".[16] Mit anderen Worten: überall wo eine Anwendung die Kluft gegenüber der Systemprogrammierung einebnet, weil sie wie die sogenannte Anwendung namens Programmierung schlicht und einfach das tut, wofür Computer schließlich konstruiert worden sind, fällt mit den graphischen Benutzeroberflächen auch die künstliche Mauer zwischen Herstellern und Benutzern wieder flach. Eine Maschine, die nach Turings Definition alle anderen Maschinen soll imitieren können, kann eben keine unveränderbaren Zustände einnehmen. Sie stellt den Begriff des geistigen Eigentums, an dem die Computerindustrie inständiger festhält als alle Schriftsteller, die diesen Begriff seit Fichte und Goethe erfunden haben, grundsätzlich in Frage.

Sicher, ein technisch gezüchteter und zementierter Computeranalphabetismus wirft Geld ab: Leute, die Codes weder lesen noch schreiben können, werden unmöglich zu Hackern. Aber ob dieser elektronische Protektionismus, der allmählich aus den USA nach Brüssel sickert, sein Geld wert ist, steht in den Sternen. Vor einigen Jahren lud Ex-Präsident Bush alle fünfzig Gouverneure aller fünfzig Bundesstaaten in die akademische und das heißt schriftkulturelle Idylle von Charlottesville, Virginia, um über den Notstand des US-Erziehungssystems zu diskutieren. Die Politiker beklagten bei dieser Gelegenheit einen neuen Analphabetismus, der auch HighSchool-Absolventen daran hindert, unter den eigenen Scheck noch die eigene Unterschrift zu setzen. Die Industrie dagegen beklagte etwas ganz anderes: einen Analphabetismus nicht im Reich der sechsundzwanzig Buchstaben, sondern auf dem weiten Feld zwischen Binärcodes und Programmiersprachen, Flußdiagrammen und Algebra.

---

[14] Daß die Maus von MickeyMouse abstammt, beweist ihre Maßeinheit Mickey.

[15] Über diese Zeitverschwendung vgl. James D. Foley, Andries Van Dam, Steven K. Feiner, John F. Hughes, Computer Graphics. Principles and Practice. 2. Aufl. Reading/Mass. 1990, S. 398.

[16] Foley, Computer Graphics, ebd.

Die Leute - also das, was einmal Der Mensch hieß - sind ohne ihren Maschinenpark eben nicht zu denken. Der klassische Facharbeiter starb in weiten Bereichen aus, als Henry Ford am Ersten Tag des Ersten Weltkriegs gleichzeitig die Fließbandarbeit und das Modell T einführte. Und das nicht etwa, um die Autoherstellung zu beschleunigen, sondern ganz ausdrücklich zu dem Zweck, Arbeiter einstellen zu können, die mit achtundvierzig Stunden Schulung auskamen. Heute stirbt sehr umgekehrt der moderne Fordarbeiter in weiten Bereichen aus, weil die Computerisierung von Wissenschaft und Büroarbeit den übrigen Maschinenpark ja nicht verschont. Computer Aided Manufacturing, dieses unter Federführung von General Motors entwickelte industrielle Herstellungsverfahren, kommt ohne Computeralphabeten nicht aus. Auch Roboter müssen schließlich programmiert werden, in den Werkshallen selber und nicht nur auf Chefetagen. Deshalb das neue Anforderungsprofil der amerikanischen Industrie, deshalb ihr Ruf nach Flußdiagrammlesern oder BASIC-Programmierern - und das alles im Angesicht der Tatsache, daß die Schere zwischen Anforderungsprofil und Ausbildungsprofil Jahr um Jahr noch zunimmt.

In den USA klafft diese Schere bekanntlich mit Vorliebe in den Niederungen, irgendwo zwischen High Schools und Slums. Hierzulande herrscht sie eher auf den Höhen der Schriftkultur. Wer wie Heiner Müller Turings Satz zitiert, daß die Computer mit Sicherheit übernehmen werden, dann aber fortfährt, wir sollten es ihnen nicht zu leicht machen, steht unter deutschen Schriftstellern recht einsam da. Europas grundlegende Unterworfenheit durch Buchstabenalphabete bewegt Dichter und Denker noch immer dazu, andere Codes, statt ihnen auch nur Widerstand zu leisten, lieber gar nicht erst zu ignorieren. Bestenfalls trennt man zwischen Sprache auf der einen Seite und Technik auf der anderen, zwischen kommunikativem und instrumentellem Handeln, als führten nicht gerade die europäischen Schriften den Beweis, daß es keine Kommunikation ohne Nachrichtentechnik gibt. Ein Computeranalphabetismus, der nur Heimweh ins Niedagewesene ist, steht also in Blüte. In seiner schönen Naivität ergänzt und vervollständigt er die Verkaufstaktik einer Software-Schmiede, die im Blick auf weitere Dollar-Milliarden ihr minderbemitteltes Betriebssystem neuerdings durch Graphik-Oberflächen für Analphabeten verschönert. Nur folgerecht lautet denn auch der häufigste Satz, den Intellektuelle hierzulande über ihren häuslichen Computer kundtun: "Ich benutze ihn aber nur als bessere Schreibmaschine." Genauso handelten einst, unmittelbar nachdem Gutenberg den Buchdruck mit beweglichen Lettern erfunden hatte, die Mönche eines Freisinger Klosters. Mönche hatten ihre Manuskripte ja, wie Michael Giesecke erzählt, Jahrhundert um Jahrhundert, Stück um Stück immer wieder abschreiben müssen. Also beschloß jenes Kloster, kaum daß ihm der Erstdruck seines Meßbuches gelungen war, alle vierhundert Exemplare Stück um Stück auf Abschreibfehler hin zu kontrollieren.[17] Buch auf, Buch zu, Buch auf, Buch zu -: ganz wie bei Shannons Spielzeug.

Nun besitzt aber Shannons Spielzeug, im Unterschied zu allen Maschinen der Vergangenheit, die seltsame Eigenschaft, Kinder in die Welt setzen zu können, die klüger ihr Erzeuger sind. Fünfzig Jahre Elektronik haben diesen theoretisch längst bewiesenen Satz auch praktisch vorgeführt: Nur Computer sind überhaupt noch imstande, Computer schneller und besser als sie selber zu konstruieren. Deshalb schöpfen weder Schreibmaschinen für Schriftsteller noch multimediale Spielzeuge für Analphabeten die technischen Möglichkeiten von heute aus. Der lange Weg von Binärzahlen über Lochkarten und Kommandozeilen zu graphischen Benutzerschnittstellen zeigt vielmehr einen grundsätzlichen Trend an. Zur Beschreibung von Maschinen mit zwei Schaltzuständen wie Shannons Spielzeug war auch sein algebraischer Wahnsinn die einzig mögliche Methode. Maschinen aus Millionen von Schaltzuständen machen dagegen den desperaten Versuch, mit algebraischen oder diskreten Mitteln ihr genaues Gegenteil zu simulieren: analoge Prozesse, Differentialgleichungen, reelle Zahlen. Ihre Schnittstellen stehen also nicht einfach oder ausschließlich den Benutzern offen, sondern gleichermaßen einem Zufallsreich, das einst Natur geheißen haben mag. Alle Sensoren und Effektoren, wie sie auf dem zögerlichen Weg von der Militärtechnik über die Industrie neuerdings auch im Personal Computer Einzug halten, zeugen davon. Mit dem Einbau analoger Schnittstellen aber fällt die Beschränkung weg, daß Computer in ihrer Umwelt immer nur Sekretärinnen, Aktenberge und das heißt jene Bürokratie antreffen, die die International Business Machines Corporation dem laufenden Jahrhundert beschert hat. Ab sofort begegnen sie vielmehr einem Analphabeten, der alle anderen in den Schatten stellt.

"Dum deus calculat, fit mundus", verkündete Leibniz, der vor drei Jahrhunderten auch den ersten Binärcode anschrieb: "Indem Gott rechnet, entsteht Welt". Diesen Glauben an mathematische Gesetze und damit an einen alphanumerischen Code, dem die Natur im ganzen untertan wäre, hat auch der Atheist Alan Turing nicht erschüttert. Im Gegenteil, seine Theorie einer Universalen Diskreten Maschine, die alle anderen Maschinen imitieren kann, besagt in ihrer stärksten, nämlich physikalischen Form, daß die Natur selber eine Turing-Maschine sein muß. Erst in jüngster Zeit

---

[17] Vgl. Michael Giesecke, Der Buchdruck in der frühen Neuzeit. Eine historische Fallstudie über die Durchsetzung neuer Informations- und Kommunikationstechnologien, Frankfurt/M. 1991, S. 145.

ziehen Chaostheorie und informatische Komplexitätstheorie genau diese Hypothese in Zweifel.[18] Wenn Wolken regnen oder Wellen entstehen, haust in ihren Molekülen wohl kaum ein digitaler Computer, der, indem er rechnet, das Wetter von heute und morgen machen würde. Die Gleichungssysteme, mit denen Wetter für Ausschnitte der Zukunft allmählich vorhersagbar geworden ist, beschreiben vielmehr einen Analphabeten. Eben deshalb gibt es, was einst das Schöne und das Erhabene hieß.

Wenn aber die Turings Diskrete Maschine nicht universal ist, taucht die Frage nach den Grenzen ihrer Leistung auf. Schon sind die ersten mathematischen Schritte des Nachweises getan, daß die rasante Vermehrung von Transistoren pro Chipfläche, wie sie seit zwei Jahrzehnten als Allheilmittel läuft, grundsätzlich außerstande bleibt, mit der Komplexität rückgekoppelter Naturphänomene mitzuhalten. Der digitale Ansatz selber zieht Grenzen, die für analoge Computer einer allerdings noch vollkommen hypothetischen Architektur nicht gleichermaßen gelten würden. Womöglich ist der Computeralphabetismus also nicht das Ende von Geschichte überhaupt, wie Medienpropheten es so gern verkünden, sondern nur eine Etappe im Berechnen dessen, was turing-unberechenbar scheint.

Jedenfalls war es kein Ziel dieses Vortrags, die Welt ändern oder gar verbessern zu wollen. Ein Wahn, über den Japaner oder Inder nur den Kopf schütteln könnten. Computeranalphabeten brauchen nicht von High Tech-Schulen alphabetisiert zu werden, einfach weil sie sich immer schon in der besten Gesellschaft von der Welt befinden. In einer Gesellschaft nämlich, die mit dem gleichnamigen Schlagwort der letzten Jahrzehnte nichts gemein hat, sondern nur mit dem, was es, aus Zufall, gibt.

---

[18] Vgl. Rolf Herken, hrsg., The Universal Turing Machine. A Half-Century Survey, Hamburg-Berlin 1988.

Lernsoftware gestalten –
Wege zu ergonomischen Benutzungsoberflächen

Uli Daldrup
Universität Oldenburg
Fachbereich Informatik
Abteilung „Computer Graphics & Software-Ergonomie"
E-Mail: Uli.Daldrup@informatik.uni-oldenburg.de

Zusammenfassung

Bisher wurden ergonomische Aspekte bei der Gestaltung von Lernsoftware kaum berücksichtigt. Zum einem liegt dies an der mangelnden Umsetzbarkeit nichtformalisierbarer Anforderungen, die den Rückzug auf die Bewertung bereits erstellter Software zur Folge hat. Zum anderen aber sind Gestaltungsprobleme längst über den Rahmen der Disziplin Informatik hinausgewachsen, als daß Reparaturbemühungen des Informatikers noch helfen könnten.

Eine fächerübergreifende Betrachtung des Gestaltungsbegriffs und seiner Anwendung in der Fachdisziplin Software-Ergonomie soll zu einem neuen Verständnis für das Vorgehen bei der Gestaltung ergonomischer Benutzungsoberflächen führen. Es soll ein Modell und eine Methode vorgestellt werden, die, basierend auf einem Werkzeug-Material-Leitbild, Benutzungsoberflächen subjekt- und situationsabhängig entstehen lassen, sodaß ergonomische Aspekte berücksichtigt werden können. Nur im Zusammenwirken von Software-Engineering und Software-Ergonomie – als Teilbereiche der Informatik – mit anderen Disziplinen, wie der Arbeitswissenschaft und der Pädagogik, führen Bemühungen zu ergonomischen Benutzungsoberflächen von Lernsoftware. Was dabei dem Gestalter auf seinem zielbestimmten Weg begegnet, was er davon wahrnimmt, wie er damit umgeht, wird von seiner Fähigkeit, sich in die konkrete Gestaltungssituation einzufühlen, und von seiner Interpretation und Reflexion bestimmt. Dies widerspricht dem vorherrschenden Verständnis, das von vornherein von einer Operationalisierung der ergonomischen Anforderungen ausgeht, also Gestaltungswissen voraussetzt und alles andere aus dem Gestaltungskontext ausblendet.

1. Ausgangssituation

Seit der Einführung der Neuen Technologien in die Arbeitswelt und der politisch verordneten Innovation der Schulwelt stellt sich dringender denn je die Frage nach menschengerechten Softwareprodukten. Eine Antwort auf diese Frage versucht seit etwa 15 Jahren in der Bundesrepublik die Software-Ergonomie zu geben, die Wissenschaft von der Anpassung der Software an den Menschen. "Die Software-Ergonomie hat es sich zur Aufgabe gemacht, die Merkmale benutzer- und aufgabengerechter Software zu erforschen und konstruktive Verfahren sowie Softwareunterstützung für den Prozeß der Gestaltung von Benutzungsschnittstellen zu entwikkeln. Ihr zentrales Anliegen ist die Optimierung des Zusammenspiels aller Komponenten der Arbeitssituation von Computerbenutzern: Mensch, Aufgabe, Technik und organisatorischer Rahmen" [Maaß93, 191].

Das von mir hier betrachtete Teilgebiet der Software-Ergonomie beschäftigt sich mit dem Gestaltungsprozeß für benutzer-, benutzungs- und aufgabengerechte Software. Deren Benutzungsschnittstellen bestehen aus Softwaremoduln, die die Benutzungsoberfläche als Erscheinungsweise der Software für den Benutzer erzeugen (Abb.1). Hier wird im folgenden das Design der Gestalten auf der Benutzungsoberfläche betrachtet und nicht der Entwurf des Stück Software "Benutzungsschnittstelle", also der symbolverarbeitenden Maschine, die lediglich die Gestalten auf der Oberfläche erzeugt und zur Interaktion anbietet.

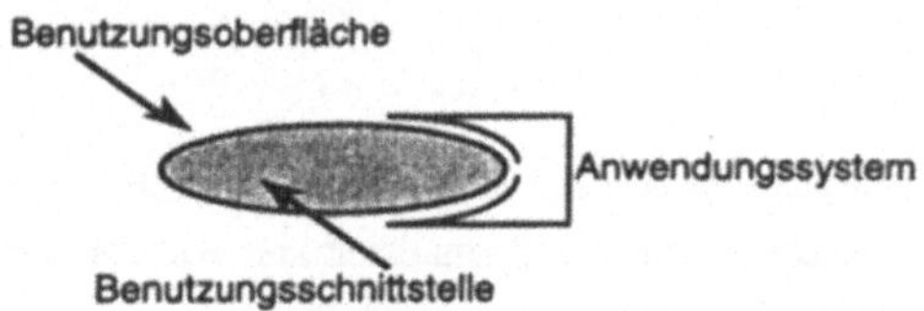

Abb. 1: Benutzungsoberfläche und Benutzungsschnittstelle

Software weist nach *Floyd* eine ungeheure Komplexität auf, die einen ebenso komplexen Herstellungsprozeß erforderlich macht: "Sie besteht aus einem einheitlichen abstrakten Baustoff, ist daher beliebig formbar und prinzipiell uneingeschränkt revisionsfähig. Sie muß maschinell verarbeitbar, das heißt bis ins Einzelne vollständig, konsistent und formal fehlerfrei sein. Sie ist nicht der sinnlichen Wahrnehmung zugänglich, kann also letztlich nur beim Einsatz beurteilt werden. Sie schafft soziale Kontexte für menschliche Handlungen, die durch die technischen Eigenschaften des Produktes geprägt werden" [Floyd89, 10].

2. Ergonomische Gestaltung

Menschengerechtes Gestalten heißt allgemein, den ganzen Menschen in seinem wechselwirksamen Prozeß von Denken, Erleben und Handeln, sein Eingebundensein in unterschiedliche Lebenszusammenhänge zu sehen. Gestalten bedeutet nicht allein das Herstellen von Gegenständen; es gründet sich auch auf das Kennen- und Verstehenlernen der Bedingungen und Möglichkeiten, wie wir mit Gegenständen umgehen. Im Computer sind die Gegenstände Zeichen, die so aufbereitet werden müssen, daß sie Gegenstand der Bearbeitung durch einen Computer werden. "Den Dingen muß immer erst eine Zeichenhaut wachsen, derer sich der Rechner annehmen kann" [Nake93, 168]. Die Gestaltung menschengerechter Software bedeutet die Gestaltung dieser Zeichen auf der Benutzungsoberfläche von Software, so daß sie in ihrer Erscheinungsweise Kriterien der Software-Ergonomie erfüllen.

Allgemein wird in der Arbeitswissenschaft von einem Menschenbild ausgegangen, in dem angenommen wird, daß es das Bedürfnis eines jeden Menschen ist, ein zusammenhängendes sinnvolles Verständnis über unserer Welt zu erhalten sowie das Bedürfnis zur Kontrolle der Umwelt. Nach *Volpert* ist es für eine Person "gut" und wichtig, wenn sie am Arbeitsplatz selbständig entscheiden und disponieren kann [Volpert90]. Da alle Menschen verschieden sind, stellt *Volpert* in Frage, ob man überhaupt sagen könne, was für alle Menschen "gut" sein könnte [Volpert90]. In der Terminologie der Arbeitswissenschaftler [Ulich91], deren Ziel die Gestaltung menschengerechter Arbeit ist, legt der Gestalter von Software den Handlungs-, Gestaltungs- und Entscheidungsspielraum des zukünftigen Benutzers im Umgang mit dieser Software fest. Ergonomische Gestaltung von Lernsoftware bedeutet somit, Handlungs-, Gestaltungs- und Entscheidungsspielräume für den Lerner zur Verfügung zu stellen. Damit der Designer entsprechende Entscheidungen treffen kann, benötigt er ein Methodenverständnis, das die Umsetzung dieser und weiterer allgemeiner Kriterien im Gestaltungsprozeß ermöglicht. Welche Ansätze liefern dafür die Informatik und die Software-Ergonomie?

3. Der Gestaltungsgegenstand aus Sicht der Informatik

In der Software-Technologie bzw. dem Software-Engineering gibt es sowohl Modelle darüber, was inhaltlich im Herstellungsprozeß von Software berücksichtigt werden soll und wie methodisch vorgegangen werden kann als auch Werkzeuge, die das methodische Vorgehen unterstützen. Trotz aller Anstrengungen auf der Seite des Software-Engineerings, dessen Werkzeuge, Modelle und Methoden für die Software-Entwicklung zur Verfügung stehen, findet die ergonomische Gestaltung von Software im Software-Engineering-Prozeß entweder gar nicht [z.B. Nagl90] oder nur indirekt [Floyd86, Budde90] statt.

Dagegen fordere ich eine bewußte Trennung von Entwurf und Implementierung von Software einerseits und ergomomischer Gestaltung ihrer Benutzungsoberfläche andererseits. Vor allem reicht es nicht aus, bloß die Benutzungsoberfläche zu gestalten; damit einher geht zuerst die Gestaltung von Arbeit, gefolgt von einer Mensch-Rechner-Funktionsteilung und einer menschengerechten Gestaltung der Benutzungsoberfläche als Prototyp. Dieser Prototyp wird ein Bestandteil der Anforderungsdefinition für den anschließenden Entwurf und die Implementierung der Software. Das hat für die Software-Ergonomie zur Folge, daß sie Modelle und Methoden bereitstellen muß, die die ergonomische Gestaltung als Schwerpunkt haben.

4. Der Gestaltungsgegenstand aus Sicht der Software-Ergonomie

Die Software-Ergonomie lebt zusätzlich von vielen Einflüssen verschiedener Wissenschaften, wie der Arbeitswissenschaft, der Psychologie oder der Pädagogik, und leitet daraus Gestaltungswissen ab, das sich in einer Vielzahl software-ergonomischer Richtliniensammlungen, Normen und Regeln niederschlägt (DIN 66234, ISO 9241, CUA von IBM, Apple User Interface Guidelines, OSF/Motif Styleguide usw.). Diese ergonomischen Kriterien sollen die Software-Entwickler bei den einzelnen Gestaltungsentscheidungen unterstützen; tatsächlich bewirken sie aber wegen ihrer dem Informatiker und Programmierer fremden Darstellungsweise und wegen des Umfangs der Materialien das Gegenteil: sie verwirren. So läßt sich das Ziel, die Software menschengerecht zu gestalten, bislang kaum adäquat formulieren und methodisch im Gestaltungsprozeß umsetzen [Beimel93].

Aus Sicht der Software-Ergonomie gibt es für die ergonomische Gestaltung Strukturmodelle wie das IFIP-Modell [Dzida83] oder MUSE [Gorny94], die meinem Modellverständnis zugrunde liegen. Ziele von MUSE sind, im Designprozeß möglichst lange möglichst viele Gestaltungsalternativen für die Realisierung der Benutzungsoberfläche offen zu halten und die Komplexität der Designentscheidungen zu reduzieren. Mein Modell (Abb.2) stellt – in Anlehnung an MUSE – die verschiedenen Gestaltungsaspekte von Benutzungsoberflächen geordnet und strukturiert in Sichten dar. Es ermöglicht eine Betrachtung des Gegenstandes Benutzungsoberfläche von unterschiedlichen Standpunkten aus, von denen man jeweils eine zweckgebundene, interaktionsbezogene sowie präsentationsbezogene Sicht auf den zu gestaltenden Gegenstand hat [Daldrup95].

Abb.2: Modell und Wechselwirkungen zwischen den Sichten

Methodisch und bedacht nimmt der Gestalter verschiedene Standpunkte im Modell nach und nach ein, wendet ergonomische Kriterien methodisch an, notiert seine Gestaltungsentscheidungen, evaluiert diese mit dem Benutzer und nimmt gegebenenfalls später die Sichten noch einmal ein. Gegenstände der Gestaltung sind jedesmal - nur jeweils unter einer anderen Sicht - Werkzeuge und Materialien auf der Benutzungsoberfläche. Ergonomische Kriterien wie die Charakteristik des Benutzers des zukünftigen Softwaresystems, die Aufgabe des Benutzers, die er - unterstützt durch die Software - erledigen soll, und die Art und Weise der Benutzung von Werkzeug und Material während der Aufgabenerledigung wirken in jeder Sicht unterschiedlich auf den Gegenstand. Damit ist der Präsentationsaspekt, der oft fälschlicherweise als einziger Aspekt der Benutzungsoberflächengestaltung verstanden wird, nur eine Sicht neben anderen, die auch behandelt werden muß. So entstehen viele Wege im Gehen, je nachdem, auf was sich der Gestalter auf seinem zielbestimmten Weg einläßt, was er davon wahrnimmt und wie er damit bewußt umgeht.

5. Gestaltungsprozeß

Die Gestaltung orientiert sich an Methode, Modell und Werkzeug-Material-Leitbild, die zusammen die Benutzungsoberfläche subjekt- und situationsabhängig entstehen lassen. Der Gestaltungsprozeß folgt dem Werkzeug-Material-Leitbild, das während des gesamten Prozesses wirkt: Es bestimmt die Auswahl und Anordnung der Inhalte im Modell, denen der Gestalter auf seinem zielbestimmten Weg begegnet [Daldrup95].

In jeder der oben genannten Sichten meines Modells stehen eine Menge unterschiedlicher Gestaltungselemente bereit, in der zweckgebundenen Sicht u.a. verschiedene Typen von Werkzeugfunktionen, die das Werkzeug in dieser Sicht repräsentieren: Anwendungsfunktionen, Steuerfunktionen, Adaptierfunktionen und Metafunktionen sowie Objekte, die das mit dem Werkzeug zu bearbeitende Material repräsentieren. Diese müssen zu zweckvollen Werkzeug und Material-Gestalten kombiniert werden. Bei der ergonomischen Gestaltung von Benutzungsoberflächen nach dem Werkzeug-Material-Leitbild in der zweckgebundenen Sicht stütze ich mich wie folgt auf die Interpretation von *Budde* und *Züllighoven* [Budde90]:

- Werkzeug ermöglicht Materialänderungen:

  mit Hilfe von Anwendungsfunktionen kann der Benutzer Materialänderungen vornehmen (d.h. Daten manipulieren);

- Werkzeug stellt sachgerechten Umgang sicher:

  mit Hilfe von Steuerfunktionen kann der Benutzer sich Materialzustände (Daten) zeigen lassen;

- Benutzer stellt ein Werkzeug ein:

  mit Hilfe von Adaptierfunktionen stellt der Benutzer ein Werkzeug für seinen Gebrauch ein (z.B. durch Veränderung von Optionsparametern);

- Werkzeug gibt Auskunft über seine Benutzung:

  mit Hilfe von Metafunktionen kann der Benutzer sich über den sachgerechten Umgang mit Material informieren und darüber, wie er ein Werkzeug für den Gebrauch einstellen kann (Hilfe-Funktionen, tutorielle Komponenten, Fehlerdialoge).

Für die aktuelle Gestaltungssituation muß der Gestalter zusätzlich die Rolle des zukünftigen Benutzers der Software, seine Aufgabe sowie deren Arbeitsgegenstand und Bearbeitungsverfahren kennen- und verstehen lernen und in der zweckgebundenen Sicht für seine Gestaltungsaufgabe interpretieren lernen, damit er schließlich Gestaltungsentscheidungen treffen kann. Seine Aufgabe ist es, für den Arbeitsgegenstand Software-Material zu definieren und für Bearbeitungsverfahren das Software-Werkzeug mit den verschiedenen Typen von Werkzeugfunktionen zu beschreiben. Hier wird deutlich, daß Software-Ergonomie mehr als "Oberflächengestaltung" ist. Sie setzt bei der Arbeit (des Benutzers) an und endet bei einem aufgaben- und benutzergerechten Prototypen der Benutzungsoberfläche. In der zweckgebundenen Sicht führt sie den Designer zu folgenden Elementen, die er im Prozeß interpretieren muß und gegenbenenfalls gestalten muß:

- Rolle eines zukünftigen Benutzers als Lerner oder Lehrer im Rahmen ihrer Arbeitsorganisation "Schulwelt";

- Aufgaben, die Rollen zugeordnet sind;

- Arbeitsgegenstände einer Aufgabe, deren Bearbeitung rechnergestützt erfolgen soll;

- Werkzeugfunktionen, die die rechnergestützte Bearbeitung der Arbeitsgegenstände ermöglichen;

- Richtlinien, Normen, Kriterien.

Eine Interpretation dieser Elemente im Sinne einer Designentscheidung ist ohne das hier präsentierte Modell- und Methodenverständnis nicht möglich.

6. Gestaltungsbeispiel

Mit *Gorny* bereitete ich vor einigen Semestern ein Informatik-Seminar mit dem Titel "Methoden zur Entwicklung von Lernsoftware" vor. In dem Seminar sollten Informatik- und Lehramtsstudenten das ergonomische Gestalten von Benutzungsoberflächen für Lernsoftware in einem Gestaltungsprozeß gemeinsam erleben. Das Resultat dieses komplexen Gestaltungs- und Lernprozesses aller Beteiligten war die Herstellung eines Stücks Lernsoftware für die Physikausbildung in Schule und Hochschule. Ausgehend von den Kategorien Inhalte, Zielsetzungen, methodisches Vorgehen und Anwendungsbereich von Lernsoftware handelt es sich hier um ein Simulationssystem (Abb.3), das das Lernen mit dem Computer unterstützt [nach Gorny87].

Lernen MIT dem Computer
- Programmiersysteme (wie LOGO),
- Modellbildungssysteme (wie STELLA),
- Simulationssysteme (wie MacTHESIS),
- Werkzeuge zum Schreiben, Konstruieren,

Kommunizieren, Rechnen, Erfassen, Recherchieren etc.

Lernen DURCH den Computer
- Tutorielle Software
- Drill&Practice-Software

Lernen ÜBER den Computer

Programmiersprachen als universelle Hilfsmittel

Abb. 3: Taxonomie von Lernsoftware

Was aus der Sicht der Pädagogik und Physik wünschenswert und was technisch mit dem Rechner machbar war, wurde in einem Gestaltungs- und Lernprozeß aller Beteiligten erarbeitet, in dem verschiedene Begriffe und Zusammenhänge in eine gemeinsame Sprache übersetzt und Gestaltungsmöglichkeiten festgelegt wurden. Wir haben uns im Seminar im Rahmen des Physikunterrichts für das Phänomen des "Freien Falls" entschieden und "folgten" mit den Seminarteilnehmern den "Spuren von Galilei". Mit dem Einsatz der Lernsoftware soll den Schülern ein qualitatives Verständnis der Fallgesetze vermittelt werden. Die Schüler haben die Möglichkeit, Phänomene zu untersuchen, die über den Fall von Objekten im üblichen Unterricht hinausgehen. Aus Sicht der Physiklehrer sollte eine Unterrichtssituation in der Modellwelt der Lernsoftware so aussehen:

Nachvollziehen des Realexperiments "Freier Fall" in der Simulation;
- Zum Beispiel spielerisch lernen: Wie verhält sich ein Porsche, wenn er durch einen 10.000 Meter hohen Topf mit Honig fällt?
- ein "Fallrennen" als Aufhänger für die Suche nach einer optimalen Parameterkonstellation;
- Fallexperimente mit verschiedenen Gegenständen parallel laufen lassen;
- indirekte Meßgrößen, z.B. die Geschwindigkeit mit Hilfe eines Tachometers, direkt ausgeben;
- Parameter, die sich im normalen Unterricht nicht ändern lassen (z. B. die Schwerkraft), variabel gestalten;
- die Wahl von irrealen Parameterwerten zulassen.

Bei der Gestaltung der Lernsoftware werden Anforderungen an ihre methodische Qualität berücksichtigt, wie
- der Verzicht auf Lernersteuerung und -kontrolle, so daß die Verantwortung für den Lernprozeß beim Lernenden bleibt,
- der freie Zugang zu Experimentiergegenständen und Parametereinstellungen, der den explorativen Charakter ausmacht,

- Kooperationserfahrung zwischen Lernenden, die nur gemeinsam die Aufgabe lösen können.

Diese Eigenschaften werden erst durch den Einsatz der Software im Rahmen eines Unterrichts wirksam, der auf einer didaktisch tragfähigen Konzeption beruht. In diesem Sinne verstehen wir die Lernsoftware nur als einen Baustein im Gesamtkonzept "Auf den Spuren von Galilei"; andere Bausteine für den Unterricht sind Realexperimente, Arbeitsblätter und ein Comic [Daldrup91, Donker94].

Anhand des Werkzeug-Material-Leitbildes und der in der zweckgebundenen Sicht zu berücksichtigenden Elemente wird das für den Physiklehrer Wünschenswerte in eine für den Physiklehrer und Informatiker gemeinsame Sprache übersetzt und Gestaltungsmöglichkeiten festgelegt. Für die Rolle "Schüler" wird die Aufgabe notiert (Abb.4) und, es werden gemäß dem Werkzeug-Material-Leitbild Arbeitsgegenstände und ihre zugehörigen Bearbeitungsverfahren festgelegt (Abb.5). Die Bearbeitungsverfahren sollen vom Lerner rechnergestützt erledigt werden, wozu sie der Designer in die Modellwelt der Lernsoftware übertragen muß. Damit sie der Lernende ausführen kann, werden Werkzeugfunktionen für die Bearbeitungsverfahren benötigt (Abb.6).

Aufgabe: Welche Gruppe hat am Ende den schnellsten bzw. langsamsten Fallkörper entdeckt? Schüler setzen sich in Kleingruppen an den Rechner und versuchen, herauszufinden, welcher Fallkörper in welchem Medium am schnellsten fällt, welcher am langsamsten. Bei der Siegerehrung am Schluß wird sich zeigen, ob der Porsche, der sich durch den Honig quält, ganz oben oder ganz unten auf dem Siegerpodest steht wird.

Beispiel einer Aufgabenbearbeitung: In zwei zur Verfügung stehenden Fallröhren werden unterschiedliche Fallkörper im selben Medium aus gleicher Höhe fallengelassen, die Fallzeiten und Beschleunigungen dabei beobachtet und notiert.

Abb. 4: Aufgabenbearbeitung und Aufgabenstellung im Kontext

Für den Informatiker ist eine automatische Protokollierung der Ergebnisse naheliegend und technisch auf dem Rechner machbar. Die Aufgabenbearbeitung (Abb.4) verlangt jedoch vom Lernenden, das Versuchsprotokoll selbst zu führen, also selbst zu entscheiden, was er beobachten und was er notieren will. Dadurch bekommt die Versuchsbeobachtung und -auswertung eine andere Bedeutung und einen anderen didaktischen Stellenwert im Unterrichtsszenario als bei Übertragung dieser Teilaufgabe auf den Rechner.

Arbeitsgegenstände: *Fallröhren, Fallkörper* und deren Masse und Volumen, *Medien* und deren Dichte und Viskosität, *Uhren, Tachometer, Zeitlupen-* und *Zeitrafferaufnahmen, Versuch*.

Bearbeitungsverfahren (BV) für die Arbeitsgegenstände: *Fallröhre* [BV: Höhe einstellen], *Fallkörper* [BV: auswählen], *Fallkörper* [BV: Volumen, Masse festlegen], *Medium* [BV: auswählen], *Medium* [BV: Dichte, Viskosität festlegen], *Uhr* [BV: Meßbereich einstellen, Meßwerte ablesen], *Tachometer* [BV: Meßwerte ablesen] etc.

Abb. 5: Arbeitsgegenstände und ihre Bearbeitungsverfahren

Werkzeugfunktionen (WF) für die Bearbeitungsverfahren: *Fallröhre* [BV: Höhe einstellen (AnF: Höhe einstellen)], *Fallkörper* [BV: auswählen (AnF: auswählen)] , *Fallkörper* [BV: Volumen, Masse festlegen (AnF: auswählen, eintragen)], *Medium* [BV: auswählen (AnF: auswählen, eintragen)], *Medium* [BV: Dichte, Viskosität festlegen (AnF: auswählen, eintragen)], *Uhr* [BV: Meßbereich einstellen, Meßwerte ablesen (AnF: einstellen, ablesen, SF: anzeigen)], *Tachometer* etc.

Abb. 6: Werkzeugfunktionen für Bearbeitungsverfahren eines Arbeitsgegenstandes

In der interaktionsbezogenen Sicht wird der Interaktionsablauf, also der interaktive Umgang mit Werkzeug und Material, bestimmt. Dazu legt der Gestalter für eine Werkzeugfunktion die Form fest: Erst durch ihre Form wird eine Werkzeugfunktion zugänglich, d.h. Objekte wie die "Uhr" oder der "Fallkörper" können bearbeitet und der Interaktionsablauf kann beschrieben werden [Daldrup95]. Unsere prototypische Vorstellung der Benutzungsoberfläche (Abb.7) entstand in vielen iterativen Gestaltungsschritten nach dem o.g. Vorgehen und ist das Ergebnis der präsentationsbezogenen Sicht, in der Werkzeugfunktionen in ihrer Form und Material auf der Oberfläche so visualisiert wurden, daß sie zumindest den Gegenständen aus dem Realexperiment ähnlich sehen [Daldrup93]. Der Umgang mit den Gegenständen auf der Benutzungsoberfläche ist wegen der Interaktionsmöglichkeiten einer grafischen Oberfläche anders als mit den bisher gewohnten Dingen aus dem Realexperiment. So kann zum Beispiel für die Werkzeugfunktion "Auslösen des Fallversuchs" ein Menü-Item, ein Kommandokürzel und die Form der Direkten Manipulation (eines Schalters) festgelegt werden. In Abb.7 wird eine weitere Vorgabe des Physiklehrers sichtbar, nämlich der Verzicht auf Material bzw. Objekte mit Digitalanzeige. Die Analog-Darstellung der Anzeigegeräte soll den qualitativen Aspekt der Ergebnisse als Meßwerte in der Computersimulation unterstreichen. Im Gestaltungsprozeß ist dann der Informatiker an diese Vorgaben gebunden.

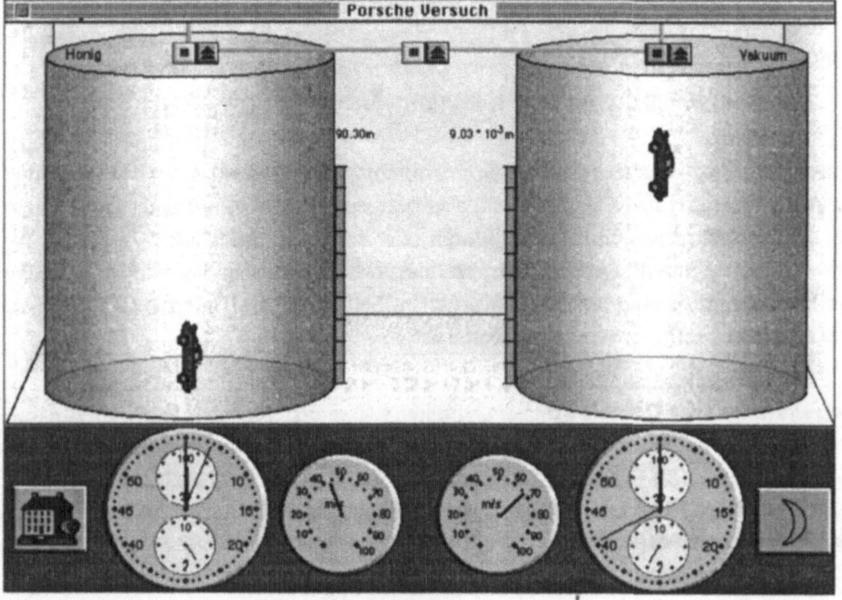

Abb. 7: Der Prototyp in der präsentationsbezogenen Sicht

7. Ausblick

Software-Ergonomie versteht sich als anwendungsbezogene Wissenschaft, die nur durch das Zusammenwirken aller Disziplinen in der Praxis wirksam sein kann. Software-Ergonomie beinhaltet in ihrer Theorie das Durchdenken und Verantworten von Praxis. Sie übt Kritik an einer bestimmten Praxis, d.h. sie ist auf eine vorhandene und gewollte Praxis bezogen. Erst das Durchdenken und Verantworten dieser Praxis führt zur Gestaltung ergonomischer Software. Bei der Gestaltung von Lernsoftware muß sie sich auch mit der Theorie und Praxis des Lernens und Lehrens auseinandersetzen. Im Sinne von *Oberquelle* gehe ich von einem Software-Ergonomen aus, der Nutzungsspielräume eines kompetenten, verantwortungsbewußten, entwicklungsfähigen und sozial eingebundenen Benutzers erkennt und behutsam seine eigenen Gestaltungsspielräume zu nutzen weiß [Oberquelle91]. Wenn *Nygaard* ironisch anmerkt, "software developers have the most perfect common sense" [Nygaard91], bedeutet dies nichts anderes, als daß Software-Entwickler lernen müssen, ihre eigene Inkompetenz zu akzeptieren, mit anderen Worten: sie müssen lernen, Fachleute zu fragen, wenn das Ziel eine menschengerecht gestaltete Software sein soll. Dies gilt umgekehrt auch für die Pädagogen. Oder gibt es ihn immer noch - den computerverfallenen autodidaktischen Typus des naturwissenschaftlichen Hackerpädagogen, der unter partiellem Kontrollverlust für Mannmonate lang eine antisoziale Pseudokreativität entfaltet, indem er sich Programme ausdenkt? Programme aus solchen Quellen spiegeln mehr den Wissensstand des Autors wider als die volle Breite der softwaretechnischen und -ergonomischen Möglichkeiten von Lernsoftware [Daldrup88]. Aber auf dem kommerziellen Markt finden sich immer noch genügend Beispiele in Software-Katalogen der verschiedenen Lehrmittelverlage. "The benefit of do-it-youself software design is more in the process than the product, for the latter is likely to be educational insubstantial" [Snyder86, 78]. *Gorny* sah bereits 1986 den Grund für diese Einstellung in der Tatsache, daß sich Software-Produkte im pädagogischen Bereich im ökonomischen Sinne nicht bezahlt machen, und daß der Gebrauch von schlechter Software weder ökonomische Konsequenzen hat noch in direkter Weise das Leben oder die Gesundheit des Individuums gefährdet [Gorny86]. Fast ein Jahrzehnt später bewertet *von Hentig* das Wesen und Unwesen des Computers im Unterricht so: "Blicke ich auf die Schul-Wirklichkeit, bin ich geneigt zu sagen:

- Alles, was man pädagogisch erreichen will, erreicht man besser ohne den Computer.

- Alles, was man pädagogisch vermeiden will, vermeidet man besser ohne ihn.

- Alle Dummheiten, die die Schule macht, macht sie mit ihm verstärkt.

- Das, was man nur an und mit dem Computer lernen kann, ist herzlich wenig und kann kurz vor der Entlassung in die Arbeitswelt (zu der auch die Hochschule gehört) realistischer und wirksamer absolviert werden" [Hentig94, 62].

Sollte er Recht haben, daß sich an dieser Situation kaum etwas geändert hat?

Literatur

Beimel93   J. Beimel, J. Hüttner, H. Wandke: Kenntnisse von Programmierern auf dem Gebiet der Software-Ergonomie: Stand und Möglichkeiten zur Verbesserung. In: A. Gebert, U. Winterfeld: Arbeits-, Betriebs- und Organisationspsychologie vor Ort. Deutscher Psychologen Verlag: Bonn 1993, 72-82.

Budde90   R. Budde, H. Züllighoven: Software-Werkzeuge in einer Programmierwerkstatt. Oldenbourg: München 1990.

Daldrup88   U. Daldrup: Software-ergonomische Anforderungen an Simulations- und Modellbildungssysteme. In: COMBI 88. Computer im Bildungswesen. Tagung an der Universität Leipzig vom 26. - 30. September 1988.

Daldrup91   U. Daldrup u.a.: Software-Ergonomie bei Unterrichtssoftware. In: LOGIN Nr. 5, 1991.

Daldrup93   U. Daldrup, H. Donker: Das Design von Benutzungsoberflächen. Vom Inhalt zur Visualisierung. Unveröffentlichtes Manuskript, präsentiert auf der Mensch-Maschine-Kommunikation '93-Tagung in Karlsruhe im November 1993.

Daldrup95   U. Daldrup: Gestaltung menschengerechter Software. Geordnete Intuition als Weg zu software-ergonomischen Benutzungsoberflächen. Eingereichte Dissertation. Fachbereich Pädagogik, Universität Oldenburg, 1995.

Donker94   H. Donker: Prototypische Realisierung von Lernsoftware. Das Konzept und der Prototyp "Auf den Spuren von Galilei". Interner Arbeitsbericht Universität Oldenburg 1994.

Dzida83   W. Dzida: Das IFIP-Modell für Benutzerschnittstellen. Office Management Sonderheft 31 (1983), 6-8.

Floyd86   Ch. Floyd: STEPS - eine Orientierung der Software-Technik auf sozialverträgliche Technikgestaltung. In: E. Riedemann u.a (Hg): 10 Jahre Informatik und Gesellschaft - eine Herausforderung bleibt bestehen. Universität Dortmund, Forschungsbericht Nr. 227, 1986

Floyd89   Ch. Floyd: Software-Entwicklung als Realitätskonstruktion. In: W.-M. Lippe (Hg): Software-Entwicklung: Konzepte, Erfahrungen, Perspektiven. GI Fachtagung. Springer: Berlin 1989, 1-20.

Gorny86:   P. Gorny: Software Development for Educational Applications. In: Proc. Information, Technology and Education. Sofia im Oktober 1986.

Gorny87   P. Gorny: Computer im Unterricht. In: U. Hameyer (Hg): Computer an Sonderschulen. Beltz: Weinheim 1987, 80-95.

Hentig94   H. von Hentig: Die Schule neu denken. Hanser Verlag: München 1994.

Maaß93   S. Maaß: Software-Ergonomie. In: Informatik Spektrum (1993) 16: 191-205.

Meyer87   H. Meyer: Unterrichtsmethoden. 1. Theorieband. Scriptor: Frankfurt am Main 1987.

Nake93   F. Nake: Die erträgliche Leichtigkeit der Zeichen. Agis: Baden-Baden 1993.

Nagl90   M. Nagl: Software-Technik: Methodisches Programmieren im Großen. Springer: Berlin 1990.

Nygaard91   K. Nygaard: User Centered System Design - Yesterday, Today, Tomorrow. Vortrag und Diskussion auf der Fachtagung Software-Ergonomie '91, März 1991 in Zürich (Mitschrift des Verfassers).

Oberquelle91   H. Oberquelle: MCI - Quo Vadis? Perspektiven für die Gestaltung und Entwicklung der Mensch-Computer-Interaktion. In: D. Ackermann u.a.: Software-Ergonomie '91. Teubner: Stuttgart 1991, 9-24.

Snyder86   T. Snyder, J. Palmer: In Search of the Most Amazing Thing - Children, Education and Computers. Reading. Mass. 1986.

Ulich91   E. Ulich: Arbeitspsychologie. Poeschel: Stuttgart 1991.

Volpert 90   W. Volpert: Welche Arbeit ist gut für den Menschen? Notizen zum Thema Menschenbild und Arbeitsgestaltung. In: F. Frei u.a. [Hg]: Das Bild der Arbeit. Huber: Bern 1990.

Ein interaktives Lehr-/Lernsystem für Algorithmen der Computergraphik

Achim Janser

Gerhard-Mercator-Universität GH Duisburg, FB 11/Informatik II,
Lotharstr. 65, 47048 Duisburg, Deutschland

Zusammenfassung In klassischen Lehrveranstaltungen bleiben die an
fast allen Schulen und Hochschulen vorhandenen Rechner oft ungenutzt,
obwohl ihre Einbindung dazu beitragen könnte, eine Verbesserung der
Lehre zu erreichen. Wir widmen uns einem speziellen Aspekt des Computereinsatzes im Unterricht, der interaktiven, vorlesungsbegleitenden
Vermittlung von Algorithmen der Computergraphik. Wir stellen Konzepte für die Gestaltung praktischer Übungen in betreuten Kleingruppen vor und ziehen aufgrund eigener Erfahrungen mit solchen Übungsgruppen Schlüsse für die inhaltliche und konzeptionelle Gestaltung unseres geplanten Lehr-/Lernsystems. Abschließend geben wir einen kurzen
Überblick über den Stand des Projektes.

1 Warum Computer in der Lehre?

In der klassischen Lehre bedient sich der Dozent der Tafel und des Overhead-
Projektors zum Wissenstransfer. Beide Medien sind jedoch statisch und in Ihrer
Darstellungskraft begrenzt. Komplexe, dynamische Abläufe oder die simultane
Veränderung verschiedener Daten können nicht oder nur mit einem unverhält-
nismäßig hohen Zeitaufwand vermittelt werden; die Vorführung von Versuchen
wird aus verschiedenen Gründen eingeschränkt.

Eine Möglichkeit, hier Abhilfe zu schaffen, bietet die Verlagerung der Präsentation an den Rechner, mit dessen Hilfe Abläufe simuliert und dynamisch dargestellt werden können. Durch das Einbinden von gesprochenen Texten und akustischen Hinweisen werden mehrere Sinne angesprochen, was die Aufnahmefähigkeit des Lerners steigert [3]. Vorausgesetzt, daß die Lerner sorgfältig an das für
sie vielleicht noch neue Medium Computer herangeführt werden, wird durch die
neue Lernumgebung auch die Motivation nachhaltig verstärkt.

Bei im Umgang mit dem Computer unerfahrenen Lernern muß abgewägt
werden, inwiefern innerhalb einer Gruppe Vorkenntnisse bestehen. In gemisch-
ten Gruppen können z. B. die weiblichen Teilnehmer, die in der Regel weniger
Computervorkenntnisse besitzen als die männlichen, zunächst einmal getrennt
mit dem Rechner vertraut gemacht werden, um Hemmschwellen abzubauen und
einen evtl. Wissensvorsprung der männlichen Teilnehmer zu kompensieren. [6]

Wir wollen im folgenden einen speziellen Aspekt des Einsatzes des Computers
in der Lehre diskutieren, der im Informatikunterricht eine wichtige Rolle spielt:
die Vermittlung von Algorithmen aus der Computergraphik.

Graphikalgorithmen sind aus mehreren Gründen besonders geeignet, Thema einer interaktiven Lehr-/Lernumgebung zu sein. Sie sind Grundlage fast aller Vorgänge am Computerbildschirm. Elementare Graphikalgorithmen werden bei Textverarbeitungssystemen verwendet, um Buchstaben zu zeichnen und zu skalieren oder bei graphischen Benutzeroberflächen, um die sichtbaren Bereiche der einzelnen Fenster zu clippen. Darüber hinaus sind sie Grundlage jeder graphischen Anwendung und sollten zur Grundausbildung jedes Informatikers gehören.

Vorlesungen über Computergraphik stoßen auf ein großes Interesse bei Studenten, so daß auf ein motiviertes Zielpublikum zurückgegriffen werden kann. Die Modularität und Hierarchie der Algorithmen erlaubt den Aufbau eines komplexen Systems aus den Graphikprimitiven heraus, das seinerseits modular aufgebaut und schrittweise modifiziert und ergänzt werden kann. Dies ist insbesondere auch für die spätere Wartung und Anpassung eine wichtige Voraussetzung.

Wer mit Graphikalgorithmen arbeitet, muß mit den Kernbegriffen der Informatik vertraut sein: Algorithmen, Teile und Herrsche-Ansätze, Datenstrukturen, Iteration und Rekursion spielen eine große Rolle. Graphikalgorithmen bieten die Möglichkeit, die erworbenen theoretischen Grundkenntnisse anhand von relevanten Anwendungen in die Praxis umzusetzen. Darüberhinaus werden Grundgebiete der Mathematik miteinbezogen: Kenntnisse in diskreter Mathematik, (Differential-) Geometrie, Analysis und linearer Algebra erleichtern das Verständnis computergraphischer Algorithmen. [5]

2 Ziel und Inhalt des Projekts

Im Rahmen seiner Dissertation erstellt der Autor ein interaktives Lehr-/Lernsystem für Algorithmen der Computergraphik. Das System wird hypertextgestützt sein und digitalisierte Sprache sowie Animationen enthalten, um den Benutzer auf verschiedenen Kommunikationsebenen anzusprechen, ihn dadurch möglichst stark zu motivieren und ihm ausreichend viele Freiheiten beim Wissenserwerb zu geben. Insbesondere durch Einbindung digitalisierter Sprache wird neben der optischen auch die akustische Aufnahme des Stoffes ermöglicht, um ein optimales Lernergebnis zu erreichen.

Das System soll begleitend zu Vorlesungen zur Computergraphik und Bildverarbeitung eingesetzt werden und ferner auf CD-ROM als Beilage zu einem Lehrbuch über diese Gebiete veröffentlicht werden. Es ist zu hoffen, daß über den relativ preisgünstigen Vertrieb[1] eine weite Verbreitung des Systems und damit eine Standardisierung der Lehre in diesem Bereich erreicht werden kann.

In das System werden Vorlesungsinhalte, Algorithmen und Aufgaben zu den folgenden Gebieten der Computergraphik und Bildverarbeitung integriert:

1. Ein graphischer Arbeitsplatz.
   Komponenten eines PCs und graphischen Arbeitsplatzes, Farbdarstellung, Ausgabegeräte, rechnerinterne Darstellung von Bildern, Eingabehilfsmittel

---

[1] Die CD-ROM soll zum Selbstkostenpreis abgegeben werden, der angestrebte Verkaufspreis für Buch inkl. CD-ROM soll DM 80,- nicht übersteigen.

2. Grundelemente der Rastergraphik.

Grundlagen der digitalen Topologie, Probleme einer Pixelgraphik, Geraden- und Kurvenrasterung, Rechnerorientierte Geometrie, Polygonalgorithmen

3. Clippen und Füllen.

Koordinatensysteme, Polygonclipping, Linienbegrenzungs- und Füllalgorithmen

4. Transformationen in der Ebene.

Punkte und Strecken im $\mathbb{R}^2$, 2-dim. Transformationen, Display-Files

5. Konturerzeugung und Bildverbesserung.

Konturbilder, Hough-Transformation, Verschärfung, Schwellwertverfahren, Grauwertangleichung, Fehlerdiffusion, Morphologische Operationen

6. Splines.

Kubische Splines, Bézier-Kurven, Casteljau-Algorithmus, B-Splines, Text

7. Fraktale.

Diese Themen bilden die Kernmodule des Systems, in das auch weiterführende Algorithmen (z. B. für den 3D-Fall) integriert werden können.

3 Praxiserfahrungen

3.1 Ein Programmpaket als Ausgangspunkt

Aufgrund der in mehreren Vorlesungen sowie der Arbeit auf dem Forschungsgebiet Computergraphik gewonnenen Erfahrungen wurde zunächst ein Lehrtext zum Thema Computergraphik erstellt [5]. In der Folgezeit ist ein umfangreiches Programmpaket mit Algorithmen zu den oben genannten Gebieten entstanden, das in Turbo-Pascal unter Aspekten der Effizienz und Optimierung implementiert wurde. Da die Zielsetzung zu dieser Zeit nicht die Entwicklung einer Lehrsoftware war, wurden die didaktischen Anforderungen an eine Lehrsoftware nicht berücksichtigt und keine für die Lehre geeigneten Visualisierungen eingebunden.

Um diese Algorithmen auf dem CIP-Kongreß über Computeranwendungen in der Lehre in Berlin [4] zu präsentieren, wurde ebenfalls unter Turbo-Pascal eine Benutzeroberfläche implementiert, die aber lediglich ein Dach über die zusammengetragene Sammlung der vielfältigen Algorithmen bildet und diese in fünf verschiedenen Kategorien zusammenfaßt:

1. Bresenham-Algorithmen
2. Polygon-Algorithmen
3. 3D-Algorithmen
4. Interpolation / Funktionen
5. Fraktale.

Die Algorithmen können sowohl aus der Oberfläche heraus ausgeführt als auch der Quelltext am Bildschirm angezeigt werden. Die Ausführung ist mit verschiedenen Parametern möglich, wobei für die Zwecke der Präsentation Standardparameter vorgegeben werden, die die Wirkungsweise des Algorithmus für typische Konfigurationen demonstrieren. Bei Algorithmen, die Defekte für gewisse Parameterkonfigurationen aufweisen, sind auch diese angegeben, so daß die Defekte sichtbar gemacht werden können.

3.2 Praktische Übungen in betreuten Kleingruppen

Um Erfahrungen für das geplante Projekt hinsichtlich Programmgestaltung, Benutzerführung, Aufgabenstellung, Betreuung und Anleitung zu sammeln, wurden im Wintersemester 1994/95 vom Autor vorlesungsbegleitend zur Vorlesung Computergraphik und Bildverarbeitung erstmals praktische Übungen in betreuten Kleingruppen angeboten. Diese Übungen wurden an zehn IBM-kompatiblen PCs durchgeführt, wobei die Teilnehmerzahl pro Gruppe auf zwanzig beschränkt war. Für die Vermittlung der Algorithmen wurde unter anderem das oben erwähnte Programmpaket benutzt.

3.3 Präsentationsformen und Akzeptanz der praktischen Übungen

Das Programm der insgesamt fünfzehn Übungstermine wurde in seiner Methodik absichtlich sehr stark variiert, um die Akzeptanz verschiedener Präsentationsformen vergleichen zu können. Hierbei wurden einige vorher erwartete Thesen bestätigt, aber auch einige unerwartete Beobachtungen gemacht. Die jeweils einstündigen Übungen wurden nach den vier in den folgenden Abschnitten beschriebenen Konzepten organisiert und durchgeführt.

Lehrtext mit Kurzvortrag und praktischen Aufgaben. Um die Studenten mit den Grundlagen der Graphikprogrammierung vertraut zu machen, wurde in den beiden ersten Übungsterminen die Standard-VGA-Karte, die heute zur Mindestausstattung eines IBM-kompatiblen PCs gehört, in Aufbau und Funktion beschrieben. Dazu wurde ein Lehrtext verfaßt, der kurz genug war, um während der einstündigen Veranstaltung von den Studenten erfaßt und auch als Nachschlagewerk für die Bearbeitung der gestellten Aufgaben benutzt werden zu können. Es wurden kleine Programmieraufgaben gestellt, die die Verwendung der VGA-BIOS-Funktionen sowie die Benutzung der Datenstruktur *Registers* in Turbo-Pascal zum Inhalt hatte.

Beobachtungen: Während die mit Turbo-Pascal und den Grundtechniken der Graphikprogrammierung vertrauten Studenten die Aufgaben zügig und ohne Probleme lösen konnten, hatten die übrigen Studenten zum Teil große Schwierigkeiten, überhaupt einen syntaktisch korrekten Programmrumpf mit Graphikinitialisierung zu implementieren. Selbst die Benutzung von einfachen Routinen, die in einer eigens für den Kurs zusammengestellten Unit vordefiniert waren, bereitete Probleme, weil die Aufgabenstellungen zum Teil nicht umgesetzt werden konnten, obwohl im Lehrtext die für die Lösung der Aufgaben notwendigen, elementaren VGA-BIOS-Funktionen und andere Daten in Tabellen aufgelistet waren. Es bestätigte sich die These, daß unter den Teilnehmern, die mit dem Computer nicht oder nur wenig vertraut sind, die Studentinnen größere Berührungsängste als Ihre Kommilitonen haben, und es stellte sich in Gesprächen heraus, daß diese Studentinnen zwar prinzipiell die gleichen Ideen zur Lösung eines Problems hatten wie die Studenten, sich aber im Gegensatz zu diesen nicht so schnell trauten, Ihre Ideen zu realisieren und am Rechner auszutesten.

Programmsammlung zur freien Erforschung ohne vorgegebene Aufgaben. Für die beiden folgenden Übungstermine wurden aus dem erwähnten Programmpaket Algorithmen aus dem Bereich der Geraden- und Kurvenrasterung sowie Polygon-Algorithmen, die mit dem bis dahin besprochenen Vorlesungsstoff verstanden und bearbeitet werden konnten, auf dem PC-Server installiert. Die Teilnehmer sollten zunächst die implementierten Demonstrationen der Programme betrachten und dann zum Verständnis der Algorithmen die Eingabewerte variieren, um anhand des Ausgabeverhaltens der Programme auf die Wirkungsweise der Algorithmen zu schließen und das Verhalten in Grenzsituationen zu testen. Zur Anleitung wurde lediglich die Demo-Oberfläche sowie der Vorgang des Anmeldens im PC-Netz, der erstmalig erfolgte, kurz erläutert. Für die Bearbeitung der Programme stand die Turbo-Pascal-Umgebung zur Verfügung.

Beobachtungen: Das freie Arbeiten ohne festes Schema, ohne direkte Anleitung und ohne vorgegebene Aufgaben war für die Studenten zunächst ungewohnt. Die neuartige Arbeitsumgebung und die Vielfalt interessanter Algorithmen motivierte die Studenten jedoch, so daß schnell eigene Ideen entwickelt wurden, an welchen Stellen und unter welchen Bedingungen die Programmausführung in kritische Bereiche gelangen könnte. Beim zweiten Übungstermin dieser Art fiel jedoch auf, daß die Bereitschaft, sich selbständig mit den Programmen zu beschäftigen, deutlich gesunken war. Einige Studenten wünschten eine strengere Arbeitsanleitung in Form von Aufgaben zu den vorgestellten Programmen.

Einzelne Programme mit praktischen Aufgaben. Ab der fünften Stunde wurden die Übungen deshalb überwiegend so organisiert, daß lediglich ein oder zwei neue Programme vorgestellt wurden. Die Arbeitsweise dieser Programme wurde vom Betreuer kurz erläutert. Anschließend mußten die Kursteilnehmer mehrere Aufgaben lösen, die entweder das theoretische Verständnis der Algorithmen oder das praktische Verständnis der Implementierungen überprüften oder aber es mußten in die Programme eingebaute „Programmierfehler" gefunden und behoben werden.

Beobachtungen: Diese Form der Übung erfreute sich einer sehr hohen Akzeptanz. Die Kursteilnehmer arbeiteten konzentriert an den bereitgestellten Aufgaben und kamen in relativ geringer Zeit zu guten Ergebnissen. Bei der Fehlersuche stellte sich heraus, daß auch Studenten mit einer größeren Programmiererfahrung sehr schnell die *Fehlersituationen* herausfanden, die *Fehlerkorrektur* dagegen jedoch größere Probleme bereitete.

Lehrtext mit Kurzanleitung ohne vorgegebene Aufgaben Für die Zwecke der praktischen Übung wurde etwa zur Mitte des Semesters das Programmpaket Digidemo[2] [8] zur Bildverarbeitung bereitgestellt, zu dem die Kursteilnehmer einen Lehrtext mit einer Kurzanleitung erhielten. Es wurden keine Aufgaben gestellt, jedoch waren im Lehrtext verschiedene Anregungen gegeben, die als Richtschnur für die Vorgehensweise der Teilnehmer dienten.

---

[2] Mit der freundlichen Genehmigung des Autors H. J. Schlicht.

Beobachtungen: Auch diese Form der Übung wurde von den Teilnehmern gut angenommen. Die Bearbeitung von Bildern mit vor- oder selbstdefinierten Filtermasken brachte für die Teilnehmer ein gutes Verständnis auch für die Wirkungsweise von klassischen Filtern. Das Fehlen einer benutzerfreundlichen Steuerung in dem System wurde mehrheitlich kritisiert.

4 Analyse und Erkenntnisse

Aus den Beobachtungen in den praktischen Übungen haben wir einige Erfordernisse an den Aufbau eines Lehr-/Lernsystems hinsichtlich verschiedener Aspekte gewonnen, die wir im folgenden zusammenfassen.

4.1 Anforderungen an Benutzerführung und Betreuung

Ein Lehr-/Lernsystem muß möglichst einfach strukturiert sein und darf nicht zu viele Schachtelungsebenen enthalten. Die Navigation innerhalb des Systems muß schnell erlernbar und möglichst intuitiv sein. Die Verwendung immer wiederkehrender Symbole (Anker) erleichtert dem Benutzer die Orientierung im System, signalisiert wichtige Zusammenhänge und löst Assoziationen aus.

Lange Texte sind für den Betrachter am Bildschirm i. allg. ermüdend zu lesen und sind daher zu vermeiden. Eine Auflockerung durch Bilder und Graphiken schafft hier bereits Abhilfe. Durch die Benutzung von Hypertext-Strukturen kann ein Text auf die wesentlichen Sachverhalte reduziert werden. Details werden dann nur noch auf Abruf mittels Querverweisen und *hot keys* zielgerichtet vom Benutzer angefordert. Noch ausdrucksstärker ist die Einbindung von digitalisierter Sprache für Erläuterungen sowie Ton- bzw. Musiksequenzen, die ebenfalls als Anker dienen oder besonders wichtige Aussagen betonen können.

Die Benutzung von Hypertext-Methoden führt allerdings zwansgläufig zu einer Verschachtelung des Systems und steht daher zunächst im Widerspruch zu der Forderung nach möglichst einfachen Strukturen. In der Tat ist die Vermittlung von reichhaltigen Informationen und Demonstrationen mit einfachen Strukturen sehr schwierig. Hier einen Kompromiß zu finden, ist neben der inhaltlichen Überprüfung ein vornehmliches Ziel der System-Evaluation.

Die Freiräume der Studenten dürfen nicht zu weit gefaßt werden. Zwar sollte eine wahlfreie Navigation innerhalb eines Systems möglich sein, aber um bestimmte Inhalte zu vermitteln, ist die Vorgabe von Arbeitsrichtlinien, z. B. in Form von Aufgaben, unerläßlich. Die freie Exploration eines Systems führt zu einem oberflächlichen Ausflug durch die verschiedenen Themengebiete, dessen Nutzen für den Lernerfolg der Studenten fraglich ist. Neben den betreuten Übungsterminen sollte die Möglichkeit eines Zugriffs ohne Betreuer auf das System bestehen, damit die in Vorlesung und Übung vermittelten Inhalte individuell nachgearbeitet und ausgebaut werden können.

4.2 Anforderungen an Lehrprogramme

Ausgehend von einer Beschreibung in Pseudocode werden Algorithmen normalerweise möglichst effizient programmiert, um die Laufzeit und ggf. den Speicherbedarf der Programme und damit die Kosten zu minimieren. Dabei werden spezielle Möglichkeiten der eingesetzten Programmiersprache oder der Hardware verwendet, die die Ideen des Algorithmus verwässern und für sein eigentliches Verständnis nicht von Bedeutung sind. Um einem Lerner einen Algorithmus zu erläutern, ist diese Effizienz jedoch nicht notwendig. Die Algorithmen müssen nicht laufzeitoptimiert und aufgrund der zumeist kleinen Modelldatenmengen auch nicht speicheroptimiert werden. Daher sollten entsprechende Programmiertricks in Lehrprogrammen zunächst einmal nicht verwendet werden – sie hemmen eher das Verständnis des Algorithmus, als daß sie dazu beitragen.

Allerdings sollten dann auch Schwächen der Original-Algorithmen, die manchmal für gewisse Parameter-Konfigurationen auftreten, herausgearbeitet werden, um dem Lerner die Problematik bei der Implementierung eines Algorithmus zu verdeutlichen. Als Beispiel sei hier der Bresenham-Algorithmus zur Kurvenrasterung genannt, der im Falle von Kreisen i. allg. eine bestmögliche digitale Approximation des realen Kreises liefert, jedoch für einige wenige Radien einen Defekt an den Winkelhalbierenden aufweist. [2]

In Lehrprogrammen ist es oft notwendig, die Programmausführung zu verlangsamen, damit notfalls jeder einzelne Schritt am Bildschirm nachvollzogen werden kann. Gegebenenfalls muß der Benutzer die Möglichkeit haben, im Algorithmus einen Rückschritt zu machen, um sich den Fortgang des Algorithmus nochmals zu verdeutlichen. Die Steuerung sollte hierbei dem Benutzer überlassen werden, damit dieser seine Arbeitsgeschwindigkeit frei wählen kann.

Ein speziell bei der Visualisierung graphischer Algorithmen oft eingesetztes Stilmittel ist die Vergröberung von Sachverhalten. Bei der Visualisierung eines rastergraphikbasierten Algorithmus zum Zeichnen von Graphikprimitiven müssen die einzelnen Pixel stark vergrößert werden, damit der Benutzer überhaupt die Möglichkeit hat, die Wirkungsweise des Algorithmus mit dem Auge zu verfolgen. Ferner können wichtige Details mit Mitteln der Form- und Farbgebung hervorgehoben werden – die meisten Rechner verfügen heute über Farbmonitore, so daß auf Farbe als Stilmittel nicht verzichtet werden sollte. Die Benutzung von Ankern erleichtert dem Benutzer die Orientierung im System, signalisiert wichtige Zusammenhänge und löst Assoziationen aus.

4.3 Anforderungen an Aufgabentypen

Die gestellten Aufgaben sollten nicht durch die Möglichkeiten des Systems eingeschränkt werden, indem alle Aufgaben am Bildschirm gelöst und vom System überprüft werden können. Es ist sinnvoll, auch Aufgaben zu stellen, deren Lösung vom Benutzer zunächst einmal nicht verifiziert werden kann. So können z. B. Musterlösungen in das System integriert werden, die der Benutzer abrufen und mit der eigenen Lösung vergleichen kann. Speziell von Studenten kann soviel Selbstdisziplin verlangt werden, daß auch solche Aufgaben zur Wissensüberprüfung genutzt werden können.

Die klassischen, am Bildschirm zu lösenden Aufgaben beschränken sich im wesentlichen auf Lückentexte, multiple choice-Aufgaben und im Bereich der Computergraphik auf Bilder, die vom Benutzer mit Hilfe von Maus und Tastatur ergänzt werden müssen. Diese Aufgabentypen sind für die Überprüfung eines tiefliegenden Verständnisses der vermittelten Lerninhalte jedoch nicht ausreichend. Im Bereich mathematischer Aufgaben besteht auch die Möglichkeit, Rechnungen schrittweise zu überprüfen, wenn der Lösungsweg mit den dazugehörigen Zwischenschritten nicht allzu frei gewählt werden darf [7].

Bei Programmieraufgaben besteht das Problem, daß sehr oft syntaktische Fehler gemacht werden, die für das Verständnis der Algorithmen unerheblich sind, deren Berichtigung dafür aber viel Zeit kosten können. Ebenfalls zeitintensiv ist üblicherweise die Definition von geeigneten Datenstrukturen und von Ein-/Ausgaberoutinen. Außerdem, und dies ist aus Kostengründen ein sehr wichtiger Aspekt, darf bei der angestrebten weiten Verbreitung des Systems nicht die Existenz eines entsprechenden Compilers auf allen Plattformen vorausgesetzt werden. Um nicht auf Programmieraufgaben verzichten zu müssen, kann die folgende Idee benutzt werden:

Programme zur Lösung programmierpraktischer Aufgaben können aus vorgegebenen Programmfragmenten und Anweisungen zusammengesetzt werden, wobei geeignete Datenstrukturen bereits vorgegeben werden. Der Benutzer kann sich dann auf das eigentliche Problem konzentrieren und dieses in angemessener Zeit am Bildschirm lösen. Lösungen zu diesem Aufgabentyp können vom System überprüft werden, da das erstellte Programm aufgrund der fest vorgegebenen Fragmente und Anweisungen gödelisiert werden kann, wobei die Gödelnummer dann nur noch mit denen der korrekten Lösungen verglichen werden muß. Es sind weder Scanner noch Parser für das Erkennen der Programmstruktur notwendig, ein Compiler wird nicht benötigt.

Darüberhinaus sollten Aufgaben gestellt werden, deren Lösung schriftlich vom Lerner zu verfassen sind. Hierunter sind vor allem Verständnisfragen zu verstehen, deren Beantwortung nicht in kurzen Stichworten erfolgen kann. Hier könnten die oben bereits erwähnten Musterlösungen in das System integriert werden, um dem Benutzer eine eingeschränkte Ergebniskontrolle zu ermöglichen.

Um einen möglichst hohen Wissenserwerb zu erreichen, werden sämtliche Aufgaben mit hypertextgestützten Lernkarten ausgestattet, die den für die Lösung der Aufgaben notwendigen Stoff in Stichworten enthalten. Diese Lernmethode hat sich in groß angelegten empirschen Feldversuchen anderer Universitäten sehr gut bewährt. [1]

5 Stand der Entwicklung und Ausblick

5.1 Stand der Entwicklung

Für die Entwicklung des Systems steht ein Macintosh Quadra 800 zur Verfügung, der mit 40 MByte RAM, einer Festplattenkapazität von 2,5 GByte, einem 21"-RGB-Monitor und einer Videodigitalisierungskarte ausgestattet ist. An Software stehen Autorensysteme zur Erstellung und Bearbeitung von Animationen und Videomaterial sowie verschiedene Programmiersprachen zur Verfügung.

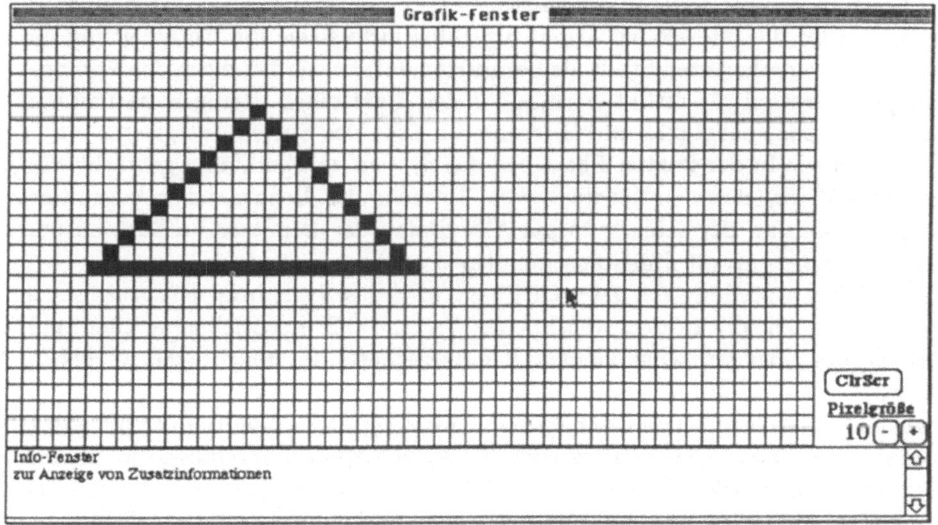

Abbildung1. Die graphische Benutzeroberfläche für das Lehr-/Lernsystem

Fertiggestellt wurde bereits die graphische Benutzeroberfläche für die interaktive Arbeit mit den Graphikalgorithmen. Die Oberfläche bietet einen virtuellen Bildschirm von 640x480 Pixeln Größe. Der im Fenster sichtbare Ausschnitt dieses Bildschirms kann in bis zu 40facher Vergrößerung dargestellt werden, um Feinheiten und Auffälligkeiten der Algorithmen genau erkennen zu können. Der Benutzer kann die Pixelgröße und den im Fenster sichtbaren Bildschirmausschnitt frei wählen. In Abb. 1 ist der Aufbau der Oberfläche anhand eines Screenshots dargestellt. Oberhalb des *ClrScr*-Buttons können je nach Kontext weitere algorithmenspezifische Buttons eingefügt werden. Alle mausgesteuerten Funktionen sind auch über entsprechende Tastaturkürzel verfügbar. Ein Info-Fenster kann kurze Informationen zur Bedienung der jeweiligen Buttons enthalten; der zugehörige Lehrtext wird wegen der besseren Übersichtlichkeit in einem separaten Fenster angezeigt.

Im Rahmen eines Hauptseminars wurden unter Mithilfe von Studenten die ersten Algorithmen in die graphische Benutzeroberfläche integriert. Ferner wurde der Lehrtext aufbereitet, der in Form von Hypertextdokumenten in das System eingebunden werden soll.

5.2 Ausblick

Schritt 1: Die zur Zeit aus Kompatibilitätsgründen noch schwarz-weiße Darstellung wird in der zweiten Phase farbig gestaltet. Gleichzeitig werden die Algorithmen und die Lehrtexte mit einem Autorensystem koordiniert, von dem aus auch die Steuerung der einzelnen Fenster sowie das Abrufen der gesprochenen Texte erfolgen wird.

Schritt 2: Eine weitere Ausbaustufe stellt die Implementierung geeigneter Aufgaben für die interaktive Arbeit am Bildschirm sowie die Aufbereitung des für die Lösung relevanten Stoffs als Lernkarten dar. Es werden die in den vorangegangenen Abschnitten diskutierten und in den praktischen Übungen erarbeiteten Aufgabentypen, Lehrtexte und Bildmaterialien in das System integriert.

Schritt 3: In der letzten Phase soll das System netzwerkfähig gemacht werden, so daß ein Betreuer jederzeit vom Rechner der Benutzer aus konsultiert werden kann und der seinerseits die Aktivitäten der Benutzer beobachten und sich in Dialogform mit ihnen auseinandersetzen kann.

Nach Fertigstellung der zweiten Phase wird das System in den praktischen Übungsgruppen, die in den Abschnitten 3.2 und 3.3 beschrieben wurden, eingesetzt, um einer zunächst kleinen Benutzergruppe die Möglichkeit zu geben, das System zu testen und erste Rückmeldungen über die Akzeptanz zu erhalten. Anhand von Klausurergebnissen können erste empirische Werte über die Effektivität des Systems gewonnen werden, indem die Klausurergebnisse der Benutzergruppe, die mit dem System gearbeitet hat, mit den Ergebnissen der anderen Studenten verglichen werden. Für mit einem Rechner ausgestattete Studenten kann das System für das häusliche Selbststudium bzw. für die Nacharbeitung der Vorlesung genutzt werden. Dies entlastet auch die zum Teil angespannte Rechnersituation an der Hochschule. Schließlich wird das Lehr-/Lernsystem auf CD-ROM als Beilage zu dem bereits mehrfach erwähnten Lehrbuch vertrieben.

References

1. Glowalla, U., Häfele, G.: Lernen mit dem Hypermedia-System MEM am Beispiel der Gedächtnispsychologie. In: Glowalla, U. et al. (Hrsg.): Multimedia '94, Grundlagen und Praxis, Springer-Verlag, Heidelberg, 17.-19.04.1994
2. McIlroy, M. D.: Best Approximate Circles on Integer Grids ACM Transactions on Graphics, Vol. 2, 6.1 (Okt. 1983), 237-263
3. Issing, L. J., Hannemann, J. (Hrsg.): Lernen mit Bildern. Institut für Film und Bild in Wissenschaft und Unterricht, München, 1983
4. Janser, A., Luther, W.: Der Bresenham-Algorithmus und andere graphische Grundprozeduren. In: Dette, K. et al. (Hrsg.): Multimedia und Computeranwendungen in der Lehre, 6. CIP-Kongreß, Berlin, 6.-8.10.1992, Springer-Verlag
5. Luther, W., Ohsmann, M.: Mathematische Grundlagen der Computergraphik. Vieweg, Wiesbaden, 2. Auflage, 1989
6. Pea, R. D.: Learning through Multimedia. IEEE Computer Graphics & Applications, Juli 1991, 58-66
7. Schlageter, G., Rödder, W.: Mathematik für Wirtschaftswissenschaftler: Lineare Algebra – Aufgabentrainer. Präsentation auf dem Hochschul-Computer-Forum, TFH Berlin, 1993
8. Schlicht, H.-J.: Digitale Bildverarbeitung mit dem PC. Addison-Wesley, 1993

Zum Einsatz von Intelligenten Lehr-Lernsystemen in der Lehre

Eva Kluge

Freie Universität Berlin, Institut für Informatik, Takustr. 9, D–14195 Berlin
e-mail: kluge.inf.fu-berlin.de

Zusammenfassung Die Akzeptanz von Lernprogrammen in der Ausbildung hängt entscheidend davon ab, wie sich solche Programme zur Unterstützung kognitver (Lern-)Prozesse nutzen lassen bzw. inwieweit sie selbst unterstützend wirken. Man muß dabei unterscheiden zwischen Lernprogrammen, die als *die-Lehre-unterstützende-Medien* geplant sind, und solchen, die als *die-Lehre-übernehmende-Tools* gedacht sind. Letztere werden i.a. unter dem Begriff *Intelligente Tutorielle Systeme(ITS)* zusammengefaßt.

Dieser Beitrag konzentriert sich auf die Konzeption der Didaktikkomponente für ITS[1], deren Hauptaufgabe die Steuerung des Lehr-/Lernprozesses ist. Zentrales Moment ist die Integration lerntheoretischer Erkenntnisse in die Konstruktion von ITS. Hierbei wird eine handlungstheoretische Position bezogen. Aus dieser Position heraus definiert sich der kognitive Lernprozeß als Aufbau eines hierarchisch organisierten Aktionsprogrammes, dessen Durchführung über verschiedene Zwischenziele zum gewünschten Endziel der Lernhandlung führt. Als Konsequenz dieser Annahme muß die Didaktikkomponente so konzipiert sein, daß sie Strukturierungs- und Orientierungshilfe leistet und zudem auf den Aufbau von Handlungsmodellen bei der Lernenden hin orientiert ist. Erste Schritte der Konzeption sind: Erzeugung eines Strukturbildes des Lerngegenstandes, Aufbau einer adäquaten Lern*handlungs*zielstruktur, Planung einer dynamischen Lernwegsteuerung.

Diese Schritte werden anhand des Beispieles SYPROS[2] dargestellt. SYPROS wurde an der TU München unter der Leitung von Dr. Christian Herzog entwickelt. Die aktuelle Version verfügt bereits über ein Expertenmodul, eine Diagnose - und Fehlererklärungskomponente sowie über zahlreiche Hilfs- und Visualisierungswerkzeuge (vgl. etwa. [HeRo93], [HeGo93]).

Schlüsselwörter: CBT; ITS ; Lernzielstrukturierung, Lernerführung; Intelligentes Lehrsystem für die parallele Programmierung.

---

[1] zum prinzipiellen Aufbau eines ITS vgl. auch [Puppe92]
[2] SYPROS – **SY**nchronisation paralleler **P**rozesse mit **S**emaphoren

1 Lernprogramme und ihr Einfluß auf das Unterrichtsgeschehen

Der Einsatz von Lernprogrammen in der Lehre wird zumeist sehr kontrovers diskutiert. Die Gründe dafür liegen vor allem in der strukturellen wie qualitativen Unterschiedlichkeit von Lernprogrammen, aber auch in den unterschiedlichen Vorstellungen über die Leistungsfähigkeit und Einsatzmöglichkeit solcher Systeme. Generell ist die Akzeptanz dort relativ hoch, wo der Lehrer oder die Lehrerin an der Entwicklung des Lernprogrammes beteiligt war oder in dem verwendeten Lernprogramm eigene Lehrprinzipien wiederfindet, sein Einsatz sich gut in die eigene Unterrichtsplanung, sowohl hinsichtlich der Thematik als auch der Methodik, einbetten läßt. Als klare Minuspunkte der meisten Lernprogramme werden angeführt: sehr eingeschränkte Einsatzbereiche; der relativ statische Ablauf der Lernsitzungen; die Reduktion der Programme auf sogenannte drill & practice Programme oder auch Systeme, die auf jede Steuerung des Lernprozesses verzichten. Einige dieser Minuspunkte können abgebaut werden, wenn man die jeweilige Art des Lernprogrammes genauer betrachtet und seinen Einsatzbereich sorgfältiger definiert.

Der Versuch einer Klassifikation von *Lernprogrammen im weitesten Sinne* ist bereits von mehreren Autoren unternommen worden (z.B.[Weng87]).Ich will hier nur grob differenzieren zwischen solchen Systemen, die als *die-Lehre-unterstützende Medien* bezeichnet werden können, und solchen, die sich als *die-Lehre-übernehmende Tools* charakterisieren lassen. Der ersten Gruppe lassen sich *Trainings- und Übungsprogramme* und *Lehr-Informationssysteme* zuordnen, der zweiten Gruppe die *Intelligenten Tutoriellen Systeme*.

Trainings- und Übungsprogramme, kurz*CBT- Programme* genannt, dienen in erster Linie der Festigung bereits erworbenen Fähigkeiten(drill & practice). Sie präsentieren eine Folge von zunehmend komplexeren Übungsbedingungen, Ordnung und Aufbau der Übungseinheiten sind in der Regel statisch. Variabilität und freie Entscheidungsmöglichkeiten findet man allenfalls in quantitativen Merkmalen, wie Anzahl der Übungen zu einem Thema, Schwierigkeitsstufen oder des Einstiegs. Didaktische Überlegungen schlagen sich im wesentlichen auch in den Fragen der Übungsanordnung, der Beispielauswahl, der Kontrollmechamismen nieder.

Als *Lehr-Informationssysteme* bezeichne ich solche Systeme, welche eine sachlogische Aufbereitung eines bestimmten Wissensbereiches repräsentieren und von welchem die Lernende sich Teile oder das Ganze aneignen will. Abgesehen von Visualisierungen und Simulationsmöglichkeiten, Hinweisen auf Beispiele lassen sich selten didaktische Überlegungen zur Steuerung von Lernprozessen finden.

Der Einsatz von solchen *die-Lehre-unterstützenden-Medien* bedarf einer genauen Planung durch den LehrerIn (z.B. Bestimmung von Übungsphasen oder die Formulierung konkreter 'Such'-Aufgaben). Charakteristisch ist, daß dadurch die Lehr-Lern-Interaktion zwischen Lehrer und Schüler nicht unterbrochen wird. Der Einsatz dieser Syteme kann bei geeigneter Planung sehr sinnvoll sein.

Intelligente Tutorielle Systeme (ITS) werden oft als *wissensbasierte Systeme* charakterisiert. Gemeint ist damit die Eigenschaft, daß in ihnen das Fachwissen und das pädagogische Wissen implementiert ist, welches zu Entscheidungen führt und nicht erst die Entscheidungen[Weng87]. Dadurch wird es möglich, den Lernprozeß dynamisch zu gestalten, also z.B. lerneradaptive Hilfen und Erklärungen anzubieten. Für den Einsatz in Unterrichtssituationen ergibt sich damit die entscheidene Änderung, daß die Interaktion zwischen LehrerIn und SchülerIn in einer bestimmten Phase, bezüglich eines bestimmten Themas unterbrochen und durch eine Interaktion zwischen Computer und SchülerIn ersetzt wird. Mit dieser strukturellen Änderung der Lehrer-Schüler-Computer-Interaktion verlagert sich die Bedeutung eines ITS *von einem die-Lehre-unterstützenden Medium zu einem die-Lehre-übernehmendem Tool.* Damit stellen sich an ein ITS andere Forderungen als an CBT -Programme oder Lehr–Informationssysteme. In Anlehnung an Eigenschaften eines guten menschlichen Tutors sind dies u. a.(vgl.[Ferg88],S.37): die Forderung nach einer detaillierten, vollständigen Repräsentation des Lerngegenstandes sowie nach Möglichkeiten, dieses Wissensmodell dynamisch zu erweitern bzw. zu verändern, die Forderung nach einer dynamischen Modellierung des Wissenstandes der Lernenden, nach Möglichkeiten der Fehlererkennung und –diagnose sowie die Forderung nach Lehrstrategien, die es dem System ermöglichen im weitesten Sinne didaktisch-methodisch lerneradäquat agieren zu können.

Entsprechend diesen Anforderungen differenziert man in einem ITS ein Wissensmodell, ein Studentenmodell, eine Diagnosekomponente und ein Tutormodell [Puppe92]. Alle genannten Komponenten beeinflussen durch ihren Aufbau und durch die Art des gegenseitigen Informationsaustausches und deren Verarbeitung nachhaltig Prozeß und Resultat des Lernens. So fördern z.B. fallbasierte Systeme wie MaXGo [Kohl93] oder TUDIS [RhPu94] exploratives und Diskriminations-Lernen, andere Systeme wie ABSYNT[Moe93] und PETRI-HELP[Moe94] unterstützen in Struktur und Funktion eine bestimmte Lerntheorie, z.B. die Theorie des impasse-success-problem-driven-learning[Moe93]. Eine explizite Modellierung des Tutormodelles findet sich in kaum einem System, erscheint aber sinnvoll im Hinblick auf den Anspruch, daß ein ITS partiell die individuelle Steuerung des Lehr-/Lernprozesses übernehmen soll.

2 Modellierung einer Didaktikkomponente für ITS

[3]Als Ansatz für die Modellierung einer Didaktikkomponente, welche die eingangs erwähnten didaktischen Anforderungen – Strukturnähe, Handlungsorientierung – erfüllt, wird die Idee gewählt, daß entscheidend für die Konzeptionierung die Orientierung an lerntheoretischen Erklärungsansätzen ist. Wir stützen uns auf eine handlungstheoretische Position, die Erkenntnisse der Kognitionspsychologie und der Handlungspsychologie sinnvoll vereint[Schn79].

---

[3] Die folgenden Abschnitte sind zum Teil Auszüge aus einem noch nicht veröffentlichten Beitrag zum Arbeitstreffen der GI-Fachgruppe „Intelligente Lehr-/Lernsysteme", September 1995 in Zuerich, entstanden in Zusammenarbeit mit der Arbeitsgruppe InTuSys der TU München, Institut für Informatik, insb. mit Frau Meike Gonschorek und Herrn Dr. Christian Herzog.

2.1 Der Prozeß des Lernens aus handlungstheoretischer Sicht

Aus der Sicht handlungstheoretischer Ansätze vollzieht sich Lernen im Denken **und** im Tun. Lernen ist als ein Prozeß zu definieren, in dem zunehmend komplexere Handlungspläne aufgebaut werden, auch Aktionsprogramme genannt. Das Ergebnis eines Lernprozesses ist demnach in erster Linie ein inneres Handlungsmodell und erst in zweiter Linie ein Wissensmodell. Ein solches Modell ist hierarchisch sequentiell organisiert und prozeßorientiert. Bezogen auf den Lerngegenstand soll es adäquat strukturiert sein, gleichzeitig aber auch im Sinne der Transferierbarkeit allgemeinere Handlungskonzepte beinhalten. Der Zuwachs an Komplexität eines Handlungsschematas äußert sich nicht nur in der Addition von neuen Wissenseinheiten oder gar Hierarchieebenen, sondern insbesondere durch eine Veränderung der Verknüpfungsstruktur über Prozesse der Verschmelzung von Wissenseinheiten zu größeren Handlungszusammenhängen sowie über Vorgänge der Löschung oder Verlagerung von Wissenseinheiten.

Die Entscheidung für eine solche handlungstheoretische Position hat für die Gestaltung einer tutoriellen Komponente bedeutende Konsequenzen. Entsprechend den wesentlichen Merkmalen eines Handlungsmodelles, nämlich Strukturnähe zum Lerngegenstand und Generalisierbarkeit sowie die Handlungsorientierung, soll sie sich auf auf wesentliche Strukturmerkmale des Lerngegenstandes konzentrieren und diese auf verschiedenen Komplexitätsstufen sowie auf verschiedenen Abstraktionsniveaus repräsentieren: sie soll lernbedeutsame Beziehungen stiften und mit ihren Regeln zur Lernprozeßsteuerung die Aufmerksamkeit des Lernenden in Richtung entsprechender Handlungziele lenken.

Voraussetzungen für die Konzeption einer solchermaßen arbeitenden tutoriellen Komponente sind eine genaue Analyse des Lerngegenstandes hinsichtlich seiner Struktur und seiner Handlungsanforderungen, die Konstruktion einer entsprechenden Lernzielstruktur und die Definition von Steuerungsmöglichkeiten durch diese Struktur (dynamische Lernwegplanung).

2.2 Phasen der Lernzielstrukturmodellierung

Im realen Unterricht ist die Formulierung von Lernzielen als Leitpunkte der Steuerung und Planung von Lehr–/Lernprozessen ein zentrales didaktisches Element. Die Aufstellung von Lernzielen dient der aktiven Unterstützung und Förderung kognitiver Lernprozesse in dem Sinne, daß durch sie das zu erlernende Wissen didaktisch aufbereitet wird. Ziel der Aufstellung von Lernzielen ist nach dem vorgenannten nicht eine 1:1 Abbildung des Expertenwissens auf das Lernerwissen, vielmehr eine Umstrukturierung des Expertenwissens derart, daß sein Erlernen erleichtert wird (vgl. auch [JaMe91]).

Als Vorbereitung zum Aufbau einer lernbereichsadäquaten Lernzielstruktur wird zunächst ein Strukturmodell des Wissens aufgebaut. Die hier vertretene Grundannahme ist, daß auch Lernbereiche prinzipiell eine hierarchische Struktur aufweisen.

Sachanalyse Die Wissensdomäne von SYPROS sind Probleme der nicht sequentiellen Programmierung, die vom Lernenden mit Hilfe des Semaphorenkonzeptes nach Dijkstra[Dijk68] gelöst werden sollen. Zentrale Wissenseinheiten sind dort auf der untersten Ebene im wesentlichen drei Basisschemata zur Lösung der Restiktionen:Verhindere den gleichzeitigen Zugriff auf Resourcen (`Mutually Exclusive`), Verhindere den Zugriff auf leere Lager(`GetOnlyIfNotEmpty`), Verhindere die Lagerüberfüllung(`BenchLimit`). Die Schemata selbst lassen sich in hierarchisch organisierte Teilhandlungen zerlegen. Auf den darüberliegenden Komplexitätsstufen finden sich Problemstellungen zur Verknüpfung und Modifikation dieser Basisschemata in veränderten Kontexten. Die entsprechenden Strukturen lassen sich über die Ziel-Plan-Bäume (vgl. z.B. [Herz92], [HeRo93]), die in SYPROS zu jeder Aufgabenstellung generiert werden, ableiten. Als Beispiel soll hier nur die Problemstellung `MutuallyExclusive` genauer untersucht werden.

Beispiel Ein klassisches Beispiel aus dem Bereich der nicht sequentiellen Programmierung ist repräsentiert durch folgende Situation (Abb.1): Zwei Autos fahren auf zwei Strecken, die mit Ausnahme einer Kreuzung parallel zueinander geführt sind. Die Durchfahrt des Kreuzungsbereiches muß nun so geregelt werden, daß weder ein Zusammenstoß noch ein dead-lock (Stillstand beider Autos) eintritt. Lösung: Einbau von STOP und GO-Signalen (Abb.2). Vor dem Eintritt in den kritischen Bereich des einen Autos wird dem jeweils anderen Auto an der Grenze zum kritischen Bereich ein STOP-Signal gesetzt. Unmittelbar nach Verlassen des kritischen Bereiches wird dieses STOP-Signal zurückgesetzt auf GO. Die Schaltungen seien so realisiert, daß das STOP - Signal nur von genau einem Auto ausgelöst und zurückgenommen werden kann.

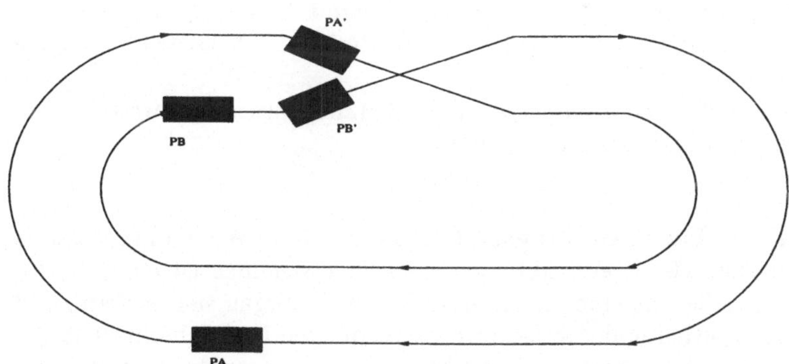

Abbildung1. ungeschützte Bereiche paralleler Prozesse

Die Formulierung dieses exklusiven Zugriffs auf den kritischen Bereich mit Hilfe von Semaphoren sieht wie folgt aus:

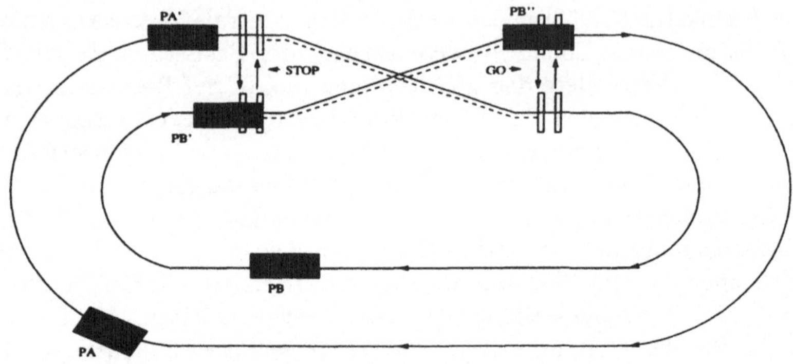

Abbildung2. geschützte Bereiche paralleler Prozesse

```
ГА            PB
.             .
.             .
P(S)          P(S)
critical(PA)  critical(PB)
V(S)          V(S)
.             .
.             .
.             .
```

wobei gilt: P(S) = S-1; falls S > 0 .Bei S=0 wird der aufrufende Prozeß angehalten. P(S) und S=0 wirken also wie ein STOP - Signal. V(S)=S+1; falls S <> 1. Ist S=1, so wird ein angehaltener Prozeß aufgerufen. V(S) und S=1 wirken also als GO-Signal für den nächsten Prozeß in der Warteschlange. S wird in Abhängigkeit von der Aufgabenstellung mit einem Wert > 0 initialisiert. Die Punkte symbolisieren beliebige Aktionen der Prozesse A bzw B.

Diese zur Problemlösung notwendigen Handlungseinheit weist eine recht einfache hierarchische Struktur auf (Abb.3):

Aufbau der Lernhandlungszielstruktur Die in Abbildung 2.2 angegebene Strukturierung der (Teil-) aktionen eines Basisschemas ist der Ausgangspunkt für die Formulierung einer ebenfalls hierarchisch organisierten Lernzielstruktur. Die Berücksichtigung didaktischer Entscheidungen (vgl. Abschnitt 2.1), wie z.B. die Hervorhebung wesentlicher Strukturmerkmale oder die Vermittlung von allgemeinen, transferierbaren Konzepten erfordert in der Regel eine gegenüber der Sachstruktur modifizierte Lernzielstruktur. Die äußere Struktur weist zwei Dimensionen auf. Es gibt verschiedene Stufen von Lernzielen, welche entsprechend den verschiedenen Stufen des Lernens — vom Neuling zum Experten [Drey86] — unterschiedliche Komplexitätsgrade der zu erlernenden Handlungen formulieren. Innerhalb jeder dieser Stufen sind die formulierten Lernziele auf unterschiedlichen Abstraktionsniveaus repräsentiert und gegebenenfalls in Teillernziele aufgegliedert.

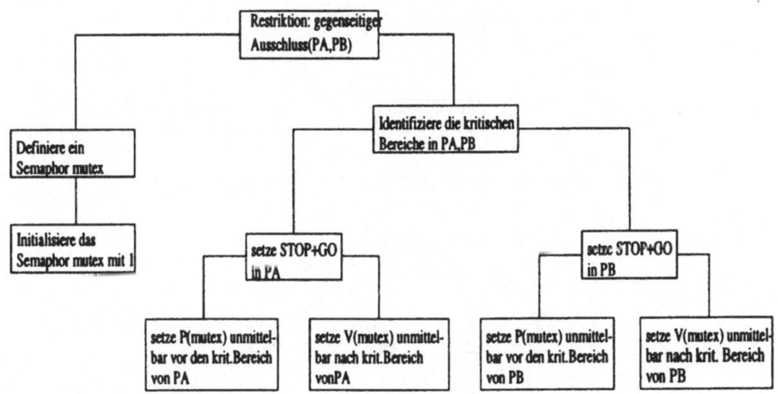

Abbildung3. Problemstruktur zu "Mutually Exclusive"

Sowohl zwischen den Lernzielen einer jeden Ebene als auch zwischen Lernzielen unterschiedlicher Stufen bestehen relationale Beziehungen, die als Kanteneigenschaften definiert werden können. Beispiele hierfür sind Eigenschaften wie:

- Lernziel X { 'ist Voraussetzung für', 'erleichtert das Lernen von', 'erschwert das Lernen von', 'hat keine Auswirkung auf' } Lernziel Y;
- Lernziel X wird zu x% derselben Aufgaben zugeordnet wie Lernziel Y;
- Ordnungsrelationen bezüglich der Lokalisation in den Ebenen bzw. Stufen. Diese sind unmittelbar aus der Lernzielstruktur ableitbar.

Für das Beispiel ergibt sich die Lernzielstruktur in Abbildung 4. Die Struktur signalisiert die Betonung der Lernprobleme "Nutzung der derselben Variablen für diese eine Restriktion", "Anordung der P - und V-Operationen innerhalb der Prozesse" und die "modulare Bearbeitung einzelner beteiligter Prozesse".

Konzeption einer dynamischen Lernwegsteuerung Auf der Basis der entwickelten Lernzielstruktur läßt sich bereits mittels der darin enthaltenen partiellen Ordnungen ein Tableau erzeugen, welches eine an den Könnensstand der Lernenden angepaßte Lernwegsteuerung ermöglicht (siehe Tabelle 1). Dazu werden zu jedem Lernziel folgende Beobachtungen bewertet:

- Lernziel X ist nicht atomare Einheit: LZ ist nicht atomar, wenn LZ eine nicht leere Menge von echten Teillernzielen zugeordnet ist;
- die Menge der zugehörigen Teillernziele, geordnet in einer Rangwertreihe (lokale Rangwertreihe);
- Rangwert des Lernzieles X in einer ebenenbezogenen Rangwertreihe (globale Rangwertreihe);
- Menge möglicher direkter Nachfolgeziele, ebenfalls in Rangfolge;
- eine Zahl ef, die den Grad der Erfüllung des Lernzieles anzeigt. Der Wert von ef liegt zwischen 0 und 1 und wird berechnet aus den prozentualen Anteilen der Bedingungen, die an das Lernziel gestellt werden;
- eine Zahl wef, die den Grad der Sicherheit anzeigt, mit der das Lernziel von der Studentin gelöst wird. wef liegt ebenfalls zwischen 0 und 1 und berechnet sich

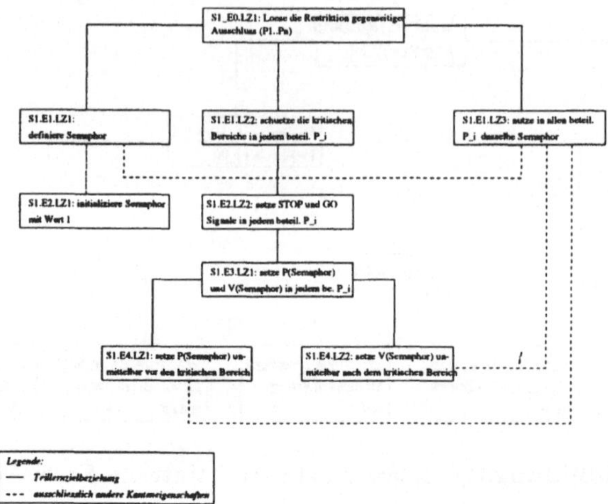

Abbildung 1. Lernziel S1_E0.LZ1: Lösen der MutuallyExclusive restriction

aus dem Quotienten der zum Lernziel schon gelösten Aufgaben und der maximal erforderlichen Aufgabenlösungen (abhängig von der Wichtigkeit des Lernzieles und von der aktuellen Einstufung des Niveaus des Lernenden; vgl. auch [Gerl93]);

- Listen von Hinweisen zu entsprechenden Kontrollaufgaben; von Hinweisen zur Lösung des Lernziels: dies können verbale Beschreibungen, Visualisierungen oder konkrete Aufforderungen sein, sowie Hinweise auf Nachfolgelernziele.

Beispiel Angenommen, die Studentin hat bei der Bearbeitung einer Aufgabe zu der angegebenen Problemstellung ein Semaphor `mutex` definiert. Der initiale Wert spielt zumächst keine Rolle. Weiter hat sie für den Prozeß PA die Operation `P(mutex)` richtig gesetzt. In dieser Situation ergäbe sich allein aus der Auswertung der Teillernbeziehungen, welche über die Rangwertreihen gegeben sind, die Bewertungen für ef wie in der Tabelle unter 1.) notiert. Diese aktuelle Bewertung liefert nun den Hinweis für das nächste zu bearbeitende Lernziel: Das in ef am höchsten (außer Wert 1) bewertete Lernziel ist E3.LZ1 mit $ef = \frac{1}{2}$. Falls die Studentin nun Hilfe anfordert, wird entsprechend ein Hinweis der Art " Du **musst zum Schutz des kritischen Bereiches in PA die P- und V- Operation setzen**" gegeben. Falls dieser Hinweis nicht ausreicht, wird die zu E3.LZ1 gehörige Rangwertreihe bearbeitet. Im Beispiel wäre dies erwartungsgemäß das Ziel E4.LZ2, also " **setze V(mutex) unmittelbar nach dem kritischen Bereich**". Nach jeder Aktion wird die Lernzielbewertung angepaßt, so daß allein über diesen Teilbereich eine relativ detaillierte Lernwegsteuerung möglich ist.

3 Zusammenfassung und Ausblick

In den vorangegangenen Ausführungen habe ich die elementaren Schritte zur Entwicklung einer didaktischen Komponente für ITS dargelegt. Richtlinie war dabei das didaktische Ziel der Strukturerkennungshilfe und die Hilfe zum Aufbau eines strukturadäquaten Aktionsprogrammes im Denken der Lernenden: die

287

Stufe	Ebene	Lernziel	nicht atomare Einheit	Teillernziele (lokale Rangwertreihe)	Rangwert in Hauptreihe	direkte(r) Nachfolger	Grad der Erfüellung (ef)	Sicherheit (wef)	entspr. Aufgaben (Nr.)	Hinweise zu LZ	Hinweise zu Nachf.
S1	E0	LZ1	ja	E1.LZ1(1) E1.LZ2(2) E1.LZ3(3)	1	E0.LZ2(1) E0.LZ3(1)	$\frac{1}{3}$	0			
	E1	LZ1	nein		2	E1.LZ2(1) E1.LZ3(2)	1	..			
		LZ2	ja	E2.LZ2(1) E3.LZ1(2) E4.LZ1(3) E4.LZ2(3)	3		$\frac{1}{4}$	..			
		LZ3	nein		4		?				
	E2	LZ1	nein		5	E1.LZ3(1)	0				
		LZ2	ja	E3.LZ1(1) E4.LZ1(2) E4.LZ2(2)			$\frac{1}{3}$				
	E3	LZ1	ja	E4.LZ1(1) E4.LZ2(1)			$\frac{1}{2}$				
	E4	LZ1	nein				1				
	E4	LZ2	nein				0				
							1.)				

Tabelle1. Löse die Restriktion des gegenseitigen Ausschlusses

Lernende soll das Wissen über Problemlösungen der nichtsequentiellen Programmierung durch eigene Aktionen und durch aktionsorientierte Hilfestellungen in einem zunehmend abstrakteren und komplexeren kognitven Handlungsschema organisieren.

In der aktuellen Version von SYPROS sind bereits das Expertenmodul, eine Diagnose- und Fehlerkomponente sowie Hilfs- und Visualisierungswerkzeuge realisiert(vgl. etwa [Herz92], [HeRo93], [HeGo93]), die eine gute Grundlage für die Umsetzung dieser Idee bieten.

Neben der Ausdifferenzierung von Regeln zur Lernwegsteuerung ist in Zukunft vor allem das Zusammenspiel der verschiedenen Komponenten von Bedeutung. Da Wissens- und Lernzielmodellierung strukturell kompatibel sind, ist eine Übertragung von Fehlerdiagnoseregelen auf Lernzieldiagnoseregeln denkbar. Auch wenn sich auf diese Weise die Kompetenz eines guten menschlichen Tutors, die insbesondere gerade durch intuitives Erfahrungswissen entsteht, nicht "simuliert" werden kann, so führen diese Überlegungen vielleicht doch zu ITS, welche didaktisch anspruchsvoller agieren können und deren Einsatz eine größere Akzeptanz bei Schülern wie Lehrern erfährt.

References

[Dijk68]   Dijkstra, E.-W.: Cooperating Sequential Processes. In F. Genuys (Hrsg.), *Programming Languages*. Academic Press, New York, 1968.

[Drey86]   Dreyfus, H.; Dreyfus, S.: Künstliche Intelligenz — Von den Grenzen der Denkmaschine und dem Wert der Intuition. Rowohlt, 1986.

[Ferg88]   Ferguson, D.L.: Computers in Teaching and Learning In: *Proc. NATO Special Programme on Advanced Educational Technology: New directions in Educational Technology, Milton Keynes, UK, 10-13 Nov.,1988*, ed. 1992, S. 33–50.

[Gerl93]   Gerl, S.: Entwicklung einer Strukturierungskomponente für das Tutormodul eines intelligenten Lehrsytems. Diplomarbeit am Institut für Informatik der TU München, 1993.

[Herz92]   Herzog, C.: From Elementary Knowledge Schemes Towards Heuristic Expertise — Designing an ITS in the Field of Parallel Programming. In: *Proc. 2nd International Conference on Intelligent Tutoring Systems*, Montréal, Juni 1992: S. 183–190.
In: R. Gunzenhäuser et. al. (Hrsg.): 7. Arbeitstreffen der

[HeRo93]   Herzog, C.; Rothenhöfer, D.: An Architecture for an Intelligent Tutoring System in a Complex Domain. In: *Proc. World Conference on Artificial Intelligence in Education*, Edinburgh, August 1993.

[HeGo93]   Herzog, C.; Gonschorek, M.: Generation of Adaptive Explanations in ITS with Hierarchical Knowledge Domains. In: *Proc. International Conference on Computers in Education*, Taiwan, December 1993: S. 1–6.

[JaMe91]   Jank, W.; Meyer, H.: Didaktische Modelle. Frankfurt/M., Cornelsen (Scriptor), 1991.

[Kohl93]   Kohl,A.: Eine fallbasierte Lernumgebung für das asiatische Brettspiel Go. In: C. Moebus (Hrsg.): 6. Arbeitstreffen der GI–Fachgruppe „Intelligente (Tutorielle) Lernsysteme", Carl-von-Ossietzky-Universität, Oldenburg, Mai 1993.S.11–19.

[Moe93]   Möbus, C.;Thole, H.J.;Schröder, O.: Interactive Support of Planning in a Functional, Visual Programming Language. In: C. Moebus (Hrsg.): 6. Arbeitstreffen der GI–Fachgruppe „Intelligente (Tutorielle) Lernsysteme", Carl-von-Ossietzky-Universität, Oldenburg, Mai 1993.S.73–82.

[Moe94]   Folckers, J.; Möbus, C.; Pitschke, K.; Schröder, O.: PETRI-HELP: Expertiseerwerb, Hilfeakzeptanz und Systemerweiterungen. In: R. Gunzenhäuser et. al. (Hrsg.): 7. Arbeitstreffen der GI–Fachgruppe „Intelligente Lernsysteme", FAW Ulm, TR 94003, Mai 1994.

[Puppe92]   Puppe, Frank: Intelligente Tutorsysteme In: Informatik Spektrum(1992),15:195-207.

[RhPu94]   Rhein, U.: Einsatz eines Tutorsystems in der Medizin. In: R. Gunzenhäuser et. al. (Hrsg.): 7. Arbeitstreffen der GI–Fachgruppe „Intelligente Lernsysteme", FAW Ulm, TR 94003, Mai 1994.

[Schn79]   Schnotz, Wolfgang: Lerndiagnose als Handlungsanalyse. Weinheim, Basel:Beltz,1979.

[Weng87]   Wenger,E.: Artificial Intelligence and Tutoring Systems Los Altos, California, Morgan Kaufmann, 1987.

Elektronische Informationsdienste für Schule und Ausbildung: ein Überblick

CD-ROM Datenbanken als Medium in Schule und Ausbildung

Gerhard König, Fachinformationszentrum Karlsruhe

Zusammenfassung : Das Arbeiten mit Datenbanken und die Nutzung von Rechnernetzen sind Themen, die bundesweit für den Informatikunterricht als auch für fächerübergreifende Unterrichtsansätze diskutiert werden. Im ersten Teil des Beitrags wird auf die Bedeutung von Datenbanken auf CD-ROM für Schule und Ausbildung eingegangen. Danach wird im Hauptteil eine Übersicht über diejenigen CD-ROM-Datenbanken gegeben, die für das Lehren und Lernen relevante Inhalte enthalten. Dabei werden auch Diskettendienste erwähnt. Schließlich wird das weltweite Telekommunikationsnetz Internet vorgestellt. Dies ist nicht nur für die Datenbankwelt interessant, sondern wird auch zur Datei-und Softwareübertragung, für elektronische Diskussionsrunden und für elektronische Post(e-mail) benutzt, wie kurz gezeigt wird.

1. Einleitung

Wer professionell, schnell und preiswert über den Stand von Wissenschaft und Technik informiert sein will, kann dazu zeitgemäße Medien wie elektronische Datenbanken nutzen, aus denen sich Informationen über wissenschaftlich-technische Problemlösungen und Fakten schnell und zuverlässig beschaffen lassen. Welche Bücher oder Zeitschriftenaufsätze informieren über Primzahlprogramme oder natürliches Bauen, welche Daten aus der Bevölkerungsstatistik oder über chemische Strukturen liegen vor oder "Wer baut Maschinen für...?" oder "Wer liefert was?" Solche und ähnliche Fragen lassen sich mit elektronischen Datenbanken beantworten, von denen es weltweit etwa 8000 aus allen Fachbereichen gibt.

Die Nutzung elektronischer Datenbanken als wichtiges Instrument der Informationsbeschaffung und Entscheidungsvorbereitung in Wirtschaft und Industrie ist bereits Realität. Einige Verbände schlagen schon vor, Kenntnisse im elektronischen Recherchieren in Stellenausschreibungen und Einstellungsgesprächen zu verlangen. Datenbanknutzung wird auch immer mehr als Teil der Standardausbildung an Universitäten gesehen. Die Frankfurter Gesellschaft Deutscher Chemiker (DGCh) führt bis 1996 ein dreijähriges Pilotvorhaben durch, mit dem jährlich 3.000 Doktoranden und Diplomanden in die Grundlagen und Nutzungsmöglichkeiten elektronischer Fachinformation eingeführt werden. An dem Projekt beteiligen sich 59 Fachbereiche der Chemie an Universitäten und Fachhochschulen. Das BMFT beteiligt sich an den Kosten mit insgesamt 9,8 Millionen DM. In den Jahren davor liefen ähnliche Projekte für die Fachbereiche Mathematik und Physik (s. Weisel 1992 und Koczian 1993).

Einig ist man sich also überall darin, daß man förderpolitisch mehr für die Kunden von morgen, im besonderen die Studenten, tun müsse. Sollte man aber die Förderungsfront bis in die Schulen vorantreiben? Wenn ja, sollte es an den Schulen mehr um die Methodenvermittlung oder mehr um die Informationsinhalte gehen? Da Schulen auf die weitere Ausbildung ihrer Schüler oder den Beruf vorbereiten wollen, müssen sie ihre Schüler mit den modernen Methoden der Informationsgewinnung und -verarbeitung vertraut machen, heißt meist die Antwort. Insofern fordert das Thema Datenbanken auch die Schulen und die in ihnen Verantwortlichen heraus. Bereits die Schüler sollen erste Entscheidungskriterien, wann elektronische Datenbanken einzusetzen sind, aus Erfahrung gewinnen (propädeutische Einführung in die Literatursuche).

Auf der letzten Konferenz, 1993 in Koblenz, trug der Autor über den Schwerpunkt Online-Datenbanken vor mit einem Ausblick auf CD-ROM-Datenbanken (s. König, 1993). In diesem Beitrag sollen als Fortsetzung CD-ROM-Datenbanken diskutiert werden und zusätzlich gezeigt werden, wie im Aufbau begriffenene andere relevante Datenbanken uns bei der Beschaffung von fachdidaktischen Informationen behilflich sein können. Schließlich wird kurz auf das Internet eingegangen.

2. Was bringen uns Datenbanken für Schule und Ausbildung?

Drei Bereiche lassen sich zur Begründung für einen schulischen Einsatz von elektronischen Datenbanken identifizieren, wie bei KÖNIG 1993 gezeigt wurde:

- Hilfen für den Lehrer, Lehrerbildung (Lehrer werden durch bibliographische Datenbanken auf Schulbücher, Lehrbücher sowie Zeitschriftenaufsätze für ihre Unterrichtsplanung hingewiesen. Für die Einarbeitung in ein neues Gebiet weisen wiederum bibliographische Datenbanken relevante Publikationen nach.)
- Datenbanken als Werkzeug im Unterricht, im Informatikunterricht, und speziell in Lehrgängen der Informationstechnischen Grundbildung
- Informationsgewinnung als Lernziel (Durch den praktischen Umgang mit Datenbanken sollen die Schüler durch das Erfahren der Möglichkeiten und Grenzen von Datenbankrecherchen ein Informationsbewußtsein sowie die Bereitschaft zu späteren verantwortungsvollen Anwendung dieser Methoden im Beruf entwickeln.)

Auch bereits mit Erfolg werden elektronische Datenbanken in Schulen als Hilfsmittel benutzt für den:
- Einsatz bei Wettbewerben, wie z.B. "Jugend forscht"
Im naturwissenschaftlich-technischen Wettbewerb „Jugend forscht" bietet es sich an, die Originalität eines Arbeitsansatzes durch eine umfassende, computerisierte Literaturrecherche zu untermauern und zu überprüfen.

Möglichkeiten der Nutzung von Fachinformationsbanken in der Schule wurden in einigen Projekten und Modellversuchen abgeklärt, wie ebenfalls im letzten Beitrag des Autors ausgeführt wurde. Unabhängig davon liegen Unterrichtserfahrungen von Lehrern vor, die Datenbankrecherchen mit Schülern durchgeführt haben. Als Beispiel sei auf LUDWIG,1994 verwiesen, der auch erprobte Ansätze zur Behandlung des Themas Datenbankrecherchen im Informatikunterricht bespricht und praktische Tips für den Schulalltag gibt.

Auf der Infobase 1994 wurde folgender Nutzen von Informationen für Studenten aus Datenbanken diskutiert:

1) *Datenbanken über die Forschungsschwerpunkte von Hochschulen:*
   Sucht man einen ausgewiesenen Fachmann einer bestimmten Forschungsrichtung, um sich dort wissenschaftlich zu qualifizieren, so bieten Forschungsprofildatenbanken, wie sie von Wissens- und Technologietransferstellen angeboten werden, wertvolle Hinweise.
2) *Datenbanken über Forschungsergebnisse:*
   Um das theoretische Fundament einer wissenschaftlichen Arbeit, z.B. einer Diplom- oder Doktorarbeit, abzusichern, empfiehlt sich die Recherche in Literatur- und Faktendatenbanken

3) *Shareware-Datenbanken:*
Zur Lösung bestimmter informationstechnischer Probleme findet man hier oft nützliche "Tools".

4) *Firmenprofildatenbanken:*
Sucht man nach dem Studium einen geeigneten Arbeitgeber in der privaten Wirtschaft, so geben Unternehmens- und Brachendatenbanken wertvolle Hinweise.

5) *Patentdatenbanken:*
Will man nach dem Studium ein eigenes Unternehmen gründen oder aber Erfindungen, die man bei seiner wissenschaftlichen Arbeit gemacht hat, schützen, ist die Recherche in Patentdatenbanken von besonderem Nutzen.

3. CD-ROM-Datenbanken und Diskettendienste

In den letzten Jahren werden Fachinformationsbanken zunehmend auf CD-ROM angeboten. Komplexe Datenbanken waren eine der ersten Einsatzgebiete von CD-ROMs. Die CD-ROM-Ausgabe einer Datenbank ist nicht eine Modefrage, sondern hat eine Reihe von Vorteilen, die die Verbreitung und Nutzung von Datenbanken fördern (Der technische Aufwand ist geringer, Bedienung ist einfacher, Kosten sind kalkulierbar). Wie wir weiter unten sehen werden gibt es verschiedene für den Erziehungsbereich relevante Datenbanken auf CD-ROM. Aber auch Lexika verbunden mit Bild- und Tondokumenten sind beständig auf dem Vormarsch. Ein weiteres großes Gebiet stellt die sog. Lernsoftware dar. Auf die beiden letzten Aspekte werden wir nur kurz eingehen.

Der Erfolg des Mediums CD-ROM als Datenträgermedium ist unbestritten. Außer den oben aufgeführten Gründen sind dies die hohe Speicherkapazität von derzeit über 600 Mbyte und die kompakte Größe (eine Scheibe von 12 cm Durchmesser und einer Stärke von 1,2 mm). Wieviel Informationen faßt überhaupt eine CD-ROM? Bevor wir mit den Nachweisen der für Schule und Ausbildung geeigneten CD-ROMs beginnen, einige Rechnungen zum Vergleich CD-ROM /Buch als Antwort auf diese Frage.

Eine CD-ROM kann 660 MB speichern. Was heißt das? Die Darstellung eines Zeichens erfordert 1 Byte = 8 Bits. Eine CD-ROM enthält also ungefähr 660 Millionen Zeichen. Auch das übersteigt unsere Vorstellungskraft. Wieviel Zeichen enthält eine Buchseite? Im Durchschnitt kann man von 60 Zeichen pro Zeile und 40 Zeilen pro Seite, also 2.400 Zeichen pro Seite ausgehen. (Die Proceedings dieser Konferenz sind allerdings dichter gepackt.) Reichlich 400 Seiten eines Buches benötigen also zur Speicherung 1 MB. Auf eine CD-ROM passen demnach 660 Bücher à 400 Seiten oder 1320 Bücher à 200 Seiten.
Schätzen Sie einmal die Stellfläche in einem Bücherregal für diese Büchermenge! Ich habe es zu Hause abgeschätzt: ca 44 m. So nun wissen Sie anschaulich, wieviel Information Sie auf einer CD-ROM, also auf etwa 113 qcm haben.

Weiteres zu CD-ROMs s. z.B.Hartmann/Meister/Strass, 1994 oder viele andere Bücher, wie die vor kurzem erschienenen Werke von Scheder bei Addison-Wesley oder Weber bei Data Becker.

Auf dieser Grundlage können wir uns nun besser vorstellen, warum umfangreiche Datenbanken auf einer so kleinen Silberscheibe gespeichert werden können. Damit nun zu den einzelnen Datenbanken:

3.1 Spezielle Fachdatenbanken

CD-ROM MATHDI (online und CD-ROM)
Hersteller: Fachinformationszentrum Karlsruhe, Gesellschaft für wissenschaftlich-technische Information mbH, 76344 Eggenstein-Leopoldshafen. *Host: STN International*
Zum Inhalt: Die CD-ROM MATHDI (MATHematik DIdaktik)enthält den gesamten Bestand der Online-Datenbank MATHDI bis einschließlich Erscheinungsjahr 1994, das sind etwa 58.000 Literaturnachweise zu den Themen Mathematik- und Informatikunterricht, elementare Mathematik und deren Anwendungen, informationstechnische Bildung. Erfaßt werden weltweit Bücher, Zeitschriftenaufsätze, Unterrichtsmaterialien und Software. Das nächste Update ist für Ende 1995 geplant.

Diskettendienst und CD-ROM SOLIS
Hersteller: Informationszentrum Sozialwissenschaften, Lennéstraße 30, 53113 Bonn. *Host: STN-International*
Zum Inhalt: SOLIS weist deutschsprachige Literatur aus sozialwissenschaftlichen Fachgebieten, einschließlich Arbeitsmarkt-und Berufsforschung, Kommunikationswissenschaft und Sozialpsychologie sowie Erziehungswissenschaften und Bildungsforschung nach. Ein CD-ROM Abonnement mit zur Zeit 250.000 Nachweisen und viermonatlicher Aktualisierung ist bei dem Host GBI in München erhältlich. Für sieben thematische Segmente werden die Neuzugänge der Datenbank SOLIS auch auf Diskette angeboten. Darunter ist beispielsweise der Dienst DD-F mit den Themen Frauen und Familie, Bildung und Wissen, Lebensalter und Gesundheit sowie Medizin und Sexualität oder der Dienst DD-W mit den Themen Wirtschaftssystem und wirtschaftliche Entwicklung, Beruf und Arbeit, Betrieb und Organisation. Die Lieferung erfolgt halbjährlich, etwa 500 bis 600 Nachweise in jedem Dienst pro Jahr.

Informationssystem Medienpädagogik   (Diskettenausgabe)
Hersteller: Deutsches Institut für Internationale Pädagogische Forschung, Bibliothek und Dokumentation, Schloßstraße 29, 60486 Frankfurt/M.
Verlag: Verlag Leske + Budrich, Postfach 300 551, 51334 Leverkusen.
Zum Inhalt: Die im Sommer 1993 erschienene Diskettenausgabe verzeichnet deutschsprachige Bücher und Zeitschriftenaufsätze zu Medienerziehung, Medienkunde, Mediendidaktik und Medienforschung sowie Jugendmedienschutz. Die etwa 12.000 Nachweise (seit 1970 bis 1992) sind durch Schlagwörter und Kurzreferate erschlossen. Etwa Juli 1995 soll eine aktualisierte Fassung mit zusätzlichen 4000 Nachweisen erscheinen.

Literaturdokumentation Bildung: (CD-ROM-Datenbank)
Hersteller: Modellversuch FIS Bildung, Geschäftsstelle, Berliner Straße 31-35, 65760 Eschborn.
Zum Inhalt: Die CD-ROM entstand in Zusammenarbeit mit 17 leistungsfähigen Dokumentationseinrichtungen in Deutschland und Österreich und deckt das gesamte Spektrum des Bildungsbereichs ab. Berichtet wird nur über deutschsprachige Literatur. Den bibliographischen Nachweisen sind Schlagwörter, teilweise auch Abstracts beigegeben. Die erste Ausgabe erschien Ende 1993 mit etwa 200.000 Dokumenten, eine aktualisierte Ausgabe erschien im März 1995 mit 244.000 Literaturtitel. Neben der internationalen ERIC-Datenbank ist dies die beste Quelle für einen allgemeinen Überblick über alle Fachdidaktiken und die Erziehungswissenschaft.

PSYNDEX: (CD-ROM-Datenbank und online)

Hersteller: Zentralstelle für Psychologische Information und Dokumentation, Universität Trier, Kohlenstraße 68, 54296 Trier. *Host:* DIMDI

Zum Inhalt: Psyndex, die Datenbank psychologischer Literatur aus den deutschsprachigen Ländern weist in Kurzreferaten Zeitschriftenaufsätze, Bücher, Reports und Dissertationen aus allen Bereichen der Psychologie sowie psychologierelevante Beiträge aus Psychatrie, Sport, Erziehungswissenschaft, Betriebswirtschaft nach. Im Mai 1995 umfaßt Psyndex etwa 100.000 Nachweise mit Kurzreferaten ab Veröffentlichungsjahr 1977. Die oben beschriebene Datenbank kann ungekürzt auch als CD-ROM-Ausgabe geleast werden; Aktualiserung halbjährlich. Die letzte Aktualisierung erschien im Mai 1995

Bezug: Lange & Springer, Wissenschaftliche Buchhandlung, Otto-Suhr-Allee 26/28, 10585 Berlin.

ENERGIE: (Online und CD-ROM-Datenbank)

Hersteller: Fachinformationszentrum Karlsruhe, Gesellschaft für wissenschaftlich-technische Information mbH, 76344 Eggenstin-Leopoldshafen. *Host:* STN International

Zum Inhalt: Energieumwandlung, -verbrauch und -einsparung; Energiepolitik und -wirtschaft; Energieumwlandlung und -speicherung; erneuerbare Energiequellen; fossile Energieträger; Fusions- und Kernenergie; Stromerzeugung und -transport; Ökonomie; energie-relevante Aspekte von Umwelt, Biomedizin, Gesundheit, Sicherheit; Physik; Chemie. Umfang: ca. 195.000 Zitate von 1983 bis 1993

KURS DIREKT: (Online und CD-ROM Datenbank)

Host: Institut der Deutschen Wirtschaft

Zum Inhalt: Zentrale Datenbank mit Bildungsangeboten zur beruflichen Aus-und Weiterbildung, ein Informationsservice der Bundesanstalt für Arbeit , angeboten vom Institut der deutschen Wirtschaft Köln. KURS DIREKT dokumentiert Bildungsmaßnahmen, die bundesweit angeboten werden. Die Bildungsmaßnahmen sind in folgende Bildungsbereiche eingeteilt: Allgemeinbildung, berufliche Grundbildung, Berufsausbildung, Berufliche Weiterbildung ; Betriebswirte, Fachwirte, Fachkaufleute ; Meister ;Techniker und zugehörige Sonderfachkräfte ; Studiengänge an Hochschulen. Die Datenbank KURS DIREKT wird laufend aktualisiert und enthielt im Mai 1995 insgesamt 261.000 Einträge (Bildungsangebote). Die CD-ROM wird viermal im Jahr aktualisiert (Feb., Mai, Aug., Nov.)

SPOLIT: (CD-ROM)

Zum Inhalt: SPOLIT (SPOrtLITeratur) enthält etwa 95.000 Literaturhinweise (Update Juni 1995) zu den Themen Sport, Sportwissenschaft und Sportausbildung. Die vom Bundesinstitut für Sportwissenschaft in Köln erstellte CD-ROM wird über den Czwalina Verlag in 22122 Hamburg vertrieben.

ERIC: (Online und CD-ROM Datenbank)

Host: Knight Ridder Information Service, vormals DIALOG

Zum Inhalt: Weltweit größte erziehungswissenschaftliche Datenbank; beinhaltet Zeitschriftenaufsätze und graue Literatur vorwiegend in englischer Sprache zu allen Bereichen der Ausbildung und Erziehung einschließlich aller Fachdidaktiken.

Geographischer Raum: hauptsächlich Vereinigte Staaten

Umfang: Mehr als 750.000 Nachweise von 1966 bis heute.

Zum ersten Kennenlernen dieser Datenbank wende man sich an das Deutsche Institut für Internationale Pädagogische Forschung in Frankfurt, das Recherchen in dieser Datenbank durchführt.

Grund-und Strukturdaten 1994/95   (Diskette.)
Wichtige Daten aus Bildung und Wissenschaft werden erstmals vom Bundesministerium für
Bildung, Wissenschaft, Forschung und Technologie als Diskette angeboten. Zahlen aus dem
Bildungsbereich werden sowohl im bisher üblichen Tabellenformat als auch als anschauliche
Grafiken präsentiert. Diese Diskette als auch eine CD-ROM "Bundesbericht Forschung
1993" können kostenlos beim BMWF, Referat Öffentlichkeitsarbeit, 53170 Bonn angefordert
werden.

Vorbereitende Arbeiten sind in den Fachdidaktiken Chemie und Physik zu vermelden. Seit
1975 wird eine Dokumentation fachdidaktischer Zeitschriftenveröffentlichungen zum Che-
mieunterricht an der FU Berlin aufgebaut. Diese EDV-Datei umfasst zur Zeit etwa 16.000
Literaturhinweise. Genaueres s. Becker/Hildebrandt/Köhler, 1995. In der Physik gibt es mehrere Aktivitäten: Datenbanken, wie sie von L.Schön, Kassel(Schön,1993), für allgemeine
fachdidaktische Literatur, von Ch.Ucke, München(Ucke,1992), für Physik und Spielzeug,
und von anderen ebenfalls in München für Artikel mit experimentellem Inhalt initiiert worden sind(Pippig/Schneider 1995, Gleixner et al 1994), können helfen, dem Informationsde-
fizit in Physikliteratur an den Schulen entgegenzuwirken. Diese Datenbanken sind z..Zt. weder online noch auf CD-ROM verfügbar. Der Zugang könnte aber in späteren Zeiten über
Computernetze jedem Lehrer ermöglicht werden.

3.2 Andere ausgewählte CD-ROMS

Nicht nur Datenbanken, sondern auch Lexika und Nachschlagewerke erscheinen auf CD.
Egal, ob es sich um Wörterbücher handelt, um Universallexika oder Computerenzyklopädi-
en, es existiert kaum ein Bereich, zu dem nicht bereits eine CD erschienen ist. Für die Schule
geeignete Beispiele sind die Sprachlexika, wie z.B. die Taschenwörterbücher für Englisch-
Deutsch/Deutsch-Englisch von Bertelsmann, Klett oder von Langenscheidt. Hier gibt es auch
schon Multimedia CD-ROMs, wie das Longman Interactive English Dictionary. Dieses Lan-
genscheidt/Longman Dictionary nutzt die mediumspezifischen Möglichkeiten der neuen
Technologie CD, um die englische Sprache umfassend lebendig werden zu lassen: Schneller
Zugriff auf eine große, vernetzte Datenmenge, die Tonwiedergabe der Aussprache von
52.000 Wörtern sowie die Visualisierung von Grammatik durch Szenen mittels Video-Clip.

Weitere Beispiele für CD-ROMs, die in der Ausbildung interessant sein könnten sind digitale
Zeitschriften. Die ersten Vertreter von Zeitschriften auf CD, wie das Time Magazine, beschränkten sich noch mehr oder weniger auf die digitale Umsetzung von Textinformationen,
aufgelockert mit ein paar Bildern. Mittlerweile hat sich diese Situation grundlegend geändert.
Eine ganze Reihe von Zeitschriften mit unterschiedlichen Thematiken nutzen die CD-ROM
als Datenträger und verbinden Video- und Audiosequenzen mit Textinformationen. So können Interviews nicht nur nachgelesen werden, sondern live wie am Fernseher mitverfolgt
werden. Bedingt duch höhere Herstellungskosten und zumeist geringeren Werbeeinnahmen
sind die Produkte auf CD aber in der Regel teuerer als vergleichbare Veröffentlichungen auf
herkömmliche Art und Weise, bieten dafür aber einen höheren Nutzwert.

Die Vorteile der Veröffentlichung von Zeitschriftenbeiträgen auf CD-ROM lernt man aber
schnell schätzen, denn der Zugriff auf Informationen ist, gerade bei Sammlungen ganzer
Jahrgänge, wesentlich einfacher und umfassender als das Suchen in normalen Archiven. Für
die Nutzer von Presseinformationen gibt es nunmehr keinen Grund mehr, nicht elektronisch
zu recherchieren, nachdem die bedeutendsten Zeitungen im deutschen Sprachraum sowie
SPIEGEL und FOCUS online recherierbar sind bezw. auf CD-ROM zur Verfügung stehen.

Schließlich für den Unterricht entwickelte oder im Unterricht einsetzbare CDs! Hier ist zuerst einmal auf die CD-ROM „Hypermedia-Arbeitsumgebung" des Landesinstituts für Schule und Weiterbildung in Soest hinzuweisen, in der die gesamte Palette der Möglichkeiten eines universellen Mediums für den Unterricht aufgezeigt wird. Auch für einzelne Unterrichtsfächer sind spezielle CD-ROMs verfügbar. Beispiele aus dem Unterrichtsfach Biologie werden bei Heidrich (HEIDRICH 1994) gegeben. Für Mathematik und Informatik kann die oben erwähnte CD-MATHDI benutzt werden. Für viele andere Schulfächer gibt es ein ähnlich gutes Angebot einsetzbarer CD-ROMs, wie weiter oben gezeigt wurde.

Eine Übersicht über das weltweit lieferbare Angebot an CD-ROMs erhält man durch den Informationsdienst von SCIENTIFIC CONSULTING , Dr. Schulte-Hillen, Köln. Die Ende 1994 erschienene zweite Ausgabe stellt mehr als 4200 Produkte ausführlich vor. Eine weitere Empfehlung ist der CD-ROM und Multimedia Gesamtkatalog 94/95 der EUROM Neue Medien, Köln. Der Katalog ist nach Wissensgebieten unterteilt, ein alphabetisches Inhaltsverzeichnis soll die Suche erleichtern.

4. Internet

Datennetze sind ein Teil der Infrastruktur in Hochschule und Forschungseinrichtungen und dienen der digitalen Kommunikation mit Hilfe von Rechnern. Anfangs für den Zugang zu Online-Datenbanken entwickelt stehen sie heute dem Forschungsbereich zur weltweit offenen Verständigung zur Verfügung. Die Aufforderung: "Auch Schulen ans Datennetz" wird auf dieser Konferenz durch die Initiative "Offenes Deutsches Schul-Netz" gegeben.

Am bekanntesten ist Internet. Das Internet ist ein weltweiter Verbund von Datennetzen unterschiedlicher Technologie und Ausdehnung, von lokalen Netzen, beispielsweise in Ethernet-Technologie, bis hin zu nationalen Netzen, wie z.B. dem X.25 Wissenschaftsnetz, über das alle deutschen Universitäten und Großforschungseinrichtungen miteinander verbunden sind. Mehr als 2.2 Millionen Computer und 35.000 Netze in rund 80 Staaten sind am „Netz der Netze" angeschlossen und können transparent miteinander kommunizieren. Jeder Rechner hat dabei eine weltweit eindeutige Rechnernummer Dem Internet-Teilnehmer bietet das Netz eine Reihe von Möglichkeiten: Dateien können zwischen Rechnern (auch unterschiedlicher Betriebssysteme) übertragen werden, auf die Rechner kann im Dialog zugegriffen werden, Nachrichten können per elektronischer Post (Email) ausgetauscht werden, auf einer Vielzahl von Rechnern können öffentlich zugängliche Informations- und Kommunikationsdienste genutzt werden usw. Das Internet ermöglicht so einen weltweiten Daten- und Informationsaustausch.

Im Internet hat sich unabhängig vom klassischen Informations- und Publikationswesen ein umfangreicher Markt an öffentlich und kostenlos zugänglicher Information und Software entwickelt, der bei den bisherigen Agenten des Informationswesens unbemerkt geblieben ist. Hier werden technische und wissenschaftliche Publikationen angeboten, längst bevor sie gedruckt oder auf dem langsamen Postweg verschickt sind. Oft erscheinen hier kleinere Veröffentlichungen und aktuelle Nachrichten bedeutend früher als sie in gedruckter Form angeboten werden können. Manche Datensammlungen sind aber auch so umfangreich, daß sie nur über ein Netz angeboten werden können, weil ihr Druck aus Kostengründen nicht in Frage kommt. Zunehmend erscheinen hier auch wissenschaftliche Bücher, die in der Internet-Community zirkulieren und diskutiert werden, bevor sie in die Hände der Fachverlage kommen.

An Software erscheint in den Wissenschaftsnetzen vieles, was im Wissenschaftsbereich entwickelt wird und von allgemeiner Bedeutung ist. Häufig wird die entwickelte Software als Grundlage für das Angebot von kommerziell arbeitenden Softwarehäusern und mathematischen Kooperativen, die oft nur noch eine gewisse Standardisierung vornehmen. Solche vor allem für wissenschaftlich-technische Anwender wertvolle Software, die im Internet zumeist in Form von ganzen Bibliotheken vorliegt, wird in der Internet-Community nicht nur diskutiert und bewertet, sondern direkt und unmittelbar auch weitergegeben - in der Regel ebenfalls kostenfrei. Dieser Austausch von elektronischen Nachrichten, wissenschaftlichen Reports, von Software-Bibliotheken und technischen Dokumenten, von Grafik- und Bildsammlungen, und von Ton-, Musik- und Video-Informationen, funktioniert heute - in der westlichen Welt - reibungslos und effizient, über alle Grenzen hinweg, vom Anbieter (ob Einzelperson oder Institution) direkt zum Abnehmer, d.h. in die Mailbox oder das Dateisystem seiner Workstation oder seines PCs.

Innerhalb der Informationstechnik hat sich das World Wide Web (WWW), das Hypermedia-Informationssystem des Internet weltweit duchgesetzt. Es wird in den neuen Betriebssystemen von nahezu allen Herstellern unterstützt. Es wird auf dieser Tagung sowohl ein Tutorium zu Internet angeboten, es wird über Datenautobahnen berichtet und es wird das WWW detailliert vorgestellt, sodaß dieser Bezug zur Orientierung ausreichen sollte.

5. Zusammenfassung

Die hier dargestellten Überlegungen unterstützen das Konzept der Kultusministerkonferenz. In seiner 270. Plenarsitzung am 2.12.1994 hat die KMK in einem ersten grundsätzlichen Gedankenaustausch zu „Neuen Medien und Telekommunikation im Bildungswesen" diesen Themenkomplex als wichtiges bildungspolitisches Arbeitsfeld aufgegriffen und sich auf ein weiteres Vorgehen zur Erschließung der Thematik geeinigt.

Künftig soll es danach vor allem um zwei Aspekte der Nutzung neuer technischer Möglichkeiten der Kommunikation und Information im Bildungswesen gehen. Zum einen, darauf wurde in den Beratungen hingewiesen, bestehen in einigen Ländern ausbaubare Ansätze der Informationsvernetzung in Schulen, etwa über Mailbox-Systeme, die allmählich in eine flächendeckende Vernetzung der Kommunikation überführt werden können. Außerdem soll weiter verfolgt werden, wie Möglichkeiten der Telekommunikation direkt in das Unterrichtsgeschehen eingebaut werden können. Es geht in diesem Bereich etwa darum, wie Datenbanken und Informationssysteme als „Elektronische Bibliothek" eingesetzt werden können. In einem weiteren Bereich des Themenfeldes soll es darum gehen, wie Telekommunikation künftig verstärkt als Lerngegenstand im Unterricht verankert werden kann.

Die Kultusminister wollen nun weitergehende Perspektiven im Bereich der Neuen Medien für den Bildungsbereich entwickeln. Sie können dabei auf bereits bestehende Konzepte, Entwicklungen und Ideen zurückgreifen. In diesem Sinne will auch vorliegender Beitrag schon Bestehendes dokumentieren und sich abzeichnende Entwicklungen aufzeigen.

Literatur

Becker, H.-J.; Hildebrandt, H.; Köhler, D.: Von Karteikarten zur Festplatte- Entwicklung und Einsatz von Literaturrecherchen zur Chemiedidaktik. In: MNU, Der mathematische und naturwissenschaftliche Unterricht v.48(März 1995)2, S. 101-102

Gleixner,Ch. et al: Literaturrecherche Physik. In: Bus 28, S.52-53

Hartmann, K.; Meister, P.; Strass, H.: Das CD-ROM Handbuch. Poing: Franzis, 1994

Heidrich, J.-J.: Die CD-ROM als Medium in der Schule. In: LOG IN 14(1994)4, S.51-55

Koczian, S.: Nutzung elektronischer Fachinformation in Physik und Mathematik. In: ABI-Technik 13(1993)2

König, G.: Nutzung elektronischer Fachinformation in Schule und Ausbildung. In: Troitzsch (Hrsg.): Informatik als Schlüssel zur Qualifikation. Berlin, Heidelberg: Springer, 1993, S. 290-298.

Ludwig, H.-J.: Datenbankrecherchen im Informatikunterricht, Teil1. In: LOGIN 14(1994)2, S.45-47

Ludwig, H.-J.: Datenbankrecherchen im Informatikunterricht, Teil2. In: LOGIN 14(1994)3, S.44-48

Pippig, R.; Schneider, W.: Beiträge der Physikdidaktik zum Experimentalunterricht und deren Akzeptanz. In: MNU, Der mathematische und naturwissenschaftliche Unterricht 48(Jan95)1, S.45-49

Schön, L.; Erb,R.: Der Aufbau einer Bibliographie Didaktik der Physik. In: Didaktik der Physik- Vorträge- Frühjahrstagung Esslingen 1993. Bad Honnef: DPG GmbH, 1993

Scheder, G.: Die CD-ROM: Technik, Herstellung, Anwendung. Bonn: Addison-Wesley, 1995

Ucke, Ch.: Literaturdatenbank zu physikalischen Spielzeugen. In: PdN-Ph 2(1992), S.33-35

Waber, Ch.: CD-ROM: Einbauen, Tunen, Durchstarten. Düsseldorf: Data-Becker, 1995

Weisel, L.: Physiker nutzen Datenbanken immer intensiver. Eine Zwischenbilanz des Datenbankprojekts der DPG. In: Physikalische Blätter 49(1993)6, S.528

Weisel, L.: Elektronische Fachinformation in der Physik an Hochschulen-Ein Erfahrungsbericht. 14. Online-Tagung der DGD, Proceedings.

Multimedia in der schulischen Ausbildung

Mario Lorenz
Fakultät für Informatik, Professur Computergrafik und CA-Techniken
Technische Universität Chemnitz-Zwickau

Zusammenfassung

Multimedia ist zu einem häufig benutzten Synonym für all das geworden, was dem Computer
mehr als nur Text und Zahlen entlocken kann. Dieser Artikel versucht, auf den Begriff
Multimedia einzugehen und ihn aus verschiedenen Blickpunkten heraus zu erklären. Es werden
Denkansätze herausgearbeitet, wie sich ein mit multimedialen Fähigkeiten ausgestatteter
Computer im Rahmen der schulischen Ausbildung einsetzen läßt. Dazu wird auf mögliche
Einsatzgebiete, auf die Hard- und Softwareanforderungen sowie auf die zukunftsweisenden
Technologien Animation und Virtual Reality eingegangen. Schließlich wird an einem konkreten
Beispiel der Einsatz einer Multimedia-Applikation im Rahmen der Informatikausbildung an
Gymnasien vorgeschlagen.

1. Einführung

Die Computertechnik revolutionierte den Umgang der Gesellschaft mit der Information.
Computer sind heute in nahezu alle Bereiche des gesellschaftlichen und privaten Lebens
eingedrungen. Sie sind einerseits neues Medium der Kommunikation, andererseits Werkzeug
zur Beherrschung der sich ständig vergrößernden Informationsflut. Wissenschaft und Industrie
trieben neben der Steigerung der Rechenleistung und der Speicherkapazität die technischen
Entwicklungen in den Bereichen der Ein- und Ausgabegeräte voran. In den Anfangsjahren der
Informationsverarbeitung mit Computern war lediglich die Ein- bzw. Ausgabe von
alphanumerischen Informationen möglich. Schrittweise wurden dem Computer neue
Anwendungsgebiete erschlossen. Mit dem heutigen Stand der Technik ist die Integration von
Schrift, Grafik, Sprache, Musik und auch von Video in den Computer möglich. Die finanziellen
Aufwendungen für die dazu notwendige Hardware sind zumindest im PC-Bereich meist
geringer als die Kosten des PC selbst. Das Resultat dieser Entwicklung ist eine unübersehbare
Palette sogenannter Multimediahard- und -software der unterschiedlichsten Leistungs-,
Qualitäts- und Preisklassen.

2. Was versteht man unter Multimedia und Multimedia-Applikationen ?

Der Begriff Multimedia wird allgemeingültig als die Zusammenstellung mehrerer Medien in
Information und Instruktion definiert. Diese Begriffsbildung hatte bereits ihre Gültigkeit, noch
bevor der Computer mit Multimedia in Verbindung gebracht wurde. Man denke dabei zum
Beispiel an die gemeinsame Verwendung von Büchern, Postern, Kurzfilmen und Dias bei der
Präsentation eines Urlaubsparadieses oder einer neuen technischen Errungenschaft.

Implizit stellt sich die Frage nach dem Begriff des Mediums an sich. Der Duden erläutert das
Medium als Mittelglied, Mittler oder Mittelsperson. Aus der Sicht der Kommunikation wird
ein Medium als ein Bindeglied zwischen einem Sender und einem Empfänger in dem Sinne
angesehen, daß sich der Sender eines Mediums bedient, um dem Empfänger eine Information
zu übermitteln. Nimmt man einen gewissen Grad der Abstraktion vor, so kann man

physikalische und abstrakte Medien unterscheiden. Zu physikalischen Medien sind zum Beispiel Papier und elektromagnetische Wellen zu zählen, wohingegen Presse und Rundfunk als abstrakte Medien gelten.Eine mögliche Klassifikation der Medien wird in [Meyer91] vorgenommen. Grundlage dieser ist die Zuordnung physikalischer Medien zu Sinnesorganen. Man unterscheidet demnach Medien anhand der Sinne Sehen, Hören, Tasten, Schmecken und Riechen. Auf der Basis der physikalischen ist auch eine Einteilung der abstrakten Medien möglich.

Für multimediale Computeranwendungen gelten heute die akustischen und visuellen Medien als erschlossen. Jedoch sind besonders auf dem Gebiet der Virtuellen Realität (engl. virtual reality) Forschungen zum Erschließen der restlichen Sinne im Gange. So stellte zum Beispiel im März 1991 die amerikanische Firma W.Industries einen Datenhandschuh vor, der ein Tastgefühl beim Berühren virtueller, computersimulierter Gegenstände einer künstlichen Welt vermitteln kann. Das Verfahren beruht auf winzigen aufblasbaren Druckpolstern im Handschuhinneren. Andere Geräte zur Stimulation des Tastsinns arbeiten auf der Basis winziger piezo-elektischer, vibrationserzeugender Bauteile. Zur Stimulierung der Geruchs- bzw. Geschmackssinne gibt es bis heute keine ernstzunehmenden Prototypen. Es ist der Chemie noch nicht gelungen, in Anlehnung an die Farbmischung beliebige Gerüche aus einer Palette von Primärgerüchen zu erzeugen. Einziger nicht praktikabler Ausweg wäre die Bevorratung einer Speichereinrichtung mit den verschiedensten applikationsbezogenen Gerüchen in Form von Proben und deren Absonderung unter Steuerung der Computeranwendung. Während sich die Sensoren des Geruchssinns in der Nase befinden, sitzen die Geschmackssensoren in verschiedenen Bereichen der Zungenoberfläche. Diese mit Hilfe von Aromastoffen zu stimulieren ist praktisch unvorstellbar, da die Zuführung über eine Vorrichtung direkt auf die Zunge erfolgen müßte.

Versucht man den Begriff Multimedia unter Beachtung dieser Erkenntnisse über Medien neu zu definieren, so könnte man zu folgendem Schluß kommen : Multimedia ist die Technologie der Zusammenführung von Fähigkeiten der Computertechnik mit denen der Fernseh- und Videotechnik. Der Personalcomputer bildet hierbei eine Art Schaltzentrale. Bild und Ton stammen in der Regel von Video- bzw. Audioquellen, es ist jedoch auch an Bild- und Tonerzeugung mit dem PC gedacht. Eine weitere Definition, die auf einer anderen Betrachtungsweise basiert, wird in [Haak92] gegeben. Demnach ist Multimedia eine Technologie, die die computerisierte Interaktion zwischen einem Benutzer und einem multiplen Mediensystem ermöglicht, das eine Vielfalt von Präsentationsformen wie Daten, Text, Grafik, Animation, Standbild, Bewegtbild und Simulation im Cyberspace zusammenführt. Die besondere Bedeutung dieser Definition wird durch die Einbeziehung der Interaktion und damit der Einbeziehung des Anwenders deutlich. Die daraus folgenden Konsequenzen sind neben der bloßen zeitlich synchronen Präsentation verschiedener, multimedialer Informationen auch deren interaktive, kombinierte Verarbeitung und Speicherung. Es existiert heute eine unübersehbare Menge von Computeranwendungen, die sich Multimedia-Programm oder Multimedia-Applikation nennen. Multimedia liegt im Trend, klingt gut und wird damit zum Werbe- bzw. Verkaufsargument. Würde man die obige Definition auf diese anwenden, so könnte man feststellen, daß ein Großteil davon diese Namen überhaupt nicht tragen dürfte. Übertrieben formuliert, dürfte sich ein Programm, welches an irgendeiner Stelle den Benutzer durch Ausgabe eines verbalen Kommentars ermutigen oder durch Abspielen einer Audio-CD oder eines Videoclips die Wartezeit auf die Ergebnisse der Berechnung eines Algorithmus X verschönen kann, überhaupt nicht Multimedia-Anwendung nennen. Gleiches trifft auf Präsentationen zu, die sich des Computers bedienen, um einige Audio- und Videogeräte zu steuern. Erst die Interaktion zwischen Nutzer und System auf multipler Ebene macht Multimedia als Mittel oder Werkzeug der Kommunikation aus.

3. Hard- und Softwareanforderungen

Die Verarbeitung und Speicherung multimedialer Daten mit Computern sollte in vollständig digitaler Form erfolgen. Dies bedeutet, daß viele unterschiedliche Datenströme in den verschiedensten Formaten auszuwerten sind. Die Anforderungen an die Hard- und Systemsoftware sind, resultierend aus der Komplexität der Datenströme, sehr hoch. Betrachtet man zum Beispiel das Datenvolumen einer digitalen Stereo-Tonaufzeichnung in CD-Qualität, so fallen pro Sekunde ca. 170kB Daten an. Die Digitalisierung einer Videosequenz im üblichen PAL-Format würde ein Datenvolumen von etwa 32 MB pro Sekunde erzeugen. Ein als Echtfarben-Rasterbild (3 Byte Farbtiefe) gescanntes Foto in der üblichen Auflösung von 640*480 Bildpunkten belegt ca. 900 kB Speicherplatz. Um die Relationen zwischen benötigtem Datenvolumen und vorhandenem Speicherplatz zu verdeutlichen, seien folgende Zahlen genannt : Eine für heutige Verhältnisse große Festplatte mit 1 GB Speicherkapazität wäre demnach in der Lage, etwa 190000 A4-Seiten Schreibmaschinentext, 1100 Rasterbilder der obigen Auflösung, etwa 100 Minuten Ton, aber nur 32 Sekunden Video aufzunehmen. Bezugnehmend auf die Datenraten sei erwähnt, daß die schnellsten heute für PC angebotenen Festplatten in der Lage sind, etwa 10 MB Daten pro Sekunde verarbeiten zu können. Es muß also eine Plattform geschaffen werden, die in der Lage ist, solch gewaltige Datenmengen verarbeiten und speichern zu können. Dies ist hauptsächlich für qualitativ hochwertige Ton- bzw. Videoinformationen mit der heutigen Hardware problematisch. Abhilfe schafft die Verringerung der Datenmenge durch Kompression evtl. mit vertretbaren Verlusten.

Am 27. November 1991 wurde eine erweiterte Spezifikation für einen Multimedia-PC veröffentlicht [MSMULT91]. Diese Spezifikation versteht unter einem MPC hauptsächlich einen PC 386 mit 2 MB Hauptspeicher, einer Festplatte mit 30 MB freiem Speicherplatz, einem Diskettenlaufwerk, einer VGA-Karte mit 640*480 und 256 Farben, einem CD-ROM Laufwerk mit einfacher Geschwindigkeit sowie einer 8Bit-midifähigen Soundkarte mit Mikrofonanschluß. Selbstverständlich handelt es sich dabei um minimale Leistungswerte, die nur die Integration von Text, Grafik und Sound auf einem geringen Niveau zulassen. Personalcomputer, die den gegenwärtigen Qualitätsansprüchen an Multimedia genügen, verfügen über Prozessoren der Reihen Intel 80486 oder Intel Pentium mit Taktfrequenzen bis zu 120 MHz, zwischen 16 MB und 32 MB Hauptspeicher, Grafikkarten mit Auflösungen bis zu 1600*1400 Bildpunkten bei bis zu 16,7 Millionen darstellbaren Farben, Festplatten mit 1 GB Kapazität, CD-ROM Laufwerken mit vierfacher Geschwindigkeit und Bandlaufwerken bzw. wiederbeschreibbaren optischen Laufwerken (MO/WORM) zur permanenten Daten- speicherung. Für die Verarbeitung akustischer Signale setzt man Soundkarten mit Stereo- Samplingraten von 44 kHz / 16 Bit und speziellen Signalprozessoren (DSP) für deren Komprimierung bzw. Synthese ein. Viele Soundkarten verfügen über die aus der HIFI-Technik her bekannten Regelmöglichkeiten wie Lautstärke, Höhen, Tiefen, Loudness und Basisbreite. Eine relativ neue Entwicklung stellen die sogenannten Wave-Table Karten dar, die Instrumente nicht durch die geschickte Synthese von Tönen nachahmen, sondern gespeicherte digitalisierte Töne echter Instrumente verwenden. Spezielle zur Verarbeitung von Videoclips konstruierte Erweiterungskarten für Personal-computer verfügen in der Regel über die Funktionalität zum Digitalisieren eines Videoclips, zur Kompression mit variablen Kompressionsraten sowie zur Dekompression und Anzeige des digitalen Datenmaterials in Echtzeit. Trotz der enormen Rechenleistung der auf diesen Karten eingesetzten Mikroprozessoren, wie zum Beispiel des Intel-750 Videoprozessors, sind Qualitätsverluste gegenüber analogem Video, begründet durch hohe Kompressionsraten, offensichtlich.

Kompressionstechniken reduzieren die Datenmenge, indem redundante Informationen vermieden, Daten in verkürzter Form dargestellt oder in ihrem Informationsgehalt gewichtet und dann reduziert werden. Für multimediale Daten wird stets mit verlustbehafteter Kompression gearbeitet. Es existieren verschiedene Verfahren zur Kompression von Audio, Rasterbild und Video. Speziell für die Anwendung auf Rasterbilder sei auf JPEG verwiesen, für Video auf MPEG und DVI. Für die Unterstützung dieser Verfahren werden von vielen Herstellern qualitativ gute Beschleunigerkarten angeboten. Weiterführende Informationen zu diesen Verfahren können [Penne93], [Luther91] und [Stein92] entnommen werden.

4. Multimedia und Ausbildung

Der Einsatz multimedialer Techniken im herkömmlichen Sinne in Lehre und Ausbildung ist nicht neu. Es existiert eine breite fachbezogene Palette an Unterrichtshilfen und Präsentationstechniken. Als Beispiele für den Einzug elektronischer Medien in den Unterricht seien lediglich Overhead- und Videoprojektoren erwähnt. Auch der Einsatz des Computers im Unterricht ist keine Neuerung. Die schulische Informatikausbildung ist ohne praktische Arbeiten am Computer nahezu undenkbar.

Während herkömmliche Unterrichtshilfen in der Regel allein der Präsentation von Lerninhalten bzw. der Entlastung und Unterstützung des Lehrers dienen, eröffnet der Computereinsatz völlig neue Perspektiven für die Gestaltung des Unterrichts. Die Arbeit am Computer ist notwendigerweise mit Interaktion verbunden. Der Lernende tritt durch die Interaktion aus dem Stadium der Passivität heraus, in dem er sich beim Einsatz von Präsentationen befindet. Die Kommunikation mit dem Lehrer bzw. anderen Lernenden zum Stoff kann erst nach Abschluß der Präsentation bzw. in Pausen erfolgen. Der Informationsfluß während der Präsentation ist auf den Lernenden ausgerichtet und wird durch den Lehrer gesteuert. Er gibt die Lerninhalte und die Geschwindigkeit der Stoffpräsentation vor. Es ist dem Schüler zum Beispiel nicht möglich, bestimmte Lektionen mit bekanntem Stoff zu überspringen, andere zu wiederholen oder die Präsentationsgeschwindigkeit seinem Auffassungsvermögen anzupassen. Beim Lernen in Gruppen kommt noch der Aspekt hinzu, daß der Lehrer gute Mittelwerte für die Präsentationsparameter finden muß, die jedoch niemals allen Schülern gerecht werden. Während eine Lektion für die leistungsstärkeren Lernenden als zu einfach und zu langsam erscheint, werden schwächere überfordert. Disziplin und Lernerfolg nehmen ab.

Die Situation ändert sich mit dem Einsatz des Computers grundlegend. Der Lernende kommuniziert über verschiedene Interaktionstechniken mit dem Computer und steuert so Inhalt und Geschwindigkeit des Informationsflusses. Er kann seine eigenen Vorstellungen von individuellem Lernen gezielt umsetzen. Das klassische Dreieck der Pädagogik Stoff - Lehrer - Schüler, in dem der Lehrer das Medium der Stoffvermittlung darstellt, verliert beim interaktiven, selbständigen Lernen mit dem Computer an Bedeutung. Der Lehrer als Vermittler des eigentlichen Stoffes entfällt beim selbständigen unbeaufsichtigten Lernen, da der Schüler lediglich mit dem Computerprogramm interagiert. In beaufsichtigten Lerneinheiten übernimmt er die Rolle des Helfenden bzw. des Prüfenden. Der Computer hingegen wird aus der Sicht des Schülers zur Einheit von Lernstoff und Medium zu dessen Vermittlung.

Die Rolle des Computers im Lernprozeß kann entsprechend seiner Anwendung mit vier Worten umschrieben werden. Lerninhalt, Hilfsmittel, Kommunikationsgerät und Medienplattform. Er ist sowohl für den Schüler, als auch für den Lehrer von Interesse. Man denke nur an organisatorische Aufgaben und an die Arbeiten bei der Vorbereitung des Unterrichts wie das Erstellen von Grafiken und Präsentationen.

Nach [Step89] können mit dem Computer folgende Eigenschaften eines menschlichen Lehrers nachgebildet werden :
- Stellen von Fragen, Entgegennahme und Bewertung der Antworten
- Erteilen von Anweisungen und Überwachung der Ausführung dieser
- Entgegennahme von Anweisungen und Einleiten geeigneter Reaktionen
- Anpassung von Präsentationsgeschwindigkeit des Stoffs und Schwierigkeitsgrad der Leistungskontrollen an die Fähigkeiten des Schülers
- Simulation und Präsentation realer Situationen
- Auswahl geeigneter Medien zur Präsentation des Stoffs.

Wo sind nun die Ansatzpunkte für den Einsatz von Multimedia zu sehen ? Multimedia stellt hinsichtlich der oben genannten Gesichtspunkte keine Ausnahme dar. Auch ist die Definition neuer Begriffe für die Integration von Multimedia in den Lernprozeß prinzipiell nicht notwendig, denn analog zur Bedeutung des Computers an sich kann die Bedeutung von Multimedia in vier Kernpunkten zusammengefaßt werden :

1. Multimedia als Lerninhalt
Im Rahmen der Informatikausbildung von Bildungseinrichtungen wie Mittelschulen und Gymnasien sollte Multimedia zum Lernstoff gehören. Eine Ausbildung auf diesem Gebiet sollte unbedingt die Inhalte des Begriffs Multimedia vermitteln. Dabei spielt der Medienbegriff ebenso eine Rolle wie die Historie dieser Technologie, deren gegenwärtige Möglichkeiten und Anwendungen sowie prognostizierte Erwartungen für die zukünftige Entwicklung.

Aspekte der technischen Grundlagen von Multimedia können in den höheren Klassenstufen (in Sachsen beispielsweise die Klassen 11 bzw. 12 der Gymnasien) und lediglich überblicksmäßig im Einklang mit dem Stoff anderer Fächer wie Physik und Mathematik vermittelt werden, da Vorkenntnisse auf diesen Gebieten unbedingt notwendig sind. Der prinzipielle Programmaufbau einer multimedialen Anwendung sowie deren Entwurf und Gestaltung könnten hingegen sehr wohl Ausbildungsgegenstand sein. Als Basis sollten einfache sogenannte Composer-Programme dienen.

2. Multimedia als Lernmedium
Basierend auf den Möglichkeiten zur Präsentation und Interaktion stellt ein Multimediasystem ein neues integriertes Lernmedium dar. Erstmals wird ein interaktives Lernen von Stoffkomplexen verschiedenster Fächer im Dialog mit einer Maschine möglich. Dabei sollte dem Schüler die Möglichkeit eingeräumt werden, die Parameter des Lernprozesses selbst festzulegen bzw. diese zu verändern. Eine gewisse Freiheit bei der Auswahl der Informationen zum Erreichen des Lernziels und die wahlfreie individuelle Festlegung des Lernweges durch den Stoff, gepaart mit der Interaktion unter Zuhilfenahme der jeweils geeignetsten Medien, erschaffen neue Lernmethoden. Jeder Schüler sollte das System in einen solchen Zustand versetzen können, ihm das darin gespeicherte Wissen in der From zu übermitteln, die er am besten begreift. Besonders wichtig erscheint es in diesem Zusammenhang, dem Schüler ein „eigenes" System zur Verfügung zu stellen. Dies sei in dem Sinne verstanden, daß er einen ungestörten Dialog mit dem System führen kann. Besonders bei Nutzung von Audiosignalen zur Kommunikation mit dem System bei Lernsituationen in der Gruppe ist es auszuschließen, daß sich die Lernenden gegenseitig stören. Betrachtet man den Multimediacomputer als Lernmedium, so muß es sich dabei nicht zwingend um ein System an der Bildungseinrichtung handeln. Viele Schüler höherer Klassen sind im Besitz leistungsfähiger Personalcomputer mit multimediafähiger Basishardware. Es sollte ein Modell gefunden werden, das im Einklang mit urheberrechtlichen Fragen das Bereitstellen von Lernsoftware für den Schüler ermöglicht.

Müssen sich mehrere Schüler ein System teilen, so ist es von fundamentaler Bedeutung, daß die Software eine individuelle Speicherungsmöglichkeit etwa vergleichbar mit Notizbuch oder Lesezeichen besitzt, die ein nahtloses Weiterlernen an der Position ermöglicht, an der die letzte Sitzung beendet wurde.

Die wachsende Rechenleistung und Entwicklungen auf dem Gebiet der Ein- bzw. Ausgabegeräte ermöglichen es heute, virtuelle Welten im Computer zu erzeugen und dem Benutzer das Gefühl zu vermitteln, Bestandteil dieser Welt zu sein. Durch die vollständige Entkopplung des Anwenders von audiovisuellen Signalen der realen Umwelt mittels spezieller Gerätetechniken wie Datenhelm, Datenhandschuh oder Datenanzug wird er in die virtuelle Welt versetzt. Die Kommunikation mit der virtuellen Welt erfolgt multimedial. So vielfältig die Anwendung des Computers selbst ist, so vielfältig sind auch die Anwendungsgebiete für die virtuelle Realität. Abgesehen von rein auf Unterhaltung ausgelegten Systemen kann der Lerneffekt oder, anders formuliert, das Sammeln von Erfahrungen als eine der wichtigsten Zielsetzungen betrachtet werden. Es stellt zum Beispiel heute auf Flugsimulatoren der amerikanischen Firma General Electric SCSD [Willim92] kein Problem dar, das reale Flugempfinden, reale Flugeigenschaften und realitätsnahe Umweltszenarien zu simulieren. Leider ist der Kostenaufwand selbst für einfache Systeme der Virtuellen Realität heute so hoch, daß sich Einsatz zu Lernzwecken in den Bildungseinrichtungen des Schulwesens noch nicht vorstellbar ist.

3. Multimedia als Hilfsmittel

Für die Unterstützung des Lehrers bzw. Schülers bei der Bewältigung seiner Arbeitsaufgaben mit Hilfe der Multimediatechnologie lassen sich sicherlich viele Beispiele finden. Dennoch ist dieser Anwendungsbereich wohl als derjenige anzusehen, in dem Multimedia die geringsten Vorteile gegenüber herkömmlichen Vorgehensweisen liefert. Es ist wenig gewinnbringend, Unterrichtsvorbereitung oder Stundenplanung auf einer audiovisuellen Plattform vorzunehmen. Die augenblicklich wohl größten Potentiale multimedialer Anwendungen liegen auf dem Gebiet der Informationsbeschaffung für die Unterrichtsvorbereitung sowie auf der Nutzung einer Multimediaplattform als technisches Hilfsmittel bei der Durchführung des Unterrichts. Mit den nachfolgend gegebenen Beispielen soll ein Denkanstoß erreicht werden.

Beispiel 1 : Mit Hilfe hypertextorientierter Recherchesysteme ist eine äußerst effektive Art und Weise gegeben, auf in maschinenverwalteten Dokumenten gespeichertes Wissen eines Fachgebietes zuzugreifen. Rüstet man Hypertextsysteme mit multimedialen Fähigkeiten aus, so ist eine weitere Steigerung der Effektivität der Informationsgewinnung möglich. Sogenannte Hypertextlinks (Verweise auf weiterführende Information) müssen nicht zwingend Text referenzieren. Es sind ebenfalls Verweise auf Grafiken, Fotos, Animationen oder Videosequenzen, gepaart mit akustischen Erläuterungen möglich. Die Klasse solcher Programmsysteme werden als Multimediadokumente bezeichnet.

Beispiel 2 : Bei der Herstellung von Animationen bzw. Videofilmen als Unterrichtshilfe führt der Einsatz computergestützter Produktions- und Schnittplätze zu einem enormen Effektivitäts- und Qualitätsgewinn. Mit kürzestem Zeitaufwand ist es selbst dem ungeübten Nutzer möglich, im Baukastenprinzip ansprechende Animationen zur Verwendung beispielsweise in einem Multimediadokument zu erzeugen. Ein Computerschnittplatz für Videofilme bietet das komplette Leistungsvermögen von der Verwaltung des Rohmaterials über den Schnitt bis hin zur Nachvertonung und Vertitelung. Besonders erwähnenswert ist die Möglichkeit, Ausgaben nahezu aller Computerprogramme in das Video einzublenden [FAST94-1], [FAST94-2].

4. Multimedia als Kommunikationsmittel

Die Kommunikation über elektronische Post (electronic mail, E-Mail) gehört an vielen Universitäten und in der Industrie bereits zum Alltag. Das Versenden und Empfangen von Informationen ist schneller, kostengünstiger und flexibler als auf herkömmlichen Wegen. Online-Dialoge bzw. Online-Konferenzen über große geografische Entfernungen sind möglich. Grundlage bildet der Anschluß der Teilnehmer an ein Computernetzwerk. Informationen, die sich über Mailsysteme austauschen lassen, haben nicht zwingend Textcharakter. Es ist duchaus möglich, multimediale Daten zu verschicken. Leider schränken in der Praxis zu geringe Übertragungsraten der Netzwerke die Nutzung der Mailsysteme zum Übertragen eines Multimedia-Datensatzes ein. Dies betrifft vor allem die Online-Kommunikation auf multimedialer Basis. Videokonferenzen und ähnlich geartete Anwendungen sind Gegenstand der Forschungen im Rahmen der Projekte der sogenannten Information-Highways. Für viele Schulen werden momentan die Türen zur elektronischen Kommuniaktion durch den Anschluß ans Internet bzw. ans ODS (Offenes Deutsches Schulnetz) geöffnet. Bilden heute in der Regel noch Modem-Kanäle mit geringen Übertragungsgeschwindigkeiten die technische Basis, so rückt deren Ablösung zum Beispiel durch ISDN-Kanäle näher. Mit der Steigerung der Netzleistungen wird die multimediale Kommunikation mit anderen Einrichtungen denkbar. Gegenwärtig bleibt diese auf die lokalen Netzwerke der Einrichtungen in Computerkabinetten beschränkt.

5. Gegenwart und Zukunft

Diese wenigen Beispiele zeigen die Vielfalt der verschiedenen Gebiete des Bildungswesens, in denen die innovative Technologie *Multimedia* Einzug halten könnte bzw. bereits gehalten hat. Es sei nochmals betont, daß Informationsgewinnung und interaktives Lernen gegenwärtig die verbreitetsten Einsatzbereiche multimedialer Anwendungen in der Schule darstellen. Zukünftig wird auch der Einsatz der Animation und der Virtuellen Realität in den Schulen vorstellbar sein. Kann die Animation als Ablösung bzw. Erweiterung herkömmlicher Techniken gesehen werden, so ist die Virtuelle Realität hingegen eine noch nie zuvor im Schulwesen eingesetzte Technologie. Es sind Untersuchungen anzustellen, welche positiven und negativen Auswirkungen diese Technologie auf den Schüler und den Unterricht haben. Pädagogen, Psychologen, Techniker und nicht zuletzt Mediziner werden über Vorteile und Nachteile zu diskutieren und schließlich Empfehlungen zu geben haben. Es seien an dieser Stelle nur einige Denkanstöße gegeben :

- *Integration des Nutzers in ein virtuelles Szenario.* Simulationen von Realitäten oder von Fantasiegebilden im Computer lassen sich durch die Einbeziehung des Nutzers auf der Ebene verschiedener Sinne hautnah erleben. Es wird ein gegenüber Desktopanimationen höherer und effektiverer Informationsgewinn möglich. Der Nutzer sieht nicht durch ein Fenster von außen in etwas hinein, sondern befindet sich mittendrin. Er sammelt Erfahrungen mit Hilfe einer simulierten Welt, lernt mit Dingen durch Simulation umzugehen.

- *Schein oder Wirklichkeit.* Nach [Willim92] haben Systeme der Virtuellen Realität nicht nur den Drang zur vollständigen Abbildung, sondern auch zum Ersetzen des Realen. Je nach Länge des Aufenthaltes in der Virtuellen Welt und je nach Art der technischen Basis können sich verschiedene Auswirkungen zeigen : Orientierungsprobleme, möglicher Identitätsverlust, Übergangsprobleme, mediale Abhängigkeiten und das Auftreten der sogenannten Simulatorkrankheit.

6. Computergrafik im Überblick - ein Beispiel

Im Rahmen des Informatikunterrichts an den Gymnasien des Freistaates Sachsen besteht ein Lehrziel darin, die Schüler an das Teilgebiet *Computergrafik* heranzuführen. Eine Multimedia-Applikation könnte den Unterricht gerade auf diesem Gebiet wesentlich bereichern. Die Synthese von Text, Grafik, Animation und Ton, gepaart mit einer Eingabekomponente, kann gleichzeitig die Begriffe *Multimedia* und *Computergrafik* dem Schüler näher bringen. Dazu wird die Entwicklung einer Multimedia-Applikation auf der Grundlage eines HTML-Systems (Hyper Text Markup Language) vorgeschlagen. Für die Entscheidung zugunsten HTML sprechen folgende Gründe :

- HTML ist für die Konstruktion multimedialer Dokumente ausreichend leistungsstark. HTML vereint die Funktionalität eines Hypertext- mit der eines multimedialen Systems.
- HTML ist syntaktisch übersichtlich strukturiert und damit leicht erlernbar.
- HTML-Quellen müssen nicht compiliert werden. Die Auswertung erfolgt interpretativ. Es ist stets die Anzeige der Quellen eines Dokumentes möglich.
- HTML ist flexibel. Es lassen sich unkompliziert Anpassungen und Änderungen in die Dokumente einarbeiten.
- HTML ist portabel. Es gibt Interpreter für nahezu alle Computerarchitekturen und Betriebssysteme.
- HTML ist netzwerkfähig. Besteht systemtechnisch die Möglichkeit, auf einen Quelltext zuzugreifen, kann sofort die Applikation ausgeführt werden. Physischer Ort der Datenspeicherung und Art und Weise des Zugriffs sind für den Nutzer transparent.
- HTML ist integrationsfähig. Die Einbindung eines Dokumentes in ein anderes ist problemlos über einen Hypertext-Verweis möglich.
- HTML ist preiswert. Viele Interpreter sind Freeware- bzw. Sharewareprodukte. Die Anforderungen an die Systemresourcen sind relativ gering.

HTML-Interpreter, sogenannte Betrachter, sind in der Lage, hierarchische Hypertextdokumente zu verarbeiten. Für die ansprechende Gestaltung des Textes stehen je nach Systembasis vielfältige Fonts sowie Textformate zur Verfügung. Eine ausreichende Basis in dieser Beziehung stellt zum Beispiel Microsoft Windows dar. Verweise, die sogenannten Hypertext-Links, werden optisch hervorgehoben dargestellt. Dies kann zum Beispiel über spezielle Textformate, Farben oder über Knöpfe erfolgen. Prinzipiell kann ein Link auf eine der nachfolgend genannten Möglichkeiten verweisen und wird entsprechend durch ein festzulegendes Programm realisiert:

- HTML-Dokument   - HTML-Betrachter
- Textdatei   - Textbetrachter
- Grafikdatei   - Grafikbetrachter
- Sound-, Animations- und Videodatei   - Medienplayer für entspr. Format
- komprimierter Videoclip   - Medienplayer für entspr. Format
- externes Programm   - Kommandointerpreter.

Folgt der Nutzer einem Verweis, wählt der Interpreter automatisch anhand der referenzierten Information das korrekte Präsentationsprogramm aus und übergibt diesem die Steuerung. Der Nutzer ist jederzeit in der Lage, innerhalb der Applikation zu navigieren. Bereits bearbeitete Dokumente werden gekennzeichnet.

Ein Vorschlag für Gestaltung eines multimedialen Systems zur Einführung in die Computergrafik wird in Bild 1 dargestellt. Als Systemvoraussetzung zur Abarbeitung dieses Programms sind erforderlich :

- PC ab 80486, mind. 4 MB RAM, Maus
- CD-ROM Laufwerk / Bereitstellung der Applikation über Netzwerk
- Grafikkarte mit mindestens 640 * 480, 256 Farben
- Soundkarte
- Microsoft Windows 3.1 bzw. Windows NT
- installierte Playerprogramme für Sounddateien (*.wav, *.voc, *.mid)
- installierte Playerprogramme für Animationen und Videos (*.fli, *.flc, *.mpg)
- installierte Grafikbetrachter (*.gif, *.tif, *.jpg)
- installierter HTML-Betrachter (Mosaic, ...).

Es wäre dem Schüler mit diesem System möglich, sich selbständig einen Überblick über das breite Gebiet der Computergrafik zu verschaffen und sich interaktiv Wissen anzueignen. Entsprechend seinen Vorstellungen kann er sich frei durch den Stoff bewegen, weiterführende Informationen abrufen, Illustrationen grafischer Art betrachten oder erworbenes Wissen praktisch an Beispielprogrammen überprüfen bzw. festigen. So ist zum Beispiel der Basisalgorithmus zum Clippen einer Linie an einer Fenstergrenze nach Cohen und Sutherland vielseitig erklärbar. Referenziert der Schüler das Kapitel *Clippalgorithmen*, so werden ihm einführende Informationen zur Anwendung dieser durch das Zeigen des Problems in einer Grafik, ergänzt durch eine akustische Erläuterung, gegeben. Danach wählt er im Dialog weitere Informationsquellen aus. Dies könnten Beschreibungen des Algorithmus zur Lösung des Problems in Textform oder in Form einer Pseudonotation, aber auch der Quelltext eines Pascal-Programms sein. Weitere Alternativen wären die lauffähige Version des Programms sowie eine Animation. Das Programm könnte dazu dienen, durch interaktive Eingabe beliebiger Punkte die Arbeitsweise der einzelnen Schritte des Algorithmus zu zeigen, wohingegen die Animation dies unter Annahme fest vorgegebener Punkte realisiert.

Literaturverzeichnis

[FAST94-1]   FAST Videomaschine PC, Systemhandbuch Version 1.2, 1994
[FAST94-2]   Reihe FASCINATION, Das Magazin für Video und Computer, FAST Elektronic, 1994
[Haak92]   Johannes Haak, Ludwig J. Issing, „Multimedia Didaktik - State of the art" in : Multimedia und Computeranwendungen in der Lehre, Berlin, Heidelberg 1992, Springer-Verlag, S. 23-32
[Luther91]   Arch C. Luther, Digital Video In The PC Environment, New York 1991, McGraw-Hill Book Company
[Meyer91]   K. Meyer-Wegener, Multimedia-Datenbanken, Stuttgart 1991, Teubner-Verlag
[MSMUL91]   Microsoft, Multimedia PC Specifikation, 1991, Microsoft News Release
[Penne93]   William P. Pennebaker, Joan L. Mitchell, JPEG-Still Image Date Compression Standard, New-York 1993, Van Nostrand Reinhold
[Sein92]   Bern Steinbrink, Multimedia - Einstieg in eine neue Technologie, Haar bei München 1992, Markt-und-Technik-Verlag
[STEP89]   Hubert Steppi, CBT - computer based training: Planung, Design und Entwicklung interaktiver Lernprogramme, Stuttgart 1989, Klett-Verlag
[Willim92]   Bernd Willim, Designer im Bereich Animation und Cyberspace, Berlin 1992, Drei-R-Verlag

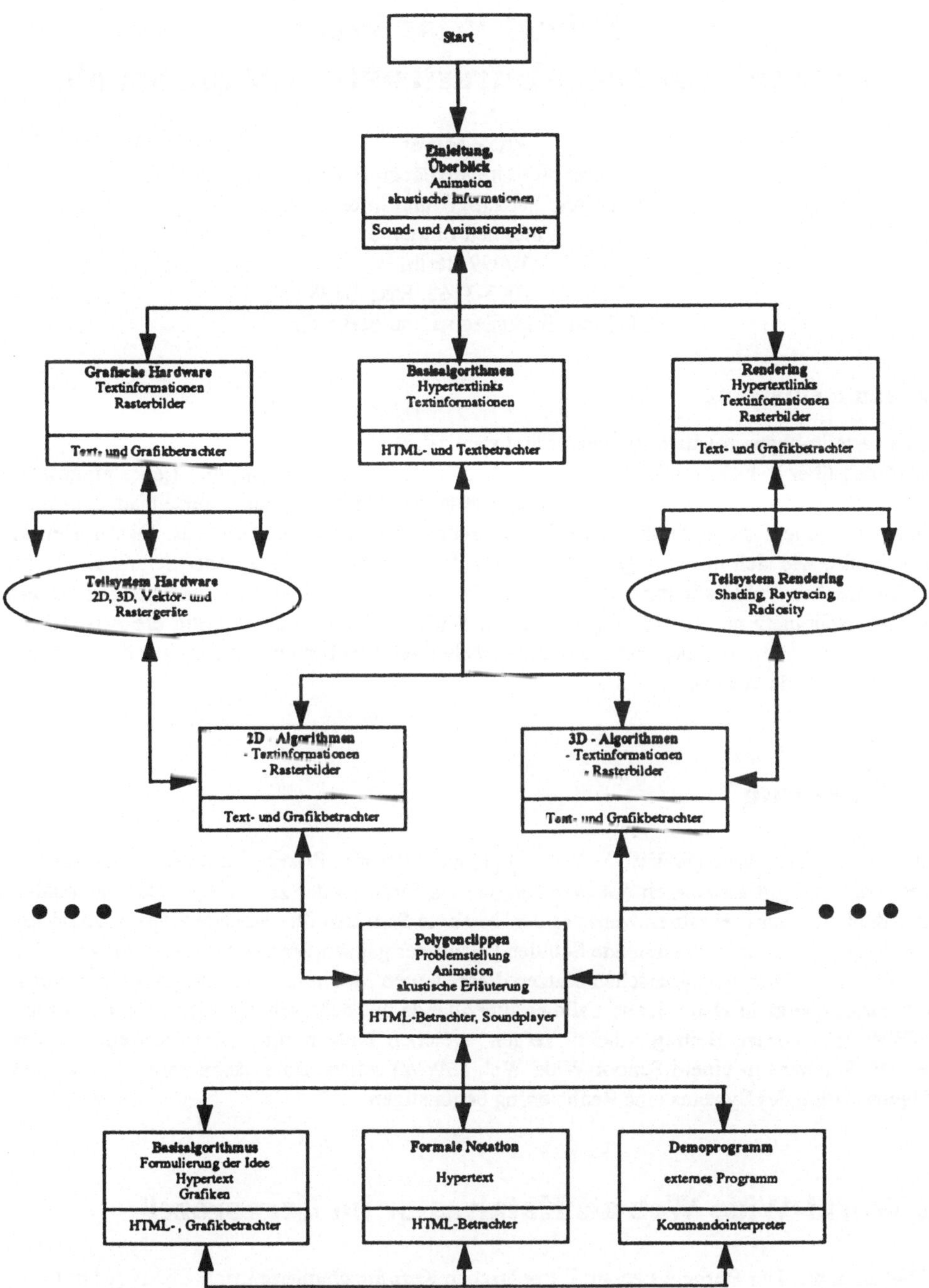

Bild 1 : Struktur eines HTML-basierten Multimediadokumentes

School-Wide Web
Eine Informations-Infrastruktur für die Schule

Frerk Meyer
Humboldt-Universität zu Berlin
Abteilung Pädagogik und Informatik
Unter den Linden 6
10099 Berlin
Tel: 030-2093-3162, Fax: -3198
E-Mail: frerk@educat.hu-berlin.de

Zusammenfassung

Das verteilte, hypermediale Informationssystem World-Wide Web auf der Basis des Internet
wird seit über 3 Jahren erfolgreich zur Unterstützung von Forschung und Lehre eingesetzt.
Der nicht vorhandene und schwierig herzustellende Internet-Zugang speziell an deutschen
Schulen schließt sie scheinbar von dieser revolutionären Technologie aus. Dieser Beitrag
beschreibt, wie sich mit geringsten Mittel das WWW schon heute an jeder Schule als Tutor,
elektronisches Publikationsmedium, Diskussionsforum und Navigationswerkzeug in einem
lokalen Schulnetz nutzen läßt. Dieses School-Wide Web macht gleichzeitig die Auswirkungen der Informations- und Kommunikationstechniken erlebbar und bereitet auf die Nutzung
des World-Wide Web vor.

1 Einleitung

Das World-Wide Web (WWW, W3, Web) [1] hat 1993 den Elfenbeinturm der Wissenschaft
verlassen und gilt zusammen mit dem Internet als Prototyp der zukünftigen Datenautobahn.
Innerhalb von nur drei Jahren wurde es der De-Facto Standard für vernetzte Hypermediasyste-
me. Bereits über 200 teilnehmende Schulen [2] auf der ganzen Welt beweisen in immer neuen
Projekten [3,4] den pädagogischen Nutzen dieses neuen Mediums. Aufgrund des schwierigen
Internet-Zugangs in Deutschland nahmen hierzulande nur acht Schulen [5] bis Mai 1994 am
WWW teil. Dieser Beitrag möchte zeigen, welchen Nutzen die lokale Anwendung der
WWW-Software in einem School Wide Web (SWW) schon heute haben kann, und welche
Eigenschaften des Systems eine Realisierung begünstigen.

2 World-Wide Web als Katalysator im Lernprozeß

1989 erkannte Tim Berners-Lee am Europäischen Kernforschungszentrum CERN [6] in Genf
ein Kommunikationsproblem der Wissenschaftler in ihrem kontinuierlichen, kooperativen
Lernprozeß. Die Forschungsergebnisse waren auf dutzende Computer verteilt, die zwar vernetzt waren, aber an deren Informationen man nur sehr schwierig herankam. Die Hauptkom-
munikationsmittel waren Gespräche und Fachzeitschriften. Also entwickelte er auf der Basis
aller bereits installierten, vernetzten Computer ein Informationssystem, welches multimediale,
über das ganze Netz verteilte Dokumente über hypertextuelle Verweise zu einem zusammen-

hängenden Hypermedium verschmelzen, dem sogenannten Web. Jeder Teilnehmer kann darin selektiv Dokumente seines lokalen Computers dem Web hinzufügen dadurch anderen anbieten. Als Leser bleibt ihm dabei der tatsächliche physikalische Speicherort verborgen, da der Netzzugriff vollkommen transparent erfolgt. Wie mit einem Katalysator wurde mit dem Web die wissenschaftliche Kommunikation wesentlich beschleunigt und gleichzeitig qualitativ verbessert.

Das National Center for Supercomputing Applications (NCSA) [7] in Illinois, USA, erkannte frühzeitig die Bedeutung des Web für ihre Forschung und entwickelte den populären grafischen Browser Mosaic, in den sie zusätzlich die wichtigsten Internet-Dienste integrierten: Gopher, FTP, Telnet und News. Dadurch wurde aus der Entwicklung am CERN das World-Wide Web. Es erfüllt für das Internet heute die gleiche Bedeutung, die bereits X-Windows für Unix und MS-Windows für DOS hatten, nämlich die, einer auch von untrainierten Benutzern mit der Maus bedienbaren, grafischen Fensteroberfläche für ein System, welches vorher durch seine textuellen, kryptischen Kommandos nur von einigen Experten nutzbringend eingesetzt werden konnte.

Das WWW ist besteht aus

* dem Ziel einer grenzenlosen, vernetzten Informationswelt,

* dem Internet, das den physikalischen Teil des weltweiten Netzes bildet,

* einem Adreßsystem (Universal Resource Locator, URL), welches jede Information netzweit eindeutig identifiziert,

* einem Transferprotokoll zur geregelten Übertragung der angeforderten Informationen (Hypertext Transfer Protocol, HTTP),

* einem Dokumentenformat (Hypertext Markup Language, HTML) zur Darstellung der Informationen als Hypermedia und

* der Gesamtheit aller angebotenen Informationen.

Ohne das Internet stellt das WWW also immer noch eine zuverlässige, weit verbreitete Informations-Infrastruktur dar, die z.B. in der Schule eingesetzt werden kann. Aus seiner Geschichte heraus legt es die Vermutnug nahe, bei geeignetem Einsatz auch die Lernprozesse an der Schule zu verbessern.

3 Ein School-Wide Web

Die Bezeichnung School-Wide Web (SWW) steht für die Nutzung der Software des World-Wide Web in einem schulinternen, lokalen Computernetz als Unterrichtsgegenstand, -werkzeug und -medium und als Vorbereitung auf die spätere Teilnahme am World-Wide Web. Die meisten Schulen sehen sich aus finanziellen, technischen und organisatorischen Problemen nicht in der Lage, Hypermedia und Telekommunikation in Computernetzen zu nutzen. Deshalb soll zunächst auf die häufigsten Zweifel an der Realisierbarkeit eingegangen werden.

3.1 Finanzielle Voraussetzungen

Die WWW-Software wurde ursprünglich im Rahmen von Forschung und Wissenschaft im Internet entwickelt und darf deshalb üblicherweise für nicht-kommerzielle Ausbildungszwekke wie z.B. Schulen kostenlos genutzt werden. Sogar kommerzielle WWW-Software ist vielfach unter diesen Bedingungen kostenlos nutzbar. In Verbindung mit einem lizenzfreien Unix-Clone für PCs wie Linux oder FreeBSD erhalten die Schulen die gleiche Software und annähernd die gleichen Leistungen wie die Wissenschaftler zum Nulltarif. Inzwischen gibt es Portierungen der Software und neue Programme [8,9,10,11] für die meisten anderen Betriebssysteme, so daß im Rahmen eines SWW erstmals Unix-Rechner, Windows-PCs, Macintosh-Computer und andere Modelle gemeinsam einsetzbar sind.

Es dürfte jedem klar sein, daß der Umgang mit Computernetzen schlecht ohne Computer unterrichtet werden kann. Für den Aufbau eines SWW werden glücklicherweise nicht die neusten, leistungfähigsten Computer benötigt. Im Gegenteil, durch die Mitnutzung bereits vorhandener Computer kann in den meisten Fällen ein SWW realisiert werden und veraltete Computer finden noch einmal eine sinnvolle Anwendung, z.B. als Abfrageterminals in Klassenräumen.

Die Vernetzungshardware besteht aus einfachen Ethernetkarten, wie es sie bereits für unter 60.-DM im Handel gibt. Inklusive Verkabelung kommt man auf Hardwarekosten von knapp über 100.- DM pro Computer. Die TCP/IP Netzsoftware gibt es entweder als Shareware, als Schulversion vom Hersteller oder neuerdings als Bestandteil des Betriebsystems. Die Kosten betragen deshalb 0 - 100 DM pro Computer.

Telekommunikation wird in den Schulen bisher so gut wie gar nicht praktiziert und verursacht daher keine Kosten. Bei der Vernetzung mit der Außenwelt wird von den Schulen in Zukunft sicher ein Teil der Kosten selbst aufzubringen sein. Dieser wird und darf nicht über die monatliche Grundgebühr eines Telefonanschlusses, Ortsgesprächsgebühren und die einmalige Anschaffung eines Modems oder einer ISDN-Karte hinausgehen. Städte haben schon heute die Möglichkeit, ihre Schulen durch stadteigene Hochgeschwindigkeitsnetze kostenlos miteinander zu verbinden, ähnlich den stadteigenen Telefonnetzen. Eine hohe finanzielle Förderung provoziert dagegen einen Strohfeuereffekt, bei dem nach Auslaufen der Förderung mangels Kostendeckung auch die Telekommunikation wieder eingestellt wird.

Angesichts leerer öffentlicher Kassen müssen sich die Schulen in Zukunft trotzdem mehr einfallen lassen um überhaupt an Computer- und Netztechnik heranzukommen. Einige der Möglichkeiten sind beispielsweise Sponsoren aus der Wirtschaft, Unterstützungsvereine oder Elterninitiativen.

3.2 Technische Voraussetzungen

Das SWW ist ideal zur Wiederverwertung veralteter Computertechnik geeignet. Die Dokumente im HTML-Format [1] lassen sich mit jedem ASCII-Editor entwerfen, da die Formatierungsbefehle im Klartext eingefügt werden. Ein Grundwortschatz von 20 Befehlen reicht für die meisten Dokumente aus und läßt sich innerhalb von 4 Stunden erlernen. Für den Entwurf, wie auch für das Betrachten, ist kein Netzwerk erforderlich. Unter Beachtung einiger Regeln lassen sich diese Dokumente sogar im nachhinein problemlos in das Web einbauen. Tatsächlich wurden die Inhalte der meisten deutschen Schulserver bisher ohne Netzverbindung entworfen und dann von Diskette oder über Modem eingespielt. Der Übergang von einem SWW ins WWW ist fließend, wenn alle Dokumente regelmäßig auf den WWW-Server einer Institution im Internet kopiert werden, die dafür Platz bereitstellt.

Obwohl die Popularität des WWW sicher der Möglichkeit zu verdanken ist, Grafiken, Töne und sogar Videos in seine HTML-Dokumente einzubinden, gibt es sogar reine Textbetrachter wie Lynx für MS-DOS und Unix [12]. Textattribute werden von ihm so gut es geht imitiert und andere Medien von den durch Autoren bestimmten Ersatztexten ersetzt. In unserem Labor demonstrieren wir sogar den grafischen Browser WinWeb [13] auf einem 286er PC mit 2 MB Hauptspeicher und EGA-Grafik unter MS-Windows 3.1 sowie den neuen, grafischen Browser Minuet [14] auf demselben PC unter MS-DOS.

Sollten die Computer an einer Schule noch nicht lokal vernetzt sein, so ist ein SWW ein guter Grund dies zu tun. TCP/IP als offenes Netzprotokoll kostet durch die freie Konkurrenz auf dem Markt nicht nur weniger, sondern es garantiert auch, daß sich die verschiedensten Computertypen untereinander verständigen können und gegenseitig eine Vielfalt an Kommunikationsdiensten anbieten und nutzen können. Die WWW-Software sorgt inzwischen dafür, daß fast jeder Dienst für den Benutzer einheitlich aussieht und zu bedienen ist. Das SWW stellt eine Ergänzung zu bisherigen Computeranwendungen dar und keine Konkurrenz. Bereits bestehende Netze mit Novell-, Appletalk- und Windows-for-Workgroups Protokollen können dieselbe Hardware weiternutzen, müssen allerdings zur Zeit noch auf TCP/IP-Betrieb umgestellt werden.

Die spätere Vernetzung mit der Außenwelt kann auf drei Arten geschehen: durch einen Telefonanschluß mit High-Speed-Modem, durch einen ISDN-Anschluß und durch einen direkten Netzanschluß an ein Metropolitan-Area-Network (MAN). Die erste Variante ist weit verbreitet und kostengünstig, leidet aber unter geringen Übertragungsraten und langen Verbindungsaufbauzeiten. In diesem Jahr ist es aufgrund des Förderprogramms der Telekom günstiger geworden, einen ISDN-Anschluß zu beantragen. Die Anfangsinvestition wurde auf 100-200 DM gesenkt, die höhere Grundgebühr von 60 DM wird durch schnellere Übertragungsraten gesenkt. Besonders attraktiv ist eine zusätzliche High-Speed-Vernetzung der Schulen einer Stadt in einem MAN zu einem School(s)-Wide Web. Da die Stadt die Gebühren selber festlegen kann, könnten Schulen zum Nulltarif ohne Bedenken die übertragungsintensiven Multimediafähigkeiten des SWW bis hin zu digitalen Videos voll ausnützen.

3.3 Personelle und organisatorische Voraussetzungen

Die Einführung eines SWW geschieht am besten durch eine Gruppe interessierter Lehrer und/oder Schüler, die einen Prototyp entwickeln und dann in der Schule demonstrieren. Aufgrund der technisch anspruchsvollen Installation sollten die Beteiligten bereits Kenntnisse im DFÜ-Bereich gesammelt haben. Zusätzlich benötigen sie professionelle Hilfe, die sie zur Zeit nur aus den Universitäten bekommen können. In den USA wurde deshalb das School-Web Exploration Project (SWEP) [15] ins Leben gerufen, um mit Hilfe des Internet Hilfswillige und Hilfsbedürftige zusammenzubringen. Auch unsere Abteilung hat im Anschluß an unseren Workshop *WWW- Use in Education* während der dritten int. WWW-Konferenz in Darmstadt eine deutschsprachige Mailing-Liste [16] zum Thema WWW in Schulen eingerichtet, um die gegenseitige Hilfe von Lehrern untereinander und einen Technologietransfer von den Universitäten zu den Schulen zu fördern.

Die Informations-Infrastruktur eines SWW beeinflußt die soziale und organisatorische Struktur der Schule. Auf der Suche nach der bestmöglichen Nutzung des neuen Mediums stößt man an die Grenzen der traditionellen Unterrichtsorganisation und des Rollenverständnisses von Schülern, Lehrern und Schule allgemein. Es ist aber kein Makel, sondern ein Verdienst der neuen Technik, wie mit einer Lupe erstarrte Strukturen bloßzulegen und eine freiere, selbstständigere Art von Lernen und Lehren zu unterstützen, wie sie seit langer Zeit auch ohne den Einfluß neuer Technologien von Erziehungswissenschaftern empfohlen wird. Nicht alle der vorgeschlagenen Anwendungen sind deshalb unproblematisch in den Schulalltag zu integrieren. Vielmehr sollen sie das Potential des SWW deutlich machen und zur eigenen, kreativen Nutzung anregen.

4 Anwendungen des School-Wide Web im Unterricht

In den nächsten Jahren wird die Verschmelzung von Medien, Telekommunikation und Computertechnik die wichtigste Entwicklung in der Informatik darstellen. Mit Hilfe eines SWWs können Schüler schon heute Erfahrungen mit diesen Technologien sammeln, die ihre weitere Ausbildung, ihre Berufswelt und ihren Alltag verändern werden. In konkreten Informatikprojekten kann ein SWW sowohl Unterrichtsgegenstand als auch Unterrichtsmedium sein.

4.1 Das SWW als Unterrichtsgegenstand

Als Unterrichtsgegenstand ist die Erstellung eigener Hypermedia-Dokumente für das SWW im Rahmen eines langfristigen, kooperativen Projekts im Informatikunterricht geeignet, ein weites Feld von Informatikthemen anwendungsnah und anhand eigener Tätigkeiten zu erlernen. Es legt dadurch die Grundlage für ähnliche Anwendungen in anderen Fächern. Durch den zu Beginn erforderlichen Grobentwurf der Dokumentenarchitektur lassen sich Softwareentwicklungsmodelle, Datentypen und Informationsstrukturen thematisieren. Danach werden die Ausgangsmedien beschafft, und falls noch nicht geschehen digitalisiert bzw. umformatiert. Als Themen werden dabei die Aspekte der Medientypen, der Digitalisierung, der Bildverarbeitung, der Textverarbeitung und Texterkennung, der Datenkompression und -konvertierung als untergeordnete Bestandteile eines Gesamtzusammenhangs behandelt, nämlich der Informationsaufbereitung und Präsentation. Die Arbeit mit Multimedia ist eine Informationsverarbeitung, die durch ihre Anschaulichkeit ein hohes Maß an Motivation auch für technisch-mathematisch-naturwissenschaftlich nicht besonders interessierte Schüler bewirkt. Die einzelnen Medien werden anschließend gemäß dem Grobentwurf hypermedial verknüpft. Wiederholte Tests mit Lesern führen die Problematik der Benutzerführung und Navigation in Hypermedianetzen vor Augen. Werden die erzeugten Dokumente schließlich in das SWW eingebunden, sind sie mit Hilfe der Telekommunikation den Mitgliedern der eigenen Arbeitsgruppe, den anderen Arbeitsgruppen, dem Lehrer, andern Klassen oder der ganzen Schule zugänglich. Es kommt bei der Erstellung nicht in erster Linie darauf an, später von allen gelesen zu werden, sondern auf das Bewußtsein der Autoren, von allen gelesen werden zu können. An das Werk wird automatisch ein anderer Qualitätsanspruch gestellt, der eine intensive Beschäftigung mit der Materie garantiert. Aus Sicht der Leser sind von Mitschülern erstellte Hypermedien interessanter, als professionelle, aber anonyme Produkte, da sie die Autoren persönlich kennen und durch die eigene Autorentätigkeit die Erwartungen weitaus niedriger sind. Die Bandbreite von Themen, die ein SWW berührt, läßt sich schwer im Informatikunterricht konventioneller Art vollständig behandeln. Das SWW legt eine andere Vorgehensweise nahe: Die Arbeit in Gruppen, denen jeweils eine andere Aufgabe zugeteilt wird. So kann sich jeder Schüler nach seinen Interessen die Aufgaben aussuchen. Statt einer Prüfung stellt das Arbeitsergebnis den Lernerfolg sicher. Lernen von den Dokumenten der Mitschüler und Teamarbeit sind ausdrücklich erwünscht. Einfache Kopien, wie sie technisch noch leichter als sonst möglich wären, scheiden aufgrund der unterschiedlichen Aufgabenstellung aus. Diese Vorgehensweise wurde an einem Gymnasium in Zweibrücken von Peter Merz mit einer Schulpräsentation in HyperCard ausprobiert. Die Ergebnisse waren erstaunlich professionell und die Erfahrungen ermutigend. So wurde z.B. eine Gruppe sonst uninteressierter Mädchen zu Experten in Bildverarbeitung, während sich ein paar versierte Programmierer mit Prozeduren zur Volltextsuche beschäftigten. Größter Nachteil des Projekts war das nachlassende Interesse der Schüler an anderen Fächern.

4.2 SWW als Tutor

SWW ist als hypermediales Unterrichtsmedium sehr gut geeignet, Sachverhalte und Zusammenhänge klar, übersichtlich und ansprechend dem Lerner in Form von Tutorials zu präsentieren. Dazu stehen verschiedene Schrifttypen, farbige Grafiken, Animationen und Videos, Klänge, Musik und Sprachausgabe zur Verfügung. Bestehende Texte können in das WWW eigene HTML-Format automatisch konvertiert werden. Die Formate der anderen Medien sind alle international genormt bzw. Industriestandards. Es ergibt sich also keine Abhängigkeit von einem Hersteller, und preiswerte CD-ROM Archive können die eigenen Medien bei der Erstellung der Tutorials ergänzen. Durch Erweiterungen der Server ist die Volltextsuche in den Tutorials möglich. Jedes Wort und jedes andere Medium kann durch Verweise mit Glossaren, Übersetzungen, Synonymen, Datenbanken und weiteren externen Informationsquellen im Netz verknüpft werden. Für das SWW besteht die Möglichkeit, lokale Kopien wichtiger Nachschlagewerken aus dem Internet vorzuhalten, oder sie von Archiven auf CD-ROM zu beziehen. Anstatt einer Vielzahl unterschiedlicher Medien wie Büchern, Zeitschriften und Filmen, ist alles einen Mausklick auf dem Bildschirm entfernt und wird deshalb von den Lernern eher genutzt. Die Interaktion bleibt nicht allein auf die Auswahl von Informationen beschränkt. Der Formularmechanismus von HTML erlaubt die Selbstkontrolle durch Testfragen mit Auswahlantworten und Lückentexten. Aus dem Tutorial heraus kann jederzeit eine E-Mail an den Autor des Dokuments mit Fragen zum Inhalt oder Korrekturen geschickt werden. Die weitaus höchste Interaktivität bietet schließlich die Erstellung eigener Tutorials durch Schüler, nicht so sehr um sie nachher einzusetzen, sondern als Unterrichtsmethode. Die Kenntnis von HTML ist allerdings bis zum Erscheinen spezieller Editoren Voraussetzung dafür, daß die technischen Aspekte nicht mehr vom Inhalt ablenken.

Durch das Hypermedium ist den Lernern die Reihenfolge und die Bearbeitungszeit freigestellt und durch das Netz ist der Ort beliebig: Zentral gespeicherte Aufgabenblätter können vom jedem Arbeitsplatz aus abgefragt, und die Ergebnisse auf dem gleichen Weg abgegeben werden. Um diese neugewonnen Freiheiten auch auszuschöpfen, sollte die Unterrichtsform geändert werden. So ermöglicht zum Beispiel eine freie Übungszeit Schülern mit langsamerem Lerntempo das Schritthalten mit der Klasse ohne abgehängt zu werden. Sie können ohne Zeitdruck den Lehrstoff so oft sie wollen nachlesen, und das bei geeigneter Ausstattung sogar mit dem Computer von zuhause aus.

4.3 SWW als Publikationsmedium

Von Schülern werden normalerweise eigenständige Arbeiten verlangt, die sie zwingen, sich intensiv mit einem Thema zu beschäftigen und ihre Darstellungs, Gliederungs- und Ausdrucksfähigkeiten zu verbessern. Beispiele sind Hausaufgaben, Ausarbeitungen und Referate, aber auch Bilder, Zeichnungen und Musikstücke. Das SWW als Medium bietet hierfür einige Vorteile. Die Ergebnisse werden an einem zentralen Ort gesammelt, und sind doch ohne Mehraufwand von überall, jederzeit einsehbar. Der selbe Aufwand und die selben Kosten ausreichen aus, um das Ergebnis entweder dem Lehrer oder der ganzen Schule zu zeigen. Wenn dies mit Aufgaben, die aus dem tatsächlichen Bedarf einer Schule entstehen, gekoppelt wird, dann bleibt das Ergebnis über den Zeitpunkt seiner Fertigstellung hinaus von Bedeutung. Die Autoren bekommen im Erfolgsfall noch lange positive Rückmeldung und haben das Gefühl am Lehrbetrieb aktiv gestalterisch mitzuwirken. Beispiele sind die Inhalte, die schon bisher in Schülerzeitungen, in Photo- und Film-AGs veröffentlicht werden.

Das WWW wird gerne zur Selbstdarstellung und Präsentation der daran teilnehmenden Institutionen verwendet. Die selbe Rolle kann ein SWW für den Tag der offenen Tür, den Elternabend, den Besuch aus Partnerstädten, Partnerschulen und Politikern spielen. Die Geschichte der Schule, ihre Lage, die Stadt in der sie liegt, der Gebäudeplan, die Busfahrpläne, das Lehrerkollegium und die angebotenen Fächer sind alles denkbare Themen für Präsentationen. Sie bieten Aufgaben für viele Klassen, alle Fächer und alle Altersgruppen. Und mit der Erstellung allein ist es nicht getan, ein nicht zu unterschätzender Teil der Arbeit besteht in der Aktualisierung der angebotenen Information, die im jährlichen Wechsel von anderen übernommen werden könnten.

4.4 SWW als Diskussionsforum

Eine Kopplung zwischen dem Lesen von Dokumenten und dem Verfasse eigener Dokumente sind Diskussionsforen. Ein streitbares Thema wird präsentiert, und danach ist es jedem möglich seinen Standpunkt per E-Mail hinzuzufügen. Dabei kann auf die Argumente der anderen wiederum durch Verweise Bezug genommen werden. Es entstehen auf diese Weise sehr gut strukturierte Diskussionen, bei denen das Protokoll automatisch mitgeschrieben wird, und eine abschließende Rekapitulation des Ablaufs erlaubt. Ähnliches ist bereits im Offenen Deutschen Schulnetz durch News möglich, allerdings ausschließlich textuell und mit einer Verzögerung von bis zu einem Tag, bis alle Teilnehmer den eigenen Beitrag lesen können. Im SWW erscheint ein neues Argument in Minuten, und die Antworten dürfen alle Medientypen enthalten. Über E-Mail ist zusätzlich eine nicht-öffentliche Reaktion möglich, entweder an den Autor oder an die anderen Diskussionsteilnehmer. Die nonverbale Diskussion ermutigt erfahrungsgemäß Schüler an der Diskussion teilzunehmen, denen es sonst Probleme bereitet vor einer größeren Menschenmenge frei zu sprechen. Es erlaubt es jedem, zu Wort zu kommen und seine Argumentation ohne Zeitnot zu entwickeln.

4.5 SWW als Navigationswerkzeug

Ein erfolgreiches SWW wird im Lauf der Zeit eine große Informationsmenge enthalten, neue und alte, wahre und falsche, wichtige und nebensächliche, widersprüchliche und eindeutige. Es ist damit ein Abbild des WWW und der realen Welt insgesamt. Zukünftig wird es für den Lernerfolg und Wissenszuwachs entscheidend sein, Fähigkeiten zu entwickeln, um relevante Informationen von unrelevanten zu unterscheiden und sie bei konkretem Bedarf in angemessener Zeit zu finden. Technisch ist diesem Problem aufgrund der bereits heute verfügbaren Informationsmenge nicht mehr beizukommen. Also sollte man Schüler nicht so lange wie möglich in der Schule durch Informationsfilterung beschützen, sondern die zielorientierte Navigation durch Werkzeuge wie Webbrowser üben.

5 Ergebnisse, Entwicklungen und Aussichten

Die Abteilung für Pädagogik und Informatik betreibt seit März 1993 einen eigenen Web-Server [17], um eigene Erfahrungen in der Nutzung von WWW zu Ausbildungszwecken zu sammeln und diese an andere pädagogische Beratungs- und Forschungsinstitutionen und an Schulen weiterzugeben. Gleichzeitig dient er als deutschsprachiger Wegweiser und Informationsquelle für pädagogisch relevante Informationen im Internet und speziell im WWW.
Durch unsere Beratung haben bisher zwei Lehrer jeweils den Inhalt eines prototypischen WWW-Servers für ihre Schulen zuhause entwickelt, und demonstrieren seine möglichen

Anwendungen auf dem WWW-Server der BICS [18] an der Landesbildstelle Berlin, da ihre Schulen noch keinen direkten Internetanschluß haben.

Ein Berliner Schüler [19] hat durch unsere Hilfe an einem internationalen Schulprojekt teilgenommen, in dem an 15 Schulen in den USA und Europa die Schüler ihre Erlebnisse und Gedanken zum 5. Jahrestag des Falls der Berliner Mauer [20] formulierten und illustrierten. Obwohl sich die meisten Schüler und Lehrer bisher nicht getroffen haben, haben Sie gemeinsam eine Ausstellung im WWW geschaffen, die dem Besucher als ein Ganzes erscheint, obwohl die Teile über die Welt verstreut sind. Die englischen Texte unseres Schülers wurden von einer amerikanischen Schülerin korrigiert und per Email zurückgesandt. Er erhielt inzwischen ebenfalls per Email die ersten Kommentare zu seinem Teil der Ausstellung und beabsichtigt, für seine Schule ebenfalls einen Serverinhalt zu entwerfen.

Die Entwicklung wird in Deutschland zur Zeit von unten durch Initiativen von Lehrern und Schülern, sowie einzelner Mitarbeiter und Studenten an Universitäten vorangetrieben. Die BICS [18] in Berlin geht ein Stück weiter, indem sie WWW-Grundlagen in der Lehrerfort- und Weiterbildung vermittelt. Leider zeigten bisher nur die Informatiklehrer Interesse, obwohl die WWW-Software ein großes Potential für die Computeranwendung im Fachunterricht und die Informationstechnische Grundbildung besitzt.

Einer Schule kann eigentlich nichts besseres passieren, als von der Entwicklung und der Innovationskraft der WWW-Software aus dem Internet zu profitieren. Schon zeichnen sich weitere, für die Ausbildung wertvolle Ergänzungen ab, wie beispielsweise 3-dimensionale Grafikdarstellung und Videokonferenzen. Deshalb ist jetzt der richtige Zeitpunkt für die Schulen mit Hilfe des SWW in das Informationszeitalter zu starten.

Literatur

[1] The World-Wide Web Initiative, the Project:
URL=http://www.w3.org/hypertext/WWW/TheProject.html

[2] Web66: WWW School Registry International,
URL=http://web66.coled.umn.edu/schools.html

[3] Academy One, International Online Educational Resource:
URL= http://www.nptn.org/cyber.serv/AOncP/

[4] Carvin, Andy: EdWeb, The On-Line K-12 Resource Guide,
URL=http://k12.cnidr.org:90/

[5] Liste der Schulen im deutschsprachigen WWW:
URL=http://www.educat.hu-berlin.de/schulen/schulen.html

[6] Europäisches Kernforschungszentrum (CERN), Genf, Schweiz:
URL=http://www.cern.ch/

[7] National Center for Supercomputing Applications (NCSA), University of Illinois, USA:
URL=http://www.ncsa.uiuc.edu/

[8] Fey, Jürgen: Zusammenspiel, Shareware- und PD-Lösungen verbinden DOS/Windows mit Unix, c't 4/94, S. 140, Verlag Hans Heise, Hannover

[9] Fey, Jürgen: Weltoffen, TCP/IP erweitert den PC-Horizont, c't 12/94, S. 254-264, Verlag Hans Heise, Hannover

[10] Schwab, Stefan: Näher ran! TCP/IP-Verbindung per Modem: SLIP und PPP, c't 10/94, S.124-128, Verlag Hans Heise, Hannover

[11] Wilzopolski, Axel: Mit dem Mac um die Welt, Der Macintosh im Internet: Programme und Konfigurationstips, c't 10/94, S.130-136, Verlag Hans Heise, Hannover

[12] Lynx, WWW Textmode Browser for Unix and MS-DOS, University of Kansas, USA,
URL: ftp://ftp2.cc.ukans.edu/pub/lynx/

[13] WinWeb from MCC, Austin, Texas: mailto:winweb@mcc.com

[14] Minuet, Minnesota Internet Exploration Tool, University of Minnesota, USA,
URL: ftp://minuet.micro.umn.edu/pub/minuet/

[15] SchoolWeb Exploration Project (SWEP), Home-Page,
URL=http://k12.cnidr.org:90/swep.html

[16] Mailing-Liste WWW-Schulen, Home-Page,
URL=http://www.educat.hu-berlin.de/schulen/www-schulen/

[17] Abteilung Pädagogik und Informatik, Home-Page:
URL=http://www.educat.hu-berlin.de/

[18] Landesbildstelle Berlin, Berliner Schulen stellen sich vor:
URL=http://www.be.schule.de/schulen/start.html

[19] Dressler, Stefan, The Berlin Wall Falls, Berlin, April 1995:
URL=http://www.educat.hu-berlin.de/~stefan/mauer/

[20] Patch American High School, The Berlin Wall Falls / Perspectives From 5 Years Down
the Road: URL=http://192.253.114.31/Berlin/introduction/Berlin_contents.html

[21] Meyer, Frerk: World-Wide Web in der Schule,
LOG IN, Heft 5/6 1994, S. 19-24, LOG IN Verlag Berlin

[22] Lange, Gerald: Informationsinfrastrukturen und Schulen,
LOG IN, Heft 2 1994, S.26-30, LOG IN Verlag Berlin

[23 Entner, Harald: Telekommunikation - derzeitige und künftige Nutzungsmöglichkeiten im
Umfeld der Aus- und Weiterbildung/Schule. In: Schule in der Informationsgesellschaft,
Loccumer Protokolle 19/94, S.77-84, Evangelische Akademie Loccum

[24] Füller, Klaus: Praxis der Telekommunikation in der Schule,
LOG IN, Heft 5/6, S. 48, LOG IN Verlag Berlin 1994

Decide - Entscheidungsfindung im Netz

Hans Rauch, Sudetenstr. 8, 35260 Stadtallendorf, e-mail HRAUCH@nis.schule.de

Arbeit wird zukünftig in hohem Maße durch die Kommunikations- und Kooperationsfähigkeit der Arbeitnehmerinnen und Arbeitnehmer geprägt. Dies setzt lokal und überregional vernetzte Strukturen voraus, die den zuverlässigen, sicheren und schnellen Transport von Daten jedweder Art ermöglichen. In den USA, aber auch in Europa und Japan, wird diese Thematik gegenwärtig unter dem Stichwort *information highway* oder *Datenautobahn* intensiv diskutiert. Dabei stehen die Definition technischer Standards und wirtschaftliche Erwartungen im Zentrum der Diskussion. Mit „beispielhaften Projekten" sollen konkrete Anwendungsmöglichkeiten aufgezeigt und den Verbraucherinnen und Verbrauchern nahegebracht werden.[1] Denn schließlich sind sie es, die die Dienste der „schönen neuen Datenwelt" bezahlen sollen.

Elektronische Entscheidungsunterstützungssysteme

Wesentliche wirtschaftliche oder politische Entscheidungen werden bislang nahezu ausschließlich auf Konferenzen getroffen. Die Entscheidungsträgerinnen und Entscheidungsträger müssen sich zu diesem Zweck persönlich zu einem bestimmten Zeitpunkt an einem bestimmten Ort treffen. Die zunehmende internationale Verflechtung, die gestiegenen Anforderungen an die Effizienz des Einzelnen, die Dichte des Terminplans, die bereits heute deutlich sichtbaren Anzeichen eines sich abzeichnenden Verkehrskollapses und die hohen Reisekosten machen die Organisation solcher Treffen zunehmend schwieriger. *Elektronische Entscheidungsunterstützungssysteme* bieten für viele Belange eine sinnvolle und kostengünstige Alternative.[2]

Elektronische Entscheidungsunterstützungssysteme bilden die bislang üblichen, genauer gesagt rationalen Schritte eines Entscheidungsprozesses elektronisch nach.[3] Mit der Videokonferenz-Technik sind dabei zumindest Teile der non-verbalen Kommunikation zugänglich. Pausengespräche, Waldspaziergänge etc., die manchmal wichtiger sein können als die eigentlichen Konferenzergebnisse, können gegenwärtig (auch in Cyberspace) noch nicht nachgebildet werden.

Aber auch andere, stärker basis-orientierte Anwendungsbereiche sind denkbar. In einem „globalen Dorf" können sich spontan Gruppen finden, die ein bestimmtes Problem gemeinsam lösen möchten. Die bislang üblichen Diskussionsforen z.B. im Internet, werden aber in hohem Maße durch die Eloquenz der Diskussionsteilnehmerinnen und Diskussionsteilnehmer geprägt. Auch scheint die persönliche Reputation der Beteiligten für die Diskussionswürdigkeit der Argumente nicht unwesentlich zu sein. Mehrheitsentscheidungen können in Diskussionsforen nicht oder nur unzulänglich getroffen werden.

Decide - Entscheidungsfindung im lokalen Netz

Das Programmsystem *Decide - Entscheidungsfindung im Netz*, das im Rahmen des Modellversuchs KOKOS[4] entwickelt wurde, besteht aus zwei Windows-Programmen. Mit dem *Decide-Manager* gliedert die Lehrerin bzw. der Lehrer den Entscheidungsprozeß in verschiedene, aufeinander bezogene Phasen. Die Schülerinnen und Schüler arbeiten mit dem Programm *Decide*, indem sie dort ihre Einfälle, Ideen und Entscheidungspunkte ein- bzw. vergeben.

Decide wurde im Hinblick auf Entscheidungsprozesse innerhalb eines Klassen- oder Gruppenverbandes entwickelt. Es basiert technisch auf einem (beliebigen) lokalen Netzwerk. Die Schülerinnen und Schüler müssen sich deshalb zu einer bestimmten Zeit zur Entscheidungskonferenz treffen. Da an verschiedenen Stellen während des Entscheidungsprozesses Unterrichtsgespräche methodisch notwendig erscheinen, finden die betreffenden Konferenzen im jeweiligen Computerraum statt.[5]

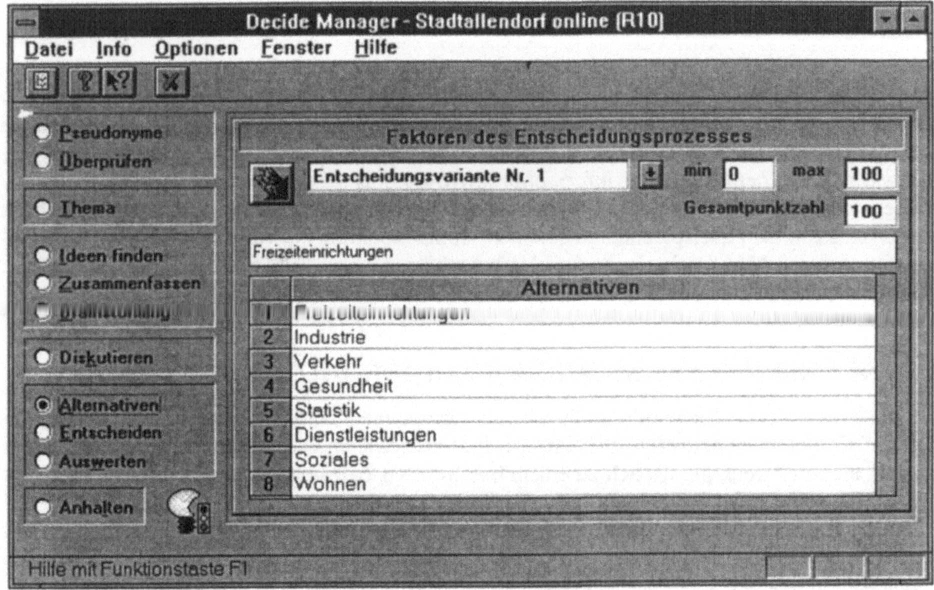

Benutzungsoberfläche des *Decide-Managers*

Phasen des Entscheidungsprozesses

Der Entscheidungsprozeß gliedert sich in verschiedene, aufeinander bezogene Phasen. Nachdem die Lehrerin bzw. der Lehrer das Ende einer Phase feststellt, schaltet sie bzw. er auf die nächste Phase um. Da alle Daten in einem eigenen Verzeichnis gespeichert werden, kann der Entscheidungsprozeß auch in einer Folgestunde fortgesetzt werden.[6]

Pseudonyme

Diskussionen werden häufig neben rationalen Argumenten auch durch Eloquenz und soziales Gewicht der Teilnehmerinnen und Teilnehmer geprägt. Um dem „Leitwolf"-Aspekt entgegenzuwirken, kennzeichnen die Schülerinnen und Schüler ihre Ideen und Einfälle mit einem Pseudonym. Diese Pseudonyme vergeben sie entweder selber oder sie wählen ein Pseudonym aus einer vordefinierten Liste aus. Die Pseudonyme sind mit einem Kennwort gegen mißbräuchliche Nutzung geschützt.

Überprüfen

Falls die Schülerinnen und Schüler eigene Pseudonyme verwenden, muß sichergestellt werden, daß diese Pseudonyme weder sexistischer noch rassistischer oder in anderer Weise herabsetzender Art sind. Die jeweilige Lehrerin bzw. der jeweilige Lehrer autorisieren deshalb die Pseudonyme.

Thema

Die wichtigste Regel jedes rationalen Entscheidungsprozesses lautet, daß sich alle Beteiligten darüber einig sind, was überhaupt entschieden werden soll.[7]

Im **Decide-Manager** wird zu diesem Zweck das *Thema* des Entscheidungsprozesses mit einer kurzen Überschrift, die in der Windows Titelzeile angezeigt wird, und einer ausführlichen Beschreibung definiert. Dieser Text kann von den Schülergruppen jederzeit eingesehen werden.

Erste Ideen finden

Der eigentliche Entscheidungsprozeß beginnt damit, daß die Schülerinnen und Schüler **unabhängig voneinander** an ihren Geräten erste Ideen sammeln und stichwortartig fixieren. Die Anzahl der gesammelten Ideen ist beliebig. Solange die OK-Schaltfläche noch nicht betätigt wurde, können die eigenen Ideen jederzeit geändert oder auch gelöscht werden. Eine kritische Bewertung der eigenen Ideen ist in dieser Phase des divergenten Denkens nicht erwünscht.

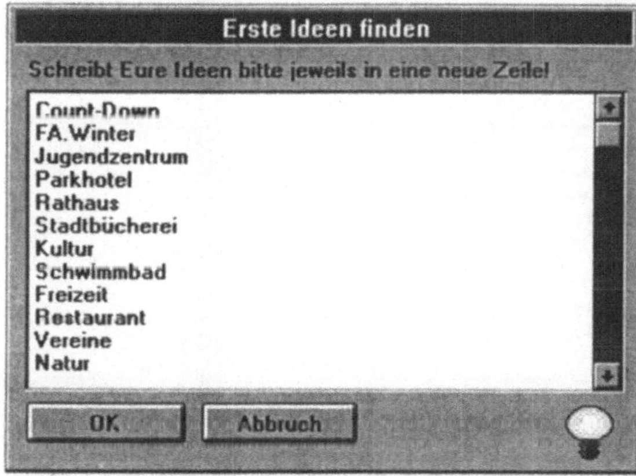

Dialogbox für die Eingabe der ersten Ideen

Die Ideen der anderen Gruppen sind, sofern man ihnen nicht über die Schulter schaut, zu diesem Zeitpunkt nicht sichtbar.

Die zeitliche Länge für die Phase der Ideenfindung ist abhängig von der Lerngruppe und Themenstellung. Sie sollte aber nicht zu kurz sein, damit sich die Schülerinnen und Schüler in die jeweilige Thematik hineindenken können.

Erste unterrichtliche Erfahrungen zeigen, daß die Anzahl der produzierten Ideen erheblich größer ist als vom Autor erwartet. In einer normalerweise eher zurückhaltenden Klasse entwickelten sieben Schülergruppen innerhalb von ca. 10 Minuten über 70 Einfälle zur Frage, welche Inhalte ein Informationssystem zur Heimatgemeinde enthalten soll. Wegen dieser nicht erwarteten hohen Zahl von Beiträgen mußte die Benutzungsoberfläche des Programms deshalb teilweise umgestaltet werden!

Zusammenfassen

Die Lehrerin bzw. der Lehrer beendet die Phase der Ideenfindung durch den Aufruf des Moduls *Zusammenfassen*. Erwartungsgemäß werden viele Ideen in mehrfacher Weise auftreten. Zum Teil sind die Ideen gleich benannt, zum Teil werden gleichartige Ideen aber auch unterschiedlich beschrieben. Auch muß mit Rechtschreibungsfehlern gerechnet werden. In der folgenden Dialogbox werden die notwendigen Umordnungen vorgenommen.

Mit der Schaltfläche *Zauberstab* werden gleiche Ideen wie z.B. „Kultur" zusammengefaßt. Solche Elemente verschwinden dann aus dem rechten Listenfeld und werden im linken Listenfeld mit einem „-" Zeichen gekennzeichnet. Darüber hinaus sollten bei zu vielen Ideen einfache Hierarchien gebildet werden. Als Beispiel sei auf „Schwimmbäder", „Hallenbad" und „Freibad" verwiesen. Diese hierarchischen Beziehungen lassen sich jederzeit wieder aufgehoben.

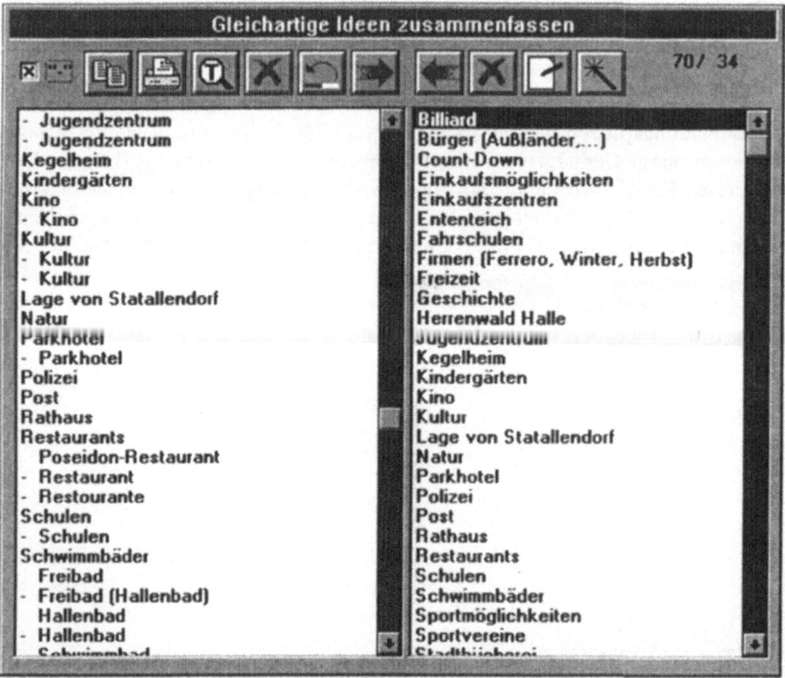

Dialogbox zur Zusammenfassung der Ideen

Die Liste kann komplett ausgedruckt bzw. ins Klemmbrett kopiert werden. Bei Bedarf können zusätzliche Elemente eingefügt werden. Die Autorenschaft jeder Idee ist eindeutig mit dem entsprechenden Pseudonym identifizierbar und kann auch von der Lehrerin bzw. dem Lehrer nicht geändert werden.

Über ein LC-Display können alle Schülerinnen und Schüler die Zusammenfassung der Items verfolgen.

Brainstorming

Während in der Phase der Ideenfindung die Gruppen vollkommen unabhängig voneinander arbeiten, sollen die Schülerinnen und Schüler während des Brainstormings **kooperieren**, indem Einfälle der anderen Gruppen aufgegriffen und mit eigenen Einfällen „fortgesponnen" werden. Die Schülerinnen und Schüler sehen in dieser Phase deshalb alle zwischenzeitlich eingegangenen Ideen und können Folgeideen oder auch vollkommen neue Ideen produzieren.

Sobald die Schülerinnen und Schüler eine Idee formuliert und mit der OK-Schaltfläche bestätigt haben, ist dieser Eintrag für alle Gruppen sichtbar. Die Aktualisierung der Listeneinträge erfolgt dabei immer nach einer Neueingabe bzw. per Hand durch die Betätigung der entsprechenden Schaltfläche.

Ideen, die auf diese Weise publiziert wurden, können weder von den Autorinnen bzw. Autoren noch von anderen Gruppen geändert werden. Dies ist gewollt, da in dieser Phase ebenfalls divergentes Denken gefordert wird.

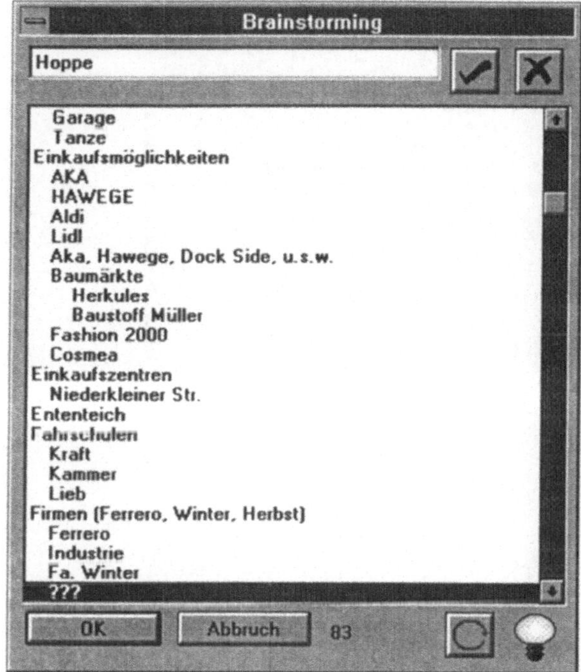

Dialogbox der Schülerinnen und Schüler in der Phase des Brainstorming

Auch die Länge der Brainstorming-Phase ist von der Lerngruppe und der jeweiligen Themenstellung abhängig. Als Richtwert kann man von ca. 10 bis 15 Minuten ausgehen.

Diskutieren

Während in den vorangegangenen Phasen die Kommunikation der verschiedenen Gruppen wesentlich durch den Computer getragen wurde, ist in der Diskussionsphase das Unterrichtsgespräch zentrales methodisches Element. Die vorhandenen Ideen müssen nun strukturiert werden, indem wichtige von unwichtigen Ideen getrennt und Abhängigkeiten von Ideen aufgezeigt werden. Die wichtigste Denkleistung besteht jedoch darin, Alternativen zu formulieren, über die nachfolgend abgestimmt werden kann. *Decide* läßt maximal 16 Alternativen zur Abstimmung zu. In der Regel wird die Anzahl der abzustimmenden Alternativen jedoch wesentlich kleiner sein.

Die zugehörige Dialogbox entspricht weitgehend der Dialogobox aus der Phase Zusammenfassung. Im linken oberen Listenfeld befinden sich die verschiedenen Alternativen. Das linke untere Listenfeld zeigt die Ideen, die der momentan ausgewählten Alternative zugeordnet wurden.

Im rechten Listenfeld sind die Ideen zu finden, die bislang nicht zugeordnet wurden. In der Regel werden einige Ideen in der Diskussion verworfen, da sie zu keiner Alternative passen bzw. für das Thema der Entscheidungskonferenz ohne Relevanz sind.

Der Computer wird in dieser Phase im wesentlichen als Protokollant eingesetzt. Die Umordnungen sind über ein LC-Display für alle Schülerinnen und Schüler sichtbar.

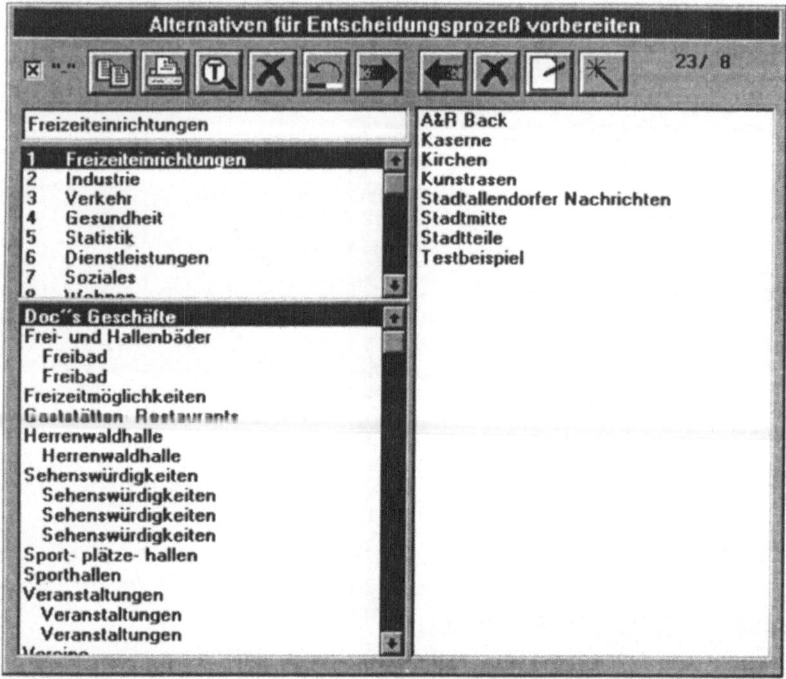

Dialogbox während des Diskussionsprozesses

In Diskussionsphase gewinnen eloquente Schülerinnen und Schüler in der Regel wieder an Gewicht. Da den Ideen aber nicht anzusehen ist, von wem sie stammen, fällt dies im Vergleich zu herkömmlichen Diskussionen weniger ins Gewicht.

Alternativen

Den eigentlichen Abschluß findet die Entscheidungskonferenz mit der Bewertung der verschiedenen Alternativen. Das Abstimmungsverfahren wird über die Gesamtzahl der Entscheidungspunkte sowie den minimalen und maximalen Wert pro Alternative definiert.

Je nach Situation kann es beispielsweise sinnvoll sein, im Sinne einer größtmöglichen Akzeptanz schrittweise die Alternativen mit der geringsten Stimmenzahl zu entfernen. Dieses Verfahren erscheint bei der Festlegung des Ziels einer Klassenfahrt sinnvoll zu sein.

Entscheiden

In der Entscheidungsphase werden die verschiedenen zur Abstimmung stehenden Alternativen in einer Tabelle dargestellt. Jede Schülergruppe kann nun ihre Punkte vergeben. Dabei wird überprüft, ob die eingegebenen Punkte den vorgegebenen Kriterien entsprechen. Dies erfolgt per Hand mit der „Anpassen"-Schaltfläche oder automatisch mit Betätigung der OK-Schaltfläche.

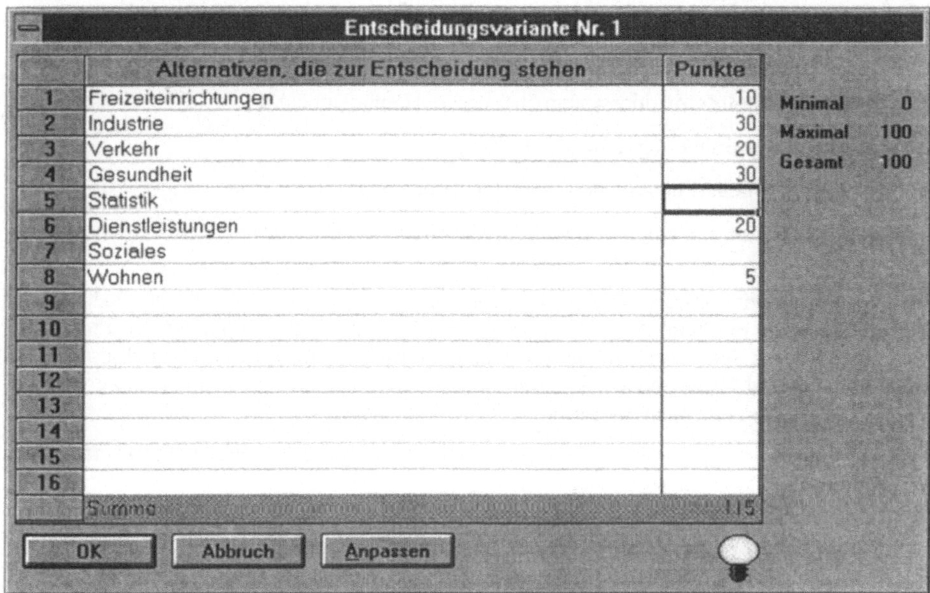

Dialogbox, mit der die Schülerinnen und Schüler ihre Entscheidungspunkte vergeben

Auswerten

Nachdem alle Gruppen ihre Entscheidungspunkte vergeben haben, lassen sich die Werte miteinander vergleichen. Neben statistischen Werten wie „Summe", „Mittelwert", „Standardabweichung", „Minimum" und „Maximum" können bei Bedarf weitere statistische Untersuchungen angestellt und als Datei abgespeichert werden.

Darüber hinaus kann das Abstimmungsverhalten der verschiedenen Gruppen unter ihren Pseudonymen diskutiert werden. Dies ist beispielsweise dann sinnvoll, wenn im Sinne einer Meta-Kommunikation das Abstimmungsverhalten selber thematisiert werden soll.

Für jede Gruppe kann über die Anzahl der im Laufe des Prozesses generierten Ideen die Produktivität festgestellt werden. Daß Quantität nicht automatisch mit Qualität gleichgesetzt werden kann, ist offensichtlich.

Der Zyklus „Alternativen", „Entscheiden" und „Auswerten" wird u.U. während des Entscheidungsprozesses mehrfach durchlaufen.

Dokumentieren

Je nach Art des Entscheidungsprozesses sind neben dem Abstimmungsergebnis selber auch die produzierten Ideen bedeutsam. Diese können als Textdatei, als Excel-kompatible Tabelle oder als dBASE-kompatible Datenbank gespeichert werden.

Inhalte und Ziele

Eine ausführliche unterrichtliche Erprobung von *Decide* steht zum gegenwärtigen Zeitpunkt noch aus. Da *Decide* einen universellen Charakter besitzt, sollte es auch außerhalb des normalen Informatik-Unterrichts eingesetzt werden können. Folgende unterrichtliche Fragestellungen kommen beispielsweise in Frage:

- Kommunikation und Kooperation in vernetzten Systemen

- Wir planen unsere Klassenfahrt

- Wir erstellen ein Informationssystem über unsere Heimatgemeinde

- Wir wählen den Bundestag, Landtag, Kreistag

- Wir hätten uns anders entschieden - Geschichte neu gedacht

- Unsere Gemeinde soll eine Umgehungsstraße erhalten - Für welche Trasse entscheiden wir uns?

Darüber hinaus wird *Decide* aber auch außerhalb des Unterrichts erprobt. Im Rahmen der Schulorganisation erscheint der Einsatz in Fachkonferenzen, bei der Planung von Projektwochen oder bei der Selbstorganisation der Schule sinnvoll zu. Im Bereich der Lehrerfort- und weiterbildung wird *Decide* bei der Lehrgangskritik vermutlich das Spektrum positiver wie kritischer Äußerungen erheblich erweitern.

Daß sich Entscheidungen in komplexen Situationen auch mit elektronischer Entscheidungsunterstützung als falsch herausstellen können, muß leider nach den Untersuchungen von DÖRNER[8] erwartet werden.

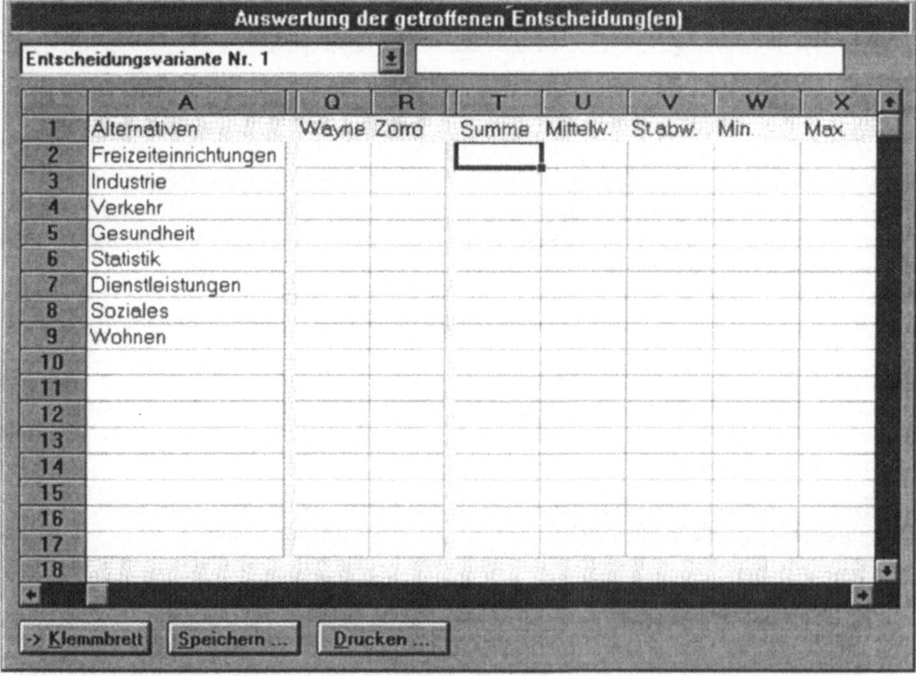

Dialogbox zur Auswertung des Abstimmungsverhaltens

Informationstechnische Ziele

Folgende informationstechnische Ziele können mit *Decide* thematisiert werden:

- Elektronische Entscheidungsunterstützungssysteme sind ein Teilbereich von Groupware.

- Groupware-Konzepte können nur in vernetzten Umgebungen realisiert werden.

- Elektronische Entscheidungsunterstützungssysteme basieren auf Datenbanken.

- Zumindest in der Brainstorming- und Diskussionsphase müssen bzw. sollten die Teilnehmerinnen und Teilnehmer zeitgleich agieren. In den Phasen der Ideenfindung und Abstimmung könn(t)en sich die Teilnehmerinnen und Teilnehmer auch zeitversetzt beteiligen. Die Ortsgleichheit ist bei *Decide* nur aus technischen Gründen (wegen des LAN-basierten Ansatzes) erforderlich.

Gesellschaftliche Ziele

Decide erlaubt u.a. die Auseinandersetzung mit folgenden gesellschaftlichen Fragen:[9]

- Wie wird Anonymität innerhalb vernetzter Systeme gesichert?

- Erlauben solche Systeme ein höheres Maß an aufgeklärter politischer Teilhabe oder ergeben sich neue Möglichkeiten für „populistische Rattenfänger"?

- Wie kann bei derartigen Verfahren die Gleichheit der Zugangsberechtigung im Sinne einer „informationellen Grundversorgung" sichergestellt werden?

- Was gewinnt man bei derartigen Verfahren? Was geht verloren?

- Wird es einen neuen „informationellen Kolonialismus" geben?

Meta-Kommunikation

Neben inhaltlichen Fragen können mit *Decide* im Bildungsbereich eine Reihe weiterer Fragen im Sinne einer Meta-Kommunikation thematisiert werden:

- Fördert die Anonymität des Entscheidungsprozesses die aktive Teilnahme einer bislang „schweigenden Mehrheit"?

- Werden die bisherigen Meinungsführer in ihrer Rolle bestätigt oder bilden sich neue, „elektronische Meinungsführer" heraus?

- Konvergieren Entscheidungen durch mehrfache Wiederholung oder bleiben die in einem Entscheidungsprozeß anfangs bestehenden bi- oder multipolaren Positionen bestehen?

- Beeinflußt die Art der Abstimmungsregeln die getroffene Entscheidung?

- Welche Rolle spielt die Diskussionsleiterin bzw. der Diskussionsleiter?

Technische Realisierung

Decide wurde mit Visual C++ 1.5 unter bzw. für Windows entwickelt. Der Datenbankmodul CodeBase 5.1 erzeugt dBASE- bzw. FoxPro-kompatible Dateien. Die Tabellen von Formula-One sind kompatibel zu Excel.

---

[1] Pries, Knut, Fenster in eine fabelhafte Zukunft? Alle reden über die Informationsgesellschaft - aber nur wenige haben begriffen, wo es eigentlich lang geht, in Frankfurter Rundschau, 27.2.1995, S. 3

[2] So soll beispielsweise ein großer Teil der Kommunikation und Kooperation zwischen den verschiedenen Ministerien in Berlin und Bonn auf elektronische Weise erfolgen.

[3] Müller, W.; Entscheidungsfindung im Netz; PC-Netze, Heft 3/93, S. 57 ff

[4] KOKOS steht als Abkürzung für den durch das Hessische Institut für Bildungsplanung und Schulentwicklung (HIBS) durchgeführten Modellversuch "Kooperatives Lernen in vernetzten Systemen - Entwicklung von netzwerkfähigen Unterrichtsmaterialien für ein gemeinsames Lernen in Europa". Der Modellversuch wird vom Bundesministerium für Bildung und Wissenschaft finanziell gefördert.

---

[5] Die in diesem Aufsatz verwendeten Bildschirmausdrucke basieren auf einer „Konferenz" zum Thema: „Wir wollen ein elektronisches Informationssystem für bzw. über unsere Heimatgemeinde erstellen". Scheinbar unverständliche Items wie „Count-Down" haben eine lokale Bedeutung.

[6] Für bestimmte Fragestellungen scheint es sinnvoll zu sein, nur Teile des kompletten Prozesses zu durchlaufen.

[7] Dies klingt banal, doch nahezu jeder hat schon Erfahrungen mit Konferenzen gesammelt, bei denen entweder kein erkennbares Ziel vorhanden war oder dieses Ziel im Laufe der Diskussion verloren ging.

[8] Dörner, D, Die Logik des Mißlingens - Strategisches Denken in komplexen Situationen, Reinbek, 1992

[9] Vgl. u.a. auch Kubicek, H. u.a.; Mehr Information wagen; in Frankfurter Rundschau, 6.1.95, S. 16

Das ästhetische Labor –
ein Beitrag zur informationstechnischen Lehrerbildung

Ulrike Wilkens und Frieder Nake
Universität Bremen
Fachbereich 3 - Informatik
Postfach 330 440
D-28334 Bremen

Zusammenfassung. Informationstechnische Grundbildung wird als besondere Anstrengung der allgemeinbildenden Schule tendenziell entfallen. Aber algorithmische Zeichenprozesse als Kern der ITG werden wie selbstverständlich Inhalte und Formen vieler Schulfächer beeinflussen. Lehrerinnen und Lehrern muß daher eine informationstechnische Bildung ermöglicht werden. Sie wird tendenziell in die Fächer integriert. Für das Fach Kunst verfolgen wir einen Ansatz, der dies demonstrieren soll. Wir gehen auf den allgemeinbildenden Aspekt der Informatik ein und begründen von ihm aus die Berührung mit dem Fach Kunst. Wir stellen das Konzept des ästhetischen Labors vor und teilen einige erste Erfahrungen aus einer Veranstaltung für Lehramtsstudierende mit.

Die informationstechnische Bildung hat inzwischen überall an den allgemeinbildenden Schulen in der BRD Einzug gehalten. Als *Fach Informatik* hat sie sich in der Sekundarstufe II fest etabliert. Die Praxis der *informationstechnischen Grundbildung* (ITG) ist geprägt durch eine begrüßenswerte Vielfalt der Formen, in deren Rahmen die Empfehlungen der BLK [BLK 87] länderspezifisch umgesetzt werden. Mit einer gewissen Vereinfachung können wir zwei Bestrebungen hinter dem ursprünglichen Konzept der ITG identifizieren: die Absicht, allen Kindern den Umgang mit dem Computer beizubringen (*computer literacy*) und den Wunsch, frühzeitig ein kritisches Bewußtsein über die Informationstechnik zu erzeugen.

Die Entwicklung von Hardware und Software hat mittlerweile jedoch zu einer solchen Verbreitung des Computers geführt, daß Kinder ihn schon von zu Hause oder durch Freunde kennen, daß Lehrerinnen und Lehrer ihn wie selbstverständlich zur Vorbereitung und Verwaltung benutzen und daß alle ihm und seinen Wirkungen ständig begegnen. Computer sind nicht mehr die Hoffnungsträger oder Schreckgespenster der siebziger und achtziger Jahre: Sie werden allgegenwärtige Alltagserscheinungen. „Ubiquitous computing enhances computer use by making many computers available throughout the physical environment, while making them effectively invisible to the user." [Weiser 93: 75] Weiser und seine Kollegen haben bei Xerox PARC mit entsprechenden Entwicklungen bereits 1988 begonnen. Der PC, verstanden als Bildschirm, Tastatur, Maus und Speicher-mit-Prozessor, der mit gleichbleibender Architektur beliebige Prozesse realisieren läßt, ist nach Weiser eine technologische Sackgasse. Das Reden vom Werkzeug ernstzunehmen hieße nicht universell anwendbare Maschinen, sondern spezialisierte Geräte zu bauen.

Auf dem Bildungs*markt* ist alles längst entschieden: „Selbstverständlich sind verfügbare Werkzeuge zu benutzen" [Beck 94: 37], sagt ein Skeptiker und Bildungsoptimist wie Johannes Beck. Computer wandeln sich im Gebrauch vom Werkzeug zum Medium. Zweck, Gegenstand und Form des Unterrichts können wieder in den Vordergrund rücken, wenn es um „Computer und Schule" geht. Der Computer – instrumental und medial genutzt – kann den ihm gebührenden Platz wieder einnehmen, nämlich Mittel zum Zweck aktiven Lernens und nicht mehr zu sein.

Welche Konsequenzen hat es für die Lehrerbildung, wenn Computer und ihr Gebrauch gesellschaftlich allgemein werden?

ITG und Lehrerbildung

Im Bemühen, die Empfehlungen der BLK in die Praxis umzusetzen, werden Lehrerinnen und Lehrer überwiegend in Fort- und Weiterbildungskursen der jeweiligen Landesinstitute im Umgang mit Computern und Anwendungsprogrammen geschult. Kaum ein Lehramtsstudiengang einer Universität hat die ITG als Bestandteil der Lehrerbildung aufgenommen.[1] Ohne die vielfältigen Fortbildungsangebote geringschätzen zu wollen, scheint doch eine Lücke zwischen dem Anspruch der ITG und ihrem Stellenwert in der Lehrerbildung zu klaffen.[2]

Interessierte Stimmen schieben diesen Zustand gern auf die Unwilligkeit von Entscheidungsträgern in der Administration oder auf die Rückständigkeit ihrer Kolleginnen und Kollegen an den Schulen und Hochschulen. Mag sein, daß das Beharrungsvermögen einer Institution wie der Schule im Bündnis mit individuellen Interessen allerlei Modernisierung und Innovation verhindert oder verzögert hat[3] – es könnte aber auch sein, daß Zögerer und Zauderer den richtigen Blick für das Kommende hatten. Der nämlich sieht, daß die Informationstechnik zwar komplex und kompliziert ist, daß man sich ihrer aber durchaus mit vertretbarem Aufwand bedienen kann, sofern man gewisse Abstraktionshürden meistert. In dem Zuge, wie Computer allenthalben benutzt werden, insbesondere vernetzt sind, werden sie zum Bestandteil der Kultur.

Dies ist kein Anlaß dafür, sich die Informationstechnik als Inhalt von Allgemeinbildung insgesamt vom Hals zu schaffen. Als besondere Unternehmung, mit der die Gesellschaft ihre Schulen beauftragt, wird ITG jedoch tendenziell entfallen, so lautet unsere Ausgangsthese. Der Kern dessen, worum es in der ITG aber gehen sollte und müßte – nämlich algorithmische Zeichenprozesse – wird beiläufig und ganz selbstverständlich Gegenstand in vielen (tendenziell: allen) Fächern auf allen Schulstufen werden, so setzen wir die These fort. Damit es dahin kommen kann, sind Übergänge zu schaffen, die weniger unmittelbar den Unterricht, als vielmehr die Bildung der Lehrkräfte betreffen. Mittelbar wird der Unterricht dadurch auf vielfältige Weise beeinflußt werden.

Im Rahmen dieses Beitrags können wir unsere Doppelthese nicht grundsätzlich entwickeln. Wir machen den Versuch, an Hand einiger Beobachtungen aus einer Lehrveranstaltung die Plausibilität der These zu belegen. Die Veranstaltung wandte sich unter dem Titel „Das ästhetische Labor" an Studierende der Kunstpädagogik. Von Fragen der Kunstpädagogik ausgehend versuchten wir, zu informationstechnischem Grundwissen vorzudringen. Unser Anliegen dabei war, einerseits viele Lehramts-Studierende mit der Informationstechnik in Berührung zu bringen, andererseits dies nicht im Rahmen spezieller informatischer Kurse zu tun.

---

1 Wir besitzen keinen genauen Überblick über Initiativen in diese Richtung, wissen aber von Ansätzen in Berlin, Bremen, Dortmund, Dresden, Paderborn. Sicher gibt es weitere.
2 Dies liegt unseres Erachtens daran, daß der Kern von ITG bisher nicht hinlänglich scharf erkannt worden und deshalb die Vorbereitung von Lehrern und Lehrerinnen auf einen kulturellen Umbruch nicht sorgfältig genug ist.
3 – eventuell mit den Innovationsruinen der Sprachlabore oder der Mengenlehre vor Augen.

Allgemeinbildung und allgemeine Semiotisierung

Bevor wir in den folgenden Abschnitten auf die Leitidee der Lehrveranstaltung und Erfahrungen aus diesem Semester eingehen, legen wir unsere Auffassung vom allgemeinbildenden Kern der Informatik (und der ITG) dar.

Jede Veränderung von Inhalten oder Formen des Lernens in der Schule hat sich vor dem Anspruch der Allgemeinbildung zu rechtfertigen. Wir gehen von einer Auffassung von Allgemeinbildung aus, wie Klafki sie formuliert hat [Klafki 93] und verstehen Informatik und Informationstechnik als Ausdruck und Ursache eines *epochaltypischen Schlüsselproblems* – nämlich der Maschinisierung von Kopfarbeit und der damit verbundenen Semiotisierung von Welt [Nake 92]. Wir leben in einer Welt aus Zeichen, weil wir Welt mit Sinn überziehen. Nicht anders als in Zeichen wird uns die Welt geistig verfügbar. Geistige Tätigkeit, Denken, hat es im wesentlichen mit Zeichen und Zeichenprozessen zu tun. Geistige Arbeit für die maschinelle Bearbeitung verfügbar zu machen bedeutet, daß wir Welt informatisch behandeln. Um Welt unter dem Aspekt der Information (nicht dem von Stoff oder Energie) behandeln zu können, um also die informationelle Dimension zu gewinnen, bedarf es vorab einer dreifachen Reduktion von Welt:[4]

- *der Semiotisierung:* Dinge und Prozesse unseres unmittelbaren Tuns müssen in Zeichen transformiert werden;

- *der Formalisierung:* Zeichen werden ihrer bedeutungstragenden Dimension beraubt, sie werden weitgehend unabhängig vom Subjekt. Formalisierung ist Standardisierung, sie reduziert Zeichen auf ihre syntaktische Dimension. Zeichen werden ersetzt durch ihre Mittel; nehmen wir diese wieder als Zeichen, so haben wir es mit Signalen zu tun;

- *der Algorithmisierung:* Nur in berechenbarer, also algorithmischer Form sind Zeichen und Zeichenprozesse maschinell bearbeitbar. Signalprozesse müssen in berechenbare Funktionen übersetzt werden.

Informatische Behandlung von Welt ist durch diese *spezifische* Form der Semiotisierung gekennzeichnet. Ihr Kennzeichen rührt von der Maschine her und lautet: maximale Dekontextualisierung von Zeichenprozessen. Die damit zusammenhängenden Fragen und Probleme bilden exakt den Gegenstand der Informatik und Informationstechnik.[5] Ist Informatik darum allgemeinbildend? Nicht unbedingt!

Informatik, *eng* aufgefaßt, setzt die dreifache Reduktion als bereits *gegeben* voraus und behandelt berechenbare Vorgänge in der syntaktischen Dimension der Zeichen auf technische Weise. Dies führt auf Informationstechnik. Als eine besondere Umgangsweise mit realen Prozessen verlangt sie spezialisierte Fertigkeiten, Kenntnisse und Methoden. Insofern ist sie nicht allgemeinbildend.

Informatik, *weit* aufgefaßt, betrachtet Welt hingegen unter dem Gesichtspunkt ihrer *möglichen* dreifachen Reduktion und behandelt das Grenzgebiet zwischen formalisierbaren und nicht-formalisierbaren Vorgängen. Hier liegt das epochaltypische Schlüsselproblem, hier ist der Bezug zur Allgemeinbildung festzumachen, über den sich informationstechnische Inhalte in allgemeinbildenden Schulen begründen oder ablehnen lassen.

Wir ersparen uns Hinweise auf die Tendenz allgemeiner Semiotisierung von Welt. Sie setzt mit der Menschwerdung ein, erfährt in den Wissenschaften eine ungeheure

---

4 In solcher unvermeidlichen Verschränkung von Gewinn und Reduktion sehen wir die kulturelle Entwicklung wirksam.
5 Der Kern der Informatik, nämlich eine Technische Semiotik, wird bei dieser Sichtweise in letzter Zeit allmählich erkennbar [Andersen 90, Luft&Kötter 94, Nake 93]

Steigerung und wird in der Postmoderne zum umjubelten und beklagten Zentralpunkt zivilisierter Existenz. Mit der Informationstechnik wird Welt als Semiose (Zeichenprozeß) schließlich *maschinell* verdoppelt und gewinnt somit eine (scheinbar) vom Menschen unabhängige *geistige* Existenz. Die algorithmische Semiotisierung von Welt ist Ausdruck eines Schlüsselproblems unserer Gesellschaft, dessen die Schule sich in geeigneter Weise annehmen muß.

Informatik und Kunstpädagogik

Der Berührungspunkt zwischen Informatik und Kunst liegt im Zeichencharakter der Dinge, um den es beidemale geht. Gemeinsam haben Kunst und Informatik den Bezug zur Welt der und als Zeichen. Danach trennen sie sich: Informatik reduziert Semiosen auf Berechenbares und Syntaktik, Kunst nimmt Semiosen als ganze und betont deren nicht vorhersagbare, interpretative Seite, also die Pragmatik. Informatik im Kunstunterricht muß diesen Widerspruch aufgreifen. Denn wo ließen sich besser vorgehen und die Konsequenzen der durch Informatik erzwungenen Reduktion von Wirklichkeit thematisieren! Der Computer als künstlerisch genutztes instrumentales Medium erzwingt einerseits die Reduktion auf den Algorithmus, andererseits ermöglicht er im interaktiven Umgang, sich der Wirklichkeit spielerisch und explorativ zu nähern. Im ästhetischen Handeln mit dem Computer läßt sich die Wechselwirkung zwischen berechenbaren maschinellen Prozessen und nicht-berechenbarem menschlichen Entscheiden besonders schön deutlich machen. Mit Bezug auf den Zeichenbegriff kann das gelingen.

Vor diesem Hintergrund entwickelten wir die Idee des „ästhetischen Labors" – eines prototypischen Arbeitsplatzes im Studium der Kunstpädagogik, an dem gewisse kreative und kognitive Prozesse visueller Gestaltung auf besondere Weise unterstützt werden. Wir sprechen von kreativen und kognitiven Prozessen, weil wir Gestaltung wie [Winograd & Flores 86] als ein Wechselspiel von Herstellen und Verstehen begreifen.[6]

Wer heute für ein Lehramt studiert, wird in einer Schule arbeiten und diese prägen, die sich in vielem von der uns bekannten unterscheidet. Sie wird zwar nicht, so hoffen wir, von der Digitalisierung der Medien geprägt sein, sondern doch mehr von sozialen als von technischen Prozessen. Doch Informationstechnik wird eine wichtige Rolle bei ihrer Neuordnung spielen [v.Hentig 93, Papert 92]. Dieser Erwartung sich zu stellen kann heute nicht mehr als technokratische selbsterfüllende Vorhersage denunziert werden, entspricht sie doch einem mit Händen greifbaren realen Trend. Auch kann eine Beschwörung der Sinnenfreude des Stofflichen gegen die Blutleere des Abstrakten nur noch wenig ausrichten. In Verschränkungen wie der von ästhetischer und informationstechnischer Bildung, die wir mit dem Arbeiten im ästhetischen Labor anstreben, wird eine Abstraktionsstufe erreichbar, deren Reiz im konkreten, sichtbaren Schaffen liegt.

Das Konzept des Labors

Wir sprechen beim ästhetischen Labor vom *Labor*, weil wir den experimentellen und praktischen Charakter des Studierens hervorheben wollen. Das Laboratorium hat seinen ursprünglichen Platz in den Naturwissenschaften. Mit ihnen teilt es Erfolg und Beschränkung. Allgemein begriffen als „Arbeitsstätte, Arbeitsraum für naturwissenschaft-

---

liche Untersuchungen und Experimente" [Pfeifer 89: 959] finden sich seine historischen Wurzeln in der Geschichte der Chemie. Die Einrichtung von Laboratorien als besondere Stätten der Forschung ging einher mit der Entwicklung der *Experimentierkunst*, die sich neben der eng mit den chemischen Gewerben und der Medizin .verbundenen *Probierkunst* aufgrund arbeitsteiliger Prozesse herausbildete. In der Experimentierkunst herrschten wissenschaftliche Methoden vor. Sie zeichnete sich dadurch aus, daß sie „Fragen an die Natur stellte und sie durch gezielte Experimente zwang, Antworten zu geben, aus denen eine Anschauung, ein Modell, eine Theorie von den tatsächlichen Vorgängen und Stoffumwandlungen gewonnen werden konnte." [Strube 84: 126] Die besondere Aufgabenstellung führte zu einer Spezialisierung der Arbeitsmittel und zu einer Systematisierung der Verfahren.[7]

Das naturwissenschaftliche Labor als „Instrument" der Erkenntnis ist charakterisiert durch eine besondere Form des Umgangs mit Welt. Welt wird im Labor ersetzt, allerdings nicht durch Zeichen, sondern durch stoffliche und energetische Prozesse. Diese sind Ausdruck von Hypothesen und Modellen von Welt, die bestätigt oder widerlegt werden sollen. Erkennen und Erklären gehen Hand in Hand. Es werden Bedingungen geschaffen, die eine Kontrolle über die Phänomene erlauben, die es zu untersuchen gilt. Die Richtigkeit von Beobachtungen wird plausibel gemacht durch das gezielte Hervorbringen dieser Erscheinungen im Experiment. Die im Labor vorherrschende Form des kontrollierten Versuchs schließt ein „freies" Experimentieren nicht aus; es kommt auch zu *Serendipity*-Effekten (zufälliges Entdecken, Mitnahme). Wo außerhalb der Naturwissenschaften der Begriff des Labors aufgegriffen wird, wird auf diesen speziellen Umgang mit Welt rekurriert.[8]

Das ästhetische Labor

Wir sprechen vom *ästhetischen* Labor, weil wir den künstlerischen, gestalterischen Charakter des Studierens hervorheben wollen. Wir wollen mit der Koppelung der beiden Begriffe implizit auf die neue Art ästhetischen Experimentierens verweisen, an die wir denken: auf das Arbeiten mit Computern.

Es geht weder im Kunstunterricht noch im Studium der Kunstpädagogik um Kunst, sondern jeweils um deren Voraussetzungen. Sie eignen sich als Gegenstand von Experimenten, aus denen sich ästhetischer Verstand ergibt. Kunstpädagogen machen das schon lange, in vielfältiger Weise und sehr erfolgreich. Unsere Absicht kann es nicht sein, das alles zu ersetzen. Vielmehr geht es um eine neue, weitere (nicht notwendig bessere) Erfahrung in der ästhetischen Wahrnehmung und Schaffung von Welt. Diese Erfahrung geht von einem Merkmal von Kunst aus: ihrem Zeichencharakter. Wie wir oben gesehen hatten, machen algorithmische Semiosen den Gegenstand der Arbeit mit Computern aus. Kunst hat es mit ästhetischen Semiosen zu tun. Insofern ästhetische Semiosen algorithmisch erfaßbar sind, ist der Computer das allgemeine Testfeld für ästhetische Experimente.

---

7 Der erste umfassende Versuch, den Wissensstand der Chemie seiner Zeit zusammenzufassen und Verfahren, Operationen und Instrumente zu systematisieren, geht auf Andreas Libau (geb. 1550 in Halle, gest. 1616 in Coburg) zurück. Er entwarf als erster den Grundriß eines chemischen Instituts und prägte für die dort ausgeführten Arbeiten den Begriff „die Kunst, gut zu laborieren" (ars bene laborandi). [Strube 84: 129]
8 Er spiegelt sich z.B. in der Philosphie des Media*Lab* am MIT: Die Entwicklung von Prototypen und Demo-Systemen steht für die experimentelle Methode. „Wir stellen kein Produkt her, wir produzieren Ideen, die durch ihre Manifestation in einer Vorführung überzeugen." [Brand 90: 76]

Wenn jeder Künstler auch ein ständiger Experimentator ist, so experimentiert er doch auf seine je spezifische Weise. Im Vorfeld der Kunst, wo es nur um ihre Voraussetzungen geht, kann durch kontrolliertes – und insoweit verallgemeinerbares – ästhetisches Experimentieren ein Beitrag zur ästhetischen Bildung erzielt werden. Er läge in der Tradition von Bauhaus, Ulm und vielen anderen Stätten und Individuen. Er wäre aber gleichzeitig auch ein Beitrag zur informationstechnischen Bildung. Denn sie ermöglicht die Kontrolle des Experimentierens.

So fremd es klingen mag und so abgedroschen der Hinweis ist: Ein Quentchen naturwissenschaftlichen Handelns und Denkens dränge über das ästhetische Labor in die Vorschule der Kunst ein. Einen Künstler wird das wenig schrecken. Dennoch sei vorsichtshalber an unsere obige Ausführung zum allgemeinbildenden Anteil der Informatik erinnert. Er liegt im Bereich *zwischen* dem Berechenbaren und dem Nichtberechenbaren. Das kontrollierte Experiment selbst wendet sich an das Berechenbare. Die Festsetzung des Experiments und die Interpretation seiner Resultate berühren das Nichtberechenbare.

Jedes Lernen, auch Schul-Lernen, besitzt eine stoffliche Seite im Umgang mit den Dingen und eine semiotische Seite im Reflektieren über die Dinge. Physikalisches Labor und traditioneller Kunstunterricht betonen die stoffliche Seite des Experiments, mathematische Physik und ein neuartiger Kunstunterricht seine semiotische Seite. Beide müssen ihren Platz im ästhetischen Labor finden.

Der Raum des Labors kann daher kein isolierter „Computerraum" sein. Er ist vielmehr ein allgemeiner Kunstraum im klassischen Sinne, in dem das Arbeiten und Experimentieren mit herkömmlichen, traditionell verfügbaren Materialien und Werkzeugen ebenso selbstverständlich Platz hat wie der Umgang mit der informationstechnischen Ausstattung. Die Integration der Informationstechnik in den Kunstraum wird dadurch realisiert, daß jederzeit ein Wechsel zwischen beiden Bereichen möglich ist, sofern er gewünscht wird. Projekte und Aufgaben sollen auf die Durchdringung beider Bereiche hin angelegt werden. Nur in einer solchen Umgebung kann die Reflexion über unterschiedliche ästhetische Verfahren konstruktiv unterstützt werden.

Die Software, die an jedem Arbeitsplatz des Labors verfügbar ist, muß dem Ziel entsprechen, im Umgang mit dem Computer als Teil ästhetischen Handelns den informationstechnischen Charakter des benutzten Werkzeugs und Materials erfassen und begreifen sowie die mediale Seite des Computers erfahren zu können. Anders ausgedrückt: Der ästhetische Zweck führt zum Fragen nach dem informationstechnischen Mittel; ästhetisches Tun führt zu informatischer Einsicht; informatische Einsicht fördert ästhetisches Schaffen.

Ein gängiges Beispiel soll die mögliche Verschränkung von ästhetischen und informationstechnischen Aspekten ästhetischen Handelns beleuchten. Wann immer wir an und mit dem Computer interaktiv zeichnen oder malen, schlägt sich unsere Zeichen- und Maltätigkeit zweifach nieder: auf sichtbare ikonische Weise (im Bild selbst) und auf unsichtbare symbolische Weise.[9] Ikonisch existiert das Bild als Lichtpunktsammlung auf dem Bildschirm. Symbolisch existiert es in einer algorithmischen Beschreibung „im" Computer. Das Bild auf dem Bildschirm ist als Bitmap-Interpretation Ausdruck unserer ästhetischen Absicht. Seine abstraktere Beschreibung gibt das informatische Modell wieder, das hinter dem Bild steht. Auf das Licht-Bild ist die Stofflichkeit von Farben und

---

9 Wir verwenden hier die semiotischen Begriffe Ikon und Symbol im Sinne von Charles S. Peirce.

Malgrund geschrumpft; die algorithmische Beschreibung des Bildes haben wir dabei gewonnen. Sie kann zum Gegenstand unseres informatisch-absichtsvollen Handelns werden. Es ist ein Kennzeichen des Arbeitens am Computer, daß ein Gegenstand stets in zwei solchen Weisen existiert, die beide auch sichtbar und damit zu unterschiedlichen Sichten auf den Gegenstand gemacht werden können. Diese „Verdoppelung" benutzen wir als didaktischen Hebel. In ihr zeigt sich deutlich die Semiotisierung! Das scheinbar so abstrakt-ferne Computer-Modell gewinnt selbst konkrete Nähe, ja: Stofflichkeit. Ein widerspruchsvoller Kreis schließt sich.

Erste Erfahrungen mit dem Konzept

Um Teile des Konzepts zu erproben, haben wir im Wintersemester 1994/95 eine Lehrveranstaltung unter dem Titel „Das ästhetische Labor im Studium der Kunstpädagogik" angeboten. Sie wandte sich in erster Linie an Studierende dieses Studiengangs; Wir berichten im folgenden über einige Beobachtungen, die wir machen konnten. Der Zeitpunkt dieses Berichtes, aber auch die Anlage der Veranstaltung läßt keine systematischen Schlüsse zu. Auf solche kommt es uns aber auch nicht an. Unser Interesse galt möglichst spontanen Eindrücken, die sich aus dem neuartigen Tun der Studierenden ergeben könnten.

Wir teilten die Veranstaltung in drei Blöcke von je vier Wochen. Jeder Block begann mit einer schriftlichen Erläuterung und Aufgabenstellung. Während der Bearbeitungszeit stand jedem und jeder Teilnehmenden pro Woche eine Stunde betreute Laborzeit am Macintosh zur Verfügung. Die Studierenden konnten die Rechner darüberhinaus benutzen. Allgemeinere Aspekte des Blockthemas wie auch die des Generalthemas „Ästhetisches Labor" wurden bei den wöchentlichen Treffen erörtert. Zum Abschluß eines Blockes sollten die Teilnehmenden ihre Arbeiten sowie einen Bericht vorlegen.

Im ersten Block stand der „Computer als Werkzeug" im Mittelpunkt. Das Malsystem *Painter* der Firma Fractal Design war Mittel für eine selbstgestellte visuelle Gestaltung. Das Programm hält eine reichhaltige Palette simulierter Malwerkzeuge und -materialien bereit, an denen jeweils noch differenzierende Einstellungen vorgenommen werden können. Die Studierenden sollten sich damit vertraut machen und es (mit Maus oder drucksensitivem Stift) kreativ benutzen.

Im zweiten Block stand als ästhetische Grundfrage die Wechselwirkung der Farben im Zentrum. Die Studierenden setzten sich mit der CD-ROM-Edition von Josef Albers' *Interaction of Color* auseinander. Die Software-Version der von Albers im Rahmen seiner Lehrtätigkeit an der Yale University in den 60er Jahren entwickelten Übungen zu den Wechselwirkungen der Farben [Albers 75] ermöglicht, verschiedene visuelle Effekte sehr elegant zu untersuchen und experimentell fortzuführen. Der Aspekt „Computer als interaktives Medium" stand beim Umgang mit dieser Software im Vordergrund.

Im dritten thematischen Block befaßten sich die Studierenden mit dem Programm *Agentsheets* [Repenning 93]. Mit einer Anwendung dieses Programms, *ArtDwarves*[10], können farbige „Zeichnungen" erstellt werden. Es ermöglicht ein kontrolliertes Wechselspiel zwischen Teilen des Bildes, die der Benutzer setzt, und anderen Elementen, die abhängig von ihren eigenen Verhaltensmöglichkeiten und in Reaktion auf die Hand-

---

10 ArtDwarves ist eine Modifikation von Jim Ambachs ArtPals: eine Sammlung von aktiven, passiven und reaktiven Einheiten, die in der Lage sind, die Felder eines Rastergitters einzufärben.

lungen des Benutzers Teile der Zeichnung erzeugen. Der Computer wurde hier als „instrumentales und reagierendes Medium" betrachtet.

Wir greifen im folgenden einige Äußerungen auf, die uns Belege für die eingangs formulierte Doppelthese zu sein scheinen – daß ITG tendenziell als *besondere* Bemühung wegfallen kann, daß aber algorithmische Semiosen als ihr inhaltlicher Kern allenthalben auftreten können und auch sollen. Aus Platzgründen beschränken wir uns auf Äußerungen zur Auseinandersetzung mit der Software-Version von *Interaction of Color*.

Dem ehemaligen Bauhaus-Lehrer Albers kam es bei seinen jahrelang durchgeführten Übungen mit Studierenden der Kunst nicht auf Farbsysteme an. Er wollte ihnen durch praktischesTun zu einem intuitiven Verhältnis zum Phänomen Farbe verhelfen, das er „the most relative medium of art" [Albers 75: 1] nannte. Sein Buch enthält kurze, meist thesenartige Texte. Ihnen sind Übungen beigeordnet. Für jede dieser Übungen hat Albers mit seinen Assistenten Farbpapiere in sehr genauer Abstimmung hergestellt. Aus ihnen schneidet er farbige Rechtecke, die er dann in verschiedenen Kontrast- und Simultaneffekten visuell interagieren läßt. Viele seiner Beispiele enthalten irritierende Farbeffekte. Jeder von diesen enthüllt eine Merkwürdigkeit unserer Farbwahrnehmung, die sich einzig aus dem Zusammenwirken der Farben, nicht aus ihren Farbparametern selbst erklären läßt. Albers hat seine Experimente nun so arrangiert, daß sich durch Verschieben der Farbpapiere der merkwürdige Wahrnehmungseffekt aufklärt. Einfaches Hantieren läßt ihn verschwinden und man steht vor des Rätsels Lösung. Hat man einen Vorrat an farbigem Papier zur Hand, so kann man rasch und leicht Albers' Experimente fortsetzen und abwandeln.

Die CD-ROM-Version des Buches enthält den Text (in angenehm großer Schrift), die Übungsaufgaben samt Farbarrangement sowie Kommentare. „Farbe" ist nun auf dem Bildschirm Farbe als Licht, nicht mehr als Pigment! Das verändert gewiß manchen Effekt konkret. Insgesamt aber sind die Prinzipien abbildbar – und nicht nur das! Am Computer muß niemand mehr bangen, daß ihm die Farbpapiere ausgehen; Farben stehen auf Klick hin in großer Zahl zur Manipulation von Flächen zur Verfügung; sie können auf einfachste und vielfältigste Weise zum Interagieren in den klug ausgewählten Albersschen Experimenten gebracht werden. Der experimentelle Teil des Albersschen Buches erfährt mit der Software-Adaption geradezu seine späte Bestätigung.

Wir hatten diesen Block in die Veranstaltung aufgenommen, weil „Farbe" ein herausragendes Thema ästhetischer Grundbildung ist und weil das Experiment am Computer hier deutlich und einsichtig mehr bringt als mit farbigem Papier. Unsere Studierenden bestätigten dies voll und ganz.

Ein Student: „Es ist sofort alles möglich, alle Farben sind schon da. Beim wirklichen Mischen hast du ein Verhältnis zur Farbe selbst. Beim Mischen entscheidet sich, welche Farben das Bild haben wird, das dauert manchmal eine halbe Stunde!" Leicht bedauernd, vielleicht – und bei anderen Studierenden ganz gezielt so – klingt der Verlust des „Verhältnisses zur Farbe selbst" an, also zum Geruch, zur Klebrigkeit oder Wässrigkeit, zu den Schwierigkeiten des Farbmischens etc. Auf Knopfdruck stehen dafür Tausende von Farben in exakt reproduzierbarer Anmutung zur Verfügung. Eine Aussicht, die Kritiker in Schrecken versetzen muß. Unsere Studierenden gingen damit gelassen um. Sie waren zwar anfangs i.d.R. von dem unübersichtlichen Farbmeer überwältigt. Da sie aber ästhetisch bewußte Menschen waren, setzten sie sich selbständig Schranken, begrenzten ihre Repertoire und arbeiteten sich so innerhalb der beliebigen informatischen Farbflut auf eine gestalterisch sinnvolle Palette hin. Ohne es ausdrücklich zu sagen, spricht unser obiger Zeuge von der Entmaterialisierung der Farbe. Die Reduktion von Farbe auf Farbinformation oder -code bei gleichzeitigem Gewinn ihrer sofortigen Herstellbarkeit – der Gipfel der Lichtmalerei, von der Künstler wie Naum Gabo oder Moholy-Nagy träumten. Kommen wir nicht ins Schwärmen: Wir sind in unserem Labor bei den Voraussetzungen für Kunst, nicht bei der Kunst selbst.

Mit dieser Art von Beobachtung ist eng gekoppelt die während all unserer Diskussionen auftauchende „Distanz zum Bild". Alle Studierenden erwähnen sie auf die eine oder andere Art, immer auch mit Bedauern in der Stimme, oft aber gepaart mit Neugierde, was aus dieser Distanz heraus an gestalterischer Möglichkeit zu gewinnen sei. Auch diese einfache Beobachtung ist uns wichtig. Sie zeigt, daß einer der meist vorgebrachten Hauptkritikpunkte gegen den Computer im künstlerischen Kontext in der Erfahrung des kreativen Schaffens selbst auftaucht und nicht aus kritisch-distanzierter Betrachtung heraus eingeführt werden muß. Sie gibt aber, wichtiger noch, auch sofort Anlaß zur Frage, ob das am Computer so sein *müsse* und ob denn Distanz nicht auch positiv zu sehen – ja, Nähe ohne Distanz gar nicht zu gewinnen sei und, schließlich, aus dem oben erwähnten Verdoppelungs-Topos heraus, Distanz im Stofflichen, Nähe im Semiotischen gewonnen werde.

Im Plan des Textes *Interaction of Color* ist der Laborcharakter schon angelegt. Er werde, sagt einer, am Computer konsequent fortgesetzt. Dieser Student befaßt sich auch mit anthroposophischer Farblehre. Diese wie das Experimentieren im Labor sind ihm gleich wichtige Aspekte seines sich langsam herausbildenden Farbempfindens, die er nicht gegeneinander setzt. Störende Faktoren der stofflichen Farbaufträge (Pinselstrich, Textur des Papiers etc.) werden ausgeschlossen, Farbe erscheint als Farbe, nichts sonst – die typische Laborsituation des Ausschlusses all jener Faktoren, die mit dem zu untersuchenden Phänomen nichts oder nichts Wesentliches zu tun haben. Eine Studentin weist an Hand einiger Gesichtspunkten aus Albers' Text nach, daß dessen Zielsetzungen im computerästhetischen Labor bestens erfüllbar sind. Sie betont dabei die einfach kontrollierbare Wiederholbarkeit des Experiments als besonderen didaktischen Gewinn.

Schlußbemerkung

Wir sehen in derartigen Einsichten der Studierenden selbst insofern eine ermutigende Lernleistung, als sie aus der Beschäftigung mit ihrem Fach, der Kunst, entsteht und mühelos Brücken zur Informationstechnik schlägt. Gewiß nicht zu technischen Details: Niemand würde so das Programmieren lernen. Auf dieses aber kommt es nicht an in der ITG. Die Studierenden erfahren, wie ihr eigenes Fach, wie der Kunstgegenstand in seiner semiotischen Reduktion verändert wird. Sie erfahren diese Veränderung nicht allein als Verlust, sondern auch als Gewinn. Sie nehmen so differenziert die allgemeine kulturelle Tendenz der Semiotisierung auf.

In der Schule werden diese Studentinnen und Studenten weder für noch gegen ITG oder Informationstechnik sein. Sie werden mit dem Computer im Sinn- und Sachzusammenhang instrumental und medial, wie es die Situation verlangt, umgehen. Wir gewinnen den Eindruck, daß die Situation des ästhetischen Labors, das Aufgehen – sollen wir sagen: Aufheben? – der ITG im Fach, dafür förderlich ist.

336

Dank

Den Teilnehmenden des Kurses „Das ästhetische Labor im Studium der Kunstpädagogik" an der Universität Bremen danken wir für ihre Beiträge, die uns Anregung für diesen Aufsatz waren. Achim Mahnke hat die ArtDwarves programmiert. Achim Heimbucher hat uns mit seinem künstlerischen Verstand viel geholfen. Alex Repenning (Boulder, Colorado) sind wir dafür zu Dank verpflichtet, daß er uns Agentsheets zur Verfügung gestellt hat. Von Jim Ambach erhielten wir die auf Agentsheets aufbauenden ArtPals, aus denen wir ArtDwarves gemacht haben.

Literatur

[Albers 75] Albers, Josef: Interaction of Color. New Haven: Yale University Press 1975 (revised)

[Andersen 90] Andersen, Peter Bøgh: A Theory of Computer Semiotics. Cambridge: Cambridge University Press 1990

[Beck 94] Beck, Johannes: Der Bildungswahn. Reinbek: Rowohlt 1994

[Brand 90] Brand, Stewart: MediaLab. Computer, Kommunikation und neue Medien. Die Erfindung der Zukunft am MIT. Reinbek: Rowohlt 1990

[BLK 87] Bund-Länder-Kommission für Bildungsplanung und Forschungsförderung: Materialien zur Bildungsplanung Heft 16: Gesamtkonzept für die Informationstechnische Bildung. Bonn 1987

[Ehn 88] Ehn, Pelle: Work-Oriented Design of Computer Artifacts. Stockholm: Almqvist & Wiksell 1988

[v.Hentig 93] von Hentig, Hartmut: Die Schule neu denken. München: Hanser 1993

[Klafki 93] Klafki, Wolfgang: Neue Studien zur Bildungstheorie und Didaktik. Weinheim, Basel: Beltz ^{3}1993

[Luft&Kötter 94] Luft, Alfred und Rudolf Kötter: Informatik – eine moderne Wissenstechnik. Mannheim: BI Wissenschaftsverlag 1994

[Nake 92] Nake, Frieder: Informatik und die Maschinisierung von Kopfarbeit. In: W. Coy, F. Nake, J. Pflüger, A. Rolf, J. Seetzen, D. Siefkes, R. Stransfeld (Hrsg.): Sichtweisen der Informatik. Braunschweig: Vieweg 1992, 181-201

[Nake 93] Nake, Frieder (Hrsg.): Die erträgliche Leichtigkeit der Zeichen. Baden-Baden: Agis 1993

[Papert 92] Papert, Seymour: The Children's Machine. Rethinking School in the Age of the Computer. New York: Basic Books 1992

[Pfeifer 89] Pfeifer, W. (Hrsg.): Etymologisches Wörterbuch des Deutschen. Berlin: Akademieverlag 1989

[Repenning 93] Repenning, Alex: Agentsheets. A Tool for Building Domain-Oriented Dynamic, Visual Environments. Univ. of Colorado, Boulder, Dept. of Computer Science, CU-CS-693-93, Dec. 1993

[Strube 84] Strube, Wilhelm: Der historische Weg der Chemie. Bd. 1, Leipzig ^{4}1984.

[Winograd & Flores 86] Winograd, Terry and Fernando Flores: Understanding Computers and Cognition. Norwood, N.J.: Ablex 1986 (Deutsch: Erkenntnis Maschinen Verstehen. Berlin: Rotbuch 1989)

[Weiser 93] Weiser, Mark: Some Computer Science Issues in Ubiquitous Computing. Comm. ACM 36,7 (July 1993) 75-84

Verzeichnis der Autoren

S. **Assmus**, GI-Regionalgruppe Württemberg

StD Heinz **Beek**, Hessisches Institut für Bildungsplanung und Schulentwicklung, Postfach 3105, 65021 Wiesbaden

Prof. Dr. Rainer **Bischoff**, Fachhochschule Furtwangen, Gerwigstraße 11, 78120 Furtwangen

StR S. **Bohnert**, GI-Regionalgruppe Württemberg

Prof. Herbert **Brand**, Pädagogische Akademie des Bundes, Liechtensteinerstraße 33-37, A-6800 Feldkirch

StR B. **Bündgen**, GI-Regionalgruppe Württemberg

Jürgen **Burkert**, Hessisches Institut für Bildungsplanung und Schulentwicklung, Postfach 3105, 65021 Wiesbaden

Prof. Dr. Volker **Claus**, Universität Stuttgart, Institut für Informatik, Breitwiesenstraße 20–22, 70565 Stuttgart

Dipl.-Math. Cecile K. M. **Crutzen**, Open University Netherlands, P.O. Box 2960, NL-6401 Heerlen

Ulrike **Daldrup**, Universität Oldenburg, Postfach 2503, 26111 Oldenburg

Dieter **Engbring**, Universität/Gesamthochschule Paderborn, Pohlweg 47-49, 33098 Paderborn

Prof. Dr. Hermann J. **Fornek**, Berufsschule für Weiterbildung, Postfach 175, CH-8025 Zürich

Prof. Dr. Steffen **Friedrich**, Technische Universität Dresden, 01062 Dresden

Dipl.-Inform. S. **Gündel**, GI-Regionalgruppe Württemberg

Prof. Dr. Dr. Wolfgang A. **Halang**, Fernuniversität Hagen, 58084 Hagen

Dipl.-Ing. Annemarie **Hauf-Tulodziecki**, Landesinstitut für Schule und Weiterbildung Soest, Paradieser Weg 64, 59494 Soest

lic. phil. Hans-Peter **Hauser**, Berufsschule für Weiterbildung, Postfach 175, CH-8025 Zürich

338

Dr. G. **Heck-Weinhart**, GI-Regionalgruppe Württemberg

Dr. Hans-Werner **Hein**, hcc Dortmund, Postfach 500 519, 44205 Dortmund

Dr. Uwe **Hoppe**, Universität Göttingen, Platz der Göttinger Sieben 5, 37073 Göttingen

Dipl.-Inform. Achim **Janser**, Universität/Gesamthochschule Duisburg, Lotharstraße 65, 47048 Duisburg

Prof. Dr. Friedrich **Kittler**, Humboldt-Universität zu Berlin Berlin, Sophienstraße 22a, 10117 Berlin

Eva **Kluge**, Freie Universität Berlin, Takustraße 9, 14195 Berlin

Bernhard **Koerber**, Freie Universität Berlin, Habelschwerdter Allee 45, 14195 Berlin

Gerhard **König**, Fachinformationszentrum Karlsruhe, 76344 Eggenstein-Leopoldshafen

StR H. **Kran**, GI-Regionalgruppe Württemberg

B.J. **Krämer**, Fernuniversität Hagen, 58084 Hagen

Prof. Dr. Dr. h.c. Gerhard **Krüger**, Universität Karlsruhe, Postfach 6980, 76128 Karlsruhe

Dr. Peter **Leibner**, Siemens AG, Koppstraße 6, 81359 München

Dipl.-Inform. Mario **Lorenz**, Technische Universität Chemnitz-Zwickau, 09107 Chemnitz

Dr. Johannes **Magenheim**, Meißnerstraße 33, 34233 Fuldatal

Dipl.-Päd. Helmut **Meschenmoser**, Landesbildstelle Berlin, Wikingerufer 7, 10555 Berlin

Dipl.-Inform. Frerk **Meyer**, Humboldt-Universität zu Berlin, Unter den Linden 6, 10099 Berlin

Prof. Dr. F. **Nake**, Universität Bremen, Postfach 33 04 40, 28334 Bremen

Dr. C. **Niederdrenk-Felgner**, GI-Regionalgruppe Württemberg

Dipl.-Kffr. K. **Nienaber**, Universität Göttingen, Platz der Göttinger Sieben 5, 37073 Göttingen

Günter **Opitz**, Meißnerstraße 33, 34233 Fuldatal

Ingo-Rüdiger **Peters**, Freie Universität Berlin, Habelschwerdter Alle 45, 14195 Berlin

Dr. Eva **Pilz**, EDV-Beratung, Handjerystraße 16, 12159 Berlin

Dipl.-Inform. B. **Proschek**, GI-Regionalgruppe Württemberg

Hans **Rauch**, Hessisches Institut für Bildungsplanung und Schulentwicklung, Postfach 3105, 65021 Wiesbaden

Dr. Gabriele **Reich**, Bundeswettbewerb Informatik, Sand 13, 72076 Tübingen (GI-Regionalgruppe Württemberg)

StR Gerhard **Röhner**, Studienseminar Darmstadt, Ludwigshöherstraße 105, 64285 Darmstadt

OStR Josef **Schöpper**, Clara-Schumann-Gymnasium Bonn, Königin-Sophie-Straße 24, 53604 Bad Honnef

J. **Schormann**, Fernuniversität Hagen, 58084 Hagen

Dr. Andreas **Schwill**, Universität/Gesamthochschule Paderborn, 33095 Paderborn

Dr. Peter **Steinbüchel**, Börde-Schule Soest, Geschwister-Scholl-Straße 1, 59494 Soest

Wilmar **Steup**, Abendgymnasium und -realschule Giessen, Waldstraße 20, 35415 Pohlheim

Prof. Dr. Debora **Weber-Wulff**, Technische Fachhochschule Berlin, Lauterstraße 14/15, 12159 Berlin

Dipl.-Inform. Ulrike **Wilkens**, Universität Bremen, Postfach 33 04 40, 28334 Bremen

Dipl.-Hdl. Karl-Hermann **Witte**, Universität Göttingen, Platz der Göttinger Sieben 5, 37073 Göttingen

Dipl.-Inform. G. **Zinßmeister**, GI-Regionalgruppe Württemberg

Springer-Verlag und Umwelt